Ad-hoc-Publizitätspflicht zum Schutz der Anleger
vor vermögensschädigendem Wertpapierhandel

Europäische Hochschulschriften
Publications Universitaires Européennes
European University Studies

Reihe II
Rechtswissenschaft

Série II Series II
Droit
Law

Bd./Vol. 3736

PETER LANG
Frankfurt am Main · Berlin · Bern · Bruxelles · New York · Oxford · Wien

Christian Struck

Ad-hoc-Publizitätspflicht zum Schutz der Anleger vor vermögensschädigendem Wertpapierhandel

Eine Untersuchung zu § 15 Wertpapierhandelsgesetz mit vergleichender Darstellung des US-Rechts

PETER LANG
Europäischer Verlag der Wissenschaften

Bibliographic Information published by Die Deutsche Bibliothek
Die Deutsche Bibliothek lists this publication in the Deutsche Nationalbibliografie; detailed bibliographic data is available in the internet at <http://dnb.ddb.de>.

Zugl.: Bonn, Univ., Diss., 2002

D 5
ISSN 0531-7312
ISBN 3-631-51400-X

www.peterlang.de

Meinen Eltern

VORWORT

Die vorliegende Arbeit wurde im Sommersemester 2002 von der Rechts- und Staatswissenschaftlichen Fakultät der Rheinischen Friedrich-Wilhelms-Universität Bonn als Dissertation angenommen.

Mein herzlicher Dank gilt meinem verehrten Doktorvater Herrn Prof. Dr. Dr. h.c. Marcus Lutter. Er hat meine juristische Ausbildung von Anfang an durch stete Gesprächs- und Hilfsbereitschaft unterstützt und das Entstehen dieser Arbeit bedingungslos gefördert. Meine Zeit zunächst als studentische Hilfskraft und später als sein Mitarbeiter am Institut für Handels- und Wirtschaftsrecht der Universität Bonn haben meinen beruflichen Werdegang geprägt.

Herrn Prof. Dr. Tim Drygala möchte ich für die bereitwillige Übernahme des Zweitgutachtens sowie viele fruchtbare Diskussionen seit den ersten Entwürfen dieser Dissertation danken – seine kritische Würdigung der Arbeit in ihren verschiedenen Entstehungsphasen hat erheblich zu deren Gelingen beigetragen.

Dem Arbeitskreis für Wirtschaft und Recht im Stifterverband für die deutsche Wissenschaft spreche ich meinen Dank für die großzügige Gewährung eines Doktorandenstipendiums aus.

Für die gastfreundliche Aufnahme als *visiting scholar* möchte ich mich bei dem ehemaligen Vorsitzenden der Securities and Exchange Commission Professor David S. Ruder und der Fakultät der Northwestern University School of Law in Chicago (Ill.) bedanken.

Meinem Großvater Dr. jur. Hans Struck danke ich von tiefstem Herzen; wegen ihm habe ich diese Dissertation gewagt. Vor allem aber gilt mein Dank meinen Eltern Lille und Wolf-Rüdiger Struck: Ihr Glaube an mich war mein Wegweiser. Ihnen widme ich diese Arbeit.

New York, im Mai 2003 — Christian Struck

INHALTSÜBERSICHT

INHALTSVERZEICHNIS

ABKÜRZUNGSVERZEICHNIS

a.A.	anderer Ansicht
aaO	am angegebenen Ort
ABA	American Bar Association
ABI. EG	Amtsblatt der Europäischen Union
Abs.	Absatz
admin. proc.	administrative procedure
a.E.	am Ende
a.F.	alte Fassung
aff'd	affirmed
aff'g	affirming
AG	Aktiengesellschaft bzw. die Zeitschrift „Die Aktiengesellschaft"
AktG	Aktiengesetz
Ala.	Alabama
A.L.I.	American Law Institute
A.L.R.	American Law Reports
AMEX	American Stock Exchange
Am.	American
Am. J. Comp. L.	American Journal of Comparative Law
Am. J. Legal Stud.	American Journal of Legal Studies
Anh.	Anhang
App.	Appeals
Apr.	April
Ariz.	Arizona
Ark.	Arkansas
Art.	Artikel (Einzahl)
Artt.	Artikel (Mehrzahl)
Assc.	Association
Ass'n	Association
Aug.	August
AuslInvG	Gesetz über den Vertrieb ausländischer Investment-Anteile
BAFin	Bundesanstalt für Finanzdienstleistungsaufsicht
BAWe	Bundesaufsichtsamt für den Wertpapierhandel
BB	Der Betriebsberater
Bd.	Band
Begr.	Begründung
BFuP	Betriebswirtschaftliche Forschung und Praxis
BGB	Bürgerliches Gesetzbuch
BGBl.	Bundesgesetzblatt
BGH	Bundesgerichtshof
BGHSt	Entscheidungen des Bundesgerichtshofes in Strafsachen
BGHZ	Entscheidungen des Bundesgerichtshofes in Zivilsachen
BImSchG	Bundes-Immissionsschutzgesetz
BKR	Zeitschrift für Bank- und Kapitalmarktrecht
BMF	Bundesministerium der Finanzen
BörsG	Börsengesetz

BörsPrFsVO	Verordnung über die Feststellung des Börsenpreises von Wertpapieren
BörsZulV	Börsenzulassungs-Verordnung
BR-Drucks.	Drucksache des Deutschen Bundesrates
Bros.	Brothers
BT-Drucks.	Drucksache des Deutschen Bundestages
BTX	Bildschirmtext-Dienst
Bus.	Business
Bus. Law.	Business Lawyer
BuW	Betrieb und Wirtschaft
BVerfG	Bundesverfassungsgericht
BVerfGE	Entscheidungen des Bundesverfassungsgerichts
BVerwG	Bundesverwaltungsgericht
BVerwGE	Entscheidungen des Bundesverwaltungsgerichts
bzw.	beziehungsweise
ca.	circa
Cal.	California
CCH	Commerce Clearing House (Federal Securities Law Reports)
cert.	certiorari
C.F.R.	Code of Federal Regulations
Chi.	Chicago
Cir.	Circuit
Civ.	Civil
C.J.	Chief Judge bzw. (am US-Supreme Court) Chief Justice
Co.	Company
Colo.	Colorado
Comm.	Committee
Comm.	Commodities
Conf.	Conference
Cong.	US-Congress
Conn.	Connecticut
Corp.	Corporation
Corp. L. J.	Corporate Law Journal
C. W. Res. L. Rev.	Case Western Reserve Law Review
D.	District
D.A.V.	Deutscher Anwaltsverein
DAX	Deutscher Aktienindex
DB	Der Betrieb
D.C.	District of Columbia
D.D.C.	District Court of the District of Columbia
Dec.	December
Del.	Delaware
DepotG	Depotgesetz
Dep´t	Department
Ders.	Derselbe
Dens.	Denselben
Dist.	District
Div.	Division

DM	Deutsche Mark
Doc.	Document
DStR	Zeitschrift für Deutsches Steuerrecht
DSW	Deutsche Schutzvereinigung für Wertpapierbesitzer e.V.
DTB	Deutsche Terminbörse
DVBl.	Deutsches Verwaltungsblatt
DVFA/SG	Deutsche Vereinigung für Finanzanalyse und Anlageberatung und der Arbeitskreis "Externe Unternehmensrechnung" der Schmalenbach-Gesellschaft - Deutsche Gesellschaft für Betriebswirtschaft
DZWiR	Deutsche Zeitschrift für Wirtschafts- und Insolvenzrecht
E.	East
EC	European Community
Econ.	Economics
ed.	edition
E.D.	Eastern District
EDGAR	Electronic Data Gathering and Retrieval (system)
E.D.N.Y.	Eastern District Court of New York
EG	Europäische Gemeinschaft
Einl	Einleitung
etc.	et cetera
EU	Europäische Union
EuGH	Europäischer Gerichtshof
EuZW	Europäische Zeitschrift für Wirtschaftsrecht
evtl.	eventuell
EWGV	Vertrag der Europäischen Wirtschaftsgemeinschaft
EWS	Europäisches Wirtschafts- und Sozialrecht
Exch.	Exchange
f.	folgende
F.2d	Federal Reporter, Second Series
Feb.	February
Fed.	Federal
Fed. Reg.	Federal Register
F. Supp.	Federal Supplement
FA	Finanzausschuss
FAZ	Frankfurter Allgemeine Zeitung
ff.	fortfolgende
FFG	Finanzmarktförderungsgesetz
Fn.	Fußnote
Fla.	Florida
F.R.D.	Federal Rules Decisions
FS	Festschrift
Ga.	Georgia
Geo.	Georgetown
GG	Grundgesetz der Bundesrepublik Deutschland
ggf.	gegebenenfalls
GmbH	Gesellschaft mit beschränkter Haftung
GmbHG	Gesetz betreffend die Gesellschaften mit beschränkter Haftung

Gov't	Government
Harv. L. Rev.	Harvard Law Revue
Hbl.	Handelsblatt
Hdb.	Handbuch
HGB	Handelsgesetzbuch
H.M.	Herrschende Meinung
H.R.	House Report
IAA	Investment Advisers Act of 1940
ICA	Investment Company Act of 1940
IDW	Institut Deutscher Wirtschaftsprüfer
id.	idem
i.e.	id est
Ill.	Illinois
Inc.	Incorporated
Ind.	Indiana
Indus.	Industries
Ins.	Insurance
insbes.	insbesondere
InsO	Insolvenzordnung
i. S.	im Sinne
Int't	International
i. V. m.	in Verbindung mit
J.	Judge bzw. (am US-Supreme Court) Justice
J. Acct.	Journal of Accounting
Jan.	Januar
J. Bus. L.	Journal of Business Law
J. Corp. L.	Journal of Corporation Law
J. Fin.	Journal of Finance
JJ.	Judges bzw. Justices
J. Legal Stud.	Journal of Legal Studies
JZ	Juristenzeitung
KAGG	Gesetz über Kapitalanlagegesellschaften
Kan.	Kansas
KG	Kammergericht
KG	Kommanditgesellschaft
Komm.	Kommentar
KWG	Kreditwesengesetz
L.	Law
La.	Louisiana
Law.	Lawyer
LG	Landgericht
Litig.	Litigation
L.J.	Law Journal
L. Rev.	Law Revue
Ltd.	Limited
Mar.	March
Mass.	Massachusetts
Md.	Maryland

Me.	Maine
M.E.	Meines Erachtens
Mfg.	Manufacturing
Mich.	Michigan
Minn.	Minnesota
Mo.	Missouri
Mont.	Montana
N.	North
NASD	National Association of Securities Dealers
Nat'l	National
N.D.	Northern District
Neb.	Nebraska
N.J.	New Jersey
NJW	Neue Juristische Wochenzeitschrift
N.M.	Neuer Markt
No.	Number
Nov.	November
Nr.	Nummer
Nw. J. Int'l L. & Bus.	Northwestern Journal of International Law and Business
Nw. U. L. Rev.	Northwestern University Law Review
N.Y.	New York
NYSE	New York Stock Exchange
N.Y.U. L. Rev.	New York University Law Review
Oct.	October
Okla.	Oklahoma
OLG	Oberlandesgericht
Or.	Oregon
ORDO	Zeitschrift für Ordoliberalismus
OTC	Over-the-counter (market)
o.V.	ohne Verfasser
OVG	Oberverwaltungsgericht
OWiG	Gesetz über Ordnungswidrigkeiten
Pa.	Pennsylvania
PLI	Practicing Law Institute
Proc.	Procedure
ProdHaftG	Produkthaftungsgesetz
PSLRA	Private Securities Litigation Reform Act of 1995
Pub.	Public
RabelsZ	Rabels Zeitschrift für Rechtsvergleichung
Rdn.	Randnummer
Reg.	Regulation
RegE	Gesetzentwurf der Bundesregierung
reh'g	rehearing
Rel.	(SEC) Release
Rep.	US-House of Representatives
Rep.	Reporter
rev.	revised
Rev.	Review

rev'd	reversed
rev'g	reversing
RGSt	Entscheidungen des Reichsgerichts in Strafsachen
RGZ	Entscheidungen des Reichsgerichts in Zivilsachen
RICO	Racketeer Influenced and Corrupt Organizations Act
RIW	Recht der Internationalen Wirtschaft
RL	Richtlinie
Rz.	Randziffer
S.	Seite
S.	South
s.o.	siehe oben
SA	Securities Act of 1933
S.C.	South Carolina
Sched.	Schedule
S. Ct.	US-Supreme Court
S.D.N.Y.	Southern District Court of New York
SEA	Securities Exchange Act of 1934
Sec.	Securities
SEC	Securities and Exchange Commission
S.E.C.	Seurities and Exchange Commission Decisions and Reports
Sec. L. Rep.	Securities Law Reporter
Sen.	US-Senate
Sept.	September
S.M.U. L. Rev.	Southern Methodist University Law Review
Soc'y	Society
sog.	sogenannte
S & P	Standard & Poor's Corporation
SRO	Self-regulatory organization
Stan. L. Rev.	Stanford Law Review
StGB	Strafgesetzbuch
StPO	Strafprozeßordnung
Supp.	Supplement
SZ	Süddeutsche Zeitung
Tenn.	Tennessee
Tex.	Texas
U.	Universities
u.a.	unter anderem
U.C.L.A. L. Rev.	University of California at Los Angeles Law Review
U. Pa. J. Int'l Bus. L.	University of Pennsylvania Journal of International Business Law
U. Pa. L. Rev.	University of Pennsylvania Law Review
U.S.	United States bzw. Entscheidungen des US-Supreme Court
USA	United States of America
U.S.C.	United States Code
U.S.C.A.	United States Code Annotated
usw.	und so weiter
U. Va. L. Rev.	University of Virginia Law Review
u.U.	unter Umständen
UWG	Gesetz gegen den unlauteren Wettbewerb

v.	versus
v.	von
Va.	Virginia
vac´d	vacated
Vand. L. Rev.	Vanderbilt Law Revue
Verf.	Verfasser
VerkProspG	Verkaufsprospektgesetz
VerkProspVO	Verkaufsprospekt-Verordnung
VersR	Die Zeitschrift „Das Versicherungsrecht“
VG	Verwaltungsgericht
VGH	Verwaltungsgerichtshof
vgl.	vergleiche
VO	Verordnung
Vol.	Volume
Vorb.	Vorbemerkung
VwGO	Verwaltungsgerichtsordnung
W.	West
Wall St. J.	Wall Street Journal
Wash.	Washington
W.D.	Western District
Wis.	Wisconsin
wistra	Zeitschrift für Wirtschaft, Steuer, Strafrecht
Wm. & Mary L. Rev.	William and Mary Law Review
WM	Wertpapier-Mitteilungen
WpG	Die Wirtschaftsprüfungsgesellschaft
WpHG	Wertpapierhandelsgesetz
WpÜG	Wertpapiererwerbs- und Übernahmegesetz
WuB	Entscheidungssammlung zum Wirtschafts- und Bankrecht
Wyo.	Wyoming
z.	zum
z.B.	zum Beispiel
ZBB	Zeitschrift für Bankrecht und Bankwirtschaft
ZfbF	Zeitschrift für betriebswirtschaftliche Forschung
ZGR	Zeitschrift für Unternehmens- und Gesellschaftsrecht
ZHR	Zeitschrift für das gesamte Handelsrecht und Wirtschaftsrecht
ZIP	Zeitschrift für Wirtschaftsrecht und Insolvenzpraxis
ZKW	Zeitschrift für das gesamte Kreditwesen
ZPO	Zivilprozeßordnung
ZStW	Zeitschrift für die gesamte Strafrechtswissenschaft
z.T.	zum Teil
1st	First
2nd	Second
3d	Third
4th	Fourth
5th	Fifth
6th	Sixth
7th	Seventh
8th	Eigth

9th	Ninth
10th	Tenth
11th	Eleventh
§	Paragraph bzw. (im US-Recht) Section
§§	Paragraphen bzw. Sections
¶	(anglo-amerikanisch:) Paragraph

Einleitung: Ziel, Methode und Gang der Untersuchung

1. § 15 Abs. 1 Satz 1 des Wertpapierhandelsgesetzes (WpHG) stellt eine Herausforderung für alle Emittenten dar, deren Wertpapiere zum Handel an einer deutschen Börse zugelassen sind. Die Vorschrift begründet eine Pflicht zur unverzüglichen Veröffentlichung von kurserheblichen Tatsachen, die im Tätigkeitsbereich des Emittenten eingetreten sind und seine wirtschaftlichen Verhältnisse verändern.[1] Der Gesetzgeber setzte so bis aufs Wort Vorgaben der EU-Börsenzulassungsrichtlinie[2] in der erweiterten Fassung der EU-Insiderrichtlinie[3] in deutsches Recht um. Dadurch ist die kontinuierliche Aufklärung der Anleger, bis dahin von vielen, aber keineswegs allen Emittenten auf freiwilliger Basis betrieben, zur Rechtspflicht erhoben. Die praktische Bedeutung einer so weitreichenden Verhaltenspflicht ist groß,[4] insbesondere seitdem Emittenten im Falle einer Pflichtverletzung nicht nur Geldbußen, sondern auch Schadensersatzklagen durch Anleger drohen.[5] Die nächste Erweiterung der bestehenden Regelung ist außerdem bereits vorge-

---

1 § 15 Abs. 1 Satz 1 WpHG bestimmt: „Der Emittent von Wertpapieren, die zum Handel an einer inländischen Börse zugelassen sind, muß unverzüglich eine neue Tatsache gemäß § 15 Abs. 3 Satz 1 WpHG veröffentlichen, die in seinem Tätigkeitsbereich eingetreten und nicht öffentlich bekannt ist, wenn sie wegen der Auswirkungen auf die Vermögens- oder Finanzlage oder auf den allgemeinen Geschäftsverlauf des Emittenten geeignet ist, den Börsenpreis der zugelassenen Wertpapiere erheblich zu beeinflussen, oder im Fall zugelassener Schuldverschreibungen die Fähigkeit des Emittenten, seinen Verpflichtungen nachzukommen, beeinträchtigen kann."

2 Schema C Nr. 5 a) des Anhangs zur EU-Börsenzulassungsrichtlinie 79/279/EWG vom 5.3.1979, ABl. EG Nr. L 66 v. 16.3.1979, S. 21, 30, lautete: „Die Gesellschaft muß das Publikum über neue erhebliche Tatsachen in Kenntnis setzen, die in ihrem Tätigkeitsbereich eingetreten sind und die der breiten Öffentlichkeit nicht bekannt sind, aber wegen ihrer Auswirkungen auf die Vermögens- und Finanzlage oder den allgemeinen Geschäftsverlauf zu einer beträchtlichen Änderung der Kurse ihrer Aktien führen können. Wenn die Verbreitung bestimmter Informationen geeignet ist, den berechtigten Interessen des Emittenten zu schaden, können die zuständigen Stellen jedoch die Gesellschaft von dieser Pflicht entbinden."
Schema D Nr. 4 a), aaO, S. 32 f., sah außerdem vor: „Das Unternehmen muß das Publikum unverzüglich über neue erhebliche Tatsachen in Kenntnis setzen, die in seinem Tätigkeitsbereich eingetreten sind und die der breiten Öffentlichkeit nicht bekannt sind, die aber erheblich seine Fähigkeit beeinträchtigen können, seiner Verpflichtung nachzukommen. Wenn die Verbreitung bestimmter Informationen geeignet ist, den berechtigten Interessen des Unternehmens zu schaden, können die zuständigen Stellen jedoch das Unternehmen auf dessen Wunsch von dieser Pflicht unterbinden." Die Vorschriften wurden wortgleich ersetzt durch Art. 6 Abs. 2 i.V. mit Art. 68 Abs. 1 bzw. Art. 81 Abs. 1 der EU-Börsenzulassungsrichtlinie 2001/34/EG vom 28.5.2001, ABl. EG Nr. L 184 v. 6.7.2001, S. 1.

3 In Art. 7 der EU-Insiderrichtlinie 89/592/EWG vom 13.11.1989, ABl. EG Nr. L 334 v. 18.11.1989, S. 30, 32, hieß es, „[die] im Anhang, Schema C Ziffer 5 Buchstabe a), der Richtlinie 79/279/EWG vorgesehenen Bestimmungen gelten auch für Gesellschaften und Unternehmen, deren Wertpapiere unabhängig von ihrer Art auf einem Markt im Sinne von Artikel 1 Ziffer 2 letzter Satzteil der vorliegenden Richtlinie zum Handel zugelassen sind."

4 Einen ausführlichen Bericht zu den Erfahrungen des BAWe mit der Ad-hoc-Publizität enthalten die Jahresberichte des BAWe (Vorgänger der BAFin), einzusehen unter www.bafin.de/frame_bawe.htm.

5 Zu den durch das 4. FFG eingeführten Schadensersatzpflichten gemäß §§ 15 Abs. 6 S. 1, 37b, 37c WpHG vgl. *Fleischer*, BB 2002, 1869; ders., NJW 2002, 2977, 2979 ff.; *Grossmann/Nikoleyczik*, DB 2002, 2031, 2034; *Maier-Reimer/Webering*, WM 2002, 1857; *Möllers/Leisch*, BKR 2002, 1071; *dies.*, NZG 2003, 112; *Rössner/Bolkart*, ZIP 2002, 1471. Allgemein zu Schadensersatzpflichten des Emittenten bei Verstoß gegen das Gebot der Ad-hoc-Pubizität *Fuchs/Dühn*, BKR 2002, 1063; *Groß*, WM 2002, 477;

zeichnet: Gemäß der EU-Marktmissbrauchsrichtlinie haben die Mitgliedsstaaten der Europäischen Union dafür Sorge zu tragen, daß „alle Emittenten von Finanzinstrumenten Insider-Informationen, die sie unmittelbar betreffen, sobald als möglich der Öffentlichkeit bekannt geben."[6] Die Vorschrift ersetzt die Vorgaben der EU-Börsenzulassungsrichtlinie und der EU-Insiderrichtlinie.[7] Die Bundesrepublik Deutschland ist zur Umsetzung der Richtlinienvorgaben bis Mitte des Jahres 2004 verpflichtet.

Das Regelungskonzept der Ad-hoc-Publizität stellt bei alledem noch eine Neuheit im deutschen Recht dar: Es legt Wertpapieremittenten eine Verantwortung für einen transparenten und angemessenen Börsenpreis auf. Diese ganz außerordentliche Verpflichtung ist symptomatisch für eine „nicht gerade überraschende, aber doch einigermaßen plötzliche Entwicklung" hin zu einem eigenständigen Kapitalmarktrecht, dessen Schöpfung der europäische Gesetzgeber dem deutschen vorgibt.[8] *Hopt* hatte die Regelung des § 15 WpHG und ihre Überwachung durch eine nationale Marktaufsichtsbehörde (vormals das Bundesaufsichtsamt für den Wertpapierhandel (BAWe), nunmehr die Bundesanstalt für Finanzdienstleistungsaufsicht (BAFin)) gar als neues „Grundgesetz des Kapitalmarktrechts" bezeichnet.[9] Zweifelsohne steigt der Stellenwert der Ad-hoc-Publizität, wenn die Vorgaben der EU-Marktmissbrauchsrichtlinie zu ihrer Erweiterung umgesetzt werden. Die Juristen müssen somit eine Regelung griffig machen und anwenden, die beträchtlich von den bisherigen, in Deutschland vor allem handels- und wettbewerbsrechtlich geprägten Vorstellungen von den Informationspflichten der Unternehmen abweicht. Dazu soll diese Untersuchung einen Beitrag leisten.

2. Sie wählt als Verständnisansatz den Anlegerschutz, den der europäische Gesetzgeber durch die Ad-hoc-Publizität bezweckt.[10] Denn der Zweck der EU-Richtlinie ist das zentrale Kriterium für die Auslegung angeglichenen Rechts.[11] Besondere Bedeu-

---

Möllers/Leisch, WM 2001, 1648; *Renzenbrink/Holzner*, BKR 2002, 434; *Rieckers*, BB 2002, 1213; *Rödewald/Siems*, BB 2001, BB 2001, 2437; *Rützel*, AG 2003, 69; *Thümmel*, DB 2001, 2331.

6 Art. 6 Abs. 1 der EU-Marktmissbrauchsrichtlinie 2003/6/EG vom 28.1.2003, ABl. EG Nr. L 96 v. 12.4.2003, S. 21. Zu den Vorgaben der EU-Marktmissbrauchsrichtlinie siehe z.B. *Dier/Fürhoff*, AG 2002, 604; *v.Ilberg/Neises*, WM 2002, 635; *Leppert/Stürwald*, ZBB 2002, 90; Weber, EuZW 2002, 43.

7 Art. 20 der EU-Marktmissbrauchsrichtlinie 2003/6/EG vom 28.1.2003, ABl. EG Nr. L 96 v. 12.4.2003, S. 25. Siehe außerdem Art. 19 des Kommissionsvorschlages einer EU-Marktmissbrauchsrichtlinie i.V. mit der Begründung des Kommissionsvorschlages einer EU-Marktmissbrauchsrichtlinie vom 30. Mai 2001, KOM (2001) 281 endg. - 2001/0118 (COD), ABl. EG Nr. C 240E v. 28.8.2001, S. 265, 270, sowie Änderungsantrag 72 der Stellungnahme des Europäischen Parlaments vom 14.5.2002, KOM (2001) 281 – C5-0262/2001 – 2001/0118 (COD).

8 *Lutter*, in: Lieb/Noack/Westermann (Hrsg.), FS Zöllner, S. 363 f.

9 *Hopt*, ZHR 159 (1995), 135, 163.

10 Abs. 1 der Präambel der EU-Börsenzulassungsrichtlinie 79/279/EWG vom 5.3.1979, ABl. EG Nr. L 66 v. 16.3.1979, S. 21; vgl. Abs. 4, 5 der Präambel der EU-Insiderrichtlinie 89/592/EWG vom 13.11.1989, ABl. EG Nr. L 334 v. 18.11.1989, S. 30. Vgl. ferner Abs. 12, 24 und 43 der Präambel der EU-Marktmissbrauchsrichtlinie vom 30. Mai 2001, KOM (2001) 281 endg. - 2001/0118 (COD), ABl. EG Nr. C 240E v. 28.8.2001, S. 265; die Begründung zur Stellungnahme des Europäischen Parlaments vom 24.10.2002 zum gemeinsamen Standpunkt des Rats, 9359/6/2002 – C5-0384/2002 – 2001/0118 (COD) („[Bestrafung] ehrlicher Marktakteure, ob Kleinaktionäre oder professionelle Anleger, verhindern"); Teil II der Begründung zum gemeinsamen Standpunkt des Europäischen Rats vom 19. Juli 2002 zu einer EU-Marktmissbrauchsrichtlinie, ABl. EG Nr. C 228E v. 25.9.2002, S. 19, 29 („Vertrauen der Anleger stärken").

11 Allgemeine Meinung; deutlich z.B. EuGH 10.4.1984 - Rs. 14/83 (*von Colson und Kamann ./. Land Nordrhein-Westfalen*), Slg. 1984, 1891 Rz. 26; wortgleich EuGH 10.4.1984 - Rs. 79/83 (*Harz ./.*

tung mißt die Arbeit in diesem Zusammenhang der Analyse von anderen, EU-Richtlinien umsetzenden Veröffentlichungspflichten des deutschen Kapitalmarktrechts zu, namentlich den Veröffentlichungspflichten gegen Insiderhandel (§ 14 WpHG), den Veröffentlichungspflichten der Regelpublizität (§ 40 BörsG) und den Auskunftsrechten der Börsen (§ 41 BörsG). Denn in diesen Veröffentlichungspflichten ist der kapitalmarktrechtliche Anlegerschutz konkretisiert, den der europäische Gesetzgeber durch die Ad-hoc-Publizität bezweckt.[12] Die Analyse erweist, daß die Ad-hoc-Publizität dem Schutz der Anleger vor irrtumsbedingtem, vermögensschädigendem Wertpapierhandel dient. Sie erlaubt außerdem die Schlußfolgerung, daß diese besondere Verantwortung des Emittenten auf Gründen größerer Regelungseffizienz und nicht auf einem Vorwurf individueller Verantwortlichkeit für die Schädigungsgefahr beruht. Demzufolge muß die Ad-hoc-Veröffentlichungspflicht, um dem allgemeinen Gebot der Verhältnismäßigkeit zu genügen, dem Emittenten per Saldo nützen.

Dic Arbeit entwickelt und überprüft diesen Verständnisansatz, indem sie die einzelnen Tatbestandsmerkmale der Ad-hoc-Veröffentlichungspflicht auslegt. Vorrang vor allen anderen Interpretationsmethoden hat dabei das Gebot richtlinienkonformer Auslegung.[13] Im übrigen folgt die Auslegung den allgemeinen Regeln, das heißt sie legt die Vorschrift des § 15 WpHG nach ihrem Wortlaut, ihrem systematischen Zusammenhang zu anderen Normen, nach ihrer Entstehung und ihrem Sinn und Zweck aus.[14] Dabei bildet der Wortlaut des § 15 WpHG die äußerste Grenze einer Auslegung, die den Umfang der Emittentenpflichten erweitert. Denn das Gebot des Art. 103 Abs. 2 GG, daß eine Strafbarkeit zum Zeitpunkt der Tat gesetzlich bestimmt gewesen sein muß, gilt auch für die Androhung von Bußgeld.[15] Für eine Pflichtverletzung kann die BAFin dem Emittenten gemäß §§ 39 f. WpHG ein Bußgeld auferlegen.

Eine vergleichende Darstellung des US-Rechts zu den einzelnen Tatbestandsmerkmalen der Ad-hoc-Veröffentlichungspflicht verdeutlicht die verschiedenen Wertungen, die bei der Auslegung des § 15 WpHG möglich sind, und schärft den Blick für die im deutschen Recht getroffenen Wertentscheidungen. Zudem kann die Darstellung der US-Kasuistik veranschaulichen, mit welchen kritischen Fällen in der Rechtsanwendung zu rechnen ist, und welche Lösungen in Betracht kommen. Der Vergleich des US-Rechts zur Ad-hoc-Publizität soll auf diesem Wege der deutschen Rechtspraxis dringend benötigte Anhaltspunkte für die Anwendung des § 15 WpHG bieten. Bußgeldbescheide aufgrund

---

Deutsche Tradax), Slg. 1984, 1921, Rz. 26; vgl. ferner *Schmidt*, RabelsZ 1995, 569, 579 und *Lutter*, JZ 1992, 593, 602, je m.w.N.

12 *Vgl. Lutter*, in: Lieb/Noack/Westermann (Hrsg.), FS Zöllner, S. 363, 368.

13 *Lutter*, JZ 1992, 593, 604 f. Nach anderer Ansicht in der Literatur ist die richtlinienkonforme Auslegung als Vorzugsregel anzusehen, die lediglich die herkömmlichen Auslegungsregeln im Sinne eines Optimierungsgebotes modifiziert; vgl. dazu *Ehricke*, RabelsZ 59 (1995), 598, 613 ff., und *Schmidt*, RabelsZ 59 (1995), 569, 591 f., je m.w.N. Eine Diskussion kann allerdings dahinstehen. Innerhalb der Wortlautgrenze muß die Vorzugsregel zu den selben Ergebnissen kommen wie die Vorrangregel, da der Wortlaut des § 15 Abs. 1 WpHG mit der Richtlinienvorgabe nahezu übereinstimmt. Ein Überschreiten der Wortlautgrenze ist auch bei richtlinienkonformer Auslegung unzulässig; so für die Vorrangregel *Hugger*, NStZ 1993, 421, 423 f., für die Vorzugsregel *Cramer*, in: Schmoller (Hrsg.), FS Triffterer, S. 323, 335, je m.w.N.

14 Vgl. nur *Larenz*, Methodenlehre, S. 343 ff.; *Lutter*, JZ 1992, 593, 596.

15 *Schmidt-Aßmann*, in: Maunz/Dürig, GG, Art. 103 Rdn. 195. Das Analogieverbot gilt für beide Normen, wenn -- wie in §§ 15, 39 WpHG -- die Pflicht in einer Norm bestimmt ist, für deren Verletzung eine andere Norm die Sanktion androht; *Schmidt-Aßmann*, aaO, Rdn. 201. Das Analogieverbot folgt im Range eines einfachen Gesetzes aus § 3 OWiG.

von Verstößen gegen die Ad-hoc-Veröffentlichungspflicht nehmen langsam zu, Gerichtsentscheidungen sind bislang nur ganz vereinzelt ergangen. Verlautbarungen der SEC, Verwaltungsverfahren und Gerichtsentscheidungen zur Ad-hoc-Veröffentlichungspflicht im US-Recht hingegen gibt es viele.

Schließlich bietet die Arbeit einen Ausblick, inwieweit die EU-Marktmissbrauchsrichtlinie eine Änderung des deutschen Rechts der Ad-hoc-Publizität vorgibt. Dabei helfen die bei Auslegung des § 15 WpHG herausgearbeiteten Fragestellungen, das Ausmaß der anstehenden Rechtsänderung abzuschätzen. Überdies ermöglicht die EU-Marktmissbrauchsrichtlinie in der Zusammenschau mit der EU-Börsenzulassungsrichtlinie und der EU-Insiderrichtlinie Schlußfolgerungen auf das Regelungskonzept, das der europäische Gesetzgeber im Bereich der Ad-hoc-Publizität verfolgt.

3. Die Arbeit klärt zunächst die Grundlagen der Ad-hoc-Publizität, an denen die anschließenden Auslegung des § 15 WpHG zu orientieren ist. Sie untersucht dazu Veröffentlichungspflichten des Kapitalmarktrechts, mit denen § 15 WpHG in systematischem Zusammenhang steht (§ 1), erläutert die Entstehung der Ad-hoc-Publizität (§ 2) und prüft kritisch, ob sie ein verhältnismäßiges Mittel ist, um den Zweck der Regelung zu erreichen (§ 3).

Dann bestimmt die Arbeit durch Auslegung des § 15 Abs. 1 Satz 1 WpHG die einzelnen Voraussetzungen einer Veröffentlichungspflicht. Sie unterscheidet dabei zwischen dem Adressaten, dem Anlaß und dem Gegenstand der Ad-hoc-Publizität. Pflichtadressat ist jeder Emittent, dessen Wertpapiere zum Handel an einer inländischen Börse zugelassen sind (§ 4). Ein Anlaß zur Ad-hoc-Publizität besteht, wenn eine Entwicklung, die Gegenstand der Ad-hoc-Publizität ist, im Tätigkeitsbereich des Emittenten eintritt und die BAFin keine Befreiung von der Ad-hoc-Veröffentlichungspflicht gewährt (§ 5).

Diese Entwicklung ist allerdings nur dann Gegenstand der Veröffentlichungspflicht, wenn sie zur Kursbeeinflussung geeignet ist (§ 6) und diese Kursbeeinflussung erheblich sein würde (§ 7). Die Entwicklung muß zur erheblichen Kursbeeinflussung aufgrund einer durch sie bewirkten Veränderung der wirtschaftlichen Verhältnisse des Emittenten geeignet sein (§ 8). Ferner muß die Entwicklung als Tatsache zu qualifizieren sein (§ 9).[16] Abschließend ist untersucht, inwieweit die EU-Marktmissbrauchsrichtlinie eine Erweiterung des Gegenstandes der Ad-hoc-Publizität vorgibt (§ 10).

16 Die Arbeit bezeichnet Entwicklungen, die Gegenstand der Ad-hoc-Publizität sind, im folgenden als „Publizitätstatsache".

1. KAPITEL: Die Grundlagen der Ad-hoc-Publizität

§ 1 Die Veröffentlichungspflichten im Systemzusammenhang

Im systematischen Zusammenhang mit dem Gebot der Ad-hoc-Publizität gemäß § 15 WpHG stehen zum einen die Veröffentlichungspflichten gegen Insiderhandel, die sich aus § 14 WpHG ergeben. Zum anderen sind mit § 15 WpHG die Berichtspflichten der Regelpublizität systemverwandt, wie die frühere Regelung der Ad-hoc-Publizität des § 44a BörsG a.F. deutlich machte, namentlich die Publizität der Rechnungslegung gemäß §§ 39 Abs. 1 Nr. 3, Abs. 2 BörsG, 65 BörsZulVO und die Zwischenberichtspflicht gemäß § 40 BörsG. In einem wenngleich weniger engen systematischen Zusammenhang steht überdies § 41 BörsG, der zur Veröffentlichung von an die Börse erteilten Auskünften verpflichtet.

Die vertiefte Kenntnis dieser Veröffentlichungspflichten ist der Schlüssel zum angestrebten besseren Verständnis der Ad-hoc-Publizität. Für die vielen unbestimmten Rechtsbegriffe im Tatbestand der Ad-hoc-Veröffentlichungspflicht läßt sich aus dem Vergleich mit entsprechenden Begriffen in den systemverwandten Veröffentlichungspflichten ein gesetzesimmanenter Sinn ermitteln. Die Analyse der systemverwandten Veröffentlichungspflichten macht die Wertentscheidungen deutlich, die der Gesetzgeber bei der Regelung des § 15 WpHG treffen mußte. Vor allem aber setzt jede weitere Auslegung der Norm -- ob aus ihrer Entstehungsgeschichte oder ihrem Sinn und Zweck heraus -- eine Auseinandersetzung mit den Wertungen voraus, die hinter den systemverwandten Veröffentlichungspflichten stehen. Denn der Gesetzgeber hat die Ad-hoc-Publizität sowohl als Ergänzung der Veröffentlichungspflichten gegen Insiderhandel[17] als auch zur Ergänzung der Regelpublizität entwickelt.[18]

Die Arbeit muß daher mit der Untersuchung der systemverwandten Veröffentlichungspflichten beginnen. Um den Vergleich der Regelungen zu erleichtern, folgt die Arbeit im Aufbau den Fragen, die im Tatbestand jeder Veröffentlichungspflicht beantwortet sein müssen: Wer muß wann was veröffentlichen? Zunächst wird also der Adressat, dann der Anlaß und schließlich der Gegenstand der Veröffentlichungspflichten untersucht. Um den Blick für die hinter den Regelungen stehenden Wertungen zu erweitern und zu schärfen, wird vor dem deutschen Recht jeweils die entsprechende Regelung des US-Rechts analysiert.

---

17 Abs. 3, 4 und 5 der Präambel der EU-Insiderrichtlinie 89/592/EWG vom 13.11.1989, ABl. Nr. L 334 v. 18.11.1989, S. 30; Begr. RegE 2. FFG, BT-Drucks. 12/6679, S. 33, 48. Siehe ferner Abs. 12, 13, 24 und 41 der Präambel zur EU-Marktmissbrauchsrichtlinie 2003/6/EG vom 28.1.2003, ABl. EG Nr. L 96 v. 12.4.2003, S. 16 ff.

18 Begr. RegE 2. FFG, BT-Drucks. 12/6679, S. 35; Beschlußempfehlung und Bericht des Finanzausschusses, BT-Drucks. 12/7918, S. 95; ebenso bereits Begr. RegE BT-Drucks. 10/4296, S. 16 (zu § 44a BörsG a.F.).

I. Die Veröffentlichungspflichten gegen Insiderhandel

Im US-Recht entnimmt die Rechtsprechung die Veröffentlichungspflichten gegen Insiderhandel der Rule 10b-5.[19] Im deutschen Recht folgen die Veröffentlichungspflichten gegen Insiderhandel aus § 14 Abs. 1 WpHG. Insider sind nach diesen Vorschriften zur Veröffentlichung nicht öffentlich bekannter, kurserheblicher Tatsachen verpflichtet, bevor sie unbefugt die Kenntnis dieser Tatsachen zum Wertpapierhandel ausnutzen oder diese Kenntnisse selektiv an Dritte weitergeben.[20]

1. Die Pflichtadressaten

a) US-Recht

aa) Zur Vermögensbetreuung Verpflichtete

Eine Gruppe von Pflichtadressaten sind Personen, die gegenüber den Aktionären des Emittenten eine besondere Pflicht zur Vermögensbetreuung übernommen haben (*fiduciary duty*).[21] Das sind typischerweise die Mitglieder der Unternehmensleitung und Beauftragte, die eigenständig besonders verantwortungsvolle Aufgaben für Rechnung des Unternehmens ausführen. Doch auch den Emittenten selbst trifft die Vermögensbetreuungspflicht.[22] Sie würde verletzt, wenn in Erfüllung von Unternehmensaufgaben erlangte Kenntnisse über nicht öffentlich bekannte, erhebliche Tatsachen (Insiderkenntnisse) zu eigenem

---

19 17 C.F.R.§ 240.10b-5. Die Rechtsprechung stützt das Insiderhandelsverbot im allgemeinen auf Rule 10b-5 als Gesamtheit mit dem Schwerpunkt auf Rule 10b-5(1) und (3), welche die Anwendung von auf Täuschung berechneten Mitteln verbieten. Grundlegend Speed v. Transamerica Corp., 99 F. Supp. 808, 829 (D. Del. 1951), *reaff'd on later motions*, 100 F. Supp. 461, 463 (D. Del. 1951), 103 F. Supp. 47 (D. Del. 1952), *opinion on damages*, 135 F. Supp. 176 (D. Del. 1955), *modified*, 235 F.2d 369 (3d Cir. 1956); vgl. List v. Fashion Park, Inc., 340 F.2d 457, 462 (2d Cir.), *cert. denied sub nom.* List v. Lerner, 382 U.S. 811 (S. Ct. 1965); Cady, Roberts & Co., 40 S.E.C. 907, 913 (1961). Der Präzedenzfall zum Insiderhandelsverbot ist Kardon v. National Gypsum, 73 F. Supp. 798 (E.D. Pa. 1947). Die SEC hat im Jahr 2000 das *case law zu* den Insiderverboten in Rule 10b5-1(a) generell zusammengefaßt, ohne damit indes die materielle Rechtslage verändern zu wollen; siehe Sec. Exch. Act Rel. No. 34-42259, Part III.A.2, [1999-2000 Transfer Binder] Fed. Sec. L. Rep. (CCH) ¶ 86,228 (Dec. 20, 1999) und die Vorbemerkung zu Rule 10b5-1. Gemäß Rule 10b5-1(a) ist als Anwendung von auf Täuschung berechneten Mitteln unter anderem der Kauf oder Verkauf von Wertpapieren auf der Grundlage von erheblicher, nicht öffentlich bekannter Information über die Wertpapiere oder ihren Emittenten (Insiderinformation) anzusehen, durch den eine Vertrauensstellung oder Vertraulichkeitswahrungspflicht verletzt wird, die gegenüber dem Emittenten, dessen Aktionären oder jeder anderen Person besteht, von der die Insiderinformation erhalten wurde.

20 Es handelt sich somit um mittelbare Veröffentlichungspflichten, die als Anlaß der Veröffentlichungspflicht regelmäßig eine Handlung des Pflichtadressaten erfordern. Bei unmittelbaren Veröffentlichungspflichten, wie dem Gebot der Ad-hoc-Publizität, tritt der Anlaß dagegen weitgehend unabhängig vom Willen des Pflichtadressaten ein.

21 Chiarella v. United States, 445 U.S. 222, 227 (S. Ct. 1980) und Dirks v. SEC, 463 U.S. 646, 653 (S. Ct. 1983) unter Berufung auf Cady, Roberts & Co., 40 S.E.C. 907, 910 (1961). Die Vermögensbetreuungspflicht besteht auch gegenüber zukünftigen Aktionären. Sie ist daher auch bei einem Aktienverkauf aufgrund von Insiderkenntnissen verletzt. Chiarella v. United States, 445 U.S. 222, 227 Fn. 8, mit Verweis auf Gratz v. Claughton, 187 F.2d 46, 49 (2d Cir.), *cert. denied*, 341 U.S. 920 (S. Ct. 1951), zu § 16(b) SEA; SEC v. Murphy, 626 F.2d 633, 652 Fn. 23 (9th Cir. 1980); Memorandum of the Securities and Exchange Commission as Amicus Curiae, Michaels v. Michaels, 767 F.2d 1185 (7th Cir. 1985), *cert. denied*, 106 S. Ct. 797 (1986).

22 Siehe z.B. Shaw v. Digital Equipment Corp., 82 F.3d 1194 (1st Cir. 1996); Fridrich v. Bradford, 542 F.2d 307, 314-18 (6th Cir. 1976), *cert. denied*, 429 U.S. 1053 (S. Ct. 1977).

Aktienhandel ausgenutzt (Insiderhandel) oder an Dritte weitergegeben würden.[23] Allerdings ist der Wertpapierhandel aufgrund von Insiderkenntnissen und dessen Verursachung durch die selektive Mitteilung der Insiderkenntnisse uneingeschränkt erlaubt, wenn er dem Unternehmensinteresse dient. Denn dann ist die Vermögensbetreuungspflicht gewahrt.[24]

Diese Pflichtadressaten lassen sich als Überwachergaranten auffassen. Mit diesem Begriff sind im deutschen Recht Personen bezeichnet, die zum Schutz jeglicher Rechtsgüter davor verpflichtet sind, daß sich an ihnen eine bestimmte Gefahr schadhaft verwirklicht. Eine solche Verantwortung zur Abschirmung einer Gefahrenquelle entsteht, nachdem der Überwachergarant die Gefahr durch rechtlich mißbilligtes Verhalten selbst geschaffen hat.[25] Insiderhandel gefährdet nach h.M. die Integrität des Kapitalmarktes und das Vermögen der Anleger.[26] Die Verursachung dieser Gefahr ist rechtlich mißbilligt, weil der Insiderhandel zugleich eine Vermögensbetreuungspflicht verletzt. Deshalb muß der zur Vermögensbetreuung Verpflichtete den Kapitalmarkt und die Anleger vor Schaden schützen, indem er seine Insiderkenntnisse veröffentlicht.

bb) Zur Geheimniswahrung Verpflichtete

Eine weitere Gruppe von Pflichtadressaten sind Geheimnisträger.[27] Bevor sie ihre Geheimniswahrungspflicht verletzen würden (*misappropriation*), indem sie ihnen anvertraute Insiderinformation zum Wertpapierhandel ausnutzen, sind sie zur Veröffentlichung der Insiderinformation verpflichtet.[28] Es ist eine Geheimniswahrungspflicht von einigem Gewicht erforderlich, die die Intensität einer Vermögensbetreuungspflicht erreicht.[29] Es besteht keine Veröffentlichungspflicht, wenn der Berechtigte die Nutzung der Information zum Wertpapierhandel oder ihre selektive Mitteilung an Dritte erlaubt hat. Denn dann würde die Geheimniswahrungspflicht nicht verletzt.[30] Der Emittent kann somit nur als Träger fremder Geheimnisse zur Veröffentlichung verpflichtet sein, da er eigene Geheimnisse nicht verletzen kann.

Auch zur Geheimhaltung Verpflichtete lassen sich als Überwachergaranten einordnen. Ihr Insiderhandel ist rechtlich mißbilligt, weil sie dadurch in der Regel ihre Geheimniswahrungspflicht verletzen; daraus folgt ihre besondere Verantwortung zum Schutz von Kapitalmarkt und Anlegern vor Schäden, die durch den Insiderhandel drohen.

---

23 Eine Ahndung setzt des weiteren voraus, daß der Insider seine Vermögensbetreuungspflicht in der Absicht verletzt, dadurch einen persönlichen Vermögensvorteil zu erzielen. Dirks v. SEC, 463 U.S. at 662.

24 Das betont Chiarella v. United States, 445 U.S. at 230.

25 Vgl. statt vieler *Jescheck/Weigend*, Strafrecht AT, § 59 IV. (S. 620 ff., 625 ff.) m.w.N.

26 Näher dazu unter 2.

27 Rule 10b5-2(b) stellt klar, daß kraft einer besonderen Vertrauensstellung oder Vertraulichkeitswahrungspflicht zur Beachtung der Insiderverbote unter anderem verpflichtet ist, wer sich vertraglich zur Geheimhaltung verpflichtet hat oder wer aufgrund der Umstände der Mitteilung weiß oder wissen muß, daß von ihm die Geheimhaltung der Information erwartet wird.

28 Chiarella v. United States, 445 U.S. 222, 234-35 (S. Ct. 1980).

29 Chiarella v. United States, 445 U.S. 222, 227; Dirks v. SEC, 463 U.S. 646, 653-55 mit Fn. 14; ausführlich zu Abgrenzung United States v. Reed, 601 F. Supp. 685, 704-18 (S.D.N.Y.), *rev'd on other grounds*, 773 F.2d 477 (2d Cir. 1985); siehe nunmehr auch Rule 10b5-2.

30 United States v. O'Hagen, 521 U.S. 642, 655 (S. Ct. 1997); die Entscheidung ist ausführlich besprochen bei *Lange*, WM 1998, 525 ff., und *Lenenbach/Lohrmann*, RIW 1998, 115 ff.; siehe außerdem *Drygala*, WM 2001, 1282, 1287.

cc) Verpflichtete kraft besonderer Vertrauensverhältnisse

Außerdem sind Pflichtadressaten auch solche Personen, die zur Aufklärung anderer Anleger aufgrund eines besonderen Vertrauensverhältnisses verpflichtet sind (*flexible duty*).[31] Ob ein solches Vertrauensverhältnis besteht, ermittelt die Rechtsprechung durch Abwägung verschiedener Umstände im Einzelfall:[32] Von wem geht die Initiative zum Geschäftsabschluß aus? Ist das Verhältnis der Parteien auf lange Dauer angelegt? Ist die zur Beurteilung des Geschäftes wesentliche Information beiden Seiten gleichermaßen frei zugänglich? Verlassen sich die Anleger auf besondere Sachkunde und Objektivität ihres Gegenübers? Und: Wer zieht außer den Anlegern aus den Geschäften einen persönlichen Vorteil?[33] Die Gerichte befassen sich vor allem mit Wirtschaftsprüfern und Steuerberatern, die Gefahren eines von ihnen begutachteten Geschäftes vor den Anlegern geheim halten, weil sie am Geschäftsabschluß ein persönliches Interesse haben.[34] Jedoch können auch Emittenten aufgrund eines besonderen Vertrauensverhältnisses zur Aufklärung der Anleger über nicht öffentlich bekannte, erhebliche Entwicklungen verpflichtet sein.[35]

Die Pflichtadressaten kraft besonderer Vertrauensverhältnisse können als Beschützergaranten verstanden werden: Sie sind verpflichtet, ein bestimmtes Rechtsgut vor jeglichen Gefahren zu beschützen. Die besondere Verantwortung des Beschützergaranten beruht auf vertragsähnlichem Verhalten, indem der Beschützergarant seine Schutzbereitschaft signalisiert und der eigentlich Schutzverantwortliche sich erkennbar darauf verläßt. Die Schutzwürdigkeit dieses Vertrauens setzt außerdem voraus, daß sich der Beschützergarant als Folge der Schutzübernahme einen persönlichen Vorteil verspricht.[36] Indem Insider ihre besondere Sachkunde und Objektivität ausloben, bringen sie einige Anleger dazu, ihnen (zumindest zum Teil) die Wahrnehmung ihrer Vermögensinteressen zu übertragen. Das Schutzversprechen wird zur Pflicht, wenn die Insider durch Wertpapierhandel mit den jeweiligen Anlegern einen persönlichen Vorteil verfolgen. Sie müssen dann durch Offenlegung ihrer Insiderkenntnisse die betreffenden Anleger vor Vermögensschäden schützen, die durch den Insiderhandel drohen.

---

31 Präzedenzfälle sind Arthur Young & Co. v. Reves, 937 F.2d 1310 (8th Cir. 1991), *aff'd*, 507 U.S. 170 (S. Ct. 1993); Zweig v. Hearst Corp., 594 F.2d 1261 (9th Cir. 1979); White v. Abrams, 495 F.2d 724 (9th Cir. 1974).

32 Die Rechtsprechung knüpft damit an die *special circumstances*-Doktrin des *common law an*, daß eine Aufklärungspflicht von Insidern im Rahmen des Betrugsverbotes nur unter besonderen Umständen anzunehmen ist; siehe dazu Strong v. Repide, 213 U.S. 419, 431 (1909); vgl. Loss/Seligman FUNDAMENTALS OF SECURITIES REGULATION 769-70, 817 m.w.N.

33 Die Vereinbarkeit dieser Rechtsprechung mit den hohen Anforderungen der Dirks-Entscheidung an die Intensität einer Vermögensbetreuungspflicht ist noch ungeklärt; für eine Vereinbarkeit National Smelting of New Jersey, Inc., Bondholders Litig., 722 F. Supp. 152 (D.N.J. 1989); Gilmore v. Gordon, 761 F. Supp. 358 (D.N.J. 1991), *summ. judgment granted in part, summ. judgment denied in part*, 807 F. Supp. 1176 (D.N.J. 1992); kritisch dagegen *Brown* REGULATION OF CORPORATE DISCLOSURE § 3.08[2] 3-78-81.

34 Siehe z.B. Rudolph v. Arthur Andersen & Co., 800 F.2d 1040, 1044 (11th Cir. 1986); The Pegasus Fund, Inc. v. Laraneta, 617 F.2d 1335 (9th Cir. 1980).

35 Gilmore v. Gordon, 761 F. Supp. 358 (D.N.J. 1991); vgl. Backman v. Polaroid, 893 F.2d 1405, 1413 (1st Cir.), *panel opinion withdrawn*, 910 F.2d 10 (1st Cir. 1990) (*en banc*); In re Washington Public Power Supply System Sec. Litig., [1989 Transfer Binder] Fed. Sec. L. Rep. (CCH) ¶ 94,325 (W.D. Wash. 1988).

36 So das deutsche Recht; *Jescheck/Weigend*, Strafrecht AT, § 59 IV. (S. 620 ff., 625 ff.).

dd) Empfehlungsempfänger

Pflichtadressaten sind schließlich alle Empfehlungsempfänger, die wissen, daß der Empfehlende im Hinblick auf seine Insiderkenntnisse besonderen Bindungen unterliegt.[37] Denn die besonderen Bindungen des Empfehlungsgebers gehen auf den Empfehlungsempfänger über.[38] Pflichtadressaten sind somit wiederum nur Personen, die aufgrund vorangegangenen, rechtlich mißbilligten Verhaltens (des Empfehlenden) als Überwachergarant oder aufgrund der Inanspruchnahme besonderen Vertrauens (durch den Empfehlenden) als Beschützergarant für das Vermögen der Anleger einzustehen haben. Verpflichtet ist folglich nicht jeder Dritte. In seiner Leitentscheidung zum Insiderrecht *United States v. Chiarella* wendet sich der US-Supreme Court ausdrücklich gegen die in *SEC v. Texas Gulf Sulphur Co.* geäußerte Ansicht des Appellate Court, Second Circuit, das Kapitalmarktrecht solle gleichen Informationszugang für alle Anleger gewährleisten, so daß jeder Wertpapierhandel in Kenntnis von nicht öffentlich bekannten, kurserheblichen Tatsachen verboten sei.[39] Emittenten etwa dürften einigen Anlegern vor anderen Zugang zu werterheblicher Information gewähren, denn sie hätten das Recht, über die Nutzung der unternehmenseigenen Information frei zu verfügen. Wenn das Ausnutzen von Insiderkenntnissen somit aber nicht objektiv pflichtwidrig sei, treffe auch nicht jeden Dritten eine Veröffentlichungspflicht.[40]

b) Deutsches Recht

aa) Mitglieder der Unternehmensleitung

§ 13 Abs. 1 Nr. 1 WpHG erklärt denjenigen zum Insider, der als Mitglied des Geschäftsführungs- oder Aufsichtsorgans oder als persönlich haftender Gesellschafter des Emittenten oder eines mit dem Emittenten verbundenen Unternehmens Kenntnis von einer Insidertatsache hat.[41]

Mit dieser Vorschrift sind Personen bezeichnet, die im Hinblick auf ihre Insiderkenntnisse einer Vermögensbetreuungspflicht unterliegen, und die ihre Pflicht durch eine Nutzung der Kenntnisse zu eigenem oder fremdem Insiderhandel typischerweise verletzen würden. Diese Wertung entspricht im wesentlichen derjenigen des US-Rechts. Abweichend davon bleiben nach deutschem Recht Mitglieder der Unternehmensleitung

---

37 Dirks v. SEC, 463 U.S. 646, 659 (S. Ct. 1983); siehe außerdem Bateman Eichler, Hill Richards, Inc. v. Berner, 472 U.S. 299, 311 Fn. 21 (S. Ct. 1985); SEC v. Materia, [1983-1984 Transfer Binder] Fed. Sec. L. Rep. (CCH) ¶ 99,583 at 97,283 (S.D.N.Y. 1983), *aff'd on other grounds*, 745 F.2d 197 (2d Cir.), *cert. denied*, 471 U.S. 1053 (S. Ct. 1984); Investors Management Co. Inc., 44 S.E.C. 633, 641 (1971).

38 Diese Rechtsprechung geht auf *common law zurück*, das jede Person, die von einem Treuhänder vertrauliche Information erhält, im Hinblick auf die Information ebenfalls einer Treuebindung unterwirft. Loss/Seligman FUNDAMENTALS OF SECURITIES REGULATION 805-06 m.w.N.

39 Gegen SEC v. Texas Gulf Sulphur Co., 401 F.2d 833, 848 (2d Cir.) (en banc), *cert. denied sub nom.* Coates v. SEC, 394 S. Ct. 976 (1968), somit United States v. Chiarella, 588 .2d 1358, 1365 (2d Cir. 1978).

40 Chiarella v. United States, 445 U.S. 222, 234-35 (S. Ct. 1980); Dirks v. SEC, 463 U.S. 646, 655-56 Fn. 15 (S. Ct. 1983); Central Bank of Denver v. First Interstate Bank of Denver, 511 U.S. 164, 191 (S. Ct. 1994); vgl. auch Santa Fe Industries, Inc., v. Green, 430 U.S. 462, 470-76 (S. Ct. 1977).

41 Diese Definition geht über die Vorgaben des Art. 2 Abs. 1 Alt. 1 der EU-Insiderrichtlinie 89/592/EWG vom 13.11.1989, ABl. EG Nr. L 334 v. 18.11.1989, S. 30, 31, hinaus, demnach als Insider alle Personen anzusehen sind, die als Mitglied eines Verwaltungs-, Leitungs- oder Aufsichtsorgans des Emittenten Zugang zu Insiderinformation haben.

jedoch selbst dann als Insider besonders verpflichtet, wenn sie ihre Insiderkenntnisse im Unternehmensinteresse nutzen. Den vorhergehenden Erörterungen zum US-Recht folgend läßt sich die Verpflichtung als typisierte Überwachergarantenpflicht bezeichnen.

bb) Am Eigenkapital Beteiligte

Ferner ist Insider, wer aufgrund seiner Beteiligung am Kapital des Emittenten oder eines mit dem Emittenten verbundenen Unternehmens Kenntnis von einer Insidertatsache hat (§ 13 Abs. 1 Nr. 2 WpHG).[42] Auf eine bestimmte Höhe der Beteiligung kommt es nicht an.[43] Der Emittent ist gemäß dieser Vorschrift Insider im Hinblick auf Kenntnisse, die Beteiligungsunternehmen und ihre Wertpapiere betreffen.[44]

Die Regelung erfaßt Personen, die ihre Insiderkenntnisse als Betriebs- oder Geschäftsgeheimnis zu wahren verpflichtet sind.[45] Durch die Nutzung der Kenntnisse zum Nachteil der Geheimnisinhaber, insbesondere also durch Insiderhandel, würden sie diese Pflicht verletzen. Auch diese Wertung erinnert an das US-Recht. Allerdings sieht das deutsche Recht keine Ausnahme von der Veröffentlichungspflicht vor für den Fall, daß der Inhaber des Betriebs- oder Geschäftsgeheimnisses dessen Nutzung erlaubt hat. Die Verpflichtung der am Eigenkapital Beteiligten erscheint wiederum als typisierte Überwachergarantenpflicht.

cc) Tätigkeitsinsider

Insider ist außerdem gemäß § 13 Abs. 1 Nr. 3 WpHG, wer aufgrund seines Berufes, seiner Tätigkeit oder seiner Aufgabe bestimmungsgemäß Kenntnis von einer Insidertatsache hat.[46] Die Kausalität der Kenntnis ist anzunehmen, wenn die Kenntniserlangung vorhersehbar war.[47] Bestimmungsgemäße Kenntnis von Insidertatsachen erhält, wer nach der Verkehrsauffassung aufgrund seiner herausgehobenen Stellung am Kapitalmarkt Kenntnis von Insidertatsachen vor anderen Anlegern erlangt.[48] Es ist unbeachtlich, ob zu dem Emittenten eine besondere Rechtsverbindung besteht.[49] Andererseits kann auch der

---

42 Art. 2 Abs. 1 Alt. 2 der EU-Insiderrichtlinie, aaO, gibt die Beteiligung am Eigenkapital des Emittenten als Anknüpfungspunkt vor.

43 Begr. RegE 2. FFG, BT-Drucks. 12/6679, S. 46; *Assmann*, in: Assmann/Schneider (Hrsg.), WpHG, § 13 Rdn. 15; *Schäfer*, in: Schäfer (Hrsg.), WpHG etc., § 13 Rdn. 20.

44 Die Insiderverbote gelten unzweifelhaft auch für juristische Personen; *Assmann*, in: Assmann/-Schneider (Hrsg.), WpHG, § 13 Rdn. 4a; *Schäfer*, in: Schäfer (Hrsg.), WpHG etc., § 13 Rdn. 26, je m.w.N.

45 Jedenfalls entsteht diese Pflicht bei sorgfaltspflichtgemäßer Unternehmensführung aus einer Vertraulichkeitserklärung; hilfsweise ist an die Treuepflicht der Eigenkapitalbeteiligten zu denken. Siehe außerdem *Lutter*, in: Bundesnotarkammer (Hrsg.), FS Schippel, S. 455, 459 ff., zur Frage, inwieweit die Offenlegung von Betriebs- und Geschäftsgeheimnissen an Eigenkapitalbeteiligte und Beteiligungserwerber im Rahmen der Due Diligence zulässig ist.

46 Art. 2 Abs. 1 Alt. 3 der EU-Insiderrichtlinie, aaO, bestimmt zum Insider alle Personen, die aufgrund ihrer Arbeit, ihres Berufes oder ihrer Aufgaben Zugang zu Insiderinformation haben.

47 Begr. RegE 2. FFG, BT-Drucks. 12/6679, S. 46; *Assmann*, in: Assmann/Schneider, WpHG, § 13 Rdn. 18; *Schäfer*, in: Schäfer (Hrsg.), WpHG etc., § 13 Rdn. 28; *Assmann*, AG 1997, 50, 54; vgl. *Eichele*, WM 1997, 501, 502. Es ist unbeachtlich, ob die Mitteilung von Insidertatsachen ungefragt oder sogar entgegen einem ausdrücklichen Verbot erfolgt; *Assmann*, in: Assmann/Schneider (Hrsg.), WpHG, § 13 Rdn. 24; *Assmann*, AG 1997, 50, 54; *Eichele*, WM 1997, 501, 506.

48 *Assmann*, in: Assmann/Schneider (Hrsg.), WpHG, § 13 Rdn. 19 f.

49 *Assmann*, in: Assmann/Schneider (Hrsg.), WpHG, § 13 Rdn. 9; *Schäfer*, in: Schäfer (Hrsg.), WpHG etc., § 13 Rdn. 24; *Caspari*, ZGR 1994, 530, 538; *Hopt*, ZHR 159 (1995), 135, 145; *F. Immenga*, ZBB 1995, 197, 200; *Kümpel*, Bank- und Kapitalmarktrecht, Kz. 14.167. Für die entgegengesetzte Auslegung von *Claussen*, ZBB 1992, 267, 271; *ders.*, DB 1994, 27, 28; *ders.*, Insiderhandelsverbot

Emittent selbst ein Tätigkeitsinsider sein: Er ist es hinsichtlich aller Insidertatsachen, von denen er in Verfolgung des Unternehmenszweckes Kenntnis erlangt.

Somit verpflichtet § 13 Abs. 1 Nr. 3 WpHG als Insider die Personen, die am Markt für ihre besondere Sachkunde bekannt sind. Aufgrund dieses Anknüpfungspunktes für die Verpflichtung der Tätigkeitsinsider sowie angesichts der ansonsten sehr ähnlichen Wertungen des US-Rechts läßt sich überlegen, ob die Rechtsfigur des Tätigkeitsinsiders eine Typisierung der Insider kraft besonderer Vertrauensverhältnisse darstellt, wie sie das US-Recht kennt. Als Hinweis dafür läßt sich das Erfordernis „bestimmungsgemäßer" Kenntnis auffassen, das der deutsche Gesetzgeber der Definition des Tätigkeitsinsiders gegenüber der EU-Richtlinienvorgabe hinzugefügt hat.[50] Damit ist eine planmäßige, kapitalmarktorientierte Tätigkeit des Insiders vorausgesetzt. Eine solche Tätigkeit, die noch zudem marktbekannt sein muß, wird zwar keineswegs immer, aber doch sehr häufig ein besonderes Vertrauensverhältnis zu einzelnen, wenn nicht allen Anlegern beinhalten. Denn am Kapitalmarkt agiert kaum ein professioneller Marktteilnehmer allein im eigenen Interesse. Es liegt daher nahe, die Tätigkeitsinsider als typisierte Beschützergaranten anzusehen.

dd) Dritte Personen

§ 14 Abs. 2 WpHG verbietet Dritten den Handel in Wertpapieren, wenn sie dadurch die Kenntnis von Insidertatsachen ausnutzen würden. Es sind keine besonderen persönlichen Eigenschaften erforderlich. Demgemäß sind Insidertatsachen durch jeden offen zu legen, der Insiderkenntnisse zum Handel in Wertpapieren ausnutzen möchte.[51] Die EU-Insiderrichtlinie, auf die das deutsche Insiderrecht zurückgeht, verbietet dagegen nur den Insiderhandel auf der Grundlage von Insiderinformation, die der Täter in Kenntnis von dessen Insiderstellung unmittelbar oder mittelbar von einem Insider erlangt hat (Sekundärinsider).[52] Daher ist nicht anzunehmen, daß durch § 13 Abs. 2 WpHG Veröffentlichungspflichten gegen Insiderhandel völlig losgelöst von einer besonderen Garantenpflicht postuliert sind. Vielmehr soll die Erstreckung des Insiderhandelsverbotes auf Dritte vermutlich nur den Nachweis erübrigen, daß Insiderkenntnisse wissentlich von einem Primärinsider erlangt sind. Denn ein solcher Nachweis wäre mit der im Strafprozeß erforderlichen Gewißheit kaum zu führen. Damit wäre die ordnungsgemäße Umsetzung der

---

und Ad-hoc-Publizität, Rdn. 85 (S. 60 mit Fn. 124); *ders.*, Bank- und Börsenrecht, S. 322, findet sich eine Grundlage weder im Wortlaut der Norm noch in der EU-Insiderrichtlinie oder den Gesetzesmaterialien; gegen den Ansatz *Claussens* ausführlich *Assmann*, AG 1997, 50, 53 mit Fn. 27.

50 Es ist streitig, ob das Erfordernis „bestimmungsgemäßer" Kenntnis mit der Richtlinienvorgabe zu vereinen ist; dafür *Mennicke*, Sanktionen gegen Insiderhandel, S. 600 f.; dagegen *Hopt*, in: Schimansky/Bunte/Lwowski (Hrsg.), Bankrechts-Hdb., § 107 Rdn. 17; *Eichele*, WM 1997, 501, 505; *Tippach*, Insiderverbote und Rechtspflichten der Banken, S. 168, die daher dem Tatbestandsmerkmal keine tatbestandsbegrenzende Funktion zumessen; wiederum dagegen *Schäfer*, in: Schäfer (Hrsg.), WpHG etc., § 13 Rdn. 31; *U. Weber*, BB 1995, 157, 160 f., unter Hinweis auf das Analogieverbot.

51 Diese Regelung ließe sich so verstehen, daß allen Anlegern die gleiche Chance der zur Nutzung kurserheblicher Informationen eingeräumt werden soll. Chancengleichheit in diesem Sinne ist aber ausgeschlossen, weil einige Menschen immer in der Lage sein werden, Wege der Informationsnutzung zu finden, die anderen verborgen bleiben; *Oberender/Daumann*, ORDO 43 (1992), 255, 261; richtigerweise kann es daher allenfalls auf den gleichen Informationszugang ankommen; *Hopt*, in: Kübler/Mertens/Werner (Hrsg.), FS Heinsius, S. 289, 290.

52 Art. 4 der EU-Insiderrichtlinie 89/592/EWG vom 13.11.1989, ABl. EG Nr. L 334 v. 18.11.1989, S. 30, 31, bestimmt zum Sekundärinsider jeden, der in Kenntnis der Sache über Insider-Information verfügt, die unmittelbar oder mittelbar nur von einem Primärinsider stammen kann.

Richtlinienvorgaben aber in Frage gestellt gewesen.[53] Richtigerweise sollte demzufolge § 13 Abs. 2 WpHG nicht angewandt werden, wenn der Täter nachweislich seine Insiderkenntnisse nicht wissentlich von einem Primärinsider erhalten hat.

In dieser Interpretation entspricht die Verpflichtung Dritter der Verpflichtung von Empfehlungsempfängern im US-Recht. Wie dort bleibt also eine vom Empfehlenden abgeleitete (typisierte) Garantenpflicht erforderlich.

ee) Ausblick: Regelungsvorgaben der EU-Marktmissbrauchsrichtlinie

Die EU-Marktmissbrauchsrichtlinie bestimmt neben den in der EU-Insiderrichtlinie identifizierten Personengruppen außerdem zum Insider, wer aufgrund krimineller Aktivitäten Kenntnis von einer Insiderinformation hat.[54] Zweck dieser Erweiterung der Definition von Primärinsidern ist, gegen die Finanzierung terroristischer Aktivitäten vorzugehen und den Ereignissen des 11. September 2001 Rechnung zu tragen.[55] Aufgrund des wesentlich weiter gehenden Wortlauts unterwirft diese Regelung jegliche Personen der erhöhten Verantwortung eines Primärinsiders, die durch strafrechtlich verbotenes Verhalten gleich welcher Art einen Informationsvorsprung gegenüber anderen Marktteilnehmern erlangt haben. Selbst wenn die kriminellen Aktivitäten nicht auf diesen Informationsvorsprung abzielten, entsteht dadurch doch die Gefahr nicht nachvollziehbarer Veränderungen des Börsenpreises. Die Verpflichtung von Straftätern, die Anleger vor dieser Gefahr zu schützen, läßt sich wiederum als typisierte Überwachergarantenpflicht einordnen.

Die EU-Marktmissbrauchsrichtlinie erweitert den Kreis der Pflichtadressaten beträchtlich gegenüber dem der EU-Insiderrichtlinie, indem sie die Geltung der Insiderverbote auf jegliche Personen erstreckt, die über eine Insiderinformation verfügen und wissen oder hätten wissen müssen, daß es sich dabei um Insiderinformation handelt.[56] Es ist demzufolge unerheblich, ob ein Dritter die Insiderinformation von einem Insider in Kenntnis von dessen Insiderstellung erhalten hat, wie es noch in der EU-Insiderrichtlinie vorausgesetzt war.[57] Es genügt, daß der Dritte die Qualifikation der Information als Insiderinformation kennt oder unbewußt fahrlässig verkennt. Bemerkenswerter Weise gehen die im übrigen recht umfangreichen Materialien zum europäischen Rechtsetzungsverfahren nicht auf diese Erweiterung der Insiderverbote auf Dritte ein. Insbesondere erläutert die Begründung zum Kommissionsvorschlag der EU-Marktmissbrauchsrichtlinie die Unterschiede des Richtlinienvorschlages zum Inhalt der EU-Insiderrichtlinie, aber erwähnt diese Änderung mit keinem Wort.[58] Das Europäische Parlament strich das im Kommissionsvor-

---

53 Die Begr. RegE BT-Drucks. 12/6679, S. 48, verweist in diesem Sinne auf die Probleme sachgerechter Abgrenzung von sanktionswürdigem Verhalten.

54 Art. 2 Abs.1 Satz 2 lit. d) der EU-Marktmissbrauchsrichtlinie 2003/6/EG vom 28.1.2003, ABl. EG Nr. L 96 v. 12.4.2003, S. 21.

55 Änderungsantrag 28 der Stellungnahme des Europäischen Parlaments in erster Lesung vom 14.3.2002 zum Kommissionsvorschlag einer EU-Marktmissbrauchsrichtlinie, KOM (2001) 281 – C5-0262/2001 – 2001/0118 (COD).

56 Da in § 14 Abs. 2 WpHG bereits ein allgemeines Handelsverbot statuiert ist (über die Vorgaben der EU-Insiderrichtlinie hinausgehend), liessen sich die Vorgaben der EU-Marktmissbrauchsrichtlinie insoweit umsetzen, indem diese Vorschrift um ein allgemeines Weitergabe- und Empfehlungsverbot erweitert wird; *Leppert/Stürwald*, ABB 2002, 90, 93; vgl. *Dier/Fürhoff*, AG 2002, 604, 607.

57 *Leppert/Stürwald*, ABB 2002, 90, 93.

58 Kommissionsvorschlag einer EU-Marktmissbrauchsrichtlinie, KOM (2001) 281 endg. – 2001/0118 (COD), ABl. EG Nr. C 240E v. 28.8.2001, S. 265.

schlag enthaltene Erfordernis, daß der Dritte „in Kenntnis der Sache selbst über eine Insiderinformation verfügt". Als Grund dafür ist lediglich die Erstreckung der Regelung auf fahrlässiges Handeln angegeben.[59] In der Tat legt die Gesetzgebungsgeschichte nahe, daß die Erweiterung des Pflichtadressatenkreises auf effektiv jeden Dritten nicht beabsichtigt war, und daß mit der Formulierung des ursprünglichen Kommissionsvorschlages („in Kenntnis der Sache") weiterhin die wissentliche Ableitung der Insiderinformation von einem Insider vorausgesetzt sein sollte.

Die Erstreckung der Insiderverbote auf jegliche Dritte läßt sich wiederum als typisierte Garantenpflicht erklären. Während gemäß der EU-Insiderrichtlinie noch eine Ableitung dieser besonderen Verantwortung von der erhöhten Informationsverantwortung eines Insiders erforderlich war, geht die EU-Marktmissbrauchsrichtinie im Wege typisierender Betrachtung davon aus, daß jeder Dritte, der die Vertraulichkeit einer Insiderinformation kennt oder kennen mußte, diese Insiderinformation von einem Insider erhalten hat. Das deutsche Recht hat diese Entwicklung bereits in § 14 Abs. 2 WpHG teilweise vorweggenommen, indem es das Insiderhandelsverbot auf jeden Dritten erstreckt hat. Die EU-Marktmissbrauchsrichtlinie erklärt – bei der Annahme typisierter Garantenpflichten für Dritte konsequent – jegliche Insiderverbote auf Dritte anwendbar.

ff) Zusammenfassende Schlußfolgerung

Zusammenfassend läßt sich eine Wertung festhalten, durch die die Adressaten der Veröffentlichungspflichten gegen Insiderhandel bestimmt sind: Sie sind als Überwacher- oder Beschützergaranten für die Sicherung der Preistransparenz und den Schutz des Anlegervermögens besonders verantwortlich. Der Vergleich mit dem US-Recht macht deutlich, daß im US-Recht die Voraussetzungen der Garantenpflicht im Einzelfall vorliegen müssen, während das deutsche Recht und die europäischen Richtlinienvorgaben typisierte Garantenpflichten genügen lassen. Da diese Wertung sämtlichen Veröffentlichungspflichten gegen Insiderhandel zugrunde liegt, spricht viel dafür, daß auch die Verpflichtung des Emittenten als Adressat der Ad-hoc-Publizität aus einer typisierten Garantenpflicht abgeleitet ist.

2. Der Anlaß der Veröffentlichungspflichten

Nach den bislang gewonnenen Erkenntnissen müßte ein Anlaß für die Veröffentlichungspflichten gegen Insiderhandel immer dann bestehen, wenn eine Gefahr für die Integrität des Kapitalmarktes und das Vermögen der Anleger besteht. Denn um ihrer (typisierten) Garantenpflicht zu genügen, müssen die Pflichtadressaten verhindern, daß der Kapitalmarkt und das Anlegervermögen Schaden nehmen. Diese Erwartung ist zu überprüfen.

59 Änderungsantrag 32 der Stellungnahme des Europäischen Parlaments vom 14.3.2002 zum Kommissionsvorschlag einer Marktmissbrauchsrichtlinie, KOM (2001) 281 – C5-0262/201 – 2001/0118 (COD).

a) *US-Recht*

Aus Rule 10b-5 folgt die Pflicht, Insidertatsachen zu veröffentlichen oder vom Wertpapierhandel abzusehen (*disclose-or-abstain*).[60] Die Veröffentlichungspflicht gilt an unpersönlichen Märkten ebenso wie in Geschäften mit persönlichem Kontakt.[61] Gemäß Rule 10b-5 ist es den Pflichtadressaten außerdem verboten, Insidertatsachen einzelnen Anlegern mitzuteilen.[62] Sie müssen die Insiderinformation allen Anlegern zur gleichen Zeit zugänglich machen. Ebenso ist eine nur an ausgewählte Anleger ausgesprochene Empfehlung verboten, die aufgrund von Insiderkenntnissen erfolgt.[63] Folglich besteht ein Veröffentlichungsanlaß, wenn Insiderhandel durch die Pflichtadressaten bevorsteht oder aufgrund ihrer Mitteilungen oder Empfehlungen durch Dritte droht.

Insiderhandel würde der Integrität des Kapitalmarktes und dem Vermögen der Anleger schaden. Die Gründe dafür sind viel diskutiert.[64] Maßgeblich erscheint die Gefahr, daß die durch Insiderhandel beeinflußten Kurse die Anleger zu vermögensschädigendem Wertpapierhandel verleiten. Wenn einige Anleger bei ihrem Wertpapierhandel Insiderkenntnisse ausnutzen, kommt es zu Kursveränderungen, die nur verzögert und unvollständig zu dem Preis der Wertpapiere führen, der sich bei unverzüglicher Veröffentlichung der Insiderinformation gebildet hätte. Aus dem Vergleich mit der ihnen vorliegenden (öffentlich zugänglichen) Information können dann andere Anleger zu Unrecht auf die fehlende Rechtfertigung der Kursveränderung durch die Gesamtinformationslage schließen und daraufhin selbstschädigend reagieren, zum Beispiel bei offenbar überhöhten, in Anbetracht der Insidertatsache aber zu niedrigen Preisen ihre Wertpapiere verkaufen. Somit schädigt Insiderhandel nicht nur die unmittelbaren Geschäftspartner des Insiders, sondern gefährdet das Vermögen aller Anleger. Diese verlieren das Vertrauen in die Preistransparenz des Kapitalmarktes. Nach alledem ist ein Anlaß für die Veröffentlichungspflichten gegen Insiderhandel immer dann gegeben, wenn das Vermögen der Anleger und ihr Vertrauen in die Preistransparenz des Kapitalmarktes gefährdet ist.

In diesem Zusammenhang wird eine grundlegende Wertung des Anlegerschutzrechts deutlich: Der Schutz des Anlegervertrauens, daß der Börsenpreis die an der Börse tatsächlich bestehende Informations- und Geschäftslage wiedergibt. Nur aufgrund dieser Wertung dürfen Anleger darauf vertrauen, daß sie vor von ihnen nicht richtig nachvollziehbaren Veränderungen des Börsenkurses geschützt werden. In dieser Wertung weicht das Anlegerschutzrecht beträchtlich vom Recht des Warenmarktes ab. Die Beeinflussung eines Preises löst am Warenmarkt keine Pflicht zur Verhinderung eventueller Irrtümer über die Informations- und Geschäftslage aus. Denn das *common law* sieht den Preis einer Sache als reines Werturteil an, auf dessen „Richtigkeit" nicht schutzwürdig vertraut

---

60 Grundlegend SEC v. Texas Gulph Sulphur Co., 401 F.2d 833, 848 (2d Cir. 1968) (*en banc*), *cert. denied sub nom.* Coates v. SEC, 394 U.S. 976 (S. Ct. 1969); Staffin v. Greenberg, 672 F.2d 1196, 1204 (3d Cir. 1982); Greenfield v. Heublein, Inc., 742 F.2d 751, 759 (3d Cir. 1984), *cert. denied* 469 U.S. 1215 (S. Ct. 1985); vgl. auch Schoenbaum v. Firstbrook, 405 F.2d 215 (2d Cir. 1968) (en banc), *cert. denied sub nom.* Manley v. Schoenbaum, 395 U.S. 906 (S. Ct. 1968) (Verkauf von Aktien durch den Emittenten an das beherrschende Unternehmen vor der Veröffentlichung eines Ölfundes).

61 Superintendent of Ins. of NY v. Bankers Life & Casualty Co., 404 U.S. 6, 10 (S. Ct. 1971).

62 Dirks v. SEC, 463 U.S. 646, 659 (S. Ct. 1983), reversing 681 F.2d 824 (D.C. Cir. 1982); SEC v. Texas Gulf Sulphur Co., 401 F.2d 833, 852 (2d Cir.) (en banc), cert. denied sub nom. Coates v. SEC, 394 U.S. 976 (S. Ct. 1968).

63 Shapiro v. Merrill Lynch, Pierce, Fenner & Smith, Inc., 495 F.2d 228 (2d Cir. 1974).

64 Siehe dazu z.B. *Hopt*, AG 1995, 353 ff., mit einem Überblick zum Streitstand.

werden kann.[65] Anders als der Warenmarkt kann die Börse die Sicherung transparenter Preisbildung aber nicht dem einzelnen Anleger überlassen. Das würde die Handelshäufigkeit untragbar herabsetzen. Aus diesem Grunde muß die Börse, um überhaupt Anleger anzulocken, das Vertrauen in die transparente Bildung des Börsenpreises schützen.[66] Die Anleger werden also vor einem nicht richtig nachvollziehbaren Wertpapierpreis ebenso wie vor irreführender Kommunikation geschützt.[67]

b) Deutsches Recht

§§ 14 Abs. 1 Nr. 1, 14 Abs. 2 WpHG verbieten Insidern und Dritten Wertpapierhandel unter Ausnutzung ihrer Kenntnis von Insidertatsachen. Dabei nutzt Insiderkenntnisse aus, wer damit einen Sondervorteil für sich oder andere durch Wertpapiergeschäfte erlangen will.[68]

§ 14 Abs. 1 Nr. 2 WpHG verbietet einem Insider, einem anderen eine Insidertatsache unbefugt mitzuteilen oder zugänglich zu machen. Als Mitteilung ist jede Handlung anzusehen, die zur Kenntniserlangung durch einen anderen führt,[69] so auch wenn der Mitteilungsempfänger die Insidertatsache lediglich aus dem Kontext erkennen oder aus Verhalten schlußfolgern kann (konkludente Mitteilung).[70] Zugänglich ist eine Insidertatsache gemacht, wenn der Insider einem "anderen" die Kenntnisnahme ermöglicht.[71] Die Befugnis zur Mitteilung hängt im allgemeinen davon ab, ob die Mitteilung die Zahl der Insider und dadurch die Gefahr von Insiderhandel erhöht.[72]

§ 14 Abs. 1 Nr. 3 WpHG verbietet einem Insider, anderen auf der Grundlage seiner Insiderkenntnisse den Erwerb oder die Veräußerung von Insiderpapieren zu empfehlen. Das Verbot soll verhindern, daß der Insider die Kenntnis einer Insidertatsache für sich selbst oder einen anderen durch Empfehlungen ausnutzt und dadurch das Insiderhandelsverbot umgeht.[73] Es ist allerdings nicht erforderlich, daß der Insider sich eine Gegenleistung versprechen läßt.[74]

Bevor der Pflichtadressat Insiderhandel treibt oder durch Mitteilungen oder Empfehlungen die Gefahr von Insiderhandel erhöht, muß er seine Insiderkenntnisse

---

65 Sacramento Suburban Fruit Lands Co. v. Melin, 36 F.2d 907 (9th Cir. 1929); Byers v. Federal Land Co., 3 F.2d 9 (8th Cir. 1924); Dobbs/Keeton/Owen PROSSER & KEETON ON TORTS 758 m.w.N.

66 Aus dem gleichen Grund ist jede Abgabe von Ordern, die den Preis der Wertpapiere entgegen der tatsächlichen Geschäftslage beeinflussen würden, als Kursmanipulation verboten. Vgl. 15 U.S.C.§ 78i(a)(1) „It shall be unlawful [..] creating a false or misleading appearance of active trading [...] or a false or misleading appearance with respect to the market for the security."

67 So bereits United States v. Brown, 5 F. Supp. 81 (S.D.N.Y. 1933).

68 *Assmann/Cramer*, in: Assmann/Schneider (Hrsg.), WpHG, § 14 Rdn. 25; *Schäfer*, in: Schäfer (Hrsg.), WpHG etc., § 14 Rdn. 11; *Assmann*, AG 1994, 237, 246; *Caspari*, ZGR 1994, 530, 542; weitergehend *Claussen*, ZBB 1992, 267, 281; *ders.*, DB 1994, 27, 31.

69 *Assmann*, AG 1994, 237, 247.

70 *Assmann/Cramer*, in: Assmann/Schneider (Hrsg.), WpHG, § 14 Rdn. 42.

71 *Assmann/Cramer*, in: Assmann/Schneider, WpHG, § 14 Rdn. 43.

72 So *Götz*, DB 1995, 1949, 1950; *Schneider/Singhof*, in: Hönn/Konzen/Kreutz (Hrsg.), FS Kraft, S. 585, 589 f.; *Singhof*, ZGR 2001, 146, 152 f. Bestimmtheitsbedenken bei *Süßmann*, AG 1999, 162, 164.

73 Begr. RegE 2. FFG, BT-Drucks. 12/6679, S. 47 f.; *Assmann/Cramer*, in: Assmann/Schneider, WpHG, § 14 Rdn. 69; *Kümpel*, in: Kümpel/Ott (Hrsg.), Kapitalmarktrecht, Kennz. 065, 4. Teil, C.III (S. 53).

74 *Hopt*, in: Schimansky/Bunte/Lwowski (Hrsg.), Bankrechts-Hdb., § 107 Rdn. 43; vgl. aber *Becker*, Das neue Wertpapierhandelsgesetz, S. 56, der aus dem Erfordernis des "Ausnutzen" einer Insidertatsache in §§ 14 Abs. 1 Nr. 1, 14 Abs. 2 WpHG folgert, daß entweder dem Empfehlenden oder dem Empfehlungsempfänger ein wirtschaftlicher Vorteil aufgrund der Empfehlung entstehen muß.

veröffentlichen und dadurch einen Rechtsverstoß vermeiden. Wenn die fragliche Information öffentlich bekannt ist, ist sie keine Insidertatsache mehr. Es genügt analog § 15 Abs. 3 Satz 1 WpHG, daß die Insidertatsache in einer überregionalen Tageszeitung oder über ein elektronisch betriebenes Informationsverbreitungssystem veröffentlicht wird, das bei professionellen Marktteilnehmern verbreitet ist.[75] Jedoch kann eine Insidertatsache auch in anderer Weise öffentlich bekannt gemacht werden.[76]

Anlaß der Veröffentlichungspflichten gegen Insiderhandel ist demzufolge wie im US-Recht die Gefahr, daß die Anleger durch von ihnen nicht nachvollziehbare Veränderungen des Börsenkurses über die wahre Informationslage getäuscht werden und deswegen Wertpapiergeschäfte zu unangemessenen Preisen abschließen. Diese Gefahr ist erst beseitigt, wenn eine breite Anlegeröffentlichkeit von der Insidertatsache Kenntnis erlangen kann, oder wenn sich der Kurs durch Handel der professionellen Marktteilnehmer an die neue Informationslage angleicht. Es bleibt festzuhalten, daß die Gefahr für das Anlegervermögen und die Preistransparenz des Kapitalmarktes nicht notwendig durch eigenen Wertpapierhandel der Insider entstehen muß. Es genügt, wenn die Insider als Garanten zur Abwehr der Gefahr verpflichtet sind.

Die EU-Marktmissbrauchsrichtlinie erweitert die Veröffentlichungspflichten gegen Insiderhandel in konsequenter Fortführung dieses Regelungskonzeptes: Ihr Art. 6 Abs. 3 sieht vor, daß Emittenten oder die in ihrem Auftrag oder für ihre Rechnung handelnden Personen, welche Insiderinformation im normalen Rahmen der Ausübung ihrer Arbeit oder ihres Berufes oder der Erfüllung ihrer Aufgaben an einen Dritten weitergeben, diese Information der Öffentlichkeit vollständig und tatsächlich bekannt zu geben haben. Die Bekanntgabe hat bei absichtlicher Weitergabe der Information zeitgleich und im Falle einer nicht absichtlichen Weitergabe unverzüglich zu erfolgen.[77] Damit ist Anlaß der Veröffentlichungspflichten gegen Insiderhandel, soweit sie sich an Emittenten und mit ihnen affiliierte Tätigkeitsinsider wenden, jede selektive Weitergabe von Insiderinformation und nicht nur die unbefugte Weitergabe.[78] Als Begründung für diese Verschärfung der Veröffentlichungspflichten verweist Erwägungsgrund 24 der EU-Marktmissbrauchsrichtlinie auf die Möglichkeit, daß das Vertrauen in die Integrität der Finanzmärkte

---

75 *Assmann*, in: Assmann/Schneider (Hrsg.), WpHG, § 13 Rdn. 42; *Kümpel*, in: Assmann/Schneider (Hrsg.), WpHG, § 15 Rdn. 163; *Fürhoff/Wölk*, WM 1997, 449, 456 f.; *Götz*, DB 1995, 1949, 1951; *Hopt*, ZHR 159 (1995), 135, 157; vgl. auch *Hirte*, in: Hadding/Hopt/Schimansky (Hrsg.), 2. FFG, S. 47, 59. Gegen eine Analogie spricht allerdings, daß vor einer Veröffentlichung von Insidertatsachen analog § 15 Abs. 3 Satz 1 WpHG keine Pflicht gemäß § 15 Abs. 2 WpHG besteht, die BAFin und die Börsen zu benachrichtigen. Die BAFin kann also nicht den Inhalt der Veröffentlichung kontrollieren, die Börse kann keine Kursaussetzung frühzeitig beraten. Die Interessenlage ist somit nicht ohne weiteres vergleichbar mit jener bei der Ad-hoc-Publizität.

76 *Kümpel*, in: Kümpel/Ott, Kapitalmarktrecht, Kennz. 065, Teil 4.C.II.2.a) (S. 51); ebenso *Eichele*, WM 1997, 501, 508 f., der sich gegen die ansonsten zu besorgende Diskriminierung von Regionalblättern wendet. Die Mitteilung ist entgegen *Assmann/Cramer*, in: Assmann/Schneider (Hrsg.), WpHG, § 14 Rdn. 59, und *Hirte*, in: Hadding/Hopt/Schimansky (Hrsg.), 2. FFG, S. 47, 60 f., nicht bereits deswegen als unbefugt anzusehen, weil damit eine Veröffentlichung in anderer Weise als gemäß § 15 Abs. 3 Satz 1 WpHG vorgesehen erfolgt. Das entsprechende Verbot des § 15 Abs. 3 Satz 2 WpHG gilt nur für Publizitätstatsachen. Seine Anwendung auf die Mitteilung von Insidertatsachen würde gegen das Analogieverbot verstoßen.

77 Art. 6 Abs. 3 der EU-Marktmissbrauchsrichtlinie 2003/6/EG vom 28.1.2003, ABl. EG Nr. L 96 v. 12.4.2003, S. 22.

78 *Leppert/Stürwald*, ZBB 2002, 90, 93, weisen darauf hin, daß diese Bestimmung der US-amerikanischen Regulation FD nachgebildet ist; vgl. dazu § 2 II.1.a).

anderenfalls schwinden könnte.[79] Diese Regelung zeigt die Tendenz, den Anlaß der Veröffentlichungspflicht unabhängig von einer Einwirkung auf die Preisbildung oder vorwerfbarem Verhalten zu bestimmen und allein an die Verursachung einer abstrakten Gefahr anzuknüpfen.

In der Ausgestaltung der Veröffentlichungspflichten gegen Insiderhandel zeigt sich die bereits zum US-Recht erörterte Wertentscheidung des Gesetzgebers, das Vermögen der Anleger und ihr Vertrauen in die Transparenz des Börsenkurses zu schützen. Die EU-Marktmissbrauchsrichtlinie greift dieses Regelungsvorhaben auf und bekennt sich deutlich zum Schutz des Anlegervertrauens, daß Preise an geregelten Kapitalmärkten in Mitgliedstaaten die tatsächliche Informations- und Geschäftslage wiedergeben. Sie harmonisiert und verzahnt die Veröffentlichungspflichten gegen Insiderhandel mit den Vorschriften gegen Marktmanipulation. Leitende Erwägung dafür ist, daß Vorschriften zur Bekämpfung von Insiderhandel dasselbe Ziel verfolgen wie Vorschriften zur Bekämpfung von Marktmanipulation und übereinstimmen müssen, um vollständige Transparenz und Integrität der Preisbildung herzustellen.[80]

Auch das Gebot der Ad-hoc-Publizität gemäß § 15 WpHG hat zum Anlaß die Gefahr, daß Insiderhandel das Anlegervermögen und die Preistransparenz beeinträchtigt.[81] Durch die Veröffentlichung potentieller Insidertatsachen soll die Ad-hoc-Publizität vorbeugend gegen Insiderhandel wirken.[82] Folglich kann vermutet werden, daß der Anlaß der Ad-hoc-Veröffentlichungspflicht vergleichbar geregelt ist wie der Anlaß der Veröffentlichungspflichten gegen Insiderhandel.

3. *Der Gegenstand der Veröffentlichungspflichten*

Wie bisher festgestellt, beruhen die Veröffentlichungspflichten gegen Insiderhandel auf einer besonderen Verantwortung der Pflichtadressaten, vermögensschädigenden Wertpapierhandel der Anleger zu verhindern. Wie groß die Gefahr der Vermögensschädigung sein muß, damit die Veröffentlichungspflicht letztlich entsteht, ist als Gegenstand der Veröffentlichungspflichten geregelt: Dieser Tatbestandsteil beschränkt die Veröffentlichungspflichten auf Entwicklungen, deren Verschweigen eine Vermögensschädigung der Anleger hinreichend wahrscheinlich macht.

a) US-Recht

Gegenstand der Veröffentlichungspflichten gegen Insiderhandel sind im US-Recht nicht öffentlich bekannte,[83] erhebliche Tatsachen.[84] Die Rechtsprechung mißt dabei dem Tatbestandsmerkmal der Erheblichkeit die zentrale Bedeutung zu.[85]

---

79 Abs. 24 der Präambel zur EU-Marktmissbrauchsrichtlinie 2003/6/EG vom 28.1.2003, ABl. EG Nr. L 96 v. 12.4.2003, S. 25

80 Abs. 12, 13 und 15 der Präambel zur EU-Marktmissbrauchsrichtlinie 2003/6/EG vom 28.1.2003, ABl. EG Nr. L 96 v. 12.4.2003, S. 16 f.

81 Vgl. Begr. RegE zum 4. FFG, BT-Drucks. 14/8017, S. 93 f., demnach die Ad-hoc-Publizität die Anleger davor schützt, daß sie aufgrund intransparent gebildeter Preise Wertpapiere „zu teuer“ kaufen bzw. „zu billig“ verkaufen.

82 Bemerkung 1.4. der Stellungnahme des Wirtschafts- und Sozialausschusses zum EU-Insiderrichtlinienvorschlag vom 16.12.1987, ABl. EG Nr. C 35 v. 8.2.1988, S. 22, 23 f.; ebenso in der Sache bereits 1976 der *Arbeitskreis Gesellschaftsrecht*, Verbot des Insiderhandelns, S. 64 f., 101 ff.

83 SEC v. Texas Gulf Sulphur Co., 401 F.2d 833, 854 (2d Cir. 1968); siehe außerdem SEC v. MacDonald, 699 F.2d 47, 55 (1st Cir. 1983); Elkind v. Ligett & Myers, Inc., 635 F.2d 156, 165 (2nd Cir. 1977); allgemein gilt überdies Smith v. American Nat'l Bank & Trust Co., 982 F.2d 936, 943 (6th Cir. 1992), mit Verweis auf Aschinger v. Columbus Showcase Co., 934 F.2d 1402, 1408 (6th

Die Auslegung des Begriffes knüpft an das *common law* an, dessen Tatbestand des *deceit* in Rule 10b-5 kodifiziert ist.[86] Das Erfordernis der Erheblichkeit dient im *common law* der Abgrenzung, wann eine durch irrtumsbedingte Fehlvorstellungen geförderte, schädigende Vermögensverfügung als zurechenbare Folge einer Täuschung anzusehen ist. Davon ist nach dem Grundsatz der *conditio sine qua non* auszugehen, wenn der Geschädigte in Kenntnis der verschwiegenen Information eine andere Vermögensverfügung getroffen hätte oder ganz von einer Vermögensverfügung abgesehen hätte. Einfacher formuliert ist eine verschwiegene Information erheblich, wenn der Geschädigte ihr Bedeutung für seine Anlageentscheidung zugemessen hätte. Ging es der Rechtsprechung zunächst nur darum, einen Grad der Entscheidungsbeeinflussung zu bestimmen, ab dem eine Fehlvorstellung als mitursächlich für eine Entscheidung gelten konnte, nutzte sie in späteren Entscheidungen das Tatbestandsmerkmal verstärkt auch zur Abgrenzung, ob die Fehlvorstellung als Ursache unter normativen Gesichtspunkten beachtlich sein sollte. Ein Schutz vor irrtumsbedingten Vermögensschäden setzt nach der Rechtsprechung voraus, daß ein schutzwürdiges Interesse an der Offenlegung gerade der betreffenden Information besteht. Der Kläger erhält daher seinen Schaden erstattet, wenn ein vernünftiger Dritter (*reasonable man*) der verschwiegenen Information Bedeutung für eine Vermögensverfügung zugemessen hätte. Denn in diesem Fall ist jede in Unkenntnis der fraglichen Information getroffene Vermögensverfügung nach objektiven Maßstäben suboptimal und führt zwangsläufig zu einem Vermögensschaden.[87]

Die Rechtsprechung mußte die im *common law* zum Verletzungstatbestand des *deceit* entwickelte Definition der Erheblichkeit an die Ausgestaltung von Rule 10b-5 als Gefährdungsdelikt anpassen. Die Veröffentlichungspflichten der Rule 10b-5 begegnen bereits der Gefährdung des Anlegervermögens und nicht erst seiner Verletzung. Es ist also keine irrtumsbedingte Vermögensverfügung vorausgesetzt, die zu einem Vermögensschaden der Anleger führt. Es genügt, wenn ein Verschweigen von Information droht, den Anlegern

---

Cir. 1991): Eine Veröffentlichungspflicht besteht nicht, wenn beide Vertragspartner die fragliche Information kennen.

84 Elkind v. Ligett & Myers Inc., 635 F.2d 156, 165 (2nd Cir. 1980); SEC v. Bausch & Lomb, Inc., 420 F. Supp. 1226, 1233 (S.D.N.Y. 1976), *aff'd*, 563 F.2d 8, 16 (2nd Cir. 1977). Zu Rule 10b-5 gilt unabhängig vom Grund der Veröffentlichungspflicht ein einheitlicher Erheblichkeitsmaßstab; Basic, Inc. v. Levinson, 485 U.S. 224, 240 Fn. 18, gegen SEC v. Geon Industries, Inc., 531 F.2d 39, 48 (9th Cir. 1976).

85 Siehe unten § 6 I.1. zur fehlenden öffentlichen Bekanntheit einer Entwicklung als Indiz ihrer Entscheidungserheblichkeit; siehe ferner § 9 I. zur Berücksichtigung der Überprüfbarkeit einer Information als Indiz ihrer Werterheblichkeit.

86 Rule 10b-5 hat sich aus dem *common law-Delikt* des *deceit* entwickelt. In objektiver Hinsicht setzt *deceit* eine Täuschung über Tatsachen durch unrichtige oder irreführende Angaben oder das Unterdrücken von Tatsachen voraus. Die Täuschung muß zu einer täuschungsbedingten Vermögensverfügung führen, die wiederum einen Schaden verursacht. In subjektiver Hinsicht ist Schädigungsabsicht erforderlich (*scienter*). § 17(a)(3) SA kodifiziert diesen Tatbestand; in § 17(a)(1) SA ist außerdem jedes Verhalten verboten, das wie deceit zu wirken droht. Allerdings setzt § 17 SA einen Zusammenhang mit dem Verkauf von Wertpapieren voraus.86 1946 statuierte die SEC deshalb die Verbote der § 17(a)(1) und (3) SA wortgleich als Rule 10b-5(1) und (3). Diese Vorschrift gilt schon dann, wenn nur ein Zusammenhang mit dem Verkauf oder Kauf von Wertpapieren besteht. Erhellend zum Ganzen Loss/Seligman FUNDAMENTALS OF SECURITIES REGULATION 748, 778-79; Rule 10b-5 wurde entworfen und verabschiedet innerhalb eines halben Tages.

87 Ausführlich Dobbs/Keeton/Owen PROSSER & KEETON on Torts 749-54.

einen irrtumsbedingten Vermögensschaden zu verursachen.[88] Der ursprünglich zur Überprüfung der Kausalität von Verschweigen für eine konkrete Vermögensverfügung entwickelte Erheblichkeitsmaßstab muß also auf eine hypothetische Vermögensverfügung angewandt werden. Eine Entwicklung ist demnach erheblich, wenn die Wahrscheinlichkeit hinreichend groß ist, daß ein vernünftiger Anleger der Entwicklung Bedeutung für seine Anlageentscheidung zumessen würde. Wie groß die Wahrscheinlichkeit eines durch Schweigen verursachten Vermögensschadens sein muß, damit eine Information erheblich ist, war lange Zeit umstritten.[89] In einem Grundsatzurteil legte der US-Supreme Court fest, daß ein Vermögensschaden mit mehr als überwiegender Wahrscheinlichkeit drohen muß. Eine Information ist demzufolge erheblich, wenn ein vernünftiger Anleger ihr mit überwiegender Wahrscheinlichkeit Bedeutung für seine Anlageentscheidung zumessen würde.[90]

b) Deutsches Recht

Im deutschen Recht sind Gegenstand der Veröffentlichungspflicht Insidertatsachen, in § 13 Abs. 1 WpHG legal definiert als nicht öffentlich bekannte Tatsachen, die sich auf einen oder mehrere Emittenten von Insiderpapieren oder auf Insiderpapiere beziehen und die geeignet sind, im Falle ihres öffentlichen Bekanntwerdens den Kurs der Wertpapiere erheblich zu beeinflussen. Damit entsprechen sich die Regelungen im US-Recht und im deutschen Recht dem Grunde nach, unterscheiden sich jedoch im Einzelnen in dreierlei Hinsicht.

Wie im US-Recht sind Gegenstand der Ad-hoc-Publizität Entwicklungen, deren Veröffentlichung erforderlich ist, um einen irrtumsbedingten Vermögensschaden der Anleger abzuwenden. Das deutsche Recht knüpft aber daran an, daß ein Vermögensschaden möglich ist. Ein Vermögensschaden durch Insiderhandel ist bereits möglich, wenn die vom Insider verschwiegene Entwicklung geeignet ist, im Falle ihrer Veröffentlichung den Kurs der Wertpapiere zu beeinflussen. Denn um jede Differenz, um die der Kurs steigen würde, werden die Verkäufer des Wertpapieres geschädigt, die im irrigen Vertrauen auf die Preistransparenz zum niedrigeren Kurs verkaufen; um jede Differenz, um die der Kurs fallen würde, werden die Käufer geschädigt, die im irrigen Vertrauen auf die Preistransparenz zum höheren Kurs kaufen. Somit reicht im deutschen Recht die Möglichkeit vermögensschädigenden Wertpapierhandels der Anleger aus, während das US-Recht eine überwiegende Wahrscheinlichkeit fordert. Die Regelung des deutschen Rechts schützt demzufolge die Preistransparenz und das Vermögen der Anleger umfassender als die Regelung des US-Rechts.

Der zweite angekündigte Unterschied des deutschen Rechts faßt den Gegenstand der Veröffentlichungspflichten gegen Insiderhandel dagegen enger als das US-Recht. Es ist eine Eignung der Entwicklung zur *erheblichen* Kursbeeinflussung erforderlich. Mithin ist nicht die Gefahr irgendeines, sondern die Gefahr eines quantitativ erheblichen Vermögensschadens vorausgesetzt. Als Erklärung für dieses Erfordernis kommt vor allem der eine bisher festgestellte Wertungsunterschied zwischen US-Recht und deutschem Recht bei der Regelung der Pflichtadressaten in Betracht: Das US-Recht setzt Garantenpflichten voraus, während das deutsche Recht typisierte Garantenpflichten genügen läßt. Daraus

---

88 SEC v. Rana Research, Inc., 8 F.3d 1358 Fn. 4 (9th Cir. 1993); SEC v. Rind, 991 F.2d 1486, 1490 (9th Cir. 1993).

89 Näher dazu unten § 6 I.3.

90 Zu Rule 10b-5 Basic, Inc. v. Levinson, 485 U.S. 224 (S. Ct. 1988), unter Berufung auf TSC Indus., Inc. v. Norway, Inc., 426 U.S. 438, 449 (S. Ct. 1976) (zu § 14(a) SEA).

läßt sich allgemein schlußfolgern, daß der Gegenstand einer Veröffentlichungspflicht enger ist, wenn der Adressat der Veröffentlichungspflicht durch rechtliche Typenbildung bestimmt wird. Das erscheint einleuchtend, da bei eingeschränkter persönlicher Verantwortung die Pflichtadressaten auch nur eingeschränkt zu Veröffentlichungen verpflichtet sein sollten.

Der dritte Unterschied zum US-Recht besteht in dessen Maßstab eines vernünftigen Anlegers. Damit eine Entwicklung zur Kursbeeinflussung geeignet ist, muß sie für die Investitionsentscheidungen der Anleger Bedeutung haben können. Während aber das US-Recht auf die Vorstellungen eines vernünftigen Anlegers abstellt, genügt im deutschen Recht, daß die Entwicklung für den typischen, mit den fraglichen Wertpapieren Handel treibenden Anleger Bedeutung haben kann. Wenn unter den Anlegern an dem jeweiligen Markt ein breiter Konsens über die Bedeutung einer bestimmten Entwicklung herrscht, ist sie zur Kursbeeinflussung geeignet. Unter Umständen sind daher sogar rein spekulative oder irrationale Informationsinteressen beachtlich. Andererseits können aber komplexe Nachrichten unbeachtlich sein, obwohl ein vernünftiger Anleger ihnen Bedeutung zumessen würde.

Der Gegenstand der Ad-hoc-Veröffentlichungspflicht ist weitgehend genauso geregelt wie der Gegenstand der Veröffentlichungspflichten gegen Insiderhandel. Nahezu wortgleich mit § 13 Abs. 1 WpHG hat der Emittent gemäß § 15 Abs. 1 Satz 1 WpHG Tatsachen zu veröffentlichen, die geeignet sind, den Kurs der Wertpapiere erheblich zu beeinflussen. Da § 15 WpHG also das Erfordernis der Erheblichkeit der hypothetischen Kursbeeinflussung wieder aufnimmt, steht zu vermuten, daß der Pflichtadressat der Ad-hoc-Publizität durch typisierte Garantenpflichten bestimmt ist. Im Unterschied zu § 13 Abs. 1 WpHG muß allerdings im Rahmen der Ad-hoc-Publizität die Eignung zur Kursbeeinflussung auf den Auswirkungen der fraglichen Entwicklung auf die Vermögens- oder Finanzlage oder den allgemeinen Geschäftsverlauf des Emittenten beruhen. Die gemäß der EU-Marktmissbrauchsrichtlinie vorgegebene Ad-hoc-Publizität verzichtet auf dieses Erfordernis, begrenzt indes den Gegenstand der Ad-hoc-Veröffentlichungspflicht gegenüber dem Gegenstand der Veröffentlichungspflicht gegen Insiderhandel, indem sie die Ad-hoc-Veröffentlichungspflicht auf Entwicklungen beschränkt, die den Emittenten unmittelbar betreffen.[91] Für diese Unterschiede bietet das US-Recht eine Erklärungsmöglichkeit an. Durch diese Regelung ist der Gegenstand der Ad-hoc-Publizität auf Umstände begrenzt, denen ein vernünftiger Anleger typischerweise Bedeutung zumessen würde.

4. *Zwischenergebnis*

Die Regelungen zu Anlaß und Gegenstand der Veröffentlichungspflichten entsprechen sich bei Insiderpublizität und Ad-hoc-Publizität weitgehend, während die Regelung der Pflichtadressaten unterschiedlich ausgestaltet ist, aber vergleichbaren Wertungen folgt.

91 Siehe Art. 6 Abs. 1 der EU-Marktmissbrauchsrichtlinie 2003/6/EG vom 28.1.2003, ABl. EG Nr. L 96 v. 12.4.2003, S. 21.

II. Die Veröffentlichungspflichten der Regelpublizität

1. Die Pflichtadressaten

a) US-Recht

Veröffentlichungspflichten der Regelpublizität richten sich an Emittenten von Wertpapieren, die an einer Nationalen Börse oder durch die SEC zum Handel zugelassen sind.[92] Ihre besondere Informationsverantwortung begründet der Gesetzgeber damit, daß das Zurückhalten und Geheimhalten erheblicher Information wie eine aktive Verfälschung des Kurses wirkt.[93] Dieser gibt nicht mehr alle werterheblichen Entwicklungen wieder. Diese Begründung ist allerdings unbefriedigend. Wie der Regelung von Veröffentlichungspflichten gegen Insiderhandel zu entnehmen ist, setzt eine besondere Verantwortung für den Schutz von Anlegervermögen und Preistransparenz grundsätzlich eine Garantenpflicht voraus. Indes ist der Emittent weder Überwachergarant mangels aktiver Einwirkung auf den Börsenpreis, noch ist er Beschützergarant, da er aus den Wertpapiergeschäften der Anleger keinen eigenen Vorteil zieht.

Seine erhöhte Informationsverantwortung könnte aber aus einer Typisierung der Wertungen folgen, die hinter den Überwacher- und Beschützergarantenpflichten stehen: Der Emittent kennt Entwicklungen, die den Wert der Wertpapiere verändern, räumt aber die Gefahr von unangemessen Kursen nicht durch die Veröffentlichung der Entwicklungen aus, obwohl er die Information vor anderen erfährt und ihre Verbreitung als Geheimnisinhaber kontrolliert. Aus diesem Grund könnte er wie ein Überwachergarant zum Schutz vor unangemessenen Kursen verpflichtet sein: Er hält eine Gefahr aufrecht, obwohl er besser als andere zu ihrer Beseitigung befähigt ist.

Der Emittent läßt zu, daß durch unangemessene Preise die in seine Wertpapiere investierenden Anleger in ihrem Vermögen geschädigt werden, obwohl er zum Zeitpunkt der Zulassung der Wertpapiere zum Börsenhandel -- durch Prospekte und die Erfüllung der Zulassungsvoraussetzungen -- für den Erhalt des Anlegervermögens besondere Sorge zu tragen hatte. Deswegen könnte er wie ein Beschützergarant zum Schutz des Anlegervermögens verpflichtet sein: Er läßt die Schädigung dieses Rechtsgutes zu, obwohl er eher als andere für dessen Schutz verantwortlich ist. Die hinter den Überwacher- und Beschützergarantenpflichten stehenden Wertungen würden somit abstrahiert vom Erfordernis aktiver Marktteilnahme.

Für diese Abstraktion der Verantwortung für angemessene Börsenkurse vom Erfordernis aktiver Marktteilnahme durch den Emittenten spricht die Gesetzesbegründung. Die Regelpublizität soll die Aufklärung der Anleger auch außerhalb des Vertriebes von Wertpapieren sichern und damit die Angemessenheit der Wertpapierpreise am Sekundärmarkt[94] fördern.[95] Mithin knüpft der Gesetzgeber an die Prospektpublizität des Primärmarktes an: Der Emittent hat auch am Sekundärmarkt für eine vergleichbare Unterrichtung der Anleger über werterhebliche Umstände zu sorgen.

---

92 Dazu unten § 4 III.1.

93 H.R. Rep. No. 1383, 73d Cong., 2d Sess. 10-11.

94 Primärmarkt und Sekundärmarkt unterscheiden sich danach, ob das einzelne Wertpapier erstmals auf dem Markt angeboten (Primärmarkt) oder als bereits eingeführtes Wertpapier gehandelt wird (Sekundärmarkt); *Assmann*, in: Großkomm. z. AktG, Einl Rdn. 356 Fn. 15.

95 H.R. Rep. No. 1383, 73d Cong., 2d Sess. 11 (1934); zustimmend z.B. SEC v. World-Wide Coin Investments, Ltd., 567 F. Supp. 724, 759 (N.D. Ga. 1983).

Diese Rechtsentwicklung läßt sich als Reaktion auf die besonderen Bewertungsschwierigkeiten begreifen, die für die Anleger aus der zunehmenden Komplexität der Wirtschaft entstehen. Früher bestand die Geschäftstätigkeit vieler Unternehmen darin, auf einem regional eng begrenzten Markt verhältnismäßig einfach strukturierte Waren zu vertreiben. Dagegen machen die technologisch komplexen Produkte und Dienstleistungen von heute viele Schritte der Wertschöpfung erforderlich, die auf eine zunehmende Zahl von Unternehmen verteilt werden müssen. Die Produkte und Dienstleistungen müssen zumeist auch im Ausland, zum Teil bereits global abgesetzt werden, um wettbewerbsfähig zu bleiben. Nicht zuletzt aufgrund der vorgenannten Faktoren verzweigen sich die Unternehmen auf mehreren Ebenen. Da die werterheblichen Faktoren damit immer weniger aus der alltäglichen Erfahrungswelt der Anleger zu erschließen sind, wird die Bewertung der Wertpapiere für die Anleger immer schwieriger. Diese Bewertungsprobleme stellen sich dabei am Sekundärmarkt in gleicher Weise wie am Primärmarkt.

b) Deutsches Recht

Der Emittent von zum Amtlichen Handel an der Börse zugelassenen Aktien oder sie vertretenden Zertifikaten ist zur Veröffentlichung eines Zwischenberichts verpflichtet (§§ 40 Abs. 1, 54 BörsG). Die Verpflichtung geht auf die EU-Zwischenberichtsrichtlinie zurück.[96] Sie mißt dem Zwischenbericht die Funktion zu, den Börsenzulassungsprospekt laufend zu aktualisieren. Zum Schutz der Anleger seien diese auch während der gesamten Notierungszeit der Wertpapiere regelmäßig angemessen über die für die Bewertung der Wertpapiere bedeutsamen Umstände zu informieren, wie es der Prospekt bei der Börsenzulassung der Wertpapiere bezwecke.[97]

Die Zwischenberichtspflicht hat als erste Veröffentlichungspflicht der Regelpublizität im deutschen Recht den rein kapitalmarktrechtlichen Zweck, die Anleger vor irrtumsbedingter Selbstschädigung zu schützen.[98] Ihr steht die Rechnungslegungspublizität zur Seite, die -- bis eine echte Regelpublizität des Kapitalmarktes entstanden ist -- auch die Unterrichtung der Anleger bezweckt.[99] Gemäß §§ 325 Abs. 2 Satz 1, Abs. 1 Satz 1, Abs. 3

96 EU-Zwischenberichtsrichtlinie 82/121/EWG vom 15.2.1982, ABl. EG Nr. L 48 v. 20.2.1982, S. 26 ff. Eine Zwischenberichtspflicht für Emittenten von Schuldverschreibungen hielt der europäische Gesetzgeber nicht für erforderlich. Die Inhaber einfacher Schuldverschreibungen seien nicht schutzbedürftig; die Inhaber von in Aktien umtauschbaren Wertpapieren seien mittelbar geschützt, denn die Wertpapiere seien nur zur Börse zuzulassen, wenn die zugrunde liegenden Aktien an einem geregelten Markt gehandelt werden. Präambel der EU-Zwischenberichtsrichtlinie, aaO.

97 Abs. 2 der Präambel der EU-Zwischenberichtsrichtlinie, aaO, S. 26. Die Pflicht zur Zwischenberichterstattung gemäß § 40 BörsG n.F. (§ 44b BörsG a.F.) setzt diese Vorgaben vorbehaltslos um; Begr. RegE BT-Drucks. 10/4296, S. 12, 16. *Hopt*, ZGR 1980, 225, 232, mißt ihr ferner die Funktion zu, die Zeiträume zwischen der Veröffentlichung von Jahresabschlüssen und Lageberichten zum Ende des Geschäftsjahres zu überbrücken.

98 Insoweit vom Kapitalmarktrecht abzugrenzen ist das Gesellschaftsrecht, das den Schutz der Anleger vor einer Fremdschädigung durch die Unternehmensleitung bezweckt; vgl. *Assmann*, in: Großkomm. z. AktG, Einl Rdn. 356; Hopt, ZHR 141 (1977) 389, 431 f.; *Kübler*, SZW/RSDA 1995, 223, 225; *Schwark*, in: Lutter/Mertens/Ulmer (Hrsg.), FS Stimpel, S. 1087, 1090, 1092 f. Diese Eingrenzung des Kapitalmarktrechts gilt im übrigen gewiß nicht für das Anlegerschutzrecht. Zu letzterem gehört gerade auch der Schutz vor Fremdschädigung; *Wiedemann*, BB 1975, 1591, 1594 ff.

99 Jahresabschluß und Lagebericht sind keine Veröffentlichungen der kapitalmarktrechtlichen Regelpublizität im engeren Sinne, sie dienen in erster Linie immer noch der Rechenschaftslegung gegenüber den Anteilseignern, und damit dem Schutz vor Fremdschädigung durch die Unternehmensleitung; so vor allem *v.Caemmerer*, in: Frankfurter Publizitätsgespräch, S. 141, 159 ff.; vgl. *Kübler*, in: Förschle/Kaiser/Moxter (Hrsg.), FS Budde, S. 361, 373 m.w.N.; offengelassen von *Schwark*, in:

Satz 1, 267 Abs. 3 Satz 2 HGB sind Kapitalgesellschaften, deren Wertpapiere an einer Börse zum Handel zugelassen sind, zur Veröffentlichung eines (Konzern-) Jahresabschlusses und Konzern-/Lageberichts verpflichtet. Die Veröffentlichungspflicht wurde durch die EU-Börsenzulassungsrichtlinie[100] und die EU-Richtlinien zur Harmonisierung des Rechnungswesen[101] unter anderem festgeschrieben, um die Information der Aktionäre und der Inhaber von Schuldverschreibungen zu verbessern und dadurch den Kapitalmarkt zu fördern.[102]

Vierteljährliche Veröffentlichungspflichten, wenngleich nur privatrechtlicher Natur,[103] entstehen für Emittenten außerdem aus den Zulassungsbedingungen für den Neuen Markt.[104]

Somit sind Pflichtadressaten von vornherein nur Emittenten. Wie zum US-Recht erörtert, sind als Grund für diese erhöhte Informationsverantwortung der Emittenten typisierte Garantenpflichten zu vermuten. Dafür spricht die Gesetzesbegründung zur Zwischenberichtspflicht, die eine Pflicht der Emittenten zum Schutz der Anleger vor unangemessenen Wertpapierpreisen am Sekundärmarkt in gleicher Weise wie am Primär-

---

Lutter/Mertens/Ulmer (Hrsg.), FS Stimpel, S. 1087, 1093; auf den weiteren Zweck der Anlegeraufklärung weisen *Wiedemann*, BB 1975, 1591, 1593, und nachdrücklich *Hopt*, ZHR 141 (1977), 389, 400, 403 f., ders., ZGR 1980, 225, 236, hin. Indes wird, wie *Hommelhoff*, ZGR 2000, 748, 760 f., erörtert, der Vergleich von Unternehmensdaten im Rahmen der Rechnungslegungspublizität lediglich als Möglichkeit angeboten und ist nicht Leitlinie der Berichterstattung. *Merkt*, Unternehmenspublizität, S. 256 f., 299, 338 ff., unternimmt demgegenüber den Versuch, als gemeinsamen Regelungszweck von Rechnungslegungs- und Kapitalmarktpublizität die Verhinderung von Marktversagen herauszuarbeiten. Dieser Ansatz verdient generell Zustimmung. Im Einzelnen sind aber unterschiedliche Schwergewicht gesetzt zur Vermeidung von Fremdschädigung einerseits (in der Rechnungslegungspublizität) und der Vermeidung von Selbstschädigung andererseits (in der Kapitalmarktpublizität): Während die Rechnungslegungspublizität vornehmlich der Senkung des Substanz- und Verwaltungsrisikos einer Anlage dient (ebenso *Merkt*, aaO, S. 342; zur Terminologie *ders.*, aaO, S. 299), dient die Kapitalmarktpublizität im wesentlichen der Vermeidung des Informations- und Liquidationsrisikos (so ebenfalls *Merkt*, aaO, S. 341 f.). Wechselwirkungen zwischen beiden Funktionsebenen bestehen, so z.B. indem Kapitalmarktpublizität die Ausgabe von Kapitalanlagen mit völlig unverhältnismäßig hohen Substanz- und Verwaltungsrisiken verhindert und die Unternehmensleitung an ihre Wertschöpfungsaufgabe gemahnt (vgl. *Merkt*, aaO, S. 338 f.); sie dürften aber jeweils eher als Nebenwirkungen zu bewerten sein.

100 Anhang Schema C.4. und Schema D.A.3. der Richtlinie v. 5.5.1979 (Börsenzulassungsrichtlinie) (79/279/EWG), Abl. EG Nr. L 66 v. 16.3.1979 S. 21 ff. Ersetzt durch Art. 67 und Art. 80 der EU-Börsenzulassungsrichtinie 2001/34/EG vom 28.5.2001, ABl. EG Nr. L 184 v. 6.7.2001, S. 1, 26 und 29.

101 Vgl. insbesondere Art. 47 der EU-Bilanzrichtlinie 78/6607EWG vom 25.7.1978, ABl. Nr. L 222 v. 14.8.1978, S. 11 ff., unter Verweis auf Art. 3 der EU-Publizitätsrichtlinie 68/151/EWG vom 9.3.1976, ABl. Nr. L 65 v. 14.3.1968, vgl. ferner die EU-Konzernbilanzrichtlinie 83/349/EWG vom 16.5.1983, ABl. Nr. L 193 v. 18.7.1983; zur Erweiterung der Veröffentlichungspflicht gegenüber der im Aktiengesetz von 1965 eingeführten Konzernpublizität und dem Publizitätsgesetz von 1969 siehe *Lutter*, in: Bierich/Busse von Colbe/Laßmann/Lutter (Hrsg.), Rechnungslegung nach neuem Recht, S. 3, 4 ff., und *Semler*, ebenda, S. 177, 200 ff.

102 Zum zugrundeliegenden Bedeutungswandel in der Unternehmenspublizität vgl. z.B. *Goerdeler*, in: Moxter/Müller/Windmöller/v. Wysocki (Hrsg.), FS Forster, S. 235, 237 ff., 242; *Hopt*, ZGR 1980, 225 ff., 231 f.

103 *Kersting*, AG 1997, 222, 223; *Potthoff/Stuhlfauth*, WM 1997, Sonderbeilage Nr. 3, S. 11.

104 Die Zulassungsbedingungen für den Neuen Markt sind zum Beispiel abgedruckt bei *Potthoff/Stuhlfauth*, WM 1997, Sonderbeilage Nr. 3, S. 12 ff. Sie sind Teil des Regelwerk des Neuen Marktes, zu dessen Erlaß die Deutsche Börse AG in § 66a Abs. 2 der Börsenordnung der Frankfurter Wertpapierbörse ermächtigt ist.

markt postuliert. Die am Primärmarkt geltenden Garantenpflichten der Emittenten sollen also in gleicher Weise am Sekundärmarkt gelten, obschon die Emittenten nicht aktiv am Markt teilnehmen.

Diese Regelung typisierter Garantenpflichten läßt sich als Kodifizierung besonderer Informationsverkehrspflichten am Kapitalmarkt auffassen.[105] Durch die unterlassene Unterrichtung der Anleger über werterhebliche Entwicklungen hält der Emittent einen Markt aufrecht, der unangemessene Preise bildet, obwohl er aufgrund seiner Sachnähe und seiner Kontrolle über die Verbreitung der Information besser als andere befähigt ist, für angemessene Preise zu sorgen.[106] Durch die Notierung seiner Wertpapiere an der Börse weckt er außerdem nachhaltig das Vertrauen, daß er den Anlegern die ihm exklusiv bekannten werterheblichen Entwicklungen mitteilen wird. Dieses Vertrauen ist schutzwürdig, da der Emittent durch die Börsennotierung Finanzierungsvorteile anstrebt.[107] Der Emittent ist daher abweichend vom allgemeinen Grundsatz des „caveat emptor" dafür verantwortlich, die Anleger vor Irrtümern über den Wert der Wertpapiere und daraus verursachten Vermögensschäden zu schützen.

Ebenso wie bei der Regelpublizität sind Pflichtadressaten der Ad-hoc-Publizität nur Emittenten. Die Regelungen entsprechen sich insoweit.

2. *Der Anlaß der Veröffentlichungspflichten*

a) *US-Recht*

Emittenten haben innerhalb von 45 Tagen nach Ablauf der ersten drei, sechs und neun Monate des Geschäftsjahres (*fiscal year*) Berichte gemäß Form 10-Q und innerhalb von 90 Tagen nach Ablauf des vollen Geschäftsjahres einen Bericht gemäß Form 10-K zu veröffentlichen.[108]

Die Bezeichnung der regelmäßig zu veröffentlichenden Berichte als Form 10-K bzw. Form 10-Q macht deutlich, daß die Regelpublizität der Aktualisierung des Zulassungsantrages für die Wertpapiere dient, der auf Form 10 zu stellen ist. Anlaß für die Veröffentlichungspflicht ist damit die mit Zeitablauf wachsende Gefahr, daß die Anleger ihre Investitionsentscheidungen aufgrund veralteter Information treffen und dadurch unangemessene Preise entstehen.

---

105 Das Bestehen besonderer Informationsverkehrspflichten am Kapitalmarkt vertreten insbesondere *Assmann*, Prospekthaftung, S. 261 ff., und *v.Bar*, ZGR 1983, 476, 510 f.

106 Ausführlich zu dieser Begründung besonderer Informationsverkehrspflichten *Assmann*, ZBB 1989, 49, 59 ff.; ferner *ders.*, in: Großkomm. z. AktG, Einl Rdn. 364 ff., *ders.* in: Assmann/Schütze (Hrsg.), Hdb. d. Kapitalanlagerechts, § 1 Rdn. 51 ff.

107 Siehe zu dieser Begründung von Informationsverkehrspflichten vor allem *Hopt*, Der Kapitalanlegerschutz im Recht der Banken, S. 9, 89 ff., 226, 383 ff.

108 Vgl. 15 U.S.C.§ 78m(a)(2) i.V.m. 17 C.F.R.§ 240.13a-1 und 17 C.F.R.§ 240.13a-13 sowie 15 U.S.C.§ 78o(d) i.V.m. 17 C.F.R.§ 240.15d-1 und 17 C.F.R.§ 240.15d-13. Für Emittenten mit einer kumulativen Marktkapitalisierung von mindestens $75 Mio., die bereits für ein volles Berichtsjahr zur Regelpublizität verpflichtet gewesen sind, verkürzt sich die Veröffentlichungsfrist ab Ende 2003 auf jeweils 40 und 75 Tage und wird weiter verkürzt ab Ende 2004 auf jeweils 35 und 60 Tage. Siehe Exch. Act Rel. No. 46,464 (Sept. 5, 2002).

b) *Deutsches Recht*

Der (Konzern-) Jahresabschluß und der (Konzern-) Lagebericht sind innerhalb von neun Monaten nach Abschluß des Geschäftsjahres im Bundesanzeiger bekannt zu machen.[109] Der Zwischenbericht ist innerhalb von zwei Monaten nach Ablauf der ersten Hälfte des Geschäftsjahres zu veröffentlichen (40 Abs. 2 BörsG i.V. mit § 61 Abs. 1 Satz 1 BörsZulVO). Einen Quartalsbericht müssen die Emittenten des Neuen Marktes unverzüglich nach der Fertigstellung, spätestens aber innerhalb von zwei Monaten nach Ablauf der ersten drei, sechs, neun und zwölf Monate des Geschäftsjahres in elektronischer Form an die Deutsche Börse AG übermitteln. Sie stellt den Quartalsbericht dem Publikum zur Verfügung.[110]

Anlaß der Regelpublizität ist im Grunde genommen die Gefahr, daß sich aufgrund veralteter Information unangemessene Kurse bilden, die zu Vermögensschäden der Anleger führen.[111] Die Wahl der Berichtsintervalle berücksichtigt die Belastung des Emittenten durch häufigere Berichte und die begrenzte Kapazität des Marktes zur Informationsverarbeitung. In letzter Konsequenz bleibt die Wahl willkürlich, wie die unterschiedlichen Berichtsintervalle für die verschiedenen Marktsegmente der Börse zeigen -- vierteljährliche Berichte am Neuen Markt, halbjährliche Berichte für den Amtlichen Handel, jährliche Berichte am Geregelten Markt, gar keine Regelpublizität im Freiverkehr. Da die Ad-hoc-Publizität ebenfalls der Gefahr begegnen soll, daß sich aufgrund unzureichender Information über neue Entwicklungen unangemessene Preise bilden,[112] ist der Anlaß der Ad-hoc-Publizität aufgrund der gleichen Wertung geregelt. Anstatt aber willkürliche Berichtsintervalle zu wählen, stellt die Ad-hoc-Veröffentlichungspflicht auf den Eintritt einer Entwicklung ab, die aus den am Markt zugänglichen Mitteilungen nicht zu erkennen ist. Unter dem Gesichtspunkt des Anlegerschutzes ist das sinnvoll, denn ab diesem Zeitpunkt besteht die Gefahr unangemessener Preise. Andererseits belastet das Gebot der Ad-hoc-Publizität die Emittenten mehr als die Pflicht zur Regelpublizität.

3. *Der Gegenstand der Veröffentlichungspflichten*

a) *US-Recht*

In Form 10-K und 10-Q sind Inhalt und Form der Berichte detailliert festgelegt:[113] Die Jahres- und Quartalsberichte müssen den Anlegern einen zutreffenden und zeitnahen Eindruck von den wirtschaftlichen Verhältnissen des Emittenten, den Wertpapierrechten sowie der Unternehmensleitung und der Beteiligungsstruktur verschaffen und wesentliche Gerichts- und Verwaltungsverfahren offenlegen, die gegen den Emittenten anhängig sind.

---

109 Die Bekanntmachung ist unter Beifügung der bezeichneten Unterlagen zum Handelsregister des Sitzes der Kapitalgesellschaft einzureichen. Gemäß §§ 39 Abs. 1 Nr. 3, 39 Abs. 2 BörsG, 65 BörsZulV müssen Emittenten, deren Wertpapiere zum Amtlichen Handel zugelassen sind, die Berichte darüber hinaus unverzüglich nach deren Feststellung dem Publikum bei den Zahlstellen zur Verfügung zu stellen.

110 Nr. 7.1.7 der Zulassungsbedingungen für den Neuen Markt.

111 Vgl. Abs. 2 der Präambel der EU-Zwischenberichtsrichtlinie 82/121/EWG vom 15.2.1982, ABl. EG Nr. L 48 v. 20.2.1982, S. 26.

112 Begr. RegE 2. FFG, BT-Drucks. 12/6679, S. 35; Beschlußempfehlung und Bericht des Finanzausschusses, BT-Drucks. 12/7918, S. 95; ebenso Begr. RegE BT-Drucks. 10/4296, S. 16 (zu § 44a BörsG a.F.).

113 Vgl. 17 C.F.R.§§ 240.Form 10-K, 240.Form 10-Q, 240.Form 8-K.

Besondere Bedeutung hat die für den Quartalsbericht vorgeschriebene Erläuterung und Analyse des Geschäftsverlaufs (*Management's Discussion and Analysis* -- MD&A).[114]

Da die Regelpublizität als Fortsetzung der Prospektpublizität gedacht ist, sind im wesentlichen die gleichen Umstände zu berichten wie in Verkaufsprospekten. Die angestrebte Identität des Gegenstandes der Veröffentlichungspflicht macht die SEC deutlich, indem sie den Inhalt der Veröffentlichungen für Prospekte wie auch für die Jahres- und Quartalsberichte einheitlich in Regulation S-K regelt,[115] auf deren Abschnitte (*Items*) die jeweiligen Anforderungskataloge (*Forms*) dann verweisen.

Durch die Prospektpublizität und ihre Verlängerung durch die Regelpublizität sollen die Anleger vor Vermögensschäden geschützt werden, die ihnen aus dem Wertpapierhandel zu unangemessenen Preisen drohen. Zu veröffentlichen sind allerdings nur Informationen, deren Verschweigen einen Schaden hinreichend wahrscheinlich machen. Wie im Rahmen der Veröffentlichungspflichten gegen Insiderhandel ist damit das Konzept der Erheblichkeit maßgeblich für den Gegenstand der Veröffentlichungspflicht. In den Inhaltskatalogen der Prospekt- und Regelpublizität sind Umstände aufgeführt, von deren Erheblichkeit bei typisierender Betrachtung ausgegangen werden muß.[116]

b) Deutsches Recht

Der Jahresabschluß muß gemäß § 264 Abs. 1 HGB einen den tatsächlichen Verhältnissen entsprechenden Eindruck von der Vermögens-, Finanz- und Ertragslage des Emittenten vermitteln. Im Lagebericht ist die Lage und der Geschäftsverlauf des Unternehmens darzustellen (§ 289 Abs. 1 HGB). Im Zwischenbericht hat der Emittent ein den tatsächlichen Verhältnissen entsprechendes Bild der Finanzlage und des allgemeinen Geschäftsganges in den ersten sechs Monaten des Geschäftsjahres zu vermitteln (§ 40 Abs. 2 BörsG i.V. mit § 53 Satz 1 BörsZulVO). Der Quartalsbericht schließlich muß eine Beurteilung ermöglichen, wie sich die Geschäftstätigkeit des Emittenten im laufenden Geschäftsjahr bis zum Abschluß des jeweiligen Quartals entwickelt hat.[117]

Die Vorschriften zum Gegenstand der Berichtspflicht typisieren die Umstände, die für eine Beurteilung der Wertpapiere durch die Anleger bedeutsam sein können. Wie im US-Recht auch bleibt aber das entscheidende Kriterium für den Gegenstand der Regelpublizität der Maßstab der Erheblichkeit.[118] Das zeigt § 264a StGB, demzufolge in Prospekten alle nachteiligen Umstände zu veröffentlichen sind, die für die Bewertung der Wertpapiere erheblich sind. Das gleiche gilt für die Regelpublizität als Verlängerung der Prospektpublizität.[119]

---

114 17 C.F.R.§ 240.Form 10-Q Part I Item 2 i.V. mit 17 C.F.R.§ 229.303; siehe ebenso 17 C.F.R.§ 240.Form 10-K Part II Item 7 i.V. mit 17 C.F.R.§ 229.303.

115 17 C.F.R.§ 229.

116 In re Craftmatic Sec. Litig., 890 F.2d 628 (3d Cir. 1989); SEC v. Levy, 706 F. Supp. 61 (D.D.C. 1989); vgl. auch SEC v. Levy, 706 F. Supp. 61 (D.D.C. 1989) (für den Prospektinhalt bei öffentlichen Übernahmeangeboten); Howing Co. v. Nationwide Corp., 927 F.2d 263 (6th Cir. 1991) (vor einem *going private* zu veröffentlichende Information).

117 Der Jahresbericht kann den vierten Quartalsbericht ersetzen; Nr. 7.1.1 der Zulassungsbedingungen für den Neuen Markt.

118 Im Zwischenbericht gemäß § 40 BörsG sind nur Informationen zu veröffentlichen, die für die Beurteilung der Aktien wesentlich sind, weil sie die Risikoeinschätzung sowie die Kurs- und Dividendenerwartung der Aktionäre bestimmen, ihr Verschweigen daher vermutlich zu einer anderen Einschätzung dieser Bewertungskriterien führen würde; *Bridts*, Zwischenberichtspublizität, S. 56 f.

119 Die Geltung des § 264a StGB für Pflichtveröffentlichungen am Sekundärmarkt ist unklar. *Schwark*, BörsG, § 88 Rdn. 5, meint, daß sich irreführende Berichte der Regelpublizität generell unter § 264a

§ 15 WpHG greift Formulierungen auf, mit denen der Gegenstand der Regelpublizität bestimmt ist. Die Eignung einer Entwicklung zur Kursbeeinflussung muß auf ihren Auswirkungen auf die Vermögens- oder Finanzlage oder auf den allgemeinen Geschäftsverlauf des Emittenten beruhen. Damit ist Bezug genommen auf die Aufzählung von Umständen, deren Erheblichkeit im Rahmen der Regelpublizität unwiderleglich vermutet wird.

4. *Zwischenergebnis*

Die Regelung zum Pflichtadressaten der Regelpublizität entspricht derjenigen der Ad-hoc-Publizität, während Anlaß und Gegenstand der Veröffentlichungspflicht anders geregelt sind, aber aufgrund von weitgehend vergleichbaren Wertungen.

III. Das Auskunftsrecht der Börsen

1. *US-Recht*

Veröffentlichungspflichten ergeben sich für den Emittenten börsennotierter Wertpapiere außerdem aus den Publizitätsrichtlinien, welche die *New York Stock Exchange* (NYSE) und die *American Stock Exchange* (AMEX) erlassen haben.[120] Die standardisierten Zulassungsvereinbarungen zur AMEX verpflichten Emittenten „zur sofortigen Veröffentlichung aller wesentlichen Information betreffend ihre Geschäftstätigkeit".[121] Die NYSE erwartet von Emittenten zugelassener Wertpapiere, daß sie „der Öffentlichkeit alle Neuigkeiten oder Informationen unverzüglich mitteilen, die zur wesentlichen Beeinflussung des Marktes für die Wertpapiere der Gesellschaft geeignet sind."[122]

Die Publizitätsrichtlinien sind als Auskunftsrecht ausgestaltet. Die AMEX stellt es in das Geschäftsermessen des Emittenten, kurserhebliche Entwicklungen vorübergehend vertraulich zu behandeln, wenn sich Tatsachen im Fluß befinden, oder ihre Veröffentlichung die Fähigkeit des Unternehmens beeinträchtigen würde, dem Gesellschaftszweck nachzugehen.[123] Ebenso sieht die NYSE dem Emittenten verzögerte Veröffentlichungen nach, wenn eine sofortige Veröffentlichung "den Gesellschaftszweck gefährden oder einem Wettbewerber hilfreiche Informationen geben würde."[124] Die Börsen erfahren daher kurserhebliche Entwicklungen von den Emittenten nur nach hartnäckiger Nachfrage.[125]

StGB subsumieren lassen, nimmt sie dann aber doch vom Verbotstatbestand aus, da der Gesetzgeber irreführende Pflichtmitteilungen am Sekundärmarkt nur mit Bußgeld habe ahnden wollen.

120 Neben der AMEX und der NYSE haben außerdem einige regionale Börsen und die *National Association of Securities Dealers* (NASD) Publizitätsrichtlinien aufgestellt, die Emittenten verpflichten zu „umgehender Veröffentlichung durch die Presse von jeder wesentlichen Information, welche den Wert der Wertpapiere betreffen oder Entscheidungen der Anleger beeinflussen kann." NASD By-Laws, Sch. D, Pt. II, § 1 (13), abgedruckt im *NASD Securities Dealer Manual* (CCH) ¶ 1803; vgl. *Boston Stock Exch. Guide* (CCH), Rules of the Board of Governors, supp. to ch. XXVII, ¶ 2265 (May 1978); *Midwest Stock Exch. Guide* (CCH), Rules, art. XXXVIII, Rule 7, Interpretations and Policies 01, ¶¶ 1897-1898 (Oct. 1985).

121 *AMEX Company Guide* § 401 (a), 3 Fed. Sec. L. Rep. (CCH) ¶ 23,124A.

122 *NYSE Listed Company Manual* § 202.05, 3 Fed. Sec. L. Rep. (CCH) ¶ 23,519. Die Veröffentlichungspflicht ist nicht Teil der Zulassungsvereinbarung.

123 *AMEX Company Guide* § 402 (a), 3 Fed. Sec. L. Rep. (CCH) ¶ 23,124B, 17,097-10/11.

124 *NYSE Listed Company Manual* § 202.06, 3 Fed. Sec. L. Rep. (CCH) ¶ 23,520. Robert W. Haack, President, New York Stock Exchange, abgedruckt in: [1967-68] Fed. Sec. L. Rep. (CCH) ¶ 77,554 at 83,172 (March 25, 1968), erläutert die Praxis: „Üblicherweise setzt sich die Börsenzulassungsstelle

Sie können jedoch auf einer Veröffentlichung von Auskünften bestehen, wenn ungewöhnliche Handelsaktivitäten den ordnungsgemäßen Börsenhandel gefährden und diese Aktivität durch Entwicklungen ausgelöst zu sein scheint, welche die Verhältnisse des Emittenten betreffen.[126] Ebenso müssen Emittenten zu Gerüchten Stellung nehmen, die Entwicklungen im Tätigkeitsbereich des Emittenten betreffen.[127]

Die NYSE nennt als Beispiele für veröffentlichungspflichtige Veränderungen in den Verhältnissen des Emittenten die Feststellung der Jahres- und Quartalsergebnisse, Unternehmenskäufe und bedeutende Personalveränderungen in der Unternehmensleitung. Als veröffentlichungspflichtige Veränderungen der Wertpapierrechte führt sie die Ankündigung von Dividenden, Veränderungen des Aktiennennwertes und Umwandlungsrechte im Zusammenhang mit einer Unternehmensfusion an. Entdeckungen, neue Produkte, der Abschluß von Verträgen und Pläne zur Veränderung der Geschäftstätigkeit sind ebenfalls als Beispiele für veröffentlichungspflichtige Ereignisse genannt. Diese Entwicklungen sind allerdings nur zu veröffentlichen, wenn sie ungewöhnlich sind und nicht regelmäßig auftreten.[128]

2. *Deutsches Recht*

Der Emittent von Wertpapieren, die an einer Börse zum Amtlichen Handel zugelassen sind, ist der Zulassungsstelle gem. § 41 Abs. 1 BörsG zur Auskunft über alle Umstände in seinem Bereich verpflichtet, deren Kenntnis die Börse zur ordnungsgemäßen Erfüllung ihrer Aufgaben benötigt. Unter anderem obliegt es der Börsengeschäftsführung gemäß § 38 Abs. 1 BörsG, über die Voraussetzungen einer Kursaussetzung oder Kurseinstellung zu entscheiden. Demzufolge kann die Mitteilung von kurserheblichen Entwicklungen erforderlich sein, die im Tätigkeitsbereich des Emittenten eingetreten sind. Auch Geschäftsgeheimnisse unterliegen der Auskunftspflicht.[129]

Die Börsenzulassungsstelle kann die Veröffentlichung der Auskunft verlangen, wenn dies zum Schutz des Publikums oder für einen ordnungsgemäßen Börsenhandel erforderlich ist (§ 41 Abs. 2 Satz 1 BörsG). Diese Voraussetzungen einer Veröffentlichungspflicht greifen in ihrer Formulierung die Voraussetzungen für eine Kursaussetzung gemäß § 38 Abs. 1 Nr. 1 BörsG auf. Eine Pflicht zur Veröffentlichung besteht mithin wie im US-Recht, wenn die Voraussetzungen für eine Kursaussetzung gegeben

---

mit dem Emittenten in Verbindung, wenn ihr ungewöhnliche Handelsaktivitäten auffallen, und berät mit ihm, ob eine Veröffentlichung angebracht ist. In der Regel wird der Emittent dann eine Mitteilung vorbereiten und veröffentlichen."

125 So auch *Gruson/Wiegmann*, AG 1995, 173, 176. *Drygala*, WM 2001, 1282, 1286, weist zutreffend auf die eingeschränkten Sanktionsmöglichkeiten bei Pflichtverstößen als weiteren wesentlichen Grund für die begrenzte praktische Bedeutung der Auskunftspflichten hin.

126 *NYSE Listed Company Manual* § 202.01, 3 CCH Fed. Sec. L. Rep. (CCH) ¶ 23,515. Vgl. auch John M. Sheffey, *Securities Law Responsibilities of Issuers to Respond to Rumors and Other Publicity: Reexamination of a Continuing Problem*, 57 NOTRE DAME LAW. 755, 759 (1982).

127 *AMEX Company Guide* § 401 (d), 3 Fed. Sec. L. Rep. (CCH) ¶ 23,124B, at p. 12,097-14; *NYSE Listed Company Manual* § 202.03-04, 3 Fed. Sec. L. Rep. (CCH) ¶¶ 23,517, 23,518, at 17,212. Der Emittent muß entweder die nicht öffentlich bekannten Tatsachen offenlegen oder angeben, daß dem Emittenten keine Entwicklungen bekannt sind, welche die Gerüchte erklären würden. *AMEX Company Guide* § 401 (d), 3 Fed. Sec. L. Rep. (CCH) ¶ 23,124A; *NYSE Listed Company Manual* § 202.03, 3 Fed. Sec. L. Rep. (CCH) ¶ 23,517.

128 *NYSE Listed Company Manual* § 202.06(A), 3 Fed. Sec. L. Rep. (CCH) ¶ 23,519.

129 *Schwark*, BörsG, § 44c Rdn. 5.

sind.[130] Daher ist der Emittent zur Veröffentlichung von kurserheblichen Entwicklungen verpflichtet, wenn ungewöhnliche Handelsaktivitäten in den Wertpapieren des Emittenten auftreten, aufgrund derer die Geschäftsführung der Börse eine Kursaussetzung erwägt.[131] § 41 BörsG begründet außerdem eine dem US-Recht vergleichbare Pflicht des Emittenten, zu Gerüchten Stellung zu nehmen, wenn die Gerüchte Entwicklungen im Tätigkeitsbereich des Emittenten betreffen.[132]

Die Auskunftsrechte der Börsen weisen in weiten Teilen Wertungen auf, die bereits aus den Veröffentlichungspflichten gegen Insiderhandel und den Veröffentlichungspflichten der Regelpublizität bekannt sind. Die besondere Verpflichtung der Emittenten knüpft wie bei den Veröffentlichungspflichten der Regelpublizität an die Zulassung und Notierung der Wertpapiere an der Börse an. Anlaß der Veröffentlichungspflicht sind Insidergeschäfte (wenn die Gerüchte oder die ungewöhnlichen Handelsaktivitäten durch nicht öffentlich bekannte Entwicklungen begründet sind) oder andere Mittel unlauterer Kursbeeinflussung (wenn die Gerüchte oder die ungewöhnlichen Handelsaktivitäten unbegründet sind), die zur Verunsicherung des Marktes führen können. Wie bei den Veröffentlichungspflichten gegen Insiderhandel ist somit eine Gefahr für die Preistransparenz des Kapitalmarktes und für das Anlegervermögen erforderlich. Ebenso entsprechen sich die jeweiligen Gegenstände der Veröffentlichungspflicht. Zu veröffentlichen sind alle den Emittenten bekannten Entwicklungen, die Ursache von Insidergeschäften mit ihren Wertpapieren sein könnten. Die Auskunftsrechte der Börsen stellen sich somit weitgehend als Kombination der Wertungen dar, die bereits aus der bisherigen Untersuchung bekannt sind: Die Regelung des Pflichtadressaten folgt den Wertungsstrukturen der Regelpublizität; die Regelung von Anlaß und Gegenstand der Veröffentlichungspflicht folgt den Wertungen der Publizität gegen Insiderhandel.

Die Regelung der Börsenauskunftsrechte weist große Ähnlichkeit mit dem Gebot der Ad-hoc-Publizität auf. Verpflichtet ist ebenfalls der Emittent, zu veröffentlichen ist eine nicht öffentlich bekannte, kurserhebliche Entwicklung. Lediglich der Anlaß der Veröffentlichungspflicht ist unterschiedlich. Während die Auskunftsrechte eine konkrete Gefahr bevorstehenden Insiderhandels voraussetzen, verlangt die Ad-hoc-Veröffentlichungspflicht lediglich eine abstrakte Gefahr, ausgewiesen durch den Eintritt einer Insidertatsache.[133] Die Ähnlichkeit der Regelungen gibt Grund zu der Vermutung, daß der

---

130 Außerdem kann der Emittent zur Veröffentlichung von Entwicklungen angehalten werden, wenn er aufgrund anderer Rechtsvorschriften zur Veröffentlichung dieser Information verpflichtet ist, z.B. gemäß § 15 Abs. 1 Satz 1 WpHG oder § 40 BörsG, er aber die Veröffentlichung versäumt hat; *Schwark*, BörsG, § 44c Rdn. 7.

131 Vgl. *Schwark*, BörsG, § 44c Rdn. 1 f.

132 Dritte, die gezielt Gerüchte in die Welt setzen mit der Absicht, den Emittenten zur Veröffentlichung zu zwingen, verstoßen dadurch gegen das Verbot der Kursmanipulation gemäß § 20a Abs. 1 Nr. 1 Alt. 1 WpHG. *Fürhoff/Wölk*, WM 1997, 449, 455, und *Hopt*, ZHR 159 (1995), 135, 153, sehen damit die Gefahr gezielter Gerüchtestreuung aber nicht beseitigt.

133 Allerdings sind Art und Weise der Regelungen sehr unterschiedlich. Der Veröffentlichungsanlaß ist bei den Auskunftsrechten „weich" eingegrenzt, um den Börsen viel Spielraum in ihrem Verhalten den Emittenten gegenüber zu geben. Die Regelung genügt dennoch dem Bestimmtheitsgebot, weil die Börsengeschäftsführung die Auskunftsrechte marktnah ausübt und auf Pflichtverstöße kaum je mit mehr als kurzzeitiger Kursaussetzung reagiert. Der Anlaß der Ad-hoc-Publizität muß dagegen viel schärfer abgegrenzt sein, da die BAFin Verstöße mit hohen Bußgeldern ahnden und zu ihrer Ermittlung einschneidend in den Unternehmensbetrieb des Emittenten eingreifen kann. Es läßt sich darüber streiten, welche Regelungstechnik besseren Anlegerschutz verspricht. Für Auskunftsrechte nachdrücklich zum Beispiel In re Intercontinental Indus., Inc., Exch. Act Rel. No. 8858, [1969-1970]

Gesetzgeber im Gebot der Ad-hoc-Publizität in vergleichbarer Weise wie bei den Auskunftsrechten der Börsen die Wertungen der Regelpublizität und die Wertungen der Publizität gegen Insiderhandel kombiniert hat.[134] Diese Vermutung überprüft § 2 der Arbeit, der die Entstehung der Ad-hoc-Veröffentlichungspflicht untersucht.

§ 2
Die Entstehung der Ad-hoc-Veröffentlichungspflicht

Der Gesetzgeber mißt der Ad-hoc-Publizität zum einen den Zweck zu, die Veröffentlichungspflichten gegen Insiderhandel zu ergänzen,[135] zum anderen ist sie als Erweiterung der Regelpublizität gedacht.[136] Das wirft die Frage auf, aus welchen Wertungen sich die Ad-hoc-Publizität entwickelt hat -- aus denen der Insiderpublizität oder denen der Regelpublizität. Je nachdem würde das zur Insiderpublizität oder das zur Regelpublizität entwickelte Verständnis für die Auslegung des § 15 WpHG zu nutzen sein.

Wie die Untersuchung der systemverwandten Veröffentlichungspflichten in § 1 ergeben hat, unterscheidet sich die Ad-hoc-Veröffentlichungspflicht von den Veröffentlichungspflichten gegen Insiderhandel in der Regelung der Pflichtadressaten und von der Regelpublizität in den Regelungen von Anlaß und Gegenstand der Veröffentlichungspflicht. Ferner hat die Untersuchung ergeben, daß selbst dort, wo die Ad-hoc-Publizität anders geregelt ist, doch vergleichbare Wertungen zugrunde liegen. Die Ad-hoc-Veröffentlichungspflicht könnte sich demnach einerseits aus den Veröffentlichungspflichten gegen Insiderhandel entwickelt haben, indem die hinter der Regelung der Pflichtadressaten stehenden Wertungen weiterentwickelt wurden. Sie könnte sich andererseits aber auch aus der Regelpublizität entwickelt haben, indem die Wertentscheidungen zu Anlaß und Gegenstand der Veröffentlichungspflicht abgewandelt wurden. Folglich ist zu untersuchen, ob sich für die beiden eben aufgestellten Vermutungen Anhaltspunkte finden lassen.

Sofern die Untersuchung ergeben sollte, daß sich die Ad-hoc-Veröffentlichungspflicht sowohl aus den Wertungen der Veröffentlichungspflichten gegen Insiderhandel als auch aus den Wertungen der Regelpublizität entwickelt hat, würde sich die weitere Frage stellen, welcher Entwicklungslinie größere Beachtung zu schenken ist. Diese Frage ist für die Lösung von Wertungswidersprüchen zu beantworten, die aufgrund des doppelten Regelungszwecks der Ad-hoc-Publizität zu erwarten sind.

Fed. Sec. L. Rep. (CCH) ¶ 77,827, at 83,911 (Apr. 3, 1970); SEC *DISCLOSURE TO INVESTORS, A REAPPRAISAL OF FEDERAL ADMINISTRATIVE POLICIES UNDER THE '33 AND '34 ACTS 39* (CCH ed. 1969); Feuerstein, *The Corporation's Obligations of Disclosure Under the Federal Securities Laws When it is Not Trading in its Stock*, 15 N.Y.L.F. 385, 392 (1969) (damals Assistant General Counsel der SEC). ebenso *Schwark*, Anlegerschutz durch Wirtschaftsrecht, S. 208 ff., 212, nach Untersuchung des US-Rechts; anders die Urheber des § 15 WpHG.

134 In der Tat können die Publizitätsrichtlinien der US-Börsen als historische Vorbilder der Ad-hoc-Publizität gelten. Sie stammen aus dem Jahr 1914; *Brown* THE REGULATION OF CORPORATE DISCLOSURE § 3.06[2] 3-65 m.w.N.

135 Abs. 3, 4 und 5 der Präambel der EU-Insiderrichtlinie 89/592/EWG vom 13.11.1989, ABl. Nr. L 334 v. 18.11.1989, S. 30; Begr. RegE 2. FFG, BT-Drucks. 12/6679, S. 33, 48. Siehe ferner Abs. 12, 13, 15 und 41 der Präambel zur EU-Marktmissbrauchsrichtlinie 2003/6/EG vom 28.1.2003, ABl. EG Nr. L 96 v. 12.4.2003, S. 16 ff.

136 Begr. RegE 2. FFG, BT-Drucks. 12/6679, S. 35; Beschlußempfehlung und Bericht des Finanzausschusses, BT-Drucks. 12/7918, S. 95; ebenso bereits Begr. RegE BT-Drucks. 10/4296, S. 16 (zu § 44a BörsG a.F.).

I. Die Entwicklung aus den Veröffentlichungspflichten gegen Insiderhandel

Zunächst soll überprüft werden, ob die Ad-hoc-Veröffentlichungspflicht sich aus den Veröffentlichungspflichten gegen Insiderhandel entwickelt hat, indem nunmehr von vornherein Emittenten als Pflichtadressaten festgelegt sind.

1. US-Recht

Im US-Recht ist eine Entwicklung zu erkennen, die Insider zur Veröffentlichung in Fällen zu verpflichten, in denen sie nicht aktiv am Markt durch Wertpapierhandel teilnehmen.[137] Bemerkenswert sind in dieser Hinsicht jüngere Entscheidungen der Rechtsprechung und Rechtsverordnungen der SEC, daß Pflichtadressaten, bevor sie mit Wertpapieren handeln, jegliche ihnen bekannte Insidertatsachen veröffentlichen müssen, und nicht nur diejenigen Insidertatsachen, deren Kenntnis sie bei dem Wertpapierhandel ausnutzen wollten.[138] Daher müssen zum Beispiel vor Aktienkäufen nachteilige Insidertatsachen veröffentlicht werden, selbst wenn der Insider aus ihrer Kenntnis keinen Vorteil ziehen könnte, sondern im Gegenteil bereit war, einen Nachteil (einen zu hohen Aktienkurs) in Kauf zu nehmen.[139] Im Ergebnis wird damit eine Veröffentlichungspflicht bejaht, obwohl mangels irreführender Kursbeeinflussung keine konkrete Überwachergarantenpflicht und mangels Verfolgung persönlicher Vorteile keine konkrete Beschützergarantenpflicht der Insider entsteht.[140]

Diese Rechtsprechung erweitert die Schutzpflichten der Pflichtadressaten: Sie müssen die Anleger nunmehr durch eine Veröffentlichung von Insiderkenntnissen nicht nur vor eigenem, sondern auch vor fremdem Insiderhandel schützen. Diese Erweiterung läßt sich unterschiedlich begründen, je nachdem, ob ein Überwachergarant oder ein Beschützergarant verpflichtet ist. Möglicherweise ist es nicht mehr erforderlich, daß der Überwachergarant durch eigenen Insiderhandel den Kapitalmarkt und das Vermögen der Anleger selber gefährdet -- es genügt, daß er durch die Möglichkeit, seine Insiderkenntnisse zu veröffentlichen, die Gefahr fremden Insiderhandels beherrscht. Möglicherweise ist es nicht mehr erforderlich, daß der Beschützergarant durch Insiderhandel den eigenen Vorteil sucht -- es genügt, daß er um die Gefahr für das ihm anvertraute Anlegervermögen weiß.[141]

---

137 Dafür nachdrücklich Victor Brudney, *Insiders, Outsiders and Informational Advantages under the Federal Securities Laws*, 93 HARV. L. REV. 322 (1979).

138 United States v. Teicher, 987 F.2d 112, 121 (2nd Cir.), cert. denied, 114 S. Ct. 467 (1993); siehe 15 U.S.C.§§ 78t-1(a), 78u-1(a)(1); Sterling Drug, Inc., Sec. Exch. Act Rel. No. 14,675, 14 S.E.C. Dock. 824, 827 (1978); a.A. noch Investors Management Co. Inc., 44 S.E.C. 633, 641, 646-47 (1971), und in der jüngeren Rspr. United States v. Smith, 155 F.3d 1051, 1069 mit Fn. 27 (9th Cir. 1998), *cert. denied*, 525 U.S. 1071 (S. Ct. 1999); SEC v. Adler, 137 F.3d 1325, 1337 (11th Cir. 1998). Gegen diese Rechtsprechung und für den in Teicher aufgestellten Rechtssatz entscheidet sich die SEC in Rule 10b5-1(b): Sie verbietet jeden Wertpapierhandel in Kenntnis nicht öffentlich bekannter Information.

139 Als Verteidigung gegen den Vorwurf verbotenen Insiderhandels läßt Rule 10b5-1 nur den Nachweis zu, daß der Handel aufgrund einer vertraglichen Verpflichtung oder nach Maßgabe eines schriftlichen Planes erfolgte, welche jeweils vor Kenntnis der Insiderinformation begründet waren.

140 So z.B. die Entscheidung In re Cook, Initial Decision No. 63 (Widerspruchsverfahren, April 27, 1995), zitiert bei *Brown* REGULATION OF CORPORATE DISCLOSURE § 7.04[5][c] 7-69, die den Ansatz von Cady, Roberts & Co., 41 S.E.C. 907, 911 f. (1961), wieder aufnimmt, eine Garantenpflicht bestehe bereits aufgrund des bestimmungsgemäßen Zugangs zu kurserheblicher Information.

141 Für diese Begründungen spricht die Argumentation der SEC, die Festschreibung des Kenntnis-Maßstabes durch Rule 10b5-1(b) sei geboten, um effektiver das Vertrauen der Anleger in die

Festhalten läßt sich aber folgendes: In beiden Fällen ist die besondere Informationsverantwortung des Pflichtadressaten begründet, ohne daß dieser aktiv am Markt teilnehmen müßte.

In diesem Zusammenhang ist die Vorschrift des § 21A(b) SEA von besonderem Interesse.[142] Die 1988 eingefügte Vorschrift verpflichtet eine „beherrschende Person" (*controlling person*), durch angemessene Vorkehrungen zu verhindern, daß eine von ihr beherrschte Person gegen das Insiderhandelsverbot verstößt. Auch hierin zeigt sich eine Tendenz der Rechtsentwicklung, Verhaltenspflichten gegen Insiderhandel bereits an die Möglichkeit anzuknüpfen, die Gefahr des Insiderhandels zu beherrschen.

In einer weiteren Entwicklung hin zur abgestuften, von aktiver Marktteilnahme abstrahierten Informationsverantwortung von Insidern hat die SEC Regulation FD erlassen.[143] Diese Rechtsverordnung erlegt Emittenten die Pflicht auf, kurserhebliche Umstände zu veröffentlichen, die sie selektiv Dritten mitteilen ohne diese zur Vertraulichkeit zu verpflichten.[144] Die Weitergabe von Insiderinformation ist anderen Insidern dagegen nur verboten, wenn die Mitteilung ohne Erlaubnis durch den Informationsinhaber erfolgt.[145]

2. *Deutsches Recht*

Auch im deutschen Recht ist eine Entwicklung auszumachen, die besondere Informationsverantwortung der Insider vom Erfordernis aktiver Marktteilnahme durch die Insider zu abstrahieren und abzustufen. § 13 Abs. 1 WpHG bestimmt die Pflichtadressaten der Veröffentlichungspflichten gegen Insiderhandel aufgrund einer typisierten Betrachtung ihrer Funktion. Das deutsche Recht setzt nicht voraus, daß die Voraussetzungen einer Garantenpflicht tatsächlich vorliegen.[146] Diese Eingrenzung der Pflichtadressaten schützt das Vertrauen in die Integrität des Kurses angepaßt an die besonderen Gegebenheiten des unpersönlichen Massenmarktes. Denn das Anlegervertrauen ist schon dann verletzt, wenn der Anschein einer verletzten Garantenpflicht entsteht. Diesen Anschein begründet bereits Wertpapierhandel durch eine Person, die typischerweise einer Offenbarungspflicht unterliegt. Denn ob die Voraussetzungen einer Offenbarungspflicht tatsächlich vorliegen, ob etwa ein Angestellter Information rechtswidrig verwendet oder im Einzelfall durch das Unternehmen befugt war, ist für Außenstehende in der Regel nicht zu erkennen. Aus dem gleichen Grund steht zum Beispiel der besonderen Verpflichtung als Insider gemäß § 13 Abs. 1 Nr. 3 WpHG nicht entgegen, daß die betreffende Person sich gegen die Mitteilung von Insidertatsachen ausdrücklich verwahrt hat.[147] Denn der damit bekundete mangelnde Willen, durch den Markt als besonders sachkundig angesehen zu werden, ist für die Anleger nicht erkennbar.

Ebenso zeigen die Vorgaben der EU-Marktmissbrauchsrichtlinie eine Tendenz, die Pflichtadressaten von Veröffentlichungspflichten gegen Insiderhandel anhand einer

---

Integrität des Kapitalmarktes zu fördern; Sec. Exch. Act Rel. No. 43154, Part III.A.2., [2000 Transfer Binder] Fed. Sec. L. Rep. (CCH) ¶ 86,319 (August 15, 2000).

142 15 U.S.C.§ 78uA(b). Eine Ahndung setzt außerdem voraus, daß die „beherrschende" Person von dem bevorstehenden Insiderhandel weiß oder aus Leichtfertigkeit nicht weiß. Die SEC kann Bußgelder von bis zu US$1.000.000,-- erlassen.

143 Ausführlich zu Regulation FD *Drygala*, WM 2001, 1282, 1289 ff., 1313 ff.

144 17 C.F.R.§ 243.100 („material non-public information").

145 Ausführlich United States v. O'Hagen, 521 U.S. 642, 658-59 (S. Ct. 1997); siehe oben § 1 II.a).

146 Dazu oben § 1 I.1.

147 *Assmann*, AG 1997, 50, 54; *Eichele*, WM 1997, 501, 506.

typisierten Betrachtung ihrer Funktion zu bestimmen. So erstreckt die Richtlinie sämtliche Insiderverbote auf Dritte sofern sie nur die Vertraulichkeit der Insiderinformation kennen oder hätten kennen müssen.[148] Die Voraussetzungen einer Garantenpflicht müssen nicht vorliegen. Eine mögliche Begründung dafür ist, daß Dritte bei solcher Kenntnis oder unbewußt fahrlässiger Unkenntnis der Vertraulichkeit in aller Regel die Insiderinformation von einem Insider erfahren haben und sich daher die Garantenstellung auf den Dritten überträgt. Anstatt einer solchen Typsierung hatte die EU-Insiderrichtlinie noch eine positive Feststellung dieser abgeleiteten Informationsverantwortung vorausgesetzt.[149]

Im Rahmen der Typisierung entfallen die Voraussetzungen der Garantenpflicht, die eine aktive Marktteilnahme der Insider erforderlich machten. Die typisierte Überwachergarantenpflicht tritt auch dann ein, wenn das Verhalten des Pflichtadressaten keine Vermögensbetreuungs- oder Geheimniswahrungspflicht verletzt. Wenn aber die abzuschirmende Gefahr des Insiderhandels nicht rechtlich mißbilligt geschaffen worden sein muß, so ist es letztlich auch gleichgültig, ob der Pflichtadressat selbst sie geschaffen hat -- es genügt, daß er die Gefahr des Insiderhandels beherrscht. Ebensowenig setzt die typisierte Beschützergarantenpflicht Wertpapierhandel oder die Weitergabe von Insiderinformation durch den Pflichtadressaten selbst voraus. Wenn er sogar zum Schutz des Anlegervermögens verpflichtet ist, obwohl er diese Schutzpflicht nicht übernehmen wollte, dann ist es auch gleichgültig, ob der Pflichtadressat durch eigenen oder fremden Wertpapierhandel einen Vorteil verfolgt. Eine rechtspolitische Erwägung für diese Entwicklung erläutert Erwägungsgrund 37 der EU-Marktmissbrauchsrichtlinie: „Auch die Marktteilnehmer und alle Wirtschaftsakteure sollten in ihrem Bereich einen Beitrag zur Marktintegrität leisten."

In Anlehnung an Regulation FD[150] zeigt die EU-Marktmissbrauchsrichtlinie außerdem die Tendenz, die Intensität der Informationsverantwortung von Insidern abzustufen.[151] So sind der Emittent und mit ihm affiliierte Tätigkeitsinsider vor jeder selektiven Weitergabe von Insiderinformationen zur Veröffentlichung derselben verpflichtet.[152] Andere Marktteilnehmer sind zur Veröffentlichung nur vor einer unbefugten Weitergabe von Insiderinformation verpflichtet.[153]

Die verschärfte Verpflichtung des Emittenten und der mit ihm affiliierten Tätigkeitsinsider läßt sich dadurch erklären, daß der Emittent und die in der Unternehmenssphähre Beschäftigten überlegen zur kontrollierten Verbreitung der Information befähigt sind. Nachdem die Insiderinformation die Unternehmenssphäre verlassen hat, steigt das Risiko ihrer unkontrollierten Verbreitung. Damit nimmt die Gefahr von Insiderhandel zu, der die Marktintegrität beeinträchtigen würde.[154]

---

148 Siehe Art. 4 der EU-Marktmissbrauchsrichtlinie 2003/6/EG vom 28.1.2003, ABl. EG Nr. L 96 v. 12.4.2003, S. 21.

149 Siehe dazu oben § 1 I.1.b)ee).

150 *Leppert/Stürwald*, ZBB 2002, 90, 93.

151 Vgl. Abs. 24 der Präambel zur EU-Marktmissbrauchsrichtlinie 2003/6/EG vom 28.1.2003, ABl. EG Nr. L 96 v. 12.4.2003, S. 18: „Die professionellen Marktteilnehmer sollten durch verschiedene Maßnahmen zur Gewährleistung von Marktintegrität beitragen."

152 Art. 6 Abs. 3 Satz 1 der EU-Marktmissbrauchsrichtlinie 2003/6/EG vom 28.1.2003, ABl. EG Nr. L 96 v. 12.4.2003, S. 22.

153 Näher dazu oben § 1 I.2.b).

154 Diese Begründung erklärt auch, warum gemäß Art. 6 Abs. 3 Satz 2 der EU-Marktmissbrauchsrichtlinie keine Veröffentlichungspflicht der Insider besteht, wenn die Person, an die die Insider-

Die Rechtsentwicklung weg vom Erfordernis einer aktiven Marktteilnahme des Pflichtadressaten und hin zu einer abgestuften Verantwortlichkeit für die Veröffentlichung von Insiderinformationen, je nachdem ob eine überlegene Fähigkeit zur Verbreitung der Information besteht, führt konsequent zur Verpflichtung des Emittenten zur Ad-hoc-Publizität. Die Wertentscheidungen dazu sind bereits von den Veröffentlichungspflichten der Regelpublizität bekannt. Der Emittent ist zwar mangels eigener aktiver Marktteilnahme weder Überwacher- noch Beschützergarant. Seine erhöhte Informationsverantwortung entsteht aber aus einer Abstraktion dieser Wertungen:[155] Der Emittent kennt und kontrolliert die Verbreitung der Information über Entwicklungen, die Ursache von Insidergeschäften mit seinen Wertpapieren sein könnten, räumt aber nicht durch ihre Veröffentlichung die Gefahr von Insiderhandel aus? Dann ist er wie ein Überwachergarant zum Schutz vor dieser Gefahr verpflichtet: Er hält einen gefährlichen Verkehr (in den Wertpapieren) trotz der überlegenen Befähigung zur Gefahrenbeseitigung aufrecht. Der Emittent kennt die Gefahr, daß durch Insiderhandel die in seine Wertpapiere investierenden Anleger in ihrem Vermögen geschädigt werden? Dann ist er wie ein Beschützergarant zum Schutz dieses Rechtsgutes verpflichtet: Die früher bei der Emission übernommene Schutzpflicht lebt wieder auf, da der Emittent im Vergleich zu anderen potentiellen Pflichtadressaten die größte Verantwortung für das Anlegervermögen trägt.

Diese Rechtsentwicklung läßt sich als Reaktion auf die besonderen Gefahren verstehen, die für die Anleger aus der Entwicklung der Börsen zum unpersönlichen Massenmarkt entstanden sind. Durch Abstraktion vom Erfordernis persönlicher Marktteilnahme, wird das Risiko des Massenmarktes auf diejenigen verlagert, die am ehesten zur Risikotragung geeignet sind. Die Überwachergarantenpflicht entsteht unabhängig davon, ob der Pflichtadressat die abschirmungspflichtige Gefahrenquelle unmittelbar verursacht hat, weil der Pflichtadressat das Risiko effizienter eingrenzen kann als andere. Die Beschützergarantenpflicht entsteht, ohne daß der Pflichtadressat jemals unmittelbar mit dem Inhaber des schutzbedürftigen Rechtsgut eine Schutzvereinbarung getroffen hat, weil der Pflichtadressat seine Kosten besser als andere durch Vorteile aus der Risikoeingrenzung kompensieren kann.

Es läßt sich zusammenfassend feststellen: Die Ad-hoc-Publizität hat sich aus der Insiderpublizität entwickelt, indem nunmehr von vornherein Emittenten als Pflichtadressat festgelegt sind.

II. Die Entwicklung aus der Regelpublizität

Es ist zu untersuchen, ob sich die Ad-hoc-Veröffentlichungspflicht aus der Regelpublizität entwickelt hat, indem Anlaß und Gegenstand der Veröffentlichungspflicht nunmehr durch die Generalklausel bestimmt sind, daß im Tätigkeitsbereich des Emittenten eingetretene, zur erheblichen Kursbeeinflussung geeignete Tatsachen unverzüglich zu veröffentlichen sind. Eine derartige Entwicklung der Regelung zum Anlaß der Veröffentlichungspflicht ist anzunehmen, wenn die Berichtsintervalle der Regelpublizität aufge-

---

information weitergegeben wird, zur Vertraulichkeit verpflichtet ist. Denn dann verbleibt die Information in der erweiterten Unternehmenssphäre.

155 Ein Indiz für eine typisierte Garantenpflicht des Emittenten ist das Erfordernis, daß eine Insidertatsache zur *erheblichen* Kursbeeinflussung geeignet sein muß. Wie oben in § 1 I.3. beobachtet, deutet diese Einschränkung des Gegenstandes der Veröffentlichungspflicht darauf hin, daß der Pflichtadressat aufgrund seiner Stellung am Markt bestimmt ist, ohne auf persönlich vorwerfbares Verhalten abzustellen.

geben werden, um eine kontinuierliche Prospektpublizität zu erreichen.[156] Die Regelung zum Gegenstand der Veröffentlichungspflicht hat sich in dieser Weise entwickelt, wenn die Aufzählung der Berichtsinhalte aufgegeben wird, um in jeder Hinsicht unangemessene Börsenpreise zu verhindern.[157]

1. Die Aufgabe festgelegter Berichtsintervalle

a) US-Recht

Im US-Recht ist eine Entwicklung festzustellen, die Berichtsintervalle der Regelpublizität aufzugeben, um eine kontinuierliche Prospektpublizität zu erreichen. Eine solche schwebte bereits dem Gesetzgeber des Securities Exchange Act vor. Die kapitalmarktrechtlichen Jahresberichte legten nach dem Willen des Gesetzgebers nur den Grundstein,[158] um darauf ein System kontinuierlicher Prospektpublizität zu errichten.[159] Ermutigt durch neuere Erkenntnisse zur Informationseffizienz von Kapitalmärkten bereitet die SEC seit Anfang der 80er-Jahre eine derartige kontinuierliche Prospektpublizität vor.[160] Sie hat in einem ersten Schritt die Veröffentlichungsinhalte von Prospekten und von Berichten der Regelpublizität so weit vereinheitlicht (*integrated disclosure*), daß Emittenten mit börsenzugelassenen Wertpapieren, die ihre regelmäßigen Veröffentlichungspflichten erfüllen, nur einen verkürzten Prospekt veröffentlichen müssen.[161] In einem zweiten Schritt erlaubt die SEC das Angebot von Wertpapieren in Tranchen nach nur einer Zulassung der Wertpapiere und der Erstellung nur eines Prospektes.[162] Der Emittent erhält dieses Privileg, wenn er bis zum Angebot der letzten Tranche seinen Verpflichtungen zur Regelpublizität nachkommt und die kontinuierliche Information der Anleger über die für die Bewertung der Wertpapiere erforderlichen Umstände sicherstellt.[163] Einen formellen Rahmen für die (freiwillige) kontinuierliche Information der Anleger gibt die SEC in Item 12 der Rechtsverordnung Form 8-K vor. Gemäß dieser Vorschrift hat ein Emittent auf Form 8-K jegliche an die Öffentlichkeit gerichteten Erklärungen zu veröffentlichen, in denen kurserhebliche, nicht öffentlich bekannte Information zur Finanz- und Ertragslage des Emittenten im Hinblick auf eine abgeschlossene jährliche oder vierteljährliche

---

156 Siehe oben § 1 II.2.

157 Siehe oben § 1 II.3.

158 Begründung zum Gesetzesentwurf des House of Representatives, Cong. Rec. 7698 (1934).

159 Dafür setzte sich insbesondere der spätere Vorsitzende der SEC und Richter am US-Supreme Court Douglas ein. Vgl. Douglas, *Protecting the Investor*, 23 YALE L.J. 521 (1934); näher Brown THE REGULATION OF CORPORATE DISCLOSURE § 2.02[1] 2-5.

160 Nukleus dieser Regelungen ist die Erkenntnis, daß Anleger am Sekundärmarkt die gleiche Information benötigen wie am Primärmarkt. Siehe Sec. Act Rel. No. 6235, 45 Fed. Reg. 63,693 (Sept. 25, 1980), at 63,694; ebenso Sec. Act Rel. No. 6331, 46 Fed. Reg. 41,902 (Aug. 18, 1981), at 41,902.

161 Es genügt dann ein Hinweis, in welcher anderen Pflichtveröffentlichung die zu einer Bewertung der Wertpapiere erforderliche Information enthalten und wo diese Veröffentlichung einzusehen ist (*incorporation by reference*); 17 C.F.R.§ 230.411 zum Zulassungsantrag für die Wertpapiere; 17 C.F.R.§ 230.439 zu Prospekten; vgl. auch 17 C.F.R.§ 240.12b-23 zu Berichten der Regelpublizität.

162 Normalerweise muß für jedes Angebot der Wertpapiere (nicht nur das erste!) eine erneute Zulassung nachgesucht und ein neuer Prospekt erstellt werden. Denn die Zulassung der Wertpapiere gilt nur für ein Angebot „in unmittelbarer Zukunft"; Shawnee Chiles Syndicate, 10 S.E.C. 109, 113. Dauert ein Angebot länger als dreißig Tage (vgl. 17 C.F.R.§ 230.415(a)(1)(ix)), gilt es als neues Angebot, so daß die Zulassungs- und Prospektpflichten gemäß 15 U.S.C.§§ 77f(a), 77h(b) neu entstehen.

163 17 C.F.R.§ 230.415 i.V. mit Form S-3, als Rechtsverordnung durch die SEC erlassen aufgrund von 15 U.S.C.§ 77j(a)(3).

Berichtsperiode mitgeteilt wird.[164] In einem letzten Schritt soll dann eine Zulassung des Emittenten selbst erfolgen, der daraufhin jederzeit Wertpapiere anbieten kann, solange er die Anleger kontinuierlich über alle kurserheblichen Entwicklungen aufgeklärt hat.

b) Deutsches Recht

Im deutschen Recht sind ebenfalls Ansätze erkennbar, die Prospektpublizität durch kontinuierliche Veröffentlichungen des Emittenten zu ersetzen. So kann die Zulassungsstelle den Emittenten von der Pflicht befreien, einen Börsenzulassungsprospekt zu veröffentlichen, wenn der Emittent seine Veröffentlichungspflichten der Regelpublizität im Hinblick auf bereits an der selben Börse amtlich notierte Aktien erfüllt hat und des weiteren die Zahl, der geschätzte Kurswert oder der Nennbetrag der neu zuzulassenden Aktien weniger als 10% der Vergleichsgröße der bereits notierten Aktien beträgt (§ 32 Abs. 2 Nr. 1 BörsG i.V. mit § 45 Nr. 3b BörsZulVO). Wenn aber somit die Regelpublizität die Prospektpublizität ersetzen soll, muß die zeitnahe Unterrichtung der Anleger über wesentliche Änderungen der berichteten Umstände sicher gestellt sein.[165] Der Anlaß der Veröffentlichungspflicht muß also vom Eintritt kurserheblicher Entwicklungen abhängig gemacht werden.

2. Die Abkehr von der Aufzählung notwendiger Berichtsinhalte

a) US-Recht

In der Rechtsentwicklung läßt sich ein Trend ausmachen, auf die Aufzählung von Umständen zu verzichten, die in den Berichten der Regelpublizität abgehandelt sein müssen. Anstatt dessen gewinnt die Generalklausel der Erheblichkeit an Bedeutung. Diese Entwicklung geht einher mit der Förderung von Prognosepublizität.

Bereits der erste Gesetzesentwurf des Securities Exchange Act von 1934 sah eine Pflicht der Emittenten vor, in den Quartalsberichten ausführlich die gegenwärtige Entwicklung der Geschäftstätigkeit und die aus ihr erwarteten Auswirkungen zu erläutern. Das Vorhaben scheiterte am Widerstand der Emittenten:[166] Sie sahen sich durch den damit verbundenen Zeitaufwand und die Kosten überlastet.[167]

Die SEC verlegte sich in Folge darauf, den Anlaß und den Gegenstand der Prospektpflichten stetig zu erweitern. Als sie dann im sogenannten Wheat Report im Jahre 1969 als neue Leitlinie ihrer Tätigkeit vorschlug, die Quartalsberichte auszudehnen

---

164 17 C.F.R.§ 240.Form 8-K Item 12 („*material non-public information*"). Rechtsgrundlage für diese Veröffentlichungspflicht sind die §§ 13(a) und 15(d) SEA, in denen auch die Regelpublizität gesetzlich verankert ist.

165 Während der Dauer eines prospektpflichtigen öffentlichen Angebotes von Wertpapieren ist ein Nachtrag zum Prospekt zu veröffentlichen, wenn seit der Prospektveröffentlichung Veränderungen eingetreten sind, die für die Beurteilung des Emittenten oder der Wertpapiere von wesentlicher Bedeutung sind (§ 11 Satz 1 VerkProspG, § 32 Abs. 1 Nr. 3 BörsG i.V. mit § 52 Abs. 2 Satz 1 BörsZulVO). Dadurch sollen die Anleger, die noch keine Wertpapiere erworben haben, vor unangemessenen Börsenpreisen geschützt werden; *Hüffer*, Das Wertpapier-Verkaufsprospektgesetz, S. 71.

166 Vgl. Exch. Act Rel. No. 3803 (March 28, 1946) zur engen Fassung der ersten Verpflichtung zur vierteljährlichen Berichterstattung und den ursprünglichen Entwürfen.

167 Siehe bereits HEARINGS BEFORE THE COMMITTEE ON BANKING & CURRENCY, Part 15, 72 Cong., 2d Sess. and 73d Cong., 1st Sess. 7175-83 (1934).

und im Gegenzug die Prospektpflichten einzuschränken,[168] war der Widerstand der Emittenten gebrochen. Die SEC erließ daraufhin die heutige Form 10-Q.[169]

Kernstück des Quartalsberichts ist seitdem die MD&A -- die *Management Discussion and Analysis.* Darin hat die Unternehmensleitung zu erläutern, welche Entwicklungen aus ihrer Sicht die Vermögens-, Finanz oder Ertragslage oder den allgemeinen Geschäftsverlauf verändert haben -- und mit welchen weiteren Auswirkungen zu rechnen ist.[170] Dabei sind die Chancen und Risiken detailliert darzustellen, so wie sie die Unternehmensleitung ihren unternehmerischen Entscheidungen zugrunde gelegt hat. Diese bemerkenswerte Pflicht zur Prognosepublizität stieß anfangs sogar seitens der SEC auf wenig Gegenliebe.[171] Das änderte sich indes bald, nicht zuletzt auf Wunsch des parlamentarischen Aufsichtsausschusses.[172] Seit 1989 legt die SEC auf die ausführliche Erfüllung gerade des prognostischen Teils der MD&A-Pflicht gesteigerten Wert.[173] Ihre Mitarbeiter sind zur wohlwollenden Prüfung von Prognosepublizität angehalten.[174] Zudem haben sowohl der US-Gesetzgeber als auch die SEC neue Verteidigungsmöglichkeiten gegen Schadensersatzklagen eröffnet, die auf eine angeblich irreführende Mitteilung zukunftsorientierter Information gestützt sind.[175]

Diese Entwicklung einer Prognosepublizität bringt es mit sich, daß der Gegenstand der Veröffentlichungspflicht anders definiert werden muß. An die Stelle von festen Inhaltskatalogen treten wieder Generalklauseln. Sie stärken die Bereitschaft des Emittenten, den Anlegern in lebendigen Worten „seine Geschichte" zu erzählen, und nicht auf das gedankenarme Ausfüllen von Formblättern auszuweichen. Und sie erhöhen die Wahrscheinlichkeit, daß der Emittent auch ungewöhnliche Entwicklungen und Auswirkungen berichtet, die er nicht mehr zwischen den Zeilen eines Fragebogens verstecken kann. Die Generalklausel der Erheblichkeit erhält außerdem besondere Bedeutung bei der Korrektur oder Bestätigung von Prognosen. Welche Entwicklungen von Prognosen abweichen oder diese bestätigen, läßt sich naturgemäß nicht bei der Definition, was Gegenstand der Veröffentlichungspflicht sein soll, vorhersehen. Der Gegenstand der Regelpublizität wird

---

168 SEC DISCLOSURE OF INVESTORS, A REAPPRAISAL OF FEDERAL ADMINISTRATIVE POLICIES UNDER the '33 dn '34 Acts 39 (CCH ed. 1969).

169 Exch. Act Rel. No. 9004 (Nov. 14, 1970).

170 17 C.F.R.§ 229.303(a) mit Instructions 3 und 7.

171 SEC DISCLOSURE TO INVESTORS, A REAPPRAISAL OF FEDERAL ADMINISTRATIVE POLICIES UNDER THE '33 AND '34 ACTS 96 (1969) [Wheat-Report].

172 Siehe dazu HOUSE COMM. ON INTERSTATE AND FOREIGN COMMERCE, 95th Cong., 1st SESS., REPORT OF THE ADVISORY COMMITTEE ON CORPORATE DISCLOSURE TO THE SECURITIES AND EXCHANGE COMMISSION 344-79 D-49 u. V. (Comm. Print 1977), zusammengefaßt in [1977-1978 Transfer Binder] Fed. Sec. L. Rep. (CCH) ¶ 81,357; ausführlich zur Rechtsentwicklung Joel Seligman, *The SEC's unfinished soft information revolution*, 63 Fordham L. Rev. 1953 (1995); grundlegend Ted J. Fiflis, Soft Information: *The SEC's Former Exogenous Zone*, 26 U.C.L.A. L. Rev. 95 (1978) m.w.N.

173 Exch. Act. Rel. No. 26831 (May 18, 1989). Vgl. *Brown* THE REGULATION OF CORPORATE DISCLOSURE § 2.02[2] 2-17-19.

174 Sec. Act Rel. No. 5906, [1977-1978 Transfer Binder] Fed. Sec. L. Rep. (CCH) ¶ 81,505.

175 17 C.F.R. § 230.175 (zum SA) und 17 C.F.R. § 240.3b-6 (zum SEA) nehmen bei der SEC zu den Akten gereichte Mitteilungen mit zukunftsorientierter Information (*forward-looking statements*) von der Haftung aus, wenn sie die Bedingungen beschreiben, von denen der Eintritt der zukünftigen Entwicklungen abhängt (*safe harbor*). Durch den *Private Securities Litigation Reform Act 1997* (PSLRA) hat der Gesetzgeber 15 U.S.C.A. §§ 77z-2, 78u-5 eingefügt, die den genannten *safe harbour* der Rule 175 und Rule 3b-6 auf Veröffentlichungen erweitern, die nicht bei der SEC zu den Akten gereicht werden; vgl. dazu HOUSE-SENATE CONFERENCE REPORT, H. R. No. 369, 104th Cong., 1st Sess. 31 (November 28, 1995), abgedruckt in 1996 U.S.C.C.A.N. 730, 744.

demzufolge in zunehmendem Maße über das Erfordernis von Auswirkungen einer Entwicklung auf die wirtschaftlichen Verhältnisse des Emittenten und über das allgemeine Kriterium der Erheblichkeit definiert.

b) Deutsches Recht

Wie im US-Recht ist eine Entwicklung hin zur Abgrenzung des Publizitätsgegenstandes über die Generalklausel der Erheblichkeit auszumachen. Die im Zwischenbericht zu veröffentlichenden Umstände sind vor allem über ihre Auswirkungen auf das Ergebnis der Geschäftstätigkeit definiert (§ 55 Satz 3 BörsZulVO). Auch eine Entwicklung hin zur Prognosepublizität ist zu beobachten, die die Bedeutung der Generalklausel wie zum US-Recht erörtert steigern wird. So muß der Emittent seine Erläuterungen zur Entwicklung der Geschäftstätigkeit im Zwischenbericht auch auf die Geschäftsaussichten des Emittenten für das laufende Geschäftsjahr erstrecken (§ 55 Satz 4 BörsZulVO). Die Quartalsberichte am Neuen Markt müssen ebenfalls Angaben zu den Geschäftsaussichten enthalten.

3. Zwischenergebnis

Zusammenfassend läßt sich festhalten, daß die Ad-hoc-Publizität sich aus der Regelpublizität entwickelt hat, indem Anlaß und Gegenstand der Veröffentlichungspflicht durch die Generalklausel des Eintritts kurserheblicher Tatsachen bestimmt sind.

III. Die Entwicklung der Ad-hoc-Publizität

Die Untersuchung hat bisher ergeben, daß sich das Gebot der Ad-hoc-Publizität sowohl aus den Wertungen der Veröffentlichungspflichten gegen Insiderhandel als auch aus denen der Regelpublizität entwickelt hat. Aus dieser Feststellung folgt die Frage, welche dieser Entwicklungslinien vorrangig bei der Auslegung des § 15 WpHG zu beachten ist. Denn trotz der vergleichbaren Wertungsstrukturen und ihrer allgemeinen Ausrichtung am Anlegerschutz vor vermögensschädigendem Wertpapierhandel verfolgen die Regelungen doch im Einzelnen unterschiedliche Regelungszwecke. Die Veröffentlichungspflichten gegen Insiderhandel sollen vorrangig die Transparenz der Preisbildung am Kapitalmarkt fördern.[176] Die Regelpublizität dient dagegen vor allem dazu, die Allokationseffizienz des Kapitalmarktes zu verbessern.[177] Daher ist mit Wertungswidersprüchen zu rechnen, die in den folgenden Kapiteln der Arbeit aufzulösen sein werden. Somit gilt es zu untersuchen, ob die Ad-hoc-Veröffentlichungspflicht in ihrer aktuellen Fassung eher aus der Regelpublizität oder eher aus den Veröffentlichungspflichten gegen Insiderhandel entstanden ist.

1. Die Entstehung aus der Regelpublizität

a) US-Recht

Bereits zwei Jahre nach Inkrafttreten des Securities Exchange Act erließ die SEC eine erste Version von Form 8-K.[178] Auf diesem Formblatt hat der Emittent von Wertpapieren, die an einer Nationalen Börse oder durch die SEC zum Handel zugelassen sind,[179] die

176 Siehe dazu unten § 3 I.
177 Siehe dazu unten § 3 II.
178 Exch. Act Rel. No. 925 (Nov. 11, 1936).
179 Näher dazu unten § 4 III.1.

Berichte der Regelpublizität zu ergänzen, wenn in den Berichtsintervallen Entwicklungen von besonderer Bedeutung für die Anleger eintreten. Die SEC entwickelte eine lange Liste von Ereignissen, die Anlaß für einen Aktuellen Bericht gemäß Form 8-K gaben.[180] Unter anderem verlangte Item 10, daß erhebliche Buchungen in der Gewinn- und Verlustrechnung und ungewöhnliche oder unregelmäßige Rückstellungen offengelegt werden. Zweck dieser Vorschrift war die unverzügliche Veröffentlichung aller Ereignisse oder Transaktionen, die erhebliche Auswirkungen auf die Finanz- und Ertragslage des Emittenten haben.[181] Die SEC legte die Verpflichtung daher weit aus. Die berichtspflichtigen Emittenten mußten unverzüglich jegliche erheblichen Tatsachen veröffentlichen, welche die Geschäftstätigkeit des Emittenten beeinflussen.[182]

Form 8-K sollte in dieser Ausgestaltung die Jahresberichte ergänzen. Durch den Erlaß der Rechtsverordnung folgte die SEC einer ausdrücklichen Aufforderung in der Gesetzesbegründung zum Securities Exchange Act.[183] Nachdem die SEC allerdings die Quartalspublizität um eine Pflicht zur Prognosepublizität erweitert hatte,[184] gab es Anregungen, im Gegenzug Form 8-K gänzlich abzuschaffen. Daraufhin schränkte die SEC im Jahre 1977 den Katalog publizitätspflichtiger Ereignisse in Form 8-K ein. Unter anderem gab sie die allgemeine Veröffentlichungspflicht gemäß Item 10 auf.[185]

Derzeit verpflichtet Form 8-K den Emittenten zur Offenlegung (1.) des An- oder Verkaufs erheblicher Anteile des konsolidierten Unternehmensvermögens (gemäß Item 2) sowie (2.) der Änderung des Berichtsjahres, das den Veröffentlichungen der Regelpublizität zugrundegelegt ist (gemäß Item 8).[186] Außerdem ist er in Item 5 unverbindlich dazu angehalten, alle Ereignisse zu berichten, denen der Emittent „Bedeutung für die Wertpapierinhaber zumißt." Da lediglich eine Empfehlung ausgesprochen ist, sieht Form 8-K keinen bestimmten Zeitpunkt für die Veröffentlichung vor.[187] Es bleibt abzuwarten, ob die SEC Vorschlägen der Literatur folgt, Form 8-K um eine Pflicht zur unverzüglichen Veröffent-

180 *Brown* THE REGULATION OF CORPORATE DISCLOSURE § 2.02[1] 2-10.

181 Exch. Act Rel. No. 13, 156 (Jan. 13, 1977).

182 Außerdem seien die Publizitätsrichtlinien der Börsen zu beachten; "*Timely Disclosure of Material Corporate Developments*," Sec. Exch. Act Rel. No. 5,092, [1970-1971 Transfer Binder] Fed. Sec. L. Rep. (CCH) ¶ 77,915 (Oct. 15, 1970).

183 H.R. Rep. No. 1383, 73d Cong., 2d Sess. 23-34 (1934).

184 Exch. Act Rel. No. 9004 (Nov. 14, 1970); siehe dazu oben II.2.

185 Exch. Act Rel. No. 13,156 (Jan. 13, 1977).

186 17 C.F.R.§ 240.Form 8-K Items 2 und 8 i.V. mit 17 C.F.R.§240.13a-11. Die anderen in Form 8-K aufgestellten Veröffentlichungspflichten sind dem Gesellschaftsrecht zuzurechnen. Innerhalb von fünf Werktagen ist der Wechsel von Mitgliedern des *board of directors* zu melden (Item 6) sowie eine Abänderung oder vorübergehende Entkräftung des vom Emittenten für die Unternehmensleitung verabschiedeten Ethik-Regelwerkes offenzulegen (Item 10). Innerhalb von fünfzehn Kalendertagen hat der Emittent den Wechsel einer beherrschenden Stellung bei den Anteilseignern des Unternehmens zu berichten (Item 1), Nachricht von der Eröffnung eines Insolvenzverfahrens über das Vermögen des Emittenten oder eines ihn beherrschenden Unternehmens zu geben, sowie die Feststellung eines Insolvenzplans anzuzeigen (Item 3). Im übrigen hat ein Emittent innerhalb von fünf Werktagen die Ankündigung des Wechsels durch den scheidenden Wirtschaftsprüfer und den erfolgten Wechsel eines Wirtschaftsprüfers berichten (Item 4).

187 Näher z.B. *Brown* THE REGULATION OF CORPORATE DISCLOSURE § 2.02[1] 2-9.

lichung kurserheblicher Tatsachen zu erweitern.[188] Die gesetzliche Grundlage dafür hat der Gesetzgeber im Sarbanes-Oxley Act 2002 geschaffen.[189]

Derzeit ist der Gegenstand der kapitalmarktrechtlichen Ad-hoc-Veröffentlichungspflicht in Form 8-K im Gegensatz zum wesentlich weiter gefaßten § 15 WpHG auf einige wenige Umstände beschränkt.[190]

b) Deutsches Recht

Das Gebot der Ad-hoc-Publizität geht im deutschen Recht auf die 1979 verabschiedete EU-Börsenzulassungsrichtlinie zurück.[191] Die Richtlinienvorgabe hatte zum Zweck, „bis zu einer weitergehenden Rechtsangleichung der Rechtsvorschriften" zur Börsenpublizität Mindeststandards für den Anlegerschutz zu setzen.[192] Im Jahre 1982 erging die EU-Halbjahresberichtsrichtlinie, welche die halbjährliche Veröffentlichung von Zwischenberichten einführte, um die langen Zeiträume zwischen der nur einmal im Jahr erforderlichen Veröffentlichung von Jahresabschluß und Lagebericht zu überbrücken und dadurch den Anlegerschutz zu verbessern.[193] Als der deutsche Gesetzgeber das Gebot der Ad-hoc-Publizität schließlich nach Ablauf der Umsetzungsfrist am 30.6.1983 durch das Börsenzulassungsgesetz vom 16.12.1986 in § 44a BörsG a.F. umsetzte,[194] sah er den ursprünglichen Zweck der Regelung bereits durch die Pflicht zur Zwischenberichterstattung gemäß § 40 BörsG (§ 44b BörsG a.F.) erfüllt. Er maß dem Gebot der Ad-hoc-Publizität daher nur noch die Bedeutung zu, die unverzügliche Veröffentlichung von „wichtigen Tatsachen" zu sichern und dadurch die Regelpublizität zu ergänzen.[195] § 44a Abs. 1 BörsG a.F. trat am 1.5.1987 in Kraft.

§ 44a Abs. 1 BörsG a.F. in Verbindung mit § 76 Abs. 1 BörsG a.F. galt für Emittenten von Aktien und Schuldverschreibungen, die zum Amtlichen Handel oder zum Geregelten Markt zugelassen sind. Die Emittenten von Schuldverschreibungen waren nur zur Veröffentlichung von Entwicklungen verpflichtet, die die Fähigkeit des Emittenten beeinträchtigen können, seinen Verpflichtungen nachzukommen. § 44a Abs. 2 Satz 1 BörsG

---

188 Dafür seit langem Donald C. Langevoort, *Information Technology and the Structure of Securities Regulation* 98 HARV. L. REV. 747, 788-92 (1985); Marc I. Steinberg, SECURITIES REGULATION: LIABILITIES AND REMEDIES 2-40.

189 Gemäß § 409 des Sarbanes-Oxley Act vom 30.7.2002, H.R. Rep. No. 3763, 107th Cong., 107-204 (2002), ist die folgende Vorschrift unter der Überschrift „Real Time Issuer Disclosure" als § 13(l) in den SEA einzufügen: „*Each issuer reporting under section 13(a) or 15(d) shall disclose to the public on a rapid and current basis such additional information concerning material changes in the financial condition or operations of the issuer, in plain English, which may include trend and qualitative information and graphic presentations, as the Commission determines, by rule, is necessary or useful for the protection of investors and in the public interest.*"

190 Durch Exch. Act Rel. No. 46,084 (June 17, 2002, *modified* June 18, 2002) hat die SEC vorgeschlagen, in Form 8-K die Veröffentlichung einer Reihe weiterer Umstände zu verlangen und die Frist dafür übergreifend auf zwei Werktage zu verkürzen.

191 Anhang Schema C.5.a) der EU-Börsenzulassungsrichtlinie 79/279/EWG vom 5.3.1979, Abl. EG Nr. L 66 v. 16.3.1979 S. 21, 30.

192 Abs. 1, 5 und 6 der Präambel der EU-Börsenzulassungsrichtlinie 79/279/EWG vom 5.3.1979, Abl. EG Nr. L 66 v. 16.3.1979 S. 21.

193 Abs. 2 und 4 der Präambel der EU-Halbjahresberichtsrichtlinie 82/121/EWG vom 15.2.1982, ABl. EG Nr. L 48 v. 20.2.1982, S. 26; dafür bereits *Hopt*, ZGR 1980, 225, 232.

194 Gesetz zur Einführung eines neuen Marktabschnitts an den Wertpapierbörsen und zur Durchführung der Richtlinien des Rates der Europäischen Gemeinschaften vom 5. März 1979, vom 17. März 1980 und vom 15. Februar 1982 zur Koordinierung börsenrechtlicher Vorschriften, BGBl. 1986 I S. 2487 ff.

195 Begr. RegE BT-Drucks. 10/4296, S. 16.

a.F. ermächtigte die Bundesregierung, durch Rechtsverordnung mit Zustimmung des Bundesrates Vorschriften zu erlassen über Art und Form der nach Absatz 1 für den Amtlichen Handel vorgeschriebenen Veröffentlichung.[196] Die Bundesregierung machte von dieser Ermächtigung durch § 70 BörsZulV a.F. Gebrauch.[197] Demnach waren Ad-hoc-Mitteilungen in mindestens einem Börsenpflichtblatt in deutscher Sprache zu veröffentlichen. Der Börsenvorstand konnte bei umfangreichen Mitteilungen eine Zusammenfassung gestatten. Gemäß § 44a Abs. 1 Satz 2 BörsG a.F. war der Börsenvorstand unverzüglich über die zu veröffentlichenden Tatsachen zu unterrichten.[198] Der Börsenvorstand konnte auf Antrag des Emittenten eine Befreiung von der Veröffentlichungspflicht gemäß § 44a Abs. 1 Satz 3 BörsG a.F. aussprechen, wenn dem Emittenten auch unter Berücksichtigung der Interessen des Publikums ein nicht zu rechtfertigender Nachteil drohte.

§ 44a BörsG a.F. trat gemäß Art. 20 Satz 2 des Zweiten Finanzmarktförderungsgesetzes am 1.1.1995 außer Kraft, während zugleich die Regelung am selben Tage in erweiterter Fassung als § 15 WpHG in Kraft gesetzt wurde. Die praktische Bedeutung von § 44a BörsG a.F. war gering.[199]

Somit stand die Entwicklung der Ad-hoc-Veröffentlichungspflicht aus der Regelpublizität von Anfang an unter keinem guten Stern. Der tiefere Grund dafür könnte die überholende Entwicklung einer Prognosepublizität im Rahmen der Regelpublizität gewesen sein. Sie ist für die Anleger nützlicher als eine episodenhafte Ergänzung der Regelpublizität.

Nach alledem dürfte der Entstehung aus der Regelpublizität bei der Auslegung des § 15 WpHG ein geringerer Stellenwert einzuräumen sein, als der Entstehung der Ad-hoc-Publizität aus den Veröffentlichungspflichten gegen Insiderhandel.

2. Die Entstehung aus der Insiderpublizität

a) US-Recht

In der viel beachteten Entscheidung *SEC v. Texas Gulph Sulphur Co.* aus dem Jahre 1968 statuierte der US-Appellate Court, Second Circuit, eine Pflicht der Emittenten zur Veröffentlichung von nicht öffentlich bekannten, erheblichen Tatsachen, wenn diese in der Sphäre des Unternehmens eingetreten sind und Information dazu in anderer Weise als durch eine Veröffentlichung des Emittenten in den Markt gelangt.[200] Das Gericht entwickelte diese Ad-hoc-Veröffentlichungspflicht aus den Veröffentlichungspflichten

---

196 Die Rechtsverordnung konnte gemäß § 44a Abs. 2 Satz 2 BörsG a.F. auch vorsehen, daß diese Veröffentlichung unverzüglich dem Börsenvorstand zu übermitteln ist.

197 Die Ermächtigung galt gemäß § 76 Abs. 1 BörsG a.F. nicht für den Geregelten Markt.

198 Gemäß § 70 Abs. 3 BörsZulV a.F. war ihm die erfolgte Veröffentlichung zu übermitteln.

199 Zu § 44a BörsG a.F. ergingen insgesamt sechs Meldungen; Angabe nach *Pellens/Fülbier*, in: Baetge (Hrsg.), Insiderrecht und Ad-hoc-Publizität, S. 23, 34. Als Begründung wird vor allem auf das damalige Fehlen einer zentralen Marktaufsicht verwiesen, die die Erfüllung der Veröffentlichungspflicht überwacht, durchsetzt und Pflichtverletzungen sanktioniert; *Gehrt*, Die neue Ad-hoc-Publizität, S. 27 m.w.N.

200 SEC v. Texas Gulf Sulphur Co., 401 F.2d 833 (2d Cir. 1968), *cert. denied sub nom.* Coates v. SEC, 394 U.S. 976 (S. Ct. 1969); ausführlich zu der TGS-Entscheidung z.B. Patrick H. Allen, *The Disclosure Obligations of Public Held Corporations in the Absence of Insider-Trading*, 25 Mercer L. Rev. 479, 488-89 (1974); Jeffrey D. Baumann, Rule 10b-5 *and the Corporations' Affirmative Duty to Disclose*, 67 GEO. L. J. 935 (1979); Harold S. Bloomenthal/Samuel Wolff, 3B SECURITIES AND FEDERAL CORPORATE LAW 9-130.

gegen Insiderhandel. Der Emittent sei gemäß Rule 10b-5 zur Verhinderung von Insiderhandel verpflichtet, denn er habe eine besondere Pflicht verletzt, den gleichen Zugang aller Anleger zu Information über werterhebliche Entwicklungen in der Unternehmenssphäre sicher zu stellen. Die Befolgung dieser Veröffentlichungspflicht sei allerdings gerichtlich nur eingeschränkt zu überprüfen, denn der Zeitpunkt der Veröffentlichung stünde im Geschäftsermessen der Unternehmensleitung (*business judgment*). Nur nachteilige Entwicklungen seien umgehend zu veröffentlichen, wenn dem Emittenten aus der Veröffentlichung in jedem Fall ein Schaden entstehe, denn dann würde durch einen Aufschub der Veröffentlichung kein Vorteil erzielt.[201] Viele Obergerichte haben die Rechtsauffassung des US-Appellate Court, Second Circuit, in ihre Rechtsprechung übernommen.[202]

Große praktische Bedeutung hat die Ad-hoc-Veröffentlichungspflicht gemäß Rule 10b-5 gleichwohl nicht erlangt.[203] Die Emittenten stellen sich bei Vorwürfen versäumter Veröffentlichung auf den kaum anfechtbaren Standpunkt, daß nur eine Verzögerung der Veröffentlichung erfolgte, die durch das Geschäftsermessen der Unternehmensleitung gedeckt war. Die Rechtsprechung ermahnt die Emittenten, noch nicht öffentlich bekannte erhebliche Tatsachen zu veröffentlichen, nachdem Information darüber aus dem Unternehmen an Dritte „durchgesickert" ist (*leaks*) -- stützt auf diesen Rechtssatz aber nicht ihre Entscheidungen.[204] Die SEC fordert die Emittenten nachdrücklich zur Bestätigung von zutreffenden Gerüchten auf -- verhängt aber gegen die gerügten Emittenten keine Sanktionen.[205]

Bislang ist überdies unklar, ob die Ad-hoc-Veröffentlichungspflicht vor dem US-Supreme Court Bestand haben würde. Zweifel daran wirft die bereits im Rahmen der Veröffentlichungspflichten gegen Insiderhandel erörterte Grundsatzentscheidung *United States v. Chiarella* auf. Darin wendet sich das Gericht gegen den Begründungsansatz von *SEC v. Texas Gulf Sulphur Co.*, daß eine besondere Informationsverantwortung aus der pflichtwidrigen Ungleichbehandlung der Anleger folgt. Es lehnt ausdrücklich eine Verpflichtung der Emittenten ab, allen Anlegern den gleichen Zugang zu werterheblicher Information zu gewähren.[206] Folglich sind Emittenten mangels rechtlicher Mißbilligung ihres Schweigens nicht als Überwachergaranten zur Ad-hoc-Veröffentlichung ver-

---

201 SEC v. Texas Gulf Sulphur Co., 401 F.2d 833, 848-49; vgl. Marc I. Steinberg, SECURITIES REGULATION: LIABILITIES AND REMEDIES 2-39 (Auswirkungen der schlechten Nachricht sollten gegen Treuepflicht gegenüber den Aktionären abgewogen werden).

202 Financial Industries Fund v. McDonnell Douglas Corp., 474 F.2d 514 (10th Cir.) (*en banc*) (*per curiam*), *cert. denied* 414 U.S. 874 (S. Ct. 1973); Billard v. Rockwell International Corp., 683 F.2d 51 (2d Cir. 1982); State Teachers Retirement Board v. Fluor, 654 F.2d 843 (2d Cir. 1981); Flynn v. Bass Brothers Enterprises, Inc., 744 F.2d 978 (3d Cir. 1984); zustimmend ferner Issen v. GSC Enters., Inc., 538 F. Supp. 745, 751 (N.D. Ill. 1982); entschieden a.A. Matarese v. Aero-Chatillon Corp., [1971-1972 Transfer Binder] Fed. Sec. L. Rep. (CCH) ¶ 93,322 (S.D.N.Y. 1971).

203 Siehe außerdem § 1 III.2. zur verhältnismäßig geringen praktischen Bedeutung der Auskunftsrechte einiger US-Börsen, die aus vergleichbaren Gründen beschränkt sind.

204 Vgl. In re General Motors Class E Stock Buyout Sec. Litig., 694 F. Supp. 1119, 1129 (D. Del. 1988) (obiter); Zuckerman v. Harnischfeger Corp., [1984 Transfer Binder] CCH Fed. Sec. L. Rep. ¶ 91,470 (S.D.N.Y. 1984) (*obiter*); State Teachers Retirement Board v. Fluor Corp., 500 F. Supp. 278 (S.D.N.Y. 1980), *aff'd in part, rev'd in part* 654 F. 2d 843, 850 (2d Cir. 1981) (obiter).

205 In re Sharon Steel Corp., Sec. Exch. Act Rel. No. 18,721, [1981-1982 Transfer Binder] Fed. Sec. L. Rep. (CCH) ¶ 83,049 at 84,615 (Nov. 19, 1981).

206 Basic, Inc. v. Levinson, 485 U.S. 224, 233 Fn. 17 (S. Ct. 1988).

pflichtet.[207] Der US-Appellate Court, Second Circuit, hat sich davon nicht beirren lassen. Er leitet die Informationsverantwortung des Emittenten nunmehr aus typisierten Garantenpflichten ab.[208] Es ist ungewiß, ob der US-Supreme Court dieser Rechtsauffassung folgen wird.

Festhalten läßt sich demgegenüber, daß ein Anlaß für die Ad-hoc-Veröffentlichungspflicht jedenfalls nur dann besteht, wenn Insiderhandel unmittelbar droht, weil bereits einzelne Marktteilnehmer Kenntnis von der Publizitätstatsache erhalten haben. Die Gerichte betonen in ständiger Rechtsprechung, daß der Eintritt erheblicher Tatsachen im Tätigkeitsbereich des Emittenten für sich gesehen keine Ad-hoc-Veröffentlichungspflicht auslöst.[209] Die SEC hat sich dem *de lege ferenda* angeschlossen.[210] Es ist derzeit auch nicht damit zu rechnen, daß sie aufgrund ihrer Ermächtigung zum Erlaß von Rechtsverordnungen gemäß § 10(b) SEA eine weitergehende Ad-hoc-Veröffentlichungspflicht aufstellt, wie es ein Teil der Literatur vorschlägt.[211] Demzufolge unterscheidet sich die Ad-hoc-Veröffentlichungspflicht gemäß Rule 10b-5 -- abgesehen von der Möglichkeit zur vorübergehenden Selbstbefreiung von der Ad hoc- Veröffentlichungspflicht -- darin vom deutschen Recht, daß als Anlaß der Ad-hoc-Publizität Insiderhandel unmittelbar bevorstehen muß. Ein Anlaß zur Ad-hoc-Publizität gemäß § 15 WpHG besteht dagegen bereits dann, wenn Publizitätstatsachen im Tätigkeitsbereich des Emittenten eintreten.

b) Deutsches Recht

Die EU-Insiderrichtlinie hat die Ad-hoc-Publizität entscheidend erweitert. Sie gibt als Pflichtadressaten alle Emittenten vor, deren Wertpapiere an einem Markt gehandelt werden, der regelmäßig stattfindet, der Öffentlichkeit direkt oder indirekt zugänglich ist und von staatlich anerkannten Stellen reglementiert und überwacht wird.[212] Der deutsche Gesetzgeber setzte die Vorgaben der EU-Insiderrichtlinie nach Ablauf der in ihrem Art. 14 bestimmten Umsetzungsfrist zum 1.6.1992 durch das Zweite Finanzmarktförderungs-

---

207 Weintraub v. Texasgulf, Inc., 564 F. Supp. 1466, 1470 (S.D.N.Y. 1983).

208 Das ist zu den Korrektur- und Aktualisierungspflichten der Emittenten unten § 2 IV. erläutert.

209 Basic, Inc. v. Levinson, 485 U.S. 224, 239 Fn. 17 (S. Ct. 1988); Chiarella v. United States, 445 U.S. 222, 228 (S. Ct. 1980); In re Burlington Coat Factory Sec. Litig., 114 F.3d 1410 (3d Cir. 1997); Kaplan v. Rose, 49 F.3d 1363, 1374 (9th Cir. 1994); Time Warner Inc. Sec. Litig., 9 F.3d 259, 267 (2d Cir. 1993); Capri Optics Profit Sharing v. Digital Equipment Corp., 950 F.2d 5 (1st Cir. 1991); National Union Fire Insurance Co. v. Turtur, 892 F.2d 199 (2d Cir. 1989); Roeder v. Alpha, Indus., Inc., 814 F.2d 22 (1st Cir. 1987); Walker v. Action Industries, Inc., 802 F.2d 703, 706 (4th Cir. 1986), *cert. denied*, 479 U.S. 1065 (S. Ct. 1987); Greenfield v. Heublein, Inc., 742 F.2d 751, 756 (3d Cir. 1984), *cert. denied*, 469 U.S. 1215 (S. Ct. 1985); In re Healthco Int'l Sec. Litig., 777 F. Supp. 109 Fn. 5 (D. Mass. 1991); Polak v. Continental Hosts, Ltd., 613 F. Supp. 153, 156 (S.D.N.Y. 1985); Texas Partners v. Conrock Co., 685 F.2d 1116, 1120 (9th Cir. 1982).

210 *Brief for the Securities Exchange Commission as Amicus Curiae at* 24-25, Levinson v. Basic, Inc., 786 F.2d 741 (6th Cir. 1986) (No. 84-3730), cert. granted, 107 S. Ct. 1284 (1987); *Brief for the Securities Exchange Commission as Amicus Curiae*, Michaels v. Michaels, 767 F.2d 1185, 1195 Fn. 2 (7th Cir. 1985), *cert. denied*, 474 U.S. 1057 (S. Ct. 1986).

211 Jeffrey D. Baumann, *Rule 10b-5 and the Corporations' Affirmative Duty to Disclose*, 67 GEO. L. J. 935, 988-90 (1979); Victor Brudney, *Insiders, Outsiders, and Informational Advantages under the Federal Securities Law*, 43 HARV. L. REV. 322, 335-36 (1979); Joel Seligman, *The Reformulation of Federal Securities Law Concerning Nonpublic Information*, 73 GEO. L. J. 1083, 1119 (1985).

212 Art. 7 i.V. mit Art. 1 Ziffer 2 letzter Satzteil der EU-Insiderrichtlinie 89/592/EWG vom 13.11.1989, ABl. EG Nr. L 334 v. 18.11.1989, S. 30, 31 f.

gesetz vom 26.7.1994 um:[213] § 15 WpHG greift das Gebot der Ad-hoc-Publizität gemäß § 44a BörsG a.F. auf und erweitert seine Geltung auf alle Emittenten von Wertpapieren, die zum Handel an einer inländischen Börse zugelassen sind. Außerdem wurde die Höhe des Bußgeldes, mit der Verstöße gegen die Veröffentlichungspflicht geahndet werden können, von bis zu 100.000,-- DM gemäß § 90 Abs. 1 Nr. 4 BörsG a.F. auf bis zu 1,5 Millionen Euro gemäß §§ 39 Abs. 1 Nr. 2a), 39 Abs. 3 WpHG erhöht. Das neu geschaffene BAWe wurde mit der Durchsetzung der Veröffentlichungspflicht betraut.

Die Ausdehnung ihrer Geltung auf sämtliche organisierte Kapitalmärkte und die Verschärfung der Sanktionen für Pflichtverletzungen weist auf die gesteigerte Bedeutung hin, die der Gesetzgeber der Ad-hoc-Publizität als Präventionsmittel gegen Insidervergehen zumißt. Der Vergleich mit dem US-Recht stützt diese Feststellung. Auch dort geht die aus den Veröffentlichungspflichten gegen Insiderhandel entstandene Ad-hoc-Publizität gemäß Rule 10b-5 weiter als die aus der Regelpublizität entstandene Ad-hoc-Publizität gemäß Form 8-K. Außerdem werden Verstöße gegen Rule 10b-5 schärfer sanktioniert; insbesondere drohen neben Bußgeldern und Kriminalstrafen auch Schadensersatzklagen der Anleger.[214]

Ebenso zeigt die Entwicklung der europarechtlichen Regelungsgrundlagen eine klare Tendenz, die Funktion der Ad-hoc-Publizität zunehmend von der Ergänzung der Regelpublizität auf die Prävention von Insiderhandel zu verlagern. Die EU-Marktmissbrauchsrichtlinie hebt die Vorgaben der Ad-hoc-Publizität in der EU-Insiderrichtlinie und der EU-Börsenzulassungsrichtlinie auf.[215] Sie ersetzt diese Regelungen mit einer Vorschrift, die nach den Erwägungsgründen der Richtlinie ausschließlich der Prävention von Insiderhandel dient. Damit wird die ursprüngliche Regelung der Ad-hoc-Publizität als Verlängerung der Regel- und Prospektpublizität nicht weiter verfolgt.[216] Diese Umorientierung zeigt sich in aller Deutlichkeit in einer neuen Eingrenzung, welche Entwicklungen Gegenstand der Ad-hoc-Publizität sind. Gewichen sind die in der EU-Börsenzulassungsrichtlinie aufgestellten Tatbestandsmerkmale, daß es sich um „Tatsachen“ mit „Auswirkungen auf die Vermögens- und Finanzlage oder den allgemeinen Geschäftsverlauf“ handeln muß. Diese Begriffe knüpften die Richtlinienvorgaben zur Ad-hoc-Publizität an Regelungskonzepte der Regel- und Prospektpublizität. An ihre Stelle tritt nunmehr das aus der Definition von Insiderinformation entlehnte Kriterium, daß eine Entwicklung den Emittenten unmittelbar betreffen muß.

3. *Zwischenergebnis*

Zusammenfassend ist festzuhalten, daß bei der Auslegung des § 15 WpHG der Entwicklung der Ad-hoc-Veröffentlichungspflicht aus den Wertungen der Insiderpublizität größeres Gewicht beizumessen ist als ihrer Entwicklung aus den Wertungen der Regelpublizität.

---

213 Gesetz über den Wertpapierhandel und zur Änderung börsenrechtlicher und wertpapierrechtlicher Vorschriften, BGBl. 1994 I S. 1749 ff.

214 Näher dazu unten § 14 III.3.

215 Art. 20 der EU-Marktmissbrauchsrichtlinie 2003/6/EG vom 28.1.2003, ABl. EG Nr. L 96 v. 12.4.2003, S. 25.

216 *Dier/Fürhoff*, AG 2002, 604 Fn. 2, weisen darauf hin, daß die EU-Kommission bewußt davon abgesehen hat, die erweiterten Vorgaben zur Ad-hoc-Publizität im Kontext der periodischen Berichterstattung anzusiedeln.

IV. Exkurs: Abgrenzung der Veröffentlichungspflichten gegen irreführende Kommunikation

Die vorhergehenden Ausführungen zeigen, wie sich das Gebot der Ad-hoc-Publizität aus den Veröffentlichungspflichten gegen Insiderhandel und aus der Regelpublizität entwickelt hat. Im folgenden ist die Regelung des § 15 WpHG von den Veröffentlichungspflichten gegen irreführende Kommunikation abgegrenzt. Der Vergleich läßt die hinter der Ad-hoc-Publizität des § 15 WpHG stehenden Wertungen klarer hervortreten. Zudem soll die Abgrenzung verhindern, daß die entwicklungsgeschichtlich entfernt mit dem Gebot der Ad-hoc-Publizität verwandten Veröffentlichungspflichten gegen irreführende Kommunikation fehlerhaft zur Auslegung des § 15 WpHG herangezogen werden. Ziel der nachfolgenden Untersuchung ist es daher, die Unterschiede in den zugrundeliegenden Wertungen aufzuzeigen.

Bei den Veröffentlichungspflichten gegen irreführende Kommunikation sind drei Arten von Pflichten zu unterscheiden: die Pflicht zur Korrektur eigener Kommunikation; die Pflicht zur Aktualisierung eigener Kommunikation; und die Pflicht zur Korrektur fremder Kommunikation. Die US-Rechtsprechung entnimmt diese Pflichten Rule 10b-5. Ob eine entsprechende Verpflichtung des Emittenten im deutschen Recht besteht, ist bisher ungeklärt. Grundlage dafür könnten § 20a WpHG und § 264a StGB sein.

1. Die Pflicht zur Korrektur eigener Kommunikation

a) US-Recht

Zum Verbot betrügerischen Verhaltens gemäß Rule 10b-5 hat die Rechtsprechung die Pflicht des Emittenten entwickelt, vorhergehende fehlerhafte Mitteilungen zu korrigieren (*duty to correct*).[217] Denn der Emittent verursache die Gefahr einer Anlegertäuschung in gleicher Weise wie bei vorsätzlich unrichtigen oder irreführenden Angaben, wenn er die Korrektur früherer Mitteilungen unterlasse, obschon er entdeckt hat, daß die Mitteilungen zum Zeitpunkt ihrer Veröffentlichung fehlerhaft waren.[218]

Anlaß der Korrekturpflicht sind nur Mitteilungen, auf deren gegenwärtige Richtigkeit die Anleger vertrauen (*„alive" statements*).[219] Denn nur diese Mitteilungen begründen noch die Gefahr einer Anlegerirreführung. Diese „Lebendigkeit" von älteren Mitteilungen

---

217 In re Phillips Petroleum Sec. Litig., 881 F.2d 1236 (3d Cir. 1989); Glassman v. Trump, 681 F. Supp. 252 (D.N.J. 1988); Sec. Exch. Act Rel. No. 6084, [1979 Transfer Binder] Fed. Sec. L. Rep. (CCH) ¶ 82,117, at 81,942 (June 25, 1979).

218 Levinson v. Basic, Inc., 786 F.2d 741 (6th Cir. 1986); Schlanger v. Four-Phase Systems, Inc., 582 F. Supp. 128 (S.D.N.Y.); SEC v. Texas Gulph Sulphur Co., 401 F.2d 833, 857-64 (2d Cir. 1968) (*en banc*), *cert. denied sub nom.* Coates v. SEC, 394 U.S. 976 (S. Ct. 1969). Der U.S. Appellate Court, Third Circuit, hat hingegen eine Pflicht zur Richtigstellung verneint in einem Fall, in dem der Emittent Übernahmeverhandlungen verleugnet hatte; Greenfield v. Heublein, Inc., 742 F.2d 751, 761 (3d Cir. 1984). Einer der drei Richter, J. *Higginbotham*, widersprach dem Urteil in einer umfangreichen Zweitbegründung, deswegen ist die Präzedenzkraft des Urteils gemindert. Die SEC hat davon abgeraten, sich auf das Urteil zu verlassen; In re Carnation Co., Sec. Exch. Act Rel. No. 22214, [1984-1985 Transfer Binder] Fed. Sec. L. Rep. (CCH) ¶ 83,801, at 87,595 Fn. 8 (July 8, 1985).

219 Die Formulierung geht zurück auf Ross v. A.H. Robbins Co., 465 F. Supp. 904, 908 (S.D.N.Y. 1979), *rev'd on other grounds* 607 F.2d 545 (2d Cir. 1979), *cert. denied* 446 U.S. 946 (S.Ct. 1980), *rehearing denied* 448 U.S. 911 (S. Ct. 1980); siehe außerdem die Rede des Commissioner Joseph Grundfest (April 5, 1986), in Auszügen abgedruckt in Harold S. Bloomenthal/Samuel Wolff, 3B SECURITIES AND FEDERAL CORPORATE LAW 9-137: "*defined life in the market.*"

nimmt die Rechtsprechung jedoch nur in Ausnahmefällen an, denn vernünftige Anleger würden regelmäßig nur aktuellen Mitteilungen Bedeutung zumessen.[220] Eine Korrekturpflicht besteht daher zum einen bei Mitteilungen, die Angaben zu Plänen und Absichten oder Prognosen und Bewertungen enthalten,[221] und zum anderen bei Prospekten und anderen Pflichtveröffentlichungen, die nach wie vor besonderes Vertrauen in ihre Zuverlässigkeit als Grundlage für Anlageentscheidungen veranlassen.[222]

Gegenstand der Korrekturpflicht sind -- wie immer bei Rule 10b-5 -- nur erhebliche Tatsachen.

Die hinter der Korrekturpflicht stehenden Wertungen weisen eine gewisse Ähnlichkeit mit den Wertungen auf, die bereits von den Veröffentlichungspflichten gegen Insiderhandel bekannt sind. Der Emittent ist als Überwachergarant dafür verantwortlich, durch eine Veröffentlichung der wahren Verhältnisse die von ihm pflichtwidrig verursachte Gefahr der Anlegerirreführung abzuwenden. Ferner setzt ein Anlaß für die Korrekturpflicht ebenso wie die Veröffentlichungspflichten gegen Insiderhandel voraus, daß eine konkrete Gefahr für das Vermögen der Anleger und die Integrität des Börsenpreises besteht. Wie Insiderhandel drohen auch irreführende Mitteilungen das Vermögen eines jeden Anlegers zu schädigen, nicht nur die unmittelbaren Geschäftspartner des Täuschenden. Wenn die fehlerhaften Mitteilungen des Emittenten nach wie vor die Vorstellungen vernünftiger Anleger beeinflussen, kommt es zu Kursveränderungen, die von dem Preis der Wertpapiere wegführen, der sich bei vollständiger und richtiger Information gebildet hätte. Dadurch können Anleger in die Irre geführt werden, die aus der Kursveränderung fälschlicherweise auf eine Veränderung der Informationslage schließen und daraufhin selbstschädigend reagieren, zum Beispiel zu überhöhten Preisen Wertpapiere kaufen. Wiederum ist (wie auch im Rahmen der Veröffentlichungspflichten gegen Insiderhandel) das Vertrauen der Anleger in die Nachvollziehbarkeit des Börsenpreises geschützt.

Ein wesentlicher Wertungsunterschied liegt im Vergleich zur Ad-hoc-Publizität gemäß § 15 WpHG darin, daß die Korrekturpflicht als Anlaß fehlerhafte, vom Emittenten an den Kapitalmarkt übermittelte Information erfordert, die den Börsenpreis zu verfälschen droht. Die Veröffentlichungspflichten gegen Insiderhandel und das Gebot der Ad-hoc-Publizität dagegen setzen keine fehlerhafte Kommunikation der Pflichtadressaten und also keine aktive Verfälschung des Börsenpreises voraus.

b) Deutsches Recht

Aus §§ 264a StGB, 20a WpHG folgt keine Pflicht des Emittenten zur Korrektur eigener Mitteilungen. Das Unterlassen einer Korrektur verstößt auch nicht gegen das in § 20a Nr. 1 Alt. 1 WpHG ausgesprochene Verbot unrichtiger Angaben. Denn die ausdrücklich geregelte Strafbarkeit echten Unterlassens in § 20a Nr. 1 Alt. 2 WpHG, der das Verschweigen von Tatsachen entgegen bestehenden Rechtsvorschriften verbietet, schließt eine Strafbarkeit nach den zu § 13 Abs. 1 StGB entwickelten Grundsätzen des unechten Unterlassens aus.[223] Gegen das Verbot des § 264a Abs. 1 Alt. 1 StGB von unrichtigen Angaben in Prospekten und Werbematerialien am Primärmarkt läßt sich ebenfalls nicht

220 Warner Communications, Inc., v. Murdoch, 581 F. Supp. 1482, 1489 Fn. 13 (D. Del. 1984).

221 Z.B. in In re Burlington Coat Factory Sec. Litig., 114 F.3d 1140 (3d Cir. 1997).

222 Z.B. in In re Gulf Oil/City Service Tender Offer Litig., 725 F. Supp. 712 (S.D.N.Y. 1989).

223 Vgl. *Fuhrmann*, in: Erbs/Kohlhaas (Hrsg.), *Strafrechtliche* NebenG, § 88 BörsG Rdn. 14; *Schlüchter*, Zweites Gesetz zur Bekämpfung der Wirtschaftskriminalität, S. 142.

durch unechtes Unterlassen verstoßen, denn hier wirkt die in § 264a Abs. 1 Alt. 2 StGB aufgestellte Pflicht zur Vollständigkeit wiederum als Sperre, da sie Strafe für echtes Unterlassen androht.[224] Schließlich scheidet als gesetzliche Grundlage für eine Korrekturpflicht auch § 20a Abs. 1 Nr. 2 WpHG aus, der die Anwendung von auf Täuschung berechneten Mitteln untersagt. Die Vorschrift betrifft nur die Manipulation des Kurses mit anderen Mitteln als Kommunikation.[225] Das folgt aus ihrer Funktion als Auffangtatbestand, sowie aus der Beschränkung auf ein Verbot „sonstiger" als der in § 20a Abs. 1 Nr. 1 WpHG genannten Täuschungsmittel.[226] Diese Auslegung ist außerdem zur Wahrung des Bestimmtheitsgebots erforderlich.

2. *Die Pflicht zur Aktualisierung eigener und Korrektur fremder Kommunikation*

a) *US-Recht*

Von einer Korrekturpflicht ist eine Pflicht des Emittenten zur Aktualisierung seiner Mitteilungen zu unterscheiden (*duty to update*).[227] Diese Pflicht besteht bislang nur in einigen, dafür allerdings praktisch sehr bedeutsamen US-Gerichtsbezirken. Die bislang noch herrschende Rechtsprechung stellt das Schweigen des Emittenten nach einer ursprünglich fehlerfreien, aber irreführend gewordenen Mitteilung nicht der Veröffentlichung von Mitteilungen gleich, die von Anfang an irreführend waren.[228] Denn nicht der Emittent verursache durch seine Mitteilung eine Gefahr der Anlegerirreführung, diese Gefahr entstehe vielmehr erst aufgrund der nachfolgenden Entwicklung, welche die Mitteilung irreführend macht. Jedenfalls treffe die Emittenten kein Vorwurf, daß sie Mitteilungen zu Verhältnissen machten, die noch nicht feststehen. Im Gegenteil seien freiwillige Veröffentlichungen über laufende Entwicklungen, über Pläne und Absichten, sowie Aussagen zu den Geschäftsaussichten begrüßenswert, da gerade diese Veröffentlichungen besonders hilfreich für die Anleger sind.[229]

In *Backman v. Polaroid Corp.* hatte der US-Appellate Court, First Circuit, dagegen entschieden, der Emittent begründe auch dann in gleicher Weise wie durch aktives Tun die Gefahr einer Anlegertäuschung, wenn er die Aktualisierung von Mitteilungen unterlasse, die zwar zum Zeitpunkt der Mitteilung richtig waren, die aber aufgrund nachfolgender

---

224 Es handelt sich nach ganz h.M. um ein echtes Unterlassungsdelikt; Lackner/*Kühl*, StGB, § 264a Rdn. 12; *Schwark*, BörsG, Einl § 88 Rdn. 7; *Worms*, in: Assmann/Schütze (Hrsg.), Hdb. z. Kapitalanlegerrecht, § 8 Rdn. 73; *Otto*, WM 1988, 720, 738; a.A. *Samson*, in: Rudolphi (Hrsg.), SK z. StGB, § 264a Rn. 50, der das aktive Erstellen von insgesamt unrichtigen Prospekten und Werbematerialien annimmt.

225 *Schwark*, BörsG, § 88 Rdn. 8, folgert allerdings aus dem Verbot der Anwendung sonstiger auf Täuschung berechneter Mittel gemäß § 20a Abs. 1 Nr. 2 WpHG, daß der Kurs nicht durch den massiven Einsatz von Kauf- oder Verkaufsempfehlungen beeinflußt werden darf. Das gelte insbesondere für Börseninformationsdienste.

226 *Rössner/Worms*, in: Assmann/Schütze (Hrsg.), Hdb. z. Kapitalanlagerecht, § 9 Rdn. 9 Fn. 23; vgl. *Fuhrmann*, in: Erbs/Kohlhaas (Hrsg.), Strafrechtliche NebenG, § 88 BörsG Rdn. 16 f.

227 Grundlegend Sec. Act Rel. No. 6084, [1979 Transfer Binder] Fed. Sec. L. Rep. (CCH) ¶ 82,117, at 81,943 (June 25, 1979); der Erlaß nimmt noch eine Aktualisierungspflicht an.

228 In re Burlington Coat Factory Sec. Litig., 114 F.3d 1140 (3d Cir. 1997); Eisenstadt v. Centel Corp., 113 F.3d 738 (7th Cir. 1997); Grassi v. Information Resources, Inc., 63 F.2d 596 (7th Cir. 1995); Hillson v. Adage, Inc., 42 F.3d 204 (4th Cir. 1994); Stransky v. Cummins Engine Co., 51 F.3d 1329, 1332 (7th Cir. 1995); Pittiglio v. Michigan Nat'l Corp., 906 F. Supp. 1145 (E.D. Mich. 1995).

229 Ausführlich Carl W. Schneider, *Soft Disclosure: Thrusts and Parries; When Bad News Follows Optimistic Statements*, 26 SEC. & COMM. REG. REV. 33-43 (1993).

Entwicklungen irreführend geworden sind.[230] Denn ein Emittent sei besonders zum Schutz der Anleger vor Irreführung verpflichtet. Der einflußreiche US-Appellate Court, Second Circuit, in dessen Gerichtsbezirk die Wall Street liegt, hat sich dieser Ansicht angeschlossen.[231] Aufgrund der unsicheren Rechtslage rät die Literatur jedem Emittenten zur kontinuierlichen Aktualisierung seiner Mitteilungen, um das Haftungsrisiko zu verringern.[232] Voraussetzung der besonderen Verpflichtung des Emittenten ist mithin, daß er eine Mitteilung gemacht hat, die irreführend geworden ist, und er diese Gefahr der Anlegerirreführung erkennt. Anlaß und Gegenstand der Aktualisierungspflicht entsprechen im übrigen denjenigen der Korrekturpflicht.

Aus der Korrektur- und Aktualisierungspflicht des Emittenten folgt ferner ohne weiteres seine Pflicht, fremde fehlerhafte Mitteilungen und Gerüchte zu korrigieren, soweit sie ihrerseits durch (mittlerweile) irreführende Mitteilungen des Emittenten verursacht worden sind.[233] Unter Umständen genügen auch Äußerungen von leitenden Angestellten.[234]

Vereinzelt finden sich darüber hinaus Entscheidungen, die eine allgemeine Pflicht des Emittenten zur Richtigstellung von fremden Mitteilungen und Gerüchten verlautbaren. Die Veröffentlichungspflicht entstehe, wenn der Emittent eine hohe Wahrscheinlichkeit erkennt, daß Anleger der Fehlinformation aufsitzen.[235] Aufsehen erregte in dieser Hinsicht die Entscheidung des U.S.-Appellate Court, Second Circuit, *In re Time Warner, Inc. Securities Litigation*. Sie nimmt eine Verpflichtung des Emittenten zur Richtigstellung eines irreführenden Zeitungsberichtes an, den dieser zwar nicht veranlaßt hatte, der aber im zeitlichen Zusammenhang mit einer -- fehlerfreien -- Veröffentlichung des Emittenten erschienen war.[236]

Der Streit über die Aktualisierungspflicht geht letztlich um die Frage, ob den Emittenten eine typisierte Garantenpflicht trifft. Wie die herrschende Rechtsprechung zutreffend feststellt, ist der Emittent nicht als Überwachergarant verpflichtet, die Gefahr zu beseitigen, daß die irreführend gewordene Mitteilung Anleger täuscht. Denn nicht die Mitteilung selbst, sondern die falschen Vorstellungen der Anleger über ihre Fortgeltung trotz Zeitablaufs verursachen die Irreführungsgefahr. Außerdem begründet der Emittent nicht vorwerfbar die Gefahr einer Anlegerirreführung, denn selbst wenn die Mitteilung veränderliche Verhältnisse betraf, also geeignet war, irreführend zu werden, so sind doch

230 Backman v. Polaroid Corp., 910 F.2d 1405 (1st Cir. 1990).

231 In re Time Warner Inc. Sec. Litig., 9 F.3d 259, 266 (2d Cir. 1993); SEC v. Manor Nursing Centers, Inc., 458 F.2d 1082, 1095 (2d Cir. 1972); In re Kulicke and Soffa Indus., Inc. Sec. Litig., 697 F. Supp. 183 (E.D. Pa. 1988), aff'd, 944 F.2d 897 (3d Cir. 1991); siehe außerdem Rubinstein v. Collins, 20 F.3d 160, 169 Fn. 41 (5th Cir. 1994) (*dictum*); In re Seagate Technology II Sec. Litig., [1994-1995 Transfer Binder] Fed. Sec. L. Rep. (CCH) ¶ 98,312 (N.D.Cal. 1994) (*dictum*); Ross v. A.H. Robbins Co., 465 F. Supp. 904, 908 (S.D.N.Y. 1979) (*obiter*); offengelassen in Glassman v. Trump, 681 F. Supp. 252, 258 (D.N.J. 1988).

232 Loss/Seligman, FUNDAMENTALS OF SECURITIES REGULATION 791; Thomas Lee Hazen, THE LAW OF SECURITIES REGULATION 866; Marc I. Steinberg, SECURITIES REGULATION: LIABILITIES AND REMEDIES 2-2.

233 Zucker v. Sable, 426 F. Supp. 658, 662-63 (S.D.N.Y. 1976); Hutto v. Texas Income Property Corp., 416 F. Supp. 478, 482 (S.D. Tex. 1976).

234 Marc I. Steinberg, SECURITIES REGULATION: LIABILITIES AND REMEDIES 2-13 (Law Journal Seminars-Press 1988); Jeffrey D. Baumann, *Rule 10b-5 and the Corporations's Affirmative Duty to Disclose*, 67 Geo. L. J. 935 (1979).

235 Green v. Jonhop, Inc., 358 F. Supp. 413, 420 (D. Ore. 1973).

236 In re Time Warner, Inc. Sec. Litig., 9 F.3d 259 (2d Cir. 1993), *cert. denied*, 114 S. Ct. 1397 (1994).

Mitteilungen dieser Art am Kapitalmarkt generell gebilligt. Andererseits ist der Emittent zur Aktualisierung verpflichtet, wenn man, wie offenbar die Gerichte des First und Second Circuit, auf die überlegene Möglichkeit des Emittenten zum Schutz der Anleger vor Irreführung oder auf eine durch ihn mit der Börsenzulassung übernommene Schutzpflicht abstellt. Mit diesem Begründungsansatz macht auch die vom US-Appellate Court, Second Circuit, verlautbarte Verpflichtung des Emittenten zur Korrektur fremder Mitteilungen und Gerüchte Sinn.

Die Kombination der von der Regelpublizität bekannten Wertungen zur Festlegung des Emittenten als Pflichtadressaten mit den weiteren zu Rule 10b-5 entwickelten Regelungen von Anlaß und Gegenstand der Veröffentlichungspflicht ähnelt der deutschen Ad-hoc-Publizität. Die Aktualisierungs- und Korrekturpflicht unterscheidet sich indes darin maßgeblich vom Gebot der Ad-hoc-Publizität, daß sie als Anlaß immer fehlerhafte Kommunikation voraussetzt. Die Ad-hoc-Veröffentlichungspflicht des § 15 WpHG dagegen entsteht selbst dann, wenn jegliche Mitteilungen am Markt zutreffen; es genügt eine erhebliche Asymmetrie der Markt und Emittent zugänglichen Information.

b) Deutsches Recht

Der Emittent ist nicht gemäß §§ 264a StGB, 20a WpHG zur Aktualisierung eigener und Korrektur fremder Mitteilungen und Gerüchte verpflichtet aus den gleichen Gründen, aus denen die Vorschriften auch keine Korrekturpflicht aufstellen.[237]

3. Aktualisierungs- und Korrekturpflichten aus § 15 WpHG?

§ 15 Abs. 1 Satz 4 WpHG postuliert die Pflicht eines Emittenten, vorhergehende eigene Ad-hoc-Veröffentlichungen zu korrigieren, die zum Zeitpunkt ihrer Mitteilung unwahr waren. Diese Korrekturpflicht besteht unabhängig davon, ob die vorhergehende unwahre Veröffentlichung selbst als Publizitätstatsache zu qualifizieren ist.[238] Sie bezieht sich lediglich auf Mitteilungen, die gemäß § 15 Abs. 1 Satz 1 WpHG veröffentlicht wurden.

Gehrt, *Geibel* und *Gruson/Wiegman* sind der Ansicht, aus dem Gebot der Ad-hoc-Publizität gemäß § 15 WpHG ergebe sich darüber hinaus eine Pflicht des Emittenten, vorhergehende, eigene Mitteilungen anderer Art zu aktualisieren und zu irreführenden Gerüchten und Mitteilungen Dritter Stellung zu nehmen, die ihre Ursache in der Sphäre des Emittenten haben.[239] Dem ist mit Vorbehalt zuzustimmen. Aktuelle Entwicklungen sind neu und nicht öffentlich bekannt, wenn der Emittent zuvor zu den betreffenden Verhältnissen andere Angaben gemacht hat, aus denen Anleger mittlerweile die falschen Schlüsse zu ziehen drohen.[240] Zudem sind die Entwicklungen kurserheblich, wenn ihr Eintritt von den Erwartungen des Marktes abweicht, die der Emittent in den vorhergehenden, irreführend gewordenen Mitteilungen geweckt hat. Entsprechendes gilt darüberhinaus für aktuelle, unternehmensinterne Ereignisse, zu denen irreführende Gerüchte oder Mit-

237 Siehe außerdem § 1 III.2. zur Pflicht des Emittenten von im Amtlichen Markt notierten Wertpapieren gemäß § 41 BörsG, zu Gerüchten über Entwicklungen im eigenen Tätigkeitsbereich Stellung zu nehmen.

238 *Grossmann/Nikoleyczik*, DB 2002, 2031.

239 *Gehrt*, Die neue Ad-hoc-Publizität, S. 122, 140 f.; *Geibel*, in: Schäfer (Hrsg.), WpHG etc., § 15 Rdn. 34; *Gruson/Wiegman*, AG 1995, 175, 181.

240 Dazu unten § 6 I.1. und 2.

teilungen Dritter kursieren.[241] Jene verleiten die Anleger, bei der Bewertung der Wertpapiere von falschen Voraussetzungen auszugehen. Eine Veröffentlichung der wahren Verhältnisse würde daher zu einer Kurskorrektur führen. Allerdings sind gemäß § 15 WpHG nur Entwicklungen zu veröffentlichen, die im Tätigkeitsbereich des Emittenten eingetreten und aufgrund ihrer Auswirkungen auf die Vermögens- und Finanzlage oder den allgemeinen Geschäftsverlauf kurserheblich sind. Nur unter diesen Voraussetzungen folgt aus dem Gebot der Ad-hoc-Publizität eine Pflicht zur Aktualisierung eigener und zur Korrektur fremder Mitteilungen und Gerüchte.

In diesem Sinne gehen die BAFin und die Deutsche Börse AG davon aus, daß ein gegenüber dem Vorjahr unverändertes Jahresergebnis eine *ad hoc* zu veröffentlichende Tatsache ist, wenn Analysten im Vorfeld eine deutliche Ergebnissteigerung prognostiziert haben und diese Prognosen bereits in den Kurs eingeflossen sind.[242] Denn dann ist das niedriger als prognostiziert ausfallende Jahresergebnis geeignet, eine Kurskorrektur nach unten auszulösen. Folgerichtig regen die BAFin und die Deutsche Börse AG die Ad-hoc-Veröffentlichung jeglicher wesentlichen Abweichungen der Jahres- und Zwischenergebnisse von vorangehenden Ergebnissen oder Ergebnisprognosen an.[243] Darüberhinaus postuliert *Zubrod* -- nach der hier vertretenen Auffassung folgerichtig -- eine Ad-hoc-Veröffentlichungspflicht, wenn sich im Rahmen des Prognoseberichts im Konzern-/Lagebericht geäußerte Geschäftserwartungen wesentlich verändert haben.[244]

Unter Umständen entsteht im übrigen eine bußgeldbewehrte Pflicht des Emittenten zur Bestätigung zutreffender Gerüchte aus dem Verbot der selektiven Weitergabe von Insiderinformation durch Unterlassen (§§ 14 Abs. 1 Nr. 2 WpHG, 13 Abs. 1 StGB i. V. mit § 30 Abs. 1 Nr. 1 und Nr. 4 OWiG).[245] Wenn die Insidertatsache, welche die Gerüchte verursacht hat, durch das Verhalten der leitenden Angestellten des Emittenten in den Markt gelangt ist,[246] dann sind sie als Überwachergaranten verpflichtet, durch

---

241 A.A. *Hopt*, ZHR 159 (1995), 135, 153, und *v.Klitzing*, Die Ad-hoc-Publizität, s. 89, die eine gezielte Provokation der Emittenten zur Ad-hoc-Publizität befürchten. Davor schützt aber das Verbot der Kursmanipulation gemäß § 20a Abs. 1 Nr. 1 WpHG. Anlaß der Veröffentlichungspflicht ist im übrigen entgegen *Gehrt*, Die neue Ad-hoc-Publizität, S. 140 f., nicht das Gerücht selbst. Denn der Umstand, daß ein bestimmtes Gerücht umgeht, kann nicht werterheblich sein, sondern nur das fehlerhaft kolportierte Ereignis selbst, ebenso im Ergebnis *Zubrod*, Rechtssichere Eingrenzung der Ad-hoc-Publizitätspflicht, S. 39, 42 f. Es kommt demgegenüber auch nicht, wie *Gehrt*, aaO, meint, darauf an, ob das Gerücht durch eine Tätigkeit des Emittenten entstanden ist (i.e. durch einen Pflichtverstoß oder den Antrag auf Pflichtbefreiung). Das ist für das kolportierte Ereignis zu prüfen.

242 *BAWe/Deutsche* Börse AG, Leitfaden, S. 39 f.

243 *BAWe/Deutsche* Börse AG, Leitfaden, S. 51.

244 *Zubrod*, Rechtssichere Eingrenzung der Ad-hoc-Publizitätspflicht, S. 116 f., der allerdings, um seiner These gerecht zu werden, eine Prognose könne keine Publizitätstatsache sein, nur einen Hinweis auf die Unrichtigkeit der Ad-hoc-Veröffentlichung und nicht eine korrigierte Prognose zum Gegenstand der Ad-hoc-Publizität machen würde; vgl. *Zubrod*, aaO, S. 32, 38, 44; ebenso *Siebel/Gebauer*, WM 2001, 173, 183, für den Fall, daß sich die Grundlagen von Unternehmensprognosen ändern.

245 Siehe § 30 Abs. 1 Nr. 1 und Nr. 4 OWiG zur Verantwortung des Emittenten für Gesetzesverstöße seiner gesetzlichen Vertreter, in leitender Stellung tätigen Prokuristen und Handlungsbevollmächtigten. Die Höhe des Bußgeldes richtet sich dabei nach der Maximalsanktion gegen den Vertreter oder Beauftragten (§ 17 Abs. 2 OWiG).

246 Leitende Angestellte unterliegen dem Verbot der selektiven Weitergabe von Insiderinformation entweder unmittelbar, wenn sie ein Mitglied der Unternehmensleitung des Emittenten gemäß § 13 Abs. 1 Nr. 1 WpHG sind, oder mittelbar gemäß § 13 Abs. 1 Nr. 3 WpHG als Tätigkeitsinsider, jenes besondere persönliche Verhältnis des Emittenten wird ihnen gemäß § 14 Abs. 1 Nr. 1, Abs. 2 StGB zugerechnet.

Veröffentlichung der Insidertatsache eine Anlegertäuschung zu verhindern, die durch Insiderhandel seitens Dritter droht.[247] Entgegen entsprechenden Erwägungen in der Literatur[248] besteht diese Pflicht allerdings nicht bereits, sobald die vertrauliche Behandlung der Insidertatsache nicht mehr zu gewährleisten ist. Denn die besondere Informationsverantwortung des Überwachergaranten setzt vorangehendes, objektiv pflichtwidriges Tun oder Unterlassen voraus, das gerade gegen eine Norm verstößt, die dem Schutz des betreffenden Rechtsgutes dient.[249] Wenn die leitenden Angestellten des Emittenten ihre Verschwiegenheitspflicht wahren[250] und des weiteren der Betrieb so organisiert ist, daß die selektive Weitergabe von Insidertatsachen im allgemeinen ausgeschlossen ist,[251] kann ihnen aber kein Vorwurf pflichtwidrigen Verhaltens gemacht werden. Folglich ist dann auch der Emittent nicht (mittelbar durch § 30 Abs. 1 Nr. 1 und Nr. 4 OWiG) als Überwachergarant zur Bestätigung von Gerüchten verpflichtet.

§ 3
Der Zweck der Regelung

Wie in § 2 III. erörtert, sah sich die Entwicklung der Ad-hoc-Publizität im US-Recht wiederholten Widerständen in Rechtsprechung und Praxis ausgesetzt. Dies hat im US-Recht zu einer Regelung geführt, die weit geringfügiger in das Unternehmen des Emittenten eingreift, als die Ad-hoc-Veröffentlichungspflicht des deutschen Rechts. Der Rechtsvergleich wirft somit die Frage auf, ob die Regelung des deutschen Rechts Sinn macht. Im Rahmen der Auslegung des § 15 WpHG kann es allerdings nicht darum gehen, ob der Gesetzgeber die richtigen Regelungsziele vorgegeben hat. Das ließe sich nur *de lege ferenda* berücksichtigen. Zu prüfen ist aber, ob die Ad-hoc-Veröffentlichungspflicht ein verhältnismäßiges Mittel ist, um die vom Gesetzgeber vorgegebenen Regelungsziele zu erreichen. Denn der Gesetzgeber ist wie alle staatliche Gewalt an das Gebot der Verhältnismäßigkeit gebunden, wenn er durch die Aufstellung der Ad-hoc-

247 Ebenso *Geibel*, in: Schäfer (Hrsg.), WpHG etc., § 15 Rdn. 113; *Cahn*, ZHR 162 (1998), 2, 26 f.; a.A. *Zubrod*, Rechtssichere Eingrenzung der Ad-hoc-Publizitätspflicht, S. 228, der von einer weitergefaßten Garantenstellung kraft Organisationsherrschaft ausgeht, um dann aufgrund eines angeblichen Gleichlaufs der Regelungen eine Sperrwirkung der Ad-hoc-Publizitätspflicht anzunehmen. Indes regelt die Veröffentlichungspflicht kraft Garantenstellung andere Fälle als die Ad-hoc-Publizität. Erstere entsteht nur bei individueller Verantwortung für eine konkrete Gefahr von Insiderhandel. Die Ad-hoc-Publizität beruht dagegen auf einer typisierten Verantwortung des Emittenten für die abstrakte Gefahr intransparenter Börsenpreise.

248 *Kümpel*, in: Assmann/Schneider (Hrsg.), WpHG, § 15 Rdn. 55, 87; *Burgard*, ZHR 162 (1998), 51, 80; *Zubrod*, Rechtssichere Eingrenzung der Ad-hoc-Publizitätspflicht, S. 227; vgl. auch *Hopt*, ZHR 159 (1995), 135, 142; *Bruns*, in: Baetge (Hrsg.), Insiderrecht und Ad-hoc-Publizität, S. 107, 110; *Eisele*, in: Claussen/Loistl (Hrsg.), Frage und Antwort, S. 110, 116; *v.Klitzing*, Die Ad-hoc-Publizität, S. 89.

249 Vgl. statt vieler *Jescheck/Weigend*, Strafrecht AT, § 59 IV. (S. 620 ff., 625 ff.) m.w.N.

250 In diesem Zusammenhang kommen auch privatrechtliche, etwa in Anstellungsverträgen gegenüber dem Emittenten begründete Verschwiegenheitspflichten in Betracht; vgl. *Jescheck*, in: Leipziger Komm. z. StGB, § 13 Rdn. 26, 45.

251 Siehe § 130 Abs. 1 Satz 1, Abs. 3 Satz 1 OWiG zur Pflicht jedes Unternehmensinhabers, Verstöße gegen ihn treffende Strafgesetze durch entsprechende Organisation seines Betriebes zu verhindern. Diese Pflicht müssen gemäß § 9 Abs. 1 Nr. 1, Abs. 2 OwiG die leitenden Angestellten des Emittenten erfüllen. Zu erwägenswerten *Compliance*-Maßnahmen siehe z.B. *Bruns*, in: Baetge (Hrsg.), Insiderrecht und Ad-hoc-Publizität, S. 109, 113; *Eisele*, in: Claussen/Loistl (Hrsg.), Frage und Antwort, S. 111, 114 f.; *Gehrt*, Die neue Ad-hoc-Publizität, S. 212 ff.

Veröffentlichungspflicht in die geschützten Rechtspositionen eines Unternehmens eingreift. Soweit die Regelung kein verhältnismäßiges Mittel sein sollte, um das jeweilige Regelungsziel zu erreichen, wäre sie restriktiv auszulegen.

Als Präventivmaßnahme gegen Insiderhandel soll die Ad-hoc-Publizität die Transparenz der Preisbildung fördern.[252] Durch die Ergänzung der Regelpublizität soll sie die Funktion des Kapitalmarktes stärken, die ungebundenen Finanzmittel der Volkswirtschaft einer möglichst effizienten Nutzung zuzuführen.[253] Notwendiges Korrelat dieser Regelungsziele und übergreifender Sinn und Zweck der Ad-hoc-Publizität ist es, das Vertrauen der Anleger in die Vertrauenswürdigkeit und Angemessenheit des Börsenpreises zu schützen und sie vor irrtumsbedingtem, vermögensschädigendem Wertpapierhandel zu bewahren.[254] In diesem Sinne formuliert die Begründung zum Regierungsentwurf des 4. FFG deutlich, die Ad-hoc-Publizität solle dazu beitragen, daß Marktteilnehmer frühzeitig über marktrelevante Informationen verfügen, damit sie sachgerechte Anlageentscheidungen treffen können.[255]

Es ist zu untersuchen, ob die Ad-hoc-Veröffentlichungspflicht gemäß § 15 WpHG ein geeignetes, erforderliches und angemessenes Mittel ist, um diese Regelungsziele zu erreichen.[256]

I. Die Prävention von Insiderhandel

Die Ad-hoc-Publizität beugt Insiderhandel vor, indem sie Information über kurserhebliche Entwicklungen allen Anlegern zugleich zugänglich macht.[257] Darin zeigt sich der zentrale Zweck der Ad-hoc-Publizität: Sie soll Anlegern gleichen Zugang zu

252 Abs. 3, 4 und 5 der Präambel der EU-Insiderrichtlinie 89/592/EWG vom 13.11.1989, ABl. Nr. L 334 v. 18.11.1989, S. 30; Begr. RegE 2. FFG, BT-Drucks. 12/6679, S. 33, 48; *Kümpel*, in: Assmann/Schneider (Hrsg.), WpHG, § 15 Rdn. 2; vgl. *Assmann/Cramer*, in: Assmann/Schneider (Hrsg.), WpHG, § 14 Rdn. 4e. Siehe ferner Abs. 2 und 43 der Präambel zur EU-Marktmissbrauchsrichtlinie 2003/6/EG vom 28.1.2003, ABl. EG Nr. L 96 v. 12.4.2003, S. 16 ff.

253 Begr. RegE 2. FFG, BT-Drucks. 12/6679, S. 35; Beschlußempfehlung und Bericht des Finanzausschusses, BT-Drucks. 12/7918, S. 95; ebenso Begr. RegE BT-Drucks. 10/4296, S. 16 (zu § 44a BörsG a.F.).

254 Abs. 1, 5 und 6 der Präambel der EU-Börsenzulassungsrichtlinie 79/279/EWG vom 5.3.1979, Abl. EG Nr. L 66 v. 16.3.1979 S. 21; Begr. RegE 2. FFG, BT-Drucks. 12/6679, S. 33; Beschlußempfehlung und Bericht des Finanzausschusses, BT-Drucks. 12/7918, S. 95. Auch Abs. 2, 12, 24 und 43 der Präambel zur EU-Marktmissbrauchsrichtlinie 2003/6/EG vom 28.1.2003, ABl. EG Nr. L 96 v. 12.4.2003, S. 16 ff. Zum Verhältnis der Schutzobjekte Allokationsfunktion und Preisbildungsfunktion des Kapitalmarktes einerseits und Vertrauen der Anleger andererseits eingehend Merkt, Unternehmenspublizität, S. 347 f.

255 Begr. RegE zum 4. FFG, BT-Drucks. 14/8017, S. 87.

256 Die genannten Regelungsziele des deutschen Rechts entsprechen denjenigen des US-Rechts, zu ihnen z.B. George J. Benston, *Required Disclosure and the Stock Market: An Evaluation of the Securities Exchange Act of 1934*, 63 AM. ECON. REV. 132, 134 m.w.N. Die wissenschaftliche Diskussion zu den Regelungszielen des US-Rechts kann daher Hinweise für die entsprechende Diskussion zum deutschen Recht geben; ebenso *v.Klitzing*, Die Ad-hoc-Publizität, S. 19 f. Auch ökonomische Untersuchungen lassen sich dabei heranziehen, denn obgleich Rechtswissenschaft eigenen Wertungsgrundlagen folgt, ist doch die rechtspolitische Legitimation von Publizität u.a. anhand eines Kosten- und Nutzenvergleichs der Regelung zu beurteilen; ebenso *Merkt*, Unternehmenspublizität, S. 189, 367.

257 Bemerkung 1.4. der Stellungnahme des Wirtschafts- und Sozialausschusses zum EU-Insiderrichtlinienvorschlag vom 16.12.1987, ABl. EG Nr. C 35 v. 8.2.1988, S. 22, 23 f.; ebenso in der Sache bereits 1976 der *Arbeitskreis Gesellschaftsrecht*, Verbot des Insiderhandelns, S. 64 f., 101 ff.

werterheblicher Information sichern und sie gegen die unrechtmäßige Verwendung kurserheblicher Information bei der Preisbildung schützen.[258] Dieses Regelungsziel wird als Transparenz des Kapitalmarktes bezeichnet.[259]

1. Die Eignung der Veröffentlichungspflicht zur Zweckerreichung

Zu überprüfen ist zunächst, ob die Ad-hoc-Veröffentlichungspflicht geeignet ist, die Transparenz der Preisbildung zu fördern.

a) Das Ziel der Übereinstimmung von Informationslage und Börsenpreis

Die angestrebte Transparenz der Preisbildung setzt im Ansatz lediglich voraus, daß die Geschäftspartner der Anleger keine Insiderkenntnisse ausnutzen oder in anderer Weise unlauter auf den Kurs einwirken. Für die angestrebte Transparenz der Preisbildung ist es aber nicht erforderlich, daß der Kurs die gesamte Information zum Wert der Wertpapiere wiedergibt. Es genügt, daß die Anleger jeweils genauso viel über die Wertpapiere wissen können, wie ihre Geschäftspartner. Das Vertrauen der Anleger ist mit Sicherheit geschützt, wenn die Börsenpreise informationseffizient sind,[260] wenn sie also die für die Bewertung der Wertpapiere bedeutsame Information vollständig und umgehend berücksichtigen.[261] Denn dadurch ist ausgeschlossen, daß ein Geschäftspartner diese Information zum Insiderhandel ausnutzen kann oder durch Fehlinformation den Kurs verfälscht.[262]

b) Die Wirkung von Veröffentlichungen des Emittenten

Eine Übereinstimmung von Informationslage und Börsenpreis läßt sich erreichen, wenn die Vollständigkeit, Verständlichkeit und Aktualität der Mitteilungen über werterhebliche Entwicklungen gewährleistet ist. Freilich gibt der Börsenpreis eines Wertpapieres im allgemeinen nicht die gesamte öffentlich zugängliche Information zum Wert der Wertpapiere wieder. Denn die wenigsten Anleger haben die Zeit und die Ausbildung, vor ihren Handelsgeschäften sämtliche Veröffentlichungen zu einem Wertpapier zu lesen und mit den Methoden der Finanzanalyse auszuwerten. Sie treffen ihre Anlageentscheidungen häufig „aus dem Bauch heraus" und bestimmen damit den Kurs.

---

258 Abs. 4, 5 der Präambel der EU-Insiderrichtlinie 89/592/EWG vom 13.11.1989, ABl. Nr. L 334 v. 18.11.1989, S. 30; Begr. RegE 2. FFG, BT-Drucks. 12/6679, S. 33, 48; nicht überzeugend demgegenüber *Zubrod*, Rechtssichere Eingrenzung der Ad-hoc-Publizitätspflicht, S. 23 f., 244, der die Förderung der Markttransparenz als reinen Reflex des Regelungszieles ansieht, durch Verlängerung der Regelpublizität die Allokationseffizienz des Kapitalmarktes zu verbessern.

259 Jeder Markt setzt, um überhaupt zu funktionieren, ein Mindestmaß an Transparenz voraus; je höher die Transparenz, desto größer die institutionelle Effizienz des Kapitalmarktes. *Assmann*, in: Großkomm. z. AktG, Einl Rdn. 360; *Kübler*, in: Bruns/Häuser (Hrsg.), Transparenzprobleme des Kapitalmarktes, S. 7, 17 f. je m.w.N.

260 Zum Zusammenhang von Informationseffizienz und dem Regelungsziel der Funktionsfähigkeit eines Kapitalmarktes ausführlich Moses Mendelson, *Economics and the Assessment of Disclosure Requirements*, 1 J. COMP. CORP. L. & SEC. REG. 49, 50-51 (1978).

261 Die Definition stammt von Michael Jensen, *Risk, The Pricing of Capital Assets and the Evaluation of Investment Portfolios*, 42 J. BUS. 167 (1969); Eugene F. Fama, *Efficient Capital Marktes: A Review of Theory and Empirical Work*, 25 J. FIN. 383 (1970). *Schneider*, DB 1993, 1429 m.w.N., formuliert, ein Kapitalmarkt sei dann effizient, wenn niemand aus einer beliebigen Information Gewinne ziehen kann, die über die marktübliche Verzinsung hinausgehen (*abnormal returns*).

262 Begr. RegE 2. FFG, BT-Drucks. 12/6679, S. 35; Bericht und Beschlußempfehlung des Finanzausschusses, BT-Drucks. 12/7918, S. 102.

Jedoch wirken Arbitrage-Wertpapiergeschäfte auf eine informationseffiziente Preisbildung hin. Dieser Arbitrage-Handel erfolgt meist durch Wertpapiergeschäfte professioneller Anleger, die den Kurs auf der Suche nach schnellen Profitmöglichkeiten regelmäßig und intensiv beobachten. Viele von ihnen sind über die Wertpapiere umfassend informiert, insbesondere die Handelsabteilungen der (Investment-)Banken. Dieser Arbitrage-Handel kann daher dafür sorgen, daß der Börsenkurs an Veränderungen der Informationslage verhältnismäßig vollständig und schnell angeglichen wird.[263] Dabei hängt das Ausmaß der Informationseffizienz[264] von dem Interesse der Arbitrageure an dem betreffenden Wertpapier, der Schärfe ihres Wettbewerbs um Arbitragegewinne sowie von der Enge oder Breite des Marktes ab, die einerseits eine starke Beeinflussung des Kurses erschweren, andererseits feine Differenzierungen ermöglichen kann.[265]

Die Informationseffizienz eines Marktes steht und fällt mit der Vollständigkeit, Verständlichkeit und Aktualität der Mitteilungen über werterhebliche Entwicklungen.[266] Die Informationseffizienz ist umso größer, je eher die Anleger auf die Vollständigkeit, Verständlichkeit und Aktualität der Mitteilungen über kurserhebliche Entwicklungen vertrauen können. Wenn die Anleger auf die Vollständigkeit und Aktualität der ihnen über den Fundamentalwert der Wertpapiere zur Verfügung stehenden Information vertrauen, werden sie durch wohlinformiertes Handeln schnell und umfassend den Kurs an Veränderungen des Fundamentalwertes anpassen. Die Ad-hoc-Publizität fördert die Vollständigkeit der Information am Markt über Veränderungen der wirtschaftlichen Ver-

---

263 John C. Coffee, Jr., *Market Failure and the Economic Case for a Mandatory Disclosure System*, 70 VA. L. REV. 717, 732 (1984).

264 Es werden drei Stufen der Informationseffizienz unterschieden. Ein Markt ist schwach informationseffizient, wenn die Preise die vergangene Preisentwicklung effizient wiederspiegeln (*efficient capital market hypothesis* -- ECMH der Stufe I). Börsen erfülllen regelmäßig diese Bedingung, weil der Verlauf der Börsenkurse für jedermann nachzuvollziehen ist und die von den Wertpapieren gewährten Rechte meistenteils unverändert bleiben, der Handelsgegenstand also leicht zu vergleichen ist. Märkte sind teilweise informationseffizient, wenn alle Entwicklungen in den Kursen vollständig abgebildet sind, über die Information öffentlich zugänglich ist (ECMH der Stufe II). Die Übertragbarkeit dieser im Modell entwickelten Hypothese auf die Wirklichkeit ist lebhaft umstritten. Einigkeit besteht darüber, daß kein Markt vollständig informationseffizient ist (ECMH der Stufe III). Dazu müßte der Kurs jegliche vergangenen und gegenwärtigen Entwicklungen wiederspiegeln – gleichgültig ob diese öffentlich bekannt sind oder nicht. Vgl. statt vieler Ross/Westerfield/Jaffe CORPORATE FINANCE 337-53; ausführlich zur finanzwissenschaftlichen Diskussion und zu den -- im Großen und Ganzen negativen -- Schlußfolgerungen auf die Justiziabilität dieser Hypothese z.B. *Hopt*, ZGR 1980, 225, 241; Brad M. Barber/Paul A Griffin/Baruch Lev, *The Fraud-On-The-Market-Theory and the Indicators of Common Stocks' Efficiency*, 19 J. CORP. L. 285, 295-307; Victor L. Bernard/Christine Botosan/Gregory D. Philips, *Challenges of the Efficient Market Hypothesis: Limits to the Applicability of Fraud-On-The-Market-Theory*, 73 NEB. L. REV. 781, 785-801; Michael T. Fatale/Michael W. Prozan, Revisiting *„Truth in Securities": The Use of the Efficient Capital Market Hypothesis*, 20 HOFSTRA L. REV. 687, 689 ff; eine Einführung in die Diskussion für Juristen geben Ronald J. Gilson/Reinier H. Kraakman, *The Mechanisms of Market Efficiency*, 70 Va. L. Rev. 549 ff.; dazu *v.Klitzing*, Die Ad-hoc-Publizität, S. 13 ff.

265 Vgl. *Fülbier*, Die Regulierung der Ad-hoc-Publizität, S. 259 m.w.N. Aufgrund der Vielschichtigkeit dieser Faktoren ist es nicht möglich, vom (empirisch belegbaren) Fehlen vollständiger oder teilweiser Informationseffizienz auf die Notwendigkeit einer Ad-hoc-Veröffentlichungspflicht zu schließen; dafür indes *v.Klitzing*, Die Ad-hoc-Publizität, S. 18.

266 Ähnlich *Ronald J. Gilson/Reinier H. Kraakman*, The Mechanisms of Market Efficiency, 70 VA. L. REV. 549, 599 f. (1984), und ihnen folgend *Prentice/McGuire/Fenn*, in: Hopt/Wymeersch (Hrsg.), European Insider Dealing, S. 3, 5, und *v.Klitzing*, Die Ad-hoc-Publizität, S. 16 f., die auf die Höhe der korrespondierenden Verifizierungs-, Verwertungs- und Akquisitionskosten abstellen.

hältnisse des Emittenten und der Wertpapiere. Für Verständlichkeit sorgt die besondere Befähigung des Emittenten, die Wesentlichkeit der Entwicklungen im Rahmen seiner Berichte zur Regelpublizität zu beurteilen, die Information in vergleichbarem Format zu vermitteln und sie selbst zu verbreiten. Die Aktualität der Information wird schließlich durch die Sachnähe des Emittenten gewährleistet.

Im Umkehrschluß ist die Informationseffizienz umso geringer, je mehr schlecht informiertes, „dummes" Kapital im betreffenden Wertpapier handelt und je mehr daher der Einfluß des „klugen" Kapitals auf den Börsenpreis verdrängt wird.[267] Letzteres zieht sich in diesem Fall sukzessiv aus dem Markt zurück, womit die Informationseffizienz weiter abnimmt. Auch wird sich eine Reaktion des „klugen" Kapitals verzögern und dann nur zurückhaltend erfolgen, wenn selbst die besser informierten Anleger nicht auf die Vollständigkeit und Aktualität der ihnen zur Verfügung stehenden Information vertrauen können. Denn ihnen droht ein Vermögensschaden aus Geschäftsabschlüssen gegen die Kurstendenz, wenn diese Tendenz durch den Eintritt einer ihnen nicht bekannten, werterheblichen Entwicklung ausgelöst ist. Darüber hinaus ist eine schnelle und akkurate Reaktion des „klugen" Kapitals auf Veränderungen der Informationslage abhängig von der Verständlichkeit der Mitteilungen über neu eingetretene Entwicklungen. Ihre schnelle Erfassung ist nur möglich, wenn der Inhalt der Mitteilung auf das Wesentliche beschränkt ist. Ihre zutreffende Auswertung hängt von der Schlüssigkeit der Mitteilung und ihrer Vereinbarkeit mit anderer, bereits ausgewerteter Information zusammen.

Folglich ist die Ad-hoc-Publizität ein geeignetes Mittel, um die Anleger gegen die unrechtmäßige Verwendung kurserheblicher Information bei der Preisbildung zu schützen und somit die Transparenz der Preisbildung zu fördern.

2. *Das Erfordernis einer Veröffentlichungspflicht*

Das Erfordernis einer Veröffentlichungspflicht zur Förderung der Markttransparenz wird in der Literatur mit der Begründung in Zweifel gezogen, die Absicherung der Anleger gegen intransparente Preisbildung sei Sache des Marktes. Die Nachfrage der Anleger nach Sicherheit führe zu einer Segmentierung des Kapitalmarktes. Einige Marktsegmente würden sich durch freiwillige Veröffentlichungen der Emittenten auszeichnen, im Gegenzug aber nur eine geringere Rendite ermöglichen. An anderen Marktsegmenten würde auf Veröffentlichungen verzichtet, das höhere Risiko der Anleger dafür aber mit einer höheren Rendite belohnt. Eine Differenzierung sei dabei sowohl nach der Häufigkeit von Veröffentlichungen als auch nach ihrem Gegenstand möglich. Eine Veröffentlichungspflicht würde diese Vielfalt unnötig beschränken und dadurch den Anlegern Chancen beschneiden.[268] Zudem sinke die Attraktivität des Kapitalmarktes für viele Emittenten, die nur eingeschränkt zur Offenlegung ihrer Geschäfte bereit seien.[269]

---

267 Das Phänomen des Börsenkrachs illustriert, wie der Kurs ins Bodenlose stürzen kann, wenn das „dumme" Kapital in Panik seine Wertpapiere verkauft. Das „kluge" Kapital kann diesen Kurssturz nicht vermeiden, weil ihm die Kaufkraft ausgeht, obwohl es nach den ersten Kursverlusten wieder in den Markt einsteigt, um die vom Fundamentalwert her betrachteten „billigen" Wertpapiere aufzukaufen.

268 Vgl. Harry Heller, *Chiarella, SEC Rule 14e-3 and Dirks: `Fairness' versus Economic Theory*, 37 BUS. LAW. 517, 538 (1982). In diese Richtung gehen auch die von *Merkt*, Unternehmenspublizität, S. 221 ff., kritisch reflektierten Bedenken, daß die "pfadabhängige" Fortschreibung von Veröffentlichungspflichten die Entwicklung eines Regelungsprogrammes verhindert, das auf freiwilligen Veröffentlichungen aufbaut und deren Effizienzmaximierung dem Markt überläßt.

269 *Kleinmann*, Die Ausgestaltung der Ad-hoc-Publizität, S. 191-94 und *passim*.

Diese Argumentation läßt sich widerlegen. Die Veröffentlichungspflicht ist erforderlich, um dem Mißbrauch von Informationsvorsprüngen vorzubeugen und dadurch die Transparenz des Kapitalmarktes für alle Anleger zu fördern.

a) Veröffentlichungsverträge zwischen Emittent und Anleger

Eine Alternative zur Veröffentlichungspflicht wären Verträge, in denen sich der Emittent gegenüber dem jeweiligen Anleger zur Veröffentlichung verpflichtet.[270] Die Chancen der Anleger, auf diesem Wege von werterheblichen Entwicklungen zu erfahren, sind jedoch völlig ungleich verteilt. Einige Anleger würden aufgrund ihrer persönlichen Kontakte oder ihres Einflusses immer eher als andere unterrichtet.[271] Zudem wäre eine Aushandlung derartiger Verträge zur Informationsübermittlung mit prohibitiv hohen Transaktionskosten verbunden.[272] Das Verbot selektiver Weitergabe von Insiderinformationen kann dem nur unvollkommen begegnen. Zum einen ist die Definition *de facto* dehnbar, wann eine Insidertatsache vorliegt, und wann nicht. Zum anderen erhöht das Verbot sogar den Anreiz zur Bevorzugung einzelner Anleger, denn das Verbot vergrößert das Potential des zu gewährenden Informationsvorsprungs; dieser ist mithin eine größere Gegenleistung wert.[273] Veröffentlichungsverträge zwischen Emittent und Anleger sind somit kein geeignetes Mittel, um die Transparenz der Preisbildung zu erreichen.

b) Veröffentlichungsverträge unter Anlegern

Eine weitere denkbare Alternative zu einer Veröffentlichungspflicht wäre eine gegenseitige vertragliche Verpflichtung der Anleger, vor dem Wertpapierhandel alle kurserheblichen Entwicklungen offenzulegen. Ein Vertrag mit dem jeweiligen Geschäftspartner, der Täuschung bei einem individuellen Wertpapiergeschäft vorbeugen würde, ist am unpersönlichen Kapitalmarkt der Börse aber nicht erfolgversprechend; ebenso wenig ein Vertrag unter mehreren Anlegern, oder ein Vertrag mit der Börse mit Schutzwirkung zugunsten aller an der Börse handelnden Anlegern. Diese Verträge scheitern allesamt am Gefangenendilemma:[274]

---

270 Dafür John C. Coffee, Jr., *Market Failure and the Economic Case for a Mandatory Disclosure System*, 70 VA. L. REV. 717, 739 (1984), der allerdings die Praxisferne dieses Vorschlags selbst einräumt.

271 *v.Klitzing*, Die Ad-hoc-Publizität, S. 10. Vgl. *Drygala*, WM 2001, 1282, 1284 f., zu den Interessenkonflikten, die sich bei dem Einsatz von Informationsintermediären stellen.

272 Vgl. *Erhardt/Nowak*, AG 2002, 336, 337 m.w.N.; *Merkt*, Unternehmenspublizität, S. 214, 439.

273 Eugene F. Fama/Arthur B. Laffer, *Information and Capital Markets*, 44 J. BUS. 289 ff. (1971), befürworten Publizitätspflichten daher, um einer volkswirtschaftlich ineffizienten „Überproduktion" von Information zu begegnen.

274 Die Darstellung des folgenden Problems als „Gefangenen-Dilemma" wird gemeinhin auf *Platon* zurückgeführt: Zwei Personen werden in Gewahrsam genommen. Ihnen wird eröffnet, daß sie als Kronzeuge gegen den anderen die Freiheit zurückerhalten, während sie 15 Jahre Gefängnis erwartet, wenn der andere ihre Beteiligung an einem Verbrechen bestätigt. Wenn beide stillhalten, können sie nur wegen eines geringen Vergehens zu einer Höchststrafe von sechs Monaten verurteilt werden. Wenn beide gegen den anderen aussagen, erhalten sie eine Freiheitsstrafe von zehn Jahren. Dann werden beide in getrennte Zellen abgeführt.

Für jeden Gefangenen ist die optimale Lösung ein Vertrag mit dem anderen, daß sie stillhalten. Ohne die Möglichkeit zur Verständigung und Durchsetzung des Vertrages wählen jedoch beide Gefangenen die für sie schlechteste Lösung und verraten den anderen. Denn wenn der andere gegen sie aussagt, müssen sie für fünfzehn Jahre ins Gefängnis. Wenn er nicht gegen sie aussagt, kommen sie frei. Es scheint daher günstiger, den anderen zu verraten, egal wie dieser sich verhält.

Der gemeinsame Nutzen aus einer Vereinbarung, mit der sich die Anleger gegenseitig zur Mitteilung von kurserheblichen Entwicklungen verpflichten, ist zwar größer als der Nutzen des einzelnen Anlegers aus dem Verschweigen werterheblicher Entwicklungen.[275] Jedoch ist der Nutzen jedes Vertragspartners aus einem Vertragsbruch größer als der gemeinsame Nutzen, solange die anderen sich vertragstreu verhalten. Denn die Allgemeinheit der Anleger wird weiter auf die Integrität der Börsenpreise vertrauen. Das Verschweigen einer nachteiligen Entwicklung verhindert dann im Einzelfall die Forderung nach einem niedrigeren Verkaufspreis, das Verschweigen einer vorteilhaften Entwicklung die Forderung nach einem höheren Kaufpreis. Es locken hohe Gewinne. Die Vertragspartner können diesen Vertragsbruch nicht leicht aufdecken, weil die kurserhebliche Entwicklung in der Regel im schwer einzusehenden Tätigkeitsbereich des Emittenten eintritt und als Geschäfts- und Betriebsgeheimnis geheim gehalten wird. Weil die Anleger ihre Geschäftspartner nicht kennen, liegt außerdem die Hemmschwelle niedriger, ihnen durch Vertragsbruch zu schaden.[276]

Im Ergebnis können die Anleger einer Minderung ihrer Rendite durch das schädigende Verhalten anderer Anleger nurmehr dadurch entgehen, daß sie selbst vertragsbrüchig werden und andere Anleger irre führen. Dadurch sinkt die Vertrauenswürdigkeit des Börsenkurses weiter. Letztlich wird die Börse für die Anleger unattraktiv im Vergleich zu anderen, im Grunde genommen weniger rentablen Anlagevehikeln.[277]

c) *Veröffentlichungsverträge unter Emittenten*

Ebenfalls aufgrund des Gefangenendilemmas scheitert eine gegenseitige vertragliche Verpflichtung der Emittenten zur Veröffentlichung kurserheblicher Entwicklungen.[278] Zwar ist der Nutzen aller Emittenten mit dieser Vereinbarung größer als ohne die Vereinbarung. Denn an einem transparenten Markt erzielen sie höhere Erlöse aus Neuemissionen.[279] Einzelne Emittenten verfolgen aber einen Sondervorteil, indem sie nachteilige Entwicklungen verschweigen und dennoch von den Aufwendungen anderer Emittenten profitieren, die in die Integrität des Börsenpreises investieren (*free riding*).[280] Dadurch erlangen sie einen Wettbewerbsvorteil im Leistungswettbewerb um Kapital. Die Anleger werden daraufhin Finanzmittel zu günstigeren Konditionen anbieten als an einen Emittenten, der auch nachteilige Entwicklungen veröffentlicht und dadurch einen schlechteren Eindruck macht. Aus dem Verschweigen nachteiliger Entwicklungen drohen

---

Strategien für das Gefangenen-Dilemma bietet bereits die Bibel; die in Exodus 21:24 aufgestellte Regel des „Auge für Auge, Zahn für Zahn", die die einzelnen Gefangenen befolgen, ist in Lukas 6:31 ersetzt durch die optimale Lösung für beide Gefangenen, daß „[was] ihr von anderen erwartet, das tut ebenso auch ihnen." Die Disziplin der Spieltheorie diskutiert verschiedene Lösungen; vgl. z.B. *Raiffa* THE ART AND SCIENCE OF NEGOTIATION 123-26, 347; *Dixit/Nalebuff* THINKING STRATEGICALLY 12-14, 91-113, 366.

275 Siehe unten 3.a)aa).

276 Vgl. Victor Brudney, *Insiders, Outsiders, and Informational Advantages under the Federal Securities Law*, 43 HARV. L. REV. 322, 335-36 (1979); Joel Seligman, *The Reformulation of Federal Securities Law Concerning Nonpublic Information*, 73 GEO. L. J. 1083, 1119 (1985).

277 Diesen Vorgang hat *Akerlof* eindrucksvoll als „market for lemons" demonstriert; siehe dazu z.B. *Assmann*, ZBB 1989, 49, 59 ff.; *Merkt*, Unternehmenspublizität, S. 218 f., 306, 439.

278 Kenneth E. Scott, *Insider Trading: Rule 10b-5, Disclosure and Corporate Privacy*, 9 J. LEGAL STUD. 801, 810 (1980).

279 Siehe unten 3.a)bb).

280 Vgl. *Merkt*, Unternehmenspublizität, S. 218 f., m.w.N. *Free-riding läßt* sich als N-Personen-„Gefangenen-Dilemma" begreifen.

andererseits kaum nachteilige Folgen. Selbst wenn ein Vertragsbruch einmal entdeckt werden sollte, ist seine Sanktion sehr unsicher, denn es ist kein Schaden zu beziffern -- die Transparenz der Preisbildung hat keinen konkreten Wert.

Da somit ein Vertragsbruch vorprogrammiert ist, müssen alle Emittenten nachteilige Entwicklungen verschweigen, um Konkurrenten keinen Wettbewerbsvorsprung zu überlassen. Anleger können ihre Investitionsentscheidung nicht mehr an der vorteilhaften Information der Emittenten zum „wahren" Wert des Unternehmens orientieren, die ja ohnehin nur die halbe Wahrheit darstellt. Allein Optimismus und Pessimismus der Anleger herrschen dann über die Kurse. Diejenigen Emittenten, die ihre Wettbewerber mit immer wilderen Übertreibungen übertreffen, geben den Ton an. Effiziente Emittenten können Finanzmittel nicht mehr zu fairen Bedingungen aufnehmen. Sie geben den Markt auf.

Das Gebot der Ad-hoc-Publizität löst das Gefangenendilemma: durch die scharfe Sanktion von Pflichtverstößen mittels Bußgeld; durch Ermittlung von Pflichtverstößen mit den besonderen Befugnissen von Ordnungs- und Strafbehörden; und durch die unbestechliche Durchsetzung der Veröffentlichungspflicht durch die BAFin.

Es ist dabei das mildeste Mittel, um mit gleicher Effizienz den Regelungszweck zu erreichen. Das Auskunftsrecht der Börsen ist zu schwach, um die Emittenten aus ihrem Gefangenendilemma zu befreien. Außer einer Kursaussetzung, der Kurseinstellung oder dem Widerruf der Zulassung stehen den Börsen keine Sanktionsmöglichkeiten gegen Pflichtverstöße zur Verfügung. Ihnen fehlen Ermittlungsbefugnisse. Vor allem aber haben sie kaum Personal, um ihr Auskunftsrecht kontinuierlich auszuüben und durchzusetzen. Eine Veröffentlichungspflicht der Anleger wäre weniger effizient, da sie nicht so vollständig und aktuell wie der Emittent über neue kurserhebliche Entwicklungen berichten können. Zudem würde die Veröffentlichung der selben Entwicklung durch mehrere Anleger gleichzeitig, von verschiedenen Seiten, in verschiedenen Formaten und mit unterschiedlichen Anknüpfungen an die bereits öffentlich zugängliche Information drohen. Das würde eher zur Verwirrung als zur Vertrauensbildung bei den Anlegern führen.

Folglich besteht die Gefahr, daß Marktteilnehmer ihre Informationsvorsprünge ausnutzen und dadurch die Transparenz der Preisbildung beeinträchtigen. Die Ad-hoc-Veröffentlichungspflicht der Emittenten ist erforderlich, um eine transparente Preisbildung zu erreichen.

3. *Die Angemessenheit der Veröffentlichungspflicht*

Es fragt sich, ob das Gebot der Ad-hoc-Publizität ein angemessenes Mittel ist, um die Transparenz der Preisbildung zu fördern. Dazu sind die Interessen, die für die Veröffentlichungspflicht sprechen, gegen die Interessen abzuwägen, die dagegen sprechen.

a) Interessen pro Veröffentlichungspflicht

Anleger, Emittenten und die Volkswirtschaft haben ein vitales Interesse an einer Veröffentlichungspflicht, die die Transparenz der Preisbildung am Kapitalmarkt erhöht.

aa) Das Anlegerinteresse

Die Anleger profitieren von einer Verbesserung der Markttransparenz durch eine Verbesserung des Verhältnisses von Risiko und Rendite ihrer Wertpapiere.[281] Wenn Wertpapiere jederzeit zu fairen Konditionen zu verkaufen sind, sinkt bei gleichbleibender

281 Vgl. Dooley, *Enforcement of Insider Trading Restrictions*, 66 VA. L. REV. 1, 64-69 (1980).

Rendite das mit den Wertpapieren verbundene Liquiditäts- und Equivalenzrisiko.[282] Die Senkung gerade dieser Risiken ist besonders wertvoll für die Anleger. Denn damit sinkt das systematische Risiko ihrer Wertpapiergeschäfte, d.h. das Risiko, daß die Kursentwicklung der Marktgesamtheit die Rendite der Wertpapiergeschäfte schmälert.[283] Das systematische Risiko ist für die Gesamtrendite der Anleger bedeutender als das Risiko nachteiliger Kursentwicklungen bei einzelnen Wertpapieren. Einzelne Kursverluste sind schnell ausgeglichen, wenn sich der Gewinn aus den übrigen Wertpapiergeschäften *per saldo* positiv entwickelt.

Ohne transparente Preisbildung würde kein vernünftiger Anleger an der Börse handeln. Sie gleicht erst die Nachteile aus, die daraus entstehen, daß an der Börse Geschäfte ohne persönlichen Kontakt von Käufer und Verkäufer allein, im blinden Vertrauen auf die Integrität der Preisbildung, abgeschlossen werden. Die Anleger können nicht im persönlichen Kontakt die Interessen und Kenntnisse ihres Geschäftspartners ausloten und einen gegenseitig akzeptablen Interessenausgleich aushandeln. Sie müssen sich daher darauf verlassen können, daß ihnen zumindest zu den objektiv werterheblichen Umständen die gleiche Information zu dem Wertpapier und dem Emittenten zur Verfügung steht, wie ihrem Geschäftspartner, bevor sie sich auf einen bestimmten Preis festlegen lassen. Ohne Kenntnis dieser Umstände würde kein vernünftiger Anleger ein frei verhandeltes Geschäft mit einem ihm unbekannten Geschäftspartner abschließen. Außerdem können sich die Anleger nicht im persönlichen Kontakt ihren Geschäftspartner aussuchen. Sie müssen daher darauf vertrauen können, daß ihr unbekannter Geschäftspartner jedenfalls weder Insiderkenntnisse zum Handel ausnutzt, noch anderweitig die Preisbildung manipuliert. Gegen dieses Verhalten wären sie bei persönlichem Kontakt durch das allgemeine Betrugsverbot geschützt.

bb) Das Interesse der Emittenten

Wenn die Anleger Vertrauen in die Transparenz eines Kapitalmarktes haben, werden die an diesem Kapitalmarkt gehandelten Wertpapiere im Vergleich zu anderen für sie attraktiver. Sie senken aufgrund des niedrigeren systematischen Risikos ihre Renditeerwartungen an den Emittenten. Das erhöht den Erlös der Emittenten aus dem Wertpapiervertrieb.[284] Ist andererseits das Vertrauen der Anleger in die Integrität der Börsenpreise gering, erhöhen sich die Renditeerwartungen an den Emittenten, was wiederum den Ausgabekurs neuer Wertpapiere senkt.[285] Ein höherer Emissionskurs dient den Interessen des Emittenten, da er eine höhere Kapitalzufuhr bei gleichen Kosten für den Emittenten bedeutet.

---

282 Vgl. George J. Benston, *Required Disclosure and the Stock Market: An Evaluation of the Securities Exchange Act of 1934*, 63 AM. ECON. REV. 132, 151 (1973); *v.Klitzing*, Die Ad-hoc-Publizität, S. 24.

283 Ausgangspunkt der Ermittlung des systematischen Risikos ist die risikofreie Rendite von Schuldverschreibungen der öffentlichen Hand. Die Risikospreizung hängt von der Einschätzung der Anleger ab; grundlegend Eugene F. Fama & Arthur B. Laffer, *Information and Capital Markets*, 44 J. BUS. 289, 290 (1971).

284 *Bruns*, in: Baetge (Hrsg.), Insiderrecht und Ad-hoc-Publizität, S. 107, 116 f.; *Erhardt/Nowak*, AG 2002, 336, 338; *Geibel*, in: Assmann/Schneider (Hrsg.), WpHG etc., § 15 Rdn. 2; grundlegend zur finanzwissenschaftlichen Begründung Eugene F. Fama, *The Effect of a Firm's Investment and Financing Decisions on the Welfare of its Security Holders*, 68 AM. ECON. REV. 272, 282-83 (1978).

285 Je niedriger die Markttransparenz ist, desto höher ist das systematische Risiko nach Einschätzung der Anleger zu veranschlagen, desto höher sind ihre Renditeerwartungen, desto niedriger liegen die Ausgabekurse für neue Wertpapiere.

cc) Der Nutzen für die Volkswirtschaft

Ein transparenter Kapitalmarkt steigert schließlich die Attraktivität des Wertpapierhandels im Verhältnis zum Konsum und fördert so das zur Stärkung der Volkswirtschaft wichtige Sparen. Das Aktiensparen führt dabei zugleich zu einer gesellschaftspolitisch erwünschten Demokratisierung der Wirtschaftsmacht. Außerdem hebt die Wettbewerbsfähigkeit inländischer Börsen mit ausländischen Börsen die Attraktivität des „Standort Deutschland" für in- und ausländische Unternehmen und schafft dadurch neue Arbeitsplätze.

b) Interessen contra Veröffentlichungspflicht

Gegen eine Veröffentlichungspflicht sprechen die damit für den Emittenten verbundenen direkten und indirekten Kosten. Mit den direkten Kosten sind die Aufwendungen gemeint, die der Emittent zur Erfüllung der Veröffentlichungspflicht und zur Anpassung seiner Betriebsorganisation machen muß. Außerdem verursacht die Veröffentlichungspflicht indirekte Kosten. Indem der Emittent zur Preisgabe von Betriebs- und Geschäftsgeheimnissen gezwungen ist, kann er bestimmte Gewinne nicht erlösen, deren Potential er durch nunmehr nutzlos gewordene Aufwendungen, zum Beispiel für Vertragsverhandlungen oder Forschung und Entwicklung, geschaffen hatte.[286] Durch diese Kosten droht den Emittenten ein Wettbewerbsnachteil im Vergleich zu nicht veröffentlichungspflichtigen Unternehmen.

c) Die Abwägung der Interessen

Die Interessen der Anleger, der Emittenten und der Volkswirtschaft für und gegen eine Ad-hoc-Veröffentlichungspflicht zur Förderung der Markttransparenz sind untereinander abzuwägen. Die Anleger haben ein Interesse daran, daß die Emittenten, in deren Wertpapiere sie investieren, nicht mit den Kosten der Ad-hoc-Veröffentlichungspflicht belastet werden. Denn diese Kosten mindern den Wert der von ihnen gehaltenen Wertpapiere.[287] Andererseits haben die Anleger auch ein starkes Interesse an der Ad-hoc-Veröffentlichungspflicht, da sie dadurch vor irrtumsbedingten Vermögensschäden geschützt werden. Dabei sind genau genommen zwei Gruppen von Anlegern zu unterscheiden: Zum einen die Anleger, die in der Zeit bis zur Veröffentlichung die Wertpapiere bei einer positiven Nachricht zu billig verkaufen und bei einer negativen Nachricht zu teuer kaufen würden. Zum anderen die Anleger, die auf der Marktgegenseite dieser Geschäfte stehen und dadurch gewinnen.[288] Der Vermögensschaden der ersteren Anleger ist der Gewinn der letzteren, so daß das Interesse der einen Gruppe von Anlegern an einer Veröffentlichung das Interesse der anderen Gruppe an einer Befreiung aufzuwiegen scheint. Alle Anleger haben indes ein Interesse daran, das Risiko zu minimieren, daß sie häufiger zu den Verlierern als den Gewinnern dieser Gleichung gehören. Die Senkung dieses Risikos bei

---

286 Frank H. Easterbrook/Daniel R. Fishel, *Mandatory Disclosure and the Protection of Investors*, 70 Va. L. REV. 669, 685 f. (1984); vgl. auch *v.Klitzing*, Die Ad-hoc-Publizität, S. 12 m.w.N.

287 Bei Aktien und aktienähnlichen Wertpapieren folgt die niedrigere Bewertung unmittelbar aus dem um die Kosten der Veröffentlichungspflicht geringer zu prognostizierenden Saldo zukünftiger Zahlungsströme an das Unternehmen, die nur in diesem geringeren Umfang zur Ausschüttung an die Anleger bereit stehen werden. Bei Schuldverschreibungen und ihnen ähnlichen Wertpapieren sinkt wegen der niedriger prognostizierten Zahlungsströme die Bonität des Emittenten; das erhöht das Risiko von Zahlungsausfällen und führt auf diesem Wege zur niedrigeren Bewertung der Wertpapiere. Näher zur Bewertung von Wertpapieren unten II.1.

288 In diesem Sinne auch *Fülbier*, Regulierung der Ad-hoc-Publizität, S. 271.

gleichbleibender Rendite steigert für die Anleger die Rentabilität ihrer Wertpapiere im Vergleich zu anderen potentiellen Anlagemöglichkeiten. Dieses Interesse der Anleger an gesteigerter Markttransparenz läßt sich durch die Senkung des systematischen Risikos quantifizieren. Das Interesse der Anleger an der Ad-hoc-Veröffentlichungspflicht ist somit identisch mit dem Interesse der Emittenten daran. Deren Interesse ist ebenfalls zu quantifizieren durch die Senkung des systematischen Risikos, die die Ausgabekurse für ihre Wertpapiere erhöht. Folglich überwiegt das Interesse der Anleger an einer Veröffentlichungspflicht, wenn die den Emittenten durch die Veröffentlichung entstehenden Finanzierungsvorteile größer sind als die durch die Veröffentlichung verursachten Kosten.

Ebenso sind die Interessen der Emittenten gelagert. Dem betriebswirtschaftlichen Nutzen der Emittenten aus einer Senkung ihrer Kapitalkosten stehen die Kosten der Veröffentlichungspflicht gegenüber.

Volkswirtschaftlich gesehen ist die Verpflichtung der Emittenten zur Ad-hoc-Publizität trotz der dadurch für die Emittenten verursachten direkten Kosten sinnvoll. Auf diesem Wege läßt sich die Singularität des Informationssenders sichern. Das erhöht die Effizienz der Informationsverarbeitung.[289] Dagegen ist die Belastung des Emittenten mit den indirekten Kosten der Pflichtveröffentlichungen volkswirtschaftlich nur dann zu vertreten, wenn die aus der Veröffentlichungspflicht folgenden Finanzierungsvorteile langfristig überwiegen.[290] Denn sonst würde die Ad-hoc-Veröffentlichungspflicht *per saldo* zur Wertvernichtung führen. In diesem Sinne führt die Gesetzesbegründung aus, daß den Emittenten keine selbsterarbeiteten Wettbewerbsvorsprünge genommen werden sollen.[291]

Als Ergebnis der Interessenabwägung läßt sich demzufolge festhalten: Die Interessen an der Ad-hoc-Veröffentlichungspflicht überwiegen, wenn die den Emittenten entstehenden Finanzierungsvorteile die durch die Veröffentlichung verursachten indirekten Kosten übersteigen.[292] Demnach darf ein Emittent nicht zur Förderung eines vertrauenswürdigen Börsenpreises verpflichtet sein, wenn eine Veröffentlichung seine Existenz gefährden würde. In dem Fall dürfte ein langfristiges Interesse des Emittenten an der Veröffentlichung fehlen, da ihm günstige Finanzierungsmöglichkeit in der Insolvenz nicht mehr helfen. Für diesen und andere Fälle überwiegender indirekter Kosten muß also eine Befreiung von der Veröffentlichungspflicht möglich sein.

Fraglich ist, wie die Befreiung von der Veröffentlichungspflicht zu regeln ist.[293] Die EU-Marktmissbrauchsrichtlinie räumt Emittenten unter bestimmten Voraussetzungen das Recht ein, eine Ad-hoc-Veröffentlichung auf eigene Verantwortung aufzuschieben.[294] Ein Recht zur Selbstfreistellung mit nachträglicher (*ex post-*) Kontrolle der Freistellungs-

---

289 Jack Hirschleifer, *The Private and Social Value of Information and the Reward to Inventive Activity*, 61 AM. ECON. REV. 561, 565 (1971).

290 Geringe Bedenken allerdings bei *Hopt*, ZGR 1980, 225, 242.

291 Begr. RegE 2. FFG, BT-Drucks. 12/6679, S. 48.

292 Ebenso im Ergebnis Frank H. Easterbrook/Daniel R. Fishel, *Mandatory Disclosure and the Protection of Investors*, 70 VA. L. REV. 669, 692 f. (1984), die einen empirischen Nachweis fordern. Die Kostenabwägung ist jedoch kaum zu quantifizieren. Insoweit läßt sich dem europäischen Gesetzgeber ein Einschätzungsspielraum zugestehen.

293 Dazu unten § 5 VI.

294 Art. 6 Abs. 3 Satz 1 der EU-Marktmissbrauchsrichtlinie 2003/6/EG vom 28.1.2003, ABl. EG Nr. L 96 v. 12.4.2003, S. 22. Für ein solches Recht spricht sich insbesondere *Fürhoff*, Kapitalmarktrechtliche Ad-hoc-Publizität zur Vermeidung von Insiderkriminalität, S. 228 ff., 239, und *ders.*, AG 2003, 80, 85, aus, ebenso in der Sache auch die in § 9 II.2. genannten Vertreter einer teleologischen Reduktion der Veröffentlichungspflicht bei unvollendeten Entwicklungen.

voraussetzungen wirft allerdings wiederum die Probleme auf, die bei einer vertraglich vereinbarten Veröffentlichungspflicht entstünden. Dies zeigt die Praxis des US-Rechts zur Ad-hoc-Publizität gemäß Rule 10b-5. Die Emittenten befreien sich mittlerweile regelmäßig selbst von ihrer Veröffentlichungspflicht, indem sie sich auf das Geschäftsermessen der Unternehmensleitung zur Verzögerung der Veröffentlichung berufen.[295] Das Gefangenen-Dilemma[296] zwingt die Emittenten, von dieser Befugnis zur Selbstfreistellung ausgiebigen Gebrauch zu machen. Eine nachträgliche Kontrolle der Entscheidung zur Verzögerung der Ad-hoc-Veröffentlichung ist kaum möglich, da sich die Entscheidungssituation nur sehr schwer rekonstruieren läßt.

Vorzugswürdig ist eine Regelung, bei der Befreiungen im vorhinein (*ex ante*) und zentral genehmigt werden. Genau diese Regelung trifft § 15 Abs. 1 Satz 2 WpHG: Die Vorschrift gibt den Emittenten einen Anspruch auf Befreiung von der Veröffentlichungspflicht, wenn eine Veröffentlichung geeignet ist, ihren berechtigten Interessen zu schaden. Die BAFin gewährt Befreiungen *ex ante* nach eingehender Prüfung der Befreiungsvoraussetzungen.

Zusammenfassend läßt sich feststellen, daß die Ad-hoc-Veröffentlichungspflicht ein angemessenes Mittel ist, um die Transparenz der Preisbildung zu fördern. Die Regelung genügt insoweit dem Gebot der Verhältnismäßigkeit.

II. Die Ergänzung der Regelpublizität

Als Ergänzung der Regelpublizität soll die Ad-hoc-Veröffentlichungspflicht allgemein die Funktionsfähigkeit des Kapitalmarktes verbessern.[297] Dabei läßt sich die allokative, die institutionelle und die operationale Funktionsfähigkeit unterscheiden. Im Vordergrund steht die Sicherung der allokativen Funktionsfähigkeit des Kapitalmarktes. Sie gewährleistet, daß die verfügbaren Finanzmittel dorthin fließen, wo der jeweils größte Bedarf die höchste Rendite verspricht.[298]

1. Die Eignung der Veröffentlichungspflicht zur Zweckerreichung

Es ist zu prüfen, ob die Ad-hoc-Veröffentlichungspflicht ein geeignetes Mittel ist, um die Allokationseffizienz des Kapitalmarktes zu stärken.

a) Das Ziel der Übereinstimmung von Börsenpreis und Fundamentalwert

Allokationseffizienz setzt im Grunde genommen nur voraus, daß Wertpapiere mit gleicher Rendite und gleichem Risiko zum gleichen Preis gehandelt werden und Wertpapiere mit einer geringeren Rendite bei gleichem Risiko zu einem niedrigeren Preis. Diese Verhältnismäßigkeit ist auch dann gewahrt, wenn der Preis des Wertpapieres von dessen Fundamentalwert, ermittelt als Wert der zukünftigen Zahlungsströme, diskontiert um die Wahrscheinlichkeit ihres Eintritts, abweicht. Denn der Preis der zum Vergleich stehenden Wertpapiere kann im gleichen Verhältnis von deren Fundamentalwert abweichen. Die Allokationseffizienz des Kapitalmarktes ist indes mit Sicherheit herge-

---

295 Siehe § 2 III.2.

296 Dazu oben I.2.

297 Begr. RegE 2. FFG, BT-Drucks. 12/6679, S. 35; Beschlußempfehlung und Bericht des Finanzausschusses, BT-Drucks. 12/7918, S. 95.

298 *Assmann*, in: Großkomm. z. AktG, Einl Rdn. 358; *Kübler*, in: Bruns/Häuser (Hrsg.), Transparenzprobleme des Kapitalmarktes, S. 7, 17 ff., 19; *Merkt*, Unternehmenspublizität, S. 300 f.

stellt, wenn der Preis der Wertpapiere ihrem Fundamentalwert entspricht.[299] In diesem Sinne formuliert der Finanzausschuß des Deutschen Bundestages, die Ad-hoc-Publizität solle verhindern, daß „aufgrund mangelhafter oder fehlender Information unzutreffende Wertpapierpreise für Wertpapiere entstehen."[300]

b) Die Wirkung von Veröffentlichungen des Emittenten

Eine Übereinstimmung von Börsenpreis und Fundamentalwert kann durch vollständige Aufklärung der Anleger über die Chancen und Risiken eines Wertpapieres erreicht werden. Der Börsenpreis wird in erster Linie dadurch bestimmt, wie viel die Marktteilnehmer bereit sind, für das Wertpapier zu bezahlen. Wesentlicher Ansatzpunkt für die Preisgestaltung sind damit die Hoffnungen der Anleger: Wenn sie bereit sind, hohe Summen zu zahlen, weil sie glauben, ein anderer Anleger werde für das Wertpapier noch mehr zahlen, und sei es nur, weil er ein noch größerer Optimist ist,[301] dann erzielt das Wertpapier diesen hohen Preis. Die Grenzen einer Kurssteigerung sind mithin vom Grad abhängig, zu dem die Masse der Anleger zu übertriebenen Hoffnungen neigt. Wenn die ernüchterten Anleger andererseits davon ausgehen, daß andere nur noch eine Kleinigkeit für das Wertpapier zahlen werden, dann ist der Börsenpreis des Wertpapieres lediglich diese Kleinigkeit.[302]

Allerdings liegt dem Kurs auch der gegenwärtige Wert der zukünftigen Zahlungsströme an den Anleger zugrunde.[303] Ein vernünftiger Verkäufer würde das Wertpapier nicht für weniger verkaufen, weil er mehr Geld durch das Halten des Wertpapieres verdienen kann, ein vernünftiger Käufer würde nicht mehr zahlen, weil ihm

---

299 Die Literatur bezeichnet dieses Regelungsziel zum Teil mit dem Begriff der Preiswahrheit; vgl. z.B. *Kümpel*, in: Assmann/Schneider (Hrsg.), WpHG, § 15 Rdn. 15.

300 Bericht und Beschlußempfehlung des Finanzausschusses des Deutschen Bundestages, BT-Drucks. 12/7918, S. 102.

301 Es genügt natürlich auch größerer Zynismus. John Kenneth Galbraith ersinnt dazu in seinem Roman A TENURED PROFESSOR die Satire von einem Harvard-Professor, der eine Formel zur Entdeckung von Kursblasen entwickelt. Er verdient mit Verkaufsoptionen Millionen, bis die SEC ihn wegen Insidertradings ins Visier nimmt. Das Ausnutzen seiner Erkenntnisse über die Irrationalität anderer Anleger wirke dem Regelungsziel des Kapitalmarktrechts entgegen, *ein level-playing field* zu schaffen.

302 Prominente Verfechter dieses Erklärungsmodells für Wertpapierpreise, von Burton G. Malkiel A RANDOM WALK DOWN WALL STREET 30-32 als „Luftschloß"-Theorie bezeichnet, waren z.B. John Maynard Keynes THE GENERAL THEORY OF EMPLOYMENT, INTEREST AND MONEY (Harcourt 1936); Morgenstern/Williams/Granger, PREDICTABILITY OF STOCK MARKET PRICES (Heath Lexington 1970). Die Gültigkeit dieses Erklärungsmodells ist durch Beispiele aus der Geschichte des Kapitalmarktes belegt, bei denen der Markt die Preise von Aktien und anderen Anlageobjekten in absurde Höhen treibt, um dann mit atemberaubender Geschwindigkeit die Preise verfallen zu lassen; ausführlich Burton G. Malkiel A RANDOM WALK DOWN WALL STREET 34-92. Adepten der „Luftschloß"-Theorie sind die technischen Analysten, die aus bestimmten Figuren des Kursverlaufes eine bevorstehende massenpsychologische Reaktion ableiten.

303 Die im folgenden dargestellte Berechnung des Fundamentalwertes von Wertpapieren ist in der Finanzwissenschaft allgemein anerkannt; vgl. statt vieler Ross/Westerfield/Jaffe CORPORATE FINANCE 102-27, 248-88. Für die Orientierung der Wertpapierpreise am Fundamentalwert sprechen einige Untersuchungen, die einen Zusammenhang zwischen den genannten wertbildenden Faktoren und dem Wertpapierpreis empirisch nachweisen; siehe z.B. Burton G. Malkiel/John G. Cragg EXPECTATIONS AND THE STRUCTURE OF SHARE PRICES 135-65 zu dem Zusammenhang zwischen Dividendenwachstum und Aktienkursen. Fundamentalanalysten verdienen durch diesen Erklärungsansatz ihren Lebensunterhalt.

sonst ein Verlust droht, wenn er das Wertpapier hält.[304] Das gilt selbst dann, wenn der vernünftige Anleger die massenpsychologisch bedingten Trends bei der Bildung der Börsenkurse berücksichtigt. Denn die Scheitelpunkte und Talsohlen des Kursverlaufs hängen gleichwohl davon ab, welche Prognosen die anderen Anleger hinsichtlich der zukünftigen Zahlungsströme noch für vertretbar halten. Sie werden nicht den bisherigen Wertpapierpreis überbieten, wenn sie es von vornherein für ausgeschlossen halten, die Wertpapiere zu einem höheren Preis an andere Anleger weiterzuverkaufen.

Der gegenwärtige Wert der Zahlungen aus einer Aktie wird bestimmt durch den Betrag der nächsten Dividende, das zu erwartende Wachstum der Dividenden, das Risiko, daß diese Zahlungen nicht wie erhofft eintreten, und den allgemeinen Zinssatz, zu dem ein Anleger sein Geld risikolos anlegen könnte.[305] Die genannten Faktoren lassen sich in einer Formel zusammenfassen, mit der sich der gegenwärtige Wert der Zahlungsströme aus einer Aktie berechnen läßt.[306]

Indes bleiben die Kurse umso mehr von Massenpsychologie abhängig, je weniger Information zu den Chancen und Risiken der Wertpapiere den Anlegern zugänglich ist. Denn die Größe aller zur Berechnung des Fundamentalwertes herangezogenen Faktoren fußt letztlich auf einer willkürlichen Vorhersage.[307] Anhaltspunkte für diese Vorhersagen

---

304 Selbstverständlich kann kein Anleger eine Aktie unendlich halten. Gleichwohl trägt die dargelegte Logik. Ein vernünftiger Käufer rechnet damit, daß er an einen Dritten verkaufen muß, der wiederum nur zu einem Preis kaufen wird, den er durch die folgenden Zahlungen, d.h. aus dem Verkaufspreis und den Dividenden während der Dauer seines Wertpapierbesitzes, amortisieren kann -- *und so ad infinitum*.

305 Burton G. Malkiel A RANDOM WALK DOWN WALL STREET 93-101 erläutert den Zusammenhang einleuchtend: Eine Aktie ist mehr wert ist als im übrigen identische andere Aktien, wenn die nächste Dividende höher sein wird als bei den anderen. Denn um die Differenz der Dividenden wird ein Anleger bei der Auszahlung reicher sein, als wenn er die anderen Aktien kauft. Aus dem gleichen Grund wird ein Anleger mehr Geld für eine Aktie bezahlen, deren Dividenden in Zukunft länger oder schneller wachsen als bei im übrigen identischen, anderen Aktien. Denn damit wird die positive Differenz der Dividenden bei den zukünftigen Auszahlungen größer. Ebenso ist deutlich, daß eine Aktie höher zu bewerten ist, als im übrigen identische andere Aktien, deren zukünftige Dividenden mit geringerem Risiko behaftet sind. Denn die zukünftigen Dividenden werden bei den risikoärmeren Aktien im besten Fall ebenso hoch sein, wie bei den risikoreicheren. Wenn sich jedoch nach den Gesetzen der Wahrscheinlichkeit das Risiko bei den risikoreicheren Aktien häufiger verwirklicht, werden die zukünftigen Dividenden geringer ausfallen, als bei den risikoärmeren Aktien. Die Anlage in einer Aktie mit geringerem Risiko macht die Anleger also im Vergleich reicher. Schließlich ist der Wert der Aktie bei im übrigen gleichen Bedingungen höher, wenn der risikolose Zinssatz niedriger ist. Denn dann kostet der Einsatz seines Kapitals zum Kauf der Wertpapiere den Anleger weniger, weil er durch eine alternative Anlage zum risikolosen Zinssatz weniger verdient hätte.

306 Die Formel lautet P = Div1/(Rs - g), wobei Div1 für die nächste Dividende steht, g für das erwartete jährliche Wachstum der Dividenden (in Prozent) und Rs für die spezifische Renditeerwartung der Aktionäre, berechnet als Rs = Rf + (ß x [Rm - Rf]), indem Rm die Renditeerwartung an ein repräsentatives Aktienportfolio darstellt, Rf die Rendite risikofreier Wertpapiere abbildet und ß für das statistische Verhältnis der Kursentwicklung des betreffenden Wertpapieres zur Wertentwicklung des repräsentativen Aktienportfolios steht. Die Formel funktioniert nur, wenn das erwartete Dividendenwachstum geringer als die Renditeerwartungen der Anleger sind; Ross/Westerfield/Jaffe CORPORATE FINANCE 85 mit Fn. 7, 107-121.

307 Die nächste Dividende etwa läßt sich noch am ehesten auf der Grundlage von Tatsachen, insbesondere aus den bisher erwirtschafteten Erträgen, den im Unternehmen angelegten Zahlungsströmen aus laufenden Projekten und der bisherigen Unternehmenspolitik zur Bildung von Rück-

beziehen die Anleger aus der Entwicklung des Marktpreises.[308] Ob die dem Kurs zugrunde liegenden Prämissen noch vertretbar sind, stellt sich den Anlegern damit letztlich als Frage, ob sie dem Markt folgen oder aber einer dem Markt widersprechenden Einschätzung der Chancen und Risiken des Wertpapieres vertrauen.[309] Je mehr Information sie haben, um ihre Prognosen zu stützen, desto eher werden sie daran festhalten. Durch ihre Order nähert sich der Kurs dann dem Fundamentalwert an. In diesem Sinne bewirkt die Ad-hoc-Publizität, daß sich die Kurse stabilisieren und so spekulativem Verhalten vorgebeugt wird.[310] Folglich eignet sich die Veröffentlichungspflicht dazu, die Anleger vor unangemessenen Börsenpreisen zu schützen und so die Allokationseffizienz des Kapitalmarktes zu stärken.

2. *Das Erfordernis einer Veröffentlichungspflicht*

Das Erfordernis einer Veröffentlichungspflicht zur Förderung der Allokationseffizienz ist von Finanzökonomen in Zweifel gezogen worden: Die Anleger sollten für ihre eigene Information sorgen. Denn Information sei ein Wirtschaftsgut, dessen optimale Allokation der Markt besser als eine zentrale Umverteilung zu gewährleisten vermöge.[311] Auf diesem Wege sei gesichert, daß nur die Information produziert wird, die von den Anlegern nachgefragt wird, und daß sich von mehreren Informationsproduzenten der effizientere durchsetzt.[312] Keine einzelne Person oder Institution könne diese Aufgabe so gut erfüllen wie der Markt, denn keiner verfüge über das dazu erforderliche Wissen.[313] Diese Argumentation läßt sich widerlegen.

Eine Veröffentlichungspflicht des Emittenten ist erforderlich, um dem Mißbrauch seiner Monopolstellung vorzubeugen und die Allokationseffizienz des Kapitalmarktes zu stärken.[314]

---

lagen, prognostizieren. Die Fortschreibung dieser Faktoren fußt jedoch auf der nicht weiter begründbaren Annahme, das alles so bleibt wie bisher, die Faktoren sich also nicht verändern werden.

308 Burton G. Malkiel A RANDOM WALK DOWN WALL STREET 103-04 gibt folgendes Beispiel: Ein Analyst, der einzuschätzen hat, wie lange die Dividenden noch wachsen werden und mit welcher Wachstumsrate, wird sich zunächst an vergleichbaren Unternehmen orientieren und daraufhin den Fundamentalwert des Wertpapieres berechnen. Liegt dieser Fundamentalwert aber weit unter dem Börsenpreis, muß der Analyst sich fragen, ob seine Annahmen zutreffen. Denn wie können so viele Anleger derart irren? Also verändert er seine Annahmen geringfügig -- und schon liegt der Fundamentalwert weit über dem Börsenpreis.

309 „*No price is too high for a bull or too low for a bear*", lautet ein geflügeltes Wort an Wall Street.

310 Vgl. *Geibel*, in: Assmann/Schneider (Hrsg.), WpHG etc., § 15 Rdn. 2; John C. Coffee, Jr., *Market Failure and the Economic Case for a Mandatory Disclosure System*, 70 VA. L. REV. 717, 732 (1984); *v.Klitzing*, Die Ad-hoc-Publizität, S. 26 f.

311 Das zugrundeliegende *Coase*-Theorem ist z.B. dargestellt bei *v.Klitzing*, Die Ad-hoc-Publizität, S. 9 f.

312 George J. Stigler, *Public Regulation of the Securities Markets*, 37 J. BUS. 117, 124-30 (1964).

313 Ausführlich *Fülbier*, Ausgestaltung der Ad-hoc-Publizität, S. 200-05 und *passim*, der damit das Gebot der Ad-hoc-Publizität an *v. Hayeks* Postulat „spontaner Ordnung" mißt; ebenso Victor Brudney, *Insiders, Outsiders, and Informational Advantages under the Federal Securities Law*, 43 HARV. L. REV. 322, 335-36 (1979). Eine empirische Prüfung dieser These unternehmen George J. Benston, *Required Disclosure and the Stock Market: An Evaluation of the Securities Exchange Act of 1934*, 63 AM. ECON. REV. 132 (1973), George J. Stigler, *Public Regulation of the Securities Markets*, 37 J. BUS. 117 (1964) und Homer Kripke, *A Search for a Meaningful Securities Disclosure Policy*, 31 BUS. LAW. 293 (1975).

314 Vgl. Eugene F. Fama/Arthur B. Laffer, *Information and Capital Markets*, 44 J. BUS. 289 (1971) zur Monopolstellung des Emittenten am Markt für Unternehmensinformation.

a) *Das Monopol des Emittenten über das Informationsangebot*

Der Emittent kann anderen Informationsanbietern Information über die gegenwärtigen und zukünftigen Ergebnisse, über die Vermögens- und die Finanzlage des Unternehmens vorenthalten, die von den Anlegern vor allem nachgefragt wird. Der Schutz seines Geschäfts- und Betriebsgeheimnis verhindert, daß andere legal ohne seine Einwilligung Information über werterhebliche Entwicklungen im Unternehmen erhalten. Selbst wenn Außenstehende vom Emittenten Information erhalten, können sie nicht kontrollieren, ob die Information zutrifft. Zudem hat der Emittent einen Kostenvorteil. Er erfaßt und wertet die für die Anleger wesentlichen Umstände ohnehin als Hilfsmittel seiner Unternehmensführung aus. Niemand kann folglich so zuverlässig und so kostengünstig über das Unternehmen berichten, wie der Emittent selbst. Dadurch kann er jeden konkurrierenden Informationsanbieter vom Markt verdrängen.[315]

b) *Die Schwäche der Anleger bei der Informationsnachfrage*

Die Anleger können am Kapitalmarkt für ihre angemessene Information nicht ebenso gut sorgen, wie am Warenmarkt. Zur richtigen Bewertung eines Wertpapieres ist Information über die gesamten gegenwärtigen und zukünftigen Erträge des Unternehmens erforderlich, das die Zahlungen auf die Wertpapiere leistet. Diese Information kann sich ein Anleger nicht selbst beschaffen, weil ungemein viele Umstände erfaßt werden müssen. Zudem ist besonderer Sachverstand erforderlich, um die Information zu ordnen und daraus Schlußfolgerungen auf den Wert des Wertpapieres zu ziehen. Die Anleger haben daher von vornherein eine schwache Verhandlungsposition bei der Informationsnachfrage.

Die Monopolstellung des Emittenten würde auch nicht ausreichend geschwächt, wenn die Anleger ihre Nachfragemacht bündelten. Sie könnten sich (innerhalb der Grenzen des § 1 GWB) zusammenschließen und dadurch ihre Verhandlungsposition gegenüber dem Emittenten stärken. Investmentfonds lassen sich als solch ein Zusammenschluß auffassen: Sie halten größere Anteile des Eigenkapitals verschiedener Emittenten und können so Druck auf die Unternehmensleitung zur Preisgabe von Information ausüben. Sie beschäftigen Analysten oder finanzieren zumindest einen Markt für Analysten, die für sie Information sammeln und auswerten. Dadurch sind aber nicht alle Anleger vor der Marktmacht des Emittenten geschützt, zum Beispiel nicht diejenigen, die in der Verwendung ihres Vermögens gebunden sind und daher nicht in Investmentfonds investieren dürfen, ebensowenig diejenigen, die nicht in Investmentfonds investieren wollen.[316] Zudem würde die Bündelung des Wertpapierbesitzes in den Händen weniger Anleger die Liquidität der Wertpapiere reduzieren und dadurch neue Gefahren für das Anlegervermögen verursachen.[317]

---

315 Allerdings stellen Banken einen bedeutenden Teil des Fremdkapitals der Emittenten, was ihnen die Informationsbeschaffung erleichtert. Nach Auswertung durch die Fachabteilungen können sie diese Information in der Anlageberatung anbieten. Diese Praxis hat einen gewissen Anlegerschutz zur Folge.

316 Dieses Interesse ist schützwürdig. Denn die Anleger würden dadurch nur von einer anderen Institution bei dem Einsatz ihres Vermögens abhängig: Es stellte sich für sie die Folgefrage, wie sie die Investmentfondanteile bewerten. Das Problem würde nur auf eine andere Ebene verlagert. Die Funktionsfähigkeit eines Regelungsprogrammes, das auf Informationsvermittlung durch Intermediäre vertraut, hängt von der Güte der Aufklärungs- und Beratungspflichten ab, denen die Intermediäre unterliegen. Siehe dazu und zur Tendenz der Disintermediation, *Merkt*, Unternehmenspublizität, S. 419 f.

317 Vgl. *Erhardt/Nowak*, AG 2002, 336, 338.

Ein Ausgleich der Marktmacht des Emittenten erfolgt überdies nicht durch die Auskunftsrechte der Börsen. Denn sie sehen allesamt weite Ausnahmen von ihrem Auskunftsrecht vor und überlassen den Emittenten die Prüfung der Freistellungsvoraussetzungen.

c) *Die Gefahr eines Mißbrauchs der Monopolstellung*

Wenn die Emittenten Geschäfts- und Betriebsgeheimnisse preisgeben, bevor sie Gewinn aus neuen Entwicklungen gezogen und Verhandlungsvorteile ausgenutzt haben, können die Emittenten Wettbewerbsvorteile am Markt für ihre Waren und Dienstleistungen verlieren.[318] Ebenso müssen sie Wettbewerbsnachteile befürchten, wenn sie Zahlungsschwierigkeiten frühzeitig offenlegen und dadurch ihre Gläubiger verunsichern. Ferner können die Arbeitnehmer durch die Kenntnis überdurchschnittlicher Gewinne zur Erhöhung ihrer Gehaltsforderungen bewogen oder durch die Offenlegung geplanter Umstrukturierungen und Entlassungen demotiviert werden.

Angesichts dieser Nachteile werden sich die Mitglieder der Unternehmensleitung im eigenen Interesse mit Veröffentlichungen zurückhalten, selbst wenn dadurch große Chancen für das Unternehmen verloren gehen.[319] Denn die vorteilhaften Wirkungen freiwilliger Veröffentlichungen, insbesondere die Förderung angemessener Börsenpreise, machen sich erst in ungewisser Zukunft, bei einer Neuemission von Wertpapieren, im Unternehmen bemerkbar. Zu diesem Zeitpunkt mag das Management bereits ausgetauscht oder das Unternehmen in seiner gegenwärtigen Form aufgelöst worden sein.[320] Die Nachteile freiwilliger Veröffentlichungen -- rückläufiger Umsatz und Gewinn, verunsicherte Gläubiger, demotivierte Arbeitnehmer -- treten indes zügig und unmittelbar ein, mit unangenehmen Folgen für die Mitglieder der Unternehmensleitung.[321]

Folglich bestehen starke Anreize zur Geheimhaltung von Information über werterhebliche Entwicklungen.[322] Ohne eine Veröffentlichungspflicht besteht die Gefahr, daß der Emittent seine Monopolstellung beim Angebot von emittentenbezogener Information mißbraucht und dadurch die Allokationseffizienz des Kapitalmarktes

---

318 John C. Coffee, Jr., *Market Failure and the Economic Case for a Mandatory Disclosure System*, 70 VA. L. REV. 717 (1984); Frank H. Easterbrook/Daniel R. Fishel, *Mandatory Disclosure and the Protection of Investors*, 70 VA. L. REV. 669, 685 f. (1984); vgl. auch *v.Klitzing*, Die Ad-hoc-Publizität, S. 12 m.w.N.; *Merkt*, Unternehmenspublizität, S. 461 ("Verlust von Pioniergewinnen").

319 Die US-amerikanische Literatur betont, daß dieses Eigeninteresse unter Umständen sogar zu Fehleinschätzungen und Verschleierungsstrategien führen und sogar die Form eigennütziger Kursbeeinflussung annehmen kann; vgl. z.B. George J. Benston, *Required Disclosure and the Stock Market: An Evaluation of the Securities Exchange Act of 1934*, 63 AM. ECON. REV. 132, 134 (1973); dazu *v.Klitzing*, Die Ad-hoc-Publizität, S. 12 m.w.N.

320 Der Widerwillen vieler Führungskräfte, ihre Leistungen einer sofortigen Bewertung durch die Öffentlichkeit zu unterwerfen ist demzufolge nicht so irrational, wie *v.Klitzing*, Die Ad-hoc-Publizität, S. 13, meint. Vgl. auch *Merkt*, Unternehmenspublizität, S. 213 ff., 220 f., zur zuweilen positiv spekulationsfördernden Wirkung von „beredtem Schweigen".

321 Erfolgsabhängige Vergütungsregelungen steigern den Anreiz, Information zurückzuhalten; *Merkt*, Unternehmenspublizität, S. 221.

322 Arrow, *Economic Welfare and the Allocation of Resources for Invention*, in: NATIONAL BUREAU OF ECONOMIC RESEARCH (ED.), THE RATE AND DIRECTION OF INVENTIVE ACTIVITY: ECONOMIC AND SOCIAL FACTORS 609, 615 (1962); Frank H. Easterbrook/Daniel R. Fishel, *Mandatory Disclosure and the Protection of Investors*, 70 VA. L. REV. 669, 696 f. (1984); zustimmend *v.Klitzing*, Die Ad-hoc-Publizität, S. 13 m.w.N.; vgl. ferner *Merkt*, Unternehmenspublizität, S. 220 f. zur „*Proprietary Cost*"-Analyse.

beeinträchtigt. Eine Veröffentlichungspflicht ist erforderlich, um die Allokationseffizienz des Kapitalmarktes zu stärken.

3. *Die Angemessenheit der Veröffentlichungspflicht*

Die Veröffentlichungspflicht müßte ferner ein angemessenes Mittel sein, um die Allokationseffizienz des Kapitalmarktes zu verbessern. Das setzt voraus, daß die Interessen, die für die Veröffentlichungspflicht sprechen, gegenüber den Interessen überwiegen, die dagegen sprechen.

a) *Interessen pro Veröffentlichungspflicht*

aa) *Das Anlegerinteresse*

Die Anleger haben ein deutliches Interesse an der allokativen Effizienz des Kapitalmarktes. Denn sie sichert ihnen als Käufer oder Verkäufer von Wertpapieren eine größtmögliche Gegenleistung. Bei eingeschränkter Effizienz zahlen die Käufer möglicherweise zuviel, weil sie zum selben Preis ein Wertpapier hätten erwerben können, das bei gleichem Risiko eine höhere Rendite verspricht. Die entgangene zukünftige Rendite mindert den gegenwärtigen Wert des Wertpapieres. Ebenso erhalten bei Ineffizienzen des Marktes die Verkäufer für ihre Wertpapiere unter Umständen zu wenig Geld. Viele Anleger werden somit durch unangemessene Kurse geschädigt.[323]

Ohne allokationseffiziente Preisbildung würde kein vernünftiger Anleger mit Wertpapieren handeln. Sie gleicht erst die Nachteile aus, die daraus entstehen, daß aus Wertpapieren selbst keinerlei objektive Anhaltspunkte zum wahren Wert der Wertpapiere zu entnehmen sind. Die Summe der aus dem Kauf und Verkauf zu erwartenden Zahlungsströme würde aus Sicht der Anleger weitgehend vom Zufall abhängen, so daß sie im Vergleich zu anderen Anlageoptionen die gleiche Rendite bei höherem Risiko in Kauf nehmen würden. Sie müssen sich daher zumindest darauf verlassen können, daß Wertpapiere mit gleicher Rendite und gleichem Risiko zum gleichen Preis gehandelt werden und Wertpapiere mit gleicher Rendite und höherem Risiko zu einem niedrigeren Preis. Ohne diese Allokationseffizienz der Preisbildung würde kein vernünftiger Anleger an der Börse handeln.

bb) *Das Interesse der Emittenten*

Emittenten garantiert ein allokationseffizienter Kapitalmarkt, daß sie Finanzmittel für ihre Unternehmung zu wettbewerbsfähigen Konditionen erhalten. Denn allein die Qualität der Wertpapiere bestimmt an einem allokationseffizienten Kapitalmarkt, wie günstig Finanzmittel zu erlangen sind: Je höher die Qualität der Wertpapiere nach Ansicht der Anleger im Vergleich zu anderen Wertpapieren ist, desto höher ist der Preis, den die Anleger dafür zu zahlen bereit sind.[324] Bei eingeschränkter Allokationseffizienz erhalten die Emittenten als Gegenleistung für ihre Wertpapiere womöglich Wertpapierpreise, die unter dem Preis eines vergleichbaren Wertpapieres mit vergleichbarer Qualität liegen. Der Emittent des anderen Wertpapieres erlöst damit bei gleichwertiger Verpflichtung gegenüber den Anlegern mehr Kapital für sein Unternehmen. An allokationsineffizienten

---

323 *Geibel*, in: Schäfer (Hrsg.), WpHG etc., § 15 Rdn. 2.

324 George J. Benston, *Required Disclosure and the Stock Market: An Evaluation of the Securities Exchange Act of 1934*, 63 AM. ECON. REV. 132, 133 f. (1973), ebenso *v.Klitzing*, Die Ad-hoc-Publizität, S. 11, der auf die Chance hinweist, daß Veröffentlichungen die Aufmerksamkeit der Analysten erregen und dadurch mittelbar die Nachfrage steigern.

Kapitalmärkten droht den Emittenten also ein Wettbewerbsnachteil.[325] Folglich haben die Emittenten ein Interesse an angemessenen Kursen für ihre Wertpapiere. Dieses Interesse besteht auch am Sekundärmarkt. Denn selbst wenn sie gerade keine Wertpapiere absetzen wollen, erhalten die Emittenten dadurch doch die Aussicht auf das höchstmögliche Entgelt für ihre in Zukunft auszugebenden oder im Aktientausch zu handelnden Wertpapiere.[326]

cc) Der Nutzen für die Volkswirtschaft

Ebenso hat die Volksgemeinschaft ein vitales Interesse an der Allokationseffizienz des Kapitalmarktes. Dadurch kommt die knappe Resource der verfügbaren Finanzmittel den Emittenten zu Gute, die im Verhältnis zu anderen Emittenten das Kapital am effizientesten einsetzen. Das fördert das Wachstum der besten Emittenten und erhöht so die Produktivität der Volkswirtschaft.[327]

b) Interessen contra Veröffentlichungspflicht

Gegen die Veröffentlichungspflicht sprechen die dadurch für den Emittenten direkt und indirekt verursachten Kosten.[328]

c) Die Abwägung der Interessen

Die Anleger und die Emittenten haben ein überwiegendes Interesse an einer Ad-hoc-Veröffentlichungspflicht zur Verbesserung der Allokationseffizienz, wenn die dadurch verursachten Finanzierungsvorteile die durch die Veröffentlichungspflicht verursachten Kosten übersteigen.[329] Volkswirtschaftlich ist die Verpflichtung des Emittenten trotz seiner Belastung mit den direkten Kosten der Veröffentlichungspflicht sinnvoll. Denn für ihn, der die Informationssammlung und -auswertung ohnehin im Rahmen des betrieblichen Rechnungswesens leistet, ist die Produktion von Information und deren Angebot mit den geringsten Kosten verbunden.[330] Die Interessen an der Ad-hoc-Veröffentlichungspflicht überwiegen somit, wenn die den Emittenten entstehenden Finanzierungsvorteile die durch die Veröffentlichungspflicht verursachten indirekten Kosten übersteigen, namentlich nutzlose Aufwendungen für Vertragsverhandlungen oder Forschung und Entwicklung sowie entgangenen Gewinn.

---

325 *v.Klitzing*, Die Ad-hoc-Publizität, S. 11.

326 Für die Mitglieder einer erfolgreichen Unternehmensleitung bedeutet größere Allokationseffizienz auch größere Arbeitsplatzsicherheit. Unangemessen niedrige Kurse erleichtern hingegen eine feindliche Übernahme des Unternehmens durch einen Dritten, der die mit Stimmrechten versehenen Aktien durch Paketkäufe oder im Wege eines öffentlichen Übernahmeangebotes kostengünstig aufkaufen kann. Bei Unternehmen, deren Aktien nicht mehrheitlich im Streubesitz stehen, gilt im Prinzip das gleiche. Ein Dritter wird eher Erfolg bei der Werbung für Stimmrechte zur Einsetzung einer neuen Unternehmensleitung haben, wenn die bisherige Unternehmensleitung einen zu niedrigen Aktienkurs zu verantworten hat.

327 Das in der vorangegangenen Fußnote erörterte Interesse der Unternehmensleitung an angemessenen Börsenkursen hat eine volkswirtschaftliche Entsprechung. Indem sie bei vergleichsweise erfolgreicher Unternehmensleitung feindlichen Unternehmensübernahmen vorbeugen, versprechen sie langfristig höchste Renditen für Eigenkapitalgeber, beste Bonität für Fremdkapitalgeber und größte Sicherheit des Arbeitsplatzes für die Arbeitnehmer. Nur ein Bieter, der sich eine noch erfolgreichere Leitung der Zielgesellschaft zutraut und daher einen noch höheren Preis dafür zu zahlen bereit ist, wagt eine feindliche Unternehmensübernahme.

328 Siehe oben I.3.b).

329 Siehe oben I.3.c) zur Argumentation.

330 Jack Hirschleifer, *The Private and Social Value of Information and the Reward to Inventive Activity*, 61 Am. Econ. Rev. 561, 565 (1971).

Eine Veröffentlichungspflicht wäre folglich nicht mehr angemessen, wenn dem Emittenten durch die Veröffentlichung so hohe indirekte Kosten verursacht würden, daß die ebenfalls entstehenden Finanzierungsvorteile demgegenüber zurücktreten. Für diesen Fall hilft das Gebot der Ad-hoc-Publizität mit einer Ausnahmeregelung. Es sieht eine Befreiung des Emittenten vor, wenn die Veröffentlichung seinen berechtigten Interessen schaden würde (§ 15 Abs. 1 Satz 2 WpHG).

Mit dieser Einschränkung ist die Veröffentlichungspflicht ein angemessenes und damit insgesamt gesehen verhältnismäßiges Mittel, um die Allokationseffizienz des Kapitalmarktes zu stärken.

III. Der Schutz des Anlegervermögens

Wie erörtert ist Ad-hoc-Publizität ein verhältnismäßiges Mittel, um Marktversagen zu verhindern und dadurch die Funktionsfähigkeit des Kapitalmarktes zu schützen.[331] Die Gesetzesmaterialien messen dem Gebot der Ad-hoc-Publizität neben diesem Funktionsschutz im übrigen die Funktion zu, den Anlegerschutz zu verbessern.[332] Wie die Untersuchung der systematisch verwandten Veröffentlichungspflichten gegen Insiderhandel und der Regelpublizität ergeben hat, ist damit der Schutz der Anleger vor vermögensschädigendem Wertpapierhandel aufgrund intransparent gebildeter oder unangemessener Börsenpreise gemeint.

1. Der Schutz der Anlegergesamtheit

Der Regelungszweck eines Schutzes der Anlegergesamtheit[333] ergibt sich dabei ohne weiteres aus dem allgemeinen Regelungsziel, die Funktionsfähigkeit des Kapitalmarktes zu stärken. Denn transparente Preisbildung läßt sich nicht ohne das Vertrauen der Anleger in den Schutz vor intransparenter Preisbildung erreichen.[334] Allokationseffizienz kann nicht entstehen ohne das Vertrauen der Anleger, daß sich die Preise am Fundamentalwert der Wertpapiere orientieren.[335]

2. Der Schutz individueller Anleger

Aus der Betonung des Anlegerschutzes als Regelungszweck neben dem allgemeinen Regelungsziel eines funktionsfähigen Kapitalmarktes läßt sich schließen, daß die Ad-hoc-

---

331 Vgl. *Merkt*, Unternehmenspublizität, S. 225, 227 f., 306, der im Schutz vor Marktversagen ein gemeinsames Regelungsprogramm jeglicher Unternehmenspublizität erkennt.

332 Abs. 1 der Präambel der EU-Börsenzulassungsrichtlinie 79/279/EWG vom 5.3.1979, ABl. EG Nr. L 66 v. 16.3.1979, S. 21; vgl. Abs. 4, 5 der Präambel der EU-Insiderrichtlinie 89/592/EWG vom 13.11.1989, ABl. EG Nr. L 334 v. 18.11.1989, S. 30; ebenso Begr. RegE 2. FFG, BT-Drucks. 12/6679, S. 33, 35; vgl. Bericht und Beschlußempfehlung und Bericht des Finanzausschusses, BT-Drucks. 12/7918, S. 95. Vgl. ferner Abs. 12, 24 und 43 der Präambel der EU-Marktmissbrauchsrichtlinie 2003/6/EG vom 28.1.2003, ABl. EG Nr. L 96 v. 12.4.2003, S. 16 ff.; die Begründung zur Stellungnahme des Europäischen Parlaments vom 24.10.2002 zum gemeinsamen Standpunkt des Rats, 9359/6/2002 – C5-0384/2002 – 2001/0118 (COD) (Bestrafung „ehrlicher Marktakteure, ob Kleinaktionäre oder professionelle Anleger, verhindern"); Teil II der Begründung zum gemeinsamen Standpunkt des Europäischen Rats vom 19. Juli 2002 zu einer EU-Marktmissbrauchsrichtlinie, ABl. EG Nr. C 228E v. 25.9.2002, S. 19, 29 („Vertrauen der Anleger stärken").

333 Diesen Begriff prägt *Kümpel*, in: Assmann/Schneider (Hrsg.), WpHG, § 15 Rdn. 15.

334 Siehe dazu oben I.1.; vgl. *Kümpel*, Bank- und Kapitalmarktrecht, Kz. 14.26: „zwei Seiten der selben Medaille."

335 Siehe dazu oben II.1.

Veröffentlichungspflicht auch dem Schutz des Vermögens individueller Anleger dient.[336] Dagegen wendet sich allerdings der Bericht des Finanzausschusses des Bundestages zum 2. FFG. Der Schutz individueller Anleger sei als „reiner Rechtsreflex" aus dem Schutz der Funktionsfähigkeit des Kapitalmarktes anzusehen.[337] Die Vorschrift des § 15 WpHG diene ausschließlich der Sicherung der Funktionsfähigkeit des Kapitalmarktes.[338] Die Bedeutung dieser Feststellung für die Auslegung des § 15 WpHG sollte indes nicht überbewertet werden. Eine derart restriktive Auslegung des § 15 WpHG würde gegen das Gebot der richtlinienkonformer Auslegung verstoßen. Denn weder die EU-Insiderrichtlinie noch die EU-Börsenzulassungsrichtlinie sehen eine solche Beschränkung der Ad-hoc-Veröffentlichungspflicht auf den Funktionenschutz vor.[339] Beide Richtlinien betonen in ihren Präambeln die Bedeutung des Anlegerschutzes, den der europäische Gesetzgeber durch die Ad-hoc-Veröffentlichungspflicht bezweckt.[340] Die Vorgaben der EU-Marktmissbrauchsrichtlinie zur Erweiterung der Ad-hoc-Publizität sind ebenfalls mit dem Erfordernis des Anlegerschutzes begründet.[341] Der Zweck der EU-Richtlinie ist aber das zentrale Kriterium für die Auslegung angeglichenen Rechts.[342] Eine richtlinienkonforme Auslegung ist nur dann verwehrt, wenn der Inhalt des angeglichenen Rechts eindeutig entgegensteht. Der Äußerung des Finanzausschusses läßt sich eine solche Sperrwirkung indes kaum zumessen.[343] Vor allem aber zeigt das 4. FFG, daß sich auch der deutsche Gesetzgeber nunmehr klar zum individuellen Anlegerschutz durch Ad-hoc-Publizität bekennt.[344] Aus diesem Grund verpflichten die neu eingefügten §§ 37b, 37c WpHG einen Emittenten zum Ersatz von Anlegerschäden, die durch Verstöße gegen das Gebot der Ad-hoc-Publizität verursacht sind.

---

336 In diesem Sinne mißt die Begründung zum Gesetzesentwurf der Bundesregierung der Ad-hoc-Veröffentlichungspflicht des § 15 WpHG die Funktion zu, für gerechte Preise an der Börse zu sorgen. Begr. RegE 2. FFG, BT-Drucks. 12/6679, S. 33.

337 Bericht und Beschlußempfehlung des Finanzausschusses, BT-Drucks. 12/7918, S. 100.

338 Bericht und Beschlußempfehlung des Finanzausschusses, BT-Drucks. 12/7918, S. 102.

339 Diese Beschränkung läßt sich entgegen Assmann/Cramer, in: Assmann/Schneider (Hrsg.), WpHG, § 14 Rdn. 4b ff., nicht daraus ableiten, daß die EU-Insiderrichtlinie auf Art. 100a EGV gestützt ist, der Maßnahmen zur Angleichung der Rechts- und Verwaltungsvorschriften regelt, welche die Errichtung und das Funktionieren des Binnenmarktes zum Gegenstand haben. Denn dabei kann unter anderem auch der Verbraucherschutz, also der Schutz von Individualinteressen, Berücksichtigung finden; vgl. Art. 100a Abs. 3 EGV.

340 Abs. 1 der Präambel der EU-Börsenzulassungsrichtlinie 79/279/EWG vom 5.3.1979, ABl. EG Nr. L 66 v. 16.3.1979, S. 21; vgl. Abs. 4, 5 der Präambel der EU-Insiderrichtlinie 89/592/EWG vom 13.11.1989, ABl. EG Nr. L 334 v. 18.11.1989, S. 30; vgl. *Lutter*, in: Lieb/Noack/Westermann (Hrsg.), FS Zöllner, S. 363, 368.

341 Vgl. Abs. 12, 24 und 43 der Präambel der EU-Marktmissbrauchsrichtlinie 2003/6/EG vom 28.1.2003, ABl. EG Nr. L 96 v. 12.4.2003, S. 16 ff.; die Begründung zur Stellungnahme des Europäischen Parlaments vom 24.10.2002 zum gemeinsamen Standpunkt des Rats, 9359/6/2002 – C5-0384/2002 – 2001/0118 (COD) (Bestrafung „ehrlicher Marktakteure, ob Kleinaktionäre oder professionelle Anleger, verhindern"); Teil II der Begründung zum gemeinsamen Standpunkt des Europäischen Rats vom 19. Juli 2002 zu einer EU-Marktmissbrauchsrichtlinie, ABl. EG Nr. C 228E v. 25.9.2002, S. 19, 29 („Vertrauen der Anleger stärken").

342 Allgemeine Meinung; deutlich z.B. EuGH 10.4.1984 - Rs. 14/83 (*von Colson und Kamann ./. Land Nordrhein-Westfalen*), Slg. 1984, 1891 Rz. 26; wortgleich EuGH 10.4.1984 - Rs. 79/83 (*Harz ./. Deutsche Tradax*), Slg. 1984, 1921, Rz. 26; vgl. ferner *Schmidt*, RabelsZ 59 (1995), 569, 579, und *Lutter*, JZ 1992, 593, 602, je m.w.N.

343 A.A. *Krause*, ZGR 2002, 799, 812 f.

344 *Möllers/Leisch*, BKR 2002, 1071, 1074; *Renzenbrink/Holzner*, BKR 2002, 434.

Eine Beschränkung des Anlegerschutzes auf einen „reinen Rechtsreflex" ist daher abzulehnen.[345] Dieser abzulehnenden Ansicht liegt die Differenzierung zugrunde zwischen einem Schutz des individuellen Anlegervermögens einerseits und einem Schutz der Anlegergesamtheit vor intransparent gebildeten oder unangemessenen Börsenpreisen andererseits, die wie erörtert zum Funktionenschutz dazugehört. Diese Differenzierung ist aber in der Sache kaum möglich. Das eine bedingt weitgehend das andere: Transparenz der Preisbildung und Allokationseffizienz sind ohne Vertrauen der Anleger in den Schutz ihres Vermögens nicht zu erreichen.[346] Ohne dieses Vertrauen kommt es nicht zu den Anlageentscheidungen, die zu transparenten und angemessenen Börsenpreisen führen.[347] Aus der Verhältnismäßigkeit der Ad-hoc-Veröffentlichungspflicht zum Schutz der Anlegergesamtheit vor intransparent gebildeten und unangemessenen Preisen folgt insoweit unmittelbar ihre Verhältnismäßigkeit zum Schutz individuellen Anlegervermögens.

Die in Gesetzgebungsmaterialien und Literatur vorgenommene Einordnung der Ad-hoc-Publizität in das Regelungsprogramm des Funktionsschutzes und nicht als Instrument des Anlegerschutzes mag auf zwei rechtspolitische Erwägungen zurückzuführen sein:[348] Zum einen wird die Schutzwürdigkeit einiger Anleger in Frage gestellt. Diese seien „Millionäre" oder zumindest auf dem Weg dorthin und daher, aufgrund ihrer wirtschaftlichen Leistungsfähigkeit, möglicherweise weniger schutzbedürftig.[349] Eine Differenzierung der Schutzbedürftigkeit nach wirtschaftlicher Leistungsfähigkeit ist jedoch fragwürdig.[350] Die offenbar dahinterstehende Beschränkung von Individualschutz auf Sozialschutz ist in einer marktwirtschaftlich orientierten Wirtschaftsordnung zumindest begründungsbedürftig.[351] Außerdem ist Vertrauen auf gleichen Schutz für alle Anleger eine Grundvoraussetzung für die Funktionsfähigkeit des Kapitalmarktes.[352] Ferner ist zu berücksichtigen, daß die Erschließung des Kapitalmarktes für breite Bevölkerungsschichten volkswirtschaftlich wünschenswert ist.[353]

---

345 Ebenso *Claussen*, Bank- und Börsenrecht, § 9 Rdn. 104; *Gehrt*, Die neue Ad-hoc-Publizität, S. 24 f.; Merkt, Unternehmenspublizität, S. 171, 286, 296, 301 ff.; anders, nämlich der Ansicht des Finanzausschusses folgend, dagegen *Assmann/Cramer*, in: Assmann/Schneider (Hrsg.), WpHG, § 14 Rdn. 4b, 4d; *Geibel*, in: Schäfer (Hrsg.), WpHG etc., § 15 Rdn. 3; Kümpel, in: Assmann/Schneider (Hrsg.), WpHG, § 15 Rdn. 17; *Fürhoff*, AG 2003, 80, 81; *Rieckers*, BB 2002, 1213, 1215; *Rodewald/Siems*, BB 2001, 2437, 2439; *Thümmel*, DB 2001, 2331, 2333; *Zubrod*, Rechtssichere Eingrenzung der Ad-hoc-Publizität, S. 3.

346 Grundlegend *Hopt*, Der Kapitalanlegerschutz im Recht der Banken, S. 51 f., 334 ff.; *Hopt*, ZHR 159 (1995), 135, 159; siehe außerdem *Altenhain*, BB 2002, 1874, 1875; *Hommelhoff*, ZGR 2002, 748, 772 f.; *Krause*, ZGR 2002, 799, 810 ff.; *Kümpel*, Bank- und Kapitalmarktrecht, Kz. 14.33 f.; *Möllers/Leisch*, ZIP 2002, 1995, 1997; *dies.*, BKR 2001, 78, 82 f.; *Nowak*, ZBB 2001, 449, 450; *Rodewald/Siems*, BB 2001, 2437, 2439; *Gehrt*, Die neue Ad-hoc-Publizität, S. 25; *v.Klitzing*, Die Ad-hoc-Publizität, S. 53; *Merkt*, Unternehmenspublizität, S. 348 ff., 350.

347 *Fuchs/Dühn*, BKR 2002, 1063, 1065.

348 Ausführlich zum Folgenden *Merkt*, Unternehmenspublizität, S. 304 f.

349 *Assmann*, ZBB 1989, 49, 61, unter Anspielung auf *Wiedemann*, BB 1975, 1591, 1597: „Anlegerschutz für Millionäre".

350 Ebenso *Merkt*, Unternehmenspublizität, S. 304 f.

351 *Merkt*, Unternehmenspublizität, S. 304 f., weist in dieser Hinsicht darauf hin, daß bei konsequenter Umsetzung dieser (abzulehnenden) rechtspolitischen Erwägung Gläubigerschutz ebenfalls nach wirtschaftlicher Leistungsfähigkeit der Gläubiger zu differenzieren sein würde.

352 Mit *Merkt*, Unternehmenspublizität, S. 304, läßt sich Marktschutz in letzter Konsequenz als Schutz individueller wirtschaftlicher Betätigungsfreiheit charakterisieren.

353 Vgl. § 3.I.3 a) cc).

Zum anderen weisen die Befürworter exklusiven Funktionsschutzes auf die Schwierigkeit hin, bei der Vielfalt betroffener Anlegergruppen und Anlagevehikel eine angemessene Regelung zu finden, die eine sowohl unter Effizienz-, als auch unter Gerechtigkeitserwägungen unerwünschten Verlagerung des Spekulationsrisikos vom Anleger auf die Marktgegenseite (oder den Emittenten) vermeidet.[354] In der Tat sollte Anlegerschutz mit Augenmaß erfolgen.[355] Die Feststellung des Finanzausschusses behält dem gegenüber zweierlei Bedeutung. Erstens betont sie, daß nur das objektivierte, nicht auch das nach persönlichen Präferenzen definierte Vermögen der Anleger geschützt ist. Dies ergibt sich mittelbar bereits daraus, daß der Gegenstand der Ad-hoc-Publizität anhand eines Markteinflußtests zu bestimmen ist. Diese Beschränkung wird bei der Geltendmachung von Schadensersatzansprüchen gemäß §§ 37b, 37c WpHG, gestützt auf die Verletzung von § 15 WpHG als Schutzgesetz, zu berücksichtigen sein. Zweitens ist dadurch darauf hingewiesen, daß der Individualschutz des Anlegervermögens nur soweit bezweckt ist, wie dies zugleich zur Erzielung des Funktionenschutzes geeignet, erforderlich und angemessen ist. Eine darüberhinausgehende Verantwortung des Emittenten zum Individualschutz ist im Rahmen des § 15 WpHG nicht zu begründen. Denn der Emittent ist aus Gründen größerer Effizienz und nicht aufgrund persönlich vorwerfbaren Verhaltens zur Ad-hoc-Publizität verpflichtet.[356] Das läßt sich auch daraus entnehmen, daß der Gegenstand der Ad-hoc-Publizität auf Entwicklungen beschränkt ist, die zur *erheblichen* Kursbeeinflussung geeignet sind,[357] und daß die BAFin einen Emittenten gemäß § 15 Abs. 1 Satz 5 WpHG von der Veröffentlichungspflicht befreien kann.

3. Exkurs: Der Schutz der Emittenten vor unlauterem Wettbewerb

Zu erwägen bleibt, ob das Gebot der Ad-hoc-Publizität außerdem den Schutz der Emittenten vor unlauterem Wettbewerb bezweckt. Wie erörtert, dient die Verbesserung der Allokationseffizienz und die Förderung der Markttransparenz auch ihren Interessen. Ebenso wie im Bereich des Anlegerschutzes ist daher davon auszugehen, daß gleichsam als zweite Seite der selben Medaille auch ein Schutz der Gesamtheit aller Emittenten vor unlauterem Wettbewerb bezweckt ist. Ob darüber hinaus der Schutz ihrer Individualinteressen bezweckt ist, kann hier dahinstehen. Bedeutung könnte dies für die Durchsetzung der Ad-hoc-Veröffentlichungspflicht haben: Andere Emittenten börsenzugelassener Wertpapiere und Anlegerschutzverbände dürften dann unter Umständen auf die Erfüllung der Veröffentlichungspflicht hinwirken, indem sie den Emittenten gemäß §§ 1, 13 UWG wegen sittenwidriger Werbung auf Unterlassung der Pflichtverletzung verklagen.

---

354 *Assmann*, ZBB 1989, 49, 60 f.

355 *Kübler*, in: Bruns/Häuser, Transparenzprobleme des Kapitalmarktes, S. 7, 32; zustimmend *Merkt*, Unternehmenspublizität, S. 303.

356 Siehe § 1 I.3.b).

357 Dazu oben § 1 I.3.b)

2. KAPITEL: Pflichtadressat und Anlaß der Ad-hoc-Publizität

Aufgrund der bisherigen Untersuchungsergebnisse empfiehlt sich eine Untersuchung der Ad-hoc-Publizität nach ihrem Gegenstand einerseits und ihrem Pflichtadressaten und Anlaß andererseits: Eine Entwicklung ist *ad hoc* zu veröffentlichen, wenn erstens ihre Veröffentlichung erforderlich ist, um vermögensschädigenden Wertpapierhandel der Anleger zu verhindern, und zweitens der Pflichtadressat besonders für die Verhinderung dieser Vermögensschädigung verantwortlich ist.[358] Dabei wirft die erste Voraussetzung die Frage auf, welche Entwicklungen zu veröffentlichen sind, um vermögensschädigenden Wertpapierhandel der Anleger zu verhindern. Die Antwort hierauf grenzt ein, welche Entwicklungen Gegenstand der Ad-hoc-Publizität und also „Publizitätstatsachen"[359] sind.[360] Zugleich ist damit der Zeitpunkt der Veröffentlichungspflicht bestimmt, an dem die Entwicklungen zu veröffentlichen sind. Dies wird im nächsten Kapitel untersucht.

Die zweite Voraussetzung wirft die Frage auf, wer für die Veröffentlichung welcher Entwicklungen besonders verantwortlich ist. Die Antwort bestimmt den Pflichtadressaten und den Anlaß der Ad-hoc-Publizität. Das folgende Kapitel behandelt die Tatbestandsmerkmale, die den Pflichtadressaten und den Anlaß der Ad-hoc-Publizität festlegen.

Als Pflichtadressat legt § 15 Abs. 1 Satz 1 WpHG die Emittenten fest, deren Wertpapiere an einer Börse zugelassen und notiert sind. Die bisherige Untersuchung zu den Grundlagen der Ad-hoc-Publizität hat ergeben, daß aufgrund von zwei Wertungen die Veröffentlichungspflicht sich an den Emittenten als Pflichtadressaten richtet: Zum einen sind die Emittenten überlegen befähigt zur richtigen, vollständigen und zeitnahen Verbreitung der Publizitätstatsachen. Zum anderen trifft die Emittenten eine überragende Verantwortung für den Schutz der Anleger, die im Vertrauen auf diesen Schutz mit den vom Emittenten ausgegebenen Wertpapieren handeln. Die Begründung für diese beiden Wertungen liegt in den zwei unterschiedlichen Ursprüngen der Ad-hoc-Publizität. Einerseits hat sie sich aus den Veröffentlichungspflichten gegen Insiderhandel entwickelt. Die Verpflichtung des Emittenten ist in dieser Hinsicht als Reaktion auf die besonderen Gefahren zu erklären, die aus der Gestaltung der Börse als unpersönlichem Massenmarkt entstehen.[361] Andererseits hat sie sich aus der Regelpublizität entwickelt. Die Verpflichtung des Emittenten ist diesbezüglich als Mittel gegen die Bewertungsschwierigkeiten zu begreifen, die für die Anleger aus der zunehmenden Komplexität der Wirtschaft folgen.[362] Im Rahmen der Auslegung der Tatbestandsmerkmale, die den Pflichtadressaten festlegen, ist von mehreren möglichen Auslegungsergebnissen jeweils dasjenige zu wählen, das am besten die im Grundlagenteil festgestellten Wertungen umsetzt.

Ein Anlaß zur Ad-hoc-Publizität besteht gemäß § 15 Abs. 1 WpHG, wenn Publizitätstatsachen im Tätigkeitsbereich des Emittenten eintreten (Satz 1), von deren Veröffentlichung der Emittent nicht aufgrund berechtigter Interessen befreit ist (Satz 2). Mit diesen Tatbestandsmerkmalen ist geregelt, für welche Entwicklungen der Emittent besonders zur

358 Siehe § 1 I.2. und § 1 II.2. i. V. mit § 2 II.1.

359 Als Publizitätstatsachen bezeichnet die Arbeit Tatsachen, die aufgrund ihrer Auswirkungen auf die Vermögens- oder Finanzlage oder auf den allgemeinen Geschäftsverlauf des Emittenten geeignet sind, den Kurs der Wertpapiere erheblich zu beeinflussen.

360 Siehe § 1 I.3. und § 1 II.3. i. V. mit § 2 II.2.

361 Näher dazu oben § 2 I.; vgl. ferner § 3 I.3.

362 Siehe dazu oben § 1 II.1.; siehe auch § 3 II.3.

Veröffentlichung verantwortlich ist. Nach Maßgabe der oben dargelegten Wertungen zur Festlegung des Pflichtadressaten ist der Emittent besonders verantwortlich für die Veröffentlichung von Entwicklungen, zu deren Verbreitung er überlegen befähigt ist, oder für deren Veröffentlichung er eine überragende Verantwortung gegenüber den Anlegern übernommen hat. Diese im Grundlagenteil der Arbeit gewonnenen Erkenntnisse sollen die Auslegung der Tatbestandsmerkmale leiten, mit denen der Anlaß der Ad-hoc-Publizität festgelegt ist.

Der nachfolgenden Auslegung der Tatbestandsmerkmale im deutschen Recht ist jeweils eine Analyse der Ad-hoc-Veröffentlichungspflichten im US-Recht vorangestellt, soweit sie vergleichbare Tatbestandsmerkmale aufweisen. Der Vergleich verdeutlicht die verschiedenen Wertungen, die bei der Auslegung des § 15 WpHG möglich sind, und schärft den Blick für die im deutschen Recht getroffenen Wertentscheidungen. Zum Vergleich ist dabei sowohl die Ad-hoc-Veröffentlichungspflicht der Rule 10b-5 als auch die der Form 8-K heranzuziehen, da § 15 WpHG die Doppelfunktion hat, sowohl die Veröffentlichungspflichten gegen Insiderhandel zu ergänzen, wie es die Rechtsprechung zu Rule 10b-5 verfolgt, als auch die Regelpublizität zu erweitern, wie es Form 8-K bezweckt.

Der Auslegung der Tatbestandsmerkmale im geltenden Recht schließt sich die Untersuchung an, welche Änderungen dieser Tatbestandsmerkmale die EU-Marktmissbrauchsrichtlinie vorgibt, und welche Auswirkungen diese Änderungen auf die Bestimmung des Pflichtadressaten und des Anlasses der Ad-hoc-Veröffentlichungspflicht haben können.

§ 4
Der Emittent börsenzugelassener Wertpapiere als Normadressat

Das Gebot der Ad-hoc-Publizität gemäß § 15 Abs. 1 Satz 1 WpHG richtet sich an alle Emittenten, deren Wertpapiere zum Handel an einer inländischen Börse zugelassen und dort notiert sind.[363] Ebenso gelten im US-Recht die Ad-hoc-Veröffentlichungspflichten der Form 8-K und der Rule 10b-5 für Emittenten, deren Wertpapiere an einer Nationalen Börse zum Handel zugelassen und notiert sind. Darüber hinaus gelten sie allerdings auch, wenn die Wertpapiere des Emittenten lediglich an einer Nationalen Börse oder durch die SEC zum Handel zugelassen sind, ohne daß eine Kursnotierung erfolgt. Zur Ad-hoc-Publizität gemäß Rule 10b-5 sind außerdem sogar Emittenten verpflichtet, deren Wertpapiere weder zum Handel zugelassen noch an einem organisierten Kapitalmarkt notiert sind. Es gilt durch Auslegung zu ermitteln, was die Rechtsbegriffe „Wertpapier", „Emittent" und „Börsenzulassung und -notierung" bedeuten. Zudem ist kritisch zu untersuchen, ob der eingeschränkte Anwendungsbereich des § 15 WpHG mit den im 1. Kapitel festgestellten, der Ad-hoc-Veröffentlichungspflicht zugrundeliegenden Wertungen vereinbar ist.

363 Dieses besondere persönliche Verhältnis muß bei zumindest einem der Beteiligten vorliegen (§ 14 Abs. 1 Satz 2 OWiG) oder ihm als Vertreter oder Beauftragten gemäß § 9 OWiG zugerechnet werden. Die Verletzung der Veröffentlichungspflicht ist damit ein echtes Sonderdelikt.

I. Die Definition von Wertpapieren

1. US-Recht

§§ 2(1) SA, 3(a)(10) SEA definieren den Begriff des Wertpapieres (*security*) überaus weit.[364] Darunter fällt jede Forderung, die nach der Verkehrsanschauung als Wertpapier verstanden wird. Als Regelbeispiel eines Wertpapieres faßt die Rechtsprechung den in §§ 2(1) SA, 3(a)(10) SEA genannten Anlagevertrag auf (*investment contract*),[365] der die Leistung von Geld oder Sachwerten zur Gewinnerzielung durch die Leistung Dritter zum Gegenstand hat.[366] Ausdrücklich aufgezählt sind außerdem Aktien und Zertifikate, die Aktien vertreten, Schuldverschreibungen, Optionsscheine, Genußrechte, Anteilscheine an Kapitalanlagegesellschaften und Derivate, ferner jegliche Art von Bezugsrechten und Anteilen, die eine Beteiligung am Ergebnis eines Unternehmens gewähren, sowie Zertifikate über eine Berechtigung an einem Depot von Wertpapieren. Kein Wertpapier sind Währungen und Geldmarktpapiere wie Schatzanweisungen und Schatzwechsel, die eine Laufzeit von nicht mehr als neun Monaten haben.[367]

2. Deutsches Recht

Der Begriff des Wertpapieres im Sinne von § 15 WpHG ist definiert in § 2 Abs. 1 Satz 1 WpHG als Aktien und Schuldverschreibungen, diesen vergleichbare Wertpapiere, sowie Optionen und Genußscheine, die an einem Markt gehandelt werden können.[368] Als Wertpapiere anzusehen sind gemäß § 2 Abs. 1 Satz 2 WpHG außerdem Anteilscheine, die von einer Kapitalanlagegesellschaft oder einer ausländischen Investmentgesellschaft ausgegeben werden.

a) Die erfaßten Wertpapierarten

Unter den Begriff der Aktie fallen Inhaberaktien, Namensaktien und vinkulierte Namensaktien.[369] Ausdrücklich erfaßt sind auch Zertifikate, die Aktien vertreten (§ 2 Abs. 1 Satz 1 Nr. 1 WpHG). Dazu zählen zum Beispiel Zertifikate über Anteile an bei einer Depotbank hinterlegten Aktienbeständen.[370]

Schuldverschreibungen können sowohl auf öffentlich-rechtliche als auch auf privatrechtliche Rechtsträger bezogen sein. Insbesondere rechnen dazu die von Banken

---

364 15 U.S.C.§§77b(1), 78(a)(10). Die zum Teil voneinander abweichenden Definitionen im Securities Act (SA) und im Securities Exchange Act (SEA) werden einheitlich ausgelegt. Tcherepnin v. Knight, 389 U.S. 332, 335 (S. Ct. 1967). Vgl. auch die Definition in §§ 2(a)(36) Investment Company Act, 202(a)(18) Investment Advisers Act, die mit 15 U.S.C. § 78c(a)(10) übereinstimmt.

365 Landreth Timber Co. v. Landreth, 471 U.S. 681, 691 (S. Ct. 1985).

366 So der geltende, aus der Grundsatzentscheidung SEC v. W.J. Howey Co., 328 U.S. 293, 299 (S. Ct. 1946), abgeleitete Prüfungsmaßstab. Wie weit diese Definition ist, wird anschaulich in SEC v. Life Partners, Inc., 87 F.3d 536 (D.C. Cir. 1996): Als Wertpapier sieht das Gericht darin Forderungen an, die auf den Todesfall von HIV-Infizierten gegen deren Lebensversicherung entstehen.

367 15 U.S.C. § 78c(a)(10) am Ende; vgl. 15 U.S.C. § 77c(3).

368 Die Wertpapierdefinition in § 2 Abs. 1 WpHG setzt die Vorgaben des Art. 1 Nr. 2 der EU-Insiderrichtlinie, ABl. EG Nr. L 334 vom 18.11.1989, S. 30, und die Vorgaben des Art. 1 Nr. 4 der EU-Richtlinie über Wertpapierdienstleistungen, ABl. EG Nr. L 141 vom 11.6.1993, S. 27, i.V. mit den Erwägungsgründe 9-11 in nationales Recht um. Es ist eine europaweit möglichst einheitliche Auslegung des Wertpapierbegriffes anzustreben, so daß die zu nationalen Gesetzen entwickelten Begriffsbestimmungen nicht maßgeblich sind; *Assmann*, in: Assmann/Schneider (Hrsg.), WpHG, § 2 Rdn. 3, 8.

369 *Assmann*, in: Assmann/Schneider (Hrsg.), WpHG, § 2 Rdn. 12.

370 *Schäfer*, in: Schäfer (Hrsg.), WpHG etc., § 2 Rdn. 12.

zur Refinanzierung begebenen Hypothekenpfandbriefe und Kommunalobligationen und von Unternehmen emittierte Wandel- und Gewinnschuldanleihen sowie Optionsanleihen.[371] Auch mit einer Laufzeit von weniger als zwei Jahren ausgegebene Schuldverschreibungen, insbesondere von Großunternehmen ausgegebene Industrieobligationen (*Commercial Papers*), sind als Wertpapiere zu beurteilen.[372] Dagegen sind typische Geldmarktinstrumente, wie Schatzanweisungen und Schatzwechsel mit Laufzeiten unter neun Monaten -- wie im US-Recht -- vom Begriff des Wertpapieres ausgenommen. Das folgt aus § 2 Abs. 1a WpHG, der Wertpapiere von Geldmarktinstrumenten abgrenzt.

Wertpapiere sind mit Aktien und Schuldverschreibungen vergleichbar, wenn sie ein Mitgliedschaftsrecht oder ein Versprechen zur Leistung von Geld und Sachleistungen verkörpern.[373]

Die in § 2 Abs. 1 Satz 1 Nr. 1 WpHG genannten Options- und Genußscheine stellen auch dann ein Wertpapier dar, wenn sie nur die Zahlung eines an der Wertentwicklung gemessenen Differenzbetrages zum Inhalt haben (*naked warrants*) und nicht zu Zeichnung, Erwerb oder Veräußerung von Wertpapieren berechtigen.[374] Andere Derivate fallen dagegen nicht unter den Begriff des Wertpapieres. Für sie trifft § 2 Abs. 2 WpHG eine besondere Begriffsbestimmung. Die Emittenten von anderen Derivaten als Options- und Genußscheinen sind somit nicht zur Ad-hoc-Publizität verpflichtet.[375]

b) Die Eignung der Wertpapiere zum marktmäßigen Handel

Damit die Wertpapiere zum Handel auf einem Markt geeignet sind, müssen sie austauschbar und umlauffähig sein.[376] Die Austauschbarkeit der Wertpapiere ist anzunehmen, soweit sie vertretbar sind gemäß § 91 BGB, also im Verkehr allein nach ihrer Zahl bestimmt zu werden pflegen.[377] Bei individuell ausgestalteten Titeln fehlt es an der Austauschbarkeit.[378] Zur Umlauffähigkeit ist ein gegenüber dem Zessionsrecht gemäß §§ 398 ff. BGB gesteigerter Erwerberschutz erforderlich.[379] Allerdings hängt die Umlauffähigkeit nicht von einer Verbriefung des Rechts ab (§ 2 Abs. 1 WpHG).[380] Auch vinkulierte Namensaktien sind umlauffähig.[381] Geschäftsanteilen an einer GmbH oder

---

371 Ebenso *Assmann*, in: Assmann/Schneider (Hrsg.), WpHG, § 2 Rdn. 14.

372 *Assmann*, in: Assmann/Schneider (Hrsg.), WpHG, § 2 Rdn. 22; *Schäfer*, in: Schäfer (Hrsg.), WpHG etc., § 2 Rdn. 16. Die Gegenansicht von *Kümpel*, Bank- und Kapitalmarktrecht, Kz. 14.8, die Schuldverschreibungen mit weniger als zwei Jahren Laufzeit als Instrumente des Geldmarktes ansieht und Wertpapiere immer nur dann annimmt, wenn keine Geldmarktinstrumente vorliegen, ist nicht mehr haltbar, nachdem der nachträglich eingefügte § 2 Abs. 1a WpHG im Gegenteil Geldmarktinstrumente nur dann annimmt, wenn keine Wertpapiere vorliegen.

373 *Schäfer*, in: Schäfer (Hrsg.), WpHG etc., § 2 Rdn. 14.

374 Ebenso nunmehr *Assmann*, in: Assmann/Schneider (Hrsg.), WpHG, § 2 Rdn. 15; a.A. früher *ders.*, in: Assmann/Schneider (Hrsg.), WpHG, 1. Aufl. 1995, § 2 Rdn. 8 f.

375 Allerdings ist der Emittent, dessen Wertpapiere Gegenstand der Derivate sind, gemäß § 15 Abs. 2 S. 1 Nr. 2 WpHG zur Unterrichtung der Derivatenbörse verpflichtet. Mißverständlich insoweit die Formulierung von *Kümpel*, Bank- und Kapitalmarktrecht, Kz. 14.233, und *Kleinmann*, Ausgestaltung der Ad-hoc-Publizität, S. 36 f., die Publizitätspflicht sei auf Derivate erweitert.

376 Vgl. Begr. RegE 2. FFG, BT-Drucks. 12/6679, S. 39.

377 *Kümpel*, in: Kümpel/Ott, Kapitalmarktrecht, Kennz. 065, 3.C.I.2. (S. 21).

378 Beschlußempfehlung und Bericht des Finanzausschusses des Deutschen Bundestages, BT-Drucks. 12/7918, S. 97.

379 Vgl. Assmann in: Assmann/Schneider (Hrsg.), WpHG, § 2 Rdn. 6, 10 f.; näher *Kümpel*, Bank- und Kapitalmarktrecht, Kz. 8.26 ff.

380 *Schäfer*, in: Schäfer (Hrsg.), WpHG etc., § 2 Rdn. 8.

381 Kümpel, Bank- und Kapitalmarktrecht, Kz. 8.25.

Beteiligungen an einer KG fehlt die Eignung zum marktmäßigen Handel. Sie sind daher keine Wertpapiere im Sinne des WpHG.[382]

Die Eignung der Wertpapiere zum Handel auf einem Markt ist erforderlich, da nur solche Wertpapiere an einem unpersönlichen Massenmarkt handelbar sind. Nur für diesen Sachverhalt ist die Verpflichtung der Emittenten zum Schutz der Anleger vor intransparenter Preisbildung angemessen.[383] Der Begriff des Wertpapieres ist demzufolge im deutschen Recht enger gefaßt als im US-Recht, das keine Vermarktbarkeit der fraglichen Forderung voraussetzt. Da die Ad-hoc-Publizität gemäß Rule 10b-5 ferner keine Zulassung der Wertpapiere an einem organisierten Markt voraussetzt, wird ihre Erstreckung auf Sachverhalte ersichtlich,[384] in denen der Handel der Wertpapiere an einem unpersönlichen Massenmarkt unmöglich ist. Dann ist aber eine Ad-hoc-Veröffentlichungspflicht des Emittenten als Präventivmaßnahme gegen Insiderhandel unangemessen. Dies mag erklären, warum im US-Recht Widerstände gegen die Entwicklung einer Ad-hoc-Veröffentlichungspflicht aus Rule 10b-5 bestehen.[385]

c) Abgrenzung zu anderen gesetzlichen Oberbegriffen

Der Begriff des Wertpapieres gemäß § 2 Abs. 1 WpHG ist enger gefaßt als andere gesetzliche Oberbegriffe, die den Geltungsbereich von Veröffentlichungspflichten am Kapitalmarkt abstecken. Eine Abgrenzung zu den Begriffen des „Insiderpapiers“ und der „Kapitalanlage“ kann dem Begriff des Wertpapieres klarere Konturen verschaffen.

Das Verbot von Insidergeschäften gemäß § 14 WpHG gilt für alle Insiderpapiere. Deren Definition in § 12 Abs. 1 WpHG bezieht sich auf den Begriff des Wertpapieres gemäß § 2 Abs. 1 WpHG. Außerdem sind in § 12 Abs. 2 WpHG andere Arten von Forderungen zu Insiderpapieren erklärt, insbesondere (Finanz-) Terminkontrakte. Folglich sind Wertpapiere immer zugleich auch Insiderpapiere, aber nicht jedes Insiderpapier ist ein Wertpapier.

Das Verbot des Kapitalanlagebetruges gemäß § 264a StGB bestimmt indirekt den Begriff der Kapitalanlage als Wertpapiere, Bezugsrechte oder Anteile, die eine Beteiligung an dem Ergebnis eines Unternehmens gewähren. Da mit Wertpapieren Aktien und Schuldverschreibungen und ihnen vergleichbare Rechte gemeint sind,[386] sind Wertpapiere i. S. des § 264a StGB weitgehend gleich definiert wie in § 2 Abs. 1 WpHG. Allerdings sind anders als in § 2 Abs. 1 WpHG als Wertpapier-Kapitalanlage nur verbriefte Forderungen erfaßt. Unverbriefte Forderungen lassen sich aber problemlos unter die Begriffe des Bezugsrechts oder des „Anteiles" subsumieren.[387] Denn § 264a StGB bezweckt umfassenden Anlegerschutz, so daß die Begriffe der Wertpapiere, Bezugsrechte oder Anteile im Zusammenhang auszulegen sind.[388] Das Verbot der Kursmanipulation gemäß § 20a WpHG ist, soweit es auf dieselben Anlageformen Anwendung findet wie

382 *Assmann*, in: Assmann/Schneider (Hrsg.), WpHG, § 2 Rdn. 16.

383 Siehe oben § 2 I. und § 3 I.3.

384 Siehe unten III.1.

385 Siehe oben § 2 III.2.

386 *Dreher/Tröndle*, StGB, § 264a Rdn. 5.

387 *Dreher/Tröndle*, StGB, § 264a Rdn. 5; Lackner/*Kühl*, StGB, § 264a Rdn. 3; *Cramer*, in: Schönke/Schröder, StGB, § 264a Rdn. 5.

388 *Cramer*, in: Schönke/Schröder, StGB, § 264a Rdn. 6; *Worms*, in: Assmann/Schütze (Hrsg.), Hdb. z. Kapitalanlegerrecht, § 8 Rdn. 58.

§ 264a StGB, identisch auszulegen.[389] Somit sind alle Wertpapiere im Sinne des § 2 Abs. 1 WpHG auch Kapitalanlagen gemäß § 264a StGB.[390]

II. Die Stellung als Emittent

1. US-Recht

§§ 2(4) SA, 3(a)(8) SEA definieren einen Emittenten übereinstimmend als jede Person, die Wertpapiere ausgibt oder ihre Ausgabe ankündigt.[391] Dabei ist als Ausgabe nicht der physische Vorgang des Vertriebes von Wertpapierbriefen zu verstehen, sondern die Gewährung von Rechten gegen die Person des Emittenten.

Allerdings ist als Emittent nicht der Rechtsnachfolger der Person anzusehen, die die Wertpapiere ausgegeben hat. Denn die Person des Emittenten und die des Rechtsnachfolgers sind nicht identisch.[392] Erst recht genügt nicht die Fortführung der Geschäfte des ursprünglichen Rechtsträgers.[393]

Kein Emittent ist ferner eine Person, die den Rechtsträger, auf den die Wertpapiere bezogen sind, beherrscht oder von diesem beherrscht wird oder gemeinsam mit dem Rechtsträger unter einheitlicher Leitung steht. Das ergibt sich im Wege des Umkehrschlusses aus § 2(11) SA.[394] Dieser stellt die vorgenannten Personen lediglich im Kontext eines öffentlichen Angebotes von Wertpapieren für die sich daraus ergebenden Zulassungs- und Prospektpflichten einem Emittenten gleich.[395]

2. Deutsches Recht

Der Begriff des Emittenten ist nicht gesetzlich definiert. Nach Auslegung des Begriffes ist als Emittent eine Person aufzufassen, die durch die Ausgabe von Wertpapieren unmittelbar Rechte gegen sich gewährt. Die lateinische Wurzel des Substantives „Emittent" ist das Verb *emittere*, das „ausgeben" bedeutet. Aus der Regelung des § 9 AktG zum Ausgabebetrag von Aktien ist zu entnehmen, daß die Ausgabe von Wertpapieren nicht den physischen Vorgang der Verbreitung verkörperter Rechte bezeichnet, sondern die Gewähr von Rechten gegen eine bestimmte Person.[396] Somit sind vom Emittenten die Emissionsgaranten[397] zu unterscheiden, sowie die Anbieter von Wertpapieren gemäß § 1 VerkProspG und die Vertreiber von Kapitalanlagen gemäß § 264a StGB. Im Regelfall wird ein Emittent als Kapitalgesellschaft deutschen Rechts organisiert sein. Es ist aber nicht zu vergessen, daß das Gebot der Ad-hoc-Publizität

---

389 Vgl. *Ledermann*, in: Schäfer (Hrsg.), WpHG etc., § 88 BörsG Rdn. 2, 4, 5. Zusätzlich ist in § 20a WpHG auch die Preisbeeinflussung von ausländischen Zahlungsmitteln, Waren und Derivaten im Sinne des § 2 Abs. 2 WpHG unter Strafe gestellt. Dabei handelt es sich im Umkehrschluß zur Regelung des § 264a StGB sowie auch nach dem allgemeinen Sprachgebrauch nicht um „Kapitalanlagen".

390 Vgl. *Schwark*, BörsG, Einl § 88 Rdn. 4.

391 15 U.S.C. §§ 77b(4), 78c(a)(8).

392 Loss/Seligman FUNDAMENTALS OF SECURITIES REGULATION 283.

393 Vgl. Reserve Life Ins. Co. v. Provident Life Ins. Co., 499 F. 2d 715, 720-23 (8th Cir.), *cert. denied*, 419 U.S. 1107 (S. Ct. 1974).

394 Loss/Seligman FUNDAMENTALS OF SECURITIES REGULATION 247 f.

395 15 U.S.C. § 77b(11).

396 Gemäß § 9 Abs. 1 AktG dürfen Aktien nicht für einen geringeren Betrag als den Nennbetrag ausgegeben werden.

397 *Hopt*, ZHR 159 (1995), 135, 151.

ebenso etwa für ein Bundesland, eine GmbH & Co. KG und für natürliche Personen gilt, die Schuldverschreibungen ausgeben,[398] wie auch für Rechtsträger, die nach dem Recht einer ausländischen Rechtsordnung verfaßt sind.[399]

Das US-Recht weist zutreffend darauf hin, daß der Rechtsnachfolger des bezogenen Unternehmens nicht der Emittent der Wertpapiere ist, selbst wenn die verkörperten Rechte nunmehr gegen ihn bestehen. Denn der Rechtsnachfolger ist nicht mit dem Aussteller der Wertpapiere identisch.[400] Aus dem gleichen Grund ist nicht Emittent der Wertpapiere, wer gemäß § 25 HGB für die Verbindlichkeiten des Emittenten nach Fortführung von dessen Firma haftet.

Ebenso ist nicht etwa ein Unternehmen als Emittent anzusehen, das mit einem anderen, durch die Ausgabe von Wertpapieren verpflichteten Unternehmen im Konzernverbund steht. Dafür spricht vor allem, daß als Emittent, wie erörtert, nur die Person aufzufassen ist, auf die die Wertpapiere bezogen sind. Diese Auslegung stützt außerdem die im systematischen Zusammenhang mit § 15 Abs. 1 Satz 1 WpHG stehende Konzernklausel des § 13 Abs. 1 Nr. 1 und Nr. 2 WpHG, die dem Begriff des Emittenten ein mit dem Emittenten verbundenes Unternehmen gegenüberstellt. Diese Regelung wäre andernfalls widersinnig, denn die verbundenen Unternehmen würden bereits durch den Begriff des Emittenten bezeichnet. Es besteht demnach zum Beispiel keine Publizitätspflicht der Konzernmuttergesellschaft, wenn lediglich eine Tochtergesellschaft die Voraussetzungen des § 15 WpHG erfüllt.[401]

III. Die Börsenzulassung und Börsennotierung der Wertpapiere

Die Ad-hoc-Veröffentlichungspflichten der Form 8-K und Rule 10b-5 gelten sowohl für Emittenten, deren Wertpapiere an einer Nationalen Börse notiert sind, als auch für Emittenten, deren Wertpapiere nicht an einer Nationalen Börse notiert, aber dort oder durch die SEC zum Handel zugelassen sind. Die aus Rule 10b-5 folgende Ad-hoc-Veröffentlichungspflicht richtet sich darüber hinaus an alle Emittenten, deren Wertpapiere staatenübergreifend gehandelt werden. Dagegen gilt die Ad-hoc-Veröffentlichungspflicht des § 15 WpHG nur für Emittenten, deren Wertpapiere an einer inländischen Börse zugelassen und notiert sind. Somit findet das Gebot der Ad-hoc-Publizität im US-Recht in wesentlich weiteren Bereichen des Kapitalmarktes Anwendung als im deutschen Recht. Dieser Regelungsunterschied gibt Anlaß zur kritischen Analyse, ob der enge Anwendungsbereich mit den im 1. Kapitel festgestellten, der Ad-hoc-Veröffentlichungs-

---

398 Die Unterschiede im Regelungsumfeld -- für das Bundesland besteht zum Beispiel keine Prospektpflicht gemäß §§ 3 Nr. 1b) VerkProspG, 36 BörsG, für die GmbH & Co. KG keine Pflicht zur Veröffentlichung von Jahresabschluß und Zwischenbericht gemäß §§ 267 Abs. 3 Satz 2, 325 Abs. 2 Satz 1 HGB, 40 BörsG -- legen nahe, daß Anlaß und Gegenstand der Ad-hoc-Publizität im einzelnen anders als bei Kapitalgesellschaften zu bestimmen sind. Zudem enthält § 20 WpHG eine Ausnahmeregelung für Geschäfte aus geld- oder währungspolitischen Gründen oder im Rahmen der öffentlichen Schuldenverwaltung. Diese Abweichungen ebenso wie die Sonderregeln für ausländische Emittenten sind einer anderen Arbeit vorbehalten.

399 *Geibel*, in: Schäfer (Hrsg.), WpHG etc., § 15 Rdn. 26.

400 Dadurch kommt es zu Lücken im Anlegerschutz, die aufgrund des Analogieverbots nur der Gesetzgeber füllen kann. Zum Beispiel ist nach Unternehmensumwandlungen der neue Rechtsträger nicht zur Ad-hoc-Publizität für die von seinem Rechtsvorgänger ausgestellten Schuldverschreibungen verpflichtet.

401 *Kümpel* in: Assmann/Schneider (Hrsg.), WpHG, § 15 Rdn. 29; *Geibel*, in: Schäfer (Hrsg.), WpHG etc., § 15 Rdn. 26.

pflicht zugrundeliegenden Wertungen zu vereinbaren ist. Das gilt es für die sich aus dem Rechtsvergleich ergebenden Marktsegmentierungen zu untersuchen, nämlich: an der Börse zugelassene und notierte Wertpapiere; an der Börse nur notierte, aber nicht zugelassene Wertpapiere; und Wertpapiere, die nur außerhalb der Börse gehandelt werden, die allerdings unter Umständen an der Börse oder durch die SEC zum Handel zugelassen sind.

1. An der Börse zugelassene und notierte Wertpapiere

a) US-Recht

Die Ad-hoc-Publizität gemäß Form 8-K ist allen Emittenten vorgeschrieben, deren Wertpapiere gemäß § 12(b) SEA[402] an einer Nationalen Börse zum Handel rechtswirksam zugelassen sind.[403] Ebenso gilt die Ad-hoc-Veröffentlichungspflicht der Rule 10b-5 für alle Emittenten, deren Wertpapiere an einer Nationalen Börse gehandelt werden.[404] Dadurch sind alle Emittenten erfaßt, deren Wertpapiere an einer Nationalen Börse zugelassen und notiert sind. Als „Nationale Börse" im Sinne dieser Vorschrift ist jede Veranstaltung eines Marktes anzusehen, die durch die SEC gemäß §§ 6, 19(a) SEA genehmigt ist.[405] Im Unterschied zu regionalen Börsen dürfen die Veranstalter von Nationalen Börsen kraft ihnen durch Hoheitsakt übertragener staatlicher Gewalt die zur Sicherung eines ordnungsgemäßen Börsenhandels erforderlichen Maßnahmen treffen[406] und dazu auch gegen einzelne Marktteilnehmer Sanktionen verhängen.[407] Abzugrenzen von den Nationalen Börsen ist außerdem der von der *National Association of Securities Dealers* (NASD) organisierte Handel durch unabhängige Makler (*over-the-counter* (OTC)-Markt), zu dem auch das NASDAQ (NASD *Automated Quotationsystem*) gehört. Dieses Handelssystem, das in erster Linie den Maklern den elektronischen Abruf der aktuell erzielten Preise für beliebige Wertpapiere ermöglicht, hat mittlerweile verschiedene Marktsegmente ausgebildet, deren Spitzensegment -- der NASDAQ National Market -- in punkto Preistransparenz sogar einige Börsen übertrifft. Der von der NASD veranstaltete Markt unterscheidet sich aber von Nationalen Börsen darin, daß dort kein zentralisierter Präsenzhandel stattfindet.

b) Deutsches Recht

Das Gebot der Ad-hoc-Publizität gilt nur für Emittenten, deren Wertpapiere zum Handel an einer inländischen Börse zugelassen und notiert sind (§ 15 Abs. 1 Satz 1 WpHG).

Eine Zulassung von Wertpapieren erfolgt zum Amtlichen Markt gemäß § 30 BörsG und zum Geregelten Markt gemäß § 49 BörsG. Unter der Zulassung ist ein formalisiertes Marktzugangsverfahren zu verstehen, das nur auf Antrag des Emittenten (und eines Kreditinstitutes) eingeleitet und durch Erlaß eines Verwaltungsaktes durch den Rechtsträger der Börse als Beliehenem abgeschlossen wird.[408] Die Ad-hoc-Veröffentlichungspflicht ist daher von Emittenten des Amtlichen Handel und des Geregelten

---

402 15 U.S.C.§ 78l(b).

403 15 U.S.C.§ 78m(a)(1) i. V. mit 17 C.F.R.13a-11; kritisch zum Erfordernis einer rechtswirksamen Zulassung Loss/Seligman FUNDAMENTALS OF SECURITIES REGULATION 693, m.w.N. zur Gegenmeinung in der durchweg älteren Rechtsprechung.

404 Siehe 17 C.F.R.§ 240.10b-5 am Anfang.

405 15 U.S.C.§ 78f i.V. mit 15 U.S.C.§ 78s(a); vgl. 15 U.S.C.§ 78(c)(a)(1) zur Definition einer Börse.

406 15 U.S.C.§§ 78f(b)(1), 78s(g)(1).

407 15 U.S.C.§§ 78f(b)(6), 78s(b).

408 Vgl. *Schwark*, BörsG, § 36 Rdn. 1; *v.Rosen*, in: Assmann/Schütze (Hrsg.), Hdb. d. Kapitalanlagerechts, § 2 Rdn. 153; *Eickhoff*, WM 1988, 1089, 1094.

Marktes zu erfüllen. Allerdings kann die Geschäftsführung der Börse gemäß § 54 BörsG Wertpapiere auf einen entsprechenden Antrag hin ohne Beachtung der Zulassungs- und Publizitätsvorschriften in den Handel im Geregelten Markt einbeziehen. Dies setzt indes u.a. voraus, daß die Wertpapiere eine der Zulassung zum Amtlichen oder Geregelten Markt entsprechende Zulassung zu einem „organisierten Markt" in einem anderen Mitgliedstaat der EU oder in einem Drittstaat erhalten haben, wobei im Falle eines Drittstaates vergleichbare Zulassungs-, Melde- und Transparenzvorschriften bestehen müssen.[409] Die Notierung der Wertpapiere im Neuen Markt setzt ebenfalls ihre vorherige Zulassung voraus, und zwar zum Geregelten Markt der Frankfurter Wertpapierbörse (FWB).[410] § 15 WpHG findet daher auch Anwendung auf Emittenten, deren Wertpapiere am Neuen Markt notiert sind.[411] Wie im US-Recht ist die Rechtswirksamkeit der Zulassung notwendig. § 15 Abs. 1 Satz 1 WpHG enthält keine § 12 Abs. 1 Satz 2 WpHG vergleichbare Klausel, demnach es der Zulassung gleich steht, daß der Antrag auf Zulassung gestellt oder öffentlich angekündigt ist.

Die Zulassung ist nicht identisch mit der Notierung der Wertpapiere an der Börse. Denn die Zulassung gibt dem Emittenten lediglich einen Rechtsanspruch auf die Notierung seiner Wertpapiere, den dieser aber nicht ausüben muß.[412] Mit dem Begriff der Notierung ist die Verlautbarung des Preises gemeint, zu dem zuletzt an der Börse ein Geschäft über die jeweiligen Wertpapiere abgeschlossen worden ist. Das Erfordernis einer Notierung der Wertpapiere ergibt sich aus der Formulierung des § 15 Abs. 1 Satz 1 WpHG, demgemäß eine Publizitätstatsache geeignet sein muß, „den Börsenpreis der zugelassenen Wertpapiere" zu beeinflussen.

Keine Ad-hoc-Veröffentlichungspflicht besteht, wenn die Wertpapiere ausschließlich an ausländischen Börsen zugelassen sind. Davon zu unterscheiden ist ein ausschließlicher Handel der Wertpapiere im Ausland. In diesem Fall gilt die Ad-hoc-Veröffentlichungspflicht, wenn die festgestellten Preise Börsenpreise gemäß § 24 BörsG sind. Ferner gilt das Gebot der Ad-hoc-Publizität zum Beispiel für Emittenten, deren Wertpapiere an einer

---

409 Näher *Mues*, ZBB 2001, 353, 359.

410 Art. 2.3 Abs. 1 des Regelwerks für den Neuen Markt.

411 *Kümpel*, in: Assmann/Schneider (Hrsg.), WpHG, § 15 Rdn. 28a; *Döhmel*, WM 2002, 2351, 2355; *Möllers/Leisch*, WM 2001, 1648, 1649; *Potthoff/Stuhlfauth*, WM 1997, Sonderbeilage Nr. 3, S. 6; *Wastl*, NZG 2000, 505, 512; *Zietsch/Holzborn*, WM 2002, 2393, 2399; *Zubrod*, Rechtssichere Eingrenzung der Ad-hoc-Publizitätspflicht, S. 26. Die wörtliche Wiedergabe von § 15 WpHG in Art. 7.2.12 des Regelwerk für den Neuen Markt, abgedruckt in *Kümpel/Ott*, Kapitalmarktrecht, Kennz. 456 (S. 29), ist mithin als Klarstellung anzusehen.

A.A. *Geibel*, in: Schäfer (Hrsg.), WpHG etc., § 15 Rdn. 24: Mit „Zulassung" habe der deutsche Gesetzgeber nur die Notierung im Amtlichen Handel oder im Geregelten Markt gemeint. Die Notierung im Neuen Markt sei dagegen dem Freiverkehr zuzuschlagen, auf den § 15 WpHG keine Anwendung finde. Das Gebot der Ad-hoc-Publizität gelte daher am Neuen Markt nur kraft Privatrecht. Diese Argumentation übersieht, daß § 15 WpHG richtlinienkonform auszulegen ist. Wie auch *Geibel*, aaO, § 15 Rdn. 21, zugesteht, ist der Neue Markt als „hoheitlich regulierter Markt" im Sinne der EU-Insiderrichtlinie anzusehen; ebenso *Kersting*, AG 1997, 222, 223; *Potthoff/Stuhlfauth*, WM 1997, Sonderbeilage Nr. 3, S. 6. Der deutsche Gesetzgeber ist somit verpflichtet, das Gebot der Ad-hoc-Publizität auf den Neuen Markt zu erstrecken. Um diese Verpflichtung zu erreichen, ist die in § 15 WpHG vorausgesetzte „Zulassung" als Zulassung zum Börsenhandel zu verstehen. Diese Auslegung stimmt im übrigen mit dem allgemeinen Sprachgebrauch überein, sie verstößt mithin nicht gegen das Analogieverbot. Das ebenfalls von *Geibel* vorgebrachte Argument, daß die „Zulassung" von am Neuen Markt gehandelten Wertpapiere nach ca. drei Monaten erlösche, widerlegt *Döhmel*, WM 2002, 2351, 2353 ff.

412 *Potthoff/Stuhlfauth*, WM 1997, Sonderbeilage Nr. 3, S. 5.

deutschen Börse zugelassen sind und über ein elektronisches Handelssystem gehandelt werden, das durch eine deutsche Börsenordnung geregelt ist, selbst wenn der Computer, wie etwa bei einer Kooperation mit ausländischen Börsen, nicht in Deutschland steht.[413]

Die Publizitätspflicht besteht auch dann, wenn die Wertpapiere ausschließlich elektronisch gehandelt werden, solange das elektronische Handelssystem an einer Wertpapierbörse betrieben wird oder als solche zugelassen ist.[414] Denn gemäß § 24 Abs. 1 BörsG sind alle an einer Wertpapierbörse im amtlichen oder geregelten Markt ermittelten Preise als Börsenpreise anzusehen. Daher ist das Gebot der Ad-hoc-Publizität auf Emittenten börsenzugelassener Wertpapiere anzuwenden, für die im elektronischen Handelssystem Xetra Preise festgestellt werden.[415]

Das Gebot der Ad-hoc-Publizität findet somit Anwendung auf Emittenten, deren Wertpapiere zum inländischen Börsenhandel zugelassen und im Amtlichen Handel, im Xetra oder am Geregelten oder Neuen Markt notiert sind. Deutsche Börsen sind dabei in ihrer rechtlichen Stellung vergleichbar mit den Nationalen Börsen der USA. In diesem Marktsegment entsprechen sich das deutsche und das US-Recht.

2. *An der Börse nicht zugelassene, aber notierte Wertpapiere*

a) *US-Recht*

Zur Ad-hoc-Publizität gemäß Form 8-K und Rule 10b-5 sind im US-Recht außerdem Emittenten verpflichtet, für deren Wertpapiere an einer Nationalen Börse Kurse notiert werden, ohne daß die Wertpapiere zum Handel an der Börse zugelassen sind. Dies ist möglich, wenn die Wertpapiere in den Freiverkehr an der Nationalen Börse einbezogen sind.[416] Die Ad-hoc-Veröffentlichungspflicht der Form 8-K knüpft allerdings nicht etwa daran an, daß die Einbeziehung der Wertpapiere in den Freiverkehr ihrer Börsenzulassung gleichgestellt würde. Im Gegenteil stellt Rule 12f-4 ausdrücklich fest, daß die Einbeziehung der Wertpapiere in den Freiverkehr nicht mit der Börsenzulassung gemäß § 12(a) SEA gleichzusetzen ist.[417] Vielmehr folgt die Publizitätspflicht aus der vorherigen Handelszulassung der Wertpapiere durch die SEC. Der Emittent muß diese Handelszulassung eingeholt haben, bevor eine Nationale Börse seine Wertpapiere in ihren Freiverkehr einbeziehen darf, da die SEC die Einrichtung eines Freiverkehrs nur für von ihr zugelassene Wertpapiere gestattet.[418]

---

413 Das macht die Notwendigkeit intensiver internationaler Zusammenarbeit bei der Kapitalmarktaufsicht deutlich; dazu *Fülbier*, Regulierung der Ad-hoc-Publizität, S. 240 f.

414 Es ist eine Preisfeststellung allein im Xetra denkbar, denn es besteht keine Rechtspflicht zur Aufnahme oder Aufrechterhaltung des Präsenzhandels an der Börse. Denn nach Zulassung zum Geregelten Markt oder Einbeziehung in den Freiverkehr läßt sich das Benutzungsverhältnis abgesehen von den gesetzlich geregelten Zulassungsfolgepflichten frei ausgestalten. Eine Pflicht zur Aufnahme der Notierung besteht anders als nach Zulassung zum Amtlichen Handel nicht, wie der Umkehrschluß zu § 37 Abs. 4 BörsG zeigt; im Ergebnis ebenso *Beck*, WM 1996, 417, 430, m.w.N. zur Gegenmeinung.

415 *Geibel*, in: Schäfer (Hrsg.), WpHG etc., § 15 Rdn. 25.

416 Gemäß 15 U.S.C.§ 78l(f)(1) kann eine Nationale Börse den Handel von Wertpapieren an der Börse erlauben, ohne die vorherige Zulassung der Wertpapiere zu verlangen, wenn eine ordnungsgemäße und faire Durchführung des Handels gewährleistet erscheint.

417 17 C.F.R.§240.12f-4.

418 Vgl. 17 C.F.R.§ 240.12f-5 und dazu Loss/Seligman FUNDAMENTALS OF SECURITIES REGULATION 643 m.w.N.

b) *Deutsches Recht*

Im Gegensatz zum US-Recht gilt das Gebot der Ad-hoc-Publizität im deutschen Recht nicht für Emittenten, deren Wertpapiere im Freiverkehr einer Börse notiert, aber nicht zum Handel an einer anderen Börse zugelassen sind.[419] Denn die Einbeziehung eines Wertpapieres in einen gemäß § 57 Abs. 1 BörsG an der Börse eingerichteten Freiverkehr ist von der gemäß § 15 Abs. 1 Satz 1 WpHG erforderlichen Zulassung der Wertpapiere zum Börsenhandel zu unterscheiden. Im Gegensatz zur Zulassung kann die Einbeziehung in den Freiverkehr ohne Zustimmung des Emittenten durch ein qualifiziertes Kreditinstitut beantragt werden und erfolgt durch einen Freiverkehrsausschuß, der durch den Rechtsträger der Börse oder andere Vereine des Privatrechts besetzt wird. Die Einbeziehung erlaubt für das betreffende Wertpapier den Geschäftsabschluß auf dem Börsenparkett und die Notierung der zuletzt erzielten Preise.

Der deutsche Gesetzgeber hat den Freiverkehr bewußt vom Anwendungsbereich der Ad-hoc-Publizität ausgeklammert. Es sollten nicht Emittenten zur Ad-hoc-Publizität verpflichtet werden, deren Wertpapiere gegen ihren Willen in den Freiverkehr einbezogen worden sind.[420] Durch die Verpflichtung der Börsen zum Erlaß von Handelsrichtlinien gemäß § 57 Abs. 1 BörsG[421] sei die ordnungsmäßige Durchführung des Handels in ausreichendem Maße gesichert.[422] Diese Ausklammerung des Freiverkehrs sei mit den Publizitätsvorgaben der EU-Insiderrichtlinie zu vereinbaren,[423] die nur für Wertpapiermärkte gelte, die von staatlich anerkannten Stellen reglementiert und überwacht werden, regelmäßig stattfinden und der Öffentlichkeit direkt oder indirekt zugänglich sind.[424] Hinter diesen Wertentscheidungen steht vor allem eine praktische Erwägung. Der deutsche Gesetzgeber wollte verhindern, daß ausländische Emittenten auf Grund der erhöhten Publizitätsanforderungen einem Handel ihrer Wertpapiere im Freiverkehr widersprechen und so der Freiverkehr "austrocknet".[425]

aa) *Die Literaturkontroverse zur Ausklammerung des Freiverkehrs*

Die rechtswissenschaftliche Literatur ist geteilter Ansicht darüber, ob es sinnvoll ist, den Anwendungsbereich des § 15 WpHG derart einzuschränken. Die Ausklammerung des Freiverkehrs von der Ad-hoc-Veröffentlichungspflicht befürwortet insbesondere *Kümpel*.[426] Die einschneidende Verpflichtung der Emittenten zur Ad-hoc-Publizität sei nicht schon dadurch zu begründen, daß die Insiderverbote im Freiverkehr gelten und daher auch dort die Prävention von Insiderhandel durch Publizität wünschenswert ist. Wenn der Emittent die Einbeziehung seiner Wertpapiere in den Freiverkehr nicht bewirkt habe, würde das Gebot der Ad-hoc-Publizität unverhältnismäßig in sein Recht zur freien Führung seiner

---

419 *Kümpel*, in: Kümpel/Ott, Kapitalmarktrecht, Kennz. 065, 3.C.IV.3. (S. 26 f.).

420 Begr. RegE 2. FFG, BT-Drucks. 12/6679, S. 76.

421 Die Börse darf gem. § 57 Abs. 1 BörsG den Freiverkehr nur zulassen, wenn durch Handelsrichtlinien eine ordnungsgemäße Durchführung des Handels und der Geschäftsabwicklung gewährleistet erscheint.

422 Vgl. z.B. die Richtlinien für den Freiverkehr an der Frankfurter Wertpapierbörse, abgedruckt in WM 1988, 1183.

423 Begr. RegE 2. FFG, BT-Drucks. 12/6679, S. 76.

424 Siehe Art. 1 der EU-Insiderrichtlinie 89/592/EWG vom 13.11.1989, ABl. EG Nr. L 334 v. 18.11.1989, S. 30.

425 Begr. RegE 2. FFG, BT-Drucks. 12/6679, S. 48.

426 *Kümpel*, in: Kümpel/Ott, Kapitalmarktrecht, Kennz. 065, 3.C.IV.3. (S. 27); ders., Bank- und Kapitalmarktrecht, Rz. 14.236 u. 14.454 (S. 1205 u. 1264); *Caspari*, ZGR 1994, 530, 534; *Kleinmann*, Ausgestaltung der Ad-hoc-Publizität, S. 232 f.

Geschäfte eingreifen.[427] Zudem sei der aus § 15 WpHG folgende Präventivschutz vor Insiderhandel lediglich als Reflex der in erster Linie bezweckten Förderung eines angemessenen Wertpapierpreises anzusehen.[428] In dieser Hinsicht seien Abstufungen zwischen den verschiedenen Marktsegmenten möglich.[429] Die geringfügigen Eingriffsbefugnisse der Börsengeschäftsführung genügten nicht, um eine Reglementierung von staatlicher Stelle, und damit die Geltung der EU-Insiderrichtlinie für den Freiverkehr zu begründen.[430] Die Börsengeschäftsführung dürfe nur in Ausnahmesituationen den Handel im Freiverkehr an der Börse untersagen, wenn offenbarer Mißbrauch im Zusammenhang mit der Kursbildung und Kursfeststellung dem Ansehen der Börse schaden kann.[431]

Allen voran *Hopt* hat dagegen die Ausklammerung des Freiverkehrs bemängelt.[432] Dadurch stehe dem Verbot von Insidergeschäften, das gemäß § 12 Abs. 1 Satz 1 Nr. 1 WpHG auch für den Freiverkehr gilt, kein entsprechender Präventivschutz durch Ad-hoc-Publizität zur Seite.[433] Der Präventivschutz vor Insiderhandel sei aber das vorrangige Ziel der Ad-hoc-Publizität.[434] Außerdem verletze der deutsche Gesetzgeber durch die Ausklammerung des Freiverkehrs seine Pflicht zur Umsetzung von Art. 7 der EU-Insiderrichtlinie.[435] Gemäß Art. 7 sei das Gebot der Ad-hoc-Publizität auf jeden regulierten Markt zu erstrecken.[436] Der Freiverkehr sei als regulierter Markt anzusehen.[437] Eine europarechtskonforme Erstreckung der bußgeldbewehrten Ad-hoc-Publizität gemäß § 15 WpHG auf den Freiverkehr verwehre allerdings der eindeutig entgegenstehende Wille des deutschen Gesetzgebers.[438]

---

427 Vgl. *Kümpel*, in: Assmann/Schneider (Hrsg.), WpHG, § 15 Rdn. 31.

428 So auch *Assmann*, AG 1994, 196, 206; 237, 251; *Ekkenga*, ZGR 1999, 165, 178; *Hirte*, in: Hadding/Hopt/Schimansky (Hrsg.), 2. FFG, S. 47, 50; *Kiem/Kotthoff*, DB 1995, 1999.

429 Dafür nachdrücklich *Kleinmann*, Ausgestaltung der Ad-hoc-Publizität, S. 195 ff.

430 *Assmann*, in: Assmann/Schneider (Hrsg.), WpHG, vor § 12 Rdn. 24; *Kümpel*, Bank- und Kapitalmarktrecht, Kz. 14.455 f.

431 Darauf weist bereits die Begr. RegE 2. FFG, BT-Drucks. 12/6679, S. 76, hin. Die Ermächtigungsgrundlage für den Eingriff ist § 66 BörsO der FWB, abgedruckt in: Kümpel/Ott, Kapitalmarktrecht, Kennz. 438 (S. 28).

432 *Hopt*, WM-Festgabe für Hellner 1994, S. 29, 32; *ders.*, ZHR 159 (1995), 135, 152; *ders.*, in: Hadding/Hopt/Schimansky (Hrsg.), 2. FFG, S. 3, 22; ebenso *Beyer*, AG 1996, R 48, R 50 f.; *Burgard*, ZHR 162 (1998), 51, 58; *Hirte*, in: Hadding/Hopt/Schimansky (Hrsg.), 2. FFG, S. 47, 50; *Möllers*, AG 1999, 433, 436; *Fülbier*, Regulierung der Ad-hoc-Publizität, S. 238 ff.; *Fürhoff*, Kapitalmarktrechtliche Ad-hoc-Publizität zur Vermeidung von Insiderkriminalität, S. 152; *Gehrt*, Die neue Ad-hoc-Publizität, S. 117 ff.; v.*Klitzing*, Die Ad-hoc-Publizität, S. 65.

433 *Geibel*, in: Schäfer (Hrsg.), WpHG etc., § 15 Rdn. 21; *Grundmann*, in: Schimansky/Bunte/Lwowski (Hrsg.), Bankrechts-Hdb., § 12 Rdn. 45; so nachdrücklich auch *Pellens/Fülbier*, DB 1994, 1381, 1383; *Fülbier*, Regulierung der Ad-hoc-Publizität, S. 239, die des weiteren die Zweckmäßigkeit der Insiderverbote in Frage stellen, wenn die Angleichung der Kurse an kurserhebliche Entwicklungen durch Insiderhandel verboten ist, aber keine Pflicht zur Veröffentlichung der Entwicklungen besteht.

434 *Hopt*, ZGR 1991, 17, 22 ff.; *ders.*, ZHR 159 (1995), 135, 147; *Pellens*, AG 1991, 62, 64; *Pellens/Fülbier*, DB 1994, 1381, 1382 f.; *D. Schneider*, DB 1993, 1429, 1434.

435 *Hopt*, WM-Festgabe für Hellner 1994, S. 29, 32.

436 EU-Insiderrichtlinie 89/592/EWG vom 13.11.1989, ABl. EG Nr. L 334 vom 18.11.1989, S. 32, Art. 7.

437 *Geibel*, in: Schäfer (Hrsg.), WpHG etc., § 15 Rdn. 21; *Hopt*, ZGR 1991, 17, 41; *Schödermeier/Wallach*, EuZW 1990, 122, 124; nach *Schwark*, WM 1997, 293, 301, sind EU-Richtlinien zum "regulierten Markt" nur in Zukunft auf den Freiverkehr anzuwenden.

438 *Hopt*, in: Hadding/Hopt/Schimansky (Hrsg.), 2. FFG, S. 3, 22.

bb) Stellungnahme

Hopt ist darin beizupflichten, daß die Ad-hoc-Veröffentlichungspflicht auch für Emittenten gelten sollte, deren Wertpapiere im Freiverkehr notiert sind. Zwar muß das Gebot der Ad-hoc-Publizität nicht bereits deswegen auf Emittenten des Freiverkehrs Anwendung finden, weil am Freiverkehr Insiderhandel verboten ist.[439] Die Verpflichtung des Emittenten zur Prävention von Insiderhandel setzt seine besondere Verantwortung voraus, intransparente Preise zu verhindern. Diese Verantwortung des Emittenten folgt aber aus seiner überlegenen Befähigung dazu, die Publizitätstatsachen richtig, vollständig und zeitnah zu verbreiten.[440]

Es ist demgegenüber unerheblich, daß sich die Verpflichtung von Emittenten des Freiverkehrs nicht auch durch ihre überragende Verantwortung für die Verhinderung unangemessener Börsenpreise begründen läßt. Diese Verantwortung trifft die Emittenten des Freiverkehrs in der Tat nicht. Sie entsteht nur, wenn der Emittent den Anlegern die Möglichkeit zum jederzeitigen Handel seiner Wertpapiere zu den erleichterten Bedingungen der Börse eröffnet und für die Dauer des Wertpapiervertriebes die Aktualisierung des Börsenprospektes zusichert.[441] Die Einbeziehung in den Freiverkehr setzt derzeit gerade keine Mitwirkung der Emittenten voraus.[442] Selbst wenn die Deutsche Börse AG die Mitwirkung der Emittenten in Zukunft erforderlich machen sollte für die Einbeziehung in den Freiverkehr an der Frankfurter Wertpapierbörse, bliebe fraglich, ob eine Ad-hoc-Veröffentlichungspflicht für Emittenten des Freiverkehrs ein verhältnismäßiges Mittel ist, um die Allokationseffizienz des Kapitalmarktes zu stärken, wie es die Ad-hoc-Veröffentlichungspflicht durch die Erweiterung der Regelpublizität bezweckt.[443] Die auf Episoden beschränkte Ad-hoc-Publizität kann die Bewertung der Wertpapiere nur bedingt erleichtern, da sie nicht im Zusammenhang mit vorhergehenden Veröffentlichungen der Regelpublizität steht. Eine solche ist den Emittenten des Freiverkehrs nicht vorgeschrieben. Folglich wäre eine als Erweiterung der Regelpublizität gedachte Ad-hoc-Publizität im Freiverkehr durchaus zweifelhaft.

Jedoch genügt als Begründung für die Geltung einer Ad-hoc-Veröffentlichungspflicht im Freiverkehr, daß die Emittenten überlegen zum Schutz der Anleger vor intransparenten Preisen befähigt sind. Denn der Entwicklung der Ad-hoc-Veröffentlichungspflicht aus den Veröffentlichungspflichten gegen Insiderhandel ist bei der Auslegung des

---

439 Die Anpassung der Kurse an kurserhebliche Entwicklungen ist dann von freiwilligen Veröffentlichungen abhängig. Zu diesen freiwilligen Veröffentlichungen setzen die Insiderverbote Anreize, sei es weil den Emittenten sonst bei Insiderhandel Dritter eine Ahndung wegen unzureichender Betriebsorganisation droht, die den Insiderhandel ermöglicht hat (§ 130 OWiG), sei es weil die Emittenten Kursaussetzungen vermeiden wollen; zur ökonomischen Analyse *Ewert*, in: Elschen/Siegel/Wagner (Hrsg.), FS Schneider, S. 231, 241 ff.

440 Siehe oben § 2 I.

441 Siehe oben § 1.II.1. und § 2 I. Entgegen *Fürhoff*, Kapitalmarktrechtliche Ad-hoc-Publizität zur Vermeidung von Insiderkriminalität, S. 152, reicht also nicht die reine Möglichkeit aus, daß die Deutsche Börse AG eine derartige Mitwirkung der Emittenten in Zukunft erforderlich macht.

442 Diese Mitwirkung liegt nicht etwa, wie *Geibel*, aaO, § 15 Rdn. 22, und *Gehrt*, Die neue Ad-hoc-Publizität, S. 119, meinen, im Verzicht auf Widerspruch gegen den Vertrag, mit dem der Freiverkehrsausschuß und das federführende Kreditinstitut die Einbeziehung von Wertpapieren in den Freiverkehr vereinbaren. Ein Widerspruchsrecht steht nach der Neufassung der Richtlinien zum Freiverkehr an der Frankfurter Wertpapierbörse nur noch Emittenten zu, die ihren Sitz nicht in der EU oder dem Gebiet der EWR haben.

443 Siehe dazu § 3 II.

§ 15 WpHG größeres Gewicht beizumessen als ihrer Entwicklung aus der Regelpublizität.[444] Eine weite Eingrenzung der Pflichtadressaten ist erforderlich, um den Anlegerschutz zu sichern, der mit dem Gebot der Ad-hoc-Publizität bezweckt ist.[445]

Die Ergänzung der Veröffentlichungspflichten gegen Insiderhandel durch die Ad-hoc-Publizität ist auch im Freiverkehr sinnvoll, um die Anleger vor intransparent gebildeten Preisen zu schützen.[446] Ihr Vertrauen in die Nachvollziehbarkeit der im Freiverkehr ermittelten Preise ist schützenswert, denn sie sind ausdrücklich zu Börsenpreisen erklärt und müssen daher ordnungsmäßig zustandegekommen sein (§§ 57 Abs. 2, 24 Abs. 2 BörsG). Die Behandlung des Freiverkehrs als Teil der Börse unterstreicht, daß Vertrauen in die Preistransparenz am Freiverkehr in gleichem Maße geschützt sein soll, wie im Amtlichen Handel und am Geregelten und Neuen Markt.[447] Diese Gleichstellung ist notwendig, da nur wenige Anleger zwischen den verschiedenen Börsensegmenten differenzieren. Die Enttäuschung von Schutzerwartungen im Freiverkehr beeinträchtigt daher das Vertrauen in die Transparenz der Preisbildung an der Börse insgesamt.[448]

cc) Ausblick

Der deutsche Gesetzgeber könnte durch ehemals Art. 7 der EU-Insiderrichtlinie, nunmehr Art. 6 Abs. 1 der EU-Marktmissbrauchsrichtlinie verpflichtet sein, die Ad-hoc-Publizität auf den Freiverkehr zu erstrecken. Dazu müßte der Freiverkehr als „geregelter Markt" i.S. von Art. 1 Abs. 13 der EU-Wertpapierdienstleistungsrichtlinie einzustufen sein.[449] Bis auf das Erfordernis, daß der Freiverkehr „von staatlichen Stellen reglementiert" sein muß, erfüllt dieser zweifelsfrei die Voraussetzungen eines geregelten Marktes. Allerdings ist der Freiverkehr weitgehend durch Privatrecht geregelt.[450]

Ob die gemäß § 57 BörsG im Freiverkehr dennoch stattfindende Mißbrauchsaufsicht der Börsengeschäftsführung genügt, um eine Reglementierung durch staatliche Stellen anzunehmen, muß die Auslegung der Richtlinienvorgaben ergeben. Wie die Gesetzesmaterialien zeigen, sah der ursprüngliche Kommissionsvorschlag zu Art. 7 der EU-Insiderrichtlinie eine Ad-hoc-Veröffentlichungspflicht für alle Emittenten vor, deren Wertpapiere an einem Börsenmarkt gehandelt werden.[451] Dies weist auf die Bildung von Börsenpreisen als einem maßgeblichen Abgrenzungskriterium hin. Dafür spricht auch der Zweck der EU-Insiderrichtlinie und nunmehr der EU-Marktmissbrauchsrichtlinie. Sie soll die Transparenz der Preisbildung erhöhen.[452] Damit ist wiederum das Kriterium der Preisbildung und dabei besonders die Bedeutung ihrer Nachvollziehbarkeit für die Anleger hervorgehoben, wie es für Börsenpreise vorgeschrieben ist. Ein Markt ist demzufolge von staatlichen Stellen reglementiert i. S. der Definition eines „geregelten Marktes", wenn eine

444 Siehe oben § 2 III.

445 Siehe oben § 3 III.

446 Siehe zu diesem Zweck der Ad-hoc-Veröffentlichungspflicht § 3 I.

447 *Hopt*, WM-Festgabe für Hellner 1994, S. 29, 32; *Möllers*, AG 1999, 433, 436; *Gehrt*, Die neue Ad-hoc-Publizität, S. 118 f.

448 Begr. RegE 2. FFG, BT-Drucks. 12/6679, S. 45.

449 Artt. 6 Abs. 1, 9 Satz 1 i.V. mit Art. 1 Nr. 4 der EU-Marktmissbrauchsrichtlinie 2003/6/EG vom 28.1.2003, ABl. EG Nr. L 96 v. 12.4.2003, S. 21, 23.

450 *Schwark*, BörsG, § 78 Rdn. 4; *Eickhoff*, WM 1988, 1089, 1093; *Schwark*, NJW 1987, 2041, 2046.

451 Ursprünglicher Kommissionsvorschlag vom 25.5.1987, ABl. EG Nr. C 153 v. 11.6.1987, S. 8, 9.

452 Abs. 3, 4 und 5 der Präambel der EU-Insiderrichtlinie 89/592/EWG vom 13.11.1989, ABl. Nr. L 334 v. 18.11.1989, S. 30. Vgl. Abs. 15, 27 und 43 der Präambel der EU-Marktmissbrauchsrichtlinie 2003/6/EG vom 28.1.2003, ABl. EG Nr. L 96 v. 12.4.2003, S. 16 ff.

mit staatlicher Gewalt beliehene Marktaufsicht die Nachvollziehbarkeit der Preisbildung schützt. Die Börsengeschäftsführung kann gemäß § 57 Abs. 3 BörsG einschreiten, wenn die Gefahr besteht, daß die im Freiverkehr ermittelten Preise nicht ordnungsgemäß zustandekommen. Folglich ist der Freiverkehr als „geregelter Markt" i. S. der EU-Insiderrichtlinie und nunmehr der EU-Marktmissbrauchsrichtlinie anzusehen.[453]

Der deutsche Gesetzgeber ist mithin verpflichtet, die Ad-hoc-Publizität auf den Freiverkehr zu erstrecken. Eine richtlinienkonforme Auslegung des § 15 WpHG, die das Gebot der Ad-hoc-Publizität auf den Freiverkehr erstrecken würde, verwehrt das Analogieverbot, das auch bei der Auslegung angeglichenen Rechts gilt.[454]

Bedenken gegen eine Erstreckung der Ad-hoc-Publizität auf Emittenten des Freiverkehrs ließen sich begegnen, indem die Veröffentlichungspflicht auf Emittenten beschränkt wird, die die Einbeziehung ihrer Wertpapiere in den Freiverkehr veranlaßt oder gegenüber dem Freiverkehrsausschuß gebilligt haben. Diese Möglichkeit eröffnet Art. 9 Satz 3 der EU-Marktmissbrauchsrichtlinie. Gemäß dieser Vorschrift gelten die Richtlinienvorgaben zur Ad-hoc-Publizität nicht für Emittenten, „die für ihre Finanzinstrumente keine Zulassung zum Handel auf einem geregelten Markt in einem Mitgliedstaat beantragt oder gebilligt haben."[455] Wertpapiere, die mit Billigung des Emittenten in den Freiverkehr einbezogen werden, liessen sich in einem besonderen Marktsegment des Freiverkehrs zusammenfassen. Dadurch würden Anleger auf die unterschiedliche Regelungsdichte für Emittenten im Freiverkehr aufmerksam gemacht. Dies könnte das Vertrauen der Anleger in die Transparenz der Preisbildung in jenem Marktsegment erhöhen und – korrelierend – zur Senkung der Kapitalkosten für die zur Ad-hoc-Publizität verpflichteten Emittenten des Freiverkehrs beitragen. Zugleich würde durch die Unterscheidung zwischen Geregeltem und Ungeregeltem Freiverkehr einem „Austrocknen" des Freiverkehrs vorgebeugt.[456] Bis der deutsche Gesetzgeber die Vorgaben der EU-Insiderrichtlinie vollständig in nationales Recht umgesetzt hat, sind Vorhaben der Börsen zu fördern, die die Einbeziehung der

---

453 Siehe aber auch Ziffer 4.3 der Stellungnahme des Wirtschafts- und Sozialausschusses zum Kommissionsvorschlag einer EU-Marktmissbrauchsrichtlinie vom 17. Januar 2002, ABl. EG Nr. C 80 v. 3.4.2002, S. 64, die suggeriert, daß der Freiverkehr nicht als „geregelter Markt" anzusehen ist.

454 Dazu *Hugger*, NStZ 1993, 421, 423 f., und *Cramer*, in: Schmoller (Hrsg.), FS Triffterer, S. 323, 335, je m.w.N.

455 Art. 9 Satz 3 in der Fassung des vom Europäischen Rat angenommenen gemeinsamen Standpunktes im Hinblick auf den Erlaß der EU-Marktmissbrauchsrichtlinie vom 19.7.2002, ABl. EG Nr. C 228E v. 25.9.2002, S. 26, und die daraufhin erlassene Richtlinienvorschrift lauten demgegenüber: „beantragt oder erhalten haben [Hervorhebung des *Verf.*]." Dabei handelt es sich m.E. um ein Redaktionsversehen, denn die Begründung des gemeinsamen Standpunktes zu dieser Vorschrift, aaO, S. 32, geht von der uneingeschränkten Annahme der vom Europäischen Parlament verabschiedeten Fassung aus. Zur Übereinstimmung dieser Fassung mit dem hier wiedergegebenen Wortlaut siehe Änderungsantrag 49 der Stellungnahme des Europäischen Parlaments in erster Lesung vom 14.3.2002 zum Kommissionsvorschlag einer EU-Marktmissbrauchsrichtlinie, KOM (2001) 281 - 2001/0118 (COD).

456 *Hopt/Baum*, in: Hopt/Rudolph/Baum (Hrsg.), Börsenreform, S. 434 f.; siehe zum „Prädikatsmarkt München" Beyer AG 1997, R 132 f. Keine Zustimmung verdient hingegen der Vorschlag von *Möllers*, AG 1999, 433, 436, daß nur deutsche Emittenten des Freiverkehrs zur Publizität verpflichtet werden. Abgesehen von der Frage, wer als deutscher Emittent anzusehen ist, würde damit eine Inländer-Diskriminierung eingeführt, die vor dem Hintergrund zunehmender Europäisierung und Internationalisierung des Kapitalmarktes nicht gerechtfertigt erscheint.

Wertpapiere in den Freiverkehr von der Übernahme einer Ad-hoc-Publizitätspflicht abhängig machen.[457]

Um eine "Lücke" im Anlegerschutz zu füllen, die durch den eingeschränkten Anwendungsbereich des § 15 WpHG entsteht, nimmt *Hopt* eine allgemeine kapitalmarktrechtliche Pflicht zur Ad-hoc-Publizität auch für Emittenten an, deren Wertpapiere nicht an einer Börse notiert sind. Die Verletzung dieser Pflicht soll allerdings lediglich zu Schadensersatzansprüchen der Anleger führen.[458] Die bewußte Wertentscheidung des deutschen Gesetzgebers gegen Ad-hoc-Veröffentlichungspflichten für Emittenten des Freiverkehrs und des außerbörslichen Handels steht dem zumindest im Hinblick auf den außerbörslichen Handel entgegen.[459]

3. Nicht an der Börse notierte Wertpapiere

a) US-Recht

Die Ad-hoc-Veröffentlichungspflicht ist im US-Recht nicht an eine Notierung der Wertpapiere an einer Börse gebunden. Ad-hoc-Publizität gemäß Form 8-K und Rule 10b-5 ist allen Emittenten vorgeschrieben, die Wertpapiere an einer Nationalen Börse oder bei der SEC zum Handel zugelassen haben.[460] Die Wertpapiere können aber an der Börse zum Handel zugelassen sein, ohne daß für die Wertpapiere ein Kurs notiert wird.[461] Ebenso besteht die Handelszulassung bei der SEC völlig unabhängig davon, ob für die Wertpapiere an einer Nationalen Börse oder einem anderen organisierten Kapitalmarkt ein Kurs notiert wird. Die Ad-hoc-Veröffentlichungspflicht gemäß Rule 10b-5 gilt darüber hinaus selbst für Emittenten, deren Wertpapiere nicht an einer Nationalen Börse oder bei der SEC zum Handel zugelassen sind, solange ihre Wertpapiere unter Nutzung der Post oder einer anderen Einrichtung des staatenübergreifenden Wirtschaftsverkehrs (*interstate commerce*) gehandelt werden.[462]

Die Zulassung von Wertpapieren bei der SEC ist Pflicht in zwei Fällen: Zum einen, wenn die konsolidierte Bilanzsumme des Emittenten mehr als US$ 10.000.000,-- beträgt und mehr als 500 Personen Wertpapiere einer Gattung von Eigenkapitalbeteiligungen gezeichnet haben (§ 12(g) SEA).[463] Zum anderen, wenn der Emittent für ein öffentliches

---

457 So setzt die Einbeziehung von Wertpapieren in den „Prädikatsmarkt München“ die Verpflichtung des Emittenten voraus, „nach vorheriger Mitteilung an die Börse unverzüglich alle Tatsachen in mindestens einem überregionalen Börsenpflichtblatt zu veröffentlichen, die geeignet sind, den Börsenpreis erheblich zu beeinflussen“; § 2 des Anhangs zu den Richtlinien für den Freiverkehr an der Bayerischen Börse v. 11.2.1997. § 3 der Richtlinien für den Freiverkehr an der Baden-Württembergischen Wertpapierbörse zu Stuttgart sieht ebenfalls eingeschränkte Mitteilungspflichten vor.

458 *Hopt*, ZHR 159 (1995), 135, 151 Fn. 66, mit Verweis auf Baumbach/Duden/*Hopt*, BörsG, § 44a Rdn. 2.

459 *Kümpel*, Bank- und Kapitalmarktrecht, Kz. 14.234 Fn. 262; *ders.*, in: Assmann/Scheider (Hrsg.), WpHG, § 15 Rdn. 31 f.; er sieht §§ 15, 39 WpHG als Sperre an; dagegen angesichts der Richtlinienvorgaben im Hinblick auf den Freiverkehr zu Recht *Hopt*, ZGR 1997, 1, 23.

460 15 U.S.C.§ 78m(a)(1) i. V. mit 17 C.F.R.13a-11; 15 U.S.C.§ 78o(d) i. V. mit 17 C.F.R.15d-11.

461 Der Securities Exchange Act unterscheidet zwischen Zulassung (*registration*) und Notierung (*listing*); vgl. z.B. 15 U.S.C.§ 78l(d); siehe ferner 17 C.F.R.§ 240.3b-1, der als notierte Wertpapiere solche Wertpapiere definiert, denen die vollen Handelsprivilegien eingeräumt sind oder jederzeit auf Nachweis ihrer Ausgabe eingeräumt werden.

462 17 C.F.R.§ 240.10b-5 am Anfang. Die Rechtsprechung legt das Tatbestandsmerkmal des *interstate commerce* sehr weit aus, da es lediglich die Gesetzgebungszuständigkeit des Bundes begründen soll; vgl. Loss/Seligman FUNDAMENTALS OF SECURITIES REGULATION 849 m.w.N.

463 15 U.S.C.§ 78l(g) i. V. mit 17 C.F.R. §240.12g-4 und i.V. mit 17 C.F.R. §240.12h-3. Vgl. 17 C.F.R. §240.12g5-2 zur Definition der Bilanzsumme (*total assets*), 15 U.S.C. §78c(a)(11) i. V. mit 17 C.F.R.

Angebot der Wertpapiere eine Vertriebsgenehmigung durch die SEC erwirkt hat (§ 15(d) SEA).[464] Diese Vertriebsgenehmigung muß im Grunde genommen für jedes öffentliche Angebot von Wertpapieren eingeholt werden.[465] Von der Genehmigungspflicht ist der Wertpapiervertrieb nur dann ausgenommen, wenn die Wertpapiere entweder ausschließlich an Anleger vertrieben werden, die aufgrund ihrer Finanzmacht oder einer besonderen persönlichen Beziehung zum Emittenten unmittelbar Zugang zu der für die Bewertung der Wertpapiere wesentlichen Information haben, oder wenn die Bewertung aufgrund der überschaubaren Größe des Unternehmens oder des geringen Volumens der frei handelbaren Wertpapiere keine besonderen Schwierigkeiten aufwirft.[466] Die Pflicht, bei der SEC eine Zulassung der Wertpapiere zum Handel einzuholen, knüpft somit an die Gefahr an, daß die Anleger die Wertpapiere aufgrund der Größe des Unternehmens und des Volumens der frei handelbaren Wertpapiere ohne Veröffentlichungen des Emittenten nicht angemessen bewerten können.

Ebenso ist die Veröffentlichungspflicht für Emittenten, deren Wertpapiere an einer Nationalen Börse zum Handel zugelassen sind, durch die Schwierigkeiten begründet, die Anlegern bei der Bewertung der börsenzugelassenen Wertpapiere erwartungsgemäß entstehen. Denn die Börsenzulassung der Wertpapiere setzt voraus, daß Vermögen, Finanzen und Ertrag des Emittenten und das Volumen der frei handelbaren Wertpapiere bestimmte Mindestanforderungen erfüllen, die bei den meisten Börsen, insbesondere bei der NYSE, weit über die Voraussetzungen einer Zulassungspflicht gegenüber der SEC hinausgehen.

b) Deutsches Recht

Anders als im US-Recht besteht eine Ad-hoc-Veröffentlichungspflicht im deutschen Recht nur für Emittenten, deren Wertpapiere an einer Börse notiert sind. Die Zulassung der Wertpapiere genügt nicht, um eine Ad-hoc-Veröffentlichungspflicht des Emittenten zu begründen. § 15 Abs. 1 Satz 1 WpHG setzt einen Börsenpreis der Wertpapiere voraus. Emittenten sind also, selbst nachdem sie die Börsenzulassung der Wertpapiere erwirkt haben, nicht zur Ad-hoc-Publizität verpflichtet, wenn die Kursnotierung noch nicht aufgenommen oder aber wieder eingestellt worden ist.[467]

Die Ad-hoc-Publizität könnte *de lege ferenda* in vorsichtiger Anlehnung an das US-Recht auf Emittenten erstreckt werden, deren Wertpapiere -- ggf. nach Zulassung durch die Börse oder durch die BAFin als bundesweite Marktaufsichtsbehörde -- in börsenähnlichen Handelssystemen notiert sind. In diese Richtung führt die Einführung einer Pflicht zur Veröffentlichung eines Verkaufsprospektes, die sowohl für börsennotierte Wertpapiere als auch für Wertpapiere des Freiverkehrs und des außerbörslichen Handels gilt.[468] Diese Rechtsetzung könnte mit einer graduellen Erweiterung der Regelpublizität

---

§240.3a11-1 zur Definition von Beteiligungen am Eigenkapital (*equity securities*) und 17 C.F.R. §240.12g5-1 zur Definition von Zeichnung (*held of record*).

464 15 U.S.C.§ 78o(d).

465 15 U.S.C.§ 77d(2) i. V. mit § 77e(1) und (3). Außerdem muß ein Zusammenhang zum staatenübergreifenden Handel (*interstate commerce*) bestehen. Die Rechtsprechung mißt dem Tatbestandsmerkmal allerdings kaum praktische Bedeutung zu, da es lediglich die Gesetzgebungszuständigkeit des Bundes begründen soll.

466 Das Erfordernis einer Vertriebsgenehmigung nach dem SA ist näher erläutert bei *Wiemann*, Unternehmenspublizität nach amerikanischem Kapitalmarktrecht, S. 62 ff.

467 Ebenso für die Kursaussetzung *Schwark*, BörsG, § 44a Rdn. 10.

468 Vor einem öffentlichen Angebot von Wertpapieren hat der Anbieter gemäß § 1 VerkProspG einen Prospekt zu veröffentlichen, der Auskunft gibt über die tatsächlichen und rechtlichen Verhältnisse,

einhergehen, zu der alle Emittenten prospektpflichtiger Wertpapiere verpflichtet sein würden.

Freilich läßt sich argumentieren, daß eine Abstufung der Veröffentlichungspflichten rechtspolitisch sinnvoll ist, je nach dem ob die fraglichen Wertpapiere börsennotiert, börsenzugelassen oder in den Freiverkehr einbezogen sind oder aber am grauen Kapitalmarkt gehandelt werden.[469] Nicht zu verkennen ist indes die Anziehungskraft eines unregulierten Marktes für Emittenten.[470] Aufgabe des Gesetzgebers ist es insofern, ständig zu überprüfen, ob die Dichte anlegerschützender Vorschriften in einem Marktsegment angemessen ist im Hinblick auf die relative Intensität, mit der Emittenten und Anleger diesen Markt in Anspruch nehmen.

Der Handel von Wertpapieren in börsenähnlichen, elektronischen Handelssystemen nimmt mit der rasanten Fortentwicklung der Informationstechnologie zu. Der Gesetzgeber hat ein Regelungsbedürfnis erkannt und durch das 4. FFG in § 59 BörsG Mindestanforderungen für die Einrichtung und den Betrieb solcher Handelssysteme aufgestellt. Insbesondere müssen Preise in diesen Handelssystemen gemäß § 59 Satz 1 Nr. 2, 4 und 6 BörsG entsprechend den Vorschriften für Börsenpreise ordnungsgemäß zustande gekommen sein und veröffentlicht werden.

Die Erstreckung der Ad-hoc-Veröffentlichungspflicht auf Emittenten von an der Börse oder in börsenähnlichen Handelssystemen notierten Wertpapieren stimmt mit den im 1. Kapitel der Arbeit untersuchten Wertungen überein, die der Ad-hoc-Veröffentlichungspflicht zugrunde liegen. Eine Ad-hoc-Veröffentlichungspflicht von Emittenten, deren Wertpapiere außerhalb von Börsen oder börsenähnlichen Handelssystemen gehandelt werden, ist dagegen weder als Ergänzung der Veröffentlichungspflichten gegen Insiderhandel noch zur Erweiterung der Regelpublizität angebracht.

Die aus der Insiderpublizität entwickelten Wertungen können eine Ad-hoc-Veröffentlichungspflicht begründen, wenn die Wertpapiere des Emittenten an der Börse oder in einem börsenähnlichen Handelssystem notiert sind. Bei geregelter Kursnotierung besteht die Gefahr, daß die Anleger durch das Vertrauen auf intransparent gebildete *Börsenpreise* (oder entsprechend zustande gekommene Preise) zu vermögensschädigendem Wertpapierhandel verleitet werden.[471] Bei geregelter Kursnotierung ist der Emittent aus typisierten Garantenpflichten verpflichtet, die Anleger durch die Veröffentlichung von Insidertatsachen vor intransparent gebildeten *Börsenpreisen* (oder entsprechend zustande gekommenen Preisen) zu schützen.[472] Eine Pflicht des Emittenten zum Schutz der Anleger vor intransparenten *Wertpapierpreisen*, die außerhalb der Börse oder börsenähnlichen Handelssystemen gebildet werden, ist dagegen fragwürdig. Zwar kann Insiderhandel auch außerhalb von Börsen oder börsenähnlichen Handelssystemen zu Vermögensschäden der Anleger führen. Es ist aber sehr zweifelhaft, ob in diesen Fällen

---

die für die Beurteilung der Wertpapiere notwendig sind (§ 30 Abs. 3 Nr. 2 BörsG i.V. mit § 13 Abs. 1 Satz 1 BörsZulVO, § 7 Abs. 2 VerkProspG i.V. mit § 2 Abs. 1 Satz 1 VerkProspVO). Bei Zuwiderhandlungen kann die BAFin das öffentliche Angebot untersagen (§ 8b VerkProspG).

469 So insbesondere *Merkt*, Unternehmenspublizität, S. 358 f., 366 f., 377.

470 Treffend dazu die durch den Veteran des US-Kapitalmarktrechts *Louis Loss* geprägte Metapher in: Loss/Seligman FUNDAMENTALS OF SECURITIES REGULATION 389: „*For just as surely as water flows downhill, business will move from a regulated to an unregulated market.*"

471 Dazu oben § 1 I.2.

472 Siehe dazu oben § 1 II.1. und § 2 I.

das irrige Vertrauen der Anleger in die Nachvollziehbarkeit der Preisbildung rechtlichen Schutz verdient.[473]

Das Vertrauen in transparente Preisbildung ist schützenswert an Kapitalmärkten, die durch die Rechtsordnung gezielt als unpersönlicher Massenmarkt ausgestaltet sind, um die Handelshäufigkeit zu erhöhen. Das trifft im deutschen Recht bisher nur auf Börsen und – mit Einführung von § 59 BörsG – auf börsenähnliche Handelssysteme zu. Die Anleger müssen im übrigen grundsätzlich selber die Risiken tragen, die aus der eingeschränkten Transparenz von Wertpapiergeschäften ohne persönlichen Kontakt folgen. Eine Pflicht des Emittenten zur Einschränkung dieses Risikos ist ohne seine aktive Marktteilnahme nur verhältnismäßig, wenn aufgrund des gesenkten Risikos die Renditeerwartungen an den Emittenten sinken und er dadurch Wertpapiere zu höheren Kursen emittieren kann. Dieser Finanzierungsvorteil entsteht jedoch nicht durch Ad-hoc-Veröffentlichungen, die nur die mit Wertpapierhandel verbundenen Risiken außerhalb von Börsen oder börsenähnlichen Handelssystemen senken. Denn eine Emission von Wertpapieren ist außerhalb von Börsen oder börsenähnlichen Handelssystemen nur an einen wesentlich kleineren Anlegerkreis und nur zu niedrigeren Kursen möglich.[474]

Auch die zur Regelpublizität entwickelten Wertungen sprechen für eine Ad-hoc-Veröffentlichungspflicht von Emittenten, deren Wertpapiere an der Börse oder in einem börsenähnlichen Handelssystem notiert sind. Emittenten sind zur Förderung eines angemessenen Preises für die Wertpapiere verpflichtet, wenn dieser Preis ein Börsenpreis ist oder zumindest entsprechend zustande gekommen ist. Denn eine erhöhte Verantwortung für die Angemessenheit des Preises trifft die Emittenten, wenn sie den Anlegern den jederzeitigen Handel in ihren Wertpapieren zu den vereinfachten Bedingungen der Börse oder eines börsenähnlichen Handelssystems ermöglichen und für die Dauer des Wertpapiervertriebes die Aktualisierung der Wertpapierpreise zusichern.

Bei konsequenter Umsetzung der Ad-hoc-Publizität als Ergänzung der Regel- und Prospektpublizität liesse sich darüber hinaus die Erstreckung der Veröffentlichungspflicht auf bestimmte Emittenten vertreten, deren Wertpapiere ausserhalb von Börsen oder börsenähnlichen Handelssystemen gehandelt werden. Denn im Rahmen der Regelpublizität liegt der tiefere Grund für die erhöhte Informationsverantwortung der Emittenten in den Schwierigkeiten der Bewertung, die für die Anleger aus der Größe der Unternehmen und dem Volumen der frei handelbaren Wertpapiere entstehen. Diese Bewertungsschwierigkeiten können bei nicht öffentlich notierten Wertpapieren im selben Maße auftreten. Davon geht das US-Recht aus, wenn es die als Erweiterung der Regelpublizität gedachte Ad-hoc-Veröffentlichungspflicht der Form 8-K an die Zulassung der Wertpapiere bei der SEC oder einer Nationalen Börse anknüpft. Die Ad-hoc-Veröffentlichungspflicht ist indes nur dann ein verhältnismäßiges Mittel zur Förderung angemessener Börsenpreise, wenn die daraus für die Emittenten entstehenden Finanzierungsvorteile die durch die Veröffentlichungspflicht verursachten indirekten

---

473 Näher § 1 I.2. Dem widerspricht es nicht, daß Art. 9 Satz 2 der EU-Marktmissbrauchsrichtlinie die Insiderverbote auf Finanzinstrumente erstreckt, die nicht zum Handel auf einem geregelten Markt zugelassen sind, deren Wert jedoch von einem Finanzinstrument abhängt, das diese Kriterien erfüllt. Denn dann vertrauen Anleger mittelbar auf die Nachvollziehbarkeit der Preisbildung für den Basiswert. Die Vorgaben zur Ad-hoc-Publizität sind demgegenüber – in Übereinstimmung mit der hier vertretenen Auffassung – nicht auf die Emittenten solcher Finanzinstrumente erstreckt.

474 Nach alledem ist es nicht sinnvoll, daß Rule 10b-5 eine Ad-hoc-Veröffentlichungspflicht als Ergänzung der Veröffentlichungspflicht gegen Insiderhandel auch dann aufstellt, wenn die Wertpapiere des Emittenten nicht an der Börse oder in einem börsenähnlichen Handelssystem notiert sind.

Kosten überwiegen.[475] Beachtliche Finanzierungsvorteile entstehen im allgemeinen nur, wenn die Wertpapiere an einer Börse oder durch ein börsenähnliches Handelssystem gehandelt werden. In den übrigen Marktsegmenten können Emittenten nicht erwarten, daß sie schnell Kapital zu wettbewerbsfähigen Konditionen erhalten. Folglich dürfte Ad-hoc-Publizität als Ergänzung der Regelpublizität im Grundsatz nur dann sinnvoll sein, wenn die Wertpapiere des Emittenten an der Börse oder in einem börsenähnlichen Handelssystem notiert sind.

IV. Ausblick: Regelungsvorgaben der EU-Marktmissbrauchsrichtlinie

Zu untersuchen ist, inwieweit die EU-Marktmissbrauchsrichtlinie eine Erweiterung des Kreises der Pflichtadressaten vorgibt. Wie erörtert verfolgen die Richtlinienvorgaben zur Ad-hoc-Publizität in der EU-Marktmissbrauchsrichtlinie den Zweck, den Schutz der Anleger vor Insiderhandel zu verstärken.[476] Nicht weiter verfolgt wird die Funktion der Ad-hoc-Publizität, die Regelpublizität zu verlängern.[477] Damit verlagert sich der Begründungsansatz für die besondere Veröffentlichungsverantwortung des Emittenten vollständig auf die Wertung, daß der Emittent überlegen befähigt ist, emittentenbezogene Entwicklungen richtig, vollständig und zeitnah zu verbreiten. Demgegenüber verliert die Frage an Bedeutung, ob der Emittent besonderes Vertrauen der Anleger geweckt hat, daß er ihnen bei der Bewertung der von ihm emittierten Finanzinstrumente im Hinblick auf bestimmte Entwicklungen zur Seite steht. Diese Änderung im Begründungsansatz erweitert den Kreis potentieller Pflichtadressaten auf Emittenten, die bis auf die Emission massenhandelsfähiger Finanzinstrumente nichts unternommen haben, um den Handel ihrer Finanzinstrumente an deutschen Börsen zu fördern.

Die dargestellten Erwägungen erklären die Ausgestaltung der Tatbestandsmerkmale in der EU-Marktmissbrauchsrichtlinie, die den Pflichtadressaten der Ad-hoc-Publizität bestimmen. Artt. 6 Abs. 1, 9 Satz 1 der EU-Marktmissbrauchsrichtlinie sehen eine Ad-hoc-Veröffentlichungspflicht für alle Emittenten von Finanzinstrumenten vor, die zum Handel auf einem geregelten Markt in mindestens einem Mitgliedstaat zugelassen sind oder für die ein entsprechender Antrag auf Zulassung zum Handel auf einem solchen Markt gestellt wurde.[478] Der Begriff des „Finanzinstrumentes" erfaßt nach der in Art. 1 Nr. 3 erster Spiegelstrich enthaltenen Legaldefinition Wertpapiere i.S. der EU-Richtlinie über Wertpapierdienstleistungen[479] und schließt damit Wertpapiere i.S. der identischen Legaldefinition des § 2 Abs. 1 WpHG ein. Die Definition eines „Finanzinstrumentes" in der EU-Marktmissbrauchsrichtlinie geht indes weit über die Legaldefinition des § 2 Abs. 1 WpHG hinaus, indem sie nach einer Aufzählung verschiedener Kapitalmarktinstrumente, wie z.B. Geldmarktinstrumente oder Derivate, jegliche „sonstigen Instrumente" erfaßt.[480]

Dies stellt eine erhebliche Ausweitung des Kreises publizitätspflichtiger Emittenten dar. Letztlich läßt sich unter den Begriff des „Instrumentes" jedes umlauffähige Recht

---

475 Siehe oben § 3 II.3.

476 Siehe oben § 3 I und III.

477 Siehe oben § 2 III.2.b).

478 Artt. 6 Abs. 1, 9 Satz 1 der EU-Marktmissbrauchsrichtlinie 2003/6/EG vom 28.1.2003, ABl. EG Nr. L 96 v. 12.4.2003, S. 21, 23.

479 EU-Wertpapierdienstleistungsrichtlinie 93/22/EWG vom 10.5.1993, ABl. EG Nr. L 141 v. 11.6.1993, S. 27.

480 Art. 1 Nr. 3 letzter Spiegelstrich der EU-Marktmissbrauchsrichtlinie 2003/6/EG vom 28.1.2003, ABl. EG Nr. L 96 v. 12.4.2003, S. 21.

fassen, und nur aus dem systematischen Zusammenhang zum weiteren – in Art. 9 Satz 1 der Richtlinie wiederholten – Erfordernis des Handels auf einem geregelten Markt folgt die weitere Eingrenzung auf Rechte, die zum Handel auf einem Markt geeignet sind. Die Reichweite dieser Definition geht selbst über die Begriffe der „Insiderpapiere“ gemäß § 12 WpHG, der „Kapitalanlage“ gemäß § 264a StGB oder des „Vermögenswertes" gemäß § 20a WpHG hinaus, die jeweils eine abschließende Aufzählung der erfaßten Instrumente enthalten.[481] In der Praxis wird diese Vorgabe dazu führen, daß neben Unternehmen vermehrt Banken und Finanzdienstleistungsunternehmen als Pflichtadressaten der Ad-hoc-Publizität treten. Die genaue Abgrenzung der Pflichtadressaten wird verstärkt über das Tatbestandsmerkmal des Handels der Finanzinstrumente an einem geregelten Markt zu treffen sein.

Diese Tatbestandserweiterung bewirkt, daß Emittenten auch im Hinblick auf solche Finanzinstrumente zur Ad-hoc-Publizität verpflichtet werden, deren Wert nicht maßgeblich von der Geschäftstätigkeit des Emittenten abhängt, wie z.B. bei Geldmarktinstrumenten und bestimmten Derivaten. Dies wirft die Frage auf nach einer sinnvollen Eingrenzung des Anlasses der Ad-hoc-Veröffentlichungspflicht auf Umstände, bei denen der Emittent „die Hand mit im Spiel hat.“[482] Dem ist das nächste Unterkapitel gewidmet.

Eine weitere Änderung ergibt sich im Hinblick auf das in § 15 Abs. 1 Satz 1 WpHG normierte Erfordernis, daß die Wertpapiere zum Handel an einer inländischen Börse zugelassen sein müssen. Art. 9 Satz 1 der EU-Marktmissbrauchsrichtlinie verlangt demgegenüber die Erweiterung des Kreises potentieller Pflichtadressaten zum einen dadurch, daß bereits die Stellung eines Zulassungsantrages für die betreffenden Finanzinstrumente den Emittenten als Pflichtadressaten qualifiziert. Nach Sinn und Zweck der Regelung entfällt die Ad-hoc-Veröffentlichungspflicht, wenn der Antrag auf Handelszulassung abgelehnt worden ist. Zum anderen genügt es, wenn die Finanzinstrumente an einem „geregelten Markt“ in einem Mitgliedstaat der EU zugelassen sind. Ihre Zulassung an einer inländischen Börse ist demnach hinreichend als Anknüpfungspunkt für eine Ad-hoc-Veröffentlichungspflicht,[483] aber nicht erforderlich. Diese Abkehr vom Erfordernis inländischer Börsenzulassung ist im deutschen Recht aus §§ 12 Abs. 1, 21 Abs. 1a, Abs. 2 WpHG und §§ 1, 2 Abs. 7 WpÜG bekannt. Fraglich ist aber, ob gemäß den Richtlinienvorgaben die Behörden eines beliebigen Mitgliedstaates befugt sein sollen, die in ihrer Rechtsordnung geltenden Vorschriften zur Ad-hoc-Publizität gegenüber einem Emittenten, dessen Finanzinstrumente zum Handel in einem anderen EU-Mitgliedstaat zugelassen sind, durchzusetzen.[484] Insoweit empfiehlt sich bei der Umsetzung der Richtlinienvorgaben in nationales Recht eine Regelung, welche die Durchsetzung des angeglichenen Rechts im Verhältnis zu anderen Mitgliedstaaten koordiniert.

---

481 Vgl. *Leppert/Stürwald*, ZBB 2002, 90, 92, zur Vorgabe der EU-Marktmissbrauchsrichtlinie, die Definition des Begriffes „Insiderpapiere“ in § 12 WpHG zu erweitern.

482 So die Stellungnahme des Wirtschafts- und Sozialausschusses zum Kommissionsvorschlag einer EU-Marktmissbrauchsrichtlinie vom 17. Januar 2002, ABl. EG Nr. C 80 v. 3.4.2002, S. 64.

483 Der Begriff des „geregelten Markt“ i.S. der EU-Marktmissbrauchsrichtlinie ist synomym mit dem Begriff des „organisierten Marktes“ i.S. von § 2 Abs. 5 WpHG; *Leppert/Stürwald*, ZBB 2002, 90, 98.

484 Vgl. die in Ziffer 4.7 der Stellungnahme des Wirtschafts- und Sozialausschusses zum Kommissionsvorschlag einer EU-Marktmissbrauchsrichtlinie vom 17.1.2002, ABl. EG Nr. C 80 v. 3.4.2002, S. 65, geäußerten Bedenken gegen eine Regulierung von Marktteilnehmern in anderen Mitgliedstaaten.

V. Ergebnis

Pflichtadressaten der Ad-hoc-Publizität sind Emittenten, deren Wertpapiere an einer Börse zugelassen und notiert sind. Der Begriff des Wertpapieres im Sinne von § 15 WpHG ist definiert in § 2 Abs. 1 Satz 1 WpHG als Aktien und Schuldverschreibungen, diesen vergleichbare Wertpapiere, sowie Optionen und Genußscheine, die an einem Markt gehandelt werden können. Wertpapiere sind mit Aktien und Schuldverschreibungen vergleichbar, wenn sie ein Mitgliedschaftsrecht oder ein Versprechen zur Leistung von Geld und Sachleistungen verkörpern, dessen Wert von dem Einsatz oder Erhalt einer im Gegenzug erbrachten Kapitalleistung mitbestimmt wird. Derivate und Schuldverschreibungen mit einer Laufzeit von weniger als neun Monaten sind keine Wertpapiere. Damit die Wertpapiere zum Handel auf einem Markt geeignet sind, müssen sie austauschbar und umlauffähig sein. Geschäftsanteile an einer GmbH oder Beteiligungen an einer KG fehlt die erforderliche Eignung zum marktmäßigen Handel. Jedes Wertpapier ist immer zugleich auch ein „Insiderpapier" und eine „Kapitalanlage", aber nicht jedes „Insiderpapier" oder jede „Kapitalanlage" ist immer zugleich auch ein Wertpapier. Die EU-Marktmissbrauchsrichtlinie erstreckt die Ad-hoc-Veröffentlichungspflicht auf Emittenten von Finanzinstrumenten. Der Begriff des „Finanzinstrumentes" erfaßt weitaus mehr Anlageformen als der Begriff des „Wertpapieres".

Als Emittent ist eine Person aufzufassen, die durch die Ausgabe von Wertpapieren unmittelbar Rechte gegen sich gewährt. Der Rechtsnachfolger des bezogenen Unternehmens ist nicht der Emittent der Wertpapiere, ebensowenig ein anderes Unternehmen, das mit dem bezogenen Unternehmen im Konzernverbund steht.

Die Wertpapiere des Emittenten müssen an einer inländischen Börse zugelassen und notiert sein. Das Gebot der Ad-hoc-Publizität findet somit Anwendung auf Emittenten, deren Wertpapiere zum Amtlichen Handel oder zum Geregelten Markt zugelassen sind und dort gehandelt werden. Die Publizitätspflicht besteht nach der Zulassung auch dann, wenn die Wertpapiere am Neuen Markt notiert sind oder wenn für sie im elektronischen Handelssystem Xetra oder im Ausland Börsenpreise festgestellt werden. Emittenten, deren Wertpapiere lediglich in den Freiverkehr einbezogen sind, ohne aber zum Handel an einer inländischen Börse zugelassen zu sein, sind nicht zur Ad-hoc-Publizität verpflichtet. Der deutsche Gesetzgeber ist allerdings verpflichtet, das Gebot der Ad-hoc-Publizität *de lege ferenda* auf den Freiverkehr zu erstrecken. Das Gebot der Ad-hoc-Publizität gilt nicht, wenn die Kursnotierung für die Wertpapiere noch nicht aufgenommen oder wieder eingestellt ist. Die EU-Marktmissbrauchsrichtlinie läßt es demgegenüber genügen, daß ein Antrag auf Zulassung der Wertpapiere zum Handel an einer inländischen Börse oder einem anderen geregelten Markt in einem Mitgliedstaat der Europäischen Union gestellt ist.

§ 5
Der Eintritt von Entwicklungen im Tätigkeitsbereich des Emittenten

Ein Anlaß zur Ad-hoc-Veröffentlichungspflicht der Rule 10b-5 ist grundsätzlich gegeben, wenn Entwicklungen in der Sphäre des Unternehmens eintreten, von denen einzelne Marktteilnehmer vor anderen Kenntnis erhalten. Die Ad-hoc-Veröffentlichungspflicht der Form 8-K entsteht mit dem An- oder Verkauf von Gegenständen, der bei konsolidierter Betrachtung das Vermögen des Unternehmens verändert. Ein Anlaß zur Ad-hoc-Publizität gemäß § 15 Abs. 1 Satz 1 WpHG besteht, wenn Publizitätstatsachen im Tätigkeitsbereich des Emittenten eintreten. Im deutschen Recht ist für eine Ad-hoc-

Veröffentlichungspflicht somit anders als im US-Recht gemäß Rule 10b-5 nicht notwendig, daß bereits einzelne Anleger vor anderen von potentiellen Publizitätstatsachen erfahren haben. Sämtliche oben aufgeführten Regelungen stimmen aber darin überein, daß eine Entwicklung im Unternehmen des Emittenten eingetreten sein muß, um einen Anlaß zur Ad-hoc-Publizität zu geben. Als Begründung dafür ist den Regelungen gemeinsam, daß Emittenten nur zur Veröffentlichung dieser Art von Entwicklungen überlegen befähigt und gegenüber den Anlegern überragend verantwortlich sind.

Die Untersuchung, welchen Unternehmensbezug im US-Recht eine Entwicklung aufweisen muß, kann zusätzliche Anhaltspunkte für die Auslegung geben, wann im Sinne des deutschen Rechts eine Entwicklung im Tätigkeitsbereich des Emittenten eingetreten ist. Dabei gilt es auch zu klären, ob in den Tätigkeitsbereich auch der Wechsel der für den Emittenten Tätigen fällt, und wie der Tätigkeitsbereich bei verbundenen Unternehmen abzugrenzen ist. Außerdem ist zu untersuchen, inwieweit sich die zum Tatbestandsmerkmal des „Tätigkeitsbereichs" gewonnenen Erkenntnisse fruchtbar machen lassen für die Auslegung der EU-Marktmissbrauchsrichtlinienvorgabe, daß Anlaß zur Ad-hoc-Publizität alle Entwicklungen sind, die unmittelbar einen Emittenten betreffen.

Selbst wenn grundsätzlich ein Anlaß der Ad-hoc-Publizität besteht, kann der Emittent ausnahmsweise bei den zur Marktaufsicht berufenen Behörden (SEC/BAFin) eine Ausnahmegenehmigung einholen, die ihn von der Pflicht zur Veröffentlichung bestimmter Information im Hinblick auf die Publizitätstatsache befreit. Art. 6 Abs. 2 der EU-Marktmissbrauchsrichtlinie sieht vor, daß der Emittent in Zukunft sich selbst von der Ad-hoc-Veröffentlichungspflicht befreien kann, und dann ggf. die zuständige Aufsichtsbehörde zu unterrichten hat. Eine Befreiung von der Ad-hoc-Veröffentlichungspflicht setzt in jedem Fall voraus, daß eine Veröffentlichung der fraglichen Information geeignet ist, berechtigten Interessen des Emittenten zu schaden. Die im Grundlagenteil der Arbeit gewonnenen Erkenntnisse zeigen, daß dadurch Entwicklungen von der Ad-hoc-Veröffentlichungspflicht ausgenommen werden können, deren Veröffentlichung dem Emittenten höhere indirekte Kosten verursachen würde als Finanzierungsvorteile. Die Untersuchung des US-Rechts kann vor dem Hintergrund dieser gemeinsamen Wertung Hinweise darauf geben, in welchen Fällen eine Befreiung von der Ad-hoc-Veröffentlichungspflicht angebracht ist. Ferner lassen sich aus den Erfahrungen mit dem US-Recht Erkenntnisse gewinnen, wie bei Umsetzung der EU-Marktmissbrauchsrichtlinie der Vorgang der Befreiung zu gestalten ist.

I. Der Tätigkeitsbereich des Emittenten

1. US-Recht

Gewißheit besteht im US-Recht darüber, daß eigene Tätigkeit des Emittenten immer ein Anlaß zur Ad-hoc-Publizität ist. Die Rechtsprechung zu Rule 10b-5 orientiert sich dabei an der Definition der Geschäftstätigkeit, die der Prospekt- und Regelpublizität zugrunde liegt.[485] Zur Geschäftstätigkeit gehören jegliche Maßnahmen der gesetzlichen Vertreter oder der Beauftragten des Emittenten, selbst wenn sie illegal sind, solange sie nur den spezifischen Zusammenhang zur betrieblichen Tätigkeit wahren. Daher war eine Bestechung durch den Vorstandsvorsitzenden offenzulegen, mit der öffentliche Aufträge an den Emittenten erwirkt werden sollten, selbst wenn die Gelder von seinem Privatkonto

485 *Brown* THE REGULATION OF CORPORATE DISCLOSURE 5-49-52 (§ 5.03[3][f]).

stammten.[486] Andererseits mußte der Emittent nicht veröffentlichen, daß einer seiner Angestellten einen Gerichtsvollzieher mit einer Schußwaffe bedroht hatte, denn es fehlte der besondere Bezug zum Betrieb des Emittenten.[487]

Als geklärt darf ebenso gelten, daß die Tätigkeit Dritter keinen Anlaß zu Ad-hoc-Veröffentlichungen gibt. So war ein Emittent nicht verpflichtet, die Anleger über Produktentwicklungen eines Wettbewerbers aufzuklären, und zwar selbst dann nicht, wenn er von diesen Produktentwicklungen während Verhandlungen mit dem Wettbewerber erfahren hatte.[488] Denn der Wettbewerber könne seine Entwicklungen verändern, so daß dem Emittenten keine sinnvollen Aussagen möglich seien. Ebenfalls aus diesem Grunde lehnte der Appellate Court, Ninth Circuit, die Klage gegen einen Software-Hersteller ab, der ein neues Programm zur Komprimierung von Daten vorgestellt hatte, ohne auf ein dem Unternehmen bekanntes, besseres Produkt von Microsoft hinzuweisen, dessen Vermarktung bevorstand.[489] Auch war eine Bank nicht verpflichtet, Anleger über die finanzielle Situation von Unternehmen aufzuklären, an die sie Kredite vergeben hatte.[490] Ebenso sind Emittenten nicht verpflichtet, über Entwicklungen am Markt für ihre Wertpapiere zu berichten, die Veränderungen der Beteiligungsstruktur zur Folge haben.[491]

Ferner müssen Emittenten keine Information über die gegenwärtigen Marktbedingungen, etwa über die Auswirkungen einer Rezession auf den Warenmarkt oder den aktuellen Kursverlauf, veröffentlichen.[492]

2. Deutsches Recht

Der Begriff des Tätigkeitsbereiches ist neu für das deutsche Recht. Die Ansichten in der Literatur zur Abgrenzung des Tätigkeitsbereiches gehen auseinander.

Die herrschende Ansicht stellt offenbar auf die „unternehmerische Sphäre" ab, von der die staatliche Sphäre (z.B. Gesetzgebungsvorhaben) und die Sphäre der Anleger (z.B. großes Orderaufkommen für die Wertpapiere des Emittenten) unterschieden wird.[493] Es bleibt allerdings offen, wie die Unternehmenssphäre zu bestimmen ist. So besteht zwar Einigkeit darüber, daß Entscheidungen, die innerhalb der Unternehmenshierarchie des Emittenten getroffen werden, immer im Tätigkeitsbereich des Emittenten eintreten.[494] Unklar ist aber schon, ob die Kenntniserlangung von einem Übernahmeangebot Dritter ein Ereignis darstellt, das im Tätigkeitsbereich des Emittenten eingetreten ist.[495] *Gehrt*

---

486 Roeder v. Alpha Industries, Inc., 814 F.2d 22 (1st Cir. 1987).

487 Shoen v. Amerco, 885 F. Supp. 1332 (D. Nev. 1994).

488 Stac Electronic Sec. Litig., 82 F.3d 1480 (9th Cir. 1996); Mobile Telecommunication Technologies Corp. Sec. Litig., 915 F. Supp. 828 (S.D. Miss. 1995).

489 Stac Electronic Sec. Litig., 82 F.3d 1480 (9th Cir. 1996).

490 Smith v. American National Bank and Trust Co., 982 F.2d 936 (6th Cir. 1992).

491 Siehe dazu oben § 2A III.1.

492 Apple Computer Sec. Litig., 886 F.2d 1109, 1115 (9th Cir.), *cert. denied*, 496 U.S. 942 (S. Ct. 1989); Seibert v. Sperry Rand Corp., 586 F.2d 620 (2d Cir. 1978).

493 Vgl. *BAWe/Deutsche Börse AG*, Leitfaden, S. 34 f.; *Fürhoff*, Kapitalmarktrechtliche Ad-hoc-Publizität zur Vermeidung von Insiderkriminalität, S. 164; v. *Klitzing*, Die Ad-hoc-Publizität, S. 102; in diesem Sinne bereits *Caspari*, in: Baetge (Hrsg.), Insiderrecht und Ad-hoc-Publizität, S. 65, 71.

494 *BAWe/Deutsche Börse AG*, Leitfaden, S. 35; *Burgard*, ZHR 162 (1998), 51, 59; Hopt, ZR 159 (1995), 135, 153 mit Fn. 75; *Pananis*, WM 1997, 460, 461; *Zubrod*, Rechtssichere Eingrenzung der Ad-hoc-Publizitätspflicht, S. 76.

495 Dafür *Ekkenga*, ZGR 1999, 165, 175; *Happ/Semler*, ZGR 1998, 116, 140; *Fürhoff*, Kapitalmarktrechtliche Ad-hoc-Publizität zur Vermeidung von Insiderkriminalität, S. 168; dagegen die in der vorhergehenden Fn. Genannten und *Schander/Lucas*, WM 1997, 2109, 2112; *Assmann*, ZGR 2002, 697,

entwirft einen „erweiterten Tätigkeitsbereich". Er greift dazu zum einen auf normative Vorgaben zurück, über welche Umstände der Emittent nach anderen Vorschriften Publizität herstellen muß; aus §§ 21 ff. WpHG folgert er, daß auch der Markt für die Wertpapiere zum Tätigkeitsbereich gehöre.[496] Zum anderen stellt er darauf ab, ob eine Entwicklung betriebswirtschaftlich meßbare Auswirkungen auf die Unternehmenschancen hat.[497] Das Unternehmen müsse aber „konkret und individuell im Sinne eines Einzelfalles" betroffen sein.[498] *Bridts* ist dagegen wesentlich restriktiver. Er schlägt vor, in den Tätigkeitsbereich nur „unternehmensinterne" Entwicklungen einzubeziehen, die sich bereits auf die Geschäftstätigkeit des Emittenten auswirken.[499]

Die demzufolge recht weit auseinandergehenden Ansichten in der Literatur machen eine Auslegung erforderlich, was mit dem Begriff des Tätigkeitsbereich gemeint ist. Dabei soll die Differenzierung des US-Rechts nach eigenen Tätigkeiten des Emittenten und Tätigkeiten Dritter als Ansatz dienen. Zudem ist der dritte denkbare Sachverhalt zu erörtern, daß eine Entwicklung keiner bestimmten Person zuzurechnen ist.

a) Eigene Tätigkeit des Emittenten

Mit Entwicklungen im Tätigkeitsbereich des Emittenten ist gewißlich -- wenngleich möglicherweise nicht ausschließlich -- jede eigene Tätigkeit des Emittenten gemeint. Eine Tätigkeit ist definiert als die aktive Steuerung von Kausalabläufen als Antwort auf eine „soziale Funktion".[500] Zur eigenen Tätigkeit des Emittenten zählen demnach das rechtserhebliche Handeln seiner gesetzlichen Vertreter und jegliche anderen, als Antwort auf die „soziale Funktion" des Emittenten gedachten Handlungen. Sie läßt sich wie im US-Recht mit der Geschäftstätigkeit des Emittenten gleichsetzen. Eine Anknüpfung an diesen Rechtsbegriff legen der offenbar verwandte Wortlaut sowie der systematische Zusammenhang zur Prospekt- und Zwischenberichtspublizität nahe, die ebenfalls die Berichterstattung über Aktivitäten des Emittenten an der Geschäftstätigkeit ausrichtet (§§ 53 Satz 1, 20 BörsZulV, 7 VerkProspVO).

Diese Auslegung hat gegenüber den bisher in der Literatur vertretenen Ansichten den Vorteil größerer Rechtssicherheit. Es bestehen Bedenken gegen die Bestimmtheit eines eher deskriptiven Auslegungsansatzes, wie er in der herrschenden Meinung zur Abgrenzung einer „Unternehmenssphäre" von anderen gesellschaftlichen Bereichen und in *Bridts* Begriff „unternehmensinterner" Entwicklungen anklingt. Ein Unternehmen „an sich" gibt es nicht. Ein deskriptiver Auslegungsansatz würde daher in letzter Konsequenz willkürlich bleiben.

---

714 f.; ablehnend ebenso die Mitteilung des BAWe vom 26. April 2002 zum Verhältnis der Ad-hoc-Publizität zum neuen Übernahmerecht.

496 *Gehrt*, Die neue Ad-hoc-Publizität, S. 140; ebenso im Ergebnis bereits *Schwark*, BörsG, § 44 Rdn. 2; *Caspari*, in: Baetge (Hrsg.), Insiderrecht und Ad-hoc-Publizität, S. 65, 71; *Heidmeier*, AG 1992, 110, 112; zustimmend v.*Klitzing*, Die Ad-hoc-Publizität, S. 104 f.; a.A. *BAWe/Deutsche Börse* AG, Leitfaden, S. 35, 50; Mitteilung des BAWe vom 26. April 2002 zum Verhältnis der Ad-hoc-Publizität zum neuen Übernahmerecht: „Änderung der Aktionärsstruktur nicht dem internen Unternehmensbereich zuzurechnen".

497 *Gehrt*, aaO, S. 142.

498 *Gehrt*, Die neue Ad-hoc-Publizität, S. 139; ihm folgend *Fürhoff*, Kapitalmarktrechtliche Ad-hoc-Publizität zur Vermeidung von Insiderkriminalität, S. 168. *Caspari*, in: Baetge (Hrsg.), Insiderrecht und Ad-hoc-Publizität, S. 65, 71, und v.*Klitzing*, aaO, S. 104 f., halten diese Eingrenzung für entbehrlich.

499 *Bridts*, Zwischenberichtspublizität, S. 67.

500 So die zum Straf- und Ordnungswidrigkeitenrecht wohl h.M. des sozialen *Handlungsbegriffes*; vgl. nur *Jescheck/Weigend*, Strafrecht AT, § 23 VI (S. 222 ff.) mit zahlreichen Nachweisen.

Bestimmtheitsbedenken bestehen auch gegen den Vorschlag von *Gehrt*, auf meßbare Veränderungen von Unternehmenschancen abzustellen. Damit ist auf eine „soziale Funktion" des Emittenten Bezug genommen, die aber betriebswirtschaftlich definiert wird als Gewinnerzielung. Außerdem verzichtet *Gehrt* auf das Erfordernis individuell gesteuerten Verhaltens. Als Tätigkeit des Emittenten ist nach dieser Ansicht seine generalisierte Teilnahme an den Märkten für Güter, Arbeit und Kapital mit dem Zweck der Gewinnerzielung aufzufassen. Damit wird der Tätigkeitsbereich des Emittenten aber unübersehbar. Jede Entwicklung an den genannten Märkten verändert die Unternehmenschancen des Emittenten. Das von *Gehrt* bemühte Kriterium der Meßbarkeit erlaubt keine vorhersehbare Abgrenzung, welche Entwicklungen im Tätigkeitsbereich des Emittenten eingetreten sind. Zudem verstößt der Verzicht auf das Erfordernis individuell gesteuerten Verhaltens gegen das Analogieverbot. Denn damit würde die mit dem Tatbestandsmerkmal des Tätigkeitsbereichs erfolgte Eingrenzung der zu veröffentlichenden Entwicklungen aufgegeben. Das Merkmal des Tätigkeitsbereichs wäre im Hinblick auf das weitere Erfordernis von Auswirkungen der Entwicklungen auf die Vermögens- und Finanzlage oder den allgemeinen Geschäftsverlauf überflüssig.

b) Die Tätigkeit Dritter

Die Tätigkeit Dritter findet nicht im Tätigkeitsbereich des Emittenten statt.[501] Ebenso wie im US-Recht ist ein Emittent daher nicht verpflichtet, zu Angriffen durch Mitbewerber des Unternehmens Stellung zu nehmen.[502] Das ergibt sich schon aus dem allgemeinen Sprachgebrauch. Diese Auslegung ist überdies aufgrund der Wertungen geboten, nach denen der Anlaß der Ad-hoc-Veröffentlichungspflicht einzugrenzen ist.[503]

Der Emittent ist nicht überlegen zur Verbreitung von Information über die Tätigkeit Dritter befähigt. Diese Dritten, und nicht der Emittent, haben die zuverlässigere, umfassendere und zeitnähere Kenntnis der Tätigkeit und ihrer Auswirkungen.. Der Emittent kontrolliert nicht die Verbreitung dieser Information kraft eines Betriebs- oder Geschäftsgeheimnisses, da die Tätigkeit Dritter nicht zu seiner Geschäftstätigkeit zu rechnen ist. Allerdings ist zu bedenken, daß nicht jeder Dritte die Medienerfahrung oder die

---

501 Die Änderung von Bonitätsratings tritt daher nicht im Tätigkeitsbereich des Emittenten ein; wohl aber können die Umstände, aufgrund derer das Rating verändert wurde, im Tätigkeitsbereich des Emittenten eingetreten und daher zu veröffentlichen sein; so *Fürhoff/Wölk*, AG 1997, 449, 456; wohl auch *Siebel*, BKR 2002, 795, 799. A.A. allerdings *Fürhoff*, Kapitalmarktrechtliche Ad-hoc-Publizität zur Vermeidung von Insiderkriminalität, S. 168 f.: Die Veränderung des Ratings trete im Tätigkeitsbereich des Emittenten ein und sei daher von ihm zu veröffentlichen, wenn der Emittent von ihr Kenntnis habe. Letztere Ansicht überzeugt nicht. Dadurch würde dem Tatbestandsmerkmal seine Bedeutung neben dem allgemeinen Erfordernis von Vorsatz oder Leichtfertigkeit genommen.

502 Ebenso das Schreiben des BAWe vom 22. März 2000 an die Vorstände der zum amtlichen Handel oder zum geregelten Markt zugelassenen Aktiengesellschaften sowie die persönlich haftenden Gesellschafter der zum amtlichen Handel oder zum geregelten Markt zugelassenen KgaA, veröffentlicht in einer Mitteilung des BAWe vom 19. April 2000 mit Hinweisen zum Verfassen von Ad-hoc-Mitteilungen.

503 Ebenfalls aufgrund dieser Wertungen erfolgt bei gemeinsamer Tätigkeit mehrerer potentieller Pflichtadressaten die Auswahl des Pflichtadressaten nach dem Kriterium größter Sachnähe: Es ist der Emittent zur Veröffentlichung heranzuziehen, dessen Geschäftsbetrieb den engsten Zusammenhang zu der fraglichen Entwicklung aufweist. Denn er kann am besten den Anlaß für eine Ad-hoc-Veröffentlichung vorhersehen, die Organisation für eine unverzügliche Veröffentlichung einrichten und die Kosten einer Veröffentlichung durch den Nutzen von *Investor Relations* abfangen. Nach einmal erfolgter Ad-hoc-Veröffentlichung kann er korrekt über Folgeentwicklungen berichterstatten.

finanziellen Mittel vorhalten kann, um seine Tätigkeit selbst zu veröffentlichen. Darauf kommt es aber nicht an. Eine Veröffentlichungspflicht des Emittenten, die allein mit seiner überlegenen Finanzkraft begründet würde, wäre unverhältnismäßig.

Außerdem ist der Emittent gegenüber den Anlegern nicht für die Veröffentlichung von Tätigkeiten Dritter überragend verantwortlich. Denn er erfährt von diesen Tätigkeiten nicht bestimmungsgemäß vor anderen Anlegern. Auch hat er nicht schutzwürdige Erwartungen der Anleger geweckt, daß er sie über die Tätigkeit Dritter auf dem Laufenden halten wird. In Veröffentlichungen der Prospekt- und Regelpublizität werden in der Regel keine Tätigkeiten Dritter berichtet.

Für diese Auslegung spricht schließlich der Zweck der Ad-hoc-Veröffentlichungspflicht, welche die Vertrauenswürdigkeit und Angemessenheit der Börsenpreise fördern soll.[504] Indem jeder Emittent nur eigene und nie fremde Tätigkeit veröffentlichen muß, ist eine klare Abgrenzung möglich, wer für die Veröffentlichung welcher Publizitätstatsachen verantwortlich ist. Dadurch ist die Wahrscheinlichkeit gering, daß dieselbe Entwicklung von mehreren Personen gleichzeitig veröffentlicht wird. Die somit angestrebte Singularität des Informationssenders ist wichtig, um ineffizienter Informationsverarbeitung und der damit einhergehenden Verzerrung des Wertpapierpreises vorzubeugen, die durch eine mehrfache Veröffentlichung derselben Entwicklung von verschiedenen Seiten zu verschiedenen Zeitpunkten entstehen würde (*noise*).

Es ist wichtig, festzuhalten, daß durch die Beschränkung der Ad-hoc-Publizität auf eigene Tätigkeit des Emittenten eine Lücke im Anlegerschutz entsteht. Denn es ist nicht gewährleistet, daß im Wege der Ad-hoc-Publizität sämtliche Entwicklungen veröffentlicht werden, in deren Unkenntnis die Anleger ihr Vermögen durch Wertpapierhandel zu schädigen drohen. Das hat der europäische Gesetzgeber bewußt in Kauf genommen. Der Kommissionsvorschlag einer EU-Insiderrichtlinie sah ursprünglich vor, die Ad-hoc-Publizität auf alle kurserheblichen Entwicklungen zu erstrecken.[505] Auf die Kritik des Wirtschafts- und Sozialausschusses, der eine Überforderung der Emittenten befürchtete, wurden die bereits in der EU-Börsenzulassungsrichtlinie vorgesehenen Einschränkungen beibehalten.[506]

Aus den von *Gehrt* bemühten §§ 21 ff. WpHG zu Veränderungen der Beteiligungsstruktur läßt sich demgegenüber keine Erweiterung des Tätigkeitsbereichs entnehmen. Die Bekanntgabepflicht des Emittenten beruht nicht auf einer Wertung des Gesetzgebers, daß jegliche Geschäfte mit den Wertpapieren des Emittenten als Tätigkeit des Emittenten gelten. Der Emittent fungiert vielmehr lediglich als Sprachrohr für den in erster Linie mitteilungspflichtigen Beteiligten.[507] Der Markt für die Wertpapiere gehört nicht zum

504 Ausführlich dazu oben § 3.

505 Art. 7 des Kommissionsvorschlags einer EU-Insiderrichtlinie vom 25.5.1987, ABl. EG Nr. C 153 v. 11.6.1987, S. 8, 10.

506 Stellungnahme des Wirtschafts- und Sozialausschusses zum Vorschlag einer EU-Insiderrichtlinie vom 16.12.1987, ABl. EG Nr. C 35 v. 8.2.1988, S. 22, 24.

507 Gemäß §§ 21 Abs. 1 Satz 1, 25 Abs. 1 Satz 1 WpHG hat jeder Emittent börsennotierter Wertpapiere innerhalb von neun Kalendertagen die Mitteilung eines Anlegers zu veröffentlichen, der durch Erwerb oder Veräußerung von Wertpapieren oder auf sonstige Weise 5%, 10%, 25%, 50% oder 75% der Stimmrechte an der Gesellschaft erreicht, überschritten oder unterschritten hat. Gemäß § 25 Abs. 1 Satz 3 WpHG tritt diese Veröffentlichungspflicht auch dann ein, wenn der Emittent in eigenen Aktien handelt und dadurch die genannten Schwellen überschreitet. Die §§ 21 ff. WpHG richten sich somit in erster Linie an die Anleger, die die Veränderungen der Beteiligungsstruktur verursachen. Ohne ihre Meldungen an den Emittenten läuft die Veröffentlichungspflicht des Emittenten ins Leere.

Tätigkeitsbereich des Emittenten, solange der Emittent am Markt keine eigene Geschäftstätigkeit entfaltet.

c) Keiner bestimmten Person zurechenbare Entwicklungen

Es ist zu untersuchen, ob Entwicklungen im Tätigkeitsbereich des Emittenten eintreten, die keiner bestimmten Person zurechenbar sind, also weder eine Tätigkeit des Emittenten noch die Tätigkeit eines Dritten darstellen. Dabei ist eine Differenzierung hilfreich zwischen gesamtwirtschaftlichen Entwicklungen und Entwicklungen, die den Emittenten „konkret und individuell im Sinne eines Einzelfalles" betreffen.[508]

Gesamtwirtschaftliche Entwicklungen wie Rezession oder Konjunktur treten nicht im Tätigkeitsbereich des Emittenten gemäß § 15 WpHG ein.[509] Sie sind keine Tätigkeit des Emittenten. Diese Einschränkung der Ad-hoc-Publizität macht Sinn. Die Veröffentlichung von gesamtwirtschaftlichen Entwicklungen ist nicht notwendig, um Insiderhandel vorzubeugen. Denn unter der Prämisse, daß sie sich nicht in der Geschäftstätigkeit des Emittenten niederschlagen, sind gesamtwirtschaftliche Entwicklungen keine Insidertatsachen. Sie weisen nicht den für eine Insidertatsache gemäß § 13 Abs. 1 WpHG erforderlichen Bezug auf einen oder mehrere Emittenten von Insiderpapieren oder auf Insiderpapiere auf.[510] Eine Pflichtveröffentlichung von Marktinformation ist auch nicht geboten, um die Allokationseffizienz des Kapitalmarkts zu fördern. Wenn eine gesamtwirtschaftliche Entwicklung so plötzlich eintritt, daß sie den Kurs der Wertpapiere erheblich beeinflussen kann,[511] erfährt der Markt von ihr von selbst.

Den Emittenten konkret und individuell im Sinne eines Einzelfalles betreffende Entwicklungen, wie zum Beispiel Unfälle oder Naturereignisse, treten im Tätigkeitsbereich des Emittenten ein, wenn sie die Betriebsanlagen oder andere Mittel der betrieblichen Wertschöpfung verändern. Denn in den Tätigkeitsbereich fallen auch Entwicklungen, die Auswirkungen auf die Tätigkeitsmittel haben: Auch diese Entwicklungen sind im Rahmen der Angaben zur Geschäftstätigkeit des Emittenten in der Prospekt- und Regelpublizität zu berichten.[512]

Anlaß der Veröffentlichungspflicht des Emittenten ist anders als bei der Ad-hoc-Publizität nicht eine Veränderungen der Beteiligungsstruktur selbst, sondern nur ihre Meldung durch den Verursacher.

508 *Gehrt*, Die neue Ad-hoc-Publizität, S. 139; a.A. *Zubrod*, Rechtssichere Eingrenzung der Ad-hoc-Publizitätspflicht, S. 75 f.

509 *BAWe/Deutsche Börse* AG, Leitfaden, S. 35; *Schwark*, BörsG, § 44a Rdn. 8; *Heidmeier*, AG 1992, 110, 112; *Pananis*, WM 1997, 460, 461.

510 Die herrschende Ansicht geht davon aus, daß gesamtwirtschaftliche Entwicklungen als emittentenbezogene Insidertatsachen anzusehen sind, jedoch nur soweit sie interne Vorgänge oder die Beziehungen der Unternehmen zu ihrer Umwelt betreffen; vgl. *Assmann*, in: Assmann/Schneider (Hrsg.), WpHG, § 13 Rdn. 52 und 57 m.w.N. Eine Mindermeinung versteht allerdings jegliche Daten über die gesamtwirtschaftliche Entwicklung als wertpapierbezogene Insidertatsachen; so *Caspari*, ZGR 1994, 530, 540. Das dürfte allenfalls mit der Einschränkung zutreffen, daß die Daten sich auf einen fest umrissenen Kreis von Wertpapieremittenten beziehen; so *Tippach*, WM 1993, 1269, 1272.

511 Nur plötzlich auftretende Veränderungen der gesamtwirtschaftlichen Entwicklung kommen überhaupt als Publizitätstatsache in Frage. Ansonsten würde der Kurs kontinuierlich an die neuen Verhältnisse angeglichen, so daß eine erhebliche Kursbeeinflussung nicht möglich ist. Zu denken ist zum Beispiel an eine beträchtliche Änderung des Leitzinses oder die Freigabe von Wechselkursen.

512 Siehe § 20 BörsZulVO zur Prospektpublizität und §§ 55 Satz 2, 53 BörsZulVO zur Zwischenberichtspublizität. Siehe ferner *Adler/Düring/Schmaltz*, Rechnungslegung und Prüfung der Unternehmen, § 289 HGB Rdn. 71 f., zur Darstellung im Lagebericht von Entwicklungen, die die Auslastung von Betriebsanlagen beeinflussen.

Der Emittent ist im Gegensatz dazu nicht zur Veröffentlichung von Unfällen und Naturereignissen verpflichtet, die die Industrie allgemein betreffen. Das ist mit den im Grundlagenteil der Arbeit erörterten Wertungen zu vereinbaren. Der Emittent ist nicht zur Verbreitung dieser Entwicklungen überlegen befähigt. Denn er erfährt von ihnen nicht viel zuverlässiger, umfassender oder schneller als Dritte. Auch hat er keine Kontrolle über die Verbreitung dieser Entwicklung, da diese mangels eigener Urheberschaft des Emittenten nicht als Geschäfts- und Betriebsgeheimnisse anzusehen sind. Zudem ist der Emittent nicht den Anlegern gegenüber überragend verantwortlich für die Veröffentlichung von Unfällen und Naturereignissen, die die Industrie allgemein betreffen.

II. Die für den Emittenten Tätigen

1. US-Recht

Zu den vom Emittenten zu veröffentlichenden Entwicklungen gehören auch Personalveränderungen. Form 8-K erstreckt sich zwar nicht auf diese Verhältnisse, wohl aber die Regelpublizität, aus der sich Form 8-K entwickelt hat.[513] Auch gemäß Rule 10b-5 sind Personalveränderungen zu veröffentlichen, wenn sie Auswirkungen auf die Geschäftstätigkeit haben. Die Entscheidung *In re General Motors Securities Litigation* macht diesen Rechtssatz anschaulich.[514] Aktionäre hatten sich mit einer auf Rule 10b-5 gestützten Schadensersatzklage gegen die unterlassene Veröffentlichung eines Planes gewandt, den Anstellungsvertrag mit Ross Perot aufzulösen und seine Aktien und Aktienoptionen an GM zurückzukaufen. Das Gericht entschied, daß der Plan dazu nicht zu veröffentlichen war, wohl aber die ersten Verhandlungen mit Perot.

Zum einen, so das Gericht, würde der Rückkauf der an Perot gewährten Aktien und Aktienoptionen das Ergebnis von GM schmälern. Zum anderen würde eine Vertragsauflösung die Belegschaft von EDS demotivieren, deren Loyalität Perot als dem Gründer von EDS galt. Das allein genügte dem Gericht aber offenbar noch nicht, um eine Veröffentlichungspflicht anzunehmen. Es stellte darüber hinaus darauf ab, daß die Vertragsauflösung mit Perot eine Veränderung der Geschäftstätigkeit von EDS bedeutete: Die Vertragsauflösung ließe eine neue strategische Ausrichtung des Emittenten erwarten.[515]

---

513 Im Jahresbericht nach Form 10-K sind die Mitglieder der Unternehmensleitung, ihre Vergütung, von ihnen und von Großaktionären gehaltene Anteile und In-sich-Geschäfte anzugeben. 17 C.F.R.-§ 240.10-K Part III Items 10-13; ausführlich dazu z.B. *Brotte*, US-amerikanische und deutsche Geschäftsberichte, S. 299-364.

514 In re General Motors Sec. Litig., 694 F. Supp. 1119 (D. Del. 1988); besprochen bei *Brown* THE REGULATION OF CORPORATE DISCLOSURE 5-70-71 (§ 5.05[3]b)).

515 In diesem Zusammenhang ging das Gericht auch auf die Erheblichkeit der Vertragsverhandlungen ein. Die Rentabilität von EDS habe nahezu ausschließlich von der Führungsfähigkeit und den Erfahrungen von Perot abgehangen. Das Ausmaß dieser voraussichtlichen Auswirkungen der Vertragsauflösung sei groß, da es nicht auf die Folgen für GM ankomme, sondern auf diejenigen für EDS. Denn die klagenden Aktionäre erhielten Dividenden nach Maßgabe des Gewinnes von EDS. Es stellte außerdem fest, daß der Vertragsabschluß nach Beginn der Verhandlungen wahrscheinlich war. Spätestens dann also hätte GM die voraussichtliche Veränderung in der Unternehmensleitung bekannt geben müssen. In re General Motors Sec. Litig., 694 F. Supp. 1119, 1126-28 (D. Del. 1988). Diese Argumentation beruht auf der sogenannten *probability-magnitude*-Formel, die unten in § 8 II. näher erörtert ist.

2. *Deutsches Recht*

Die herrschende Meinung geht davon aus, daß personelle Veränderungen in Schlüsselpositionen des Unternehmens der Ad-hoc-Veröffentlichungspflicht unterliegen können.[516] Bereits veröffentlichte Mitteilungen betrafen Besetzungsänderungen in Vorstand und Aufsichtsrat.[517] Einige Stimmen in der Literatur wenden dagegen ein, personelle Maßnahmen wie die Abberufung sämtlicher Vorstandsmitglieder seien reine Organisationsmaßnahmen, die nicht im Tätigkeitsbereich des Emittenten eintreten. Sie unterlägen daher nicht der Ad-hoc-Publizität.[518]

Im Ergebnis ist der herrschenden Meinung zuzustimmen. Veränderungen in der Besetzung der Leitungs-, Aufsichts- oder Verwaltungsorgane des Emittenten können gemäß § 15 WpHG zu veröffentlichen sein, wenn sie Auswirkungen auf die Geschäftstätigkeit des Emittenten haben.[519] Davon ist in der Regel auszugehen. Denn Organisationsmaßnahmen sind als Einzelschritt einer Entwicklung zu veröffentlichen, sobald eine kurserhebliche Veränderung der Geschäftstätigkeit konkret begonnen hat.[520] Der Wechsel des Vorstands- oder des Aufsichtsratsvorsitzenden hat regelmäßig diese Wirkung,[521] so daß dem Emittenten bereits zu diesem Zeitpunkt eine Veröffentlichung zu empfehlen ist.[522]

Reine Personalveränderungen sind nicht gemäß § 15 WpHG zu veröffentlichen, denn sie treten nicht im Tätigkeitsbereich des Emittenten ein: Sie sind nicht als Teil der Geschäftstätigkeit des Emittenten aufzufassen, wie sie durch die Vorschriften zur Darstellung der Geschäftstätigkeit in Prospekten und Zwischenberichten rechtlich definiert ist (§§ 20 f. BörsZulV, 7 f. VerkProspVO und §§ 53 Satz 1, 55 BörsZulV i. V. mit § 20 BörsZulV). Diese Regelung ist der Regelung von Angaben zu Personalveränderungen in §§ 28 BörsZulV, 10 VerkProspVO gegenüber gestellt. Die kapitalmarktrechtliche Publizität knüpft damit an die Berichtsperspektive der Rechnungslegung an, die Angaben zu Besetzung und Vergütung der Unternehmensleitung in den Anhang ausgliedert,[523] das

---

516 *BAWe/Deutsche Börse AG*, Leitfaden, S. 51; Baumbach/Duden/*Hopt*, HGB, § 44a BörsG Rdn. 1 f.; *Kümpel*, in: Assmann/Schneider (Hrsg.), WpHG, § 15 Rdn. 72; *Schwark*, BörsG, § 44a Rdn. 2; *Burgard*, ZHR 162 (1998), 51, 64; Loistl, Die Bank 1995, 232, 235; *Gehrt*, Die neue Ad-hoc-Publizität, S. 150, 151 f.; ebenso zum Lagebericht *Adler/Düring/Schmaltz*, Rechnungslegung und Prüfung der Unternehmen, § 289 HGB Rdn. 68.

517 *BAWe/Deutsche Börse AG*, Leitfaden, S. 60.

518 *Heidmeier*, AG 1992, 110, 112; *Pellens*, AG 1991, 62, 65; vgl. auch *Pananis*, WM 1997, 460, 463, der meint, die Personalveränderungen seien nicht *wegen* ihrer Auswirkungen auf die wirtschaftlichen Verhältnisse des Emittenten kurserheblich; dagegen zutreffend *Cahn*, ZHR 162 (1998), 2, 29 Fn. 125; *Fürhoff/Wölk*, WM 1997, 449, 452 f.

519 Ebenso *Wertenbruch*, WM 2001, 193.

520 Siehe unten §§ 8 II. und 9 II. zur Erstreckung der Ad-hoc-Publizität auf unvollendete Entwicklungen.

521 Vgl. *Nowak*, ZBB 2001, 449, 464, der im Rahmen von Ereignisstudien eine statistisch signifikante Kursveränderung nach 18% der untersuchten Ad-hoc-Mitteilungen zu Personalveränderungen im Vorstand oder Aufsichtsrat feststellt; vgl. ferner Cahn, ZHR 162 (1998), 2, 29 f., mit dem Beispiel, daß ein erfolgreicher Unternehmenssanierer die Position des Vorstandsvorsitzenden übernimmt.

522 Zur Beurteilung der Kurserheblichkeit läßt sich auf den Umfang abstellen, in dem eine ausscheidende Person die Geschäftstätigkeit gestaltet hat; vgl. *Schwark*, BörsG, § 44a Rdn. 2; *Cahn*, ZHR 162 (1998), 2, 29; *Hopt*, ZHR 159 (1995), 135, 150; *Wertenbruch*, WM 2001, 193, 194. Es ist allerdings nachdrücklich der sich ausbildenden Praxis entgegenzutreten, daß verdiente Organmitglieder mit Ad-hoc-Mitteilungen verabschiedet werden. Damit wird die Ad-hoc-Publizität entwertet.

523 Vgl. §§ 285 Satz 1 Nr. 9 und Nr. 10, 314 Abs. 1 Nr. 6 HGB zum Jahresabschluß.

Unternehmen selbst also nur mittels eines Einblickes in die wirtschaftlichen Verhältnisse ohne Ansehung der handelnden Personen darstellt.[524]

Freilich: Die Betrachtung des Unternehmens als Funktion der Wertschöpfung, ohne Beachtung der handelnden Personen, läuft dem Zweck zuwider, den Markt möglichst umfassend über die typischen wertbildenden Faktoren des Unternehmens zu informieren. Es empfiehlt sich aber, im Rahmen der Ad-hoc-Publizität an der formalen Ausgrenzung reiner Personalveränderungen festzuhalten, bis die Emanzipation der Kapitalmarktpublizität vom Recht der Rechnungslegung weiter fortgeschritten ist. Das Tatbestandsmerkmal des Tätigkeitsbereichs würde durch die Einführung deskriptiver Elemente, ohne Bezug zur Darstellung der Geschäftstätigkeit in der Prospekt- und Regelpublizität, seine Bestimmtheit verlieren. Die Diskussion zur Ausnahme reiner Personalveränderungen von der Ad-hoc-Publizität hat ohnehin wenig praktisches Gewicht. Es ist festzuhalten, daß Veränderungen innerhalb der Verwaltungs-, Leitungs- und Aufsichtsorgane des Emittenten in aller Regel als Einzelschritt einer Entwicklung mit Auswirkungen auf die Geschäftstätigkeit *ad hoc* zu veröffentlichen sind.

III. Der Tätigkeitsbereich des Emittenten im Konzern

1. US-Recht

Im US-Recht unterliegen auch solche Entwicklungen der Ad-hoc-Publizität, die im Rahmen der Geschäftstätigkeit eines vom Emittenten beherrschten Unternehmens eintreten. Die Ad-hoc-Publizität gemäß Form 8-K erstreckt sich auf den An- und Verkauf von Gegenständen, die zu einem vom Emittenten beherrschten Unternehmen gehören, das in den Konsolidierungskreis der Rechnungslegung fällt.[525] Die Rechtsprechung zu Rule 10b-5 orientiert sich an den Vorgaben der SEC zur Regelpublizität,[526] die Angaben zu abhängigen und herrschenden Unternehmen sowie zu Konzernunternehmen (*affiliates*) erfordern.[527] Eine Pflicht zur Offenlegung von Entwicklungen, die nicht im Rahmen der Geschäftstätigkeit des Emittenten oder eines von ihm beherrschten Unternehmens eintreten, kommt praktisch kaum vor.[528]

---

524 A.A. *Burgard*, ZHR 162 (1998), 51, 64 f., der auch die im Anhang anzugebenden Umstände der Ad-hoc-Publizität unterwerfen will.

525 17 C.F.R.§ 240.8-K Item 2.

526 In re Craftmatic Sec. Litig., 890 F.2d 628 (3d Cir. 1989) und Howing Co. v. Nationwide Corp., 927 F.2d 263 (6th Cir. 1991) (widerlegliche Vermutung der Offenlegungspflicht).

527 17 C.F.R.§ 240.12b-21(a) i. V. mit 12b-2 Abs. 1. Die Quartalsberichterstattung greift zurück auf den Konsolidierungskreis, wie er der Rechnungslegung zu Grunde gelegt wird. 17 C.F.R.§ 240.10-Q Part I Item 2 i.V. mit 17 C.F.R.§ 229.303(a) Instruction 4.

528 In Etoschkin v. Texasgulf, Inc., 612 F. Supp. 1220 (N.D. Ill. 1985) sah das Gericht ein Unternehmen verpflichtet, seine Kenntnis von einem Übernahmeangebot offenzulegen, das Dritte für Texasgulf-Aktien abgegeben hatten, weil das Unternehmen 35% der Aktien an Texasgulf besaß. *Brown* REGULATION OF CORPORATE DISCLOSURE 6-20-19-21 (§ 6.02[4]), sieht diese Entscheidung als große Ausnahme an.

2. *Deutsches Recht*

a) *Streitgegenstand: Die Tätigkeit verbundener Unternehmen*

Es ist im deutschen Recht nicht geklärt, ob Emittenten zur Ad-hoc-Veröffentlichung von Entwicklungen verpflichtet sind, die im Rahmen der Geschäftstätigkeit von verbundenen Unternehmen eintreten.

Einige Stimmen in der Literatur lehnen die Berücksichtigung von Konzernsachverhalten gänzlich ab. Denn § 15 WpHG sei als Norm des Straf- und Ordnungswidrigkeitenrechts eng auszulegen. Somit sei nur die Geschäftstätigkeit des Emittenten selbst beachtlich. Allenfalls außergewöhnliche Entwicklungen in einem Unternehmen im Beteiligungsbesitz könnten zu veröffentlichen sein, wenn sie die Erträge aus der Beteiligung erheblich beeinflussen.[529] Andere stellen auf den beherrschenden Einfluß des Emittenten ab. Daher gehöre die Tätigkeit von Unternehmen zum Tätigkeitsbereich des Emittenten, an dem ihm die Mehrheit der Stimmrechte zusteht, an dem es die Mehrheit der Mitglieder der Unternehmensleitung bestimmen kann oder auf das es einen beherrschenden Einfluß aufgrund eines Beherrschungsvertrages oder einer Satzungsbestimmung ausübt („Tochterunternehmen").[530] *Fülbier* sieht darüber hinaus auch assoziierte Unternehmen erfaßt, auf die der Emittent maßgeblichen Einfluß ausübt (§ 311 HGB).[531] Überdies schlägt er vor, auch die Tätigkeit von beherrschenden Unternehmen in den Tätigkeitsbereich einzubeziehen.[532] Am weitesten geht *Gehrt*: Er nimmt eine Veröffentlichungspflicht sogar im Hinblick auf Entwicklungen an, die bei einem Unternehmen im reinen Finanzbeteiligungsbesitz eintreten. Entscheidend sei die betriebswirtschaftliche Auswirkung auf den Emittenten.[533]

b) *Stellungnahme: Beherrschbarkeit erforderlich*

Eine Auslegung des Tatbestandsmerkmales zeigt, daß zum Tätigkeitsbereich nur Unternehmen gehören, auf deren Geschäftstätigkeit der Emittent beherrschenden Einfluß ausüben kann.[534] Denn nach dem allgemeinen Sprachgebrauch lassen sich als Tätigkeit

---

529 *Tippach*, Insiderverbote und Rechtspflichten der Banken, S. 146, mit dem Beispiel großer Verluste bei einer hundertprozentigen Tochtergesellschaft; vgl. auch *Hopt*, ZHR 159 (1995), 135, 151 mit Fn. 65.

530 *Cahn*, ZHR 162 (1998), 2, 30 f., *Fürhoff/Wölk*, WM 1997, 449, 452, und *Zubrod*, Rechtssichere Eingrenzung der Ad-hoc-Publizitätspflicht, S. 65, ziehen diese handelsrechtliche Konzernabgrenzung gemäß § 290 Abs. 2 HGB heran; *Burgard*, ZHR 162 (1998), 51, 59 und 96, und *Hirte*, in: Hadding/Hopt/Schimansky (Hrsg.), 2. FFG, S. 47, 71, gehen von der aktienrechtlichen Regelung in §§ 17 f. AktG aus.

531 *Fülbier*, Regulierung der Ad-hoc-Publizität, S. 252.

532 *Fülbier*, aaO, S. 254 ff.; ebenso *Cahn*, ZHR 162 (1998), 2, 31; *Singhof*, ZGR 2001, 146, 152 und 169 f. mit Fn. 98; wohl auch *Hirte*, in: Hadding/Hopt/Schimansky (Hrsg.), 2. FFG, S. 47, 71 („verbundene Unternehmen"); offengelassen von *Burgard*, ZHR 162 (1998), 51, 95 f.

533 *Gehrt*, Die neue Ad-hoc-Publizität, S. 142; ihm folgend v.*Klitzing*, Die Ad-hoc-Publizität, S. 142.

534 Auf die bisherige Ausübung des Einflusses kommt es nicht an. *Zubrod*, Rechtssichere Eingrenzung der Ad-hoc-Publizitätspflicht, S. 66 ff., 218 f., weist nach, daß der hier befürworteten Maßstab der Möglichkeit zur Ausübung eines beherrschenden Einflusses im wesentlichen mit der für Tochterunternehmen getroffenen Abgrenzung des Konsolidierungskreises in der Rechnungslegung sowohl nach dem HGB als auch nach IAS und US-GAAP übereinstimmt. Die Ausnahmen vom Konsolidierungskreis beruhen dagegen auf anderen Erwägungen und lassen sich nicht zur Bestimmung des Tätigkeitsbereichs im Konzern heranziehen; ebenso im Ergebnis *Zubrod*, Rechtssichere Eingrenzung der Ad-hoc-Publizitätspflicht, S. 68 ff.; a.A. offenbar *Peltzer*, ZIP 1994, 746, 750; *Wölk*, AG 1997, 73, 77. Es stellt sich die Frage, ob auch andere als die in § 290 Abs. 2 genannten Kontroll-

alle von einer Person beherrschbaren, zweckgerichteten Handlungen auffassen. Für diese Auslegung spricht weiter der systematische Zusammenhang zur Definition der Geschäftstätigkeit, über die der Emittent in Prospekten und Veröffentlichungen der Regelpublizität zu berichten verpflichtet ist. Die §§ 56 Satz 2, 22 Abs. 1 BörsZulV, 8 Abs. 2 VerkProspVO fordern Angaben in Prospekt und Zwischenbericht zur Geschäftstätigkeit von Unternehmen, die der Emittent im Sinne von § 290 Abs. 2 HGB beherrscht. Dafür lassen sich auch Sinn und Zweck der Ad-hoc-Publizität anführen. Denn die zur Ausschüttung an die Anleger dem Mutterunternehmen zur Verfügung stehenden Zahlungsströme werden maßgeblich von der Dividendenausschüttung bzw. der Gewinnabführung durch das Tochterunternehmen mitbestimmt; das beeinflußt den Wert der Wertpapiere. Die Veröffentlichung von Entwicklungen in Tochterunternehmen beugt also Insiderhandel mit Wertpapieren des Emittenten vor und fördert die Bildung eines angemessenen Wertpapierpreises.[535]

Kann der Emittent hingegen keinen beherrschenden Einfluß ausüben, so ist er nicht zur Veröffentlichung der Geschäftstätigkeit dieses Unternehmens verpflichtet. Die Gegenansicht von *Gehrt* und *Fülbier* erweitert die Veröffentlichungspflicht über die Wortlautgrenze des Art. 103 Abs. 2 GG hinaus. Diese Eingrenzung der Veröffentlichungspflicht stimmt mit den im 1. Kapitel untersuchten Wertungen überein, die der Ad-hoc-Publizität zugrundeliegen. Hinsichtlich dieser Entwicklungen ist der Emittent nicht zur Verbreitung überlegen befähigt. Wenn der Emittent keinen bestimmenden Einfluß über das Unternehmen ausüben kann, in dem die Entwicklung eintritt, kann er nicht seine eigene richtige, vollständige und zeitnahe Unterrichtung über die Entwicklungen sicher stellen. Da die Entwicklung als Geschäfts- und Betriebsgeheimnis des anderen Unternehmens geschützt ist und der Emittent die Geltendmachung dieses Geheimnisschutzes nicht kraft eines beherrschenden Einflusses unterbinden kann, kontrolliert er nicht die Verbreitung der Information über die Entwicklung. Auch ist der Emittent nicht gegenüber den Anlegern für die Veröffentlichung von Entwicklungen dieser Art überragend verantwortlich. Denn er erfährt nicht bestimmungsgemäß vor anderen Anlegern von der Entwicklung, wenn die Information darüber nicht an ihn im Rahmen seiner Leitungsaufgabe übermittelt wird. Außerdem hat er nicht durch vorhergehende Berichte der Prospekt- und Regelpublizität die Erwartung der Anleger geweckt, daß er sie über Entwicklungen kontinuierlich unterrichten wird, da die Berichterstattung auf Unternehmen beschränkt ist, die der Emittent im Sinne von § 290 Abs. 2 HGB beherrscht.

Diese Eingrenzung der vom Emittenten zu veröffentlichenden Information ist ferner sinnvoll, um nicht abgestimmte Mehrfachveröffentlichungen zu vermeiden. Das beugt Preisverzerrungen vor (*noise*) und fördert die Bildung eines angemessenen Wertpapierpreises. Selbst maßgeblicher Einfluß kann nicht vermeiden, daß sowohl der Emittent als auch ein assoziiertes Unternehmen eine Publizitätstatsache ohne Abstimmung veröffentlichen. Das gilt erst recht bei reinen Finanzbeteiligungen. Daher ist der Emittent nicht zur Veröffentlichung von Entwicklungen verpflichtet, die im Rahmen der Geschäftstätigkeit von assoziierten Unternehmen und Unternehmen im Beteiligungsbesitz eintreten.

---

möglichkeiten, etwa einfachvertraglicher Art, genügen, um eine Zurechnung zum Tätigkeitsbereich zu begründen; vgl. zu dieser Problematik bei der Bestimmung des Konsolidierungskreises *Nowotny*, in Forster/Grunewald/Lutter/Semler (Hrsg.), FS Kropff, S. 555, 560 ff. *Zubrod*, Rechtssichere Eingrenzung der Ad-hoc-Publizitätspflicht, S. 64, wendet ein, dies würde eine rechtssichere Abgrenzung gefährden.

535 So auch *Fülbier*, Regulierung der Ad-hoc-Publizität, S. 250.

Eine Verpflichtung zur Veröffentlichung von Entwicklungen, die bei einem den Emittenten beherrschenden Unternehmen eintreten, besteht nicht. Diese Auslegung ist nicht mit dem Wortsinn einer Tätigkeit zu verbinden.[536] Das Tochterunternehmen hat keinen Einfluß auf die Geschäftstätigkeit seiner Muttergesellschaft, erst recht nicht auf eine weiter entrückte Konzernobergesellschaft.[537] Die Publizitätspflicht würde also im Wege verbotener Analogie erweitert.[538]

IV. Ausblick: Regelungsvorgaben der EU-Marktmissbrauchsrichtlinie

Die EU-Marktmissbrauchsrichtlinie sieht eine Ad-hoc-Veröffentlichungspflicht für jegliche kurserheblichen Entwicklungen vor, die den Emittenten unmittelbar betreffen.[539] Als Anlaß der Ad-hoc-Publizitätspflicht ist somit nicht mehr erforderlich, daß die kurserhebliche Entwicklung im Tätigkeitsbereich des Emittenten eingetreten ist.

Allerdings lassen sich die zur Auslegung dieses Tatbestandsmerkmales gewonnenen Erkenntnisse fruchtbar machen für die Auslegung des neuen Tatbestandsmerkmales, daß Anlaß der Ad-hoc-Publizität nur Entwicklungen sind, die den Emittenten unmittelbar betreffen. Diese auf Vorschlag des Europäischen Parlaments in erster Lesung eingefügte Qualifikation bezweckt, die Veröffentlichungspflicht auf bestimmte Insiderinformationen zu beschränken.[540] Ausgenommen sind Insiderinformationen, die den Emittenten nur indirekt betreffen oder die vom Emittenten ausgegebene Finanzinstrumente direkt oder indirekt betreffen.[541] Diese Einschränkung des Anlasses der Ad-hoc-Publizität läuft dem erklärten Zweck der Regelung zur weitestgehenden Verhinderung von Insidergeschäften zuwider. Sie läßt sich mit denselben Wertungen erklären, die der Einschränkung der Ad-hoc-Publizität gemäß § 15 Abs. 1 Satz 1 WpHG auf Entwicklungen im Tätigkeitsbereich des Emittenten zugrundeliegen: Der Emittent hat sinnvollerweise nur solche Entwicklungen ad hoc zu veröffentlichen, zu deren Veröffentlichung er überlegen befähigt und gegenüber den Anlegern überragend verantwortlich ist.

Zu untersuchen ist vor diesem Hintergrund, wann eine Entwicklung einen Emittenten „direkt betrifft".

1. Eigene Tätigkeit des Emittenten

„Direkte Betroffenheit" ist gewiss bei eigener Tätigkeit des Emittenten anzunehmen: Einen Emittenten macht seine Geschäftstätigkeit aus. Zur genaueren Ausfüllung dieser Kategorie von Publizitätsanlässen lassen sich die obenstehend zum Tatbestandsmerkmal des „Tätigkeitsbereiches" entwickelten Maßgaben heranziehen.[542] Mit dem Begriff des

---

536 So offenbar auch *v.Klitzing*, Die Ad-hoc-Publizität, S. 109 f.

537 Ebenso *Zubrod*, Rechtssichere Eingrenzung der Ad-hoc-Publizitätspflicht, S. 65.

538 *Fülbier*, Regulierung der Ad-hoc-Publizität, S. 257, möchte seine Ansicht denn auch nicht normativ umgesetzt sehen, sondern als Empfehlung verstanden wissen.

539 Art. 6 Abs. 1 der EU-Marktmissbrauchsrichtlinie 2003/6/EG vom 28.1.2003, ABl. EG Nr. L 96 v. 12.4.2003, S. 21.

540 Anmerkung zu Art. 6 Abs. 1 in der Mitteilung der Kommission an das Europäische Parlament betreffend den vom Europäischen Rat angenommenen gemeinsamen Standpunkt zur EU-Marktmissbrauchsrichtlinie, SEK (2002) 0889 endg. – 2001/0118 (COD).

541 Siehe die Definition des Begriffes „Insiderinformation" in Art. 1 Nr. 1 der EU-Marktmissbrauchsrichtlinie 2003/6/EG vom 28.1.2003, ABl. EG Nr. L 96 v. 12.4.2003, S. 20; vgl. Änderungsvorschlag Nr. 35 in der Stellungnahme des Europäischen Parlaments in erster Lesung vom 14.3.2002 zum Kommissionsvorschlag einer EU-Marktmissbrauchsrichtlinie, KOM (2001) 281 – 2001/0118 (COD).

542 Siehe oben I.2.a).

Emittenten ist das hinter der Rechtsperson stehende Unternehmen in Bezug genommen, denn ein Unternehmen „an sich" gibt es, wie erörtert, nicht.

Allerdings ist zu beachten, daß das Erfordernis eines direkten Emittentenbezuges in der Abgrenzung weicher ist als das Erfordernis, daß eine Entwicklung im Tätigkeitsbereich des Emittenten eingetreten sein muß. Das Tatbestandsmerkmal des Tätigkeitsbereiches ist in seiner möglichen Bedeutung durch den systematischen Bezug zum Begriff der „Geschäftstätigkeit" begrenzt. Der Begriff der Geschäftstätigkeit erhält seine Bedeutung vor allem durch die Vorschriften zur Regel- und Prospektpublizität, die bestimmen, wie über die Geschäftstätigkeit des Emittenten zu berichten ist. Dieses Zusammenspiel führt dazu, daß z.B. Personalveränderungen unterhalb der Aufsichts- und Leitungsebene nicht als Entwicklungen im Tätigkeitsbereich des Emittenten anzusehen sind, obwohl dies nach Sinn und Zweck der Ad-hoc-Publizität geboten sein mag.[543] Diese Schlußfolgerung ist dagegen nicht angezeigt bei der Auslegung, welche Entwicklungen einen Emittenten „direkt" betreffen. Das Tatbestandsmerkmal ist ohne weiteres erfüllt bei jeglichen Personalveränderungen im Betrieb des Emittenten.

2. *Die Tätigkeit Dritter*

Die Tätigkeit Dritter betrifft einen Emittenten in der Regel nur indirekt, und sollte daher auch nach den Vorgaben der EU-Marktmissbrauchsrichtlinie keinen Anlaß zur Ad-hoc-Publizität darstellen. Direkt betrifft diese Tätigkeit zunächst einmal nur diese Dritten. Diese Abgrenzung ist wie erörtert durch die zugrundeliegende Wertung angezeigt, daß der Emittent weder zur Verbreitung von Information über die Tätigkeit Dritter überlegen befähigt ist – dies ist in erster Linie der Dritte --, noch den Anlegern für die Veröffentlichung dieser Information überragend verantwortlich ist. Die dadurch entstehende Lücke im Anlegerschutz vor Insiderhandel hat der europäische Gesetzgeber bewußt in Kauf genommen.[544]

Das Kriterium des direkten Emittentenbezuges ist weniger trennscharf als das Kriterium des Tätigkeitsbereiches. Während der mögliche Wortsinn letzteren Kriteriums den Anlaß der Publizitätspflicht auf solche Entwicklungen beschränkt, auf die der Emittent unmittelbar Einfluß ausüben kann, genügt für den Emittentenbezug die passive „Betroffenheit" des Emittenten. Fraglich ist, ob aus diesem Grund zukünftig eine Ad-hoc-Veröffentlichungspflicht für Entwicklungen veranlaßt ist, die bei einem Unternehmen im reinen Finanzbeteiligungsbesitz des Emittenten eintreten. Diese von *Gehrt*[545] zu § 15 WpHG in seiner aktuellen Fassung vertretene Ansicht läßt sich *de lege lata* mit der Begründung verneinen, daß zum „Tätigkeitsbereich" dem allgemeinen Sprachgebrauch nach nur Unternehmen gehören dürften, auf deren Geschäftstätigkeit der Emittent beherrschenden Einfluß ausüben kann.[546] Diese Begründung läßt sich zum Tatbestandsmerkmal des direkten Emittentenbezugs nicht aufrechterhalten. Ein sensationeller Ölfund durch ein Unternehmen im Beteiligungsbesitz hat Einfluß auf den Wert der vom Emittenten in jenem Unternehmen gehaltenen Beteiligung. Der Ölfund könnte dadurch den Emittenten „direkt betreffen" i.S. von Art. 6 Abs. 1 der EU-Marktmissbrauchsrichtlinie.

Indes ergibt die Auslegung des Tatbestandsmerkmales der „direkten Betroffenheit" des Emittenten, daß auch gemäß Art. 6 Abs. 1 der EU-Marktmissbrauchsrichtlinie nur solche Entwicklungen Anlaß zur Ad-hoc-Publizität geben, die bei einem Unternehmen eintreten

543 Siehe oben II.2.
544 Siehe oben I.2.b).
545 *Gehrt*, Die neue Ad-hoc-Publizität, S. 142.
546 Siehe oben III.2.b).

auf dessen Geschäftstätigkeit der Emittent beherrschenden Einfluß ausüben kann. Entwicklungen, die in erster Linie einen Dritten betreffen und nur vermittels dieser Einwirkung auf den Dritten Auswirkungen auf den Emittenten haben, betreffen den Emittenten nicht direkt. Sie sind daher nicht von dem Emittenten ad hoc zu veröffentlichen. Von diesem Grundsatz ausgehend wird deutlich, daß Entwicklungen wie etwa der genannte Ölfund, die bei einem Unternehmen im Finanzbeteiligungsbesitz eintreten, keine Ad-hoc-Publizität durch den Emittenten veranlassen. Denn ohne die Einwirkung auf das Unternehmen im Beteiligungsbesitz käme es nicht zu Auswirkungen auf den Emittenten. Die Entwicklung betrifft daher den Emittenten nicht „direkt".

Vor diesem Hintergrund stellt sich die Frage, ob Entwicklungen bei einem verbundenen Unternehmen den Emittenten überhaupt „direkt betreffen" und daher gemäß Art. 6 Abs. 1 der EU-Marktmissbrauchsrichtlinie *ad hoc* zu veröffentlichen sein können. Die Antwort darauf liegt in dem erweiterten Verständnis des Emittentenbegriffes. Nach Sinn und Zweck der Vorschrift ist damit Bezug genommen auf die Geschäftstätigkeit des vom Emittenten betriebenen Unternehmen. Im Hinblick auf diese Geschäftstätigkeit ist der Emittent zur Veröffentlichung kurserheblicher Entwicklungen überlegen befähigt und den Anlegern gegenüber überragend verantwortlich.

Die „direkte" Geschäftstätigkeit des Emittenten umfaßt bei einem – nach Sinn und Zweck der Vorschrift maßgeblichen – funktionalen Verständnis des Wertschöpfungsprozesses jegliche Entwicklungen bei Unternehmen, auf deren Geschäftstätigkeit der Emittent beherrschenden Einfluß ausüben kann. Ist diese Voraussetzung gegeben, so ist nicht nur das verbundene Unternehmen, sondern auch der Emittent in seiner Geschäftstätigkeit direkt betroffen. Ansonsten ist er nur mittelbar betroffen. Die Abgrenzung ist dabei wiederum weicher, da der Richtlinientext nicht auf den Begriff der Geschäftstätigkeit Bezug nimmt. Zur Regel- und Prospektpublizität sowie zur Publizität der Rechnungslegung entwickelte Abgrenzungskriterien zur Berichterstattung im Konzernverbund sind daher hilfreich aber nicht ausschlaggebend.

3. *Keiner bestimmten Person zurechenbare Entwicklungen*

Entwicklungen, die weder als Tätigkeit des Emittenten noch als diejenige eines Dritten einzustufen sind, betreffen den Emittenten direkt, wenn sie ihn „konkret und individuell im Sinne eines Einzelfalles"[547] betreffen. Die zum Tatbestandsmerkmal des "Tätigkeitsbereiches" entwickelte Abgrenzung läßt sich gleichfalls für das Tatbestandsmerkmal der „direkten Betroffenheit" vertreten.[548]

Die Ausklammerung gesamtwirtschaftlicher Entwicklungen wird durch die Erstreckung der Ad-hoc-Publizität auf alle Emittenten von Finanzinstrumenten an Bedeutung gewinnen. Denn viele Finanzinstrumente, wie z.B. Geldmarktinstrumente und bestimmte Derivate, sind in ihrer Bewertung wesentlich von allgemeinwirtschaftlichen Entwicklungen abhängig. Trotz eines offenkundigen Bedürfnisses der Anleger nach Schutz vor Insiderhandel auch im Hinblick auf diese Informationen läßt sich nicht darüber hinwegsehen, daß die Emittenten dieser Finanzinstrumente in aller Regel ebenso wenig Zugang zu solchen Informationen haben, wie die Anleger. Ihre Belastung mit einer Ad-hoc-Veröffentlichungspflicht ist daher in dieser Hinsicht weder sinnvoll noch verhältnismäßig. Die Erstreckung der Ad-hoc-Publizität auf alle Emittenten von Finanzinstrumenten sollte daher weniger als grundlegende Erweiterung der Ad-hoc-Publizität

---

547 So die von *Gehrt*, Die neue Ad-hoc-Publizität, S. 139, zu § 15 WpHG entwickelte Formulierung.

548 Sieh oben I.2.c).

angesehen werden denn als Versuch zum Schluß von Schutzlücken in den Fällen, in denen Emittenten doch im Rahmen ihrer Geschäftstätigkeit unmittelbar Zugang zu Insiderinformationen zu besagten Finanzinstrumenten haben.

V. Die Befreiung von der Veröffentlichungspflicht für bestimmte Entwicklungen

Selbst wenn nach Maßgabe der vorstehenden Ausführungen grundsätzlich ein Anlaß zur Ad-hoc-Publizität besteht, kann der Emittent ausnahmsweise bei den zur Marktaufsicht berufenen Behörden (SEC/BAFin) eine Ausnahmegenehmigung einholen, die ihn von der Pflicht zur Veröffentlichung bestimmter Entwicklungen befreit.

Das US-Recht erkennt eine Befreiung von der Berichtspflicht gemäß Form 8-K nur unter den engen Voraussetzungen an, die auch für Ausnahmen von der Regel- und Prospektpublizität erfüllt sein müssen.[549] Die Geheimhaltung der Information muß durch berechtigte Interessen des Emittenten gerechtfertigt[550] oder zur Wahrung der nationalen Sicherheit erforderlich sein.[551] Die Befreiung ist förmlich bei der SEC zu beantragen, die nach freiem Ermessen entscheidet, ob und wie sie eine Ausnahme genehmigt. Es ist keine Befreiung von den Ad-hoc-Veröffentlichungspflichten gemäß Rule 10b-5 vorgesehen.[552] Allerdings ist der Unternehmensleitung ein gewisses Geschäftsermessen eingeräumt bei der Bestimmung, zu welchem Zeitpunkt die zwingend vorzunehmende Veröffentlichung den geringsten Nachteil für das Unternehmen verursacht. Die Praxis nutzt diese Befugnis der Unternehmensleitung dazu, den Emittenten in vielen Fällen von der Ad-hoc-Veröffentlichungspflicht zu befreien.[553]

Von dem Gebot der Ad-hoc-Publizität ist gemäß § 15 Abs. 1 Satz 2 WpHG eine Ausnahme möglich, wenn die Veröffentlichung der Publizitätstatsache geeignet ist, den berechtigten Interessen des Emittenten zu schaden. Die Befreiung ist bei der BAFin im vorhinein zu beantragen.

---

549 Für Veröffentlichungen der Prospektpublizität gilt Schedule A Item 30 i.V. mit Rule 406 des SA, für Veröffentlichungen der Regelpublizität gilt Rule 24b-2 des SEA. Diese Vorschriften übersieht *Gehrt*, Die neue Ad-hoc-Publizität, S. 168, wenn er meint, die Veröffentlichungspflicht gemäß Form 8-K sei ohne Ausnahme zu erfüllen.

550 17 C.F.R.§ 240.24b-2 i.V. mit 17 C.F.R.§ 200.80(b)(4) (i.V. mit 5 U.S.C.§ 552(b)(4)).

551 17 C.F.R.§ 240.0-6 verbietet dem Emittenten, der SEC Information zur Akte zu reichen, die von einer zuständigen Behörde als vertraulich eingestuft ist, um Interessen der Außenpolitik oder der nationalen Verteidigung zu wahren. Damit ist implizit eine Freistellung von Veröffentlichungspflichten geregelt.

552 Vgl. aber den Vorschlag zu einem Gebot der Ad-hoc-Publizität *de lege ferenda* von Marc I. Steinberg, SECURITIES REGULATION: LIABILITIES AND REMEDIES 2-40: "The issuer may avoid liability by establishing that (1) it had reasonable and identifiable grounds for believing that the potential consequences of the adverse event could be neutralized, (2) it diligently pursued a considered plan for accomplishing this objective, and (3) disclosure would have presented a substantial, identifiable threat to the continued viability of the company's business." Nach anderer Ansicht sollen bereits „berechtigte wirtschaftliche Interessen" (*legitimate business reasons*) einen Befreiungsanspruch begründen; Karjala, *Statutory Regulation of Insider Trading in Impersonal Markets*, 1982 DUKE L.J. 627, 629; Joel Seligman, *The Reformulation of Federal Securities Law Concerning Nonpublic Information*, 73 GEO. L. J. 1083, 1120 Fn.176. Vermittelnd fordert Donald C. Langevoort, *Information Technology and the Structure of Securities Regulation*, 98 HARV. L. REV. 747, 791, die Gefahr einer beträchtlichen finanziellen Einbuße für die bestehenden Aktionäre.

553 Siehe oben § 2 III.1.

1. US-Recht

Anträge auf Befreiung von der Berichtspflicht gemäß Form 8-K sind in aller Regel auf Rule 24b-2 i. V. mit Rule 80(b)(4) des Freedom of Information Act (FOIA) gestützt.[554] Sie geben einen Anspruch auf Geheimhaltung von Geschäfts- oder Betriebsgeheimnissen sowie von Information, die von einem Dritten mit der Auflage oder in der Erwartung von Verschwiegenheit erlangt ist.[555] Der Emittent kann nach Ansicht der SEC allerdings nur von der Veröffentlichung im Hinblick auf Information über Verträge befreit werden, es sei denn es liegen ganz ungewöhnliche Umstände vor.[556] Denn die SEC legt Rule 24b-2 trotz ihres weitergehenden Wortlautes in ständiger Übung eng aus. Sie verweist zur Begründung auf Schedule A Item 30 i.V. mit Rule 406 des SA, die Abweichungen von den Inhaltsanforderungen für Prospekte nur für Angaben über Verträge erlauben.[557] Der Emittent muß für jede einzelne Information begründen, wie ihre Veröffentlichung ihm schaden würde. Generelle Ausführungen reichen nicht aus.

Der Emittent hat darzulegen, daß die Befreiung von der Veröffentlichungspflicht geeignet ist, Schaden vom Emittenten abzuwenden. Dabei hat der Emittent auch darauf einzugehen, warum die Information ohne ihre Veröffentlichung geheim bleiben würde, der Schaden also im Falle einer Befreiung ausbleiben würde. Die SEC verweigert routinemäßig Befreiungen, wenn die Information aus anderweitigen Mitteilungen des Emittenten, aus den Umständen oder aus Behördenregistern zu entnehmen ist.[558]

Der Emittent muß außerdem begründen, daß die Befreiung erforderlich ist, um Schaden vom Emittenten abzuwenden. Dazu ist zu begründen, daß die Geheimhaltung von allen Mitteln der Schadensabwendung den Anlegerschutz am wenigsten einschränkt. So fordert die SEC nähere Substantiierung, ob alle Zahlenangaben und Daten eines Vertrages geheimzuhalten sind und ob neben dem Vertragspartner auch die wesentlichen Umstände einer Transaktion verschwiegen werden müssen.[559]

Schließlich muß der Emittent darlegen, daß die Befreiung ein angemessenes Mittel ist, um eine Schädigung des Emittenten zu verhindern. Dazu sind die Interessen der Anleger an der Veröffentlichung der fraglichen Entwicklung abzuwägen gegen die Interessen des Emittenten an einer Befreiung von der Ad-hoc-Veröffentlichungspflicht. Dieser Punkt ist die größte Hürde für jeden Befreiungsantrag. Die SEC verweigert eine Befreiung immer, wenn die betreffende Information kurserheblich ist, sie verweigert Befreiungen in der Regel, wenn die Information in den Inhaltskatalogen für Pflichtveröffentlichungen ausdrücklich aufgeführt ist. Der Emittent muß also begründen, warum eine Veröffentlichung der Information für ihn von Bedeutung sein würde, für die Anleger hingegen nicht.[560] Die SEC zieht dabei in Betracht, ob zu den fraglichen Umständen genügend Information öffentlich bekannt ist, um den Anlegern eine angemessene Beurteilung der

---

554 17 C.F.R.§ 240.24b-2 i.V. mit 17 C.F.R.§ 200.80(b)(4) (i.V. mit 5 U.S.C.§ 552(b)(4)).

555 Vgl. U.S. Department of Justice FREEDOM OF INFORMATION ACT GUIDE & PRIVACY ACT OVERVIEW 115 (1995)

556 P. Cade Newman, *Requests for Confidential Treatment and „Silent Filings"*, 29 SEC. & COMM. REG. REV. 99, 103 f. (1996).

557 15 U.S.C.§ 77aa(30) i. V. mit 17 C.F.R.§ 230.406.

558 P. Cade Newman, *Requests for Confidential Treatment and „Silent Filings"*, 29 SEC. & COMM. REG. REV. 99, 106.

559 P. Cade Newman, *Requests for Confidential Treatment and „Silent Filings"*, 29 SEC. & COMM. REG. REV. 99, 105.

560 P. Cade Newman, *Requests for Confidential Treatment and „Silent Filings"*, 29 SEC. & COMM. REG. REV. 99, 104 f.

Wertpapiere zu ermöglichen. Des weiteren muß der Antrag im Vergleich zu bisherigen Befreiungen vernünftig erscheinen, die die SEC an andere Emittenten der selben Branche gewährt hat. Schließlich berücksichtigt die SEC, ob der Emittent oder seine Mitarbeiter bisher durch die selektive Weitergabe von Insiderinformation aufgefallen sind.

2. *Deutsches Recht*

Es ist umstritten, wann „berechtigte Interessen" vorliegen, die eine Ausnahme von der Veröffentlichungspflicht gemäß § 15 Abs. 1 Satz 2 WpHG rechtfertigen.

a) *Streitgegenstand: Die Berechtigung von Befreiungsinteressen*

In der Literatur wird die Ansicht vertreten, die BAFin könne den Emittenten von der Ad-hoc-Veröffentlichungspflicht befreien, wenn eine Veröffentlichung geeignet ist, der Gesellschaft oder einem verbundenen Unternehmen einen nicht unerheblichen Nachteil zuzufügen. Das ergebe sich zum einen aus der Genese des Gesetzes. So sah § 44a Abs. 1 S. 3 BörsG a.F. noch vor, daß der Börsenvorstand bei der Bescheidung über einen Befreiungsantrag die Interessen des Publikums berücksichtigt. Nach der neuen Fassung des Befreiungstatbestandes sei demgegenüber nur auf das Interesse des Emittenten an einer Befreiung von der Veröffentlichungspflicht abzustellen.[561] Zum anderen wird der systematische Zusammenhang mit § 131 Abs. 3 Satz 1 Nr. 1 AktG angeführt, der unter der selben Voraussetzung dem Vorstand auf der Hauptversammlung erlaubt, eine Auskunft an die Aktionäre zu verweigern.[562]

Nach anderer Ansicht ist eine Interessenabwägung erforderlich. Diese Interessenabwägung sei in § 15 WpHG bereits angelegt. Auf sie verweise das Tatbestandsmerkmal "berechtigt".[563] Die dem Emittenten drohenden Nachteile aus einer unverzüglichen Veröffentlichung müßten schwerer wiegen, als das Interesse der Anleger und der Volkswirtschaft an einer Veröffentlichung.[564] In diesem Sinne führt *Ekkenga* näher aus, eine Ausnahme von der Ad-hoc-Publizität sei dann geboten, wenn die Produktivität der Veröffentlichungspflicht in Unproduktivität umschlage. Die Veröffentlichung von Wettbewerbsvorsprüngen beschneide die Fähigkeit des Emittenten zur größtmöglichen Gewinnerzielung, so daß letztlich auch die Renditeerwartungen der Anleger enttäuscht würden. Volkswirtschaftlich betrachtet drohe die Fehlallokation des Kapitals.[565] Ferner wird angeführt, die Formulierung der "berechtigten Interessen" gehe auf die EU-Börsen-

---

561 *Assmann*, AG 1994, 196, 206; *Hirte*, in: Hadding/Hopt/Schimansky (Hrsg.), 2. FFG, S. 47, 50.

562 *Hirte*, in: Hadding/Hopt/Schimansky (Hrsg.), 2. FFG, S. 47, 61 f.; vgl. auch *Gehrt*, Die neue Ad-hoc-Publizität, S. 165 („Anhaltspunkte").

563 *Hopt*, ZHR 159 (1995), 135, 157.

564 Grundlegend *Hopt*, in: WM-Festgabe Hellner 1994, S. 29, 33; siehe *BAWe/Deutsche Börse AG*, Leitfaden, S. 46; *Fürhoff/Wölk*, WM 1997, 449, 458, *Hopt*, ZHR 159 (1995), 135, 157; *Kümpel*, in: Kümpel/Ott (Hrsg.), Kapitalmarktrecht, Kennz. 065, Teil 5, D. I. (S. 78); *Fürhoff*, Kapitalmarktrechtliche Ad-hoc-Publizität zur Vermeidung von Insiderkriminalität, S. 203 f.; *Gehrt*, Die neue Ad-hoc-Publizität, S. 166; v.*Klitzing*, Die Ad-hoc-Publizität, S. 170 f. Insbesondere sei der drohende Vermögensschaden der Anleger zu beachten, welche in der Zeit bis zur Veröffentlichung die Wertpapiere bei einer positiven Nachricht zu billig verkaufen und bei einer schlechten Nachricht zu teuer kaufen würden. *Geibel*, in: Schäfer (Hrsg.), WpHG etc., § 15 Rdn. 114; *Kümpel*, in: Assmann/-Schneider (Hrsg.), WpHG, § 15 Rdn. 79; ders, AG 1997, 66, 71; *Wittich*, AG 1997, 1, 4; *Wölk*, AG 1997, 73, 79.

565 *Ekkenga*, ZGR 1999, 165, 195 f.

zulassungsrichtlinie zurück, daher sei kein Raum für einen Vorbehalt im Sinne des § 131 Abs. 3 Satz 1 Nr. 1 AktG.[566]

b) Stellungnahme: Die Erforderlichkeit einer Interessenabwägung

Bevor im folgenden die Berchtigung von Befreiungsinteressen untersucht wird, ist es sinnvoll, sich zunächst die Entscheidungslage der BAFin zu vergegenwärtigen. Bei ihrer Entscheidung über den Befreiungsantrag des Emittenten hat die BAFin den Grundsatz der Verhältnismäßigkeit zu beachten.[567] Eine Befreiung ist also zu gewähren, soweit sie geeignet, erforderlich und -- im Hinblick auf die in § 15 Abs. 1 Satz 1 WpHG geschützten Interessen -- angemessen ist, um einen Schaden von dem Emittenten abzuwenden. Zugleich darf die BAFin einen Befreiungsantrag nur dann ablehnen, wenn dieser Verwaltungsakt geeignet, erforderlich und -- im Hinblick auf die in § 15 Abs. 1 Satz 1 WpHG geschützten Interessen -- angemessen ist, um die Gefahr vermögensschädigenden Wertpapierhandels der Anleger abzuwenden.

Das Tatbestandsmerkmal der „berechtigten Interessen" in § 15 Abs. 1 Satz 2 WpHG verweist vor diesem Hintergrund auf die in § 15 Abs. 1 Satz 1 WpHG getroffenen Wertentscheidung des Gesetzgebers, die Interessen an einer Ad-hoc-Veröffentlichungspflicht im allgemeinen höher zu bewerten als die Interessen dagegen. Das Interesse des Emittenten an einer Befreiung von der Veröffentlichungspflicht ist demgegenüber „berechtigt", wenn im Einzelfall die Interessen gegen die Ad-hoc-Veröffentlichungspflicht schwerer wiegen und es daher unverhältnismäßig wäre, die Ad-hoc-Veröffentlichungspflicht aufrechtzuerhalten. Es ist im übrigen -- anders als im US-Recht -- keine Freistellung von der Ad-hoc-Publizität für den Fall vorgesehen, daß eine Veröffentlichung dem öffentlichen Interesse zuwiderläuft.[568] Normkonflikte sind daher nach den allgemeinen Regeln für Gesetzesauslegung und -konkurrenz aufzulösen.[569]

Es ist eine Abwägung der Interessen der Anleger, Emittenten und der Volkswirtschaft für und gegen eine Ad-hoc-Veröffentlichungspflicht erforderlich. Diese der Regelung des § 15 Abs. 1 Satz 1 WpHG zugrunde liegende Abwägung ist bereits zu der Frage erörtert worden, ob die Ad-hoc-Veröffentlichungspflicht ein angemessenes Mittel ist, um die Markttransparenz zu fördern,[570] die Allokationseffizienz des Kapitalmarktes zu verbessern[571] und das Anlegervermögen zu schützen.[572] Die Untersuchung hat ergeben, daß

---

566 *Hopt*, in: WM-Festgabe Hellner 1994, S. 29, 33, zu entsprechenden Vorschlägen im Gesetzgebungsverfahren.

567 Zum Verhältnismäßigkeitsgrundsatz als übergreifender Leitregel jeglichen staatlichen Handelns vgl. nur BVerfGE 23, 133; 19, 348 f.

568 Besagter Vorbehalt besteht dagegen ausdrücklich für den Börsenzulassungsprospekt (§ 32 Abs. 2 Nr. 3 BörsG i.V. mit § 47 Nr. 2 BörsZulV) und für Angaben im Zwischenbericht (§ 40 Abs. 2 Satz 2 BörsG i.V. mit § 60 Nr. 1 BörsZulV), ebenso für Veröffentlichungen über Veränderungen der Beteiligungsstruktur des Emittenten gemäß § 25 Abs. 4 WpHG und § 166 Abs. 2 AktG. Die EU-Emissionsprospektrichtlinie, auf die das VerkProspG zurückgeht, sah einen entsprechenden Grund für die Befreiung von Angaben im Verkaufsprospekt vor (Art. 13 Abs. 1 lit. b der Emissionsprospektrichtlinie (89/298/EWG), ABl. EG Nr. L 124 v. 5.5.1989, S. 8 ff.); der deutsche Gesetzgeber hat davon abgesehen.

569 So stellt sich z.B. die Frage, ob gemäß § 20 WpHG von den Insiderhandelsverboten ausgenommene Geschäfte aus geld- oder währungspolitischen Gründen ebenfalls von der Ad-hoc-Veröffentlichungspflicht ausgeklammert sind. Dies wird man mit *Siebel*, BKR 2002, 795, 799, wohl bejahen können.

570 Dazu oben § 3 I.3.c).

571 Dazu oben § 3 II.3.c).

572 Dazu § 3 III.2.

die Interessen gegen eine Veröffentlichung überwiegen und demzufolge eine Geheimhaltung berechtigt sein muß, wenn die den Emittenten durch die Veröffentlichung verursachten indirekten Kosten, namentlich nutzlose Aufwendungen für Vertragsverhandlungen oder Forschung und Entwicklung, höher zu veranschlagen sind, als die den Emittenten ebenfalls entstehenden Finanzierungsvorteile. Die Interessen an einer Befreiung von der Ad-hoc-Veröffentlichungspflicht sind demzufolge *per saldo* berechtigt, wenn den Emittenten durch die Veröffentlichung ein Vermögensverlust (Vermögensschaden) entstehen würde.[573] Es sind strenge Maßstäbe an den Nachweis des drohenden Schadens zu stellen. Aufgrund des Gefangenen-Dilemmas wären sonst alle Emittenten auf Dauer gezwungen, bei der geringsten Belastung ihres Geschäftsbetriebes Befreiungen zu beantragen, um nicht ihre Wettbewerber zu bevorteilen.[574] Wie die Entwicklung des US-Rechts zeigt,[575] würde die Ad-hoc-Veröffentlichungspflicht durch diese Auslegung insgesamt ausgehöhlt.

Dagegen ist die Ansicht nicht haltbar, daß eine Befreiung von der Veröffentlichungspflicht nur die Gefahr eines nicht unerheblichen Nachteiles für den Emittenten voraussetzt. Das systematische Verhältnis des Satz 1 zu Satz 2 des § 15 Abs. 1 WpHG würde ins Gegenteil verkehrt, da, folgte man dieser Ansicht, die als Regelfall gemäß Satz 1 vorgesehene Veröffentlichung zur Ausnahme würde, die Befreiung nach Satz 2 hingegen zur Regel. Letztendlich wäre die Mehrzahl aller Entwicklungen von der Ad-hoc-Publizität auszunehmen.[576] Eine gewisse Erschwernis der Geschäfte oder einen allgemeinen Wettbewerbsnachteil verursacht die Veröffentlichung nahezu jeder Entwicklung.[577] Die Veröffentlichungspflicht ist aber gleichwohl volkswirtschaftlich sinnvoll und im überwiegenden Interesse der Anleger, wenn diesem Nachteil langfristig gesehen ein größerer Vorteil aus günstigeren Finanzierungkonditionen gegenübersteht.[578]

Aus § 131 AktG lassen sich im übrigen keine Rückschlüsse auf die Bedingungen einer Befreiung ziehen. Die Ad-hoc-Publizität wendet sich nicht alleine an Aktionäre, sondern an alle bestehenden und potentiellen Anlegern. Außerdem hat die Ad-hoc-Veröffent-

573 Es ist somit keine Gefahr eines erheblichen Schadens vorausgesetzt. Diese Auslegung unterstützt der Umkehrschluß zu den im systematischen Zusammenhang stehenden Befreiungsbefugnissen der Prospekt- und Regelpublizität. Sie setzen im Gegensatz zu § 15 Abs. 1 Satz 2 WpHG die Gefahr eines erheblichen Schadens für eine Befreiung von der Veröffentlichungspflicht voraus.
Siehe § 7 Abs. 3 Nr. 2 VerkProspG i.V. mit § 14 Abs. 4 Nr. 1 VerkProspVO (Verkaufsprospekt); § 32 Abs. 2 Nr. 3 BörsG i.V. mit § 47 Nr. 3 BörsZulVO (Börsenzulassungsprospekt); § 40 Abs. 2 Satz 2 BörsG i.V. mit § 60 Nr. 2 BörsZulVO (Zwischenbericht).

574 Siehe oben § 3.I.2. zum Gefangenen-Dilemma.

575 Siehe oben § 2 III.2.

576 Das ist besonders deutlich bei negativen Nachrichten; *BAWe/Deutsche Börse AG*, Leitfaden, S. 46; *Fürhoff/Wölk*, WM 1997, 449, 458. Die Bildung eines angemessenen Börsenpreises und der Schutz vor Insidergeschäften ist bei negativen Nachrichten aber ebenso wichtig wie bei positiven. Vor allem bei negativen Nachrichten ist eine Veröffentlichungspflicht bezweckt, denn positive Nachrichten teilen Emittenten ohnehin häufig freiwillig mit. *Claussen*, Insiderrecht und Ad-hoc-Publizität, Rdn. 125 (S. 91).

577 Entgegen *Claussen*, Frage und Antwort, S. 8, 28, reicht auch die Bezifferbarkeit des Wettbewerbsnachteils nicht aus zur Begründung einer Befreiung. Denn dieser Nachteil besteht unter Umständen nur gegenüber Unternehmen, die keine Wertpapiere an der Börse zugelassen haben. Diese Nachteilen können dann durch Vorteile bei der Unternehmensfinanzierung über die Börse aufgewogen sein.

578 Wettbewerbsnachteile aus Pflichtveröffentlichungen durch „free riding“ sind also, wie *Merkt*, Unternehmenspublizität, S. 413 f., formuliert, keine „prinzipiell-qualitative“, sondern eine „graduell-quantitative“ Problemstellung.

lichungspflicht nicht den selben Sinn und Zweck wie das an der Rechenschaftsfunktion der Hauptversammlung orientierte Auskunftsrecht des § 131 Abs. 1 AktG: Sie zielt auf den Schutz der Anleger nicht vor einer Fremdschädigung durch die Unternehmensleitung sondern vor irrtumsbedingter Selbstschädigung ab.

Eine Befreiung läßt sich andererseits auch nicht, wie im US-Recht, mit dem Argument ablehnen, die Anleger hätten ein -- wie auch immer geartetes -- Informationsinteresse. Denn der Emittent ist aus Gründen größerer Effizienz im Wege typisierter Garantenpflicht, und nicht aufgrund eines persönlichen Vorwurfes zur Ad-hoc-Publizität verpflichtet. Die eingeschränkten Befreiungsvoraussetzungen im US-Recht sind nur deswegen ohne persönliche Vorwerfbarkeit des Emittentenverhaltens zu begründen, weil die Veröffentlichungspflicht auf einzelne, enumerierte Umstände beschränkt ist. Die Belastung des Emittenten mit den direkten und indirekten Kosten der Ad-hoc-Publizität ist daher dennoch verhältnismäßig.

Im folgenden soll vor dem Hintergrund der US-Rechtspraxis untersucht werden, wann eine Befreiung von der Ad-hoc-Veröffentlichungspflicht verhältnismäßig ist.

c) Die Eignung einer Befreiung zur Schadensabwendung

Die Befreiung von der Ad-hoc-Veröffentlichungspflicht muß geeignet sein, einen Schaden von dem Emittenten abzuwenden.[579] Das Emittenteninteresse an einem reinen Zeitgewinn kann also keine Befreiung von der Ad-hoc-Veröffentlichungspflicht rechtfertigen.[580] Des gleichen ist eine Befreiung nicht zur Schadensabwendung geeignet, wenn die fragliche Information ohnehin demnächst bekannt wird. Wie die US-Rechtspraxis zeigt, dürfte schon deswegen eine Befreiung häufig ausscheiden.

Somit bleiben für die Befreiung von der Ad-hoc-Veröffentlichungspflicht die Fälle, in denen der Emittent bis zum Ablauf des Befreiungszeitraumes nachteilige Entwicklungen neutralisieren und vorteilhafte Entwicklungen sichern kann. Zum einen ist an die Abwendung von unmittelbar drohenden Vermögensverlusten zu denken. Praktisch besonders bedeutsam sind Sanierungsverhandlungen, deren erfolgreicher Abschluß bis zum Ende des beantragten Befreiungszeitraumes zu erwarten steht.[581] Bei unverzüglicher Veröffentlichung der drohenden Insolvenz muß der Emittent mit der Kündigung von Kreditlinien und verstärkter Vollstreckungsbereitschaft der Gläubiger rechnen, Lieferanten liefern meist nur noch gegen Vorkasse und unter den Arbeitnehmern breitet sich Unruhe aus, so daß die Existenz des Unternehmens gefährdet ist.[582] Eine Befreiung von der Ad-hoc-Veröffentlichungspflicht ist damit geeignet, diese Verunsicherung zu verhindern und

---

579 Außerdem sind Geheimhaltungsinteressen von abhängigen Unternehmen in entsprechender Anwendung des § 15 Abs. 1 Satz 2 WpHG zu beachten. Denn sie dürfen nicht schlechter gestellt sein, nur weil sie nicht selbst der Publizitätspflicht unterliegen. *Cahn*, ZHR 162 (1998), 2, 32 f.; zustimmend auch v.*Klitzing*, Die Ad-hoc-Publizität, S. 183; ebenso im Ergebnis *Singhof*, ZGR 2001, 146, 164 f. und 170 mit Fn. 99, der allerdings eigene berechtigte Interessen des Mutterunternehmen annimmt, gesellschaftsrechtliche Geheimhaltungspflichten gegenüber dem abhängigen Unternehmen zu vermeiden. Die Interessen verbundener Unternehmen sind allerdings nur insoweit beachtlich, als Information zu ihrer Geschäftstätigkeit publizitätspflichtig ist; dazu III.2.

580 *BAWe/Deutsche Börse AG*, Leitfaden, S. 46; *Wölk*, AG 1997, 73, 79.

581 *Kümpel*, in: Assmann/Schneider (Hrsg.), WpHG, § 15 Rdn. 81; *Deutsche* Börse AG, Leitfaden, 1. Auflage, S. 30; *Fürhoff/Wölk*, WM 1997, 449, 458; *Kümpel*, AG 1997, 66, 71; *Süßmann*, in: Wieselhuber & Partner (Hrsg.), Börseneinführung, S. 271, 274; *Wittich*, AG 1997, 1, 4; *Wölk*, AG 1997, 73, 79.

582 *Kümpel*, in: Assmann/Schneider (Hrsg.), WpHG, § 15 Rdn. 81; *Fürhoff/Wölk*, WM 1997, 449, 458; *Kümpel*, AG 1997, 66, 71.

die Insolvenz des Emittenten abzuwenden. Zum anderen ist an die Sicherung von Gewinnchancen zu denken, deren Verlust nach dem Rechtsgedanken des § 252 BGB ebenfalls einen Schaden darstellt. Als Beispiel kann ein Edelerzfund dienen, dessen Veröffentlichung den Erwerb der zum Abbau notwendigen Grundstücke in Frage stellt.[583] Eine Befreiung von der Ad-hoc-Veröffentlichungspflicht bis zum Abschluß der Kaufverträge sichert diese Gewinnchance des Emittenten.

Im übrigen sollte ausreichen, wenn ein Schaden nach Ablauf des beantragten Befreiungszeitraumes zwar noch nicht abgewendet sein wird, der Emittent dies aber durch weitere Schritte mit an Sicherheit grenzender Wahrscheinlichkeit noch erreicht.[584] Ein ganz strikter Maßstab würde die wenig sachgerechte Ablehnung von Befreiungsanträgen in Fällen verursachen, in denen der Emittent die für Gegenmaßnahmen erforderliche Zeit nicht mit Gewißheit beziffern kann. In Sanierungsfällen wird demgemäß ein bereits den beteiligten Interessengruppen unterbreiteter Sanierungsplan zur Begründung einer Befreiung genügen, wenn seine Annahme und Ausführung zu erwarten stehen.[585]

d) *Die Erforderlichkeit zur Schadensabwendung*

Die Befreiung muß weiterhin erforderlich sein, um Schaden von dem Emittenten abzuwenden. Dazu muß zunächst ein konkret bezifferbarer Schaden drohen. Ein nebulös bleibender Nachteil rechtfertigt keine Ausnahmegenehmigung, denn dann läßt sich nicht prüfen, für wie lange eine Befreiung angebracht ist. Außerdem muß die Befreiung nach dem Umfang der Information, die den Anlegern vorenthalten werden soll, sowie nach der Länge des Befreiungszeitraumes das die Interessen an einer Veröffentlichung am wenigsten beeinträchtigende Mittel sein, das noch geeignet ist, Schaden von dem Emittenten abzuwenden. Es können also, wie die Praxis des US-Rechts zeigt, zuweilen nur einzelne Ziffern und Daten von der Veröffentlichungspflicht auszunehmen sein, nicht hingegen die Nachricht von der kurserheblichen Entwicklung selbst. Die Befreiung ist auf kurze Zeit, unter Umständen sogar auf nur wenige Tage zu befristen.[586]

e) *Die Angemessenheit der Befreiung*

Schließlich muß die Befreiung von der Ad-hoc-Veröffentlichungspflicht ein angemessenes Mittel sein, um den Emittenten vor Schaden zu bewahren. Dazu ist zu prüfen, ob die Interessen an einer Geheimhaltung der fraglichen Information die Interessen an einer Veröffentlichung überwiegen.[587] Die Interessenabwägung muß die Interessen des

---

583 Vgl. SEC v. Texas Gulph Sulphur Co., 401 F.2d 833 (2d Cir. 1968) (*en banc*), *cert. denied sub nom.*Coates v. SEC, 394 U.S. 976 (S. Ct. 1969). Dieses Beispieles bedienen sich auch *Pellens*, AG 1991, 62, 67, und *Schwark*, BörsG, § 44a Rdn. 9.

584 Ebenso *BAWe/Deutsche Börse* AG, Leitfaden, S. 46; zu Sanierungsfällen *Geibel*, in: Schäfer (Hrsg.), WpHG etc., § 15 Rdn. 116; *Wittich*, AG 1997, 1, 4; *Wölk*, AG 1997, 73, 79; vgl. ferner *Claussen*, Insiderrecht und Ad-hoc-Publizität, Rdn. 126 (S. 91).

585 Zu weit dagegen *Fürhoff*, Kapitalmarktrechtliche Ad-hoc-Publizität zur Vermeidung von Insiderkriminalität, S. 204: Gefährdung „realistischer Sanierungspläne genüge.

586 *Wittich*, AG 1997, 1, 4; *Fürhoff/Wölk*, WM 1997, 449, 458; Siebel, BKR 2002, 795, 800. Das entspricht auch der Praxis des BAWe; vgl. *Claussen*, Insiderrecht und Ad-hoc-Publizität, Rdn. 126 (S. 91).

587 Ähnlich *Fürhoff/Wölk*, WM 1997, 449, 458. Das Interesse an einem integren und wahren Börsenpreis muß -- ebenso wie das Emittenteninteresse -- bezifferbar sein. Nur dann liegt überhaupt eine Publizitätstatsache vor, denn nur dann ist ihre Veröffentlichung erforderlich, um einen Vermögensschaden der Anleger abzuwenden.

Emittenten, die damit identischen Interessen der in ihn investierten Anleger[588] und der Volkswirtschaft,[589] sowie die Interessen der bis zu einer Veröffentlichung in den Wertpapieren des Emittenten Handel treibenden Anleger berücksichtigen. Im Ergebnis ist ein Überwiegen der Geheimhaltungsinteressen anzunehmen, wenn die durch eine Veröffentlichung nutzlos werdenden Aufwendungen des Emittenten und der ihm entgehende Gewinn höher zu veranschlagen sind als die langfristig aus Ad-hoc-Veröffentlichungen folgenden Finanzierungsvorteile.[590]

Eine Untersuchung der zwei praktisch bedeutsamen Fallgruppen veranschaulicht diese Formel. Das sind zum einen die Fälle, bei denen die Veröffentlichung der Publizitätstatsache den erfolgreichen Abschluß eines konkreten, vorteilhaften Geschäftes durch den Emittenten gefährden würde.[591] Das sind zum anderen die Sachverhalte, in denen durch die Veröffentlichung der Publizitätstatsache der Emittent seinen Wettbewerbern wertvolle Information preisgeben würde, bevor er aus seinem Informationsvorsprung Gewinn ziehen konnte.[592] Bei beiden Fallgruppen würde der Emittent im Falle einer Veröffentlichung mit den Aufwendungen belastet, die bereits bei der Geschäftsanbahnung bzw. der Informationsgewinnung entstanden sind und die durch eine Veröffentlichung nutzlos würden. Ferner droht dem Emittenten der Gewinn aus dem vorteilhaften Geschäftsabschluß bzw. aus dem Informationsvorsprung zu entgehen.[593] Diesen finanziellen Belastungen stehen jeweils die durch Ad-hoc-Veröffentlichungen verursachten Finanzierungsvorteile gegenüber, da der Emittent zu verhältnismäßig günstigen und wettbewerbsfähigen Konditionen Kapital aufnehmen kann.[594] Die Schwierigkeit liegt praktisch darin, daß sich der Saldo dieser finanziellen Belastungen und Finanzierungsvorteile kaum ermitteln läßt.

Aus den bisherigen Erörterungen läßt sich schlußfolgern, daß eine Befreiung von der Ad-hoc-Veröffentlichungspflicht in jedem Fall angemessen ist, wenn eine Veröffentlichung den Fortbestand des Emittenten in Frage stellen würde. Denn dann würde dem Emittenten seine Investition in den Anlegerschutz und die Transparenz und Allokations-

---

588 Siehe dazu näher oben § 3 I.3.c). Das Interesse des Emittenten an der Vermeidung eines Vermögensschadens ist identisch mit den Interessen der Anleger, die die Wertpapiere des Emittenten bereits halten und sie auch noch nach einer Ad-hoc-Veröffentlichung halten werden. Aus ihrer Sicht vermeidet die Befreiung von der Veröffentlichungspflicht, daß ihre Wertpapiere an Wert verlieren. Bei Aktien und aktienähnlichen Wertpapieren folgt die niedrigere Bewertung unmittelbar aus dem geringer prognostizierten Saldo zukünftiger Zahlungsströme an das Unternehmen, die nur in diesem geringeren Umfang zur Ausschüttung an die Anleger bereit stehen werden. Bei Schuldverschreibungen und ihnen ähnlichen Wertpapieren sinkt wegen der niedriger prognostizierten Zahlungsströme die Bonität des Emittenten; das erhöht das Risiko von Zahlungsausfällen und führt auf diesem Weg zur niedrigeren Bewertung der Wertpapiere.

589 Siehe dazu ebenfalls oben § 3 I.3.c) und § 3 II.3.c). Die Volkswirtschaft hat ein Interesse an der Vermeidung einer Veröffentlichung, die zu einem Vermögensschaden des Emittenten und damit zur Vermögensvernichtung führt.

590 Siehe oben § 3 I.3. und II.3.c).

591 Vgl. *Claussen*, Insiderrecht und Ad-hoc-Publizität, Rdn. 126 (S. 91).

592 Die Literatur faßt diese Fälle meist unter dem Oberbegriff der „Wettbewerbsnachteile" zusammen; vgl. nur *Schwark*, BörsG, § 44a Rdn. 9; *Claussen*, Frage und Antwort, S. 8, 28. Ausgangspunkt der Erörterungen ist die Begründung zum Regierungsentwurf des § 15 WpHG, in der es heißt, daß dem Emittenten keine selbsterarbeiteten Wettbewerbsvorsprünge genommen werden sollen. Begr. RegE 2. FFG, BT-Drucks. 12/6679, S. 48.

593 Siehe oben § 3 I.3.b) und § 3 II.3.b).

594 Siehe oben § 3 I.3.a) und § 3 II.3.a).

effizienz des Kapitalmarktes nichts mehr nützen. Die mit der Veröffentlichung verbundenen indirekten Kosten und der entgangene Gewinn würden also notwendig die Finanzierungsvorteile überwiegen.

Als Faustregel läßt sich ferner formulieren, daß eine Befreiung je eher zu gewähren ist, desto weniger die fragliche Entwicklung im Falle ihrer Veröffentlichung den Börsenpreis beeinflussen würde.[595] Der Grund dafür ist das proportionale Verhältnis des Kursbeeinflussungspotentials einer Entwicklung einerseits und den aus ihrer Veröffentlichung zu erwartenden Finanzierungsvorteilen andererseits. Je größer das Kursbeeinflussungspotential einer Entwicklung ist, desto größer ist das Risiko von Insiderhandel, das durch das Verschweigen dieser Entwicklung entsteht; desto größer sind auch -- als Kompensation für dieses Risiko -- die Renditeerwartungen der Anleger an den Emittenten, die den Ausgabekurs zukünftig zu emittierender Wertpapiere senken. Eine Ad-hoc-Veröffentlichung der fraglichen Entwicklung verhindert diese Senkung des Ausgabekurses. Je größer also das Kursbeeinflussungspotential einer Entwicklung ist, desto größer sind auch die Finanzierungsvorteile, die der Emittent durch Ad-hoc-Veröffentlichung dieser Entwicklung erzielt. Im Umkehrschluß läßt sich folgern, daß die Finanzierungsvorteile des Emittenten aus einer Veröffentlichung desto geringer sind, je geringer das Kursbeeinflussungspotential der zu veröffentlichenden Information ist. Je geringer aber die Finanzierungsvorteile, desto eher übersteigen die dem Emittenten durch die Veröffentlichung verursachten indirekten Kosten und der ihm entgangene Gewinn die entstehenden Finanzierungsvorteile. Je geringer also das Kursbeeinflussungspotential der zu veröffentlichenden Information, desto eher sind die dem Emittenten durch die Veröffentlichung verursachten indirekten Kosten und der ihm entgangene Gewinn höher zu veranschlagen als die zu erwartenden Finanzierungsvorteile.

Als weitere Faustregel ist davon auszugehen, daß eine Befreiung je eher zu gewähren ist, desto größer die Wahrscheinlichkeit ist, daß der Emittent im Befreiungszeitraum die Vertraulichkeit wahrt,[596] und desto geringer die Wahrscheinlichkeit ist, daß es zu einer Irreführung der Anleger kommen wird.[597] Dadurch sinkt das Risiko von Insiderhandel, was wiederum, wie erörtert, die aus einer Veröffentlichung zu erwartenden Finanzierungsvorteile im Verhältnis zu den dadurch verursachten Vermögensnachteilen senkt. Die US-Rechtspraxis zieht in dem Zusammenhang auch Rückschlüsse daraus, ob der Emittent bisher die selektive Weitergabe von Insiderinformation effektiv unterbunden hat. Das erscheint ein vernünftiger Anhaltspunkt. Allerdings sollte die BAFin einen Befreiungsantrag nicht zum Anlaß nehmen, frühere Versäumnisse des Emittenten zu ahnden.

---

595 Eine Befreiung ist anders als im US-Recht gerade für kurserhebliche Entwicklungen vorgesehen, denn nur diese sind überhaupt Gegenstand der Ad-hoc-Publizität.

596 *Fürhoff/Wölk*, WM 1997, 449, 458; *Kiem/Kotthoff*, DB 1995, 1999, 2002; *Kümpel*, WM 1996, 653, 659.

597 Es kann nach der derzeitigen Rechtslage nicht wie in den systematisch nahestehenden Regelungen zur Prospekt- und Regelpublizität für eine Befreiung vorausgesetzt werden, daß ein Irrtum des Publikums über die für die Beurteilung der Wertpapiere wesentlichen Tatsachen und Umstände gänzlich ausgeschlossen ist. So hingegen § 7 Abs. 3 Nr. 2 VerkProspG i.V. mit § 14 Abs. 4 Nr. 1 VerkProspVO (Verkaufsprospekt); § 32 Abs. 2 Nr. 3 BörsG i.V. mit § 47 Nr. 3 BörsZulVO (Börsenzulassungsprospekt); § 40 Abs. 2 Satz 2 BörsG i.V. mit § 60 Nr. 2 BörsZulVO (Zwischenbericht); § 25 Abs. 4 WpHG (Veränderungen der Beteiligungsstruktur des Emittenten).

VI. Ausblick: Vorgaben der EU-Marktmissbrauchsrichtlinie zur Befreiung von der Veröffentlichungspflicht

Art. 6 Abs. 2 Satz 1 der EU-Marktmissbrauchsrichtlinie erlaubt einem Emittenten, die Veröffentlichung von Insiderinformationen auf eigene Verantwortung aufzuschieben, wenn die Bekanntgabe seinen berechtigten Interessen schaden könnte, sofern diese Unterlassung nicht geeignet ist, die Öffentlichkeit irrezuführen und der Emittent in der Lage ist, die Vertraulichkeit der Information zu gewährleisten.[598] Gemäß Satz 2 der Vorschrift können die Mitgliedstaaten vorsehen, daß der Emittent die zuständige Behörde unverzüglich von der Entscheidung zu unterrichten hat, die Bekanntgabe der Information aufzuschieben. Das Tatbestandsmerkmal der „berechtigten Interessen" läßt sich wie erörtert als Erfordernis einer Interessenabwägung verstehen.[599] Auf den grundsätzlichen Vorrang der Anlegerinteressen (und damit das Erfordernis einer Interessenabwägung) weisen die weiteren Voraussetzungen für eine Befreiung hin, daß die Anleger weder durch das Unterlassen der Veröffentlichung noch durch die selektive Weitergabe der kurserheblichen Entwicklung aus der Unternehmenssphäre irregeführt werden dürfen. Es genügt dabei die Eignung zur Irreführung, so daß im Zweifel gegen eine Befreiung zu entscheiden ist. Dies entspricht der zu § 15 WpHG hier vertretetenen Auslegung des Befreiungstatbestandes. Die ausdrückliche Aufführung der weiteren Voraussetzung, daß die Befreiung keine Gefahr einer Anlegerirreführung begründen darf, beschränkt allerdings den Spielraum der Aufsichtsbehörde bzw. des Emittenten bei der Prüfung der Befreiungsvoraussetzungen. Denn insoweit genügt nicht mehr die Abwägung der Wahrscheinlichkeit, daß es zu einer solchen Irreführung kommen wird. Eine Befreiung ist nach dem klaren Wortlaut der Richtlinienvorgabe zu versagen, wenn eine Irreführung der Anleger dadurch möglich erscheint.

Eine wesentliche Änderung der bestehenden Rechtslage sieht die EU-Marktmissbrauchsrichtlinie insoweit vor, als der Emittent sich die gewünschte Befreiung selbst gewähren darf. Er entscheidet dabei „auf eigene Verantwortung", also auf eigenes Risiko: Fehleinschätzungen gehen zu seinen Lasten, nicht zu Lasten der Anleger. Dem ist zu entnehmen, daß die Entscheidung des Emittenten nachträglich in vollem Umfang der Kontrolle der Marktaufsichtsbehörde und der Überprüfung durch die Gerichte unterliegen soll.

Diese Rechtsänderung hat den Vorteil, daß eine Befreiung schnell und unkompliziert zu erlangen ist.[600] Zudem wird der Kreis der Mitwisser beschränkt, zumindest anfänglich, in der Regel also in dem Zeitraum, in dem die Gefahr von Insidergeschäften am größten ist.[601] Schließlich wird die Entscheidung von der Partei getroffen, die unzweifelhaft über die meisten relevanten Informationen in dieser Hinsicht verfügt – dem Emittenten.

Jedoch stehen diesen Vorteilen auch gewichtige Nachteile gegenüber: Der Emittent wird mit dem Risiko belastet, daß die Aufsichtsbehörde und die Gerichte zu einem anderen Einschätzungsergebnis kommen und daher eine Verletzung der Ad-hoc-Veröffentlichungspflicht annehmen.[602] Diesem Risiko kann der Emittent nur durch konservative Einschätzung der Befreiungsvoraussetzungen und durch extensive

---

598 Art. 6 Abs. 2 Satz 1 der EU-Marktmissbrauchsrichtlinie 2003/6/EG vom 28.1.2003, ABl. EG Nr. L 96 v. 12.4.2003, S. 21.

599 *Leppert/Stürwald*, ZBB 2002, 90, 95.

600 *Fürhoff*, AG 2003, 80, 85.

601 Vgl. *Gehrt*, Die neue Ad-hoc-Publizität, S. 168 f., zu US-amerikanischen und französischen Veröffentlichungspflichten mit Selbstbefreiungsvorbehalt.

602 Ebenso *Gehrt*, aaO, S. 168 f.

Dokumentation seines Entscheidungsvorganges begegnen. Dies kann bedeuten, daß mehr Berater über einen längeren Zeitraum eingeschaltet werden müssen, als dies für die Stellung eines Befreiungsantrages bei der zuständigen Aufsichtsbehörde der Fall sein würde. Das würde die zuvor erörterten Vorteile einer zügigen und diskreten Selbstbefreiung neutralisieren.

Zudem erhöht sich die Gefahr des Mißbrauchs. Emittenten haben aufgrund des Gefangenen-Dilemmas einen signifikanten Anreiz, bei jeder Belastung ihres Geschäftsbetriebes eine Befreiung von der Ad-hoc-Veröffentlichungspflicht nachzusuchen.[603] Die Erfahrungen mit dem US-Recht zeigen, daß das Recht zur Selbstbefreiung auf diesem Wege eine Ad-hoc-Veröffentlichungspflicht aushöhlen kann.[604] Die Leidtragenden einer solchen Regelung sind neben den Anlegern die wohlorganisierten Emittenten, die dank einer effektiven *compliance*-Abteilung zügig einen Antrag auf Befreiung begründen und dokumentieren könnten. Sie gewinnen durch die Neuregelung wenig, aber es droht ihnen der (marktübergreifende) Verlust des Anlegervertrauens. Schließlich dürfte mit dem Recht zur Selbstbefreiung eine angeglichene Veröffentlichungspraxis in den EU-Mitgliedsstaaten, wie sie mit der EU-Marktmissbrauchsrichtinie bezweckt ist, nur schwer zu erzielen sein.[605] Denn zunächst werden die Emittenten von Mitgliedstaat zu Mitgliedstaat unterschiedliche, in der jeweiligen Rechtskultur begründete Maßstäbe an das Vorliegen der Befreiungsvoraussetzungen anlegen.

Nach alledem empfiehlt sich ein Recht zur Selbstbefreiung allenfalls als Option falls ein Befreiungsantrag bei der zuständigen Behörde nicht mehr rechtzeitig gestellt werden kann. Die Möglichkeit, eine behördliche Befreiung einzuholen, sollte weiterhin bestehen. Ferner sollten die Mitgliedstaaten den in Art. 6 Abs. 2 Satz 2 der EU-Marktmissbrauchsrichtlinie unterbreiteten Vorschlag aufnehmen, eine Benachrichtigung an die zuständige Marktaufsichtsbehörde zu verlangen, wenn ein Emittent vom Recht der Selbstbefreiung Gebrauch macht. Dadurch würde zumindest die nachträgliche Kontrolle ermöglicht, ob die Befreiungsvoraussetzungen zum Zeitpunkt der Selbstbefreiung vorlagen.[606] Ohne diese Benachrichtigung würden die Aufsichtsbehörden von nicht veröffentlichten Insiderinformationen nur aufgrund von Insidergeschäften und daran anschließenden Nachforschungen erfahren.

Vorzugswürdig ist m.E. demgegenüber, das Befreiungsverfahren in der von § 15 Abs. 1 Satz 5 WpHG vorgesehenen Form beizubehalten. Dieses Verfahren bietet die größte Gewähr für Emittenten und für Anleger, daß die Ad-hoc-Veröffentlichungspflicht eingehalten wird. Das liegt wie erörtert im gegenseitigen Interesse.[607]

VII. Ergebnis

Ein Anlaß zur Ad-hoc-Publizität besteht, wenn Publizitätstatsachen im Tätigkeitsbereich des Emittenten eintreten. Mit Entwicklungen im Tätigkeitsbereich des Emittenten ist jede Geschätstätigkeit des Emittenten gemeint. Die Tätigkeit Dritter findet nicht im Tätigkeitsbereich des Emittenten statt, ebensowenig gesamtwirtschaftliche Entwicklungen

603 Siehe oben § 3 I.2.

604 Siehe oben § 2.III.2. *Fürhoff*, AG 2003, 80, 85, verweist auf die Ähnlichkeit der Richtlinienvorgaben mit den NYSE-Auskunftsregeln ohne auf die Schwäche dieser Regeln einzugehen.

605 Vgl. Ziffern 4.5 und 4.6 der Stellungnahme des Wirtschafts- und Sozialausschusses vom 17.1.2002 zum Kommissionsvorschlag einer Marktmissbrauchsrichtlinie, ABl. EG Nr. C 80 v. 3.4.2002, S. 61, 65.

606 *Fürhoff*, AG 2003, 80, 85; vgl. *Leppert/Stürwald*, ZBB 2002, 90, 95.

607 Siehe oben § 3 I.3. und § 3 II.3.

wie Rezession oder Konjunktur. Den Emittenten konkret und individuell im Sinne eines Einzelfalles betreffende Entwicklungen, die keiner bestimmten Person zurechenbar sind, wie zum Beispiel Unfälle oder Naturereignisse, treten im Tätigkeitsbereich des Emittenten ein, wenn sie die Betriebsanlagen oder die Mittel der betrieblichen Wertschöpfung verändern.

Veränderungen in der Besetzung der Leitungs-, Aufsichts- oder Verwaltungsorgane des Emittenten können gemäß § 15 WpHG zu veröffentlichen sein, wenn sie Auswirkungen auf die Geschäftstätigkeit des Emittenten haben.

Zum Tätigkeitsbereich gehören nur Unternehmen, auf deren Geschäftstätigkeit der Emittent einen beherrschenden Einfluß ausüben kann. Der Tätigkeitsbereich eines Konzernmutterunternehmens ist somit auch anhand der Geschäftstätigkeit von Tochterunternehmen zu bestimmen, an denen ihm die Mehrheit der Stimmrechte zusteht, an denen es die Mehrheit der Mitglieder der Unternehmensleitung bestimmen kann oder auf die es einen beherrschenden Einfluß aufgrund eines Beherrschungsvertrages oder einer Satzungsbestimmung ausübt. Die Geschäftstätigkeit von assoziierten Unternehmen, auf die der Emittent nur maßgeblichen, aber nicht beherrschenden Einfluß ausübt, sowie von Unternehmen im reinen Finanzbeteiligungsbesitz findet nicht im Tätigkeitsbereich des Emittenten statt. Ebenso besteht keine Pflicht zur Veröffentlichung von Entwicklungen, die bei einem den Emittenten beherrschenden Unternehmen eintreten.

Die EU-Marktmissbrauchsrichtlinie sieht einen Anlaß zur Ad-hoc-Publizität bei allen Entwicklungen vor, die den Emittenten „direkt betreffen“. Davon ist auszugehen, wenn die Entwicklungen unmittelbar Auswirkungen auf die Geschäftstätigkeit des Emittenten haben. Wenngleich im Einzelnen die Abgrenzung etwas weicher erfolgen sollte, als *de lege lata* durch das Tatbestandsmerkmal des „Tätigkeitsbereich" vorgegeben, lassen sich im Großen und Ganzen die zur Auslegung dieses Tatbestandsmerkmales entwickelten Grundsätze heranziehen, um den Anlaß der Ad-hoc-Publizität gemäß der EU-Marktmissbrauchsrichtinie zu bestimmen.

Selbst wenn ein Anlaß der Ad-hoc-Publizität besteht, ist von der Veröffentlichungspflicht gemäß § 15 Abs. 1 Satz 2 WpHG eine Ausnahme möglich, wenn die Veröffentlichung der Publizitätstatsache geeignet ist, den berechtigten Interessen des Emittenten zu schaden. Ob das Interesse des Emittenten an einer Befreiung von der Veröffentlichungspflicht „berechtigt“ ist, ist im Einzelfall durch Abwägung der Interessen der Anleger, Emittenten und der Volkswirtschaft für und gegen eine Veröffentlichungspflicht zu ermitteln. Die Interessen gegen eine Veröffentlichungspflicht überwiegen, wenn die dem Emittenten durch die Veröffentlichung verursachten indirekten Kosten, namentlich nutzlose Aufwendungen für Vertragsverhandlungen und Forschung und Entwicklung, höher zu veranschlagen sind, als die dem Emittenten ebenfalls entstehenden Finanzierungsvorteile.

Bei der Entscheidung über den Befreiungsantrag des Emittenten hat die BAFin den Grundsatz der Verhältnismäßigkeit zu beachten. Eine Befreiung ist also zu gewähren, soweit sie geeignet, erforderlich und angemessen ist, um einen Schaden im vorstehend erörterten Sinne vom Emittenten abzuwenden. Eine Befreiung ist nicht zur Schadensabwendung geeignet, wenn sie dem Emittenten einen reinen Zeitgewinn verschafft, oder wenn die fragliche Entwicklung ohnehin demnächst bekannt wird. Um die Erforderlichkeit einer Befreiung zu begründen, muß der drohende Schaden konkret beziffert werden. Die Befreiung muß nach ihrem Umfang und ihrer Dauer das mildeste Mittel darstellen, um Schaden vom Emittenten abzuwenden. Eine Befreiung von der Ad-hoc-

Veröffentlichungspflicht ist angemessen, wenn eine Veröffentlichung den Fortbestand des Emittenten in Frage stellen würde. Als Faustregel läßt sich ferner formulieren, daß eine Befreiung je eher zu gewähren ist, desto geringer die fragliche Information im Falle ihrer Veröffentlichung den Börsenpreis beeinflussen würde, und desto größer die Wahrscheinlichkeit ist, daß der Emittent im Befreiungszeitraum die Vertraulichkeit wahrt.

Die EU-Marktmissbrauchsrichtlinie eröffnet den Mitgliedstaaten die Möglichkeit, den Emittenten ein Recht auf Selbstbefreiung von der Ad-hoc-Veröffentlichungspflicht einzuräumen. Ein solches Selbstbefreiungsrecht sollte allerdings nur gewährt werden, wenn ein Befreiungsantrag bei der zuständigen Behörde nicht mehr rechtzeitig gestellt werden kann. Im übrigen empfiehlt es sich, an der bisherigen Regelung des Befreiungsvorganges gemäß § 15 Abs. 1 Satz 5 WpHG festzuhalten.

3. KAPITEL
Der Gegenstand der Ad-hoc-Publizität

Wie eingangs des vorangegangenen Kapitels erläutert, untersucht die Arbeit die Ad-hoc-Publizität nach ihrem Pflichtadressaten und Anlaß einerseits und ihrem Gegenstand andererseits. Nach den bisher gewonnenen Erkenntnissen liegt der Ad-hoc-Veröffentlichungspflicht die *ratio* zugrunde, daß im Tätigkeitsbereich eines Emittenten eingetretene Entwicklungen *ad hoc* zu veröffentlichen sind, wenn ihre Veröffentlichung erforderlich ist, um vermögensschädigenden Wertpapierhandel der Anleger zu verhindern. Die erste somit aufgeworfene Frage, welche Entwicklungen im Tätigkeitsbereich eintreten, untersucht das vorangegangene Kapitel zum Pflichtadressaten und Anlaß der Ad-hoc-Publizität. Es bleibt im folgenden Kapitel zu untersuchen, welche Entwicklungen zu veröffentlichen sind, um vermögensschädigenden Wertpapierhandel der Anleger zu verhindern. Die Antwort auf diese Frage grenzt ein, welche Entwicklungen Gegenstand der Ad-hoc-Publizität sein sollten.

Das Kapitel behandelt die Tatbestandsmerkmale, die den Gegenstand der Ad-hoc-Publizität festlegen. Gemäß § 15 Abs. 1 Satz 1 WpHG muß der Emittent neue, nicht öffentlich bekannte Tatsachen veröffentlichen, wenn sie wegen der Auswirkungen auf die Vermögens- oder Finanzlage oder den allgemeinen Geschäftsverlauf geeignet sind, den Börsenpreis seiner Wertpapiere erheblich zu beeinflussen. Die Untersuchung zu den Grundlagen der Ad-hoc-Publizität hat ergeben, daß dieser Regelung des Publizitätsgegenstandes drei Wertungen zugrunde liegen.[608]

Zum ersten ist die Möglichkeit vorausgesetzt, daß das Verschweigen der fraglichen Entwicklung zu einem irrtumsbedingten Vermögensschaden der Anleger führt. Wenn eine Entwicklung im Falle ihrer Veröffentlichung den Börsenpreis der Wertpapiere beeinflussen würde, so verursacht die Unkenntnis der Entwicklung suboptimale Anlageentscheidungen, welche zwangsläufig zu einem Vermögensschaden in Höhe der Preisdifferenz führen, um die der Börsenpreis beeinflußt würde. Da gemäß § 15 Abs. 1 Satz 1 WpHG auch solche Entwicklungen zu veröffentlichen sind, die zur Kursbeeinflussung lediglich geeignet sind (ohne daß die Kursbeeinflussung also mit Gewißheit zu erwarten ist), sind Gegenstand der Ad-hoc-Publizität Entwicklungen, deren Verschweigen vermögensschädigenden Wertpapierhandel der Anleger in den Bereich des Möglichen rückt.

Zum zweiten ist nicht die Gefahr irgendeines, sondern die Gefahr eines erheblichen Vermögensschadens vorausgesetzt. Denn der Emittent muß nur Entwicklungen veröffentlichen, die zur *erheblichen* Kursbeeinflussung geeignet sind. Der Emittent ist folglich nicht verpflichtet, die Anleger so umfassend zu informieren, daß sie für optimale Anlageentscheidungen vorbereitet sind. Dafür tragen weiterhin die Anleger selbst die Verantwortung. Der Emittent muß die Anleger nur vor suboptimalen Anlageentscheidungen bewahren, die einen *erheblichen* Vermögensschaden der Anleger zur Folge haben würden. Diese Beschränkung des Gegenstandes der Veröffentlichungspflicht läßt sich dadurch erklären, daß der Emittent nicht aufgrund persönlich vorwerfbaren Verhaltens sondern aus Gründen größerer Effizienz zur Ad-hoc-Publizität verpflichtet ist. Das rechtfertigt eine Einschränkung des Umfangs der von ihm zu veröffentlichenden Information.

608 Siehe dazu oben § 1 I.3. und § 1 II.3. i.V. mit § 2 II.2.

Zum dritten sind Gegenstand der Ad-hoc-Publizität nur Tatsachen, denen die typischen mit den fraglichen Wertpapieren Handel treibenden Anleger Bedeutung für ihre Anlageentscheidung aufgrund einer Veränderung der wirtschaftlichen Verhältnisse des Emittenten zumessen könnten. In dieser Weise ist der Gegenstand der Ad-hoc-Publizität auf Umstände beschränkt, an deren Offenlegung ein schutzwürdiges Interesse der Anleger besteht. Einerseits genügt allerdings, daß die typischen in den fraglichen Wertpapieren handelnden Anleger der Entwicklung Bedeutung zumessen könnten. Wenn unter den Anlegern ein breiter Konsens über die Bedeutung einer bestimmten Entwicklung für ihre Anlageentscheidung herrscht, dann beeinflußt ihre Veröffentlichung den Kurs. Damit ist anders als etwa im US-Recht nicht auf die Vorstellungen eines vernünftigen Anlegers abgestellt. Es ist andererseits weiter erforderlich, daß die Anleger der Entwicklung aufgrund ihrer Auswirkungen auf den Fundamentalwert der Wertpapiere Bedeutung zumessen könnten. Denn ihre Eignung zur Kursbeeinflussung muß auf den Auswirkungen der Entwicklung auf die Vermögens- oder Finanzlage oder den allgemeinen Geschäftsverlauf beruhen. Damit ist Bezug genommen auf die Umstände, von deren Bedeutung für den Fundamentalwert die Vorschriften zur Regelpublizität im Wege typisierter Betrachtung ausgehen.

Hierin zeigt sich ein Wertungskonflikt, der aus den zwei unterschiedlichen Ursprüngen der Ad-hoc-Veröffentlichungspflicht folgt. Einerseit hat sie sich aus den Veröffentlichungspflichten gegen Insiderhandel entwickelt. Der Gegenstand der Ad-hoc-Publizität ist in dieser Hinsicht auf alle Entwicklungen zu erstrecken, die zur Kursbeeinflussung geeignet sind. Die Veröffentlichungen dieser Entwicklungen ist erforderlich, um zu verhindern, daß die Anleger aufgrund von intransparent gebildeten Börsenpreisen vermögensschädigend in den Wertpapieren des Emittenten handeln. Denn als Vermögensschaden, bestimmt nach der Verkehrsauffassung, droht die volle Differenz zwischen dem gegenwärtigen Kurs der Wertpapiere und dem Kurs, zu dem die Wertpapiere im Falle einer Veröffentlichung der fraglichen Entwicklung gehandelt würden. Andererseits hat sich die Ad-hoc-Veröffentlichungspflicht aus der Regelpublizität entwickelt. Als Gegenstand der Ad-hoc-Publizität ist in dieser Hinsicht jeder Entwicklung anzusehen, die Auswirkungen auf den Fundamentalwert hat. Die Veröffentlichung dieser Entwicklung ist erforderlich, um zu verhindern, daß aufgrund von unangemessenen Kursen ein Vermögensschaden entsteht. Die Anleger sind -- folgt man dieser Entwicklungslinie -- vor Vermögensschäden nur in Höhe der Differenz zwischen dem gegenwärtigen Kurs und dem Fundamentalwert der Wertpapiere geschützt.

Der somit bestehende Wertungskonflikt ist, soweit es das Analogieverbot zuläßt, durch ein weites Verständnis des Fundamentalwertes zugunsten eines möglichst extensiven Vermögensschutzes aufzulösen, so daß jegliche kurserheblichen Entwicklungen zu veröffentlichen sind, die Einfluß auf die wertbildenden Faktoren haben. Denn von den beiden Entwicklungslinien ist vorrangig die Entwicklung der Ad-hoc-Publizität aus den Veröffentlichungspflichten gegen Insiderrecht bei der Auslegung zu beachten.[609] Die EU-Marktmissbrauchsrichtlinie schreibt diese Entwicklung konsequent fort, indem sie für die Zukunft eine Ad-hoc-Veröffentlichungspflicht für jegliche kurserheblichen Informationen vorsieht. Auf das Erfordernis von Auswirkungen auf die Vermögens- oder Finanzlage oder den allgemeinen Geschäftsverlauf wird damit verzichtet.[610] Es ist demnach als Indiz

609 Siehe oben § 2 III.2.

610 Art. 6 Abs. 1 der EU-Marktmissbrauchsrichtlinie 2003/6/EG vom 28.1.2003, ABl. EG Nr. L 96 v. 12.4.2003, S. 21.

für die Publizitätspflichtigkeit einer Entwicklung anzusehen, daß diese im Rahmen der Prospekt- und Regelpublizität zu berichten ist. Dagegen ist nicht der Umkehrschluß zulässig, daß eine Entwicklung nur dann Gegenstand der Ad-hoc-Publizität ist, wenn sie Gegenstand der Prospekt- und Regelpublizität ist.

Es läßt sich zusammenfassen: Die Entwicklung muß geeignet sein, Einfluß auf die Anlageentscheidung der Anleger zu entfalten. Um darüber hinaus den Kurs der Wertpapiere verändern zu können, muß die Entwicklung geeignet sein, eine so große Anzahl einheitlicher Anlageentscheidungen hervorzurufen, daß sie Einfluß auf den Markt für die Wertpapiere hat. Ferner muß die Entwicklung geeignet sein, den Kurs der Wertpapiere beträchtlich zu verändern. Schließlich muß diese Wirkung der Entwicklung auf ihren Auswirkungen auf die wirtschaftlichen Verhältnisse des Emittenten beruhen. Dieses vierfache Erheblichkeitserfordernis[611] ist deutlich der Formulierung der ursprünglichen EU-Richtlinienvorgabe zu entnehmen. Gegenstand der Ad-hoc-Publizität sind demnach Entwicklungen, die „erheblich" sind, „zu einer beträchtlichen Änderung der Kurse [..] führen können" und „Auswirkungen auf die Vermögens- und Finanzlage oder den allgemeinen Geschäftsverlauf" haben.[612] Zudem muß die Entwicklung gemäß § 15 Abs. 1 Satz 1 WpHG als Tatsache zu qualifizieren sein. Die EU-Marktmissbrauchsrichtlinie verzichtet auf dieses Tatbestandsmerkmal und läßt jede Art von Information genügen.[613]

§ 6
Die Eignung einer Entwicklung zur Kursbeeinflussung

Gegenstand der Ad-hoc-Veröffentlichungspflicht sind nicht öffentlich bekannte, neue Entwicklungen, die geeignet sind, den Kurs der Wertpapiere zu beeinflussen (§ 15 Abs. 1 Satz 1 WpHG). In vergleichbarer Weise ist der Gegenstand der Ad-hoc-Publizität im US-Recht auf Entwicklungen beschränkt, die für Anlageentscheidungen der Anleger erheblich sind.[614] Diese Tatbestandsmerkmale grenzen wie eingangs erörtert den Gegenstand der Ad-hoc-Publizität auf Entwicklungen ein, deren Veröffentlichung erforderlich ist, um irrtumsbedingte Vermögensschäden der Anleger zu verhindern. Nach den bisherigen Erkenntnissen genügt im deutschen Recht die Möglichkeit, daß das Verschweigen einer Entwicklung zu einem irrtumsbedingten Vermögensschaden führt. Das setzt die Möglich-

611 Zur Terminologie: Zum ersten wird mit dem Begriff der Erheblichkeit die Eignung einer Information bezeichnet, ursächlich für eine Anlageentscheidung zu werden. Dafür verwendet die Arbeit nachfolgend den Begriff der Entscheidungserheblichkeit. Zum zweiten ist damit die Eignung einer Entwicklung gemeint, die Abgabe von Handelsordern hervorzurufen, die eine Kursveränderung zur Folge haben. Das ist im folgenden mit dem Begriff der Markterheblichkeit bezeichnet. Zum dritten ist mit dem Begriff der Erheblichkeit die Eignung einer Entwicklung angesprochen, im Falle ihrer Veröffentlichung zu einer beträchtlichen Änderung der Kurse zu führen. Dafür verwendet die Arbeit den Begriff der Kurserheblichkeit. Viertens und letztens wird unter Erheblichkeit der Einfluß einer Entwicklung auf den inneren Wert der Wertpapiere verstanden. Das ist im folgenden mit dem Begriff der Werterheblichkeit bezeichnet.

612 Schema C Nr. 5 a) des Anhangs zur EU-Börsenzulassungsrichtlinie 79/279/EWG vom 5.3.1979, ABl. EG Nr. L 66 v. 16.3.1979, S. 21, 30.

613 Siehe Art. 6 Abs. 1 i.V. mit Art. 1 Nr. 1 der EU-Marktmissbrauchsrichtlinie 2003/6/EG vom 28.1.2003, ABl. EG Nr. L 96 v. 12.4.2003, S. 20 f.

614 Für die Ad-hoc-Veröffentlichungspflicht der Form 8-K ist das Erfordernis erheblicher Information (*material information*) in Rule 12b-21 festgeschrieben; es gilt außerdem gemäß Rule 10b-5(2) ausdrücklich und im übrigen über das in Rule 10b-5(1) und (3) kodifizierte *common law* für sämtliche Offenlegungs- und Veröffentlichungspflichten, die aus Rule 10b-5 folgen.

keit einer durch das Schweigen des Emittenten verursachten Anlageentscheidung und einen dadurch verursachten Vermögensschaden der Anleger voraus.

Zunächst ist also zu untersuchen, hinsichtlich welcher Entwicklungen das Schweigen der Emittenten geeignet ist, Anlageentscheidungen zu verursachen („Entscheidungserheblichkeit"). Das ist in den Tatbestandsmerkmalen eingegrenzt, daß eine Entwicklung nicht öffentlich bekannt, neu und darüberhinaus geeignet sein muß, im Falle ihres öffentlichen Bekanntwerdens Anlageentscheidungen zu verursachen.[615] Die EU-Marktmissbrauchsrichtlinie enthält im wesentlichen dieselben Tatbestandsmerkmale, verzichtet allerdings auf das Erfordernis, daß die Entwicklung „neu" sein muß.[616]

Des weiteren ist zu untersuchen, in Unkenntnis welcher Entwicklungen den Anlegern durch ihre Anlageentscheidung ein Vermögensschaden entstehen würde. Das ist anzunehmen, wenn ihr Vermögen vor der Anlageentscheidung geringer sein würde als danach, weil die Anlageentscheidung in Unkenntnis der Entwicklung den Wert der Wertpapiere falsch ansetzt. Das rechtlich geschützte Vermögen wird dabei nach der Verkehrsauffassung bestimmt.[617] Die Entwicklung muß also geeignet sein, den Marktwert der Wertpapiere zu verändern („Markterheblichkeit"). Diese Voraussetzung der Veröffentlichungspflicht ist in dem Tatbestandsmerkmal enthalten, daß die Entwicklung geeignet sein muß, den Kurs der Wertpapiere zu beeinflussen.

Vor diesem Hintergrund sind die erwähnten Tatbestandsmerkmale auszulegen. Abschließend ist außerdem untersucht, welche Bedeutung einer tatsächliche Kursbeeinflussung nach Veröffentlichung der fraglichen Entwicklung zuzumessen ist.

I. Die Entscheidungserheblichkeit der Entwicklung

Eine Entwicklung ist entscheidungserheblich, wenn das Verschweigen der Entwicklung geeignet ist, Anlageentscheidungen zu verursachen. Zum einen setzt das voraus, daß die Anleger keine Kenntnis von der verschwiegenen Entwicklung haben. Denn sonst ist eine suboptimale Anlageentscheidung nicht aufgrund des Verschweigens der fraglichen Entwicklung möglich, sondern weil die Anleger die bekannte Entwicklung nicht oder nicht richtig bei ihrer Anlageentscheidung berücksichtigen. Zum anderen ist vorausgesetzt, daß die Anleger der Entwicklung Bedeutung für ihre Anlageentscheidung zumessen könnten. Denn nach dem Grundsatz der *conditio-sine-qua-non* ist das Verschweigen der Entwicklung ursächlich für die in Unkenntnis der Entwicklung getroffenen Anlageentscheidungen, wenn die Anleger der Kenntnis der Entwicklung Bedeutung für ihre Anlageentscheidung zumessen würden. Das Verschweigen der Entwicklung ist daher *geeignet*, die Anlageentscheidungen zu verursachen, wenn die Anleger der Kenntnis der Entwicklung Bedeutung für ihre Anlageentscheidung zumessen *könnten*.

---

615 Die letztgenannte Voraussetzung ist in dem Tatbestandsmerkmal der Eignung einer Entwicklung zur Kursbeeinflussung enthalten. Sie setzt die Möglichkeit voraus, daß Anleger aufgrund der Entwicklung Order abgeben, die den Wertpapierkurs beeinflussen. Wie sich aus der eng verwandten Definition einer Insidertatsache in § 13 Abs. 1 WpHG ergibt, ist ebenso im Rahmen von § 15 Abs. 1 Satz WpHG auf den hypothetischen Fall des öffentlichen Bekanntwerdens der Information abzustellen. *Kümpel*, in: Assmann/Schneider (Hrsg.), WpHG, § 15 Rdn. 69 m.w.N.; *Fürhoff*, Kapitalmarktrechtliche Ad-hoc-Publizität zur Vermeidung von Insiderkriminalität, S. 154.

616 Art. 6 Abs. 1 der EU-Marktmissbrauchsrichtlinie 2003/6/EG vom 28.1.2003, ABl. EG Nr. L 96 v. 12.4.2003, S. 21.

617 Vgl. *Tröndle/Fischer*, StGB, § 263 Rdn. 32 f., und *Worms*, in: Assmann/Schütze (Hrsg.), Hdb. z. Kapitalanlagerecht, § 8 Rdn. 20, je m.w.N.

1. *Die fehlende öffentliche Bekanntheit der Entwicklung*

a) *US-Recht*

Eine Entwicklung kann nicht entscheidungserheblich sein, wenn sie öffentlich bekannt ist. Denn dann würde eine Anlageentscheidung nicht durch das Verschweigen der Entwicklung verursacht, sondern durch eine unterlassene oder unzutreffende Einschätzung der öffentlich bekannten Entwicklung.[618] Die Rechtsprechung sieht Entwicklungen als öffentlich bekannt an, wenn Mitteilungen darüber in vernünftiger Weise,[619] das heißt allen Anlegern gleichermaßen einfach und kostengünstig zugänglich sind[620] und ihre Kenntnis von den Anlegern vernünftigerweise erwartet werden konnte.[621] Die Rechtsprechung stellt also auf die konkrete, im Einzelfall zu ermittelnde Wahrscheinlichkeit ab, daß die Entwicklung öffentlich bekannt geworden ist. Der Maßstab ermöglicht Emittenten zwar das Verschweigen erheblicher Entwicklungen, solange nur Dritte dafür gesorgt haben, daß zutreffende Informationen an anderer Stelle zugänglich sind.[622] Die Gefahr, daß Emittenten auf diesem Wege die Ad-hoc-Veröffentlichungspflicht umgehen, kann jedoch nicht davon ablenken, daß die Bekanntheit von Entwicklungen am Kapitalmarkt nur in Zusammenschau mit der bereits den Anlegern zugänglichen Information zu beurteilen ist.[623] Daher muß zum Beipiel ein Bieter bei einer feindlichen Unternehmensübernahme entgegen einer ausdrücklichen Regelung in Form 14-D nicht veröffentlichen, daß die Satzung der Zielgesellschaft lediglich eine schrittweise Umbesetzung der Unternehmensleitung erlaubt, wenn die Zielgesellschaft diese Information bereits bekannt gemacht hat. Denn danach ist die Information nicht mehr entscheidungserheblich.[624]

aa) *Die Leichtigkeit der Kenntnisnahme*

Zunächst ist demgemäß die Leichtigkeit zu werten, mit der die Anleger von der Entwicklung Kenntnis nehmen können. Wichtige Informationen dürfen nicht in Fußnoten, in Diskussionen eines anderen Sachzusammenhanges oder in einem Anhang versteckt sein.[625] Information über Schwierigkeiten beim Vertrieb von Zigaretten etwa ist nicht entscheidungserheblich, wenn diese Schwierigkeiten bereits in leicht öffentlich zugänglichen Mitteilungen dargestellt sind.[626] Leicht zugänglich sind zum Beispiel Mitteilungen, die an

---

618 Jensen v. Kimble, 1 F.3d 1073 (10th Cir. 1993); Hamilton v. Harrington, 807 F.2d 102 (7th Cir. 1986): Das Wissen um die Entwicklung erweiterte nicht die Entscheidungsgrundlage für den Kauf oder Verkauf, denn es läßt sich nicht in einen Preisvorteil umwandeln; siehe oben § 3 II. zur Hypothese informationseffizienter Kapitalmärkte.

619 United Paper Workers International Union v. International Paper Co., 985 F.2d 1190 (2d Cir. 1993); Kahn v. Wien, 842 F. Supp. 667 (E.D.N.Y. 1994); Fisher v. Plessey Co., 559 F. Supp. 442 (S.D.N.Y. 1983).

620 Vgl. B.L. Sailor v. Northern States Power Company, 4 F.3d 610 (8th Cir. 1993); Flam v. Lieber & Co., 1994 U.S. Dist. LEXIS 8244 (N.D. Ill. 1994); B.L. Sailor v. Northern States Power Company, 4 F.3d 610 (8th Cir. 1993).

621 Fisher v. Plessey Co., 559 F. Supp. 442, 446 (S.D.N.Y. 1983).

622 In re Western Union Sec. Litig., 120 F.R.D. 629, 639 (D.N.J. 1988).

623 Isquith v. Middle South Utilities, Inc., 847 F.2d 186, 211 (5th Cir.), *cert. denied*, 488 U.S. 926 (S. Ct. 1988); ausführlich Roger J. Dennis, *Materiality and the Efficient Capital Market Model: A Recipe for the Total Mix*, 25 WM. & MARY L. REV. 373, 386 ff. (1984).

624 Spielman v. General Host Corp., 538 F.2d 39 (2d Cir. 1976).

625 United Paper Workers International Union v. International Paper Co., 985 F.2d 1190 (2d Cir. 1993).

626 Vgl. z.B. In re Philipp Morris Sec. Litig., 872 F. Supp. 97 (S.D.N.Y. 1995); Cobb, Inc. v. Cooper, [1991-92 Transfer Binder] Fed. Sec. L. Rep. (CCH) ¶ 96,576 (S.D.N.Y. 1992).

alle bereits investierten Anleger geschickt wurden.[627] Mehr als zwanzig überwiegend kritische Artikel in überregionalen Zeitungen und Magazinen wirken intensiv genug, um Ertragseinbrüchen öffentlich bekannt zu machen, die auf übertrieben positive Erfolgsprognosen in Pressemitteilungen folgen.[628] Auch Kenntnis von bei der SEC zu den Akten gereichten Pflichtmitteilungen darf erwartet werden.[629] Drei Artikel in überregionalen Zeitungen genügen hingegen nicht,[630] ebensowenig eine Serie von exklusiv versandten Analystenberichten.[631] Auch die mehrfache Veröffentlichung einer Entwicklung in der britischen Presse schließt nicht ihre Entscheidungserheblichkeit in den USA aus.[632] Denn während Emittenten die Anleger nicht patronisieren müssen, darf andererseits nicht von Anlegern erwartet werden, daß sie jeder Nachricht hinterher jagen, um angemessen über ihre Wertpapiere informiert zu sein.[633]

Ein vereinzelt gebliebener, öffentlich zugänglicher Bericht eines Analysten macht eine Entwicklung nicht öffentlich bekannt.[634] Analystenberichten kommt allerdings eine besondere Bedeutung für die Informationsvermittlung am Kapitalmarkt zu. Sie erfahren eine hohe Verbreitung durch die Medien und dienen Anlageberatern als Grundlage für ihre Empfehlungen. Kenntnis der von mehreren Analysten berichteten Entwicklungen ist daher leicht möglich, diese sind dann unerheblich.[635] Widersprechen sich ein Emittent und ein Analyst, so daß nur einer die Wahrheit sprechen kann, dann darf der Markt auf die Aussage des Emittenten vertrauen. Eine durch Analysten berichtete, durch den Emittenten aber in Abrede gestellte Entwicklung ist daher nicht als öffentlich bekannt anzusehen. War die Aussage des Analysten zutreffend und nicht diejenige des Emittenten, bleibt die durch den Analysten berichtete Entwicklung entscheidungserheblich.[636]

bb) Die Intensität von Nachforschungen der Anleger

Neben der Leichtigkeit des Informationszuganges ist die Intensität zu wägen, mit der die typischen Anleger der betreffenden Verkehrskreise Entwicklungen dieser Art nachforschen. Dabei berücksichtigt die Rechtsprechung unter anderem, wie intensiv

627 Krinsk v. Fund Asset Management, Inc., 715 F. Supp. 472 (S.D.N.Y. 1988), *aff'd*, 875 F.2d 404 (2d Cir.), *cert. denied*, 493 U.S. 919 (S. Ct. 1989); Spielman v. General Host Corp., 402 F. Supp. 190, 195 (S.D.N.Y. 1975), *aff'd*, 538 F.2d 39 (2d Cir. 1976).

628 In re Apple Computer Sec. Litig., 886 F.2d 1109, 1116 (9th Cir. 1989), *cert. denied*, 496 U.S. 490 (1990).

629 Turner v. Financial Corporation of America, 960 F.2d 152 (9th Cir.), *cert. denied*, 506 U.S. 864 (S. Ct. 1992); vgl. In re Hunter Environmental Services, Inc. Sec. Litig., 921 F. Supp. 914 (D. Conn. 1996).

630 Endo v. Albertine, 812 F. Supp. 1479 (N.D. Ill. 1993); vgl. United Paper Workers International Union v. International Paper Co., 801 F. Supp. 1134 (S.D.N.Y. 1992), *aff'd*, 985 F.2d 1190 (2d Cir. 1993).

631 Jaroslawicz v. Engelhard Corp., 704 F. Supp. 1296 (D.N.J. 1989).

632 Fisher v. Plessey Co., 559 F. Supp. 442, 447-48 (S.D.N.Y. 1983).

633 Jaroslawicz v. Engelhard Corp., 704 F. Supp. 1296 (D.N.J. 1989); Eliasen v. Hamilton, 1987 U.S. Dist. LEXIS 1826 (N.D. Ill. 1987).

634 In re Newbridge Networks Sec. Litig., 962 F. Supp. 166 (D.D.C. 1997).

635 Searls v. Glasser, 1994 U.S. Dist. LEXIS 13509 (N.D. Ill. Sept. 23, 1994), *aff'd*, 64 F.3d 1061 (7th Cir. 1995).

636 Hughes v. Dempsey-Tegler & Co., Inc., 534 F.2d 156, 176 (9th Cir.), *cert. denied*, 429 U.S. 896 (S. Ct. 1976); In re Convergent Technologies Sec. Litig., 721 F. Supp. 1133 (N.D. Cal. 1988); a.A. In re Verifone Sec. Litig., 784 F. Supp. 1471 (N.D. Cal. 1992).

Analysten die betreffenden Wertpapiere beobachten und wie groß der Anteil von Geschäften professioneller Anleger am Tagesumsatz ist.

Allgemeine Grundsätze des Wirtschaftslebens, etwa daß Marktanteile gefährdet sind, wenn ein Wettbewerber vergleichbare Produkte zum halben Preis anbietet, dürfen ohne weiteres als bekannt vorausgesetzt werden.[637] Das gleiche gilt für branchenübergreifende Probleme, in der Luftfahrt etwa die mangelnde Möglichkeit, standardisierte Flugtickets auszugeben,[638] ein Genehmigungserfordernis für Preiserhöhungen durch Elektrizitätsunternehmen,[639] oder die rasche Steigerung von Speicherkapazität in der Computerindustrie, die zur Veraltung von Diskettenlaufwerken führt.[640] Denn es besteht kein schutzwürdiges Interesse der Anleger an der Veröffentlichung von Gefahren, die allzu offensichtlich sind.[641] Selbst zahlreiche Presseberichte zu den Risiken eines Vorhabens genügen jedoch nicht, um die Entscheidungserheblichkeit zu verneinen, wenn sich eines der Risiken verwirklicht, denn diese spezifische Entwicklung ist durch die Presseberichte nicht bekannt gemacht.[642]

Bei Wertpapiersegmenten, die für ihre Volatilität bekannt sind, kann sogar die Kenntnis von außergewöhnlichen Entwicklungen am Markt[643] oder regelmäßigen Entwicklungen in der Branche vorausgesetzt werden,[644] wenn die Kenntnisnahme jedem Anleger vernünftigerweise möglich ist. So mögen besondere Schwierigkeiten bei der Produktentwicklung zwar für den durchschnittlichen Anleger eine erhebliche Information sein.[645] Die Kenntnis, daß dieses Problem in der Computerindustrie regelmäßig auftritt, könne von auf die Branche spezialisierten Anlegern hingegen erwartet werden. Information über Schwierigkeiten bei der Softwareprogrammierung ist daher, soweit sie öffentlich zugänglich ist, nicht entscheidungserheblich.[646] Es besteht allerdings selbst in der schnelllebigen Computerbranche keine Regel, daß der Emittent neue Produkte bereits vor deren Marktreife zur Auslieferung angekündigt. Untersuchungen, die die fehlende Marktreife eines Diskettenlaufwerks erweisen, sah die Rechtsprechung daher nicht als öffentlich bekannte Entwicklung an.[647]

---

637 Mobile Telecommunication Technologies Corp. Sec. Litig., 915 F. Supp. 828 (S.D. Miss. 1995).

638 Hanon v. Dataproducts, 976 F.2d 497 (9th Cir. 1992).

639 B.L. Sailor v. Northern States Power Company, 4 F.3d 610 (5th Cir. 1993).

640 In re Seagate Technology II Sec. Litig., [1989 Transfer Binder] Fed. Sec. L. Rep. (CCH) ¶ 94,502 (N.D. Cal. 1989).

641 In re Ultimate Corp. Sec. Litig., [1989 Transfer Binder] Fed. Sec. L. Rep. (CCH) ¶ 94,522 (S.D.N.Y. 1989); In re Convergent Technologies Sec. Litig., 721 F. Supp. 1133 (N.D. Cal. 1988).

642 Provenz v. Miller, 102 F.3d 1478 (9th Cir. 1996).

643 Gochnauer v. A.G. Edwards & Sons, Inc., 814 F.2d 798 (1st Cir. 1987); vgl. hingegen Zurad v. Lehman Brothers, Kuhn Loeb, Inc., 757 F.2d 129 (7th Cir. 1985) (Kenntnis einer unveröffentlichten Unternehmensübernahme nicht zu erwarten).

644 In re VeriFone Sec. Litig., 784 F. Supp. 1471, 1484 (N.D. Cal. 1992), *aff'd*, 11 F.3d 865 (9th Cir. 1993).

645 Vgl. In re Apple Computer Sec. Litig., 886 F.2d 1109, 1115 (9th Cir. 1989), *cert. denied*, 486 U.S. 943 (1990).

646 In re Seagate Technology II Sec. Litig., [1989 Transfer Binder] Fed. Sec. L. Rep. (CCH) ¶ 94,502 (N.D. Cal. 1989).

647 In re Apple Computer Sec. Litig., 886 F.2d 1109, 1120 (9th Cir. 1989), *cert. denied*, 496 U.S. 490 (1990).

b) *Deutsches Recht*

Gegenstand der Ad-hoc-Publizität sind gemäß § 15 Abs. 1 Satz 1 WpHG nur Entwicklungen, die nicht öffentlich bekannt sind. Es besteht Einigkeit darüber, daß eine Entwicklung öffentlich bekannt ist, wenn sie in aufsehenerregender Weise vor den Augen der Öffentlichkeit eintritt und in den Medien unverzüglich darüber unterrichtet wird.[648] Im übrigen gehen die Ansichten auseinander was erforderlich ist, um die öffentliche Bekanntheit einer Entwicklung anzunehmen.

aa) *Streitgegenstand: Die Voraussetzungen öffentlicher Bekanntheit*

Eine Ansicht geht von der öffentlichen Bekanntheit einer Entwicklung aus, wenn eine unbegrenzte Anzahl von *Marktteilnehmern* Gelegenheit hat, die Information in ihre Anlageentscheidung einfließen zu lassen (sog. Bereichsöffentlichkeit).[649] Als Teilnehmer am Börsenhandel sind gemäß § 16 Abs. 2 Satz 1 BörsG Personen anzusehen, die diesen Handel gewerbsmäßig als Kaufmann betreiben. Sogar eine Verbreitung der Information an einem ausländischen Kapitalmarkt genüge, wenn dort Wertpapiere des Emittenten gehandelt werden.[650] Wann der Emittent von der öffentlichen Bekanntheit einer Entwicklung ausgehen dürfe, sei -- systematisch naheliegend -- der Regelung zu entnehmen, wie der Emittent die öffentliche Bekanntheit einer Entwicklung herstellen muß. Dazu hat der Emittent gemäß § 15 Abs. 3 Satz 1 WpHG die Publizitätstatsache entweder in mindestens einem überregionalen Börsenpflichtblatt oder über ein elektronisch betriebenes, bei professionellen Marktteilnehmern und Versicherungsunternehmen weit verbreitetes System der Informationsverbreitung zu veröffentlichen. Aus der zweiten Alternative folge, daß der Informationszugang der Privatanleger für die öffentliche Bekanntheit der Information nicht erforderlich sei.[651] Diese Auslegung entspreche der Gesetzesbegründung, die eine Herstellung der Bereichsöffentlichkeit als ausreichend für die öffentliche Bekanntheit einer Entwicklung ansieht.[652] Veröffentlichungen seitens des Emittenten in anderer Weise als gemäß § 15 Abs. 3 Satz 1 WpHG vorgeschrieben würden keine öffentliche Bekanntheit einer Entwicklung im Sinne von § 15 Abs. 1 Satz 1 WpHG bewirken.[653] Denn der Emittent dürfe von seiner Veröffentlichungspflicht nicht durch eine Veröffentlichung der Entwicklung von seiten anderer Insider, etwa des Verhandlungspartners bei Fusionsverhandlungen, befreit werden.[654] Allerdings dürfe ein Tatsache, die in

---

648 *BAWe/Deutsche Börse AG*, Leitfaden, S. 36; *Caspari*, in: Baetge (Hrsg.), Ad-hoc-Publizität und Insiderrecht, S. 65, 69 f.; *Claussen/Loistl*, in: Claussen/Loistl (Hrsg.), Frage und Antwort, S. 8, 27; *Fürhoff/Wölk*, WM 1997, 449, 451; *Kümpel*, Bank- und Kapitalmarktrecht, Kz. 14.116.

649 *BAWe/Deutsche Börse AG*, Leitfaden, S. 35 f.; *Geibel*, in: Schäfer (Hrsg.), WpHG etc., § 15 Rdn. 46; *Schäfer*, in: Schäfer (Hrsg.), WpHG etc., § 13 Rdn. 47; *Caspari*, ZGR 1994, 530, 539; *Claussen/Loistl*, in: Claussen/Loistl (Hrsg.), Frage und Antwort, S. 8, 34; *Kiem/Kotthoff*, DB 1995, 1999, 2000; *Kümpel*, WM 1994, 2137, 2138; *Zubrod*, Rechtssichere Abgrenzung der Ad-hoc-Publizitätspflicht, S. 58 f.; vgl. *v.Klitzing*, Die Ad-hoc-Publizität, S. 95 ff., 101 (Ansicht sei europarechtswidrig, aber sinnvoll).

650 *Schäfer*, in: Schäfer (Hrsg.), WpHG etc., § 13 Rdn. 51; der Emittent verstoße allerdings gegen das Verbot des § 15 Abs. 3 Satz 2 WpHG, wenn er selbst diese Verbreitung vornehme; ebenso *Geibel*, in: Schäfer (Hrsg.), WpHG etc., § 15 Rdn. 51.

651 Dazu bereits *Claussen*, ZBB 1992, 267, 276.

652 Begr. RegE 2. FFG, BT-Drucks. 12/6679, S. 48.

653 *Claussen/Loistl*, in: Claussen/Loistl (Hrsg.), Frage und Antwort, S. 8, 34; *Kümpel*, WM 1994, 2137, 2138; vgl. auch *BAWe/Deutsche Börse AG*, Leitfaden, S. 36.

654 *Claussen/Loistl*, in: Claussen/Loistl (Hrsg.), Frage und Antwort, S. 8, 32; vgl. *Heidmeier*, AG 1992, 110, 112.

einem Zwischenbericht gemäß §§ 40 Abs. 2 BörsG, 61 Abs. 1 Satz 1 BörsZulV im Bundesanzeiger veröffentlicht ist, als öffentlich bekannt vorausgesetzt werden.[655]

Eine andere Ansicht sieht eine Entwicklung erst dann als öffentlich bekannt an, wenn eine unbegrenzte Zahl von *Anlegern* Gelegenheit hat, die Information in ihre Anlageentscheidung einfließen zu lassen.[656] Zur Begründung wird auf die EU-Börsenzulassungsrichtlinie verwiesen, die unbeschadet der EU-Insiderrichtlinie eine Ad-hoc-Veröffentlichungspflicht für alle Entwicklungen vorgibt, die einer breiten Öffentlichkeit nicht bekannt sind.[657] Eine Entwicklung sei nicht öffentlich bekannt, wenn lediglich Gerüchte darüber kursieren,[658] oder Informationen nur unvollständig verbreitet sind.[659]

bb) Stellungnahme: Das Erfordernis hoher Kenntniswahrscheinlichkeit

Eine Auslegung der Regelung steht vor dem Problem, daß die öffentliche Bekanntheit der Entwicklung nicht ihre positive Kenntnis durch eine unbestimmte Zahl von Anlegern bedeuten kann. Denn dann wäre das Fehlen der öffentlichen Bekanntheit, nämlich die Kenntnis der Entwicklung durch eine geringere Zahl von Anlegern, nicht gerichtlich nachzuweisen.[660] Verstöße gegen die Ad-hoc-Veröffentlichungspflicht ließen sich nach Einspruch des Emittenten gegen einen Bußgeldbescheid nicht mehr sanktionieren. Maßgeblich kann daher nur eine normativ bestimmte Kenntnis der Entwicklung sein: Läßt sich die Kenntnis der Entwicklung erwarten?[661] Für diesen Auslegungsansatz spricht der systematische Zusammenhang zur Prospektpublizität. Nach dem Abdruck des Prospektes oder eines Hinweises, wo der Prospekt zur Ausgabe bereit gehalten wird, müssen mindestens drei Werktage verstreichen, bevor ein öffentliches Angebot von Wertpapieren beginnen darf (§ 9 Abs. 1 VerkProspG). Denn erst dann läßt sich mit der Kenntnisnahme des Prospektes durch die breite Öffentlichkeit der Anleger rechnen.

Eine Entwicklung ist öffentlich bekannt, wenn ihre Kenntnisnahme durch die Anleger hoch wahrscheinlich ist. Für diese Auslegung spricht die europarechtliche Entstehungsgeschichte der Norm. Nach einer Stellungnahme des Europäischen Parlaments soll die die öffentliche Bekanntheit einer Insidertatsache erst dann anzunehmen sein, wenn „ihre Zu-

---

655 *Schäfer*, in: Schäfer (Hrsg.), WpHG etc., § 13 Rdn. 48.

656 *Assmann*, AG 1994, 237, 252; *Fuchs/Dühn*, BKR 2002, 1063, 1066; *Hopt*, ZHR 159 (1995), 135, 154; *Möllers/Leisch*, ZIP 2002, 1995; *Rössner/Bolkart*, ZIP 2002, 1471, 1473; v. *Rosen*, Die Bank 1995, 9, 12; *Gehrt*, Die neue Ad-hoc-Publizität, S. 134 f.; vgl. OLG München, BKR 2002, 1096, 1097; ebenso die Rechtsprechung zum angeglichenen französischen Recht, dazu *Auckenthaler/-Widder*, RIW 2002, 423, 428; a.A. LG München I, BKR 2001, 102, 104.

657 Anhang zur EG-Börsenzulassungsrichtlinie 79/279/EWG vom 5.3.1979, ABl. EG Nr. L 66 vom 16.3.1979, S. 21, Schema C. 5a) (S. 30), Schema D. 4a).

658 Allerdings können vorläufig vorgenommene Kurskorrekturen die Kurserheblichkeit der zur Publizitätstatsache gereiften Entwicklung beseitigen, so daß eine Veröffentlichungspflicht auf diesem Wege entfällt; vgl. *Süßmann*, in: Dr. Wieselhuber & Partner (Hrsg.), Börseneinführung, S. 271, 273.

659 *Schödermeier/Wallach*, EuZW 1990, 122, 123.

660 Das betont die Stellungnahme des Wirtschafts- und Sozialausschusses zur EU-Insiderrichtlinie vom 16.12.1987, ABl. EG Nr. C 35 vom 8.2.1988, S. 22, zu Artikel 6 des Richtlinien-Vorschlages der Kommission (S. 24). Der Vorschlag der Kommission vom 21.5.1987, ABl. EG Nr. C 153 vom 11.6.1987, S. 8, definierte Insiderinformation als „nicht allgemein bekannte [...] Information" (S. 9); kritisch auch *Grundmann*, ZKW 1992, 12, 14.

661 Ebenso ist das Erfordernis fehlender öffentlicher Bekanntheit in § 13 WpHG auszulegen. Denn die Insiderverbote des § 14 WpG bezwecken den Schutz der Anleger vor Täuschung, die durch Insiderhandel bewirkt wird. Eine Fehlvorstellung über die Ursache für Kursbewegungen ist hingegen keine zurechenbar durch den Insider gesetzte Ursache für eine schädigende Anlageentscheidung, wenn sich die Kenntnis der Information, aufgrund derer ein Insider Handel treibt, von den Anlegern erwarten läßt.

gänglichkeit für die Anleger hinreichend gewährleistet ist".[662] Demgegenüber genügt es nicht, wie es die deutsche Gesetzesbegründung zum Ausdruck bringt,[663] daß eine Kenntnisnahme möglich ist.[664] Denn damit allein ist nichts über die Bekanntheit einer Entwicklung ausgesagt. Die Gleichsetzung von Bekanntheit mit einer Möglichkeit der Kenntnisnahme widerspricht dem allgemeinen Sprachgebrauch. Außerdem sprechen Sinn und Zweck der Ad-hoc-Publizität gegen eine solche Auslegung. Wie die bisherige Untersuchung ergeben hat, ist der Schutz der Anleger vor der Möglichkeit bezweckt, daß das Verschweigen der fraglichen Entwicklung zu einem irrtumsbedingten Vermögensschaden der Anleger führt.[665] Diese Möglichkeit ist erst dann ausgeschlossen, wenn die Kenntnis der Anleger von der Entwicklung zumindest hoch wahrscheinlich ist. Denn dann ist hoch unwahrscheinlich, daß ein Irrtum der Anleger über die Entwicklung durch das Verschweigen der Entwicklung seitens des Emittenten verursacht wird.

Fraglich ist, wann die Kenntnisnahme einer Entwicklung durch die Anleger hoch wahrscheinlich ist. Maßgebliche Faktoren sind die Leichtigkeit der Kenntnisnahme und die Intensität, mit der Anleger einer Entwicklung der betreffenden Art nachforschen. Je leichter die Kenntnisnahme möglich ist, desto wahrscheinlicher ist sie. Je geringer die zu erwartende Intensität ist, mit der die Anleger einer Entwicklung der betreffenden Art nachforschen, desto weniger ist mit einer Kenntnisnahme zu rechnen. Das US-Recht, das auf eben diese Kriterien abstellt, gibt Anhaltspunkte, wie die Abwägung in der Praxis ausfallen kann. Festhalten läßt sich, daß alle allgemeinen wirtschaftlichen Sachzusammenhänge und -- bei größerer Volatilität des Marktsegmentes -- auch branchentypische Phänomene als bekannt anzusehen sind.[666]

cc) Stellungnahme: Das Erfordernis einer breiten Öffentlichkeit

Eine Entwicklung ist erst dann als öffentlich bekannt anzusehen, wenn die Kenntnisnahme durch die *breite Öffentlichkeit* der Anleger hoch wahrscheinlich ist. Es genügt nicht, daß mit der Kenntnisnahme durch die *Marktteilnehmer* zu rechnen ist. Denn eine Differenzierung zwischen Öffentlichkeit und Bereichsöffentlichkeit ist dem allgemeinen Sprachgebrauch fremd.

Die EU-Börsenzulassungsrichtlinie gibt die Veröffentlichung von Entwicklungen vor, „die der breiten Öffentlichkeit nicht bekannt sind".[667] Die EU-Insiderrichtlinie bestätigt diese Vorgabe.[668] Ein entsprechendes Verständnis der europäischen Gesetzgeber zeichnete sich außerdem im Verfahren zum Erlaß der EU-Marktmissbrauchsrichtlinie ab, die in der vom Europäischen Parlament in erster Lesung verabschiedeten Fassung als „öffentlich

662 Darauf verweist das Europäische Parlament in seiner Stellungnahme zum Vorschlag der EU-Insiderrichtlinie, ABl. EG Nr. C 187 vom 18.7.1988, S. 90. Es regt an, die vom Wirtschafts- und Sozialausschuss, ABl. EG Nr. C 35 vom 8.2.1988, S. 22, zu Artikel 6 des Richtlinien-Vorschlages der Kommission (S. 24) unterbreitete Definition einer Insidertatsache als „eine der Öffentlichkeit nicht zugängliche oder nicht verfügbare" Information dahingehend zu ergänzen. (S. 93)

663 Begr. RegE 2. FFG, BT-Drucks. 12/6679, S. 48 i. V. mit S. 46.

664 So aber *Assmann*, ZGR 1994, 494, 511; *Gehrt*, Die neue Ad-hoc-Publizität, S. 132.

665 Siehe dazu oben § 1 I.3.

666 So auch *Schwark*, BörsG, § 44a Rdn. 8; *Heidmeier*, AG 1992, 110, 112; gegen sie *Gehrt*, Die neue Ad-hoc-Publizität, S. 132 Fn. 444, der m.E. *Schwark* und *Heidmeier* mißversteht.

667 Anhang zur EU-Börsenzulassungsrichtlinie 79/279/EWG vom 5.3.1979, ABl. EG Nr. L 66 v. 16.3.1979, S. 21, Schema C. 5a) (S. 30), Schema D. 4a).

668 EU-Insiderrichtlinie 89/592/EWG vom 13.11.1989, ABl. EG Nr. L 334/32 v. 18.11.1989, S. 30, Art. 7 (S. 33).

bekannt" jede Information definierte, die über die traditionellen Medien oder elektronische Medien verbreitet wird.[669] Der Europäische Rat nahm den Änderungsantrag nicht in seinen gemeinsamen Standpunkt zum Richtlinienvorschlag auf, da er befürchtete, daß diese Definition den Geltungsbereich des Textes unnötig einschränken könnte.[670] Die Rechtsprechung ist verpflichtet, von mehreren möglichen Bedeutungen eines Tatbestandsmerkmales derjenigen Auslegung den Vorrang zu geben, die den Zielvorgaben der Richtlinie am besten entspricht, selbst wenn sie im Widerspruch zu dem Willen des nationalen Gesetzgebers steht, wie er aus den Gesetzesmaterialien hervortritt.[671] Die Passagen der deutschen Gesetzesbegründung, die von der öffentlichen Bekanntheit einer Entwicklung ausgehen, wenn sie der Bereichsöffentlichkeit bekannt gegeben ist, sind daher unbeachtlich. In der Tat hat sich der Gesetzgeber im 4. FFG gegen das Konzept der Bereichsöffentlichkeit und für das Erfordernis einer breiten Öffentlichkeit entschieden. Gemäß §§ 37b, 37c WpHG ist nämlich jeder Anleger berechtigt, bei Verstößen gegen die Ad-hoc-Publizität Schadensersatz zu erhalten. Dies wäre unsinnig, wenn sich die Ad-hoc-Veröffentlichungspflicht nur an Marktteilnehmer wendete.[672]

Auch Sinn und Zweck der Ad-hoc-Publizität sprechen für das Erfordernis einer breiten Öffentlichkeit. Denn zur Transparenz der Börsenpreise ist eine Ad-hoc-Veröffentlichung kurserheblicher Entwicklungen erforderlich, bis mit der Kenntnis der Entwicklung durch alle Anleger zu rechnen ist.[673] Die Kenntnisnahme durch professionelle Marktteilnehmer genügt nicht, denn weder führt sie zwangsläufig zur Angleichung der Kurse an das neue Informationsniveau,[674] noch verhindert sie Vermögensschäden der Anleger, die in Unkenntnis der den Marktteilnehmern bekannt gegebenen Entwicklungen in den Wertpapieren des Emittenten Handel treiben.

Die Regelung des § 15 Abs. 3 Satz 1 WpHG ist nicht zur Auslegung heranzuziehen, wann mit der öffentlichen Kenntnis einer Entwicklung zu rechnen ist.[675] Eine solche Auslegung würde den Gegenstand der Veröffentlichungspflicht zu eng fassen. Denn § 15 Abs. 3 Satz 1 WpHG beschränkt die zur Erfüllung der Publizitätspflicht erforderliche Verbreitung europarechtswidrig auf die Herstellung der Bereichsöffentlichkeit.[676] Die

---

669 Änderungsantrag 21 der Stellungnahme des Europäischen Parlaments in erster Lesung vom 14.3.2002 zum Kommissionsvorschlag einer EU-Marktmissbrauchsrichtlinie, KOM (2001) 281-2001/0118 (COD).

670 Ziffer III.b) der Begründung zum gemeinsamen Standpunkt des Europäischen Rates zum Kommissionsvorschlag einer Marktmissbrauchsrichtlinie vom 19.7.2002, ABl. EG Nr. 228E v. 25.9.2002, S. 19, 30.

671 *Ehricke*, RabelsZ 59 (1995), 589, 616; *Lutter*, JZ 1992, 593, 604 ff.; *Schmidt*, RabelsZ 59 (1995), 569, 590 f.

672 *Rössner/Bolkart*, ZIP 2002, 1471, 1473.

673 Ebenso *Pellens/Fülbier*, in: Baetge (Hrsg.), Insiderrecht und Ad-hoc-Publizität, S. 23, 38.

674 Vgl. dazu oben § 3 I.1.b).

675 Allerdings meint *Geibel*, in: Assmann/Schneider (Hrsg.), WpHG, § 15 Rdn. 46 entgegen, es könne keine Pflicht zur Veröffentlichung einer Entwicklung geben, von der die Bereichsöffentlichkeit Kenntnis nehmen kann, denn sonst müßte die Veröffentlichungspflicht trotz ihrer Erfüllung gemäß § 15 Abs. 3 Satz 1 Nr. 2 WpHG fortbestehen. Dieser Einwand verkennt indes, daß eine Pflicht keineswegs immer durch die Beseitigung der Verhältnisse erfüllt werden muß, die die Pflicht begründen.

676 *Assmann*, AG, 1994, 237, 252; *Hirte*, in: Hadding/Hopt/Schimansky (Hrsg.), 2. FFG, S. 47, 67; *Hopt*, ZHR 159 (1995), 135, 154; *ders.*, ZGR 1997, 1, 24; *Möllers*, ZGR 1997, 334, 358 f.; *Noack*, ZGR 1998, 592, 609; *v.Rosen*, Die Bank 1995, 9, 12; *Gehrt*, Die neue Ad-hoc-Publizität, S. 183, 185.

Vorschrift setzt damit nicht die Vorgaben der EU-Börsenzulassungsrichtlinie um,[677] derzufolge der Emittent „das Publikum [...] in Kenntnis setzen“ muß.[678] Um dies zu erreichen, muß der Emittent Veröffentlichungen in einer oder mehreren Zeitungen mit einer Verbreitung im gesamten Staatsgebiet oder einer zumindest weiten Verbreitung in diesem Staat vornehmen. Ausnahmsweise genügt auch eine Anzeige in den genannten Zeitungen, die den Ort bezeichnet, an dem eine schriftliche Ad hoc-Mitteilung einzusehen ist, oder die Verwendung von dieser Anzeige gleichwertigen Mitteln, die von der zuständigen Behörde anerkannt sind.[679] Ebenso gebietet die EU-Insiderrichtlinie nach ihrem Sinn und Zweck eine Berichterstattung in den Massenmedien.[680] Denn obschon die professionellen Marktteilnehmer von ihrem neuen Informationsstand immer vor den Privatanlegern profitieren werden[681] und obwohl das Ausnutzen von Informationsasymmetrien gar nicht vollständig verhindert werden kann,[682] dient die Ad-hoc-Publizität in Verbindung mit dem Insiderrecht doch gerade dazu, die Informationsasymmetrien abzubauen, damit die Privatanleger aufgrund der ihnen zugänglichen Information den Wertpapierpreis nachvollziehen können.

Zum anderen würde eine an § 15 Abs. 3 Satz 1 WpHG orientierte Auslegung den Gegenstand der Veröffentlichungspflicht aber auch zu weit fassen. Denn eine Entwicklung kann auch öffentlich bekannt sein, ohne daß der Emittent selbst sie veröffentlicht hat.[683] Davon geht auch die Gesetzesbegründung aus, in der es heißt, "Berichte der Wirtschaftspresse oder von Nachrichtenagenturen, die von der Presse aufgenommen werden, und die nicht bloße Vermutungen oder Gerüchte enthalten, sondern Geschehnisse darstellen, entheben den Emittenten von seiner Publikationspflicht."[684] Der Gefahr einer Umgehung der Ad-hoc-Veröffentlichungspflicht begegnet hinreichend das Verbot einer Veröffentlichung von Publizitätstatsachen „in anderer Weise“ gemäß § 15 Abs. 3 Satz 2 WpHG. Der Emittent verstößt gegen dieses Verbot als Täter (vgl. § 9 Abs. 1 Satz 1 OWiG), sobald er Dritte zur Veröffentlichung der Information verleitet, sich ihrer bedient oder ihre Hilfe in Anspruch nimmt.[685]

---

677 *Hirte*, in: Hadding/Hopt/Schimansky (Hrsg.), 2. FFG, S. 47, 73 f., rügt außerdem eine Verletzung des gesellschaftsrechtlichen Gleichbehandlungsgebots.

678 Schema C, 5 a) (S. 30), Schema D A.4. a) der EU-Börsenzulassungsrichtlinie vom 5.3.1979, ABl. EG Nr. L 66 v. 16.3.1979, S. 21, 30, 31.

679 Art. 17 der EU-Börsenzulassungsrichtlinie, aaO, S. 24.

680 Ausführlich *Schödermeier/Wallach*, EuZW 1990, 122, 123; anders noch *Hopt*, ZGR 1991, 17, 30: Eine Nachricht über den Börsenticker genüge.

681 Vgl. aber die Kritik dagegen von M. *Weber*, NJW 1994, 2849, 2852; *Hirte*, in: Hadding/Hopt/Schimansky (Hrsg.), 2. FFG, S. 47, 66: "Legalisierung des Insiderhandels".

682 Vgl. *Assmann*, ZGR 1994, 494, 512; *D. Schneider*, DB 1993, 1429, 1434: Informationsasymmetrien sind sachnotwendig für einen Kapitalmarkt, weil Handel nur zu Ungleichgewichtspreisen stattfindet.

683 *Schwark*, BörsG, § 44a Rdn. 8; in diesem Sinne meint *Schwarze*, BFuP 1994, 124, 132, daß für die Beurteilung der Erheblichkeit alle im Markt kursierenden Informationen in Betracht zu ziehen sind.

684 Begr. RegE 2. FFG, BT-Drucks. 12/6679, S. 48.

685 Zudem droht Kriminalstrafe für einen Verstoß gegen das Verbot der unbefugten Mitteilung von Insidertatsachen gemäß §§ 14 Abs. 1 Nr. 2, 38 Abs. 1 Nr. 2 WpHG.

2. *Die Neuigkeit der Entwicklung*

a) *US-Recht*

Eine Entwicklung ist nicht entscheidungserheblich, wenn der Markt aufgrund öffentlich bekannter Information ihren Eintritt erwartet.[686] Wenn die Schlußfolgerung der Entwicklung wahrscheinlich ist, dann ist es unwahrscheinlich, daß ein vernünftiger Anleger der Kenntnis der Entwicklung besondere Bedeutung für seine Anlageentscheidung zumessen würde. Denn die Kenntnis der Entwicklung macht nicht mehr die Erzielung eines Preisvorteiles wahrscheinlich.[687] Die Rechtsprechung nimmt eine Abwägung vor zwischen der Leichtigkeit der Schlußfolgerung und der Intensität, mit der die Anleger die öffentlich zugängliche Information auf Entwicklungen der betreffenden Art hin auswerten.

aa) *Die Leichtigkeit einer Schlußfolgerung auf die Entwicklung*

Wie leicht eine Entwicklung aus anderer, öffentlich zugänglicher Information zu schlußfolgern ist, hängt vor allem von deren Richtigkeit, Vollständigkeit und Verständlichkeit ab.[688] Die Auswertung von Information in einem Jahresbericht ist nicht von den Anlegern zu erwarten, wenn der Bericht natürliche Lebenssachverhalte bis zur Unkenntlichkeit aufgliedert.[689] Berichte in der medizinischen Fachpresse analysieren Medikamente sehr detailliert, so daß Anleger daraus nur schwer Erkenntnisse über Produktmängel ziehen können.[690] Auf den Endverbraucher zugeschnittenes Werbematerial geht auf die Eigenschaften der Produkte wiederum nicht detailliert genug ein.[691] Einzelne Angaben im Jahresbericht zu voraussichtlichen Verbindlichkeiten genügen nicht, um eine Schlußfolgerung auf eine drohende Überschuldung zu ermöglichen; diese bleibt also entscheidungserheblich.[692] Hingegen ist ein je Aktie eines übernommenen Unternehmens gezahlter Preis unerheblich, wenn er aus Angaben zum Gesamtumfang der Investition leicht zu berechnen ist.[693]

---

686 Acme Propane, Inc. v. Tenexco, Inc., 844 F.2d 1317, 1322 (7th Cir. 1988). Dagegen läßt sich zwar geltend machen, daß das Verschweigen von kurserheblichen Entwicklungen, selbst wenn diese aus anderer Information zu erschließen ist, dennoch den Marktpreis der Wertpapiere verfälscht; so die Argumentation in Hughes v. Dempsey-Tegler & Co., Inc., 534 F.2d 156, 176 (9th Cir.), *cert. denied*, 429 U.S. 896 (S. Ct. 1976); vgl. In re Apple Computer Sec. Litig., 886 F.2d 1109, 1116 (9th Cir. 1989), *cert. denied*, 496 U.S. 490 (1990). Diese Argumentation greift allerdings nicht durch. Da die zu veröffentlichende Information durch ein Erheblichkeitserfordernis eingegrenzt ist, sind ohnehin geringfügige Abweichungen des Kurses von dem Wert hinzunehmen, der bei vollständiger Information bestünde. Der Nutzen aus der vollständigen Information für die Anleger würde überdies in keinem Verhältnis stehen zu dem Aufwand, den ihre Produktion und Verarbeitung verursachen würde.

687 Vgl. Turner v. Financial Corporation of America, 960 F.2d 152 (9th Cir.), *cert. denied*, 506 U.S. 864 (S. Ct. 1992); D&N Financial Corp. v. RCM Partners Limited Partnership, 735 F. Supp. 1242 (D. Del. 1990); Diamond v. Arend, 649 F. Supp. 408, 414 (S.D.N.Y. 1986).

688 In re Apple Computer Sec. Litig., 886 F.2d 1109, 1116 (9th Cir. 1989), *cert. denied*, 496 U.S. 490 (1990); vgl. auch Endo v. Albertine, 812 F. Supp. 1479 (N.D. Ill. 1993); In re Marion Merrell Dow, Inc. Sec. Litig., [1993 Transfer Binder] Fed. Sec. L. Rep. (CCH) ¶ 997,776 (W.D. Mo. 1993).

689 Wechsler v. Steinberg, [1975-1976 Transfer Binder] Fed. Sec. L. Rep. (CCH) ¶ 95,449 (E.D.N.Y. 1976).

690 In re Marion Merrell Dow, Inc. Sec. Litig., [1993 Transfer Binder] Fed. Sec. L. Rep. (CCH) ¶ 97,776 (W.D. Mo. 1993).

691 Hemming v. Alfin Fragrances, Inc., 690 F. Supp. 239, 244 (S.D.N.Y. 1988).

692 Wechsler v. Steinberg, [1975-76 Transfer Binder] Fed. Sec. L. Rep. (CCH) ¶ 95,449, at 99,275 (S.D.N.Y. 1976).

693 Field v. Trump, 850 F.2d 938, 948 (2d Cir. 1988), *cert. denied*, 489 U.S. 1012 (S. Ct. 1989).

bb) Die Intensität der Informationsauswertung

Die Leichtigkeit der Schlußfolgerung ist abzuwägen gegen die Intensität, mit der Anleger die öffentlich zugängliche Information auf eine Entwicklung der fraglichen Art hin auswerten. Es läßt sich von den Anlegern erwarten, daß aus der öffentlich zugänglichen Information auf typische Symptome einer am Markt bekannten allgemeinen Sachlage schließen.[694] Absatzschwierigkeit von Zigaretten, die im allgemeinen aus dem erhöhten Gesundheitsbewußtsein der Bevölkerung und im besonderen aus der Offenlegung von internen Untersuchungen der Zigarettenindustrie zur Krebsverursachung durch Zigarettenkonsum folgen, sind demzufolge nicht entscheidungserheblich.[695] Andererseits ist nicht jede Entwicklung unerheblich, nur weil sie sich als Verwirklichung eines bekannten Risikos darstellt. Denn aus dem Risiko läßt sich nicht auf dessen Verwirklichung schließen.[696] Einundreißig Artikel in der Fachpresse und kritische Analystenberichte zu den Risiken einer Aktie schließen daher nicht die Entscheidungserheblichkeit von unseriösen Methoden der Gewinnermittlung, einem beträchtlichen Absatzrückgang und negativen Gewinnprognosen aus.[697] Im Einzelfall ist abzugrenzen, ob eine Entwicklung als typisches Symptom einer bekannten Sachlage (und damit im allgemeinen als „alte" Information) oder als Risikoverwirklichung (und damit als „neue" Information) anzusehen ist.

Bei Wertpapiersegmenten, die für ihre Volatilität bekannt sind, ist sogar von den Anlegern zu erwarten, daß sie aus dem Ausbleiben von sonst regelmäßig in der Branche auftretenden Entwicklungen auf die daraus zu erwartenden Folgen schließen; diese sind dann nicht mehr „neu". Das zeigen Entscheidungen zu Aktien der Computerbranche. Die Gerichte stellten fest, daß der Markt für die kurze Dauer der Produktzyklen besonders sensibilisiert ist.[698] Anleger müßten daher von einer verzögerten Markteinführung der neuen Modelle auf den Verlust an Marktanteilen schließen, der durch den Auftragsrückgang für Modelle der Vorgeneration ohne Kompensation durch Aufträge für die neuen Modelle entstehe.[699]

Besondere Bedeutung dafür, ob eine Schlußfolgerung auf eine Entwicklung zu erwarten ist, haben am Kapitalmarkt Analystenberichte. Eine Entwicklung ist regelmäßig nicht mehr entscheidungserheblich, wenn ein Analyst diese Entwicklung schlußfolgert, seine Folgerung angemessen begründet und dann veröffentlicht.[700] Dies gilt allerdings nicht für Analystenberichte, die von der offiziellen Berichterstattung des Emittenten abweichen.[701] Der Markt zweifelt an den Aussagen der Außenseiter, denn in den meisten Bereichen besitzen Unternehmensinsider einen Informationsvorsprung. Von den

---

694 Vgl. In re Convergent Technologies Sec. Litig., 721 F. Supp. 1133 (N.D. Cal. 1988).

695 In re Philipp Morris Sec. Litig., 872 F. Supp. 97 (S.D.N.Y. 1995).

696 Rowe v. Maremont Corp., 850 F.2d 1226 (7th Cir. 1988); Flamm v. Eberstadt, 814 F.2d 1169, 1173 (7th Cir.), *cert. denied*, 484 U.S. 853 (S. Ct. 1987).

697 Provenz v. Miller, 102 F.3d 1478 (9th Cir. 1996).

698 In re Seagate Technology II Sec. Litig., [1989 Transfer Binder] Fed. Sec. L. Rep. (CCH) ¶ 94,502 (N.D. Cal. 1989).

699 In re Convergent Technologies Sec. Litig., 948 F.2d 507, 516-17 (9th Cir. 1991); In re Apple Computer Sec. Litig., 886 F.2d 1109, 1116-17 (9th Cir. 1989), *cert. denied*, 496 U.S. 490 (1990) (breite Berichterstattung darüber in den einschlägigen Branchenblättern).

700 In re Verifone Sec. Litig., 784 F. Supp. 1471 (N.D. Cal. 1992); In re Convergent Technologies Sec. Litig., 721 F. Supp. 1133 (N.D. Cal. 1988).

701 A.A. In re Verifone Sec. Litig., 784 F. Supp. 1471 (N.D. Cal. 1992); vgl. auch In re Convergent Technologies Sec. Litig., 721 F. Supp. 1133 (N.D. Cal. 1988).

offiziellen Bekanntmachungen des Unternehmens abweichende Schlußfolgerungen von Analysten auf nicht öffentlich bekannte Entwicklungen nehmen diesen Entwicklungen daher nicht die Neuigkeit.

b) Deutsches Recht

Eine Entwicklung ist nicht mehr „neu", wenn hoch wahrscheinlich ist, daß eine breite Masse von Anlegern aus öffentlich zugänglicher Information auf die Entwicklung schließen wird. Denn dann ist ein Irrtum der Anleger über die betreffenden Umstände hoch unwahrscheinlich.[702] Wie bereits zum Tatbestandsmerkmal der öffentlichen Bekanntheit erörtert, ist dagegen eine Entwicklung selbst dann noch als neu anzusehen, wenn eine unbegrenzte Zahl von Anlegern auf ihren Eintritt aus öffentlich zugänglichen Informationen schließen *kann*. Es kommt nicht darauf an, wann eine Entwicklung tatsächlich eingetreten ist.[703] Denn dann würde sich die Veröffentlichungspflicht durch Zuwarten des Emittenten erledigen.

Die Neuigkeit einer Entwicklung hängt demzufolge davon ab, wie leicht sie sich aus der öffentlich zugänglichen Information erschließen läßt und mit welcher Intensität die Allgemeinheit der Anleger die öffentlich zugängliche Information auf eine Entwicklung der fraglichen Art hin auswertet. Für den ersteren Faktor kommt, wie im US-Recht, Analystenberichten besondere Bedeutung zu, die auf die Informationsbedürfnisse der Anleger zugeschnitten sind. Jedoch ist auch jegliche andere am Markt umlaufende Information zu berücksichtigen.[704] Für den letzteren Faktor kommt es vor allem auf die Erwartungshaltung des Marktes an. Hat der Markt falsche Erwartungen aufgebaut, so ist der Emittent eher verpflichtet, negative Umstände bekannt zu geben, als wenn der Markt die Wertpapiere ohnehin bereits mit Vorbehalten bewertet. Insbesondere gilt dies, wenn der Emittent selbst diese falschen Erwartungen geweckt hat, etwa durch vorhergehende Prognosen.[705] Denn der Markt traut dem Emittenten vertieften Einblick in die Grundlagen und Risiken der Geschäftsentwicklung zu und verläßt sich daher besonders auf die Prognosen des Emittenten. Auch Analystenberichte können die Erwartungshaltung der Anleger nachhaltig beeinflussen. Wenn keine einheitliche Linie der führenden Finanzinstitute zu erkennen ist, läßt sich aber im Zweifel nicht davon ausgehen, daß der Markt die in einigen Analystenberichten angesprochene Entwicklung antizipiert hat.[706] Wie das US-Recht zeigt, ist außerdem der Grad der Sensibilisierung der Anleger für bestimmte Entwicklungen zu berücksichtigen, die für ein Wertpapier des betreffenden Segments typischerweise bestimmte Folgewirkungen nach sich ziehen.

Gemäß Art. 6 Abs. 1 der EU-Marktmissbrauchsrichtlinie ist es nicht mehr erforderlich, daß eine Entwicklung „neu" ist, um Gegenstand der Ad-hoc-Publizität zu sein.[707] Dies dürfte allerdings praktisch nicht zu einer Erweiterung der veröffentlichungspflichtigen Umstände führen. Das Erfordernis der Neuigkeit im erörterten Sinn läßt sich aus dem

---

702 Siehe oben 1.b)bb) zur Begründung.

703 In diese Richtung gehen bereits die Ausführungen von *Schwarze*, BFuP 1994, 124, 132, und *Klein*, in: Hadding/Hopt/Schimansky (Hrsg.), 2. FFG, S. 95, 103.

704 A.A. ohne Begründung *Zubrod*, Rechtssichere Eingrenzung der Ad-hoc-Publizität, S. 199.

705 So im Ergebnis auch *Zubrod*, Rechtssichere Eingrenzung der Ad-hoc-Publizität, S. 198.

706 Die Ansicht von *Zubrod*, aaO, S. 199, daß in diesem Fall Antizipation zwingend ausgeschlossen sein soll, hat zwar den Vorzug größeren Anlegerschutzes, begegnet aber Bedenken im Hinblick auf das Analogieverbot.

707 Art. 6 Abs. 1 der EU-Marktmissbrauchsrichtlinie 2003/6/EG vom 28.1.2003, ABl. EG Nr. L 96 v. 12.4.2003, S. 21.

Erfordernis ableiten, daß eine Entwicklung nicht öffentlich bekannt sein darf. Ist sie nicht mehr „neu", so ist auch davon auszugehen, daß sie öffentlich bekannt ist.

3. *Die Eignung zur Verursachung von Anlageentscheidungen*

a) *US-Recht*

In einer Grundsatzentscheidung im Fall *TSC Industries, Inc. v. Northway, Inc.* definierte der US-Supreme Court, eine Entwicklung sei nur dann als entscheidungserheblich anzusehen, wenn ein vernünftiger Anleger der verschwiegenen Information mit überwiegender Wahrscheinlichkeit Bedeutung für seine Anlageentscheidung zumessen würde.[708] Die bloße Möglichkeit genüge anders als im *common law* für den Waren- und Dienstleistungsmarkt nicht, denn sonst würde der Kapitalmarkt mit überflüssiger Information überflutet. Das würde eher zur Verwirrung der Anleger als zu ihrer Aufklärung führen. Der Umstand allein, daß die Anleger eine Information interessant oder hilfreich finden könnten, genüge somit nicht, um das Erheblichkeitserfordernis zu erfüllen.[709] Es sei im übrigen unbeachtlich, daß eine Information für einzelne Anleger eine außergewöhnliche Bedeutung habe.[710] Die SEC hat diesen Erheblichkeitsmaßstab in das Recht der Regelpublizität übernommen.[711]

Die Entscheidungserheblichkeit einer Entwicklung ist im Lichte der „gesamten Mischung" der öffentlich zugänglichen Informationen zu bestimmen.[712] Sie ist zweifelhaft, wenn die Entwicklung durch andere Information ihre Bedeutung für die Anleger verliert.[713] Andererseits kann eine für sich gesehen unwesentliche Entwicklung dennoch entscheidungserheblich sein, weil sich ihre Bedeutung für die Anleger erst aus dem Gesamtzusammenhang aller öffentlich zugänglichen Information ergibt.[714] Daher ist zum Beispiel die allgemein nicht bemerkenswerte Bildung eines Ausschusses für laufende Rechtsstreitigkeiten in der Unternehmensleitung erheblich, wenn daraus die Bedeutung

---

708 Notwendig ist eine "*substantial likelihood that a reasonable shareholder would consider [the information] important*". Die ursprünglich in der Entscheidung TSC Indus., Inc. v. Northway, Inc., 426 U.S. 438, 449 (S. Ct. 1976) zu § 14(a) SEA entwickelte Definition ist mittlerweile für das gesamte Kapitalmarktrecht anerkannt; siehe zu Rule 10b-5 Basic, Inc. v. Levinson, 485 U.S. 224 (S. Ct. 1988); vgl. ferner Kronfeld v. Trans World Airlines, Inc,, 832 F.2d 726, 731 (2d Cir. 1987), *cert. denied*, 485 U.S. 1007 (S. Ct. 1988) (§ 11 SA); Riedel v. Acutote of Colorado, 773 F. Supp. 1055 (S.D. Ohio 1991) (§ 12 SA); SEC v. Steadman, [1991 Transfer Binder] Fed. Sec. L. Rep. (CCH) ¶ 95,793 (D.D.C. 1991) (§ 17 SA); weitere Nachweise bei *Brown* THE REGULATION OF CORPORATE DISCLOSURE § 5.03[1] 5-13.

709 Vgl. Milton v. Van Dorn Co., 961 F.2d 965, 969 (1st Cir. 1992). Das gilt wohl auch bei Verhandlungen „von Angesicht zu Angesicht", obschon nicht abschließend geklärt ist, inwieweit die Urteile des US-Supreme Court Entscheidungen entgegenstehen, die in diesen Fällen auch subjektive Elemente berücksichtigen; so z.B. Grigsby v. CMI Corp., 765 F.2d 1369, 1373 (9th Cir. 1985); Thomas v. Duralite Co., 524 F.2d 577, 584-85 (3d Cir. 1975).

710 TSC Indus., Inc. v. Northway, Inc., 426 U.S. 438, 449; Caravan Mobile Home Sales, Inc. v. Lehman Bros. Kuhn Loeb, Inc., 769 F.2d 561, 565 (9th Cir. 1985).

711 17 C.F.R. § 240.12b-2; vgl. außerdem 17 C.F.R. § 240.405; 17 C.F.R. § 210.1-02(n) (Regulation S-X).

712 TSC Industries, Inc. v. Northway, Inc., 426 U.S. 438 (S. Ct. 1976); der sogenannte *total* mix-test ist mittlerweile für das gesamte Kapitalmarktrecht anerkannt; vgl. zu Rule 10b-5 Basic, Inc. v. Levinson, 485 U.S. 224, 235-36 (S. Ct. 1988).

713 Vgl. Turner v. Financial Corporation of America, 960 F.2d 152 (9th Cir.), *cert. denied*, 506 U.S. 864 (S. Ct. 1992); D&N Financial Corp. v. RCM Partners Limited Partnership, 735 F. Supp. 1242 (D. Del. 1990); Diamond v. Arend, 649 F. Supp. 408, 414 (S.D.N.Y. 1986).

714 Vgl. U.S. v. Marcus Schloss & Co., Inc., [1989-90 Transfer Binder] Fed. Sec. L. Rep. (CCH) ¶ 94,840 (S.D.N.Y. 1989).

deutlich wird, die intern den drohenden Schadensersatzansprüchen aus der Exxon-Valdez-Krise zugemessen wird.[715] Es ist der Zusammenhang mit allen Informationen zu betrachten, die der Gesamtheit der Anleger zur Verfügung stehen.[716]

Die Auswirkungen dieser Rechtsprechung lassen sich am Beispiel von Fusionsverhandlungen demonstrieren. Der Umstand allein, daß ein Unternehmen einen attraktiven Partner für eine Fusion abgibt, ist nicht entscheidungserheblich, wenn bereits Übernahmegerüchte im Markt kursieren.[717] Die besonders für diesen Zweck getroffene Beratungsvereinbarung eines potentiellen Fusionspartners mit einer Anwaltssozietät ist hingegen entscheidungserheblich, selbst wenn die Presse bereits zuvor über eine mögliche Unternehmensfusion berichtet hat, weil damit ein konkreter Schritt zur Umsetzung eines ansonsten nur als Spekulation bestehenden Vorhabens getan ist.[718] Der Beschluß eines Übernahmeangebotes an die eigenen Aktionäre bleibt entscheidungserheblich, auch wenn vorhergehende Mitteilungen des Unternehmens die Möglichkeit eines Übernahmeangebotes in den Raum gestellt haben.[719] Denn sobald Gewißheit besteht, ist das Risiko eines Verkaufs unter Wert neu einzuschätzen.[720]

b) Deutsches Recht

Die Entwicklung muß geeignet sein, im Fall ihrer Veröffentlichung die Anleger zur Abgabe von Ordern zu bewegen. Das setzt voraus, daß die Anleger der Entwicklung Bedeutung für ihre Anlageentscheidung zumessen könnten. Die Veröffentlichung einer Entwicklung würde mit Gewißheit die Abgabe von Ordern verursachen, wenn die Anleger der Entwicklung Bedeutung für ihre Anlageentscheidung zumessen würden. Denn eine bestimmte Vorstellung ist schon dann kausal für eine Vermögensverfügung, wenn sie tatsächlich motivierend wirkt, selbst wenn die Vermögensverfügung außerdem von anderen Motiven bestimmt ist, aufgrund derer sie ohnehin so erfolgt wäre.[721] Die Veröffentlichung einer Entwicklung ist daher bereits dann geeignet, die Anleger zur Abgabe von Ordern zu bewegen, wenn die Entwicklung für ihre Anlageentscheidungen möglicherweise motivierend wirken würde.

Es läßt sich nicht wie im US-Recht voraussetzen, daß die Information im Falle ihres öffentlichen Bekanntwerdens mit überwiegender Wahrscheinlichkeit[722] oder gar mit Gewißheit[723] die Anleger zur Abgabe von Ordern bewegen würde. Dagegen spricht der klare Wortlaut der EU-Börsenzulassungsrichtlinie und der deutschen Gesetzesfassung.[724]

---

715 Goldsmith v. Exxon Corp., 755 F. Supp. 96 (S.D.N.Y. 1991).

716 Isquith v. Middle South Utilities, Sec., Inc., 847 F.2d 186, 189-90, 211 (5th Cir.), *cert. denied*, 488 U.S. 926 (S. Ct. 1988).

717 Hartford Fire Ins. Co. v. Federated Dept. Stores, Inc., 723 F. Supp. 976 (S.D.N.Y. 1989).

718 U.S. v. Victor Teicher & Co., [1989-90 Transfer Binder] Fed. Sec. L. Rep. (CCH) ¶ 94,975 (S.D.N.Y. 1990); U.S. v. Marcus Schloss & Co., Inc., [1989-90 Transfer Binder] Fed. Sec. L. Rep. (CCH) ¶ 94,840 (S.D.N.Y. 1989); vgl. auch SEC v. Singer, [1991-92 Transfer Binder] Fed. Sec. L. Rep. (CCH) ¶ 96,525 (S.D.N.Y. 1992).

719 Rowe v. Maremont Corp., 850 F.2d 1226 (7th Cir. 1988).

720 Flamm v. Eberstadt, 814 F.2d 1169, 1173 (7th Cir.), *cert. denied*, 484 U.S. 853 (S. Ct. 1987).

721 BGHSt 13, 13.

722 So zur Insidertatsache indes *Assmann*, in: Assmann/Schneider (Hrsg.), WpHG, § 13 Rdn. 65e.

723 Dafür aber offenbar -- ohne Begründung -- v.*Klitzing*, Die Ad-hoc-Publizität, S. 134.

724 Ebenso zu § 13 WpHG *Peltzer*, ZIP 1994, 746, 749; *Loesche*, Die Eignung zur erheblichen Kursbeeinflussung, S. 84, der allerdings aaO, S. 134, hinsichtlich der Erheblichkeit der hypothetischen Kursbeeinflussung eine überwiegende Wahrscheinlichkeit fordert; dagegen wiederum *Kümpel*, Bank- und Kapitalmarktrecht, Rz. 14.135.

Nach dem allgemeinen Sprachgebrauch ist eine Information bereits dann geeignet, die Anleger zur Abgabe von Ordern zu bewegen, wenn sie diese Orderabgabe möglich macht.[725]

Es ist auf die Veränderung der objektiven Informationslage abzustellen.[726] Die zum US-Recht beispielhaft dargelegten Fälle machen anschaulich, wie die Entscheidungserheblichkeit einer Entwicklung im Lichte der „gesamten Mischung“ der öffentlich zugänglichen Information zu bestimmen ist.

II. Der Markteinfluß der Entwicklung

Wie eingangs dieses Kapitels erörtert, ist der Gegenstand der Ad-hoc-Publizität weiter danach bestimmt, ob die Anlageentscheidung, die durch die Unkenntnis der Anleger von der fraglichen Entwicklung verursacht werden könnte, zu einem Vermögensschaden der Anleger führen würde. Das ist der Fall, wenn das Vermögen der Anleger vor der Anlageentscheidung geringer sein würde als danach, weil sie in ihrer Anlageentscheidung in Unkenntnis der Entwicklung den Wert der Wertpapiere falsch ansetzen. Das rechtlich geschützte Vermögen wird dabei nach der Verkehrsauffassung bestimmt.[727] Die Entwicklung muß also geeignet sein, den Marktwert der Wertpapiere zu verändern („Markterheblichkeit“). Diese Voraussetzung ist in dem Tatbestandsmerkmal enthalten, daß die Entwicklung geeignet sein muß, den Kurs der Wertpapiere zu beeinflussen.

Wenn der Kurs steigen würde, erleiden die Verkäufer der fraglichen Wertpapiere einen Vermögensschaden, wenn der Kurs fallen würde, die Käufer. Das läßt sich am Beispiel des Verkaufs verdeutlichen. Das Verschweigen einer kurserheblichen Entwicklung mit vorteilhaften Auswirkungen auf die wirtschaftlichen Verhältnisse des Emittenten könnte ursächlich für einen irrtumsbedingten Verkauf der Wertpapiere werden, denn anstatt aufgrund ihrer überkommenen Vorstellungen von den für die Bewertung der Wertpapiere erheblichen Verhältnissen des Emittenten die Wertpapiere zu verkaufen, würden die Anleger im Falle einer Veröffentlichung der Entwicklung möglicherweise weitere Wertpapiere zukaufen oder die Wertpapiere halten. Der Verkauf der Wertpapiere führt zu

---

725 Es läßt sich außerdem die ganz herrschende Meinung zum Betrugsverbot gemäß § 263 StGB anführen, das als Urgestalt jeder Regelung anzusehen ist, die - wie das Gebot der Ad-hoc-Publizität - vor irrtumsbedingten Vermögensschäden schützt. Sie sieht eine Täuschung als für eine Vermögensverfügung ursächlich an, wenn der Getäuschte die vorgespiegelte Information für möglicherweise wahr hält und seiner Vermögensverfügung zu Grunde legt. *Cramer*, in: Schönke/Schröder, StGB, § 263 Rdn. 53 ff., 58 m.w.N.; *Lackner*, in: Leipziger Komm. z. StGB, § 263 Rdn. 79 ff.; die früher vertretene Ansicht, es sei eine „überwiegende Wahrscheinlichkeit“ zu fordern, hat sich nicht durchgesetzt.
Des gleichen sieht die herrschende Meinung zu §§ 264a StGB, 20a WpHG jede Entwicklung als erheblich an, die nach der Verkehrsauffassung geeignet ist, die Anlageentscheidung eines durchschnittlich vorsichtigen, vernünftigen Anlegers zu beeinflussen. Begr. RegE, BT-Drucks. 10/318, S. 24, zu § 264a StGB; *Tröndle/Fischer*, StGB, § 264a Rdn. 12; Lackner/*Kühl*, StGB, § 264a Rdn. 13; *Ledermann*, in: Schäfer (Hrsg.), WpHG etc., § 88 BörsG Rdn. 9; *Schwark*, BörsG, Einl § 88 Rdn. 8; *Tiedemann*, in: Leipziger Komm. z. StGB, § 264a Rdn. 51 f.; *Pleyer/Hegel*, ZIP 1987, 79, 82; *Otto*, WM 1988, 729, 738. Dagegen stellen *Cramer*, in: Schönke/Schröder (Hrsg.), StGB, § 264a Rdn. 32, *Samson*, in: Rudolphi (Hrsg.), SK z. StGB, § 264a Rn. 47, 49, und *Worms*, in: Assmann/Schütze (Hrsg.), Hdb. z. Kapitalanlegerrecht, § 8 Rdn. 77, allein auf eine Veränderung des Fundamentalwertes ab.

726 Ebenso zur Insidertatsache *Assmann*, in: Assmann/Schneider (Hrsg.), WpHG, § 13 Rdn. 65d; *Loesche*, Die Eignung zur erheblichen Kursbeeinflussung, S. 122 ff.

727 Vgl. *Tröndle/Fischer*, StGB, § 263 Rdn. 32 f., und *Worms*, in: Assmann/Schütze (Hrsg.), Hdb. z. Kapitalanlagerecht, § 8 Rdn. 20, je m.w.N.

einem Vermögensschaden, weil die Geschäftspartner der Anleger in Kenntnis der wahren Sachlage, also im Falle einer Veröffentlichung der Entwicklung bereit gewesen wären, für die Wertpapiere einen höheren Börsenpreis zu zahlen.

1. US-Recht

Entwicklungen sind im US-Recht nur dann markterheblich, wenn wahrscheinlich ist, daß sie im Falle ihrer Veröffentlichung den Marktpreis der Wertpapiere beeinflussen.[728] Der Preis würde verändert, wenn andere Order als bisher abgegeben werden, die im Verhältnis zu allen für das Wertpapier ansonsten abgegebenen Ordern signifikant sind.[729] Eine Entwicklung mag für einen Einzelnen die Entscheidungslage nur gering verändern, weil er über entsprechende Kenntnisse bereits verfügte, in Anbetracht des Kenntnisstandes der Allgemeinheit aber doch markterheblich sein.[730]

Die Rechtsprechung stellt auf den Einzelfall ab. Sie orientiert sich dabei vor allem an vergleichbaren vorhergehenden Entscheidungen,[731] lehnt aber eine enumerative Aufzählung markterheblicher Umstände in ständiger Rechtsprechung ab. Der damit erzielte Gewinn an Rechtssicherheit könne nicht den Verlust an Anlegerschutz aufwiegen. Stellvertretend für andere Gerichte steht die Äußerung des US-Appellate Court, Second Circuit, wann eine Information markterheblich ist, sei „unvorhersagbar und nicht festlegbar".[732] Die Beurteilung müsse jeweils aufs Neue anhand der besonderen Umstände des Einzelfalles getroffen werden.[733] Es sind alle vorgetragenen Tatsachen umfassend gegeneinander abzuwägen, in Zweifelsfällen ist die Markterheblichkeit von Entwicklungen anzunehmen, um den bezweckten Anlegerschutz so weit wie möglich zu sichern.[734] Die Unerheblichkeit einer Entwicklung ist ohne nähere Tatsachenaufklärung nur dann anzunehmen, wenn die Tatsachen so offensichtlich ohne Bedeutung für einen vernünftigen Anleger sind, daß vernünftigerweise kein Zweifel über ihre Unwichtigkeit bestehen kann.[735]

Die Markterheblichkeit einer Entwicklung folgt nicht allein aus Veränderungen eines „inneren Wertes" des Wertpapieres, der aus einer Fundamentalanalyse des Unternehmens

---

728 Grundlegend zur Fortentwicklung des *reasonable investor*-Tests im Rahmen von Rule 10b-5 zu einem Markteinflußtest SEC v. Texas Gulf Sulphur Co., 401 F.2d 833, 848 (2nd Cir. 1968); siehe ferner; In re Burlington Coat Factory Sec. Litig., 114 F.3d 1140 (3d Cir. 1997); Elkind v. Ligett & Myers Inc., 635 F.2d 156 (2nd Cir. 1980); SEC v. Bausch & Lomb Inc., 565 F.2d 8, 16 (2nd Cir. 1977); In re Clearly Canadian Sec. Litig., 875 F. Supp. 1410 (N.D. Cal. 1995).

729 Die maßgebliche Weichenstellung für die Praxis der SEC erfolgte in dem Verwaltungsverfahren Investors Management Co., Inc., 44 S.E.C. 633 (1976).

730 *Brown* THE REGULATION OF CORPORATE DISCLOSURE § 5.03, 5-11; vgl. Pommer v. Med Test Corporation, 961 F.2d 620 (7th Cir. 1992).

731 Die Erheblichkeit von Entwicklungen ist eine Rechts- wie auch eine Tatsachenfrage, die zum einen durch das Gericht im Rahmen eines Antrages auf eine Entscheidung nach Aktenlage (*summary judgment*), zum anderen durch die Jury zu treffen ist -- dann spielen die durch den Richter formulierten Fragen und Anweisungen eine große Rolle. Es ist üblich, der Jury einschlägige Fälle zum Vergleich vorzulegen („Wenn sie entscheiden sollten, daß dieser Fall jenem entspricht, ist die Tatsache wahrscheinlich erheblich.").

732 SEC v. Bausch & Lomb, Inc., 565 F.2d 8, 10 (2d Cir. 1977).

733 SEC v. Bausch & Lomb, Inc., 420 F. Supp. 1226, 1233 (S.D.N.Y. 1976), *aff'd*, 565 F.2d 8 (2d Cir. 1977).

734 TSC Indus., Inc. v. Northway, Inc., 426 U.S. 438, 448 (S. Ct. 1976).

735 Goldman v. Belden, 754 F.2d 1059, 1067 (2d Cir. 1985); vgl. weiterhin Caravan Mobile Home Sales, Inc. v. Lehman Bros. Kuhn Loeb, Inc., 769 F.2d 561, 565 (9th Cir. 1985); TBK Partners v. Shaw, 689 F. Supp. 693 (W.D. Ky. 1988); In re Union Carbide, Corp. Consumer Prod. Bus. Sec. Litig., 676 F. Supp. 458 (S.D.N.Y. 1987).

folgt. So kommt es nicht darauf an, ob ein Umstand Auswirkungen von mehr als 5-10 % auf das Unternehmensergebnis nach Steuern hat.[736] Die ganz herrschende Rechtsprechung lehnt es überhaupt generell ab, auf Veränderungen eines errechneten Wertes des Wertpapieres abzustellen. Dieser Wert sei zu ungewiß, um ihn als schützenswertes Vermögen der Anleger anzuerkennen.[737]

2. *Deutsches Recht*

a) *Die Verursachung einer Kursveränderung*

Eine Veröffentlichungspflicht setzt gemäß § 15 Abs. 1 Satz 1 WpHG voraus, daß die Entwicklung geeignet ist, den Kurs der Wertpapiere zu beeinflussen. Die von den Anlegern im Falle einer Veröffentlichung der Entwicklung für das Wertpapier abgegebenen Order müßten also geeignet sein, zu Geschäftsabschlüssen an der Börse mit Preisen unter bzw. über dem zuvor festgestellten Preis zu führen. Eine Kursbeeinflussung setzt voraus, daß die Zahl gleich limitierter Order auf einer Marktseite die Zahl auf der anderen Marktseite überwiegt. Die darauf folgende Verengung der Spanne zwischen Geld- und Briefkursen führt schließlich zum Geschäftsabschluß mit einer limitierten Order der Marktgegenseite zu einem vom Vorkurs abweichenden Preis. Nach der Ausführung der limitierten Order können zu diesem Kurs auch die sich gegenüberstehenden unlimitierten Order zur Ausführung gebracht werden.

Eine Entwicklung ist regelmäßig geeignet, eine Steigerung des Angebots bzw. der Nachfrage zum bisherigen Preis des Wertpapieres zu verursachen, wenn sie für die Anlageentscheidung der Anleger entscheidungserheblich ist.[738] Denn dann lohnt sich der Kauf des Wertpapieres zum bisherigen Preis, der eine potentielle Kurssteigerung noch nicht berücksichtigt; es lohnt sich der Verkauf zum bisherigen Preis, der einen potentiellen Kursverlust noch nicht berücksichtigt. Die zur Kursbeeinflussung darüber hinaus erforderliche Einseitigkeit der Steigerung des Angebotes bzw. der Nachfrage setzt einen breiten Konsens über die Entscheidungserheblichkeit der fraglichen Entwicklung bei den Anlegern voraus, die das betreffende Wertpapier gegenwärtig beobachten.

Einigkeit besteht im allgemeinen darüber, daß die Markterheblichkeit einer Entwicklung für den hypothetischen Fall zu bestimmen ist, daß die Entwicklung zum Zeitpunkt der Beurteilung öffentlich bekannt wird.[739] Die Einschätzung hat *ex ante* und nach Maßgabe allgemeiner Lebenserfahrung zu erfolgen.[740] Besondere, von einzelnen

---

736 In re Westinghouse Sec. Litig., 90 F.3d 696 (3d Cir. 1996).

737 Vgl. Astor Chauffeured Limousine Co. v. Runnfeldt Investment Corp., 910 F.2d 1540, 1551 (7th Cir. 1990), upheld on remand, 1991 WL 47119 (N.D. Ill. 1991); Zeller v. Bogue Elec. Mfg. Corp., 476 F.2d 795 (2d Cir. 1973), *cert. denied*, 414 U.S. 908 (S. Ct. 1973); Commercial Union Assurance Co. v. Ivan F. Boesky & Co., 824 F. Supp. 348 (S.D.N.Y. 1993); Alta Health Strategies, Inc. v. Kennedy, 790 F. Supp. 1085 (D. Utah 1992); Barr v. McGraw-Hill, Inc., 710 F. Supp. 95 (S.D.N.Y. 1989).

738 Dazu oben I.

739 Das Merkmal der Kurserheblichkeit ist insoweit in § 15 Abs. 1 WpHG genauso auszulegen, wie in § 13 Abs. 1 WpHG; *Assmann*, in: Assmann/Schneider (Hrsg.), WpHG, § 13 Rdn. 60; *Kümpel*, in: Assmann/Schneider (Hrsg.), WpHG, § 15 Rdn. 69 m.w.N.; *Fürhoff*, Kapitalmarktrechtliche Ad-hoc-Publizität zur Vermeidung von Insiderkriminalität, S. 154; v.*Klitzing*, Die Ad-hoc-Publizität, S. 129. Mißverständlich ist allerdings die Formulierung von *Assmann*, in: Assmann/Schneider (Hrsg.), WpHG, § 13 Rdn. 65, es sei eine Prognose zu treffen. Denn maßgeblich ist gerade nicht die Kursbeeinflussung im Falle eines zukünftigen tatsächlichen Bekanntwerdens; so richtig *Assmann*, aaO, § 13 Rdn. 65b.

740 Begr. RegE 2. FFG, BT-Drucks. 12/6679, S. 48.

Anlegern verfolgte Zielvorstellungen sind unbeachtlich. Denn das unbestimmte Tatbestandsmerkmal einer Eignung zur Kursbeeinflussung muß, um das Bestimmtheitsgebot zu wahren, objektiv nach Maßgabe der Verkehrserwartungen ausgelegt werden.[741]

Im einzelnen gehen die Ansichten auseinander, aus welcher Perspektive die Eignung einer Entwicklung zur Kursbeeinflussung zu beurteilen ist. Fraglich ist, ob die Sicht eines "durchschnittlich verständigen Anlegers ohne subjektive Vorstellungen" entscheidend ist,[742] oder ob es auf die Sicht eines wirtschaftlich vorgebildeten, börsenkundigen Anlegers[743] oder gar eines professionellen Marktteilnehmers ankommt.[744]

Richtigerweise ist auf die Einschätzung der Entwicklung durch einen Anleger ohne subjektive Vorstellungen abzustellen, der regelmäßig das betreffende Wertpapier beobachtet.[745] Denn ob eine Entwicklung einseitig die Nachfrage nach einem Wertpapier oder das Angebot des Wertpapieres steigern wird, hängt davon ab, wie im Einzelfall die Anleger den Einfluß der Entwicklung auf den Wert der Wertpapiere beurteilen, die das Wertpapier regelmäßig beobachten.[746] Diese Auslegung setzt die eingangs erörterte Wertung um, daß Gegenstand der Ad-hoc-Publizität Entwicklungen sind, deren Verschweigen vermögensschädigenden Wertpapierhandel hervorrufen kann. Es kommt auf den rechtlich geschützten Wert an, um den die Anleger ohne eine Ad-hoc-Veröffentlichung zu billig verkaufen bzw. zu teuer verkaufen könnten. Das geschützte Vermögen ist nach der Verkehrsauffassung zu bestimmen.[747] Auf die Beurteilung durch wirt-

---

741 *Kümpel*, WM 1994, 2137, 2140; *U. A. Weber*, BB 1995, 157, 164; vgl. *Zubrod*, Rechtssichere Eingrenzung der Ad-hoc-Publizitätspflicht, S. 192 f. („logischer Idealtypus"). Ebenso zum Tatbestandsmerkmal der Kurserheblichkeit in § 13 Abs. 1 WpHG *Assmann*, in: Assmann/Schneider (Hrsg.), WpHG, § 13 Rdn. 65a; zu § 264a StGB *Cramer*, in: Schönke/Schröder, StGB, § 264a Rdn. 32; *Worms*, in: Assmann/Schütze (Hrsg.), Hdb. z. Kapitalanlegerrecht, § 8 Rdn. 72, 73 a.E.; vgl. aber *Cramer*, in: Schönke/Schröder, StGB, § 264a Rdn. 25, der die Vorteilhaftigkeit von Information möglichst nah am konkreten Fall bestimmen möchte.

742 *Schäfer*, in: Schäfer (Hrsg.), WpHG etc., § 13 Rdn. 58; *Caspari*, ZGR 1994, 530, 540; *Claussen/Loistl*, in: Claussen/Loistl (Hrsg.), Frage und Antwort, S. 8, 17; *Kümpel*, WM 1994, 2137, 2140; *U. A. Weber*, BB 1995, 157, 164; vgl. *Kallmeyer*, DB 1994 Heft 17, S. I (Privatanleger); ebenso früher *Assmann*, in: Assmann/Schneider, WpHG, 1. Aufl. 1995, § 13 Rdn. 65; *ders.*, ZGR 1994, 494, 514.

743 So zur Insidertatsache nunmehr *Assmann*, in: Assmann/Schneider (Hrsg.), WpHG, § 13 Rdn. 65a; *Loesche*, Die Eignung zur erheblichen Kursbeeinflussung, S. 118 ff., 130 ff., 137.

744 *Ekkenga*, ZGR 1999, 165, 189 f.; *Zubrod*, Rechtssichere Eingrenzung der Ad-hoc-Publizitätspflicht, S. 192 f.; vgl. *Gehrt*, Die neue Ad-hoc-Publizität, S. 122 f., 140 f.

745 Nicht damit zu verwechseln ist der Maßstab eines vernünftigen Anlegers. Der Gesetzgeber hat sich dagegen entschieden, allein auf die Einschätzung eines vernünftigen Anlegers abzustellen; *Kallmeyer*, DB 1994, Heft 17 S. I; a.A. *Zubrod*, Rechtssichere Eingrenzung der Ad-hoc-Publizitätspflicht, S. 194. Der Maßstab eines vernünftigen Anlegers findet sich in der herrschenden Rechtsauffassung zu §§ 264a Abs. 1 StGB, 20a Abs. 1 Nr. 1 WpHG, daß jede Tatsache erheblich ist, die nach Einschätzung eines vernünftigen Anlegers Auswirkungen sowohl auf den Preis der Kapitalanlage als auch auf ihre Risiken hat; *Tröndle/Fischer*, StGB, § 264a Rdn. 12; *Schwark*, BörsG, Einl § 88 Rdn. 8; Lackner/*Kühl*, StGB, § 264a Rdn. 13; *Tiedemann*, in: Leipziger Komm. z. StGB, § 264a Rdn. 51, 52.

746 *BAW/Deutsche Börse AG*, Leitfaden, S. 37; *Kiem/Kotthoff*, DB 1995, 1999, 2003; dahingehend heißt es in der Gesetzesbegründung, „[für] die Beurteilung, ob eine Tatsache erheblich kursbeeinflussend ist oder nicht, ist der Einzelfall unter Zugrundelegung der allgemeinen Lebenserfahrung entscheidend." Begr. RegE 2. FFG, BT-Drucks. 12/6679, S.48.

747 Vgl. *Tröndle/Fischer*, StGB, § 263 Rdn. 32 f., und *Worms*, in: Assmann/Schütze (Hrsg.), Hdb. z. Kapitalanlagerecht, § 8 Rdn. 20, je m.w.N.

schaftlich vorgebildete Anleger oder durch professionelle Marktteilnehmer kommt es nicht an. Denn sie bestimmen kaum die Verkehrsauffassung, welchen Wert ein Wertpapier hat.

b) *Vorschläge zur teleologischen Reduktion des Markteinflußtests*

Einige Autoren hegen Zweifel an der Bestimmtheit des Markteinflußtests. Sie schlagen daher eine teleologische Reduktion des Erfordernisses der Kurserheblichkeit vor. So regt *Tippach* die abschließende Aufstellung eines Kataloges von Entwicklungen an, die auf den Fundamentalwert der Wertpapiere Einfluß haben („werterhebliche Entwicklungen“).[748] In diese Richtung geht auch der Vorschlag von *Pellens* und *Fülbier*, als markterheblich nur die die im Recht der Regelpublizität typisierten Fälle werterheblicher Entwicklungen anzusehen. Maßgeblich soll ihrer Ansicht nach ausschließlich sein, ob die Entwicklung wesentliche Auswirkungen auf die Vermögens- oder Finanzlage oder den allgemeinen Geschäftsverlauf des Emittenten hat, so wie diese in der handelsrechtlichen Rechnungslegung darzustellen sind.[749] Den gleichen Ansatz wählt *Ekkenga*. Aus § 277 HGB entnimmt er als Leitsatz der Unternehmenspublizität die Unterscheidung von gewöhnlichen und außergewöhnlichen Vorgängen. Wesentlich sei daher alles, was „aus dem Kontinuum des betriebswirtschaftlichen Kapitalumschlags herausragt.“ Nur diese Vorgänge seien *ad hoc* zu veröffentlichen.[750] Auf eine Veränderungen des DFVA/SG-Ergebnisses in Höhe von mehr als 5 % stellt *Loistl* ab.[751] Dabei handelt es sich um die Ertragslage des Unternehmens nach Maßgabe der Handelsbilanz, bereinigt um Sondereinflüsse wie außerordentliche, aperiodische und dispositionsbedingte Vorgänge. Außerdem sei zu beachten, ob das Verhältnis der Ertragsentwicklung des Unternehmens zur Entwicklung des Marktes auf lange Sicht verändert werde.[752] *Vaupel* regt schließlich an, nur Veränderungen des „wahren“, nach Maßgabe einer Fundamentalanalyse ermittelten, inneren Wertes des Wertpapieres zu beachten.[753]

c) *Diskussion*

aa) *Methodische Bedenken*

Eine teleologische Reduktion des Markteinflußtests dahingehend, daß nur Veränderungen des Fundamentalwertes des Wertpapieres erforderlich sind, ist nicht möglich. Für eine teleologische Reduktion fehlt jeder Hinweis auf eine planwidrige Überregulierung. Der europäische Gesetzgeber hat die Schwierigkeiten bei der praktischen Anwendung des Markteinflußtests bewußt in Kauf genommen.[754] Der nationale Gesetz-

---

748 *Tippach*, Insiderverbote und Rechtspflichten der Banken, S. 148 ff.; ebenso der Vorschlag von *Grossmann/Nikoleyczik*, DB 2002, 2031, 2035, m.w.N. zu einer entsprechenden Stellungnahme des DAI zum Entwurf des 4. FFG.

749 *Pellens*, AG 1991, 62, 65 f.; *Fülbier*, Regulierung der Ad-hoc-Publizität, S. 269 f.

750 *Ekkenga*, ZGR 1999, 165, 190.

751 *Loistl*, Die Bank 1995, 255, 256 f; in diese Richtung auch *Pellens/Fülbier*, DBW 55 (1995), 255, 257.

752 *Loistl*, in: Claussen/Loistl (Hrsg.), Frage und Antwort, S. 51 ff.; *Pellens/Fülbier*, in: Baetge (Hrsg.), Insiderrecht und Ad-hoc-Publizität, S. 23 ff.

753 *Vgl. Vaupel*, WM 1999, 521, 524 ff., 529, der diesen Maßstab allerdings nur für den subjektiven Tatbestand heranzieht, den objektiven Tatbestand einer Pflichtverletzung hingegen bereits erfüllt sieht, wenn auf das Bekanntwerden einer vom Emittenten verschwiegenen Entwicklung eine beträchtliche Kursveränderung folgt; dazu unten III.

754 Aufschlußreich zur Diskussion über die Übernahme des Markteinflußtests aus dem anglo-amerikanischen Recht bei der Entstehung der EU-Insiderrichtlinie *Rider/Ashe*, in: Andenas/Kenyon-Slade

geber verweist die Emittenten auf den fachkundigen Rat von Finanzdienstleistungsunternehmen und läßt sie im übrigen eine weitere Konkretisierung durch die Rechtsprechung abwarten.[755]

Es ist außerdem nicht ersichtlich, wie die vorgeschlagene teleologische Reduktion die Bestimmtheit des Tatbestands erhöhen würde. Denn auch wenn man der Ansicht von *Pellens*, *Fülbier* und *Ekkenga* folgt, stellt sich das Problem, wie eine Wesentlichkeitsgrenze rechtssicher zu bestimmen ist. Die bisherigen Bemühungen im Recht der Rechnungslegung zeigen, daß die Festlegung einer Wesentlichkeitsgrenze dort ebenso große Probleme aufwirft, wie die Festlegung, wann vom Markteinfluß einer Entwicklung auszugehen ist.[756] Für die Festlegung bestimmter Prozentschwellen, wie sie *Loistl* vorschlägt, findet sich im Gesetzeswortlaut keine Stütze.[757]

Eine Auslegung des § 15 WpHG, die allein auf eine Veränderung des inneren Wertes der Wertpapiere abstellt, gleichgültig ob dieser nun typisiert anhand der Rechnungslegung oder dem DFVA/SG-Ergebnis gemessen wird oder nach Maßgabe finanzwissenschaftlicher Formeln errechnet wird, verstieße außerdem gegen das Analogieverbot.[758] Denn § 15 Abs. 1 Satz 1 WpHG setzt eine Beeinflussung des Kurses voraus. Das Abstellen auf Veränderungen des Fundamentalwertes würde demgegenüber die Ad-hoc-Publizität auf Entwicklungen erstrecken, die der Markt bereits vollständig antizipiert hat.[759] Es ist also der Markteinfluß einer Entwicklung im Einzelfall und nicht eine Veränderung bestimmter, objektiv wertbildender Faktoren maßgeblich.[760]

bb) Sachliche Bedenken

Gegen den Vorschlag, das Tatbestandsmerkmal der Kurserheblichkeit auf Veränderungen des Fundamentalwertes zu reduzieren, sprechen in sachlicher Hinsicht die bisher gewonnenen Erkenntnisse zu den Grundlagen der Ad-hoc-Publizität. Damit wären nicht mehr alle Entwicklungen Gegenstand der Ad-hoc-Publizität, deren Veröffentlichung erforderlich ist, um vermögensschädigenden Wertpapierhandel der Anleger zu verhindern. Als Vermögen der Anleger ist in erster Linie der Marktwert der Wertpapiere geschützt, um den sie die Wertpapiere des Emittenten ohne eine Ad-hoc-Veröffentlichung der fraglichen Entwicklung zu billig verkaufen bzw. zu teuer kaufen könnten. Das stimmt mit dem Zweck der Ad-hoc-Veröffentlichungspflicht überein, die Anleger vor vermögensschädigendem Wertpapierhandel zu schützen, der durch insiderbedingte Kursver-

---

(Hrsg.), EC Financial Market Regulation and Company Law, S. 209, 224 f.; vgl. auch *Assmann*, in: Assmann/Schneider (Hrsg.), § 13 Rdn. 70b.

755 Begr. RegE 2.FFG, BT-Drucks. 12/6679, S. 48; Bericht und Beschlußempfehlung des Finanzausschusses des Deutschen Bundestages, BT-Drucks. 12/7918, S. 102.

756 Vgl. statt vieler *Ossadnik*, WpG 1993, 617, und *ders.*, WpG 1995, 33, m.w.N. und einer empirischen Untersuchung zu den großen Abweichungen in der Rechnungslegungspraxis.

757 Ebensowenig findet sich dort überhaupt ein Verweis auf die DFVA/SG-Methode der Ergebnisermittlung. Gegen ihre Heranziehung bestehen daher Bedenken sowohl im Hinblick auf das Bestimmtheitsgebot als auch auf den Gesetzlichkeitsgrundsatz; vgl. *Zubrod*, Rechtssichere Eingrenzung der Ad-hoc-Publizitätspflicht, S. 187 m.w.N.

758 So im Ansatz auch *Fürhoff*, Kapitalmarktrechtliche Ad-hoc-Publizität zur Vermeidung von Insiderkriminalität, S. 185.

759 *Geibel*, in: Schäfer (Hrsg.), WpHG etc., § 15 Rdn. 99; *v.Klitzing*, Die Ad-hoc-Publizität, S. 142, 146; *Zubrod*, Rechtssichere Eingrenzung der Ad-hoc-Publizitätspflicht, S. 186 f.

760 *Geibel*, in: Schäfer (Hrsg.), WpHG etc., § 15 Rdn. 58; *Kümpel*, in: Assmann/Schneider (Hrsg.), WpHG, § 15 Rdn. 69a; vgl. auch *Fürhoff*, Kapitalmarktrechtliche Ad-hoc-Publizität zur Vermeidung von Insiderkriminalität, S. 185 f.

änderungen veranlaßt ist. Das Vertrauen der Anleger in die Transparenz der Preisbildung ist durch jede entgangene Kurssteigerung und jede aufgezwungene Kurssenkung beeinträchtigt. Aus diesem Grunde erstrecken die EU-Marktmissbrauchsrichtlinie und der erste Entwurf der EU-Insiderrichtlinie den Gegenstand der Ad-hoc-Publizität auf jede Entwicklung, die zur Kursbeeinflussung geeignet ist, unabhängig davon, ob sie Auswirkungen auf die Vermögens- oder Finanzlage oder den allgemeinen Geschäftsverlauf hat.[761]

Der Vorschlag einer Tatbestandsreduktion auf Veränderungen des Fundamentalwertes läßt sich verstehen als Bemühen, den Gegenstand der Ad-hoc-Publizität einzugrenzen auf Entwicklungen, deren Veröffentlichung erforderlich ist, um die Angemessenheit der Börsenpreise zu fördern. Dieser zweite Regelungszweck der Ad-hoc-Veröffentlichungspflicht ist deutlich umgesetzt in den Vorgaben der EU-Börsenzulassungsrichtlinie, daß eine Publizitätstatsache Auswirkungen auf die Vermögens- oder Finanzlage oder den allgemeinen Geschäftsverlauf haben muß. Damit ist Bezug genommen auf die Typisierungen der Prospekt- und Regelpublizität, welche Entwicklungen den Fundamentalwert der Wertpapiere verändern.[762] Das Erfordernis des Kursbeeinflussungspotentials faßt damit den Gegenstand der Ad-hoc-Publizität einerseits zu eng und andererseits zu weit, wenn die am betreffenden Markt typischen Anleger die Bedeutung einer Entwicklung geringer oder größer einschätzen, als dies in der typisierten Betrachtung der Regelpublizität der Fall ist. Der Schutz der Anleger vor irrtumsbedingten Vermögensschäden würde nach dieser Ansicht beschränkt auf den Schutz vor Vermögensschäden in Höhe der Differenz zwischen dem gegenwärtigen Wertpapierkurs und dem „wahren" Wert der Wertpapiere.

Der Gegenstand der Ad-hoc-Publizität ist somit unterschiedlich zu bestimmen, je nachdem ob eher auf ihre Entwicklung aus den Veröffentlichungspflichten gegen Insiderhandel oder eher auf ihre Entwicklung aus der Regelpublizität abzustellen ist. Wie die Untersuchung zu den Grundlagen der Ad-hoc-Publizität ergeben hat, verdient die Entwicklung aus der Insiderpublizität bei der Auslegung des § 15 WpHG vorrangige Beachtung. Der Vorschlag einer Tatbestandsreduktion ist aus diesem Grunde abzulehnen.[763]

---

761 Art. 6 Abs. 1 i.V. mit Art. 1 Nr. 1 der EU-Marktmissbrauchsrichtlinie 2003/6/EG vom 28.1.2003, ABl. EG Nr. L 96 v. 12.4.2003, S. 20 f. Der Kommissionsvorschlag einer EU-Insiderrichtlinie sah ursprünglich vor, die Ad-hoc-Publizität auf alle kurserheblichen Entwicklungen zu erstrecken. Art. 7 des Kommissionsvorschlags einer EU-Insiderrichtlinie vom 25.5.1987, ABl. EG Nr. C 153 v. 11.6.1987, S. 8, 10. Nur auf die Kritik des Wirtschafts- und Sozialausschuß hin, der eine Überforderung des Emittenten befürchtete, wurden die bereits in der EU-Börsenzulassungsrichtlinie vorgesehenen Einschränkungen beibehalten. Stellungnahme des Wirtschafts- und Sozialausschusses zum Vorschlag einer EU-Insiderrichtlinie vom 16.12.1987, ABl. EG Nr. C 35 v. 8.2.1988, S. 22, 24.

762 Siehe dazu oben § 1 II.3.

763 *De lege ferenda* ließe sich alternativ zu kurserheblichen Entwicklungen eine Veröffentlichungspflicht auch für Entwicklungen vorsehen, die die Bewertung des Emittenten erheblich beeinflussen. Die schwierige Feststellung der Kurserheblichkeit könnte dann dahinstehen, sobald aus einer Entwicklung eine erhebliche Wertbeeinflussung folgt. Vgl. dazu den Vorschlag von *Tippach*, Insiderverbote und Rechtspflichten von Banken, S. 121, *de lege ferenda* als Insidertatsache gemäß § 13 Abs. 1 WpHG Information zu erfassen, die geeignet ist, „im Falle ihres öffentlichen Bekanntwerdens den Kurs der Insiderpapiere oder die *Bewertung des Emittenten* erheblich zu beeinflussen." Entsprechend hat Großbritannien in § 56 Abs. 3 des *Criminal Justice Act* (CJA) 1993, Teil V, definiert, daß als „Preis", dessen hypothetische erhebliche Beeinflussung Voraussetzung einer Insiderinformation ist, auch der „Wert" des Wertpapieres anzusehen ist; näher dazu *Tippach*, Insiderverbote und Rechtspflichten von Banken, S. 111 ff., 118.

Die alleinige Berücksichtigung von Veränderungen des Fundamentalwertes würde im übrigen zu einer Aushöhlung der Ad-hoc-Veröffentlichungspflicht führen. Nach der Festlegung auf ein bestimmtes Bewertungsmodell ließe sich die Werterheblichkeit vieler Entwicklungen „wegrechnen".[764] Ebenso bedenklich wäre die Verkürzung der Ad-hoc-Publizität auf außergewöhnliche Vorgänge des Bilanzrechts. Denn was außergewöhnlich ist, ließe sich nur nach Aufstellung der gesamten Bilanz, also auch nach Ausübung aller Bewertungswahlrechte, mit der gebotenen Eindeutigkeit begründen. Diese Bewertungswahlrechte folgen aber aus einem anderen Regelungszweck der Rechnungslegung, so daß ihre Übertragung auf die Ad-hoc-Publizität nicht möglich ist. Darin kommt neben dem Zweck der Rechenschaftslegung gegenüber den Aktionären die darüber hinaus bezweckte Absicherung der Gläubiger zum Ausdruck.

cc) Die hinreichende Bestimmtheit des Markteinflußtests

Das Erfordernis der Markterheblichkeit ist hinreichend bestimmt. Denn die Auslegung unbestimmter Rechtsbegriffe begründet dann keine Bedenken, wenn der Normadressat von vorne herein voraussehen kann, wie sein Verhalten von einem Richter beurteilt werden würde.[765] Dabei ist auf den Einzelfall einzugehen.[766] Nimmt der Adressat in einer Art und Weise am Erwerbsleben teil, daß Emissionen eine unbestimmte Anzahl von anderen Menschen betreffen, so darf erwartet werden, daß der Adressat sich über die damit verbundenen Auflagen sachkundig macht.[767] Maßgeblich für die Beurteilung der Markterheblichkeit ist daher nicht nur die allgemeine Lebenserfahrung, sondern auch Sonderwissen des Emittenten. Fehlt dem Emittenten die erforderliche Sachkunde, um die Kurserheblichkeit von Entwicklungen *ex ante* zu beurteilen, muß er sich durch kapitalmarkterfahrene Personen, insbesondere durch Kreditinstitute beraten lassen.[768] Dadurch kann er auch dem Vorwurf versäumter Ad-hoc-Publizität besser begegnen.[769] Die

---

764 So auch in der Diskussion zum Verbot des Kapitalanlagebetruges *Cramer*, in: Schönke/Schröder, StGB, § 264a Rdn. 1, 24, 32; *Schwark*, BörsG, Einl § 88 Rdn. 11; *Tröndle/Fischer*, StGB, § 264a Rdn. 3, unter Verweis auf die Ausgestaltung der Norm als abstraktes Gefährdungsdelikt.

765 BVerfG 48, 48, 56 m.w.N. Das Bundesverfassungsgericht führt aaO, S. 57, näher aus, „[ob der Tatbestand einer Strafnorm hinreichend bestimmt ist, hängt davon ab], an welchen Kreis von Adressaten sich die Vorschrift wendet. Richtet sie sich ausschließlich an Personen, bei denen auf Grund ihrer Ausbildung oder praktischen Erfahrung bestimmte Fachkenntnisse regelmäßig vorauszusetzen sind, und regelt sie Tatbestände, auf die sich solche Kenntnisse zu beziehen pflegen, so begegnet die Verwendung unbestimmter Rechtsbegriffe unter dem Gesichtspunkt des Art. 103 Abs. 2 GG keinen Bedenken, wenn allgemein davon ausgegangen werden kann, daß der Adressat auf Grund seines Fachwissens imstande ist, den Regelungsinhalt solcher Begriffe zu verstehen und ihnen konkrete Handlungsanweisungen zu entnehmen." Siehe ferner BVerfG 78, 374, 389; 75, 329, 341 m.w.N.

766 *Schmidt-Assmann*, in: Maunz/Dürig, GG, Art. 103 Rdn. 187. Im Sinne dieser Rechtsprechung wendete sich die Bundesregierung im Gesetzgebungsverfahren gegen Kritik, die Bußgeldbewehrung des § 44a BörsG sei aufgrund seiner mangelnden Bestimmtheit bedenklich. Bei Emittenten handele es sich „um einen besonderen Personenkreis, der über die fachlichen Voraussetzungen verfügt, um die angesprochenen wirtschaftlichen Sachverhalte zu beurteilen und die daran anknüpfenden Handlungspflichten erkennen zu können." Gegenäußerung der Bundesregierung zur Stellungnahme des Bundesrates, BT-Drucks. 10/4296, S. 27, 30.

767 BVerfG 75, 329, 345 (Genehmigungsbedürftigkeit einer technischen Anlage).

768 Begr. RegE 2. FFG, BT-Drucks. 12/6679, S. 48.

769 *Süßmann*, in: Wieselhuber & Partner (Hrsg.), Börseneinführung, S. 271, 273.

BAFin und die Deutsche Börse AG verweisen im übrigen auf Vergleichsfälle, um den Emittenten die Einschätzung der Markterheblichkeit zu erleichtern.[770]

III. Die Indizwirkung einer Kursbeeinflussung

Es ist häufig zu beobachten, daß potentielle Publizitätstatsachen bei ihrer Veröffentlichung beträchtliche Auswirkungen auf den Kurs haben. Wenn diese Veröffentlichung nicht unverzüglich nach dem Eintritt der fraglichen Entwicklungen erfolgt ist oder nicht vorschriftsmäßig durchgeführt würde, stellt sich die Frage nach einer Verletzung der Ad-hoc-Veröffentlichungspflicht. Die tatsächliche Kursbeeinflussung könnte dabei als Indiz zu werten sein, daß die fragliche Entwicklung vor ihrer Veröffentlichung zur Kursbeeinflussung geeignet war. Diese Indizwirkung würde immerhin aus der *ex post*-Perspektive die Anwendung des Markteinflußtests erleichtern. Es ist im folgenden näher zu untersuchen, welche Bedeutung einer tatsächlichen Kursbeeinflussung zuzumessen ist, die auf die Veröffentlichung einer potentiellen Publizitätstatsache folgt.

1. US-Recht

Die US-Rechtsprechung wertet die auf die Bekanntgabe einer Entwicklung folgende Veränderungen des Wertpapierkurses als Indiz für die Markterheblichkeit der Entwicklung.[771] Jedoch kann eine Entwicklung unerheblich sein, obwohl es vor ihrer Veröffentlichung zu Insiderhandel kommt[772] und danach zu Kursveränderungen.[773] Auf der anderen Seite können Entwicklungen auch dann markterheblich sein, wenn nach ihrer Veröffentlichung keine Kursveränderung zu beobachten ist.[774] Denn zum Zeitpunkt der Veröffentlichung ist die Informationslage eine gänzlich andere als zum Zeitpunkt der fraglichen Pflichtverletzung. Die verschwiegenen Entwicklungen können bis dahin durch Zeitablauf ihre Bedeutung verloren haben oder durch eine Veränderung des Unternehmensumfeldes an Bedeutung gewonnen haben. Die Auswirkungen der Entwicklung auf den Kurs können durch andere Entwicklungen ohne sachlichen Zusammenhang neutralisiert worden sein, die zur gleichen Zeit öffentlich bekannt werden.[775] Andererseits mag eine eingetretene Kursveränderung nicht auf die Veröffentlichung der Entwicklung zurückzuführen sein, sondern auf allein auf die zeitgleich veröffentlichten anderen Entwicklungen. Schließlich ist eine Kursveränderung dem Emittenten nur anteilig zuzu-

---

770 *BAW*/Deutsche Börse AG, Leitfaden, 39; *Caspari*, in: Baetge (Hrsg.), Insiderrecht und Ad-hoc-Publizität, S. 65, 73.

771 Vgl. Fraiberg v. Taplin, [1990 Transfer Binder] Fed. Sec. L. Rep. (CCH) ¶ 95,239 (S.D.N.Y. 1990); *Brown* THE REGULATION OF CORPORATE DISCLOSURE § 5.03[3](a) 5-32 Fn. 118. Ebenso deutet Insiderhandel vor der Veröffentlichung auf die Kurserheblichkeit der Entwicklung hin. Panfil v. AC Corp., 768 F. Supp. 54 (W.D.N.Y. 1991), *aff'd without opinion*, 952 F.2d 394 (2d Cir. 1991); In re Synergen, Inc. Sec. Litig., 863 F. Supp. 1409 (D. Co. 1994); Smith v. Network Equipment Technologies, Inc., [1990 Transfer Binder] Fed. Sec. L. Rep. (CCH) ¶ 95,659 (N.D. Cal. 1990).

772 Searls v. Glasser, 1994 U.S. Dist. LEXIS 13,509 (N.D. Ill. 1994); vgl. Searls v. Glasser, 64 F.3d 1061 (7th Cir. 1995); Acito v. Imcera Group, Inc., 47 F.3d 47 (2d Cir. 1995).

773 United States v. Bilzerian, 926 F.2d 1285 (2d Cir.), *cert. denied*, 112 S. Ct. 63 (1991).

774 Abell v. Potomac Ins. Co., 858 F.2d 1104, 1117 (5th Cir. 1988), *vac'd on other grounds*, 492 U.S. 914 (1989); Wielgos v. Commonwealth Edison Co., 688 F. Supp. 331 (N.D. Ill. 1988); In re Taxable Mun. Bonds Litig., [1994-1995 Transfer Binder] Fed. Sec. L. Rep. (CCH) ¶ 98,405, 90,780 (E.D. La. 1994), weist daraufhin, daß der Beweis der Kurserheblichkeit dann allerdings schwer zu erbringen ist.

775 In re Columbia Sec. Litig., 155 F.R.D. 466 (S.D.N.Y. 1994).

rechnen, wenn diese aus der Gesamtbewertung mehrerer, voneinander unabhängiger Entwicklungen folgt.[776]

2. *Deutsches Recht*

Auch im deutschen Recht besteht Einigkeit darüber, daß eine auf die Veröffentlichung einer Entwicklung folgende Kursveränderung ein Indiz für deren Markterheblichkeit ist.[777] Die Meinungen gehen allerdings darüber auseinander, welche Tragweite die Indizwirkung hat. Während die wohl herrschende Meinung mit einer tatsächlichen Kursveränderung keine bestimmte Beweiswirkung verknüpft, sondern eine freie Würdigung der gesamten Umstände fordert,[778] ziehen *Loesche/Eichner/Stute* aus einer statistisch signifikanten Kursveränderung den Schluß, daß die Kurserheblichkeit der veröffentlichten Entwicklung zu vermuten ist. Schließlich gehen *Vaupel* und *Hirte* -- mit unterschiedlicher Begründung -- sogar von einer unwiderleglichen Vermutung der Kurserheblichkeit aus. Diese Ansichten sind im folgenden näher zu untersuchen.

a) *Die Ansicht von* Loesche/Eichner/Stute

Nach Ansicht von *Loesche/Eichner/Stute* ist die Kurserheblichkeit einer Entwicklung zu vermuten, wenn auf ihre nachträgliche Veröffentlichung eine statistisch signifikante Kursveränderung folgt.[779] Eine derartige Vermutung läßt sich jedoch nicht begründen. Der Zusammenhang zwischen der tatsächlichen Kursveränderung und einer hypothetischen Kursbeeinflussung zum früheren Zeitpunkt des Entwicklungseintritts ist von einer Vielzahl von Faktoren bestimmt. Neben dem Zeitablauf sind vor allem von der fraglichen Entwicklung unabhängige Entwicklungen des Marktes und der Geschäftstätigkeit zu berücksichtigen, die Einfluß auf die Einschätzung der Wertpapiere durch die Anleger haben. Diese Faktoren muß die BAFin bzw. die Justiz (nach Einspruch gegen einen Bußgeldbescheid) im Einzelfall würdigen.[780]

b) *Die Ansicht von* Vaupel

Vaupel schlägt vor, die Kurserheblichkeit einer Entwicklung unwiderleglich zu vermuten, wenn ihre Veröffentlichung eine tatsächliche Kursveränderung von mehr als 5% hervorruft. Er ist der Ansicht, aus einer derartigen Kursbeeinflussung bei dem öffentlichen Bekanntwerden einer Entwicklung sei zwingend auf die Eignung der Entwicklung zur erheblichen Kursbeeinflussung zu einem früheren Zeitpunkt zu schließen. In dem Fall ließe sich davon ausgehen, daß der objektive Tatbestand eines Verstoßes gegen die Ad-hoc-Veröffentlichungspflicht vorliegt. Denn jede Kursbeeinflussung an einem

---

776 Vgl. z.B. Sharp v. Coopers & Lybrand, 649 F.2d 175, 190-91 (3d Cir. 1981), *cert. denied*, 455 U.S. 938 (S. Ct. 1982) (Information über fehlende Steuervergünstigung bei Beteiligung an Öl-Exploration nicht zur Kursbeeinflussung geeignet, nur weil kein Öl zu finden ist).

777 *Caspari*, in: Baetge (Hrsg.), Insiderrecht und Ad-hoc-Publizität, S. 69, 72; *Claussen*, ZBB 1992, 276, 277.

778 *Geibel*, in: Schäfer (Hrsg.), WpHG etc., § 15 Rdn. 93; Caspari, ZGR 1994, 530, 541; *Fürhoff/Wölk*, WM 1997, 449, 454; *Kümpel*, WM 1994, 2137, 2140; *Zubrod*, Rechtssichere Eingrenzung der Ad-hoc-Publizitätspflicht, S. 185 f.; ebenso zur Insidertatsache *Assmann*, in: Assmann/Schneider (Hrsg.), WpHG, § 13 Rdn. 65b, 72; *Schäfer*, in: Schäfer (Hrsg.), WpHG etc., § 13 Rdn. 57, 65.

779 *Loesche/Eichner/Stute*, AG 1999, 308, 309 f.; ebenso bereits *Loesche*, Die Eignung zur erheblichen Kursbeeinflussung, S. 169-72 i.V. mit S. 218.

780 Das räumt auch *Loesche*, Die Eignung zur erheblichen Kursbeeinflussung, S. 172-74, ein. Damit ist die Praktikabilität des von ihm vorgeschlagenen Maßstab in Frage gestellt. Weitere Bedenken meldet *Schäfer*, in: Schäfer (Hrsg.), WpHG etc., § 13 Rdn. 62, an: Wer soll ständig die „normalen" Renditeschwankungen jedes börsenzugelassenen Wertpapieres berechnen?

informationseffizienten Kapitalmarkt sei auf eine Beeinflussung des Unternehmenswertes zurückzuführen, wie sie § 15 WpHG voraussetze; es könne „von niemandem ernsthaft bestritten" werden, daß der Kapitalmarkt jedenfalls mittel- oder langfristig informationseffizient sei.[781]

Eine Kompensation der Kursbeeinflussung durch eine gegenläufige Marktbewegung lasse sich durch eine Berechnung der nach Maßgabe des beta-Faktors[782] zu erwartenden Kursveränderung aufdecken.[783] Eine durch Insiderhandel vorweggenommene Eskomptierung müsse zwar bei der Bemessung der Kursveränderung berücksichtigt werden. Die durch Insiderhandel bewirkte Kursbeeinflussung würde jedoch ohnehin der beobachteten Kursveränderung allenfalls hinzuzurechnen sein, da Insiderhandel zur graduellen Anpassung des Kurses an die neue Informationslage führe. Die nachträglich beobachtete Kursveränderung sei daher immer zumindest genauso groß, wie die Kursveränderung, die bei rechtzeitiger Veröffentlichung der Entwicklung erfolgt wäre.[784]

Die Ansicht *Vaupels* vermag nicht zu überzeugen. Selbst wenn mit *Vaupel* die Informationseffizienz des deutschen Börsenhandels angenommen würde, ließe dies dennoch nicht den Rückschluß zu von der tatsächlichen Kursveränderung nach Veröffentlichung einer Entwicklung auf eine identische hypothetische Kursbeeinflussung zum Zeitpunkt des Entwicklungseintritts.[785] In dem Zeitraum zwischen dem Eintritt der Entwicklung und ihrem tatsächlichen öffentlichen Bekanntwerden kann die Entwicklung sowohl an Bedeutung für die Anleger gewinnen, so daß sie erst zum Zeitpunkt ihres öffentlichen Bekanntwerdens zur Verursachung einer erheblichen Kursbeeinflussung geeignet ist; sie kann aber auch ihre Bedeutung verlieren, so daß sie ihre zunächst gegebene Eignung zur erheblichen Kursbeeinflussung verliert. Denn die Anleger beurteilen die Bedeutung der Entwicklung im Lichte der gesamten ihnen zum Zeitpunkt der Veröffentlichung zur Verfügung stehenden Information.

Auch aus weiteren Gründen läßt die Höhe der tatsächlichen Kursveränderung nur bedingt Rückschlüsse auf die Größe eines früheren Kursbeeinflussungspotentials zu. Denn das Kursbeeinflussungspotential einer Publizitätstatsache kann durch eine gegenläufige Marktentwicklung oder durch Insiderhandel kompensiert sein.[786] *Vaupels* Vorschlag, die unternehmensspezifische Kursveränderung nach Maßgabe der Marktentwicklung und des beta-Faktors des Wertpapieres zu berechnen, verkennt dessen Herkunft als statistische Größe, die Kursveränderungen von Jahren und Jahrzehnten verallgemeinert.[787] Der beta-Faktor kann keine konkreten Kursveränderungen vorhersagen. Er

---

781 *Vaupel*, WM 1999, 521, 526.

782 Dem sogenannten beta-Faktor liegt die Modellvorstellung zugrunde, daß der Preis jedes Wertpapieres jeweils in einem konstanten Verhältnis zum Marktindex steigt oder fällt. Dieses Verhältnis der betreffenden Wertpapiere zum Markt ist durch den beta-Faktor bezeichnet. Er läßt sich mit statistischen Mitteln aus der langfristigen Kursentwicklung der betreffenden Wertpapiere ableiten; *Ross/Westerfield/Jaffe* CORPORATE FINANCE 402-440; siehe auch Myron Scholes & John B. Williams, *Estimating Betas from Nonsynchronous Data*, 5 J. Fin. Econ. 309 (1977). Zur Nutzung des beta-Faktors für ein Capital Asset Pricing Modell (CAPM) Franco Modigliani & Gerald Pogue, *An Introduction to Risk and Return: Concepts and Evidence (Part I)*, FIN. ANALYSTS 68, 76 (1974).

783 *Vaupel*, aaO, S. 527.

784 *Vaupel*, aaO.

785 Ebenso *Loesche/Eichner/Stute*, AG 1999, 308, 310.

786 *Vaupel*, WM 1999, 521, 527 Fn. 48, meint, der Umfang der vorweggenommenen Eskomptierung sei durch tatrichterliche Würdigung des Einzelfalls zu erforschen.

787 Der beta-Faktor wird gewonnen, indem die tägliche prozentuale Kursveränderung des Wertpapieres über einen Beobachtungszeitraum von mehreren Jahren als Prozentsatz im Verhältnis zur

ermöglicht durch die Fortschreibung vergangener Verhältnisse in die Zukunft allenfalls eine Aussage, mit welcher Wahrscheinlichkeit der Kurs von Wertpapieren sich über einen Zeitraum von mehreren Jahren hinweg im Verhältnis zum Markt verhalten wird.[788]

Jedenfalls verstößt die Auffassung von *Vaupel* gegen das Analogieverbot des Art. 103 Abs. 2 GG. Sie würde den Gegenstand der Ad-hoc-Veröffentlichungspflicht über den Wortlaut des § 15 Abs. 1 Satz 1 WpHG hinaus auf Entwicklungen erstrecken, deren Auswirkungen auf die Vermögens- oder Finanzlage oder den allgemeinen Geschäftsverlauf ungewiß sind. Denn es läßt sich nicht von jeder erheblichen Kursveränderung auf eine erhebliche Veränderung des Fundamentalwertes der Wertpapiere schließen.[789] Die Behauptung von *Vaupel*, der deutsche Börsenhandel sei mittel oder langfristig informationseffizient, ist in dieser Allgemeinheit unhaltbar. Empirische Beweise für diese Prämisse liegen bisher lediglich für einige Wertpapiere der NYSE vor. Diese Untersuchungen lassen sich mittlerweile möglicherweise auf die DAX-30 Aktien übertragen,[790] schwerlich aber auf alle Aktien des Neuen Marktes oder alle an deutschen Börsen gehandelten Schuldverschreibungen.~~~

c) Die Ansicht Hirtes

Hirte sieht eine beträchtliche Kursveränderung nach der Veröffentlichung einer Entwicklung als ausreichend und erforderlich an, um die Kurserheblichkeit der Entwicklung anzunehmen. Das Tatbestandsmerkmal der Kurserheblichkeit sei dadurch in eine objektive Bedingung der Ahndung von Pflichtverletzungen umgedeutet.[791] Er strebt dadurch ein weites Verständnis der Kurserheblichkeit an, um eine ausnahmslose Durchsetzung der Ad-hoc-Veröffentlichungspflicht und der Insiderverbote zu gewährleisten, wie sie durch Art. 13 Satz 2 der EU-Insiderrichtlinie gefordert sei. *Hirte* bemängelt die Regelung der Ad-hoc-Veröffentlichungspflicht im Rahmen des Rechts gegen Ordnungswidrigkeiten und des Strafrechts als ineffektiv, weil der strafprozessuale Nachweis des subjektiven Tatbestandes und die Bindung an das Bestimmtheitsgebot die Rechtsdurchsetzung erschwerten.[792]

Dagegen wendet *Loesche* ein, für eine Einordnung des Kurserheblichkeitserfordernisses als objektive Bedingung der Ahndbarkeit gebe die Gesetzesgeschichte keinen Anhaltspunkt.

Wertentwicklung eines repräsentativen Portfolios von Wertpapieren berechnet wird. Der beta-Faktor mißt dann die Seltenheit, mit der eine als genormter Durchschnitt der Prozentsätze ermittelte Kovarianz des Wertpapierkurses zum Portfoliowert anderer Wertpapiere auftritt. Unter der Annahme, daß das Ausmaß der Kovarianz auf die Gesamtheit aller Wertpapiere statistisch normal verteilt ist, wird die Referenzgröße der statistischen Normalverteilung mit 1.0, die Kovarianz von einer statistisch normalen Abweichung von dieser Referenzgröße mit 0.0 bzw. 2.0 bezeichnet. Nur für wenige deutsche Wertpapiere sind beta-Faktoren vorkalkuliert.

788 Außerdem geht der beta-Faktor von einer konstanten Geschäftstätigkeit des Emittenten aus, die der Grund für das konstante Verhältnis der Kursentwicklung zum Markt ist. Diese Annahme bereitet aber Schwierigkeiten bei der Prüfung einer Verletzung der Ad-hoc-Publizität. Denn sie dient gerade auch der Offenlegung von Veränderungen der Geschäftstätigkeit.

789 Dagegen sprechen die marktpsychologischen und markttechnischen Beeinflussungen des Kurses, die Unvollständigkeit der öffentlich zugänglichen Information über den Emittenten und nicht zuletzt die unterschiedlichen Bewertungsprämissen der Anleger; diese Faktoren unterschätzt *Vaupel*, WM 1999, 521, 526 mit Fn. 45.

790 Anders noch *Möller*, ZfbF 1985, 500 m.w.N. zu empirischen Untersuchungen.

791 *Hirte*, in: Hadding/Hopt/Schimansky (Hrsg.), 2. FFG, S. 47, 77 f.; seinem Ansatz zustimmend *v.Klitzing*, Die Ad-hoc-Publizität, S. 131.

792 *Hirte*, in: Hadding/Hopt/Schimansky (Hrsg.), 2. FFG, S. 47, 78 f.

Dagegen spreche auch die Struktur der Norm, die durch das Merkmal der Kurserheblichkeit den Unrechts- und Schuldgehalt einer Pflichtverletzung bestimme.[793] Zudem blieben Irrtümer über das Kursbeeinflussungspotential einer Entwicklung unberücksichtigt. Dann sei eine Ahndung aber unangemessen.[794]

Dieser Kritik ist zuzustimmen. Der Vorschlag *Hirtes*, die nachträgliche Kursbeeinflussung genügen zu lassen, verstößt außerdem gegen das Analogieverbot gemäß Art. 103 Abs. 2 GG.[795] Denn nach dieser Ansicht wären auch Entwicklungen zu veröffentlichen, die zum Zeitpunkt ihres Eintritts noch nicht geeignet waren, eine erhebliche Kursbeeinflussung hervorzurufen.[796] Das würde den Umfang ahndbaren Verhaltens über den Wortlaut des § 15 Abs. 1 Satz 1 WpHG hinaus erweitern. Im übrigen ist die Ansicht von *Hirte* wenig überzeugend, die Wahl des Ordnungsrechts für die Ad-hoc-Publizität sei europarechtlich unerwünscht und daher durch extensive Auslegung zu korrigieren.[797]

IV. Ergebnis

Gegenstand der Ad-hoc-Publizität sind nicht öffentlich bekannte, neue Entwicklungen, die geeignet sind, den Kurs der Wertpapiere zu beeinflussen (§ 15 Abs. 1 Satz 1 WpHG). Eine Entwicklung ist nicht öffentlich bekannt, wenn ihre Kenntnisnahme durch die breite Öffentlichkeit der Anleger hoch unwahrscheinlich ist. Maßgebliche Faktoren dabei sind die Leichtigkeit der Kenntnisnahme und die Intensität, mit der Anleger einer Entwicklung der betreffenden Art nachforschen. Eine Entwicklung ist „neu", wenn hoch unwahrscheinlich ist, daß eine breite Masse von Anlegern aus öffentlich zugänglicher Information auf die Entwicklung schließen wird. Die Neuigkeit einer Entwicklung hängt somit davon ab, wie leicht sie sich aus der öffentlich zugänglichen Information erschließen läßt und mit welcher Intensität die Allgemeinheit der Anleger die öffentlich zugängliche Information auf eine Entwicklung der fraglichen Art hin auswertet. Die Entwicklung ist ferner geeignet, die Anleger zur Abgabe von Ordern zu bewegen, wenn die Anleger der Entwicklung Bedeutung für ihre Anlageentscheidung zumessen könnten. Dabei ist die Entscheidungserheblichkeit der Entwicklung im Lichte der „gesamten Mischung" der öffentlich zugänglichen Information zu bestimmen.

---

793 *Loesche*, Die Eignung zur erheblichen Kursbeeinflussung, S. 222 f., zu § 13 WpHG.

794 *Loesche*, aaO, S. 224.

795 Ebenso *Schäfer*, in: Schäfer (Hrsg.), WpHG etc., § 13 Rdn. 65.

796 So auch *Assmann*, in: Assmann/Schneider (Hrsg.), WpHG, § 13 Rdn. 67, der *aaO*, § 13 Rdn. 63, ohne Begründung die Ansicht *Hirtes* ablehnt.

797 Die beteiligten Gemeinschaftsorgane hätten die Mitgliedsstaaten nur allzu gerne zur Sanktion mit Mitteln des Straf- und Ordnungsrechts verpflichtet; vgl. die Stellungnahme des Wirtschafts- und Sozialausschusses zum Kommissionsvorschlag einer EU-Insiderrichtlinie vom 16.12.1987, ABl. EG Nr. C 35 v. 8.2.1988, S. 22, 25, zu Art. 11; Legislative Entschließung des Europäischen Parlaments zum Kommissionsvorschlag einer EU-Insiderrichtlinie vom 15.6.1988, EG ABl. Nr. C 187 v. 18.6.1988, S. 90, 92 f., Art. 11. Zunächst sollte der spätere Art. 13 daher "abschreckende" Sanktionen verlangen; siehe dazu den geänderten Kommissionsvorschlag einer EU-Insiderrichtlinie vom 4.10.1988, ABl. EG Nr. C 277 v. 27.10.1988, S. 13, 17, Art. 11. Die Mitgliedstaaten haben jedoch dem EU-Gesetzgeber die Kompetenz zum mittelbaren Erlaß von strafrechtlichen Sanktionsvorschriften abgesprochen; Beschluß des Bundesrates vom 18.12.1987, BR-Drucks. 290/87, S. 3; vgl. auch den Vorschlag von *Buxbaum/Hopt*, Legal Harmonization and the Business Enterprise, S. 250, die Trennung zwischen Normsetzung durch die Europäische Gemeinschaft und Sanktion durch die Mitgliedstaaten aufzuheben; eingehend zum Ganzen *Mennicke*, Sanktionen gegen Insiderhandel, S. 140, 177 f., 180 f.

Eine Entwicklung ist geeignet, den Kurs der Wertpapiere zu beeinflussen, wenn ein breiter Konsens über die Entscheidungserheblichkeit der fraglichen Entwicklung bei den Anlegern besteht, die gegenwärtig das betreffende Wertpapier beobachten. Ob eine Entwicklung markterheblich ist, ist demnach *ex ante* aus der Sicht eines Anlegers ohne subjektive Vorstellungen zu bestimmen, der regelmäßig das betreffende Wertpapier beobachtet. Eine teleologische Reduktion des Markteinflußtests dahingehend, daß nur Veränderungen des Fundamentalwertes des Wertpapieres erforderlich sind, ist weder möglich noch sinnvoll. Das Erfordernis der Markterheblichkeit einer Entwicklung ist hinreichend bestimmt, da von Emittenten erwartet werden darf, daß sie sich darüber kundig machen, welche Entwicklungen den Kurs ihrer Wertpapiere beeinflussen können.

Eine auf die Veröffentlichung einer Entwicklung folgende Kursveränderung ist als Indiz für die Markterheblichkeit dieser Entwicklung zu werten. Damit ist allerdings keine bestimmte Beweiswirkung verknüpft. Vielmehr ist eine freie Würdigung der gesamten Umstände geboten. Das Erfordernis der Markterheblichkeit ist nicht dahingehend umzudeuten, daß eine Kursbeeinflussung als objektive Bedingung der Ahndung anzusehen wäre.

§ 7
Die Erheblichkeit der hypothetischen Kursbeeinflussung

Der Emittent muß gemäß § 15 Abs. 1 Satz 1 WpHG nur Entwicklungen veröffentlichen, die zur *erheblichen* Kursbeeinflussung geeignet sind („Kurserheblichkeit"). Dadurch ist wie eingangs dieses Kapitels erörtert der Gegenstand der Ad-hoc-Publizität auf Entwicklungen beschränkt, deren Verschweigen zu einem *erheblichen* irrtumsbedingten Vermögensschaden der Anleger führen kann. Der Emittent ist mithin nicht verpflichtet, die Anleger im Rahmen der Ad-hoc-Publizität so umfassend zu informieren, daß sie optimal auf ihre Anlageentscheidungen vorbereitet sind. Er muß sie nur vor Anlageentscheidungen bewahren, die einen Vermögensschaden größeren Ausmaßes zur Folge haben würden. Die Untersuchung zu den Grundlagen der Ad-hoc-Publizität hat ergeben, daß diese Beschränkung des Publizitätsgegenstandes zu erklären ist durch die hinter der Verpflichtung des Emittenten stehenden Wertungen: Er ist aus Gründen größerer Effizienz verpflichtet, und nicht aufgrund persönlich vorwerfbaren Verhaltens. Daher ist eine Beschränkung der Veröffentlichungspflicht angemessen, um die damit für den Emittenten verbundene Belastung zu verringern.

Im US-Recht entwickelt sich eine vergleichbare Beschränkung des Gegenstandes der Ad-hoc-Publizität. In der Rechtsprechung der Instanzgerichte und der Praxis der SEC ist anerkannt, daß die Erheblichkeit einer Entwicklung im Rahmen von Rule 10b-5 über den wahrscheinlichen Einfluß der Entwicklung auf die Anlageentscheidung eines vernünftigen Anlegers hinaus voraussetzt, daß die Entwicklung außergewöhnlich ist. Es müsse eine beträchtliche Beeinflussung des Wertpapierpreises zu erwarten sein.[798] Durch das Erfordernis einer beträchtlichen Kursbeeinflussung ist auf die Größenordnung des drohenden Anlegerschadens Bezug genommen. Der US-Supreme Court hat sich zu dieser

798 Elkind v. Ligett & Myers Inc., 635 F.2d 156 (2nd Cir. 1980); SEC v. Bausch & Lomb Inc., 565 F.2d 8, 16 (2nd Cir. 1977). Grundlegend zur Fortentwicklung des *reasonable investor*-Tests im Rahmen von Rule 10b-5 zu einem Markteinflußtest SEC v. Texas Gulf Sulphur Co., 401 F.2d 833, 848 (2nd Cir. 1968) („*substantial effect on the market price of a security*"); die maßgebliche Weichenstellung für die Praxis der SEC erfolgte in dem Verwaltungsverfahren Investors Management Co., Inc., 44 S.E.C. 633 (1976).

Rechtsentwicklung bislang noch nicht geäußert. Allerdings hat er in einem Grundsatzurteil zu Rule 10b-5 entschieden, daß nur solche kurserheblichen Entwicklungen offenzulegen sind, denen die Anleger beträchtliche Bedeutung zumessen (*significance*).[799] Diese vorsichtige Formulierung legt sich nicht auf ein Erfordernis beträchtlicher Kursbeeinflussung fest, wohl um die Aufspaltung des einheitlich formulierten Erheblichkeitserfordernisses in einen weiten Maßstab für die Prospektprüfung einerseits und einen engeren Maßstab für die Ad-hoc-Veröffentlichungspflichten gemäß Rule 10b-5 andererseits zu vermeiden. Vor dem Hintergrund dieser bisher gewonnenen Erkenntnisse ist zu untersuchen, welche (hypothetische) Kursbeeinflussung als erheblich anzusehen ist.

I. Der Bezugspunkt der Erheblichkeit

1. US-Recht

Eine hypothetische Kursbeeinflussung ist im US-Recht erheblich, wenn sich der Börsenpreis der Wertpapiere in größerem Ausmaß verändert.[800] Es kommt nicht auf die Höhe eines möglichen Insiderprofits an. Es sei aber als Indiz für die Kurserheblichkeit einer Entwicklung anzusehen, wenn sich durch das Ausnutzen von Information über die Entwicklung ein großer Gewinn erzielen läßt.[801]

2. Deutsches Recht

Die herrschende Meinung im deutschen Recht stellt als Bezugsgröße der Kurserheblichkeit auf Veränderungen des Börsenpreises ab.[802] In der Literatur zum deutschen Recht wird dagegen zum Teil die Ansicht vertreten, die Kurserheblichkeit hänge von der Höhe eines Insiderprofites ab, der durch das Ausnutzen der Information über die Entwicklung zu erzielen sei.[803] Eine Entwicklung ist nach dieser Ansicht als kurserheblich anzusehen, wenn ihre Kenntnis dem Insider einen Profit über den jeweils risikoadäquaten Zinssatz hinaus ermöglicht.[804] Es sei überdies jede Information kurserheblich, die im Derivathandel ausgenutzt werden könne, weil die Hebelwirkung der Derivate dem Insider immer einen "erheblichen" Profit beschere.[805]

---

799 Basic, Inc. v. Levinson, 485 U.S. 224, 240 (S. Ct. 1988).

800 Siehe die vorstehenden Nachweise. Der Maßstab der Kurserheblichkeit ist für alle Tatbestände der Rule 10b-5 gleich auszulegen, gleichgültig ob es sich um verbotene Insidergeschäfte oder irreführende Mitteilungen handelt. Die Schwelle der Kurserheblichkeit ist nicht niedriger anzusetzen, wenn ein Insidergeschäft in Frage steht. Basic, Inc. v. Levinson, 485 U.S. 224, 240 Fn. 18 mit Verweis auf Pavlidis v. New England Patriots Football Club, Inc., 737 F.2d 1227, 1231 (W.D. Cal. 1984); a.A. noch SEC v. Geon Industries, Inc., 531 F.2d 39, 48 (9th Cir. 1976).

801 Basic, Inc. v. Levinson, 485 U.S. 224, 240 mit Fn. 18 (S. Ct. 1988); SEC v. Texas Gulf Sulphur Co., 401 F.2d 833, 851 (2nd Cir. 1968); Hartford Fire Ins. Co. v. Federated Dep't Stores, 723 F. Supp. 976, 986-87 (S.D.N.Y.).

802 Siehe die Nachweise unten bei II.2.a). *Loesche/Eichner/Stute*, AG 1999, 308, 310, stellen auf die Veränderung der Tagesrendite ab, die als Differenz zwischen dem gegenwärtigen Kurswert und dem Vortageskurswert relativ zum Vortageskurswert berechnet wird. Dadurch ist zutreffend nicht auf die absolute, sondern eine prozentuale Kursveränderung abgestellt. Nicht einsichtig ist dagegen, warum bei variabel notierten Wertpapieren nur Tagesschlußkurse berücksichtigt werden.

803 *Claussen*, ZBB 1992, 267, 278; zustimmend *Happ*, JZ 1994, 240, 243.

804 *Schweizer*, Insiderverbote -- Interessenkonflikte und Compliance, S. 122.

805 *Vgl. Claussen*, DB 1994, 27, 30; *Claussen*, ZBB 1992, 267, 279; ihm folgend *U. A. Weber*, BB 1995, 157, 164.

Letzterer Ansicht ist nicht zu folgen. Dagegen sprechen der Wortlaut der EU-Börsenzulassungsrichtlinie,[806] auf den die EU-Insiderrichtlinie Bezug nimmt,[807] sowie der Wortlaut der EU-Marktmissbrauchsrichtlinie.[808] Demnach sind Gegenstand der Ad-hoc-Publizität nur Entwicklungen, die zu einer „beträchtlichen Veränderung der Kurse führen können." Wie im US-Recht kommt es folglich auf das Ausmaß einer hypothetischen Kursbeeinflussung an. Allerdings könnte Kurserheblichkeit von der Höhe des Profits abhängen, den Insider durch Insiderhandel erzielen können, wenn die Ad-hoc-Veröffentlichungspflicht dem Vertrauen der Anleger in gleiche Profitchancen Vorschub leisten sollte. Denn das Anlegervertrauen in gleiche Profitchancen ist besonders beeinträchtigt durch den Eindruck großer Reichtümer, die Insider durch das Ausnutzen ihrer Insiderkenntnisse erlangen.

Es kommt indes wie im US-Recht so auch im deutschen Recht nicht auf die Höhe eines Insiderprofites an. Die Ad-hoc-Publizität soll den Anlegern nicht die gleiche Chance zur Nutzung kurserheblicher Information einräumen. Sie schützt lediglich das Vertrauen der Anleger in den gleichen Zugang zu dieser Information.[809] Enttäuschtes Vertrauen der Anleger in gleiche Profitchancen ist also nicht schutzwürdig.

Der Gesetzgeber bezweckt den Schutz des bestehenden Anlegervermögens. Einem hohen Insiderprofit steht aber nicht notwendig ein hoher Vermögensschaden der Anleger gegenüber, die aufgrund der unterlassenen Veröffentlichung der Insidertatsache zeitgleich auf der Marktgegenseite des Insiders handeln, wie zum Beispiel das Ausnutzen von Insiderkenntnissen zum Kauf von Derivaten zeigt: Der Profit aus dem Derivat ist wesentlich größer als die Differenz zwischen dessen Verkaufspreis und dem hypothetischen Preis im Falle einer pflichtgemäßen Veröffentlichung, welche den Vermögensschaden des Verkäufers beziffert. Durch die Hebelwirkung des Derivates wird der Profit des Insiders potenziert. Eine restriktive Auslegung am Zweck des Vermögensschutzes ist außerdem besser geeignet, dem Begriff der Kurserheblichkeit einen dem Rechtssubjekt erkennbaren Inhalt zu geben, als die Orientierung an einem diffusen „Interesse des Marktes".[810]

II. Die Unbeachtlichkeit marktbedingter Kursbeeinflussung

1. US-Recht

Wie eingangs erörtert, ist im US-Recht die Beträchtlichkeit einer Kursbeeinflussung danach einzuschätzen, wie groß der Vermögensschaden ist, der den Anlegern durch das Verschweigen der fraglichen Entwicklung entstehen kann. Bei der Einschätzung des durch einen Verstoß gegen Rule 10b-5 verursachten Schadens sind marktbedingte Kursveränderungen auszugrenzen.[811] Durch Teilnahme am Kapitalmarkt übernehme ein

---

806 Schema C Nr. 5 a) des Anhangs zur EU-Börsenzulassungsrichtlinie 79/279/EWG vom 5.3.1979, ABl. EG Nr. L 66 v. 16.3.1979, S. 21, 30, oben in Fn. 2 wiedergegeben.

807 Art. 7 der EU-Insiderrichtlinie 89/592/EWG vom 13.11.1989, ABl. EG Nr. L 334 v. 18.11.1989, S. 30, 32, oben in Fn. 3 wiedergegeben.

808 Vgl. Art. 6 Abs. 1 i.V. mit Art. 1 Nr. 1 der EU-Marktmissbrauchsrichtlinie 2003/6/EG vom 28.1.2003, ABl. EG Nr. L 96 v. 12.4.2003, S. 20 f.

809 Siehe dazu oben § 1 I.1.

810 Ebenso zum Tatbestandsmerkmal der Erheblichkeit im Verbot des Kapitalanlagebetruges ausführlich *Horn*, in: Rudolphi (Hrsg.), SK z. StGB, § 264a Rdn. 7.

811 Arthur Young & Co. v. Reves, 937 F.2d 1310 (8th Cir. 1991), *cert. granted*, 502 U.S. 1090 (S. Ct. 1992); Bastian v. Petren Resources Corp., 892 F.2d 680, 685 (7th Cir. 1990), *cert. denied*, 496 U.S.

Anleger das damit verbundene Marktrisiko und trage daher auch die daraus folgenden Vermögensverluste.[812] Denn der Emittent könne nicht verpflichtet sein, die Anleger gegen gesamtwirtschaftliche Verluste zu versichern.[813] Ausnahmsweise sind dem Emittenten allerdings auch Schäden zuzurechnen, die aus der Marktentwicklung folgen, wenn die Pflichtverletzung das Risiko der nachteiligen Marktentwicklung erhöhen würde, etwa weil der Emittent die mangelnde Liquidität des Wertpapieres verschweigt.[814]

2. *Deutsches Recht*

a) *Streitgegenstand: Die Beachtlichkeit absoluter Kursveränderungen*

Die Literatur ist sich uneins darüber, ob eine marktbedingte Kursbeeinflussung bei der Beurteilung der Kursrheblichkeit beachtlich ist. Ein Teil des Schrifttums hält die Höhe der absoluten Kursveränderung für entscheidend, die bei Veröffentlichung der fraglichen Entwicklung zu erwarten ist.[815] Ein anderer Teil des Schrifttums richtet sich nach einer relativen Kursveränderung im Verhältnis zu vergleichbaren Wertpapieren und Marktindices.[816] Diese Ansicht scheint sich auch in der Praxis durchzusetzen.[817] Für sie wird der Vorteil angeführt, daß die unterschiedliche Liquidität und Volatilität des betreffenden Wertpapieres berücksichtigt werden.[818] Dadurch sei die Gleichbehandlung von Wertpapieren mit geringer Marktkapitalisierung und solchen mit hoher sichergestellt.[819]

b) *Stellungnahme: Relative Kursveränderungen maßgeblich*

Die Erheblichkeit der hypothetischen Kursveränderung im Falle der Veröffentlichung der fraglichen Entwicklung ist im Verhältnis zur voraussichtlichen Kursentwicklung eines vergleichbaren Wertpapieres zu beurteilen. Sinn und Zweck der Ad-hoc-Veröffentlichungspflichten sprechen gegen eine Orientierung an einer hypothetischen absoluten

---

906 (S. Ct. 1990); Rankow v. First Chicago Corp., 870 F.2d 356, 367 (7th Cir. 1989); grundlegend Green v. Occidental Petroleum Corp., 541 F.2d 1335, 1343 (9th Cir. 1976) (Urteilsannex von Richter Sneed).

812 Huddleston v. Herman & MacLean, 640 F.2d 534, 555 (5th Cir. 1981), *aff'd in part and rev'd in part on other grounds*, 103 S. Ct. 683 (1983); Green v. Occidental Petroleum Corp., 541 F.2d 1335, 1343 (9th Cir. 1976) (Urteilsannex von Richter Sneed); Beissinger v. Rockwood Computer Corp., 529 F. Supp. 770, 788 (E.D. Pa. 1981).

813 Hoxworth v. Blinder Robinson & Co., 903 F.2d 186, 203 Fn. 25 (3d Cir. 1990); Bastian v. Petren Resources Corp., 892 F.2d 680, 685 (7th Cir. 1990), *cert. denied*, 496 U.S. 906 (S. Ct. 1990); Marbury Mgm't, Inc. v. Kohn, 629 F.2d 705, 718 (2d Cir.), *cert. denied*, 449 U.S. 1011 (1980); Bonime v. Doyle, 416 F. Supp. 1372, 1384 (S.D.N.Y. 1976), *aff'd mem*, 556 F.2d 554 (2d Cir.), *cert. denied*, 434 U.S. 924 (1977).

814 Vgl. Reshal Associates, Inc. v. Long Grove Trading Co., 754 F. Supp. 1226, 1234 (N.D. Ill. 1990).

815 *Assmann*, in: Assmann/Schneider, WpHG (Hrsg.), § 13 Rdn. 68 ff., 72; *Assmann*, AG 1994, 237, 244; *Assmann*, ZGR 1994, 494, 515; *Becker*, Das neue Wertpapierhandelsgesetz, S. 65 f.; *Cahn*, ZHR 162 (1998), 2, 16 f.; *Caspari*, ZGR 1994, 530, 541; *F. Immenga*, ZBB 1995, 197, 203, 205; *Möller*, BfuP 1994, 99, 105 f.; *U. A. Weber*, BB 1995, 157, 164.

816 *Geibel*, in: Schäfer (Hrsg.), WpHG etc., § 15 Rdn. 105; *Claussen*, ZBB 1992, 267, 278; *Happ*, JZ 1994, 240, 243; *Hopt*, ZHR 159 (1995), 135, 155; *Kümpel*, AG 1997, 66, 70; *Peltzer*, ZIP 1994, 746, 749; *Nowak*, ZBB 2001, 449, 550; vgl. *Hirte*, in: Hadding/Hopt/Schimansky (Hrsg.), 2. FFG, S. 47, 76; *Schlaus*, ebenda, S. 35, 40 f.

817 *BAWe/Deutsche Börse AG*, Leitfaden S. 38; zur entsprechenden Handhabung bei Daimler-Chrysler *Klein*, in: Hadding/Hopt/Schimansky (Hrsg.), 2. FFG, S. 95, 103.

818 *Peltzer*, ZIP 1994, 746, 749.

819 *Süßmann*, in: Wieselhuber & Partner (Hrsg.), Börseneinführung, S. 271, 274.

Kursveränderung. Denn einerseits wäre damit der Gegenstand der Ad-hoc-Publizität zu weit gefaßt, wenn die Wertpapiere des Emittenten eine überdurchschnittliche Volatilität aufweisen, etwa weil sie an einem wenig liquiden Markt gehandelt werden[820] oder Entwicklungen des Gesamtmarktes in einer besonders für Wirtschaftszyklen anfälligen Branche regelmäßig größere Schwankungen des Kurses verursachen. Die Orientierung an einer hypothetischen absoluten Kursveränderung würde dazu führen, daß die Emittenten dieser Wertpapiere überdurchschnittlich häufig zur Ad-hoc-Publizität verpflichtet würden. Das würde den Handel vor allem in den Wertpapieren von Mittelstandsunternehmen lähmen und viele vom Börsengang abschrecken,[821] obwohl die Ad-hoc-Publizität die Attraktivität des Kapitalmarktes für Anleger wie auch für Unternehmen steigern soll.[822] Volatilere Marktsegmente erfordern auch keinen stärkeren Schutz vor Insiderhandel.[823] Denn ebenso wie die Spannbreite möglicher Insiderprofite zunimmt,[824] haben doch auch dem Insider unbekannte Umstände größere Auswirkungen auf den Kurs, die den Wertpapierhandel des Insiders zum Verlustgeschäft machen können. Der Chance höherer Insiderprofite steht als das höhere Risiko von Verlusten gegenüber.[825]

Andererseits wäre der Gegenstand der Ad-hoc-Publizität zu eng gefaßt, wenn die Wertpapiere des Emittenten unterdurchschnittlich volatil sind, zum Beispiel weil sie an einem besonders liquiden Markt gehandelt werden[826] oder die Profitabilität des Unternehmens nur eingeschränkt von der Konjunktur des Gesamtmarktes abhängt. Bei Orientierung an einer hypothetischen absoluten Kursveränderung würden die Emittenten dieser Wertpapiere unterdurchschnittlich häufig zur Ad-hoc-Veröffentlichung verpflichtet sein. Damit könnten Insider vor allem in den stetigen Wertpapieren der Großindustrie und der Banken (sog. *blue chips*) unfair erlangte Informationsvorteile ausnutzen, obwohl das Vertrauen der Anleger in die Transparenz und Allokationseffizienz gerade dieser Marktsegmente volkswirtschaftlich, zum Beispiel zur alternativen Altersvorsorge, besonders wichtig ist.[827] Außerdem wären nach der obigen Ansicht mehr Entwicklungen zu veröffentlichen, wenn eine insgesamt angespannte gesamtwirtschaftliche Lage die

---

820 Dünn gestreute Wertpapiere mit geringer Marktkapitalisierung (*small cap*) weisen häufig eine hohe Volatilität auf, da selbst verhältnismäßig geringfügige Differenzen zwischen Angebot und Nachfrage in vielen Fällen nur durch verhältnismäßig große Preisveränderungen einem Ausgleich zugeführt werden können. Auch ganz gewöhnliche Entwicklungen ließen also einen beträchtlichen Kursausschlag erwarten; vgl. *Süßmann*, in: Wieselhuber & Partner (Hrsg.), Börseneinführung, S. 271, 274.

821 *Vgl. Hennerkes/Kirchdörfer*, Handelsblatt vom 6.12.1994, Nr. 235, S. 14; *o. V.*, F.A.Z. vom 17.2.1995, Nr. 41, S. 16; *Eyring*, FAZ vom 25.4.1995, Nr. 86, S. B4.

822 *Süßmann*, in: Wieselhuber & Partner (Hrsg.), Börseneinführung, S. 271, 274; *v.Klitzing*, Die Ad-hoc-Publizität, S. 141.

823 *Kümpel*, WM 1994, 2137, 2141; *Kümpel*, AG 1997, 66, 71; a.A. *Zubrod*, Rechtssichere Eingrenzung der Ad-hoc-Publizität, S. 202 f.

824 *Zubrod*, Rechtssichere Eingrenzung der Ad-hoc-Publizität, S. 202. *Small Caps* sind entgegen *Zubrod* unter Umständen sogar weniger attraktiv für Insiderhandel, denn die Handelsgeschäfte des Insiders haben im allgemeinen einen größeren Einfluß auf den Kurs. Dies verringert den Insiderprofit und vergrößert die Entdeckungsgefahr.

825 *Caspari*, in: Baetge (Hrsg.), Insiderrecht und Ad-hoc-Publizität, S. 65, 74; *Kümpel*, WM 1994, 2137, 2141.

826 Ein breit gestreutes Wertpapier mit hoher Marktkapitalisierung weist häufig eine geringere Volatilität auf, da zu jeder gegebenen Zeit sowohl auf der Angebots- als auch auf der Nachfrageseite des Marktes mehr Anleger aktiv sind, die bereit sind, Differenzen zwischen Angebot und Nachfrage bereits bei geringfügigen Preisveränderungen auszugleichen. *Wölk*, AG 1997, 73, 79.

827 Vgl. *Klein*, in: Hadding/Hopt/Schimansky (Hrsg.), 2. FFG, S. 95, 103.

allgemeine Volatilität am Kapitalmarkt erhöht. Gerade in dieser kritischen Situation würden also die Emittenten besonders belastet und der Markt durch die vermehrte Mitteilung unwesentlicher Tatsachen weiter verunsichert, so daß die Funktionsfähigkeit des Kapitalmarktes entgegen dem Zweck der Ad-hoc-Publizität beeinträchtigt würde.

Die Einschränkung des Gegenstandes der Ad-hoc-Publizität auf relativ betrachtet kurserhebliche Entwicklungen stimmt mit den im Grundlagenteil untersuchten Wertungen überein. Das Verschweigen einer Entwicklung beeinträchtigt kein schutzwürdiges Anlegervertrauen in die Transparenz und Allokationseffizienz des Kapitalmarktes, wenn sich der Kurs bei Veröffentlichung der fraglichen Entwicklung nur geringfügig im Verhältnis zum Kurs eines vergleichbaren Wertpapieres verändern würde. Denn dann würde ein Vermögensverlust der Anleger im wesentlichen nicht durch die Intransparenz und Unangemessenheit des Börsenpreises, sondern durch die Entwicklung des betreffenden Marktsegmentes verursacht. Weitergehendes Vertrauen der Anleger auf die Veröffentlichung der Entwicklung wäre nicht schutzwürdig, denn es ist nicht Zweck der Ad-hoc-Veröffentlichungspflicht, die Anleger vor den Auswirkungen von Marktschwankungen auf den Kurs der Wertpapiere zu schützen.[828] Ein besonderes Informationsinteresse der Anleger ist allerdings ausnahmsweise im Hinblick auf Entwicklungen anzuerkennen, die die Auswirkungen der Marktentwicklung auf den Emittenten verändern. Denn die Unkenntnis von Entwicklungen, die den Einfluß von Marktschwankungen auf den Kurs der Wertpapiere beeinflussen, hat Auswirkungen auf das schutzwürdige Vertrauen der Anleger in die Transparenz und Allokationseffizienz des Börsenpreises.

III. Die Schwelle der Erheblichkeit

1. US-Recht

Die Rechtsprechung zu Rule 10b-5 legt sich nicht auf ein bestimmtes Ausmaß fest, ab dem eine hypothetische Kursbeeinflussung beträchtlich ist. Aus der allgemeinen Definition der Erheblichkeit folgt, daß diese Kursbeeinflussung von einer breiten Gruppe von Anlegern getragen und nicht ganz unwesentlich sein muß, denn nur dann läßt sich behaupten, vernünftige Anleger hätten der Tatsache im Falle ihrer Veröffentlichung mit überwiegender Wahrscheinlichkeit Bedeutung zugemessen.[829] Darüber hinaus ist anerkannt, daß ein Umstand, der nur geeignet ist, einen geringen Einfluß auf den Preis auszuüben, nicht erheblich ist, ein Umstand mit dem Potential zu einem großen Einfluß auf den Preis hingegen schon.[830]

Emittenten werden Entwicklungen umso eher veröffentlichen, je größer die Beeinflussung des Marktpreises im Falle einer pflichtgemäßen Veröffentlichung sein würde. Denn umso größer ist der Schaden, den die Anleger von dem Emittenten im Falle einer Pflichtverletzung aus Rule 10b-5 ersetzt verlangen können. Der Schaden wird

---

828 Ebenso zur Begrenzung des bei Verstößen gegen die Ad-hoc-Veröffentlichungspflicht ersatzfähigen Anlegerschadens *Fleischer*, BB 2002, 1869, 1871, 1873; *Fleischer/Kalss*, AG 2002, 329, 333; *Fuchs/Dühn*, BKR 2002, 1063, 1069; *Hutter/Leppert*, NZG 2002, 649, 655; *Möllers/Leisch*, BKR 2002, 1071, 1075 f.; *Rützel*, AG 2003, 69, 76.

829 Siehe oben § 6 I.3.

830 LHLC Corp. v. Cluett, Peabody & Co., 842 F.2d 928, 931 (7th Cir.), *cert. denied*, 488 U.S. 926 (S. Ct. 1988).

allgemein als Differenz zwischen zwei Wertlinien berechnet,[831] die den tatsächlichen Kurs des Wertpapieres und den hypothetischen Kurs im Falle einer pflichtgemäßen Veröffentlichung über einer Zeitachse abbilden,[832] wobei der Schaden des einzelnen Anlegers aus der Differenz zwischen den Wertlinien zum Zeitpunkt seines Handelsgeschäftes, multipliziert mit der Anzahl der gehandelten Wertpapiere berechnet wird (*out-of-pocket damages*).[833] Je größer also die hypothetische Kursbeeinflussung, desto größer ist der zu ersetzende Schaden.[834]

Daneben hängt die Höhe des ingesamt verursachten Schadens ab von der Zahl der Wertpapiere, die aktiv legitimierte Anleger im Beobachtungszeitraum handeln. Den Anlegern kommt dabei eine erhebliche Beweiserleichterung zugute, die zu einer großen Zahl von Klagen, meist verfolgt in Form der Sammelklage (*class action*) geführt hat. Gemäß der *fraud-on-the-market*-Theorie können Anleger Schadensersatz aus Rule 10b-5 verlangen,[835] wenn sie auf die Integrität des Marktpreises vertraut haben und dieser durch eine pflichtgemäße Veröffentlichung beeinflußt worden wäre.[836] Die Anforderungen an den Nachweis von Vertrauen auf die Integrität des Marktpreises sind gering,[837] ein Gegenbeweis ist kaum zu führen;[838] die SEC muß den Beweis gar nicht führen.[839] Somit sind die Anforderungen an die haftungsbegründende Kausalität wesentlich eingeschränkt gegenüber dem *common law*-Erfordernis konkreter Kenntnis von der unterlassenen Veröffentlichung des Emittenten.[840] Es sind damit alle Anleger zum Schadensersatz be-

---

831 Andere Methoden der Schadensberechnung lehnt die Rechtsprechung zu Rule 10b-5 ab, soweit eine verletzte Offenlegungspflicht in Rede steht; Green v. Occidental Petroleum Corp., 541 F.2d 1335 (9th Cir. 1976); In re Seagate Technology II Sec. Litig., 843 F. Supp. 1341, 1368-69 (N.D. Cal. 1994).

832 Anschaulich Green v. Occidental Petroleum Corp., 541 F.2d 1335, 1344 (9th Cir. 1976) (Entscheidungsannex von Richter Sneed); siehe zur graphischen Darstellung Jonathan C. Dickey/Marcia Kramer Mayer, *Effect on Rule 10b-5 Damages of the 1995 Private Securities Litigation Reform Act: A Forward-Looking Assessment*, 51 BUS. LAW. 1203, 1205 (1996).

833 Der Grundsatz stammt aus dem *common law*; vgl. z.B. Reno v. Bull, 226 N.Y. 546 (Ct. App. 1919) (Aktien). Zur Anwendung auf Rule 10b-5 Harris v. Union Electric Co., 787 F.2d 367 (8th Cir.), *cert. denied*, 479 U.S. 823 (S. Ct. 1986); zur Anwendung auf *class actions* vgl. z.B. Blackie v. Barrack, 524 F.2d 891, 909 (9th Cir. 1975), *cert. denied*, 429 U.S. 816 (S. Ct. 1976); Madigan, Inc. v. Goodman, 498 F.2d 233, 239 (7th Cir. 1974).

834 Ausführlich zu zivilrechtlichen Haftungsansprüchen der Anleger in den USA aufgrund verletzter Ad-hoc-Veröffentlichungspflichten *Steinhauer*, Insiderhandelsverbot und Ad-hoc-Publizität, *passim*.

835 Basic, Inc. v. Levinson, 485 U.S. 224 (S. Ct. 1988). Früher geäußerte Zweifel an der Anwendung auf Offenlegungspflichten gemäß Rule 10b-5(2) sind damit überholt; vgl. dazu Lipton v. Documation, Inc., 734 F.2d 307 (6th Cir. 1976), *rehearing denied*, 740 F.2d 979 (11th Cir. 1984); Wilson v. Comtech Telecommunications Corp., 648 F.2d 88 (2d Cir. 1981); Green v. Occidental Petroleum Corp., 541 F.2d 1335 (9th Cir. 1976); Blackie v. Barrack, 524 F.2d 891 (9th Cir. 1975), *cert. denied*, 429 U.S. 816 (S. Ct. 1976).

836 Vgl. aus der neueren Rechtsprechung etwa Hayes v. Gross, 982 F.2d 104 (3d Cir. 1992); In re Apple Computer Sec. Litig., 886 F.2d 1109 (9th Cir. 1989), *cert. denied*, 496 U.S. 943 (S. Ct. 1990).

837 Es genügt ein Handelsgeschäft zum beeinflußten Marktpreis, Basic,, 485 U.S. 224, 247, ja sogar die Lektüre des Wall Street Journal. Panzirer v. Wolf, 663 F.2d 365 (2d Cir. 1981), *vacated as moot sub nom.* Price Waterhouse v. Panzirer, 459 U.S. 1027 (S. Ct. 1982) (zur Aktivlegitimation ist allerdings ein Handelsgeschäft zu belegen).

838 Vgl. allerdings Zlotnick v. TIE Communications, Inc., 836 F.2d 818 (3d Cir. 1988) (kein Vertrauen in Marktpreis bei Verkauf ohne Eigentum der Wertpapiere (*short-selling*)).

839 Vgl. SEC v. Rana Research, Inc., 8 F.3d 1358 (9th Cir. 1993); SEC v. Hasho, 784 F. Supp. 1059 (S.D.N.Y. 1992).

840 Vgl. Gannon v. Continental Insurance Co., 920 F. Supp. 566 (D.N.J. 1996); Levine v. Prudential Bache Properties, Inc., 855 F. Supp. 924 (N.D.Ill. 1994); Pell v. Weinstein, 759 F. Supp. 1107

rechtigt, die im Zeitraum zwischen der Pflichtverletzung und einer verspäteten Pflichterfüllung vermögensschädigende Geschäfte mit den Wertpapieren des Emittenten getätigt haben.[841] Diese Rechtsprechung zu Rule 10b-5 als Schutzgesetz, verschärft durch die Institution der *class actions*, führt zu hohen Schadensersatzurteilen und schafft so einen entscheidenden Anreiz zur Erfüllung der Veröffentlichungspflicht.

Andererseits können Emittenten von der Veröffentlichung solcher Entwicklungen absehen, deren Verschweigen nur einen geringen Schaden verursacht. Denn dann ist auch die Gefahr von Schadensersatzklagen gering. Die SEC und die Staatsanwaltschaft werden in solchen Fällen selten von selbst tätig. Sie üben das ihnen eingeräumte Einschreitensermessen nach der Höhe des Anlegerschadens aus, den eine Pflichtverletzung verursacht. Denn bei geringen Schäden ist auch nur ein geringer Vertrauensverlust der Anleger in die Funktionsfähigkeit des Kapitalmarkts zu besorgen.[842] Neben der Größe der hypothetischen Kursbeeinflussung muß der Emittent den weiteren, die Höhe des Anlegerschadens konstituierenden Faktor wägen: die erwartete Anzahl der im potentiellen Zeitfenster für eine Ad-hoc-Veröffentlichung gehandelten Wertpapiere. Wenn zum Beispiel die verschwiegene Information ohnehin bald öffentlich bekannt werden wird und nur ein geringes Handelsvolumen zu erwarten steht, ist auch nur mit einem geringen Schaden zu rechnen.

2. *Deutsches Recht*

a) *Streitgegenstand: Prozentuale Erheblichkeitsschwellen*

Ein Teil der Literatur fordert, daß sich der Kurs der Wertpapiere im Falle einer Veröffentlichung der fraglichen Entwicklung um einen bestimmten Prozentsatz verändern würde. Für diesen Maßstab von Kurserheblichkeit wird die damit erreichte Rechtssicherheit und die Beschränkung der Ad-hoc-Veröffentlichungspflicht gemäß § 15 WpHG auf außergewöhnliche Ereignisse angeführt.[843] Außerdem wird auf die Definition einer Insidertatsache in § 13 Abs. 1 WpHG verwiesen, die für die Auslegung der Kurserheblichkeit in § 15 Abs. 1 Satz 1 WpHG aufgrund des systematischen Zusammenhanges zu beachten sei. Es gelte zu verhindern, daß jede nicht öffentlich bekannte Tatsache, obwohl sie allenfalls zu geringfügigen Kursbewegungen führen kann, zur Publizitätstatsache und - aufgrund des gleichlautenden Kriteriums der Kurserheblichkeit in § 13 Abs. 1 WpHG - zur Insidertatsache wird.[844] Das hätte nämlich zur Folge, daß ein Ausgleich von Kursschwankungen durch Handel der besser Informierten nicht mehr stattfinden dürfte.[845] Für eine prozentual festgelegte Schwelle der Kurserheblichkeit spreche schließlich, daß

(S.D.N.Y. 1991), *judgm't aff'd*, 961 F.2d 1568 (3d Cir. 1992). Wenn der Emittent für unechtes Unterlassen haftet, folgt die haftungsbegründende Kausalität aus dem Grundsatz, daß man Schweigen nicht kennen muß; Wilson v. Comtech Telecommunications Corp., 648 F.2d 88, 93 (2d Cir. 1981); grundlegend Affiliated Ute Citizens of Utah v. United States, 406 U.S. 128, 153-54 (S. Ct. 1972); *rehearing denied*, 407 U.S. 916.

841 Dagegen wendet sich Fridrich v. Bradford, 542 F.2d 307 (6th Cir. 1976): Der Ausschluß von Schadensersatzansprüchen durch das Erfordernis konkreter Kenntnis einer unterlassenen Ad-hoc-Veröffentlichung sei am weitgehend unpersönlichen Sekundärmarkt rechtspolitisch gerade erwünscht.

842 Zudem wirkt hier der Umstand, daß die SEC-Kommissare und die Bundesstaatsanwälte politische Ämter bekleiden, die vom US-Präsidenten besetzt werden. Die knappen Ressourcen müssen daher so eingesetzt werden, daß die Bürger umgehend Nutzen verspüren.

843 *Assmann*, ZGR 1994, 494, 514; *Cahn*, ZHR 162 (1998), 2, 16 f.; *Caspari*, in: Baetge (Hrsg.), Insiderrecht und Ad-hoc-Publizität, S. 65, 72 f.; *Claussen*, DB 1994, 27, 30.

844 Begründung des Richtlinien-Vorschlags der Kommission, BT-Drucks. 11/2358, S. 4.

845 Vgl. Begr. RegE 2. FFG, BT-Drucks. 12/6679, S. 46 f.

Risikolosigkeit eines Insiderprofites allein nach dem Wortlaut des Gesetzes und den zugrundeliegenden EU-Richtlinien noch nicht zur Annahme einer Insidertatsache ausreiche. Damit ginge die Funktion des Kurserheblichkeitskriteriums verloren, Bagatellfälle auszugrenzen.[846]

Wie groß die hypothetische Kursveränderung mindestens sein muß, wird unterschiedlich beurteilt. Als Schwelle werden 2%,[847] 5%,[848] 10%[849] und auch 15%[850] genannt. Ebenso wird vertreten, Information sei in jedem Fall kurserheblich, wenn der hypothetische Kursausschlag im Falle einer Veröffentlichung mehr als 5% über der Marktentwicklung liegt.[851] Auf eine prozentuale Veränderung von mehr als 5% des Aktienkurses stellt die Gesetzesbegründung ab: Erst dann seien zu erwartende Kursschwankungen gemäß den Handelsusancen der deutschen Wertpapierbörsen erheblich und müßten von den Kursmaklern mit Plus- oder Minuszeichen angekündigt werden.[852] Dadurch hätten die Marktteilnehmer zum Ausdruck gebracht, daß bei geringeren Kursausschlägen keine Ankündigung erforderlich sei, um die Chancengleichheit der Anleger zu wahren.[853] Für eine Grenzziehung bei 5% des Aktienwertes wird außerdem geltend gemacht, daß ein Abschlag auf den Börsenpreis bei der Ausgabe von Aktien unter Ausschluß des Bezugsrechts nicht wesentlich und damit zulässig sei gem. § 186 Abs. 3 S. 4 AktG, wenn der Abschlag in der Regel 3% und höchstens 5% betrage. Daraus sei eine Wertung des Gesetzgebers zu entnehmen, daß nur eine Änderung von mehr als 5% des Aktienwertes erheblich ist.[854]

Loesche/Eichner/Stute sehen jede hypothetische Kursveränderung als erheblich an, die die statistisch ermittelte Schwankungsbreite der normalen Volatilität des Wertpapieres überschreitet.[855]

Eine dritte Ansicht möchte schließlich auf den Einzelfall abstellen. Im Zweifel sei kurserhebliche Information anzunehmen, wenn es sich aus der *ex ante*-Sicht eines durchschnittlich verständigen Anlegers in Kenntnis dieser Information lohne zu kaufen oder

---

846 *Schäfer*, in: Schäfer (Hrsg.), WpHG etc., § 13 Rdn. 59; *Assmann*, WM 1996, 1337, 1342.

847 *Möller*, BFuP 1994, 99, 106; *Becker*, Das neue Wertpapierhandelsgesetz, S. 65 f.; vgl. auch eine Stellungnahme des BAWe, wiedergegeben in *o. V.*, Handelsblatt vom 13./14.10.1995, S. 37: Bei hochliquiden DAX-Werten deute bereits eine Kursveränderung von 2% auf kurserhebliche Information hin.

848 *Cahn*, ZHR 162 (1998), 2, 16 f.; *Caspari*, ZGR 1994, 530, 541; F. *Immenga*, ZBB 1995, 197, 203, 205; *Möller*, BfuP 1994, 99, 105 f.; *U. A. Weber*, BB 1995, 157, 164; ebenso früher vor allem auch *Assmann*, in: Assmann/Schneider (Hrsg.), WpHG, 1. Aufl. 1995, § 13 Rdn. 68 ff., 72; *ders.*, AG 1994, 237, 244; *ders.*, ZGR 1994, 494, 515.

849 *Claussen*, DB 1994, 27, 30.

850 *Claussen*, ZBB 1992, 267, 278.; vgl. aber *dens.*, AG 1996, 286, 287 (5%).

851 *Hopt*, ZHR 159 (1995), 135, 155; *Kümpel*, AG 1997, 66, 70; *vgl. auch Hirte*, in: Hadding/Hopt/-Schimansky (Hrsg.), 2. FFG, S. 47, 76; siehe außerdem *Claussen*, ZBB 1992, 267, 278, der während der Entwicklung des WpHG eine Veränderung von mindestens 20% über dem Marktindex als Standard vorschlug.

852 Begr. RegE 2. FFG, BT-Drucks. 12/6679, S. 47; diesem Ansatz folgend *Zubrod*, Rechtssichere Eingrenzung der Ad-hoc-Publizität, S. 205, 208. Angesprochen ist § 8 Abs. 1 der Bedingungen für Geschäfte an der Frankfurter Wertpapierbörse, abgedruckt in: *Schwark*, BörsG, Anhang Nr. 3.

853 Vgl. *Caspari*, ZGR 1994, 530, 540 f.; *Assmann*, ZGR 1994, 494, 515; *Zubrod*, Rechtssichere Eingrenzung der Ad-hoc-Publizität, S. 205, 208.

854 *Caspari*, in: Baetge (Hrsg.), Insiderrecht und Ad-hoc-Publizität, S. 65, 74.

855 *Loesche/Eichner/Stute*, AG 1999, 308, 310 f.; zustimmend *Ziemons*, AG 1999, 492, 497; im Ansatz ebenso bereits *Süßmann*, AG 1997, 63, 64.

verkaufen,[856] weil ein relativ risikoloser Profit zu erwarten sei.[857] Daher fielen auch Geschäfte unter das Insiderhandelsverbot, die nur von einer geringen Kursveränderung profitieren, wenn diese Kursveränderung aber sicher war.[858]

b) Stellungnahme: Schwächen fester Erheblichkeitsschwellen

Das WpHG enthält keine Hinweise, wo eine feste Erheblichkeitsschwelle anzusetzen wäre. Jede feste Erheblichkeitsschwelle müßte damit letzten Endes willkürlich gesetzt werden. Die Anregung der Gesetzesbegründung, die Schwellen für Plus-/Minus-Ankündigungen nach den Handelsusancen an deutschen Wertpapierbörsen heranzuziehen, um das Kriterium der Kurserheblichkeit zu bestimmen, ist zu Recht als "abenteuerliche Vorstellung" bezeichnet worden.[859] Dagegen spricht, daß diese Handelsusancen nicht an allen Börsen gleich ausgestaltet sind[860] und überdies primär nicht dem Anlegerschutz sondern der Kursstabilisierung dienen.[861] Eine vergleichbare Interessenlage ist zweifelhaft, da die Kursmakler aufgrund des ihnen vorliegenden Orderaufkommens genau genommen keine Prognose anstellen, sondern eine Vorausberechnung, während für die Auslegung der Kurserheblichkeit gerade fraglich ist, wie genau die zukünftige Kursveränderung bestimmbar sein soll.[862] Auch der systematische Hinweis auf die zur Kapitalerhöhung unter Ausschluß des Bezugsrechts getroffenen Wertungen geht fehl. Der Gesetzgeber hat in der Genese von § 186 Abs. 3 S. 4 AktG einen Abschlag von bis zu 5 % auf den Aktienkurs als unwesentlich abgesegnet, weil insoweit das Volatilitätsrisiko zu berücksichtigen sei, welches die Neuaktionäre von der Zeichnung bis zur Ausgabe der Aktien übernehmen.[863] Der Insider geht kein entsprechendes Volatilitätsrisiko ein, denn wenn ihm der Markt zu wild wird, kann er die Wertpapiere jederzeit abstoßen, bevor es zu der Kurssteigerung kommt, die ihm den Insiderprofit bescheren soll.

Die Aufstellung fester Erheblichkeitsschwellen macht den Nachweis von *ex ante* erkennbarer Kurserheblichkeit mit der im Strafprozeß erforderlichen Gewißheit nahezu

---

856 *BAWe/Deutsche Börse AG*, Leitfaden, S. 38; Geibel, in: Schäfer (Hrsg.), WpHG etc., § 15 Rdn. 103; *Schäfer*, in: Schäfer (Hrsg.), WpHG etc., § 13 Rdn. 64; *Burgard*, ZHR 162 (1998), 51, 69; *Fürhoff/Wölk*, WM 1997, 449, 455; *Hopt*, ZHR 159 (1995), 135, 155; *Gruson/Wiegman*, AG 1995, 173, 178; *Klein*, in: Hadding/Hopt/Schimansky (Hrsg.), 2. FFG, S. 95, 102; *Rössner/Bolkart*, ZIP 2002, 1471, 1473; *Weber*, NZG 2000, 113, 117; *Wölk*, AG 1997, 73, 79; *Ekkenga*, Anlegerschutz, Rechnungslegung und Kapitalmarkt, S. 448; *Fürhoff*, Kapitalmarktrechtliche Ad-hoc-Publizität zur Vermeidung von Insiderkriminalität, S. 190; ebenso *v.Klitzing*, Die Ad-hoc-Publizität, S. 149, und nunmehr auch *Assmann*, in: Assmann/Schneider (Hrsg.), WpHG, § 13 Rdn. 68, die eine hypothetische Kursveränderung um mehr als 5% als Indiz werten möchten.

857 *Kümpel*, in: Kümpel/Ott (Hrsg.), Kapitalmarktrecht, Kennz. 065, Teil 4.B.IV.4. (S. 40); *ders.*, WM 1994, 2137, 2141; *ders.*, WM 1996, 653, 656; *ders.*, AG 1997, 66, 71.

858 So eine unveröffentlichte Ausarbeitung "Insiderverantwortlichkeit von Kursmaklern" der Staatsanwaltschaft bei dem Landgericht Frankfurt a. M. vom 14.11.1995, über die das Handelsblatt vom 17./18.11.1995, Nr. 229, S. 37, berichtet.

859 *Cramer*, in: Schmoller (Hrsg.), FS Triffterer, S. 323, 330.

860 Vgl. aber *Caspari*, ZGR 1994, 530, 540: Handelsusancen stimmten "im wesentlichen" überein.

861 *H. Schmidt*, Börsenorganisation zum Schutze der Anleger, S. 154 ff.

862 So zu § 13 WpHG *Cahn*, ZHR 162 (1998), 2, 17; Tippach, Insiderverbote und Rechtspflichten der Banken, S. 124.

863 Beschlußempfehlung zum Gesetz für kleine Aktiengesellschaften und zur Deregulierung des Aktienrechts vom 13.6.1994, BT-Drucks. 12/7848, S. 17.

unmöglich.[864] Wenn aber somit eine Ahndung im Bußgeldverfahren nahezu ausgeschlossen ist (denn bei Einspruch gegen den Bußgeldbescheid entscheidet das Gericht im Verfahren nach Maßgabe der Straßprozeßordnung (§ 71 Abs. 1 OWiG)), so würde das Gebot der Ad-hoc-Publizität in der Praxis leer laufen. Diese Einwände gelten auch gegen statistisch ermittelte Volatilitätsschwellen, auf die *Loesche/Eichner/Stute* abstellen möchten. Die dazu erforderlichen Daten über den historischen Kursverlauf eines Wertpapieres ohne grundlegende Änderungen der Geschäftstätigkeit liegen für viele der Wertpapiere, die von der Ad-hoc-Publizität erfaßt sind, nicht vor.[865] Auf einer kleinen Datenbasis gewonnene statistische Erkenntnisse ließen sich vor Gericht leicht in Zweifel ziehen. Zudem stellt sich auch hier die Frage, welche Abweichung der Renditeschwankungen von der statistischen Norm als Erheblichkeitsschwelle anzusetzen ist.[866] Somit ist Vorsicht geboten bei der Nennung einer absoluten Erheblichkeitsschwelle. Es macht mehr Sinn, das Überschreiten einer Erheblichkeitsschwelle als einen Faktor anzusehen, der eine Vermutung für die Kurserheblichkeit der fraglichen Entwicklung begründet. Festhalten läßt sich nach den bisher gewonnenen Erkenntnissen ferner, daß eine Entwicklung jedenfalls nicht alleine deswegen zur erheblichen Kursbeeinflussung geeignet ist, weil sie eine Kursveränderung mit Gewißheit erwarten läßt.[867] Denn wenn die Kursveränderung im Falle einer Veröffentlichung gering sein würde, droht den Anlegern nur ein geringer Vermögensschaden, der in sich nicht geeignet ist, das Vertrauen der Anleger in die Funktionsfähigkeit des Kapitalmarktes zu beeinträchtigen. Eine Ad-hoc-Veröffentlichung ist dann nach ihrem Sinn und Zweck nicht erforderlich.

Es läßt sich im übrigen nicht auf ein Marktmodell zurückgreifen, in dem die Emittenten selbst mitteilen, welche Erheblichkeitsschwelle sie im Rahmen der Ad-hoc-Veröffentlichungspflicht des § 15 WpHG annehmen. Sicherlich würde dadurch eine Differenzierung zwischen Emittenten möglich, die bereit sind mehr in das Vertrauen der Anleger zu investieren. Jedoch würde der Zweck der Regelung verfehlt, daß die Ad-hoc-Publizität gerade für einen einheitlichen Mindestumfang von Veröffentlichungen der Emittenten sorgen soll.[868]

c) Eigener Vorschlag: Die Orientierung an der Höhe des drohenden Anlegerschadens

Wie groß eine hypothetische Kursveränderung sein muß, um „erheblich" bzw. -- wie die EU-Börsenzulassungsrichtlinie es ausdrückt -- „beträchtlich" zu sein, ist im Hinblick auf einen in § 15 WpHG nicht genannten Maßstab zu beurteilen. Was „erheblich" bzw. „beträchtlich" ist, läßt sich nicht anhand des allgemeinen Sprachgebrauches beurteilen, der

864 *Geibel,* in: Schäfer (Hrsg.), WpHG etc., § 15 Rdn. 101; *v.Klitzing,* Die Ad-hoc-Publizität, S. 137; vgl. zu § 13 WpHG *Cahn,* ZHR 162 (1998), 2, 17; *Tippach,* Insiderverbote und Rechtspflichten der Banken, S. 126 f.

865 *Loesche/Eichner/Stute,* AG 1999, 308, 311, schlagen einen Beobachtungszeitraum von 200 Tagen vor.

866 *Loesche/Eichner/Stute,* AG 1999, 308, 311, stellen auf eine Unwahrscheinlichkeit von mehr als 95 % und damit auf eine größer als zweifache Abweichung von der statistischen Norm ab. Dagegen hatte *Loesche,* Die Eignung zur erheblichen Kursbeeinflussung, S. 156, 162 f., noch auf eine Unwahrscheinlichkeit von über 99% und also auf eine mehr als dreifache Abweichung von der statistischen Norm abgestellt.

867 Ebenso und entschieden gegen die entgegenstehende Ansicht der Staatsanwaltschaft Frankfurt a.M. *Geibel,* in: Schäfer (Hrsg.), WpHG etc., § 15 Rdn. 104; des gleichen zu § 13 WpHG *Assmann,* in Assmann/Schneider (Hrsg.), WpHG, § 13 Rdn. 70a; *Schäfer,* in: Schäfer (Hrsg.), WpHG etc., § 13 Rdn. 65.

868 Siehe dazu oben § 3 II.2.

insoweit auf die unterschiedlichen persönlichen Wertmaßstäbe der Verkehrsteilnehmer verweist. Auch aus der Gesetzesgeschichte und dem Systemzusammenhang lassen sich keine Hinweise entnehmen, welcher Maßstab der Erheblichkeit heranzuziehen ist. Der Maßstab ist daher aus Sinn und Zweck des Tatbestandmerkmales abzuleiten. Um die Funktion des Tatbestandsmerkmales der Kurserheblichkeit zu bestimmen, ist es hilfreich, zunächst kurz die bisher gewonnenen Erkenntnisse zum Gegenstand der Ad-hoc-Publizität in Erinnerung zu rufen.

Wie erörtert wäre die Veröffentlichung jeder zur Kursbeeinflussung geeigneten Entwicklung erforderlich, um irrtumsbedingte Vermögensschäden der Anleger zu verhindern. Indem § 15 WpHG den Gegenstand der Ad-hoc-Publizität auf Entwicklungen beschränkt, die zur *erheblichen* Kursbeeinflussung geeignet sind, darf der Emittent bestimmte Entwicklungen verschweigen, obwohl er dadurch die Gefahr geringfügiger Vermögensschäden der Anleger verursacht. Denn wenn die Kursbeinflussung im Falle der Veröffentlichung der fraglichen Entwicklung eben nicht erheblich, sondern im Gegenteil geringfügig sein würde, wäre doch der Marktwert der gesamten Wertpapiere -- wenn auch nur geringfügig -- beeinflußt. Dann würde das Verscheigen der fraglichen Entwicklung der Hälfte der zum gegenwärtigen Kurs Handel treibenden Anlegern einen Vermögensschaden verursachen, der allerdings -- bei gleichem Handelsvolumen -- im Vergleich geringer ausfallen würde als der Vermögensschaden, der verursacht würde durch das Verschweigen einer zur erheblichen Kursbeeinflussung geeigneten Entwicklung.

Wie die Untersuchung zu den Grundlagen der Ad-hoc-Publizität ergeben hat, ist diese Einschränkung des Gegenstandes der Ad-hoc-Publizität begründet durch die Beschränkung der mit ihr verfolgten Regelungsziele. Sie soll die Transparenz und die Allokationseffizienz des organisierten Kapitalmarktes fördern. Die Transparenz und Allokationseffizienz des Kapitalmarktes hängen ab von dem Vertrauen der Anlegergesamtheit darauf, daß die Wertpapierpreise transparent und allokationseffizient gebildet sind. Nur wenn sie darauf vertrauen, daß Kursveränderungen mit der ihnen zur Verfügung stehenden Information zutreffend nachvollziehbar sind, werden die Anleger schnell und umfassend auf Veränderungen der Informationslage reagieren, die nicht im bisherigen Kurs wiedergegeben sind.[869] Ihr Wertpapierhandel paßt den Kurs an die neue Informationslage an. Wenn somit der Kurs die gesamte am Kapitalmarkt öffentlich zugängliche Information wiedergibt, können andere Anleger davon ausgehen, daß in ihre Anlageentscheidung vermittelt durch den Kurs die gleiche Information eingeht, wie in die Anlageentscheidung ihres Geschäftspartners. Der Preis wird also transparent. Ebenso wird er allokationseffizient, indem die öffentlich bekannten werterheblichen Entwicklungen bei der Preisbildung berücksichtigt werden.[870]

Eine Ad-hoc-Veröffentlichung ist umso eher erforderlich, um die Transparenz und die Angemessenheit des Börsenpreises zu fördern, je größer der gesamte Vermögensschaden ist, der den Anlegern bei einem Verschweigen der fraglichen Entwicklung droht. Denn je größer die von der Gesamtheit der Anleger hinzunehmenden Vermögensverluste aufgrund intransparenter und unangemessener Börsenpreise sind, desto eher ist das für die Transparenz und Allokationseffizienz des Kapitalmarktes maßgebliche Anlegervertrauen in die Funktionsfähigkeit des Kapitalmarktes erschüttert. Das Vertrauen der Anleger in die Funktionsfähigkeit des Kapitalmarktes ist unmittelbar abhängig vom Schutz der Anleger

869 Siehe oben § 3 I.1.

870 Siehe oben § 3 II.1.

vor aufgezwungenen Vermögensverlusten,[871] denn diese mindern die im Geldwert ihrer Vermögenswerte verkörperte Dispositionsfreiheit, mithin die Grundlage für das Engagement der Anleger an der Börse.[872]

Wenn der durch das Verschweigen einer Entwicklung drohende Vermögensschaden der Anlegergesamtheit allerdings geringfügig ist, so ist die Veröffentlichung der Entwicklung nicht erforderlich, um das Vertrauen der Anleger in die Funktionsfähigkeit des Kapitalmarktes zu stärken. Denn die Anleger nehmen die Gefahr geringfügiger Vermögenseinbußen aufgrund unvollständiger Information in Kauf als Restrisiko jeglicher Marktteilnahme. Im Gegenteil wäre in diesen Fällen eine Veröffentlichungspflicht ineffizient. Die direkten Kosten der Bereitstellung und Verarbeitung der Information und die mittelbar den Emittenten durch die Preisgabe von Geschäfts- und Betriebsgeheimnissen entstehenden Kosten würden die durch eine Ad-hoc-Veröffentlichung entstehenden Finanzierungsvorteile überwiegen.

Ein Schutz des Anlegervermögens an sich und damit der Schutz vor jeglichen, auch geringfügigen Vermögensschäden ist dagegen mit § 15 WpHG nur soweit bezweckt, wie dieser Schutz im soeben dargelegten Umfang erforderlich ist, um das Vertrauen der Anleger in die Funktionsfähigkeit des Kapitalmarktes zu erhalten.[873] Diese Beschränkung der Regelungsziele gebietet der Verhältnismäßigkeitsgrundsatz. Die Belastung der Emittenten mit den Kosten der Ad-hoc-Veröffentlichungspflicht wäre unverhältnismäßig, wenn die Veröffentlichungspflicht nicht erforderlich ist, um das Vertrauen der Anleger in die Funktionsfähigkeit des Kapitalmarktes zu erhalten. Denn der Emittent ist zur Ad-hoc-Publizität aus Gründen größerer Effizienz und nicht aufgrund persönlich vorwerfbaren Verhaltens verpflichtet.[874] Daher darf er nur dann zur Ad-hoc-Publizität verpflichtet werden, wenn er von der Ad-hoc-Publizität durch eine verbesserte Funktionsfähigkeit des Kapitalmarktes profitiert.

Damit ist die Funktion des Tatbestandmerkmales der Kurserheblichkeit deutlich: Es beschränkt den Gegenstand der Ad-hoc-Publizität auf solche Entwicklungen, deren Verschweigen den Anlegern einen so beträchtlichen Vermögensschaden zu verursachen droht, daß ihre Veröffentlichung erforderlich ist, um das Vertrauen der Anleger in die Funktionsfähigkeit des Kapitalmarktes zu erhalten. Die Schwelle der Kurserheblichkeit ist demzufolge im Hinblick auf die Höhe des gesamten Vermögensschadens zu bestimmen, der den Anlegern durch das Verschweigen der fraglichen Entwicklung zu entstehen droht. Sie ist aus der Perspektive der in die Wertpapiere des Emittenten investierenden Anleger beurteilen. § 15 Abs. 1 Satz 1 WpHG ermöglicht durch den unbestimmten Rechtsbegriff der Kurserheblichkeit diese Orientierung an der Verkehrsauffassung, welche hypothetischen Kursveränderungen beachtlich sein sollen. Somit können die Besonderheiten des Marktes für die betreffenden Wertpapiere Berücksichtigung finden.

---

871 Diese Verknüpfung des Vertrauensschutzes mit dem Vermögensschutz ist nicht etwa als Sonderheit des US-Rechts der *class action* anzusehen. Das zeigt sich zum Beispiel daran, daß die zuständige Ordnungsbehörde bei jedem Verstoß gegen marktrechtliche Ordnungsnormen den durch den Rechtsverstoß verursachten Vermögensschaden als maßgeblichen Faktor abzuwägen hat bei der Ausübung ihres Ermessens, ob sie einschreitet und welche Ordnungsmittel sie dabei anwendet, insbesondere also in welcher Höhe sie Bußgeld festsetzt (vgl. § 17 Abs. 3 Satz 1 OWiG).

872 Vgl. *Merkt*, Unternehmenspublizität, S. 304 f. (Marktschutz entspricht Schutz individueller wirtschaftlicher Betätigungsfreiheit).

873 Siehe oben § 3 III.2.

874 Siehe oben § 1 I.3.b) sowie eingangs Kapitel 3 und § 7.

Es läßt sich nicht mit Gewißheit festlegen, wann eine hypothetische Kursveränderung im Verhältnis zum gegebenen Kurs so groß ist, daß die Anleger ohne Ad-hoc-Veröffentlichung Vertrauen in die Funktionsfähigkeit des Kapitalmarktes verlieren würden. Allerdings ist für jeden Anleger die Funktionsfähigkeit des Kapitalmarktes nachhaltig in Frage gestellt, wenn ein Investment das Anlegervermögen aufgrund intransparenter und unangemessener Börsenkurse zu verringern droht, anstatt es zu vermehren. Die Kurserheblichkeit einer Entwicklung ist daher im Zweifel anzunehmen, wenn die Kursveränderung (relativ zu einem Marktindex) im Falle einer Veröffentlichung der fraglichen Entwicklung größer sein würde, als die aus einem Wertpapier der fraglichen Art typischerweise erwartete jährliche Rendite (bereinigt um Renditeprämien für das systematische Risiko des betreffenden Wertpapieres). Denn dann kann der Vermögensschaden, der der Gesamtheit der Anleger bei einem Verschweigen der fraglichen Entwicklung droht, den von ihnen durch ihr Investment zu erzielenden Profit neutralisieren oder übersteigen.

Der hypothetischen prozentualen Kursveränderung entspricht eine prozentuale Veränderung der Marktkapitalisierung der betreffenden Wertpapierklasse. Für die Anlegergesamtheit bildet die im Falle der Veröffentlichung einer Entwicklung eintretende prozentuale Veränderung der Marktkapitalisierung den ihr durch das Verschweigen der Entwicklung drohenden Vermögensschaden im Verhältnis zum gesamten von ihnen eingesetzten Kapital ab. Denn die Marktkapitalisierung stellt zu jedem beliebigen Zeitpunkt das von der Anlegergesamtheit durch ihre Entscheidung zum Kaufen oder Halten der Wertpapiere eingesetzte Kapital dar: Die Höhe von unmittelbar aus dem Investment folgenden Vermögensverlusten ist auf dieses Kapital begrenzt. Der Profit des Gesamtinvestments aller Anleger ist zu jedem gegebenen Zeitpunkt im Hinblick auf das von den Anlegern ursprünglich eingesetzte Kapital im Verhältnis zur Marktkapitalisierung zu bemessen; jede prozentuale Veränderung der Marktkapitalisierung vergrößert oder verringert den von den Anlegern zu erzielenden Profit. Dabei läßt sich von der empirisch begründbaren Annahme ausgehen, daß Anleger die Profitabilität ihres Investments durchschnittlich auf einen Anlagehorizont von einem Jahr hin beurteilen. Sie würden somit davon ausgehen, daß eine prozentuale Veränderung der Marktkapitalisierung droht, den durch ihr Investment zu erzielenden Profit zumindest zu neutralisieren oder gar einen Verlust zu verursachen, wenn die zugrunde liegende hypothetische Kursveränderung größer ist als die für das betreffende Wertpapier erwartete jährliche Rendite.[875] Da die hypothetische Kursveränderung relativ zur Entwicklung eines Marktindex einzuschätzen ist, ist bei der Einschätzung der erwarteten Rendite das mit einem Investment in Wertpapiere der betreffenden Art verbundene Renditeprämie für das marktbedingte, i.e. systematische Risiko einer negativen Kursentwicklung aus der Betrachtung auszugrenzen.

---

875 Bei Annahme kürzerer Anlagehorizonte wären Renditeerwartungen für entsprechend kürzere Zeitperioden zugrundezulegen. Dies würde zu vergleichsweise niedrigeren Erheblichkeitsschwellen führen und also den Gegenstand der Ad-hoc-Publizität erweitern. Dies ist vor dem Hintergrund der hier vertretenen Funktion des Erheblichkeitserfordernisses konsequent. Das Anlegervertrauen in die Funktionsfähigkeit des Kapitalmarktes ist bei Wertpapieren mit überdurchschnittlich kurzfristigen Anlagehorizonten bereits durch die Gefahr geringerer Vermögensschäden beeinträchtigt, da durch den kürzeren Anlagehorizont weniger Zeit gegeben ist, um eventuelle Vermögensschäden durch Anlageprofite aufzuholen. In dieser Weise läßt sich der Erheblichkeitsmaßstab im Einzelfall verfeinern.

Der Vorschlag *Assmanns*, sich an einer hypothetischen Kursveränderung (relativ zu einem Marktindex) von ca. 5% als Erheblichkeitsschwelle zu orientieren,[876] erscheint nach alledem sinnvoll. Ein drohender Vermögensschaden von mehr als 5% des eingesetzten Kapitals ist im Zweifel aus Sicht der Anleger erheblich, da bei derart hohen Vermögensverlusten die Profitabilität nahezu jeden Investments in Frage steht, die ja ohnehin schon im Vergleich zur Entwicklung eines Marktindex und damit bereinigt um unterschiedliches systematisches Risiko betrachtet wird. Ein drohender Vermögensschaden, der weniger als 2% des eingesetzten Kapitals ausmachen würde, erscheint dagegen im allgemeinen noch so geringfügig, daß die Anleger ihn verschmerzen können ohne das Vertrauen in die Funktionsfähigkeit des Kapitalmarktes zu verlieren. Sie müssen solche Kursschwankungen häufig schon aufgrund von Liquiditätsschwankungen im Laufe eines Handelstages hinnehmen. Abschließend bleibt aber zu betonen, daß immer im Einzelfall zu beurteilen ist, ob durch das Verschweigen der Entwicklung ein so großer Vermögensschaden der Anleger droht, daß die Veröffentlichung der fraglichen Entwicklung erforderlich ist, um das Vertrauen der Anleger in die Funktionsfähigkeit des Kapitalmarktes zu erhalten. Das erforderliche Ausmaß der hypothetischen Kursbeeinflussung sollte nicht zu niedrig angesetzt werden, um die Belastung des Emittenten durch die Veröffentlichungspflicht in angemessenen Grenzen zu halten. Außerdem ermöglicht dies den Emittenten, sich durch über die Pflichtveröffentlichungen hinaus gehende freiwillige Veröffentlichungen von ihren Wettbewerbern als ‚Prädikatsemittenten' abzuheben.

Dieser Maßstab der Kurserheblichkeit entspricht weitgehend der US-Praxis. Es kommt allerdings nicht -- wie in der US-Praxis ausgeprägt -- auf das erwartete Handelsvolumen der Wertpapiere bis zum anderweitigen Bekanntwerden der fraglichen Entwicklung an.[877] Der Wortlaut des § 15 WpHG läßt dafür keinen Raum. Es ist vor dem Hintergrund der abweichenden US-Praxis zu prüfen, ob dies sinnvoll ist. Die Berücksichtigung des durchschnittlichen Handelsvolumens würde dazu führen, daß eine Entwicklung vom Gegenstand der Ad-hoc-Publizität ausgenommen ist, deren Verschweigen der Anlegergesamtheit keinen großen Vermögensschaden verursachte, deren Veröffentlichung aber erforderlich sein könnte, um einen hohen Vermögensschaden eines einzelnen Anlegers zu vermeiden. Dieser Fall ist vorstellbar bei Wertpapieren, die selten und nur in geringen Stückzahlen gehandelt werden. Denn je geringer das Volumen der Wertpapiere ist, das voraussichtlich bis zum anderweitigen öffentlichen Bekanntwerden einer Publizitätstatsache gehandelt wird, desto geringer ist der Vermögensschaden, den das pflichtwidrige Verschweigen der Publizitätstatsache verursacht. Wenn jedoch gerade dann ein einzelner Anleger sein gesamtes Erspartes in die Wertpapiere des Emittenten investiert, erleidet der Anleger einen für ihn immensen Vermögensschaden. Da bei geringen zu erwartenden Handelsvolumina insgesamt kein großer Vermögensschaden der Anlegergesamtheit entsteht, könnte das Vertrauen der Anlegergesamtheit in die Transparenz und Allokationseffizienz des Kapitalmarktes durch das Verschweigen einer Entwicklung nicht berührt sein, selbst wenn deren Veröffentlichung zu einer beträchtlichen Kursveränderung führen würde. In diesem Fall könnte nach Maßgabe der erörterten Funktion des Tatbestandsmerkmales der Kurserheblichkeit eine Ad-hoc-Veröffentlichung entbehrlich sein.

---

876 *Assmann*, in: Assmann/Schneider (Hrsg.), WpHG, § 13 Rdn. 68.

877 Gegen die Berücksichtigung der durchschnittlichen Dauer des Wertpapierbesitzes nicht überzeugend *Cahn*, ZHR 162 (1998), 2, 17: Die von ihm abgelehnte individualisierte Betrachtung ist dadurch nicht zu befürchten. Es ist auf einen Schaden der Anlegergesamtheit abzustellen.

Indes wäre gegen eine solche Argumentation einzuwenden, daß maßgeblich für das Vertrauen der Anleger in die Funktionsfähigkeit des Kapitalmarktes nicht der letztlich verursachte, sondern der den Anlegern drohende Vermögensschaden ist. Zwar entsteht der Vermögensschaden nur den Anlegern, die zu den intransparenten und unangemessenen Börsenpreisen aktiv Handel treiben, er droht jedoch allen Anlegern, die in die betreffenden Wertpapiere investiert sind oder ein Investment darin in Betracht ziehen. Entscheidend für das Vertrauen dieser Anleger in die Funktionsfähigkeit des Kapitalmarktes ist ihr *Eindruck*, daß sie vor aufgezwungenen Vermögensschäden geschützt sind. Unabhängig davon ob ihnen selbst ein Vermögensschaden entsteht, ist dieser Eindruck der Anleger beeinträchtigt, wenn ein anderer Anleger aufgrund eines intransparenten und unangemessenen Börsenpreises einen beträchtlichen Vermögensverlust erleidet. Denn die Anleger müssen davon ausgehen, daß dieser aufgezwungene Vermögensschaden auch sie hätte treffen können. Die Berücksichtigung des durchschnittlichen Handelsvolumens würde überdies dazu führen, daß diejenigen Emittenten überdurchschnittlich häufig zur Ad-hoc-Publizität verpflichtet wären, deren Wertpapiere eine hohe Marktkapitalisierung aufweisen. Die jüngere Gesetzgebung zum Kapitalmarktrecht bezweckt aber gerade im Gegenteil die marktübergreifende Angleichung der Veröffentlichungspflichten für Emittenten von Wertpapieren mit geringer Marktkapitalisierung an die Veröffentlichungspflichten der Emittenten mit hoher Marktkapitalisierung.[878] Es ist demzufolge mit dem hier vertretenen Verständnis des § 15 WpHG zu vereinen, daß die Kurserheblichkeit einer Entwicklung ohne Rücksicht auf das erwartete Handelsvolumen bis zu ihrem öffentlichen Bekanntwerden zu bestimmen ist.

Bis die deutsche Rechtsanwendung einen Fundus von Fällen geschaffen hat, der eine vergleichende Einschätzung ermöglicht, welche Entwicklungen besonders kurserheblich sind, können die Verlautbarungen und Rechtsverordnungen der SEC und die Kasuistik der US-Rechtsprechung zur *materiality* Anhaltspunkte geben.[879] In diesem Sinne kann auch dem Vorschlag *Kallmeyers* entsprochen werden, idealtypische Fälle zu bilden und den Markteinflußtest nicht allzu ernst zu nehmen.[880]

IV. Ergebnis

Der Emittent muß gemäß § 15 Abs. 1 Satz 1 WpHG nur Entwicklungen veröffentlichen, die zur *erheblichen* Kursbeeinflussung geeignet sind. Bezugsgröße der Erheblichkeit ist das Ausmaß der Kursveränderung, die im Falle der Veröffentlichung der Entwicklung zu erwarten ist. Es kommt nicht auf die Höhe potentieller Insiderprofite an. Das Ausmaß der hypothetischen Kursveränderung ist im Verhältnis zur voraussichtlichen Kursentwicklung eines vergleichbaren Wertpapieres zu beurteilen. Hilfsweise läßt sich auf die im Falle eines effektiven Bekanntwerdens der Entwicklung zu erwartende relative Kursveränderung im Verhältnis zu vergleichbaren Wertpapieren und Marktindices abstellen. Die Kurserheblichkeit einer Entwicklung ist im Einzelfall danach zu beurteilen,

---

878 Näher dazu oben § 4 III.2.

879 *Hirte,* in: Hadding/Hopt/Schimansky (Hrsg.), 2. FFG, S. 47, 81 f., *Gruson/Wiegman,* AG 1995, 175, 181; *Gehrt,* Die neue Ad-hoc-Publizität, S. 160 f. Zur Vorsicht mahnen *Assmann,* in: Assmann/-Schneider (Hrsg.), WpHG, § 13 Rdn. 70d, und ihm folgend *v.Klitzing,* Die Ad-hoc-Publizität, S. 201, die den *materiality*-Maßstab für zu weit halten: Es komme nicht auf die Änderung oder Überprüfung von Anlageentscheidungen an, sondern auf die Aussicht eines Sondervorteils. Indes entspricht eben dies, wie erörtert, der Definition von *materiality* in der neueren Rechtsprechung zu Rule 10b-5.

880 *Kallmeyer,* DB 1994, Heft 17 S. I.

ob aus der Perspektive der im betreffenden Wertpapier investierten Anleger ein so großer Vermögensschaden aus dem Verschweigen der Entwicklung droht, daß ihre Veröffentlichung erforderlich ist, um das Vertrauen der Anleger in die Funktionsfähigkeit des Kapitalmarktes zu erhalten. Kurserheblichkeit ist im Zweifel anzunehmen, wenn die hypothetische Kursveränderung (relativ zu einem Marktindex) größer sein würde als die aus einem Wertpapier der fraglichen Art typischerweise erwartete jährliche Rendite (bereinigt um Renditeprämien für das systematische Risiko des betreffenden Wertpapieres). Das erforderliche Ausmaß der Kursveränderung sollte nicht zu niedrig angesetzt werden, um die Belastung des Emittenten durch die Veröffentlichungspflicht in angemessenen Grenzen zu halten.

§ 8
Die ursächliche Veränderung der wirtschaftlichen Verhältnisse

Gemäß § 15 Abs. 1 Satz 1 WpHG ist der Gegenstand der Ad-hoc-Publizität auf Entwicklungen beschränkt, deren Eignung zur erheblichen Kursbeeinflussung auf ihren Auswirkungen auf die Vermögens- oder Finanzlage oder den allgemeinen Geschäftsverlauf beruht. Eine vergleichbare Beschränkung folgt im US-Recht daraus, daß die Markterheblichkeit einer Entwicklung aus der Sicht eines vernünftigen Anlegers zu beurteilen ist. Dadurch ist der Gegenstand der Ad-hoc-Publizität auf Entwicklungen eingeschränkt, hinsichtlich derer das Informationsinteresse der Anleger rechtlich schutzwürdig ist.[881]

Wie die bisherige Untersuchung ergeben hat, ist diese Einschränkung, soweit es das Analogieverbot zuläßt, zugunsten einer weiten Fassung des Gegenstandes der Ad-hoc-Publizität dahingehend zu verstehen, daß jegliche kurserheblichen Entwicklungen zu veröffentlichen sind, die Einfluß auf die wertbildenden Faktoren haben („werterhebliche Entwicklungen"). Gemäß Art. 6 Abs. 1 der EU-Marktmissbrauchsrichtlinie ist eine Ad-hoc-Veröffentlichungspflicht für jegliche kurserheblichen Entwicklungen vorgesehen, und das Erfordernis der Werterheblichkeit ergibt sich nur mittelbar daraus, daß die Entwicklungen den Emittenten direkt betreffen müssen. Es ist als Indiz für die Werterheblichkeit einer Entwicklung anzusehen, daß diese im Rahmen der Prospekt- und Regelpublizität zu berichten ist. Dagegen ist nicht der Umkehrschluß zulässig, daß eine Entwicklung nur dann werterheblich ist, wenn sie Gegenstand der Prospekt- und Regelpublizität ist.

I. Die quantitative Werterheblichkeit vollendeter Entwicklungen

1. US-Recht

Trotz aller Zurückhaltung der Gerichte gegenüber einer theoretischen Definition ist allgemein anerkannt, daß Entwicklungen den Wert der Wertpapiere beeinflussen müssen, um Gegenstand der Ad-hoc-Publizität zu sein.[882] Die Rechtsprechung geht allgemein von der Werterheblichkeit von Entwicklungen aus, wenn sie Auswirkungen auf die wirtschaftlichen Verhältnisse des Emittenten haben.

881 Siehe dazu oben § 1 I.3.

882 Vgl. Basic, Inc. v. Levinson, 485 U.S. 224, 231.

Die Rechtsprechung wertet die Verpflichtung zur Veröffentlichung bestimmter Entwicklungen im Rahmen der Prospekt- und Regelpublizität als Indiz für ihre Werterheblichkeit.[883] Dasselbe gilt für die in den Angebotsunterlagen für ein Übernahmeangebot[884] und die in Fairness-Gutachten der Unternehmensleitung vor einem *going private* zu veröffentlichende Information.[885] Keine Erheblichkeitsvermutung besteht hingegen im Hinblick auf die Umstände, die in die Rechnungslegung eingehen.[886] Auswirkungen auf die Berichte der Rechnungslegung sind weder eine notwendige, noch gar eine hinreichende Bedingung, um die Werterheblichkeit einer Entwicklung anzunehmen.[887]

Der Gegenstand der Ad-hoc-Publizität erstreckt sich bei Schuldverschreibungen in gleicher Weise wie bei Aktien auf jede Art von Veränderungen der wirtschaftlichen Verhältnisse des Emittenten.[888]

2. *Deutsches Recht*

Gegenstand der Ad-hoc-Publizität gemäß § 15 Abs. 1 Satz 1 WpHG sind nur Entwicklungen, deren Eignung zur Kursbeeinflussung auf ihren "Auswirkungen auf die Vermögens- oder Finanzlage oder auf den allgemeinen Geschäftsverlauf" beruht.[889] Zur Auslegung dieser Begriffe empfehlen die Gesetzesmaterialien, die Kommentierungen zu §§ 264, 289 HGB heranzuziehen.[890] Gegenstand der Ad-hoc-Publizität gemäß § 15 WpHG sind demnach kurserhebliche Tatsachen, wenn sie nach den Grundsätzen ordnungsmäßiger Buchführung in den handelsrechtlichen Jahresabschluß eingehen oder im Lagebericht anzugeben sind.[891] Es ist fraglich, ob auch Information abweichend von den Inhaltsanforderungen der Rechnungslegung offengelegt werden muß. Das hängt vor allem davon ab, was unter dem Begriff des „allgemeinen Geschäftsverlaufes“ zu verstehen ist.

a) *Streitgegenstand: Das Tatbestandsmerkmal des Geschäftsverlaufs*

Die Literatur regt im Anschluß an die Gesetzesmaterialien an, die Auslegung des Begriffes an §§ 289, 315 HGB zu orientieren, demgemäß im Konzern-/Lagebericht die Lage und der Geschäftsverlauf einer Kapitalgesellschaft entsprechend den tatsächlichen Verhältnissen darzustellen sind.[892] Entwicklungen mit Auswirkungen auf den Ertrag

---

883 In re Craftmatic Sec. Litig., 890 F.2d 628 (3d Cir. 1989); SEC v. Levy, 706 F. Supp. 61 (D.D.C. 1989).

884 Vgl. SEC v. Levy, 706 F. Supp. 61 (D.D.C. 1989).

885 Howing Co. v. Nationwide Corp., 927 F.2d 263 (6th Cir. 1991).

886 Exch. Act Rel. No. 26,831 Fn. 27 (May 18, 1989).

887 In re Westinghouse Sec. Litig., 90 F.3d 696 (3d Cir. 1996).

888 Vgl. aus der neueren Rechtsprechung z.B. In re Worlds of Wonder Sec. Litig., [1990-1991 Transfer Binder] Fed. Sec. L. Rep. (CCH) ¶ 95,689 (N.D. Cal. 1995).

889 Durch das 3. FFG hat der Gesetzgeber klargestellt, daß eine Publizitätstatsache keine Auswirkungen auf die Vermögens- *und* Finanzlage haben muß, wie es der frühere Gesetzeswortlaut nahe legte.

890 Beschlußempfehlung und Bericht des Finanzausschusses des Deutschen Bundestages, BT-Drucks. 12/7918, S. 96; zustimmend *Caspari,* in: Baetge (Hrsg.), Insiderrecht und Ad-hoc-Publizität, S. 68, 75; *Kümpel,* in: Kümpel/Ott, Kapitalmarktrecht, Kennz. 065, 5.C.IV.2. (S. 73).

891 Beschlußempfehlung und Bericht des Finanzausschusses des Deutschen Bundestages, BT-Drucks. 12/7918, S. 179; *Wölk,* AG 1997, 73, 78.

892 *Kümpel,* Kapitalmarktrecht, Rz. 14.256 ff. (S. 1210 ff.); *Burgard,* ZHR 162 (1998), 51, 65; *Caspari,* in; Baetge (Hrsg.), Insiderrecht und Ad-hoc-Publizität, S. 65, 77; *Ekkenga,* ZGR 1999, 165, 174; *Heidmeier,* AG 1992, 110, 112; *Pellens/Fülbier,* DB 1994, 1381, 1388; *Schander/Lucas,* DB 1997, 2109, 2110; *Wölk,* AG 1997, 73, 78; vgl. *Tippach,* Insiderverbote und die Rechtspflichten der Banken, S. 145. Uneinigkeit besteht unter diesen Autoren, ob das Tatbestandsmerkmal nur auf die Pflichtangaben gemäß § 289 Abs. 1 HGB oder auch auf die fakultativen Angaben gemäß § 289 Abs.

würden gemäß den zum Konzern-/Lagebericht entwickelten Grundsätzen nur dann der Veröffentlichungspflicht unterliegen, wenn sie wesentlich für das Ergebnis des Emittenten sind.[893]

Andere Autoren bestimmen den Gegenstand der Ad-hoc-Publizität im Hinblick auf die im Zwischenbericht und im Börsenzulassungsprospekt offenzulegenden Umstände.[894] Es komme nicht auf eine Eignung zu Auswirkungen auf die Bilanz noch überhaupt auf die zum Lagebericht entwickelte Abgrenzung der Publizitätsinhalte an.[895] Auswirkungen auf den Geschäftsverlauf habe jede Entwicklung, die Einfluß auf den inneren Wert der Wertpapiere habe.[896] Insbesondere sei nicht erforderlich, daß die Entwicklungen so, wie sie eingetreten sind, aus den Berichten der Rechnungslegung ersichtlich sein würden. So könne etwa die Ernennung eines erfolgreichen Unternehmenssanierers zum neuen Vorstandsvorsitzenden zu veröffentlichen sein, weil dadurch eine grundlegende Veränderung der Geschäftstätigkeit zu erwarten steht.[897] Indes ist die Veränderung des Vorstands aus dem Lagebericht nicht zu entnehmen.

Schließlich meint *Burgard*, auch reine Veränderungen des Marktwertes der Wertpapiere seien beachtlich. Denn das Kausalverhältnis zwischen einer Veränderung des Fundamentalwertes der Wertpapiere und einer Kursveränderung ließe sich nur schwer nachweisen.[898] Überdies schränke das aus der Publizität der Rechnungslegung entlehnte Tatbestandsmerkmal der „Auswirkungen auf die Vermögens- oder Finanzlage oder auf den allgemeinen Geschäftsverlauf" den Gegenstand der Ad-hoc-Publizität zweckwidrig ein.[899] Das Erfordernis der „Auswirkungen" sei *de lege ferenda* zu streichen.[900]

b) Stellungnahme: Die Orientierung an kapitalmarktrechtlicher Regelpublizität

Eine Entwicklung hat Auswirkungen auf den Geschäftsverlauf, wenn sie Einfluß auf die Entwicklung der Ergebnisse aus der Geschäftstätigkeit des Emittenten hat. Für diese Auslegung spricht die entsprechende Regelung in §§ 53, 55 BörsZulV, die damit den in ihrer Ermächtigungsgrundlage des § 40 BörsG verwandten Begriff des Geschäftsganges -- ein Synonym für Geschäftsverlauf -- konkretisieren.[901] Sie setzen damit die Vorgaben der

---

2 HGB verweist; dazu einerseits *Burgard,* ZHR 162 (1998), 51, 65; andererseits *Kümpel,* in: Assmann/Schneider (Hrsg.), WpHG, § 15 Rdn. 62.

893 *Zubrod,* Rechtssichere Eingrenzung der Ad-hoc-Publizitätspflicht, S. 91 f., 102 ff.

894 *Burgard,* ZHR 162 (1998), 51, 64 f. (Zwischenbericht); *Ekkenga,* ZGR 1999, 165, 174 (Börsenzulassungsprospekte); vgl. außerdem den Ansatz von *Tippach,* Insiderverbote und Rechtspflichten von Banken, S. 140 ff., alle in EU-Richtlinien zum Gesellschafts- und Kapitalmarktrecht zur Veröffentlichung vorgesehenen Umstände als Insidertatsachen anzusehen.

895 *Geibel,* in: Schäfer (Hrsg.), WpHG etc., § 15 Rdn. 8, 60.

896 *Schwark,* BörsG, § 44a Rdn. 2, 4; *Cahn,* ZHR 162 (1998), 2, 28 f.; *Fürhoff/Wölk,* WM 1997, 449, 453; *Hopt,* ZHR 159 (1995), 135, 150 Fn. 62; *Gehrt,* Die neue Ad-hoc-Publizität, S. 150; *v.Klitzing,* Die Ad-hoc-Publizität, S. 118 f.

897 Beispiel von *Cahn,* ZHR 162 (1998), 2, 29 f.

898 *Burgard,* ZHR 162 (1998), 51, 60, 64, 100.

899 Ebenso *Fürhoff,* Kapitalmarktrechtliche Ad-hoc-Publizität zur Vermeidung von Insiderkriminalität, S. 183 f.; *v.Klitzing,* Die Ad-hoc-Publizität, S. 123; *Schweizer,* Insiderverbote -- Interessenkonflikte und Compliance, S. 145.

900 *Burgard,* ZHR 162 (1998), 51, 66, 100; *Fürhoff,* Kapitalmarktrechtliche Ad-hoc-Publizität zur Vermeidung von Insiderkriminalität, S. 184, 237.

901 Gemäß § 53 Satz 1 BörsZulV muß der Zwischenbericht eine Beurteilung ermöglichen, wie sich die Geschäftstätigkeit des Emittenten in den ersten sechs Monaten des Geschäftsjahres entwickelt hat. Er muß dazu gemäß § 53 Satz 2 BörsZulV Zahlenangaben sowie gemäß § 55 Satz 1 BörsZulV Erläuterungen über die Tätigkeit und die Ergebnisse des Emittenten enthalten. Ebenso hat der

EU-Zwischenberichtsrichtlinie um,[902] sind also aufgrund ihres engen Zusammenhanges mit § 15 WpHG -- der als europarechtlicher Vorläufer der Zwischenberichtspflicht und früherer § 44a BörsG a.F. unter anderem auch die Ergänzung der Regelpublizität bezweckt -- für dessen Auslegung maßgeblich.[903] Für diese Auslegung spricht des weiteren die Gesetzesbegründung, die ebenfalls an die Ergebnisse aus der Geschäftstätigkeit des Emittenten anknüpft.[904] Durch diese Auslegung ist auch dem Zweck der Ad-hoc-Publizität gedient, die Bildung eines angemessenen Wertpapierpreises zu fördern. Denn dadurch ist die Veröffentlichung von Tatsachen gewährleistet, die gerade für die Bewertung am Kapitalmarkt erheblich sind. Schließlich spricht für diese Auslegung die einheitliche Entwicklung eines europäischen Kapitalmarktrechts gemäß §§ 40 BörsG, 15 WpHG.[905] Welche Umstände Einfluß auf die Entwicklung der Ergebnisse der Geschäftstätigkeit haben, ist im Zusammenhang mit den ebenfalls auf EU-Richtlinien zurückgehenden[906] Vorschriften zur Prospektpublizität zu ermitteln.[907] Allerdings ist die Regelung in diesen Vorschriften nicht als abschließend anzusehen, sondern als Anhaltspunkt. Damit wird, wie eingangs erörtert, der Gegenstand der Ad-hoc-Publizität -- innerhalb der vom Analogieverbot gezogenen Grenzen -- möglichst weit gefaßt.

Eine Auslegung des Tatbestandsmerkmales anhand der Vorschriften zum Lagebericht ist dagegen zweifelhaft. Es besteht kein systematischer Zusammenhang zwischen dem kapitalmarktrechtlichen § 15 WpHG und dem handelsrechtlichen § 289 HGB. Auch hat der europäische Gesetzgeber dem Gebot der Ad-hoc-Publizität einen anderen Sinn und Zweck als der Publizität der Rechnungslegung beigemessen.[908] Sie dient vornehmlich dem

---

Lagebericht zu vermitteln, wie sich die Ergebnisse der Gesellschaft aus ihrer Geschäftstätigkeit entwickeln. *Adler/Düring/Schmaltz,* Rechnungslegung und Prüfung der Unternehmen, § 289 Rdn. 66.

902 EU-Zwischenberichtsrichtlinie 82/121/EWG vom 15.2.1982, ABl. EG Nr. L 48 v. 20.2.1982, S. 26 ff.

903 Kritisch, aber im Ergebnis ebenso, *Zubrod,* Rechtssichere Eingrenzung der Ad-hoc-Publizitätspflicht, S. 94 ff., 98.

904 Begr. RegE 2. FFG, BT-Drucks. 12/6679, S. 48.

905 *Tippach,* Insiderverbote und die Rechtspflichten der Banken, S. 139 f., weist zutreffend darauf hin, daß eine systematische Auslegung im europäischen Recht der Kapitalmarktpublizität als „integrationsfreundlichste Interpretation“ den Vorzug verdient.

906 Das Wertpapier-Verkaufsprospektgesetz (VerkProspG) und die dazu erlassene Wertpapier-Verkaufsprospektverordnung (VerkProspVO) setzen die EG-Emissionsprospektrichtlinie 89/289/EWG vom 17.4.1989, ABl. EG Nr. L 124 v. 5.5.1989, S. 8 ff., um; die Vorschriften zum Börsenzulassungsprospekt im BörsG und in der BörsZulVO setzen die EG-Börsenzulassungsprospektrichtlinie 80/390/EWG vom 17.3.1980, ABl. EG Nr. L 100 v. 17.4.1980, S. 1 ff., um.

907 Siehe vor allem § 20 BörsZulV. Generell ist die Entwicklung der Ergebnisse des Emittenten bestimmt durch den Betrag und die Wahrscheinlichkeit von Zahlungsströmen. Das läßt sich zum einen aus dem Erfordernis gemäß § 55 Satz 1 BörsZulV ableiten, Ausführungen auch zur Auftragslage und zur Entwicklung der Kosten und Preise zu machen. Es folgt systematisch außerdem aus §§ 21 Abs. 1 Nr. 2, 23 BörsZulV, die eine Aufstellung über die Herkunft und Verwendung von Finanzmitteln im Börsenzulassungprospekt vorschreiben, sowie aus § 21 Abs. 1 Nr. 1 BörsZulV, der einen Vergleich von Bilanz und Gewinn- und Verlustrechnung für die letzten drei Geschäftsjahre vorsieht. Für die Quartalsberichte am Neuen Markt ist eine Finanzflußrechnung zwingend vorgeschrieben; 7.1.2 Abs. 1 der Zulassungsbedingungen zum Neuen Markt. Ebenso sieht sie § 297 Abs. 1 Satz 2 HGB für den Anhang des Jahresabschlusses vor. Es ist eine dynamische Betrachtung des Unternehmens zugrunde zu legen, so daß auch auf Entwicklungen einzugehen ist, die erheblichen Einfluß auf die Faktoren der betrieblichen Wertschöpfung und dadurch Auswirkungen auf das Ergebnis haben. *Bridts,* Zwischenberichtspublizität, S. 1 f., 172 f., 179.

908 Vgl. *Schwark,* BörsG, § 44a Rdn. 2, 4; *Loistl,* Die Bank 1995, 232, 235. Die oft zitierte Anregung in den deutschen Gesetzesmaterialien, die Ad-hoc-Publizität in Anlehnung an die Publizität der Rechnungslegung auszulegen, ist demgegenüber unbeachtlich.

Schutz der Anteilseigner vor einer Fremdschädigung durch die Unternehmensleitung, sowie als Mittel des Gläubigerschutzes, als Steuerbemessungsgrundlage und als Instrument der Unternehmenssteuerung.[909]

Ebenso ist die Ansicht *Burgards* abzulehnen, daß Entwicklungen selbst dann Gegenstand der Ad-hoc-Publizität sind, wenn sie nur eine Veränderungen des Marktwertes der Wertpapiere zur Folge haben. Diese Ansicht erscheint im Hinblick auf das Analogieverbot des Art. 103 Abs. 2 GG bedenklich.[910] Das Tatbestandsmerkmal der Auswirkungen auf den allgemeinen Geschäftsverlauf verliert dadurch jede selbständige Bedeutung, die den Tatbestand über das weitere Erfordernis eines Tatsacheneintritts im Tätigkeitsbereich des Emittenten hinaus eingrenzen würde.[911] Gegen diese Ansicht ist außerdem der Zweck der Regelung anzuführen. Sie soll die Angemessenheit des Börsenpreises fördern. Dazu dient die (bei kapitalmarktrechtlicher Auslegung uneingeschränkt gebotene) Veröffentlichung fundamental werterheblicher Entwicklungen, denn sie rückt die Faktoren des „wahren" Wertes des Wertpapieres in den Fokus der Anleger und leistet so der Orientierung der Anleger an den zukünftigen Zahlungsströmen Vorschub. Die Veröffentlichung von Entwicklungen, an denen die Anleger ein rein spekulatives Interesse zeigen, würde dagegen die Kurse volatiler machen und dadurch die Kapitalkosten des Emittenten unverhältnismäßig erhöhen. Aus diesem Grund hat der europäische Gesetzgeber das bereits in der EU-Börsenzulassungsrichtlinie vorgesehene Erfordernis veränderter wirtschaftlicher Verhältnisse bei Abfassung der EU-Insiderrichtlinie bewußt beibehalten.[912] Es war im Kommissionsentwurf der EU-Insiderrichtlinie noch nicht enthalten.[913] Möglicherweise beschränkt die EU-Marktmissbrauchsrichtlinie aus vergleichbaren Erwägungen den Gegenstand der Ad-hoc-Publizität auf Entwicklungen, die den Emittenten unmittelbar betreffen.[914]

cc) *Die Bedeutung der quantitativen Werterheblichkeit bei Schuldverschreibungen*

Der letzte Halbsatz von § 15 Abs. 1 Satz 1 WpHG verpflichtet den Emittenten von Schuldverschreibungen zur Veröffentlichung von Tatsachen, die seine Fähigkeit beeinträchtigen können, seinen Verpflichtungen nachzukommen. Vor allem sind somit erhebliche Liquiditätsengpässe zu veröffentlichen.[915] Die Gesetzesbegründung weist darauf hin, daß bei der Beurteilung einer Bonitätsverschlechterung bestehende Sicherheiten zu berücksichtigen sind.[916] Es ist fraglich, ob durch den letzten Halbsatz von § 15 Abs. 1 Satz

---

909 Dazu oben § 1 II.1.b).

910 Vgl. *Zubrod*, Rechtssichere Eingrenzung der Ad-hoc-Publizitätspflicht, S. 83, 87.

911 So auch *Burgard*, ZHR 162 (1998), 51, 66.

912 Siehe die Stellungnahme des Wirtschafts- und Sozialausschusses zum Vorschlag einer EU-Insiderrichtlinie vom 16.12.1987, ABl. EG Nr. C 35 v. 8.2.1988, S. 22, 24.

913 Art. 7 des Kommissionsvorschlags einer EU-Insiderrichtlinie vom 28.5.1987, ABl. EG Nr. C 153 v. 11.6.1987, S. 8, 10. Diese Gesetzgebungsgeschichte übersieht *Fürhoff*, Kapitalmarktrechtliche Ad-hoc-Publizität zur Vermeidung von Insiderkriminalität, S. 239, wenn er meint, das Tatbestandsmerkmal der „Auswirkungen" sei aus der EU-Börsenzulassungsrichtlinie übernommen ohne die neue Zwecksetzung der Ad-hoc-Publizität zu berücksichtigen.

914 Vgl. Anmerkung zu Art. 6 Abs. 1 in der Mitteilung der Kommission an das Europäische Parlament betreffend den vom Europäischen Rat angenommenen gemeinsamen Standpunkt zur EU-Marktmissbrauchsrichtlinie, SEK (2002) 0889 endg. – 2001/0118 (COD).

915 *Schwark*, BörsG, § 44a Rdn. 7; vgl. zur erforderten Erheblichkeit die EU-Börsenzulassungsrichtlinie vom 5.3.1979, ABl. EG Nr. L 66 vom 16.3.1979, S. 21, Anhang, Schema D, A.4. a) (S. 31).

916 Begr. RegE 2. FFG, BT-Drucks. 12/6679, S. 48; ebenso *Schwark*, BörsG, § 44a Rdn. 7; zu berücksichtigen seien sowohl Personal- als auch Realsicherheiten.

1 WpHG eine Sonderregelung der Ad-hoc-Publizität für Emittenten von Schuldverschreibungen getroffen ist mit der Folge, daß diese auf nachteilige Entwicklungen der Finanzlage beschränkt sein würde.

Die herrschende Ansicht im Schrifttum geht davon aus, daß Emittenten von Schuldverschreibungen der selben Verpflichtung zur Ad-hoc-Publizität unterliegen, wie die Emittenten anderer Wertpapiere auch.[917] Art. 7 der EU-Insiderrichtlinie verpflichte den Gesetzgeber, die ehemals gemäß § 44a BörsG a.F. nur für Emittenten von Aktien geltende Pflicht zur Veröffentlichung von kurserheblichen Tatsachen auf alle "Wertpapiere, unabhängig von ihrer Art," zu erweitern.[918] Der Verzicht auf Sonderregeln für Schuldverschreibungen sei geboten, denn die in Schuldverschreibungen investierten Anleger müßten ebenso vor Insiderhandel aufgrund vorteilhafter Tatsachen, wie etwa einer Bonitätsverbesserung, geschützt werden, wie die Anleger in anderen Wertpapieren. Der Gesetzgeber habe den Text der ehemaligen Sonderregelung für Schuldverschreibungen nur zur Klarstellung beibehalten, wie die Formulierung der Gesetzesbegründung zeige,[919] es seien „auch" die im letzten Halbsatz von § 15 Abs. 1 Satz 1 WpHG umschriebenen Tatsachen zu veröffentlichen.[920]

In der Literatur wird allerdings auch die Ansicht vertreten, der letzte Halbsatz des § 15 Abs. 1 Satz 1 WpHG treffe eine Sonderregelung für Emittenten von Schuldverschreibungen.[921] Es gehe nicht aus dem Gesetzestext hervor, ob Schuldverschreibungen bereits von dem Begriff der "Wertpapiere" erfaßt seien und daher Emittenten von Schuldverschreibungen bereits gemäß dem ersten Halbsatz von § 15 Abs. 1 Satz 1 WpHG zur Veröffentlichung jeder kurserheblichen Tatsache verpflichtet seien.[922] Auch Art. 7 der EU-Insiderrichtlinie verweise lediglich auf Schema C der EU-Börsenzulassungsrichtlinie, das nur von Aktien handele.[923] Um dem Bestimmtheitsgebot genüge zu tun, sei die Veröffentlichungspflicht auf den eindeutig festgelegten Fall von Liquiditätsengpässen zu beschränken.[924]

Die Qualifikation des letzten Halbsatzes von § 15 Abs. 1 Satz 1 WpHG für Schuldverschreibungen schränkt die Veröffentlichungspflicht nicht auf Information zu Liquiditätsengpässen ein. Denn andere Umstände, insbesondere Verbesserungen der Liquidität, können als kurserhebliche Entwicklungen gemäß dem ersten Halbsatz von § 15 Abs. 1 Satz 1 WpHG zu veröffentlichen sein, der alternativ neben der im zweiten Halbsatz statuierten Veröffentlichungspflicht steht. Die Anwendung dieser Veröffentlichungs-

917 *Kümpel*, in: Assmann/Schneider (Hrsg.), WpHG, § 15 Rdn. 37; *Fürhoff/Wölk*, WM 1997, 449, 456; *Hirte*, in: Hadding/Hopt/Schimansky (Hrsg.), 2. FFG, S. 47, 49; *Hopt*, ZHR 159 (1995), 135, 156 Fn. 90; *Fürhoff*, Kapitalmarktrechtliche Ad-hoc-Publizität zur Vermeidung von Insiderkriminalität, S. 153; *Zubrod*, Rechtssichere Eingrenzung der Ad-hoc-Publizitätspflicht, S. 177. Vgl. auch *Siebel*, BKR 2002, 795, 799, der die Frage aufwirft, ob eine Veröffentlichungspflicht im Hinblick auf Schuldverschreibungen auch für solche Ereignisse gilt, die nicht aufgrund ihrer Auswirkungen auf die wirtschaftlichen Verhältnisse des Emittenten kurserheblich sind.

918 Art. 7 der EU-Insiderrichtlinie 89/592/EWG vom 13.11.1989, ABl. EG Nr. L 334 v. 18.11.1989, S. 30, 32.

919 Vgl. Begr. RegE 2. FFG, BT-Drucks. 12/6679, S. 48.

920 *Fürhoff/Wölk*, WM 1997, 449, 456; *Hopt*, ZHR 159 (1995), 135, 156 Fn. 90.

921 *Geibel*, in: Schäfer (Hrsg.), WpHG etc., § 15 Rdn. 111; ebenso früher *Kümpel*, in: Assmann/-Schneider (Hrsg.), WpHG, 1. Auflage 1995, § 15 Rdn. 35; *ders.*, in: Kümpel/Ott (Hrsg.), Kapitalmarktrecht, Kennz. 065, Teil 5.C. II. (S. 66); anders mittlerweile *ders.*, in: Assmann/Schneider (Hrsg.), WpHG, § 15 Rdn. 37-39; *ders.*, Bank- und Kapitalmarktrecht, Rdn. 16.278.

922 *Kümpel*, in: Assmann/Schneider (Hrsg.), WpHG, 1. Aufl. 1995, § 15 Rdn. 37.

923 *Geibel*, in: Schäfer (Hrsg.), WpHG etc., § 15 Rdn. 111.

924 *Kümpel*, in: Assmann/Schneider (Hrsg.), WpHG, 1. Aufl. 1995, § 15 Rdn. 38 f.

pflicht auf Emittenten von Schuldverschreibungen ist durch den Wortlaut der Norm gedeckt, in der Gesetzesgeschichte angelegt und überdies europarechtlich geboten, um den von Art. 7 der EG-Insiderrichtlinie bezweckten Schutz vor Insidergeschäften umfassend zu gewährleisten. Die EU-Marktmissbrauchsrichtlinie räumt jeden Zweifel über die europarechtlichen Vorgaben aus. Sie beseitigt die in der EU-Börsenzulassungsrichtlinie angelegte Unterscheidung zwischen Eigenkapital- und Fremdkapitalfinanzinstrumenten und gibt eine inhaltsgleiche Ad-hoc-Veröffentlichungspflicht für jegliche Emittenten von Finanzinstrumenten vor.[925] Das Bestimmtheitsgebot ist nicht berührt, denn bei mehreren möglichen Deutungsweisen eines Gesetzestextes gilt diejenige, die den europarechtlichen Vorgaben am nächsten kommt.[926] Zudem ist Emittenten von Schuldverschreibungen der Gegenstand ihrer Veröffentlichungspflicht konkret erkennbar. Denn von ihnen ist zu erwarten, daß sie sich über ihre Pflichten besonders kundig machen.[927]

Nach der Erweiterung der Ad-hoc-Publizität auf alle Emittenten von Wertpapieren dient die Qualifikation für Schuldverschreibungen zum einen der Klarstellung, daß Verschlechterungen der Finanzlage bereits dann Gegenstand der Veröffentlichungspflicht sind, wenn die Zahlungsfähigkeit des Emittenten beeinträchtigt sein *kann.* Eine Veröffentlichungspflicht kommt also schon in Betracht, bevor eine Erfüllung der Zahlungsverpflichtungen zum Zeitpunkt der Fälligkeit unwahrscheinlich ist oder gar der Verlust der Hälfte des Grundkapitals, Überschuldung oder Zahlungsunfähigkeit eintreten. Zum anderen müssen Emittenten von Schuldverschreibungen bonitätsverschlechternde Entwicklungen auch dann offenlegen, wenn diese nicht zur erheblichen Kursbeeinflussung geeignet sind, etwa weil sie bereits öffentlich bekannt sind.[928]

II. Die quantitative Werterheblichkeit unvollendeter Entwicklungen

Die meisten für die Bildung eines angemessenen Wertpapierpreises bedeutsamen Ereignisse treten nicht plötzlich ein, sondern stehen am Ende einer stetigen Entwicklung wie zum Beispiel Probebohrungen, die einen großen Erzfund in Aussicht stellen,[929] oder Fusionsverhandlungen, die zum Umtausch der Aktien der Zielgesellschaft zu einem günstigeren Verhältnis als dem der Kurse führen können.[930] Diese Entwicklungen können bereits vor ihrer Vollendung werterheblich sein, denn der Wert eines Wertpapieres wird wesentlich durch die im Emittenten angelegten, aber erst in Zukunft realisierten Zahlungsströme bestimmt. Die Anleger beziehen diese Wahrscheinlichkeit von zukünftigen Zahlungsströme in bestimmter Höhe in ihre Anlageentscheidung ein, so daß unvollendete Entwicklungen ohne weiteres zur Kursbeeinflussung geeignet sind. Fraglich ist allerdings, von welchem Zeitpunkt an von der Werterheblichkeit unvollendeter Entwicklungen im Rahmen einer normativen Betrachtung auszugehen ist. Denn Entwicklungen sind wie vorstehend erörtert nicht Gegenstand der Ad-hoc-Publizität, wenn an ihnen nur ein rein

---

925 Art. 6 Abs. 1 i.V. mit Art. 1 Nr. 1 der EU-Marktmissbrauchsrichtlinie 2003/6/EG vom 28.1.2003, ABl. EG Nr. L 96 v. 12.4.2003, S. 20 f.

926 *Cramer,* in: Schmoller (Hrsg.), FS Triffterer, S. 323, 332 ff.; *Ehricke,* RabelsZ 59 (1995), 600, 616 f.; *Lutter,* JZ 1992, 593, 604 f.; *Schmidt,* RabelsZ 59 (1995), 569, 591.

927 So nunmehr auch *Kümpel,* in: Assmann/Schneider (Hrsg.), WpHG, § 15 Rdn. 39.

928 *Gehrt,* Die neue Ad-hoc-Publizität, S. 164; *v.Klitzing,* Die Ad-hoc-Publizität, S. 159; *Zubrod,* Rechtssichere Eingrenzung der Ad-hoc-Publizitätspflicht, S. 177.

929 SEC v. Texas Gulf Sulphur Co., 401 F.2d 833 (2d Cir. 1968) (en banc), *cert. denied* sub nom. SEC v. Coates, 394 U.S. 976 (S. Ct. 1969).

930 Basic, Inc. v. Levinson, 485 U.S. 224 (S. Ct. 1988).

spekulatives Interesse der Anleger besteht. Folglich ist ein Maßstab zu finden, mit dem sich die Werterheblichkeit unvollendeter Entwicklungen beurteilen läßt.

1. US-Recht

a) Die Ansicht des Second Circuit: SEC v. Texas Gulf Sulphur Co.

Den heute maßgeblichen Grundsatz einer Abwägung zwischen der Bedeutung eines künftigen Ereignisses und der Wahrscheinlichkeit des Ereigniseintritts entwickelte der US-Appellate Court, Second Circuit, in *SEC v. Texas Gulf Sulphur Co.*[931] Jenes Unternehmen (TGS) stieß bei Probebohrungen im November 1963 in der Nähe von Ontario auf eine Erzader. Die aus dem Kern der Ader entnommenen Gesteinsproben wiesen über eine Länge von circa 200 Metern Kupfer- und Zinkspuren auf, deren Konzentration durch grobe Prüfverfahren geschätzt wurde. Im Dezember abgeschlossene chemische Analysen ergaben außerdem einen hohen Silberanteil. Die Ergebnisse übertrafen alle bisher von den Geophysikern angestellten und ihnen bekannten Probebohrungen. Die Geschäftsführung verpflichtete alle Beteiligten zum Stillschweigen, um möglichst günstig das Land und die Förderungsrechte zu erwerben. Im März 1964 wurden die Bohrungen wieder aufgenommen, um das gesamte Ausmaß der Erzader zu ermessen. Nachdem an der Börse die Gerüchte über den Fund zunahmen, gab das Unternehmen Anfang April eine Presseerklärung ab, daß die Bohrergebnisse unschlüssig und bisher nur geringe Erzreserven entdeckt worden seien. Die SEC beantragte Bußgelder wegen verbotener Anlegerirreführung, das Unternehmen wehrte sich, es kam zum Rechtsstreit.[932]

Entscheidend für den Rechtsstreit war die Frage, ob die von TGS verheimlichte Entdeckung von Anzeichen für große Erzreserven eine werterhebliche Entwicklung war. Denn dann war die Auslassung, daß die entdeckten geringen Erzreserven auf große Erzreserven hindeuteten, irreführend. Das Gericht stellte den als *probability/magnitude-test* bekannt gewordenen Obersatz auf, daß Erheblichkeit „zu jeder Zeit abhängt von einer Abwägung sowohl der angezeigten Wahrscheinlichkeit, daß das Ereignis eintritt, und den vorhersehbaren Auswirkungen des Ereignisses, im Lichte der gesamte Tätigkeit des Unternehmens besehen."[933] Die Entdeckung von Anzeichen für große Erzreserven sei nach diesem Maßstab eine werterhebliche Entwicklung, denn die Probebohrungen deuteten mit gewiß mehr als marginaler Wahrscheinlichkeit auf ein Erzvorkommen großen Ausmaßes hin. Die Presseerklärung sei deswegen zur Irreführung der Anleger über den Erfolg der Probebohrungen geeignet gewesen.[934]

---

931 SEC v. Texas Gulf Sulphur Co., 401 F.2d 833 (2d Cir. 1968) (en banc), *cert. denied sub nom.* SEC v. Coates, 394 U.S. 976 (S. Ct. 1969).

932 Weitere Streitgegenstände waren die Vorwürfe pflichtwidrigen Unterlassens einer früheren Veröffentlichung (dazu auch Astor v. Texas Gulf Sulphur Co., 306 F. Supp. 1333 (S.D.N.Y. 1969) und des "tipping" durch Insider im Unternehmen (vgl. auch SEC v. Texas Gulf Sulphur Co., 446 F.2d 1301, 1307-1308 (2d Cir.), *cert. denied*, 404 U.S. 1005, *on rem'd*, 331 F. Supp. 671 (S.D.N.Y. 1971)). Um Schadensersatz aufgrund der Irreführung ging es in Mitchell v. Texas Gulf Sulphur Co., 446 F.2d 90 (10th Cir.), *cert. denied*, 404 U.S. 1004 (S. Ct. 1971). Es trifft demnach nicht zu, daß die Entscheidung ausschließlich Insiderverstöße betraf, wie dies *Burgard*, ZHR 162 (1998), 51, 70, und *Ekkenga*, ZGR 1999, 165, 172, behaupten.

933 SEC v. Texas Gulf Sulphur Co., 401 F.2d 833, 849.

934 SEC v. Texas Gulf Sulphur Co., 401 F.2d 833, 849-50.

b) Die Ansicht des Third Circuit: Greenfield v. Heublein, Inc.

Während der Appellate Court, Second Circuit, den *probability/magnitude-test* von vornherein auch im Falle von Fusionsverhandlungen anwendete,[935] versuchten andere Gerichte, dafür einen neuen Standard zu finden. Sie nahmen die Werterheblichkeit einer künftigen Fusion ab dem Zeitpunkt an, zu dem die Parteien sich über das Umtauschverhältnis der Aktien und die Struktur des Unternehmens nach der Fusion einigen.[936] Denn bis zu dem Zeitpunkt müsse das Unternehmen frei sein, zu den Verhandlungen zu schweigen,[937] zum einen um unbefangen von Publizitätspflichten die bestmöglichen Bedingungen auszuhandeln,[938] zum anderen um Anleger vor übertriebenem Optimismus zu bewahren, solange die Verhandlungen noch leicht abgebrochen werden können. Außerdem müsse einfach zu bestimmen sein, ab wann die künftige Fusion werterheblich ist. Eine Beurteilung, bei der die Wahrscheinlichkeit des Ereignisses einerseits und dessen Ausmaß andererseits gegeneinander abgewogen werde, müßte hingegen für jeden Einzelfall gesondert getroffen werden,[939] entziehe sich also weitgehend der Planung.

c) Die Entscheidung des US-Supreme Court: Basic, Inc. v. Levinson

Der US-Supreme Court verwarf in *Basic, Inc. v. Levinson* den neuen Standard und bestätigte, es komme auf eine Abwägung des Auswirkungsausmaßes und der Wahrscheinlichkeit der Vollendung der Entwicklung an.[940] Erheblichkeit sei ohne Rücksicht darauf zu bestimmen, ob Geheimhaltung den Anlegern ein günstigeres Verhandlungsergebnis sichern oder den Abbruch der Fusionsverhandlungen verhindern würde.[941] Ein Interesse an Geheimhaltung bleibe belanglos bei der Beurteilung, welche Information werterheblich sei, denn das Erheblichkeitserfordernis bezwecke nicht den größtmöglichen Anlegernutzen, sondern den Schutz möglichst vieler Anleger vor Irreführung. Der Schaden einiger Anleger, die vor einer Veröffentlichung der bevorstehenden Fusion ihre Aktien zu günstig verkaufen, werde also nicht durch den Nutzen anderer Anleger ausgeglichen, die ohne frühzeitige Veröffentlichung ein besseres Umtauschverhältnis für ihre Aktien erzielen.[942] Daher sei erst recht unerheblich, ob aus der frühzeitigen Bekanntgabe von unvollendeten Entwicklungen per Saldo dem Unternehmen besondere Ertragschancen verloren gingen und so der Aktienkurs gedrückt werde. Der

---

935 Siehe z.B. SEC v. Geon Industries, Inc., 531 F.2d 39, 47-48 (2d Cir. 1976); Kronfeld v. Trans World Airlines, Inc., 832 F.2d 726 (2d Cir.), *cert. denied*, 484 U.S. 853 (S. Ct. 1987).

936 Flamm v. Eberstadt, 814 F.2d 1169 (7th Cir.), *cert. denied*, 484 U.S. 853 (S. Ct. 1987); Greenfield v. Heublein, Inc., 742 F.2d 751, 758 (3d Cir. 1984), *cert. denied*, 469 U.S. 1215 (S. Ct. 1985); Staffin v. Greenberg, 672 F.2d 1196, 1204 (3d Cir. 1982).

937 Für eine Aktualisierungspflicht bei vorhergehendem Abstreiten von Fusionsverhandlungen allerdings Basic, Inc. v. Levinson, 786 F.2d 741, 749 (6th Cir. 1986), *rev'd and rem'd on appeal*, 485 U.S. 224 (S. Ct. 1988).

938 Flamm v. Eberstadt, 814 F.2d 1169, 1177.

939 SEC v. Texas Gulf Sulphur Co., 401 F.2d 833, 849-50.

940 Basic, Inc. v. Levinson, 485 U.S. 224, 250 (S. Ct. 1988).

941 Basic, Inc. v. Levinson, 485 U.S. 224, 235.

942 Das Gericht erklärt eingangs, daß die selben Grundsätze gelten, wie in der Entscheidung TSC Industries, Inc. v. Northway, Inc., 426 U.S. 438 (S. Ct. 1976), die das Erheblichkeitserfordernis im Rahmen des Verbotes irreführender Werbung für Stimmrechtsvollmachten betraf. Dort richtet der US-Supreme Court ebenfalls das Erheblichkeitserfordernis allein an der Aufklärung der Anleger aus und spricht sich gegen eine Abwägung aus, ob die Allgemeinheit der Anleger ansonsten ein besseres wirtschaftliches Ergebnis erzielen würde. Solange die Anleger zur Verfügung über ihr Vermögen in der Lage seien, dürften sie selbst entscheiden, wie sie es einsetzen.

Emittent habe die Einschränkung seiner Geheimhaltungsinteressen selbst zu verantworten, wenn er Tätigkeiten unternehme, die eine Gefahr der Anlegerirreführung begründen.[943]

Das Erfordernis der Werterheblichkeit habe außerdem nicht zur Aufgabe, Anlegern Information vorzuenthalten, weil sie angeblich nicht in der Lage wären, die wahrscheinlichkeitsbedingte Bedeutung von Fusionsverhandlungen zu erfassen. Denn das Kapitalmarktrecht bezwecke nicht die Bevormundung der Anleger; es sei vielmehr am Leitbild der mündigen Anleger orientiert. So solle es den Anlegern alle Information sichern, die für ihre eigene Entscheidung hilfreich sei. Dazu gehörte auch und gerade Information über unvollendete Entwicklungen.[944]

Das Abstellen auf ein bestimmtes Verhandlungsstadium von Fusionsverhandlungen beeinträchtige den Anlegerschutz entgegen dem Willen des Gesetzgebers, denn dann müßten davor eintretende Entwicklungen nicht offengelegt werden, obwohl die Anleger diesen Entwicklungen im Einzelfall doch Bedeutung zumessen könnten. Ein einfach anzuwendender Beurteilungsmaßstab sei zwar wünschenswert, dürfe aber nicht die Schwelle der Werterheblichkeit zu hoch ansetzen. Der Gesetzgeber habe eine gewissenhafte Untersuchung angestrebt hinsichtlich aller Rückschlüsse, die ein vernünftiger Anleger aus einer Entwicklung auf den Wert der Wertpapiere zieht. Er habe somit auf Gewißheit in der Rechtsanwendung bewußt verzichtet, um Anlegern möglichst weitgehenden Schutz auch in Sonderfällen zu sichern.[945] Es stehe der Rechtsprechung wohl an, sich an diese Vorgabe zu halten.[946]

Seit *Basic, Inc. v. Levinson* mißt die Rechtsprechung zu Rule 10b-5 die Werterheblichkeit unvollendeter Entwicklungen übereinstimmend, indem sie die voraussichtlichen Auswirkungen der vollendeten Entwicklung auf das Unternehmen gegen die Wahrscheinlichkeit dieser Vollendung abwägt.[947] Die Rechtsprechung ist bemüht, dieser Definition klare Konturen zu geben.[948] Dazu stellt die Rechtsprechung wiederholt auf bestimmte Entwicklungsschritte oder Umstände ab, sei es aufgrund der vergleichenden Methode der Rechtsfindung, die das *case law* lehrt, sei es zur Typisierung des weiten Erheblichkeitsbegriffes von *Basic*. Bezeichnend ist die Entscheidung *Milton v. Van Dorn*

---

943 Basic, Inc. v. Levinson, 485 U.S. 224, 238.

944 Basic, Inc. v. Levinson, 485 U.S. 224, 234.

945 Das Gericht verweist auf einen Bericht des zuständigen parlamentarischen Ausschusses an die SEC: *Report of the Advisory Committee on Corporate Disclosure to the Securities Exchange Commission*, HOUSE COMMITTEE ON INTERSTATE AND FOREIGN COMMERCE, 95th Cong., 1st Sess. 327 (Comm. Print 1977).

946 Basic, Inc. v. Levinson, 485 U.S. 224, 236.

947 Vgl. z.B. Gay v. Axline, 23 F.3d 394 (1st Cir. 1994); Nobles v. First Carolina Communications, Inc., 929 F.2d 141 (4th Cir. 1991); In re Craftmatic Sec. Litig., 890 F.2d 628, 642-43 (3d Cir. 1989).

948 Als Folge von *Basic* vermeinen einige Kommentatoren eine größere Ungewißheit zu spüren, wann unvollendete Entwicklungen erheblich sind, und behaupten eine erhöhte Bereitschaft, einen Rechtsstreit in Kauf zu nehmen; vgl. Dennis S. Karjala, *A Coherent Approach to Misleading Corporate Announcements, Fraud and Rule 10b-5*, 52 ALB. L. REV. 957, 977 (1988); *Brown* THE REGULATION OF CORPORATE DISCLOSURE § 5.05[2] 5-68. Es führt jedoch in die Irre, wenn *Gehrt*, Die neue Ad-hoc-Publizität, S. 107 f., unter Verweis auf einen Praktikerleitfaden von *Flom/Garfinkel/Freund* aus dem Jahr 1967 meint, die *probability-magnitude*-Formel sei umstritten, einige Obergerichte hielten an dem *agreement-in-principle*-Test fest. So beruft sich *Burgard*, ZHR 162 (1998), 51, 71 Fn. 120a, auf *Gehrts* Darstellung, um dann die durchweg ältere US-Rechtsprechung als Stütze für seine These zu zitieren, daß an den Realisierungsgrad unvollendeter Entwicklungen anzuknüpfen ist (S. 77). Die Entscheidung des US-Supreme Court hat Gesetzeskraft; sie bindet die gesamte Rechtsprechung und geht Gerichtsentscheidungen von vor 1988 vor.

Company: Erheblich könnten nur Entwicklungen mit genügend Potential für einen erfolgreichen Abschluß von Verhandlungen zum Kauf eines Unternehmens sein, unerheblich seien hingegen vage Interessenbekundungen, die in der Geschäftspraxis größerer Unternehmen häufig vorkommen würden und zum gewöhnlichen Tagesgeschäft gehörten.[949] Mit dieser Begründung stellen einige Gerichte weiterhin darauf ab, wenngleich im Namen der *probability/magnitude*-Formel, ob bei Fusionsverhandlungen eine Einigung über Preis der Aktien und Struktur der Transaktion erzielt wurde.[950] Sie betonen allerdings, daß kein bestimmter Entwicklungsschritt oder Umstand notwendig noch hinreichend ist, um eine unvollendete Entwicklung werterheblich zu machen.[951]

2. *Deutsches Recht*

a) *Streitgegenstand: Die Wahrscheinlichkeit der Vollendung*

Wann unvollendete Entwicklungen im deutschen Recht werterheblich sind, ist noch nicht geklärt.[952] Fraglich ist, zu welchem Zeitpunkt von Auswirkungen einer Entwicklung auf die Vermögens- oder Finanzlage oder den allgemeinen Geschäftsverlauf auszugehen ist.

aa) *Erste Ansicht: Abwägung gegen die Auswirkungen der Vollendung*

Ein Teil der Literatur schlägt in Anlehnung an das US-Recht eine Abwägung der voraussichtlichen Auswirkungen der vollendeten Entwicklung auf den Fundamentalwert des Unternehmens einerseits und der Wahrscheinlichkeit der Vollendung andererseits vor.[953] Das entspreche der Bewertungspraxis am Kapitalmarkt. Es genüge im übrigen, wenn eine Entwicklung geeignet ist, künftig in die Regelpublizität einzugehen. Denn der allgemeine Sprachgebrauch erlaube die Annahme einer „Auswirkung", wenn ein Ereignis geeignet ist, in der Zukunft seine Wirkung auf einen Gegenstand zu entfalten.[954]

---

949 Milton v. Van Dorn Company, 961 F.2d 965 Fn. 5 (1st Cir. 1992).

950 Vgl. z.B. Taylor v. First Union Corp., 857 F.2d 240, 244 (4th Cir. 1988), *cert. denied*, 489 U.S. 1080 (S. Ct. 1989); dagegen z.B. Glazer v. Formica Corp., 964 F.2d 149 (2d Cir. 1992); Pommer v. Med Test Corp., 961F.2d 620 (7th Cir. 1992).

951 So bereits Basic, Inc. v. Levinson, 485 U.S. 224, 237.

952 Vgl. *Gruson/Wiegman*, AG 1995, 175, 181, die der Rechtsprechung anheimstellen, ob sie das Erfordernis der Werterheblichkeit im Sinne des *probability-magnitude*-Tests auslegt oder eher restriktiv auf eine bestimmte Wahrscheinlichkeit der Entwicklungsvollendung abstellt.

953 *Kümpel*, in: Assmann/Schneider (Hrsg.), WpHG, § 15 Rdn. 50a; *Cahn*, ZHR 162 (1998), 2, 14 (mit Fn. 56), 23 ff.; *Schander/Lucas*, DB 1997, 2109, 2110; vgl. *Pananis*, WM 1997, 460, 464, der allerdings das US-Recht mißversteht und die *Kurserheblichkeit* (richtig wäre: die Werterheblichkeit) der vollendeten Entwicklung in die Abwägung einstellen möchte. Im Ansatz spricht sich auch *Zubrod*, Rechtssichere Eingrenzung der Ad-hoc-Publizitätspflicht, S. 138 f. mit 195 f., für die *probability-magnitude*-Formel aus, lehnt sie aber *aaO*, S. 135, aufgrund der irrigen Annahme ab, es komme dabei nicht auf das Ausmaß der Auswirkungen auf die wirtschaftlichen Verhältnisse des Emittenten an. Weiter geht -- ohne Begründung -- *Tippach*, Insiderverbote und Rechtspflichten der Banken, S. 152, der allein auf das Ausmaß der Auswirkungen auf den Emittenten, nicht jedoch außerdem auf die Wahrscheinlichkeit des Ereigniseintrittes abstellen möchte; jene sei lediglich in der Veröffentlichung mitanzugeben, um eine Irreführung zu vermeiden.

954 *Kümpel*, in: Assmann/Schneider (Hrsg.), WpHG, § 15 Rdn. 57; *Cahn*, ZHR 162 (1998), 2, 23; *Pananis*, WM 1997, 460, 463; *Gehrt*, Die neue Ad-hoc-Publizität, S. 144 f.; *v.Klitzing*, Die Ad-hoc-Publizität, S. 120; *Zubrod*, Rechtssichere Eingrenzung der Ad-hoc-Publizitätspflicht, S. 133.

bb) Zweite Ansicht: Bestimmtes Wahrscheinlichkeitsmaß erforderlich

Andere Authoren stellen hingegen unter Bezug auf den im US-Recht einst entwickelten *agreement-in-principle*-Test darauf ab, ob mit der Entwicklungsvollendung bei normalem Geschehensablauf zu rechnen ist.[955] Werterheblichkeit sei daher gegeben, wenn über die wesentlichen Koordinaten der Maßnahme eine abschließende Regelung gefunden wurde.[956] Dadurch würde das Geheimhaltungsinteresse des Emittenten angemessen berücksichtigt.[957] Aus dem Erfordernis, daß die Entwicklung Auswirkungen auf die Vermögens- oder Finanzlage oder auf den allgemeinen Geschäftsverlaufes des Emittenten haben müsse, seien hingegen keine Anhaltspunkte auf einen bestimmten Zeitpunkt der Veröffentlichungspflicht zu gewinnen. Denn das Bilanzrecht regele zwar, welche Umstände zu veröffentlichen seien, gebe hingegen keinen bestimmten Zeitpunkt für eine Veröffentlichung zwischen den Bilanzstichtagen vor.[958] Es genüge, wenn eine Entwicklung geeignet ist, künftig in die Regelpublizität einzugehen.[959]

Eine bestimmte Wahrscheinlichkeit der Entwicklungsvollendung fordern auch andere Literaturstimmen,[960] allerdings mit anderer Begründung. Entwicklungen könnten bereits mit ihrem Eintritt Auswirkungen auf die Vermögens-, Finanz- oder Ertragslage haben. Denn abzustellen sei auf die „als diskontierter Nettoausschüttungsstrom verstandene Effektiv-Vermögenslage“ und die Effektiv-Finanzlage, die durch „das Ausmaß der Fähigkeit zum künftigen Ausgleich der betrieblichen Ein- und Auszahlungen“ bestimmt sei.[961] Auswirkungen auf den allgemeinen Geschäftsverlauf seien hingegen bei unvollendeten Entwicklungen erst anzunehmen, wenn die Möglichkeit ihrer Vollendung in eine überwiegende Wahrscheinlichkeit umschlage.[962] Denn zu § 289 HGB sei anerkannt, daß Vorgänge von besonderer Bedeutung „Auswirkungen auf den allgemeinen Geschäftsverlauf“ haben, wenn sie mit hoher Wahrscheinlichkeit bis zum nächsten Stichtag der Rechnungslegung einen Buchungsvorgang auslösen werden.[963] Diese

---

955 *Kiem/Kotthoff*, DB 1995, 2002; *Bridts*, Zwischenberichtspublizität, S. 184 f.; vgl. *Burgard*, ZHR 162 (1998), 51, 77.

956 *Kiem/Kotthoff*, DB 1995, 2003.

957 *Burgard*, ZHR 162 (1998), 51, 77 f.

958 *Kiem/Kotthoff*, DB 1995, 2002.

959 *Kiem/Kotthoff*, DB 1995, 2003; *Burgard*, ZHR 162 (1998), 51, 68, 76, der sich allerdings aaO, S. 89, selbst widerspricht, indem er aus der Regelung der Regelpublizität auf den Zeitpunkt schließen möchte, bis zu dem der Emittent eine Entwicklung geheim halten dürfe.

960 *Geibel*, in: Schäfer (Hrsg.), WpHG etc., § 15 Rdn. 62, 82 f.; *Cahn*, ZHR 162 (1998), 2, 23 ff., 26; *Caspari*, in: Baetge (Hrsg.), Insiderrecht und Ad-hoc-Publizität, S. 68, 69, 77; *Fürhoff/Wölk*, WM 1997, 449, 450, 454; *Kümpel*, AG 1997, 66, 69 f.; *Wölk*, AG 1997, 73, 78; *Fürhoff*, Kapitalmarktrechtliche Ad-hoc-Publizität zur Vermeidung von Insiderkriminalität, S. 173.

961 *Caspari*, in: Baetge (Hrsg.), Insiderrecht und Ad-hoc-Publizität, S. 61; *Fürhoff/Wölk*, WM 1997, 449, 453, m.w.N. zum bilanzrechtlichen Schrifttum.

962 *Geibel*, in: Schäfer (Hrsg.), WpHG etc., § 15 Rdn. 82, und *Caspari*, in: Baetge (Hrsg.), Insiderrecht und Ad-hoc-Publizität, S. 65, 69, 77, setzen eine hohe Wahrscheinlichkeit der Umsetzung des Vorhabens voraus. Noch weiter geht die Begründung zum Regierungsentwurf des 2. FFG, BT-Drucks. 12/6679, S. 48, derzufolge die Konsequenzen einer Entwicklung feststehen müssen.

963 Die Verpflichtung, ein den tatsächlichen Verhältnissen entsprechendes Bild des Geschäftsverlaufes zu vermitteln, umfaßt nach herrschender Meinung trotz des mißverständlichen Wortlautes auch die in § 289 Abs. 2 HGB genannten Sachverhalte. Daraus folge eine Veröffentlichungspflicht, wenn der Eintritt einer Publizitätstatsache nach dem gewöhnlichen Verlauf der Dinge zu erwarten stehe; *Geibel*, in: Schäfer (Hrsg.), WpHG etc., § 15 Rdn. 62, 67; *Caspari*, in: Baetge (Hrsg.), Insiderrecht und Ad-hoc-Publizität, S. 65, 77, je m.w.N.

Regelung diene als Ansatzpunkt der Auslegung, sei allerdings an die Gegebenheiten des Kapitalmarktes anzupassen. Ansonsten könnte eine Ad-hoc-Veröffentlichung so weit hinausgeschoben werden, daß der Wertpapierpreis untragbar unangemessen werde und kein Schutz vor Insidergeschäften mehr gewährleistet sei.[964]

Dem gegenüber sei eine umfassende Abwägung von Einzelfaktoren, wie sie die *probability/magnitude*-Formel voraussetze, nicht mit dem Bestimmtheitsgebot gem. Art. 103 Abs. 2 GG zu vereinen.[965] Gegen eine Übernahme der *probability/magnitude*-Formel bestünden überdies rechtsdogmatische Bedenken:[966] Das US-Recht erfordere anders als das deutsche Recht nicht, daß die Anleger aufgrund der unvollendeten Entwicklung eine Anlageentscheidung treffen. Außerdem würde die US-Rechtsprechung Geheimhaltungsinteressen des Emittenten nicht berücksichtigen, wie dies der Gesetzgeber zu § 15 WpHG gerade vorgebe.

cc) Dritte Ansicht: Der Rückgriff auf das Recht der Rechnungslegung

Dem dritten Ansatz zufolge ergibt sich der korrekte Veröffentlichungszeitpunkt bei unvollendeten Entwicklungen allein daraus, daß die Kurserheblichkeit der Entwicklung gemäß § 15 Abs. 1 Satz 1 WpHG auf ihren "Auswirkungen auf die Vermögens- oder Finanzlage oder auf den allgemeinen Geschäftsverlauf" beruhen muß. Entwicklungen sind demnach erst dann als Tatsachen mit Auswirkungen auf die Vermögens- oder Finanzlage oder den allgemeinen Geschäftsverlauf eingetreten, wenn feststeht, daß sie im Rahmen der Regelpublizität offenzulegen sind. Eine Auswirkung auf die Vermögens-, Finanz- oder Ertragslage setze im allgemeinen die Buchung des Vorganges voraus.[967] Daher seien regelmäßig nur rechtlich wirksame Rechtsgeschäfte und rechtsgeschäftsähnliche Maßnahmen zu veröffentlichen.[968] Absichten, Planungen und Konzepte seien nicht Gegenstand der Ad-hoc-Publizität, es sei denn es handele sich um wichtige Vorhaben wie Konzernstrukturmaßnahmen oder die Errichtung neuer Produktionsstätten in Übersee. Denn nur dann seien sie im Lagebericht aufzuführen.[969]

Pellens begründet diese Ansicht damit, daß Auswirkungen auf die Regelpublizität eingetreten sein müßten. Denn sonst sei die mit der Ad-hoc-Publizität bezweckte Verlängerung der Regelpublizität nicht geboten.[970]

Burgard geht dagegen davon aus, daß auch künftige Auswirkungen genügten.[971] Ausnahmsweise komme daher eine frühere Veröffentlichung der genannten Maßnahmen

---

964 Vgl. neben den vorgenannten *Schockenhoff/Wagner,* AG 1999, 548, 542, und *Kümpel,* WM 1996, 653, 654.

965 *Kiem/Kotthoff,* DB 1995, 2002; *Burgard,* ZHR 162 (1998), 51, 69 f., der allerdings -- aufgrund der fehlerhaften Wiedergabe der *probability-magnitude*-Formel durch *Pananis,* WM 1997, 460, 464 -- davon ausgeht, einzuschätzen sei das Ausmaß der *Kurserheblichkeit* für den Fall einer vollendeten Entwicklung.

966 *Burgard,* ZHR 162 (1998), 51, 70; so ohne nähere Begründung auch *Ekkenga,* ZGR 1999, 165, 172, der irrig annimmt, der Test sei zum Insiderrecht entwickelt worden, und *Fürhoff,* Kapitalmarktrechtliche Ad-hoc-Publizität zur Vermeidung von Insiderkriminalität, S. 191.

967 *Loistl,* Die Bank 1995, 232, 236 f.; *Pellens,* AG 1991, 62, 64; *Tippach,* Insiderverbote und Rechtspflichten der Banken, S. 145. *Burgard,* ZHR 162 (1998), 51, 73, 89, stellt darauf ab, daß ein „Buchungsvorgang [...] ausgelöst wird".

968 *Burgard,* ZHR 162 (1998), 51, 74; eine Ausnahme komme nach § 124 AktG in Betracht.

969 *Burgard,* ZHR 162 (1998), 51, 62, 75.

970 *Pellens,* AG 1991, 62, 64 f.; als „Prolongation der Regelpublizität" bezeichnen die Ad-hoc-Publizität auch *Ekkenga,* ZGR 1999, 165, 174, und *Fürhoff/Wölk,* WM 1997, 449, 450.

971 *Burgard,* ZHR 162 (1998), 51, 62, 76.

und Vorhaben in Betracht, wenn die Ad hoc-Mitteilung die Entschließungsfreiheit der zuständigen Entscheidungsträger nicht beeinträchtigt.[972] Der Begriff des Eintretens einer Publizitätstatsache ergänze aber den Tatsachenbegriff um eine zeitliche Dimension. Bei der Auslegung dieses Tatbestandsmerkmales seien neben der bezweckten Vorverlagerung der Regelpublizität die Geheimhaltungsinteressen des Emittenten angemessen zu berücksichtigen.[973] Die erforderliche Abwägung sei durch anderweitige Bekanntmachungs- und Publizitätspflichten, auch ausländischen Rechts, vorgezeichnet.[974]

b) Stellungnahme

aa) Die Übernahme der probability/magnitude-*Formel*

Die Werterheblichkeit von unvollendeten Entwicklungen ist unter Abwägung des Ausmaßes der Auswirkungen der vollendeten Entwicklung auf die wirtschaftlichen Verhältnisse des Emittenten einerseits und der Wahrscheinlichkeit der Vollendung andererseits zu bestimmen. Dieser Maßstab ist nach Sinn und Zweck der Ad-hoc-Veröffentlichungspflicht geboten, denn er dient dem Schutz der Anleger vor vermögensschädigendem Wertpapierhandel.

Die Veröffentlichung von unvollendeten Entwicklung ist erforderlich, um vermögensschädigenden Wertpapierhandel der Anleger zu verhindern, selbst wenn die Wahrscheinlichkeit der Entwicklungsvollendung noch so gering ist, soweit nur die Auswirkungen auf den Emittenten im Falle des Entwicklungsvollendung groß genug sind. Denn die aus einer unvollendeten Entwicklung entstehende Gewinnchance ist, soweit sie einen meßbaren Wert hat, als Vermögen der Anleger geschützt.[975] Am Kapitalmarkt ist der Wert einer unvollendeten Entwicklung nach der allgemeinen Verkehrsanschauung auch dann zu messen, wenn die Wahrscheinlichkeit, daß diese Entwicklung vollendet wird, gering ist. Denn die Bewertung von Wertpapieren beruht maßgeblich auf der Berechnung des gegenwärtigen Wertes unvollendeter Entwicklungen, deren Wert im Falle ihrer Vollendung abgezinst wird um einen Faktor, der die Wahrscheinlichkeit der Vollendung beziffert. Da unvollendete Entwicklungen somit unabhängig von einer bestimmten Wahrscheinlichkeit ihrer Vollendung den Fundamentalwert der Wertpapiere verändern, haben die Anleger ein schutzwürdiges Interesse an der Veröffentlichung dieser Entwicklungen durch den Emittenten. Der Gegenstand der Ad-hoc-Publizität ist daher auf jegliche unvollendete Entwicklungen nach Maßgabe der *probability-magnitude-Formel* zu erstrecken. Diese weite, sich aber noch innerhalb der vom Analogieverbot gezogenen Grenzen haltende Auslegung ist geboten, um möglichst weitgehenden Schutz vor Insiderhandel zu gewährleisten.[976]

Die rechtsdogmatischen Einwände *Burgards* gegen eine Übernahme der *probability-magnitude*-Formel aus dem US-Recht gehen fehl. Es ist nicht richtig, daß das deutsche Recht restriktivere Anforderungen an die Entscheidungserheblichkeit einer Entwicklung stellt, die auf die Bestimmung der Werterheblichkeit einer Entwicklung durchschlagen. Im Gegenteil erfordert das US-Recht eine überwiegende Wahrscheinlichkeit, daß ein vernünftiger Anleger der Entwicklung Bedeutung für seine Anlageentscheidung zumessen

972 *Burgard,* ZHR 162 (1998), 51, 62, 73 ff., 78 f.

973 *Burgard,* ZHR 162 (1998), 51, 72, 74, 77 f.

974 *Burgard,* ZHR 162 (1998), 51, 73; ebenso im Hinblick auf das Bilanzrecht *Ekkenga,* ZGR 1999, 165, 199.

975 Konkrete Erwerbsaussichten und wahrscheinlich zu erwartender Vermögenszuwachs gehören zum geschützten Vermögen gemäß § 263 StGB; BGHSt 2, 367; 17, 147.

976 Näher dazu eingangs dieses Kapitels und in § 1 I.3.

würde, während das deutsche Recht die reine Möglichkeit für ausreichend erachtet.[977] Das Interesse des Emittenten am Schutz von Geschäfts- und Betriebsgeheimnissen ist für das Gebot der Ad-hoc-Publizität gemäß § 15 Abs. 1 Satz 1 WpHG ebenso unbeachtlich wie für die Offenlegungspflichten gemäß Rule 10b-5. Diese Interessen sind nur beachtlich gemäß § 15 Abs. 1 Satz 2 WpHG, nachdem der Emittent bei der BAFin einen Antrag auf Befreiung von der Ad-hoc-Publizität gestellt hat.[978]

bb) Die Unbeachtlichkeit einer bestimmten Vollendungswahrscheinlichkeit

Die Werterheblichkeit einer unvollendeten Entwicklung hängt nicht von einer bestimmten Wahrscheinlichkeit ihrer Vollendung ab. Jede absolute Schwelle, wie etwa die Einigung über Preis und Struktur einer Unternehmensübernahme oder den Beschluß zur Abgabe eines Übernahmeangebotes, berücksichtigt nicht die Bedeutung der Entwicklung für die Anleger. Durch das Abstellen auf eine bestimmte Wahrscheinlichkeit würde die Ad-hoc-Veröffentlichungspflicht daher auch in Fällen ausgeschlossen, bei denen die Regelungsziele eines angemessenen Börsenpreises und des Anlegerschutzes eine Ad-hoc-Veröffentlichung erfordern. Zudem würde das Erfordernis einer bestimmten Auswirkungswahrscheinlichkeit zu Abgrenzungsschwierigkeiten führen und dadurch die Durchsetzung der Ad-hoc-Veröffentlichungspflicht gefährden.[979]

Insbesondere setzen auch Auswirkungen auf den allgemeinen Geschäftsverlauf keine bestimmte Wahrscheinlichkeit der Entwicklungsvollendung voraus. Das zu § 289 Abs. 1 HGB vertretene Erfordernis einer (hohen) Wahrscheinlichkeit eines Buchungsvorganges ist nur für das Recht der Rechnungslegung einschlägig. Es ist in Anlehnung an das Realisationsprinzips des § 252 Abs. 1 Nr. 4 HGB entwickelt, das eine Ausprägung des Vorsichtsprinzips zum Schutz der Gläubiger darstellt. Das Gebot der Ad-hoc-Publizität bezweckt demgegenüber Anlegerschutz allein durch richtige und vollständige Aufklärung (True-and-Fair-View-Grundsatz). Das Vorsichtsprinzip und die Realisationsmaxime sind daher für die Auslegung des § 15 WpHG unbeachtlich.[980] Es genügt somit jede Wahrscheinlichkeit eines Buchungsvorganges, um Auswirkungen einer Entwicklung auf den allgemeinen Geschäftsverlauf anzunehmen.

Es ist allerdings zu beachten, daß die Vollendung der fraglichen Entwicklung nicht von vornherein ausgeschlossen sein darf. Denn sonst kann sie keine Auswirkungen auf die Vermögens- oder Finanzlage oder den allgemeinen Geschäftsverlauf des Emittenten haben.[981] Das Erfordernis eines Kursbeeinflussungspotentials „wegen" dieser Auswirkungen zeigt, daß Gegenstand der Veröffentlichungspflicht nur Entwicklungen sind, die auch nach ihrer Veröffentlichung noch Auswirkungen auf die wirtschaftlichen Ver-

977 Dazu oben § 6 I.3.

978 Ebenso im Ergebnis *Fürhoff,* Kapitalmarktrechtliche Ad-hoc-Publizität zur Vermeidung von Insiderkriminalität, S. 184; *Zubrod,* Rechtssichere Eingrenzung der Ad-hoc-Publizitätspflicht, S. 132.

979 Vgl. *Zubrod,* Rechtssichere Eingrenzung der Ad-hoc-Publizitätspflicht, S. 132.

980 Vgl. *Ekkenga,* ZGR 1999, 165, 177, m.w.N. zum Spannungsverhältnis zwischen Vorsichtsprinzip und Grundsatz des True-and-Fair-View gemäß § 264 Abs. 2 HGB, der sich bei rein informatorischen Publizitätspflichten voll durchsetzt; vgl. weiterhin *Hommelhoff,* ZGR 2000, 748, 761 f.: Grundsätze ordnungsgemäßer Bilanzierung wirken auf Ebene des Kapitalmarktrechts „funktionswidrig".

981 Vgl. in diesem Zusammenhang auch *Zubrod,* Rechtssichere Eingrenzung der Ad-hoc-Publizitätspflicht, S. 138 ff., der anhand verschiedener Fallvarianten eine detaillierte Systematik entwickelt, wann unternehmerische Vorhaben so hinreichend konkretisiert seien, daß ihre Umsetzung möglich erscheint. Diese Möglichkeit läßt sich aber auch ohne einen bestimmten Grad der Konkretisierung annehmen.

hältnisse des Emittenten haben. Verhandlungen über Unternehmensfusionen und Unternehmensverträge etwa sind daher dann nicht *ad hoc* zu veröffentlichen, wenn durch die Veröffentlichung ein erfolgreicher Abschluß der Verhandlungen verhindert würde.[982] Diese Beschränkung der Veröffentlichungspflicht ist sinnvoll, denn eine Veröffentlichung nicht durchführbarer Vorhaben würde nur die Anleger verwirren.

cc) Die Unbeachtlichkeit eines Buchungsvorganges

Die Ad-hoc-Publizität ist nicht auf Entwicklungen beschränkt, deren Auswirkungen auf die Vermögens- Finanz oder Ertragslage oder den allgemeinen Geschäftsverlauf im Sinne eines Buchungsvorganges oder einer Berichtspflicht für den Lagebericht eingetreten sind. „Eingetreten" sein müssen die Entwicklungen selbst. Darüber hinaus ist nur erforderlich, daß sie die Ursache für eine künftige Veränderung der Regelpublizität setzen. Eine andere Bedeutung hat der Begriff der Auswirkungen nach dem allgemeinen Sprachgebrauch nicht. Es ist nicht erforderlich, daß die Entwicklungen so, wie sie eingetreten sind, aus den Berichten der Regelpublizität ersichtlich sein würden. Die Ad-hoc-Publizität ist nicht als Regelpublizität mit beschleunigten Berichtspflichten gedacht.[983] Der Zeitpunkt einer Buchung ist außerdem kein sinnvoller Anknüpfungspunkt, um die Werterheblichkeit einer Entwicklung zeitlich zu bestimmen. Denn die Realisationsmaxime und das Vorsichtsprinzip sind sachfremd für die kapitalmarktrechtliche Publizität.[984] Zudem steht es in der Macht des Emittenten, diesen Zeitpunkt hinauszuzögern. Damit würde die Ad-hoc-Publizität ihre Funktion nur unvollkommen erfüllen können, die Anleger vor Insiderhandel zu schützen. Die Entwicklung der Ad-hoc-Publizität aus den Veröffentlichungspflichten gegen Insiderhandel hat aber Vorrang bei der Auslegung des § 15 WpHG.[985] Wie bereits die Untersuchung zu den Grundlagen der Ad-hoc-Publizität ergeben hat, sind daher Entwicklungen nicht schon deswegen vom Gegenstand der Ad-hoc-Publizität ausgenommen, weil sie nicht im Rahmen der Regel- oder Prospektpublizität zu berichten sind. Erst recht entfalten daher die Vorschriften der Rechnungslegungspublizität keine Ausschlußwirkung.

Aus dem Begriff des „Eintreten" einer Tatsache ergibt sich nichts anderes. Als Argument für seine gegenteilige Auffassung führt *Burgard* den angeblichen Zweck des Tatbestandsmerkmales an, die Geheimhaltungsinteressen des Emittenten zu schützen. Ihm kommt aber weder nach dem allgemeinen Sprachgebrauch noch nach seiner systematischen Stellung eine solche Bedeutung zu.[986] Der Schutz von Geheimhaltungsinteressen ist allein durch den Befreiungstatbestand des § 15 Abs. 1 Satz 2 WpHG geregelt. Eine neue, „normative" Bedeutung läßt sich dem Begriff des „Eintreten" ohne irgendeinen Anhalt im alltäglichen oder juristischen Sprachgebrauch nicht beimessen. Mit einer solchen Methode

---

982 *Burgard*, ZHR 162 (1998), 51, 76, zitiert einprägsam die *„self-preventing prophecy"*. Fusionsverhandlungen sind dagegen nach hiesiger Auffassung selbst dann zu veröffentlichen, wenn dadurch der erfolgreiche Abschluß der Verhandlungen lediglich gefährdet oder erschwert wird; a.A. *Ekkenga*, ZGR 1999, 165, 168, 196 f.

983 Ebenso *Schwark*, BörsG, § 44a Rdn. 2; *Hopt*, ZHR 159 (1995), 135, 150; *Tippach*, Das Insider-Handelsverbot und die besonderen Rechtspflichten der Banken, S. 146.

984 *Geibel*, in: Schäfer (Hrsg.), WpHG etc., § 15 Rdn. 61; *Ekkenga*, ZGR 1999, 165, 177; *Zubrod*, Rechtssichere Eingrenzung der Ad-hoc-Publizitätspflicht, S. 99 f., 128. Siehe des weiteren *Ekkenga*, ZGR 1999, 165, 177, und *Hommelhoff*, ZGR 2000, 748, 761 f..

985 Siehe oben § 2 III.2.

986 *Geibel*, in: Schäfer (Hrsg.), WpHG etc., § 15 Rdn. 35; *Fürhoff*, Kapitalmarktrechtliche Ad-hoc-Publizität zur Vermeidung von Insiderkriminalität, S. 161.

wäre Willkür bei der Gesetzesauslegung Tor und Tür geöffnet.[987] *Burgard* bleibt im übrigen eine Begründung schuldig, warum Publizitätsvorschriften aus anderen Rechtsgebieten und anderen Rechtsordnungen den Zeitpunkt einer Ad-hoc-Veröffentlichung bestimmen sollen. Wann die Geheimhaltungsinteressen eines Emittenten, dessen Wertpapiere an einer deutschen Börse zugelassen sind, hinter dem Interesse der Anleger am Schutz vor vermögensschädigendem Wertpapierhandel zurücktreten, ist dort gewiß nicht geregelt. Die nach *Burgards* Ansicht erzielten Ergebnisse sind denn auch kaum dazu angetan, das Vertrauen der Anleger in die Börse zu erhöhen.[988]

c) Die Ermittlung der Vollendungsauswirkungen

Im folgenden ist anhand von Beispielen aus dem US-Recht dargestellt, wie nach der *probability/magnitude*-Formel die Werterheblichkeit unvollendeter Entwicklungen zu beurteilen ist.[989]

Zunächst ist zu ermitteln, wie groß das Ausmaß der Auswirkungen der vollendeten Entwicklung auf den Emittenten sein würde.[990] Denn wenn die vollendete Entwicklung nicht werterheblich sein würde, ist es die unvollendete Entwicklung erst recht nicht.[991] Die vorhersehbaren Auswirkungen der vollendeten Entwicklung auf den Emittenten sind möglichst genau zu bemessen.[992] Eine Fusion der Muttergesellschaft mit einem anderen Unternehmen erhöht nicht notwendig den Wert eines Tochterunternehmens, so daß die Fusionsverhandlungen für Minderheitsaktionäre des Tochterunternehmens nicht werterheblich sind.[993] Die voraussichtlichen Auswirkungen sind im Hinblick auf die „gesamte Tätigkeit des Unternehmens“ zu untersuchen.[994]

Eine Verschmelzung durch Aufnahme des Emittenten kann als Beispiel dienen für eine Entwicklung mit zweifelsohne großen Auswirkungen auf die Tätigkeit des Unternehmens.[995] Gewißlich große Auswirkungen sind außerdem zu erwarten, wenn das Unternehmen aufgelöst wird,[996] nennenswertes Vermögen verliert oder das Eigenkapital beträchtlich herabgesetzt wird.[997] Im übrigen sind die voraussichtlichen Auswirkungen einer Entwicklung auf die Tätigkeit eines Unternehmens aber nur annäherungsweise zu

987 Der Auslegungsvorschlag ist besonders bedenklich, da auf diesem Wege das Ziel einer EU-weiten Harmonisierung der Regelungen zur Ad-hoc-Publizität gefährdet wird.

988 Nicht publizitätspflichtig sind nach *Burgard,* ZHR 162 (1998), 51, 81 ff., die Anzeige von Massenentlassungen (S. 81); die noch zustimmungsbedürftige Ernennung eines Vorstandsvorsitzenden (S. 83); eine gezeichnete, aber aufschiebend bedingte Kapitalerhöhung (S. 89); Satzungsänderungen, Unternehmensverträge, Eingliederungsbeschlüsse und andere grundlegende Strukturmaßnahmen, bevor der Aufsichtsrat dazu seine Vorschläge zur Beschlußfassung für die Hauptversammlung erarbeitet hat (S. 95).

989 Die Auswahl der Gerichtsentscheidungen folgt *Brown* THE REGULATION OF CORPORATE DISCLOSURE § 5.05 5-65 bis 5-74.

990 Basic, Inc. v. Levinson, 485 U.S. 224, 250 (1988).

991 *Brown* THE REGULATION OF CORPORATE DISCLOSURE § 5.05[3] 5-68 m.w.N.

992 Basic, Inc. v. Levinson, 485 U.S. 224, 250.

993 Grigsby v. CMI Corp., 765 F.2d 1369 (9th Cir. 1985).

994 SEC v. Texas Gulf Sulphur Co., 401 F.2d 833, 849; ebenso Basic, Inc. v. Levinson, 485 U.S. 224, 250 (S. Ct. 1988) ("Bedeutung für den Emittenten der Kapitalanlagen").

995 Basic, Inc. v. Levinson, 485 U.S. 224, 240, mit Verweis auf SEC v. Geon Industries, Inc., 531 F.2d 39, 47-48 (2d Cir. 1976); ebenso SEC v. Singer, [1992 Transfer Binder] Fed. Sec. L. Rep. (CCH) ¶ 96,525 (S.D.N.Y. 1992).

996 Potomac Capital Markets Corp. v. Prudential-Bache Corporate Fund, 726 F. Supp. 87 (S.D.N.Y. 1989).

997 In re American Savings & Loan Assoc., Exch. Act Rel. No. 25,788 [1988-89 Transfer Binder] Fed. Sec. L. Rep. (CCH) ¶ 73,663 (June 8, 1988).

quantifizieren.[998] Außergewöhnliche Bedeutung maß die Rechtsprechung zum Beispiel der Entwicklung einer neuen Produktlinie,[999] Verzögerungen bei der Markteinführung eines neuen Produktes,[1000] und dem Abschluß eines großvolumigen Vertrages bei,[1001] ebenso dem freiwilligen Delisting von einer Börse,[1002] der Platzierung von Wertpapieren an einer ausländischen Börse[1003] und der Ausschüttung aller Aktien eines Tochterunternehmens als Sachdividende.[1004] Große Auswirkungen nahm sie außerdem an aus der Verweigerung einer für den Geschäftsbetrieb erforderlichen Genehmigung,[1005] einem Urteil gegen die Tochtergesellschaft auf Zahlung von US$ 22 Millionen als Schadenersatz für Umweltschäden[1006] und der Entlassung eines außerordentlich erfolgreichen Vorstandsmitgliedes.[1007]

d) Die Ermittlung der Vollendungswahrscheinlichkeit

Das US-Recht veranschaulicht, wie die Wahrscheinlichkeit zu ermitteln ist, daß eine Entwicklung vollendet wird. Es ist die Sichtweise des Emittenten maßgeblich zu dem Zeitpunkt, zu dem er die Voraussetzungen einer Veröffentlichungspflicht prüfen muß. Später erworbenes Wissen über den Verlauf der Dinge darf nicht in die Beurteilung einfließen.[1008] Insbesondere ist unbeachtlich, ob eine Entwicklung tatsächlich erfolgreich vollendet worden ist.[1009] Wenn ein vernünftiger Anleger der vollendeten Entwicklung überragende Bedeutung zumessen würde, dann genügt selbst eine ganz geringe Wahrscheinlichkeit der Vollendung, um die unvollendete Entwicklung fundamental kursrelevant zu machen.[1010] Selbst die entfernte Möglichkeit einer Fusion reicht unter Umständen aus.[1011] „Wahrscheinlich" sind also nicht nur Ereignisse, deren Eintritt eher als ihr Nicht-Eintreten zu erwarten steht.[1012]

Die folgende Leitsätze lassen sich in der US-Rechtsprechung ausmachen: Die bloße Absicht, eine Entwicklung abzuschließen, begründet keine große Wahrscheinlichkeit, daß dieser Abschluß eintritt, gleichgültig, wie fest diese Absicht gefaßt sein mag.[1013] Vorhaben, die ohne Beteiligung einer anderen Partei durchgeführt werden können, sind in

---

998 *Brown* THE REGULATION OF CORPORATE DISCLOSURE § 5.05[3] 5-68.1.
999 Harkavy v. Apparel Industries, Inc., 571 F.2d 737, 741 (2d Cir. 1978).
1000 SEC v. Bausch & Lomb, Inc., 565 F.2d 8, 17-18 (2d Cir. 1977).
1001 Gay v. Axline, 23 F.3d 394 (1st Cir. 1994).
1002 Sonesta Int'l Hotels Corp. v. Wellington Associates, 483 F.2d 247, 254 (2d Cir. 1973).
1003 Schwarzschild v. Tse, [1992-93 Transfer Binder] Fed. Sec. L. Rep. (CCH) ¶ 97,921 (N.D. Cal. 1992).
1004 SEC v. Mize, 615 F.2d 1046, 1051-52 (5th Cir.), *cert. denied*, 449 U.S. 901 (S. Ct. 1980); vgl. auch Olesh v. Dreyfus Corp., [1994-95 Transfer Binder] Fed. Sec. L. Rep. (CCH) ¶ 98,603 (E.D.N.Y. 1994) (Umfinanzierung); Hartford Fire Ins. Co. v. Federated Dept. Stores, Inc., 723 F. Supp. 976 (S.D.N.Y. 1989) (*leveraged buy-out*); Wilson v. Great American Industries, Inc., 855 F.2d 987 (2d Cir. 1988)(Ausgabe von Schuldverschreibungen mit Nennwert von $1,8 Millionen im Verhältnis zum Buchwert des Unternehmens von $1,2 Millionen bedeutend).
1005 Wielgos v. Commonwealth Edison Co., 688 F. Supp. 331, 343 (N.D. Ill. 1988).
1006 Endo v. Albertine, 863 F. Supp. 708 (N.D. Ill. 1994).
1007 Vgl. In re GM Class E Stock Buyout Sec. Litig., 694 F. Supp. 1119, 1128 (D. Del. 1988).
1008 In re GM Class E Stock Buyout Sec. Litig., 694 F. Supp. 1119, 1127 (D. Del. 1988).
1009 Vgl. In re GM Class E Stock Buyout Sec. Litig., 694 F. Supp. 1119, 1127 (D. Del. 1988); McLaury v. Duff and Phelps, Inc., 691 F. Supp. 1090 (N.D. Ill. 1988); American Gen. Ins. Co. v. Equitable Gen. Corp., 493 F. Supp. 721 (E.D. Va. 1980).
1010 Wielgos v. Commonwealth Edison Co., 892 F.2d 509 (7th Cir. 1989).
1011 In Basic, Inc. v. Levinson, 485 U.S. 224, 237 Fn. 7, bezeichnet der US-Supreme Court diese Ansicht der SEC als "hilfreich".
1012 Vgl. In re Columbia Sec. Litig., 747 F. Supp. 237 (S.D.N.Y. 1990) (Fusionsverhandlungen).
1013 Vgl. L.L. Capital Partners v. Rockefeller Center Properties, Inc., 921 F. Supp. 1174 (S.D.N.Y. 1996).

aller Regel unerheblich, solange erst ein interner Diskussionsvorschlag vorliegt.[1014] Vorhaben, die eine Einigung mit einer anderen Partei erforderlich machen, sind unerheblich, bis Kontakt mit der anderen Partei aufgenommen wird.[1015] Die ersten Schritte, mit denen die Verwirklichungsmöglichkeiten für ein Vorhaben erkundet werden, begründen nur eine geringe Chance der Verwirklichung.[1016] Unter Umständen ist daher ein auf die Beteiligung anderer angewiesenes Vorhaben noch unerheblich, wenn diese zum ersten Mal angesprochen werden.[1017] Als unerheblich war außerdem das Vorhaben einer Unternehmensabspaltung anzusehen, solange Investmentbanken oder Anwaltskanzleien nur mit der Entwicklung von Konzepten betraut waren.[1018]

Jedes Anzeichen, daß das Erkundungsstadium verlassen und mit der Verwirklichung des Vorhabens begonnen wird, kann das Vorhaben werterheblich machen.[1019] Ein entscheidender Entwicklungsschritt ist bei einseitig durchsetzbaren Vorhaben die Beteiligung des Vorstandes, bei zweiseitigen Vorhaben sind Verhandlungen auf Vorstandsebene beachtlich.[1020] Weiterhin stellt die Rechtsprechung darauf ab, ob andere

---

1014 Potomac Capital Markets Corp. v. Prudential-Bache Corporate Fund, 726 F. Supp. 87 (S.D.N.Y. 1989) (Auflösung einer Kapitalanlagegesellschaft nur als Möglichkeit aufgeworfen, dann aber nicht weiter verfolgt); vgl. auch Olesh v. Dreyfus Corp., [1994-95 Transfer Binder] Fed. Sec. L. Rep. (CCH) ¶ 98,603 (E.D.N.Y. 1994) (Möglichkeit einer Restrukturierung in zwei Jahren unerheblich, wenn keinerlei Anzeichen für Verwirklichung); Schwarzschild v. Tse, [1992-93 Transfer Binder] Fed. Sec. L. Rep. (CCH) ¶ 97,921 (N.D. Cal. 1992) (bloße Möglichkeit einer Platzierung von Wertpapieren im Ausland unerheblich).

1015 Panfil v. A.C. Corp., 768 F. Supp. 54 (W.D.N.Y. 1991) (Fusionsinteresse ohne Kontakt zu möglichen Fusionspartnern); vgl. aber L.L. Capital Partners v. Rockefeller Center Properties, Inc., 921 F. Supp. 1174 (S.D.N.Y. 1996) (Vermeiden eines Treffens kommt Verweigerung des Vorhabens gleich, denn ansonsten standen die Parteien regelmäßig und häufig in Kontakt).

1016 Vgl. Hartford Fire Ins. Co. v. Federated Dept. Stores, Inc., 723 F. Supp. 976 (S.D.N.Y. 1989) (keine Reaktion der Gesellschaft auf Vorschlag des Vorstandsvorsitzenden, einen *leveraged buy-out* durchzuführen, weder durch Vorstandsbeschlüsse noch indem Investmentbanken beauftragt wurden).

1017 Zu einem ersten Angebot von Fusionsverhandlungen z.B. Glaser v. Formica Corp., 964 F.2d 149 (2d Cir. 1992); Jackvony v. RIHT Fin. Corp., 873 F.2d 411, 415 (1st Cir. 1989); Burghart v. Landau, [1989 Transfer Binder] Fed. Sec. L. Rep. (CCH) ¶ 94,549 (S.D.N.Y. 1989). Siehe aber McLaury v. Duff and Phelps, Inc., 691 F. Supp. 1090, 1096 (N.D. Ill. 1988) (Künftige Fusion erheblich nach Antwort auf einen Brief, einem zufälligen Treffen leitender Angestellter und einem Verhandlungsgespräch).

1018 Vgl. Krauth v. Telecard, Ltd., 1994 U.S. Dist. LEXIS 15255 (S.D.N.Y. Oct. 21, 1994) (Vorgeschlagene Abspaltung nicht erheblich, denn von Dritten eingeholter Rat zu den Rechts- und Steuerfragen nur Konzept).

1019 Vgl. Caruson v. Metex Corp., [1992 Transfer Binder] Fed. Sec. L. Rep. (CCH) ¶ 97,921 (E.D.N.Y. 1992) (Fusionsverhandlungen erheblich, denn übernehmende Gesellschaft hatte Finanzierung gesichert, Gesellschaften standen in Verhandlungen und Zielgesellschaft stellte finanzielle Daten zur Verfügung); siehe hingegen Gay v. Axline, 23 F.3d 394 (1st Cir. 1994) (Potentieller Großauftrag durch mexikanischen Staat unerheblich, denn bis auf Vorführung von Maschinen und Versand finanzieller Daten durch Vorstand noch keine Geschäftsanbahnung). Für sich genommen mag demzufolge die Einräumung einer „Due Diligence"-Prüfung oder andere Vereinbarungen zwischen Bieter und Zielgesellschaft mit *Assmann,* ZGR 2002, 697, 715 f., nicht als Publizitätstatsache anzusehen sein; aus der Zusammenschau mit anderen Umständen kann indes eine Ad-hoc-Veröffentlichungspflicht seitens der Zielgesellschaft folgen.

1020 In re GM Class E Stock Buyout Sec. Litig., 694 F. Supp. 1119, 1128 (D. Del. 1988) (Zukünftiger Aktienrückkauf von H. Ross Perot erheblich, denn seine Geschäftsführung und Geschicklichkeit trugen weitgehend zum Erfolg der Emittentin bei und Verhandlungen auf Vorstandsebene standen kurz vor dem Abschluß); In re Columbia Sec. Litig., 747 F. Supp. 237 (S.D.N.Y. 1990) (Künftige Fusion erheblich, da Treffen von leitenden Angestellten zu Verhandlungen). Vgl. aber SEC v. Downe, 1993 U.S. Dist. LEXIS 753 (S.D.N.Y. Jan. 26, 1993) (geplanter leveraged buy-out erheblich,

Voraussetzungen außer der Entscheidung für das Vorhaben erfüllt sind.[1021] Die Entscheidung durch alle notwendigen Parteien, ein bedeutendes Vorhaben durchzuführen, ist in der Regel werterheblich. Die Ablehnung eines Vorhabens ist hingegen unerheblich,[1022] selbst wenn diese Entscheidung nicht endgültig ist.[1023] Nur ausnahmsweise gilt das Gegenteil, wenn besondere Umstände die Einigung der Parteien als den Normalfall erscheinen lassen, die Einigung also allgemein erwartet wird.[1024]

e) *Die Ablehnung einer Einschätzungsprärogative*

Einige Stimmen in der Literatur gestehen der Unternehmensleitung des Emittenten eine Einschätzungsprärogative zu, wann eine Entwicklung werterheblich ist.[1025] Dies ist aber abzulehnen.[1026] Damit würde der Zeitpunkt einer Veröffentlichung praktisch zur freien Disposition der Emittenten gestellt. Das Gebot der Ad-hoc-Publizität drohte wirkungslos zu werden.[1027]

Allerdings wird angeführt, die Auslegung der Werterheblichkeit im Sinne der *probability/magnitude*-Formel sei nur nach Anerkennung einer Einschätzungsprärogative möglich. Sonst fehle dem Tatbestandsmerkmal der Werterheblichkeit die gemäß Art. 103 Abs. 2 GG gebotene Bestimmtheit. Gerade diese vermeintliche Verbindung der Formel mit einer Einschätzungsprärogative führen ihre Gegner gegen sie an.[1028] Die Bedenken fehlender Bestimmtheit greifen aber nicht durch. Denn die erforderliche Prognose der Auswirkungen unvollendeter Entwicklungen auf die wirtschaftlichen Verhältnisse des

---

obwohl noch keine Treffen mit Vorstand); Basic, Inc. v. Levinson, 485 U.S. 224, 237, nennt Vorstandsbeteiligung als einen von vielen Faktoren, die nicht allein entscheidend seien.

1021 Wilson v. Great American Industries, Inc., 855 F.2d 987 (2d Cir. 1988) (Geplante Ausgabe von Schuldverschreibungen erheblich, obschon Beschluß noch aussteht, weil Nennwert von $1,8 Millionen im Verhältnis zum Buchwert des Unternehmens von $1,2 Millionen bedeutend, erforderliche Genehmigungen eingeholt und Anleger gefunden).

1022 Zum Abbruch von Fusionsverhandlungen Greening v. Litton Industrial Automation Systems, Inc., 1993 U.S. Dist. LEXIS 17,620 (E.D. Mich. Sept. 24, 1993), *aff'd*, 1995 U.S. App. Lexis 4582 (6th Cir. March 6, 1995); Siefman v. Wolverine Technologies, Inc., [1988 Transfer Binder] Fed. Sec. L. Rep. (CCH) ¶ 95,273 (E.D. Mich. 1988).

1023 Vgl. einerseits Endo v. Albertine, 863 F. Supp. 708 (N.D. Ill. 1994) (Urteil gegen Tochtergesellschaft auf Zahlung von $22 Millionen erheblich, selbst wenn Haftung noch durch Berufung oder Vergleich abwendbar), andererseits Nelson v. Paramount Communs., 872 F. Supp. 1242 (S.D.N.Y. 1994) (Künftige Fusion nach Abbruch von Verhandlungen unerheblich, selbst wenn Parteien danach in Kontakt bleiben).

1024 Vgl. L.L. Capital Partners v. Rockefeller Center Properties, Inc., 921 F. Supp. 1174 (S.D.N.Y. 1996) (Weigerung, die Schuld einer Tochtergesellschaft gegenüber der Emittentin zu übernehmen, ist erheblich, wenn die Tilgung einzige Einnahmequelle der Emittentin ist und bisher alle Verluste der Tochtergesellschaft von der Muttergesellschaft übernommen wurden); vgl. ferner SEC v. Bausch & Lomb, Inc., 565 F.2d 8, 17-18 (2d Cir. 1977) (Verzögerungen bei der Einführung eines allgemein erwarteten neuen Produktes erheblich).

1025 *Geibel*, in: Schäfer (Hrsg.), WpHG etc., § 15 Rdn. 63; *Kümpel*, in: Assmann/Schneider (Hrsg.), WpHG, § 15 Rdn. 50c; *Kiem/Kotthoff*, DB 1995, 1999, 2003; *Pananis*, WM 1997, 460, 464; *Schander/Lucas*, DB 1997, 2109, 2112; vgl. *Kümpel*, AG 1997, 66, 69.

1026 *Burgard*, ZHR 162 (1998), 51, 77 Fn. 145a; *Cahn*, ZHR 162 (1998), 1, 26; *Fürhoff/Wölk*, WM 1997, 449, 450, 454; *Wölk*, AG 1997, 73, 78.

1027 Siehe § 2 III.2. zur vergleichbaren Problematik im US-Recht zu Rule 10b-5; siehe ferner § 3 I.2. zum Gefangenen-Dilemma, das die Emittenten zwingt, jede Möglichkeit zur Umgehung der Ad-hoc-Veröffentlichungspflicht auszunutzen.

1028 So neben den oben genannten auch *Ekkenga*, ZGR 1999, 165, 172 f.; *Schockenhoff/Wagner*, AG 1999, 548, 552.

Emittenten ist unter Berücksichtigung von Sonderwissen der Unternehmensleitung zu treffen. Es kann kein Zweifel daran bestehen, daß die Unternehmensleitung des Emittenten einschätzen kann, welche Auswirkungen zukünftige Ereignisse im Falle ihres Eintrittes auf den Emittenten oder die Wertpapiere haben.[1029] Sie kann auch in einem weiteren Schritt bestimmen, inwieweit die Anleger aufgrund der ihnen zugänglichen Information die Einschätzung der Unternehmensleitung teilen. Denn wenn die Unternehmensleitung ihren Publizitätspflichten gegenüber den Anlegern regelmäßig nachgekommen ist, wird die Einschätzung der Anleger mit derjenigen der Unternehmensleitung weitgehend übereinstimmen. Über abweichende Erwartungen der Anleger muß sich die Unternehmensleitung unterrichten; gegebenenfalls hat sie dazu auf die Beratung von Banken und anderen Informationsmittlern zurückzugreifen.[1030] Es ist daher nicht erforderlich, zur Wahrung der Bestimmtheit des Tatbestandsmerkmales dem Emittenten eine Einschätzungsprärogative einzuräumen.

III. Qualitative Werterheblichkeit

1. US-Recht

Entwicklungen sind in aller Regel werterheblich, wenn sie einen meßbaren Einfluß auf die Ergebnisse des Emittenten oder seine Vermögens- oder Finanzlage haben. Jedoch auch andere Information kann besondere Bedeutung für die Anleger haben und daher werterheblich sein.[1031] Die SEC betonte *In re Franchard Corporation*, daß die Sorgfalt und Loyalität der Unternehmensleitung eine wesentliche Rolle für jede Anlageentscheidung spielt. Auch über diese Umstände müßten Anleger also zutreffend informiert werden, so schwierig es auch sei, Fähigkeit und Vertrauenswürdigkeit der Unternehmensleitung angemessen darzustellen.[1032] Später schränkte die SEC ihre Ansicht zur qualitativen Werterheblichkeit (*qualitative materiality*) dahingehend ein, daß ein wirtschaftlicher Bezug zur Geschäftstätigkeit des Emittenten erforderlich sei. Die Emittenten sollten nicht mit zu kostspieligen Veröffentlichungspflichten belastet[1033] und die Anleger nicht durch zu viel Information verwirrt werden.[1034]

Es ist in der US-Rechtsprechung umstritten, ob Maßnahmen der Geschäftsführung werterheblich sind, die zwar keine außerordentliche Haftung oder Geschäftsausfälle verursachen, mithin also nicht unmittelbar den Wert des Unternehmens mindern, bei deren Kenntnis ein vernünftiger Anleger aber dennoch seine Anlageentscheidung überdenken würde, weil sie Zweifel an der Sorgfalt und Loyalität der Unternehmensleitung begründen.

1029 Es kann in diesem Zusammenhang dahin gestellt bleiben, ob das Tatbestandsmerkmal der Kurserheblichkeit im Rahmen der Insiderverbote gemäß § 14 WpHG sowie der Verbote irreführender Kommunikation gemäß §§ 264a StGB, 20a WpHG ebenso auszulegen ist für Marktteilnehmer, die nicht über das Sonderwissen des Emittenten verfügen. Bedenken bei *Cramer,* in: Schönke/Schröder, StGB, § 264a Rdn. 32; Worms, in: Assmann/Schütze (Hrsg.), Hdb. z. Kapitalanlegerrecht, § 8 Rdn. 77.

1030 Vgl. Begr. RegE 2. FFG, BT-Drucks. 12/6679, S. 47.

1031 In re Westinghouse Sec. Litig., 90 F.3d 696 (3d Cir. 1996).

1032 In re Franchard Corp., 42 S.E.C. 163, 169-170 (SEC 1964); vgl. SENATE COMMITTEE ON BANKING, HOUSING AND URBAN AFFAIRS, 94th Cong., 2d Sess., REPORT OF THE SECURITIES & EXCHANGE COMMISSION ON QUESTIONABLE AND ILLEGAL CORPORATE PAYMENTS AND PRACTICES 15 (Comm. Print 1976).

1033 Exch. Act Rel. No. 5627 (Oct. 14, 1975); vgl. auch GAF Corp. v. Heyman, 724 F.2d 727, 743 (2d Cir. 1983).

1034 *Brown* THE REGULATION OF CORPORATE DISCLOSURE § 5.04[2] 5-53.

Die wohl herrschende Meinung geht davon aus, daß Umstände, die zu Zweifeln an der Sorgfalt der Unternehmensleitung und der Qualifikation ihrer Mitglieder Anlaß geben, nicht werterheblich sind; Entwicklungen, die auf einen Konflikt von Interessen der Unternehmensleitung mit den Interessen der Anleger schließen lassen, hingegen schon.

a) Information zu Sorgfaltspflichtverletzungen

Einige Entscheidungen jüngeren Datums haben Erheblichkeit auch hinsichtlich Vorwürfen sorgfaltswidrigen Verhaltens angenommen, die noch keine meßbaren Auswirkungen auf die wirtschaftlichen Verhältnisse des Emittenten haben.[1035] Denn zum einen begründe jedes illegale oder anders verfehlte Verhalten die Gefahr, daß außergewöhnliche Rechtsverfahren oder Geschäftsausfälle den Gewinn schmälern.[1036] Zum anderen bestehe ein schützenswertes Interesse der Anleger nicht nur an der freien Entscheidung über ihr Vermögen, sondern auch daran, keine Unternehmen zu unterstützen, deren Geschäftsführung sie mißbilligen.[1037] Das Interesse des Unternehmens, unlauteres Verhalten der Unternehmensleitung geheimzuhalten, spreche für dessen Werterheblichkeit und damit für eine Veröffentlichungspflicht, denn Anleger seien vor ihrer Anlageentscheidung gerade dann aufzuklären, wenn das Unternehmen von der Mitteilung einen Schaden erwarte.[1038] Ein Geheimhaltungsinteresse sei im übrigen unbeachtlich, denn sonst sei Anlegerschutz nicht zu gewährleisten.[1039] Werterheblichkeit könnte auch dann vorliegen, wenn die Vorschriften der Regelpublizität keine Veröffentlichung vorschreiben. Denn diese sicherten nicht immer den gebotenen Anlegerschutz. Der Schutz der Anleger vor vermögensschädigendem Wertpapierhandel gebiete im Einzelfall auch weitergehende Veröffentlichungspflichten.[1040]

Entwicklungen sind dagegen nach herrschender Rechtsprechung nicht allein deswegen werterheblich, weil sie Zweifel an der Sorgfalt der Unternehmensleitung und den Qualifikationen ihrer Mitglieder begründen.[1041] Anleger mögen zwar an den persönlichen Umständen von Mitgliedern der Unternehmensleitung interessiert sein. Solange diese aber keine außergewöhnliche Haftung oder Geschäftsausfälle besorgen lassen, sind sie nur von untergeordneter Bedeutung für eine vernünftige Anlageentscheidung und müssen daher nicht veröffentlicht werden.[1042]

Zum einen würde diese Ausdehnung der Veröffentlichungspflichten eine optimale Nutzung des von den Anlegern eingesetzten Kapitals gefährden und damit die Rendite der Anleger verringern. Denn folgerichtig müßten auch unsoziale und an der Grenze der

---

1035 Roeder v. Alpha Industries, Inc., 814 F.2d 22 (1st Cir. 1987); Greenfield v. Professional Care, Inc., 677 F. Supp. 110 (E.D.N.Y. 1987).

1036 Roeder v. Alpha Industries, Inc., 814 F.2d 22 (1st Cir. 1987); Greenfield v. Professional Care, Inc., 677 F. Supp. 110 (E.D.N.Y. 1987).

1037 Vgl. Roeder v. Alpha Industries, Inc., 814 F.2d 22 (1st Cir. 1987); vgl. auch Berman v. Gerber Products Co., 454 F. Supp. 1310, 1323 (W.D. Mich. 1978).

1038 Roeder v. Alpha Industries, Inc., 814 F.2d 22, 25 (1st Cir. 1987).

1039 Roeder v. Alpha Industries, Inc., 814 F.2d 22, 25 (1st Cir. 1987); ähnlich bereits UNITED STATES SENATE REP. NO. 550, 90TH Cong., 1ST SESS. (1968).

1040 Krauth v. Telecard, Ltd., 1994 U.S. Dist. LEXIS 15,255 (S.D.N.Y. Oct. 21, 1994); Alexander v. Evans, 1993 U.S Dist. LEXIS 14,560 (S.D.N.Y. Oct. 15, 1993); Burstein v. Applied Extrusion Technologies, 150 F.R.D. 433 (D. Mass. Aug. 12, 1993).

1041 United States v. Matthews, 787 F.2d 38 (2d Cir. 1986); Kahn v. Wien, 842 F. Supp. 667 (E.D.N.Y. 1994), *aff'd without opinion*, 41 F.3d 1501 (2d Cir. 1994).

1042 Vgl. GAF Corp. v. Heyman, 724 F.2d 727, 743 (2d Cir. 1983).

Legalität liegende Maßnahmen veröffentlicht werden.[1043] Unternehmen, die dann dennoch den Kapitalmarkt in Anspruch nähmen, müßten sich mit Rücksicht auf die öffentliche Meinung viele lukrative Chancen entgehen lassen oder Anleger kostenintensiv aufklären und erklärende Werbung treiben.

Zum anderen würde das Haftungsrisiko der Unternehmensleitung unverhältnismäßig verschärft.[1044] Denn sie wäre verpflichtet, eigenes Verhalten mitzuteilen, daß eine Sorgfaltspflichtverletzung denkbar erscheinen läßt. Praktisch würde das dazu führen, daß anstatt einer Schadensersatzklage der Gesellschaft gegen ein delinquentes Mitglied der Unternehmensleitung ein Vorwurf gegen den Emittenten und seine gesamte Unternehmensleitung erhoben würde, daß sie den *Verdacht* von Sorgfaltspflichtverletzungen bedingt vorsätzlich verschwiegen haben.[1045]

Gegen die Werterheblichkeit von Entwicklungen, die auf unsorgfältiges Verhalten der Unternehmensleitung schließen lassen, spreche überdies, daß damit das Tatbestandsmerkmal seine verfassungsrechtlich gebotene Bestimmtheit verlieren würde.[1046] Schließlich argumentiert die US-Rechtsprechung, daß das Kapitalmarktrecht keine straf- und bußgeldbewehrte Pflicht zur öffentlichen Beichte aufstellen darf.[1047] Der verfassungsrechtliche Schutz vor Selbstinkriminierung (im US-Recht der fünfte Verfassungszusatz) gehe dem Anlegerschutz vor.[1048] Das gelte erst recht für Fälle, in denen lediglich unsorgfältiges Verhalten in Frage steht.

Schweigen zu schadenslosen Sorgfaltspflichtverletzungen seitens des Emittenten sei im Gegenteil zu begrüßen, denn Anleger würden dann ihre Aufmerksamkeit wesentlichen Angaben widmen, die Unternehmen müßten weniger für Pflichtveröffentlichungen aufwenden und könnte nachteilige Assoziationen in der Öffentlichkeit vermeiden.[1049] Außerdem ließe sich ohne Rücksicht auf quantitative Auswirkungen kaum bestimmen, welche Umstände werterheblich seien.[1050] Die Vorschriften für nichtfinanzielle Angaben in der Rechnungslegung, die über solche Umstände keine Veröffentlichung vorschreiben, solange keine Rechtsverfahren anhängig sind,[1051] zeigten eine entsprechende Wertung durch den Gesetzgeber.[1052]

1043 Gegen diese Anforderung, wenngleich ohne nähere Begründung, Amalgamated Clothing and Textile Workers Union v. J.P. Stevens & Co., 475 F. Supp. 328, 331 (S.D.N.Y. 1979), *vacated*, 638 F.2d 7 (2d Cir. 1980).

1044 Vgl. Gaines v. Haughton, 645 F.2d 761 (9th Cir. 1981), *cert. denied*, 454 U.S. 1145 (S. Ct. 1982); Maldonado v. Flynn, 597 F.2d 789, 796 (2d Cir. 1979).

1045 Dagegen grundlegend Santa Fe Industries, Inc. v. Green, 430 U.S. 462, 477 (S. Ct. 1977).

1046 So United States v. Matthews, 787 F.2d 38, 49 (1st Cir. 1987).

1047 Vgl. Kramer v. Time-Warner, Inc., [1990 Transfer Binder] Fed. Sec. L. Rep. (CCH) ¶ 95,619 (S.D.N.Y. 1990), aff'd, 937 F.2d 767 (2d Cir. 1991).

1048 Vgl. Ballan v. Wilfred American Educational Corp., 720 F. Supp. 241 (S.D.N.Y. 1989).

1049 *Brown* THE REGULATION OF CORPORATE DISCLOSURE § 5.04[1] 5-53 und § 5.04[3] 5-59.

1050 So bereits In re Franchard Corp., 42 S.E.C. 163, 169-170 (1964).

1051 Gegenwärtige Rechtsverfahren gegen Mitglieder der Unternehmensleitung sind anzugeben, wenn es zur Anklage in einem Strafverfahren kommt, vergangene Rechtsverfahren nur dann, wenn die Person in den letzten fünf Jahren rechtskräftig wegen einer Straftat verurteilt worden ist. Ausgenommen sind Anklagen und Verurteilungen zu Verkehrsvergehen und anderen geringfügigen Vergehen; 17 C.F.R. § 229.401(f)(2) mit Instruction 1; vgl. aber Chris-Craft Industries, Inc. v. Independent Stockholders Comm., 354 F. Supp. 895, 914 (D. Del. 1973) (Verschweigen von Anklage wegen Scheckbetrug und Verurteilung wegen Trunkenheitsfahrt). Zu berichten ist außerdem jeder in den letzten fünf Jahren eingereichte Antrag auf und jede Eröffnung des Insolvenzverfahrens über das persönliche Vermögen oder Handelsgewerbe eines Mitgliedes der Geschäftsführung, oder über eine

b) *Information zu Interessenkonflikten der Unternehmensleitung*

Zur Beurteilung, welche Entwicklungen zu veröffentlichen sind, die auf Interessenkonflikte der Unternehmensleitung schließen lassen, zieht die Rechtsprechung ebenfalls die allgemeinen Vorschriften für nicht-finanzielle Angaben in der Regelpublizität heran.[1053] Umstände, die einen vernünftigen Anleger im Hinblick auf eine konkretes Vorhaben auf einen Konflikt von Interessen der Geschäftsführung mit den Interessen der Anleger schließen lassen, sind offenzulegen.[1054] Die Aufklärungspflicht folgt nicht aus der Treupflicht und besteht nicht, weil unter Umständen eine Treupflicht verletzt ist, sondern weil den Anlegern eine eigenständige Beurteilung ermöglicht werden soll, ob bei der Auswahl und Durchführung des Vorhabens Interessenkonflikte zu einer suboptimalen Kapitalverwendung führen könnten.[1055] Letztendlich geht es also nicht um die Qualität der Unternehmensleitung, sondern darum, Hintergrundinformation zur Leistungsfähigkeit eines konkreten Vorhabens zu geben.[1056]

Werterheblichkeit im Rahmen von Rule 10b-5 nahm die Rechtsprechung demgemäß an hinsichtlich eines zivilgerichtlichen Urteiles, das gegen die Unternehmensleitung ergangen war wegen Treupflichtverletzungen gegenüber Minderheitsaktionären eines

---

Gesellschaft, in der die betreffende Person innerhalb der zwei vorhergehenden Jahren zur Geschäftsführung befugt war; 17 C.F.R. § 229.401(f)(1). Mitgeteilt werden müssen auch alle rechtskräftigen zivilgerichtlichen Urteile und bestandskräftige Verwaltungsakte der SEC oder der CFTC (Commodities Futures Trading Commission), die gegen die Person in den letzten fünf Jahren ergangen sind und einen Verstoß gegen Kapitalmarktrecht zum Gegenstand haben; 17 C.F.R. § 229.401(f)(5) und (6). Schließlich sind alle in den letzten fünf Jahren rechtskräftig gewordenen Urteile, Strafbefehle und Verwaltungsakte anzugeben, durch die dem Mitglied der Geschäftsführung endgültig untersagt wird, ein Gewerbe auszuüben, im Zusammenhang mit dem Handel von Wertpapieren, Derivaten, Geldanlagen oder Waren tätig zu werden oder für eine Kapitalanlage-gesellschaft, Bank, Finanzdienstleistungsgesellschaft oder Versicherung zu arbeiten; 17 C.F.R. § 229.401(f)(3).

1052 United States v. Matthews, 787 F.2d 38, 49 (2d Cir. 1986); vgl. In re Teledyne Defense Contracting Derivative Litig., [1993 Transfer Binder] Fed. Sec. L. Rep. (CCH) ¶ 97,796 (C.D. Cal. 1993); Kahn v. Wien, 842 F. Supp. 667 (E.D.N.Y. 1994), *aff'd without opinion*, 41 F.3d 1501 (2d Cir. 1994).

1053 Vgl. In re American Mobile Systems, Inc., Exch. Act Rel. No. 35888 (Widerspruchsverfahren, June 26, 1995). Der Emittent muß jede Geldforderung offenlegen, die der Emittent oder ein Tochterunternehmen seit Beginn des vorangegangenen Geschäftsjahres erlangt hat, deren Wert allein oder in Zusammenschau mit ähnlichen Forderungen $60.000,-- übersteigt, und die gegen ein amtierendes oder anstehendes Mitglied der Unternehmensleitung oder seine Angehörigen besteht; 17 C.F.R. § 229.404(c). Unter den selben Voraussetzungen sind erhebliche abgeschlossene oder geplante Rechtsgeschäfte mitzuteilen, an denen die genannten Personen ein unmittelbares oder mittelbares Vermögensinteresse haben; 17 C.F.R. § 229.404(a). Weiterhin müssen Geschäfts-beziehungen mit einem amtierenden oder anstehenden Mitglied der Unternehmensleitung oder einem ihm nahestehenden Unternehmen angegeben werden, aufgrund deren der Emittent im letzten Geschäftsjahr Zahlungen von mehr als fünf Prozent seines Umsatzes empfangen oder geleistet hat, oder zum Abschluß des Geschäftsjahres noch leisten mußte; 17 C.F.R. § 229.404(b); bei Geschäfts-beziehungen zu Anwaltskanzleien und Investmentbanken ist deren Umsatz maßgeblich; 17 C.F.R. § 229.404(b)(4) und (5). Forderungen sind immer unbeachtlich, wenn sie aus Rechtsgeschäften zu marktüblichen Bedingungen entstehen; 17 C.F.R. § 229.404(b) Instruction 3.B. und 17 C.F.R. § 229.404(c) Instruction 2 und 3.

1054 Vgl. Gladwin v. Medfield Corp., 540 F.2d 1266, 1271 (5th Cir. 1976); Maldonado v. Flynn, 597 F.2d 789, 796 (2d Cir. 1979).

1055 Kas v. Financial General Bankshares, Inc., 796 F.2d 508, 513 (D.C. Cir. 1986).

1056 Darin liegt der Unterschied zu nicht ohne weiteres mitteilungspflichtigen Sorgfaltspflichtver-letzungen. Die Differenzierung betont Maldonado v. Flynn, 597 F.2d 789, 796 (2d Cir. 1979).

beherrschten Unternehmens.[1057] Eine Aufklärungspflicht sah die Rechtsprechung außerdem gegeben hinsichtlich eines besonderen Näheverhältnisses zwischen einer Investmentbank, die eine unabhängige Unternehmensbewertung des Emittenten vornehmen sollte, und dem beherrschenden Aktionär einer Aktiengesellschaft, die Aktien des Emittenten erwerben will.[1058] Offenzulegen war ferner, daß ein Aktionär mit beherrschendem Einfluß auf die Unternehmensleitung Betriebsvermögen für den eigenen Nutzen einsetzt,[1059] und daß der Vorstandsvorsitzende Gesellschaftsmittel veruntreut hatte.[1060]

2. *Deutsches Recht*

a) *Information zu Sorgfaltspflichtverletzungen*

Es ist zu untersuchen, ob gemäß § 15 WpHG Sorgfaltspflichtverletzungen der Unternehmensleitung zu veröffentlichen sind, die keinen bestimmten Schaden verursacht haben. Diese Entwicklungen müßten dazu Auswirkungen auf die Vermögens- oder Finanzlage oder den allgemeinen Geschäftsverlauf des Emittenten haben.

Dafür spricht, daß Sorgfaltspflichtverletzungen Zweifel an der Güte der Geschäftsführung durch die gegenwärtige Unternehmensleitung wecken. Bei weiter Auslegung der erforderlichen Auswirkungen auf die wirtschaftlichen Verhältnisse genügt, daß das bereits in der Gegenwart zu Tage getretene sorgfaltswidrige Verhalten der Unternehmensleitung ursächlich für spätere Ergebnisverschlechterungen sein kann. Diese weite Auslegung legt der Zweck der Ad-hoc-Veröffentlichungspflicht nahe, Insiderhandel möglichst umfassend vorzubeugen. Die Veröffentlichung von Sorgfaltspflichtverletzungen ist auch durch den zweiten Zweck der Ad-hoc-Veröffentlichungspflicht geboten, die Angemessenheit der Börsenpreise zu fördern. Denn selbst wenn noch kein Schaden entstanden ist, sind doch die voraussichtlichen Auswirkungen auf die wirtschaftlichen Verhältnisse des Emittenten bei der Bewertung der Wertpapiere zu berücksichtigen.

Jedoch lassen sich auch für die gegenteilige Auffassung Argumente anführen. Ein Indiz gegen die Werterheblichkeit von Information zu Sorgfaltspflichtverletzungen ist, daß diese Umstände nicht im Rahmen der Regel- und Prospektpublizität zu berichten sind.

Es ist abzuwägen, ob eine Pflicht zur Veröffentlichung von Sorgfaltspflichtverletzungen ein angemessenes Mittel ist, um die Markttransparenz zu fördern und die Allokationseffizienz zu verbessern. Dafür spricht das starke Interesse der Anleger, gerade von diesen Entwicklungen zu erfahren. Dabei ist dieses Interesse nicht nur darauf gestützt, daß die Anleger nicht mit bestimmten Geschäftspraktiken assoziiert sein möchten. Vor allem steht dahinter die Erkenntnis, wie bedeutend die Qualität der Unternehmensleitung für die Bewertung der Wertpapiere ist. Davon hängt maßgeblich die Einschätzung der Faktoren zusammen, welches Risiko mit zukünftigen Zahlungsströmen verbunden ist, und wie diese Zahlungsströme wachsen werden.

Gegen die Angemessenheit der Veröffentlichungspflicht spricht, daß die Beurteilung sehr schwierig ist, wann eine Sorgfaltspflichtverletzung vorliegt, wenn noch kein Schaden eingetreten ist. Die drohende Ad-hoc-Veröffentlichung könnte daher die Entscheidungs-

---

1057 Wilson v. Great American Industries, Inc., 855 F.2d 987 (2d Cir. 1988).

1058 Goldstein v. Bear, Stearns & Co., Inc., [1988-89 Transfer Binder] Fed. Sec. L. Rep. (CCH) ¶ 94,037 (E.D.N.Y. 1988).

1059 General Steel Industries, Inc. v. Walco Nat. Corp., [1981-82 Transfer Binder] Fed. Sec. L. Rep. (CCH) ¶ 98,402 (E.D. Mo. 1981).

1060 SEC v. Benson, 657 F. Supp. 1122 (S.D.N.Y. 1987).

freude zur Vornahme riskanter oder unpopulärer Maßnahmen hemmen. Schließlich würde die Unternehmensleitung verpflichtet, sich selbst zu belasten. Das verstieße gegen elementare Grundsätze des Rechtsstaats. Vor allem dieses letzte Argument gegen eine Pflicht zur Veröffentlichung von Sorgfaltspflichtverletzungen wiegt schwer.

In Anlehnung an die herrschende Rechtsprechung zum US-Recht ist demzufolge die Werterheblichkeit abzulehnen. Zusammenfassend läßt sich festhalten, daß Gegenstand der Ad-hoc-Publizität keine Sorgfaltspflichtverletzungen der Unternehmensleitung sind, die noch nicht zu einem Schaden für das Unternehmen geführt haben.

b) Information zu Interessenkonflikten der Unternehmensleitung

Für die Werterheblichkeit von Entwicklungen, die auf Interessenkonflikte der Unternehmensleitung schließen lassen, spricht der systematische Zusammenhang zur zivilrechtlichen Prospekthaftung, die auch bei einer unterlassenen Offenlegung von kapitalmäßigen oder personellen Verflechtungen des Emittenten oder der Unternehmensleitung mit anderen Unternehmen entstehen kann.[1061] Ebenso ist mit § 15a WpHG eine besondere Veröffentlichungspflicht im Hinblick auf Geschäfte der Unternehmensleitung in eigenen Aktien des Unternehmens oder davon abhängigen Wertpapieren eingeführt. Sachverhalte, die auf Interessenkonflikte hindeuten, haben Auswirkungen auf die Vermögens-, Finanz- oder Ertragslage oder den allgemeinen Geschäftsverlauf des Emittenten, denn die bestehenden Interessenkonflikte begründen die Gefahr einer suboptimalen Kapitalverwendung.

c) Kein Rückgriff auf das Auskunftsrecht der Aktionäre

Hirte schlägt vor, als werterhebliche Tatsachen gemäß § 15 Abs. 1 Satz 1 WpHG Information anzusehen, auf die ein Auskunftsanspruch der Aktionäre gemäß § 131 AktG besteht. Denn die Ad-hoc-Publizität sei als „kontinuierliche Hauptversammlung" nutzbar zu machen.[1062]. Ein Auskunftsanspruch besteht namentlich hinsichtlich allen Vorfällen, deren Kenntnis zur Entlastung von Vorstand und Aufsichtsrat erforderlich ist (§ 119 Abs. 1 Nr. 3 AktG), Vorfälle des laufenden Geschäftsjahres eingeschlossen.[1063] Mit der Entlastung drückt die Hauptversammlung ihr Vertrauen in die zukünftige Geschäftsführung der Gesellschaft aus.[1064] Aufgrund dieser Argumentation könnten gemäß § 15 Abs. 1 Satz 1 WpHG Vorfälle zu veröffentlichen sein, die Zweifel an der Sorgfalt und der Loyalität der Unternehmensleitung begründen.

Gegen *Hirtes* Konzeption einer „kontinuierlichen Hauptversammlung" gemäß § 15 WpHG spricht zunächst, daß die Ad-hoc-Publizität nicht nur für Emittenten von Aktien, sondern ebenso für Emittenten von Schuldverschreibungen gilt, wie auch für Emittenten, die nicht als (deutsche) Aktiengesellschaft verfaßt sind. Des weiteren spricht gegen eine Heranziehung der zu § 131 AktG entwickelten Grundsätze, daß das Auskunftsrecht zur Entlastung von Vorstand und Aufsichtsrat eine vergangene Fremdschädigung der Aktionäre aufdecken und eine vorhersehbare Fremdschädigung verhindern soll. Die Ad-hoc-Publizität bezweckt hingegen den Schutz vor einer irrtumsbedingten Selbstschädigung

---

1061 *Assmann*, in: Assmann/Schütze (Hrsg.), Hdb. d. Kapitalanlagerechts, § 7 Rdn. 78 m.w.N.

1062 *Hirte*, in: Hadding/Hopt/Schimansky (Hrsg.), 2. FFG, S. 47, 56; vgl. auch *Gehrt*, Die neue Ad-hoc-Publizität, S. 165 f., und *Ekkenga*, ZGR 1999, 165, 199; *ders.*, Anlegerschutz, Rechnungslegung und Kapitalmarkt, S. 451 Fn. 380, 452, zur negativen Bestimmung des Gegenstandes der Ad-hoc-Publizität anhand der Auskunftsverweigerungsrechte gemäß § 131 Abs. 3 AktG.

1063 RGZ 167, 151; BGHZ 32, 159.

1064 *Joussen*, DB 1994, 2485.

der Anleger. Schließlich betrifft das Auskunftsrecht des Aktionärs im wesentlichen Vorfälle aus dem abgelaufenen Geschäftsjahr, die in der Regel bereits öffentlich bekannt und also nicht Gegenstand der Ad-hoc-Veröffentlichungspflichten sind.[1065] Eine Heranziehung der zu § 131 AktG entwickelten Grundsätze erscheint also nicht angebracht.[1066]

IV. Ergebnis

Gemäß § 15 Abs. 1 Satz 1 WpHG ist der Gegenstand der Ad-hoc-Publizität auf Entwicklungen beschränkt, deren Eignung zur erheblichen Kursbeeinflussung auf ihren Auswirkungen auf die Vermögens- oder Finanzlage oder auf den allgemeinen Geschäftsverlauf des Emittenten beruht. Demnach sind jedenfalls alle kurserheblichen Tatsachen *ad hoc* zu veröffentlichen, die nach den Grundsätzen ordnungsgemäßer Buchführung im handelsrechtlichen Jahresabschluß oder im Lagebericht anzugeben sind. Eine beträchtliche Erweiterung des Gegenstandes der Ad-hoc-Publizität erfolgt durch das Tatbestandsmerkmal der „Auswirkungen auf den Geschäftsverlauf“: Eine Entwicklung hat Auswirkungen auf den Geschäftsverlauf, wenn sie Einfluß auf die Entwicklung der Ergebnisse aus der Geschäftstätigkeit des Emittenten hat. Die Vorschriften zur Regel- und Prospektpublizität geben Anhaltspunkte, welche Umstände diesen Einfluß haben können. Die Qualifikation des letzten Halbsatzes von § 15 Abs. 1 Satz 1 WpHG, daß Emittenten von Schuldverschreibungen Entwicklungen veröffentlichen müssen, die ihre Fähigkeit beeinträchtigen können, ihren Verpflichtungen nachzukommen, erweitert den Gegenstand der Ad-hoc-Publizität auf Verschlechterungen der Finanzlage, die nicht kurserheblich sind.

Die Werterheblichkeit von unvollendeten Entwicklungen ist unter Abwägung des Ausmaßes der Auswirkungen der vollendeten Entwicklung auf die wirtschaftlichen Verhältnisse des Emittenten einerseits und der Wahrscheinlichkeit der Vollendung andererseits zu bestimmen. Den Emittenten kommt keine Einschätzungsprärogative zu, wann eine Entwicklung werterheblich ist.

Mangels Werterheblichkeit müssen keine Entwicklungen veröffentlicht werden, die zwar Zweifel an der Sorgfalt der Unternehmensleitung wecken, aber noch keinen bestimmten Schaden für das Unternehmen verursachen. Zu veröffentlichen können dagegen Entwicklungen sein, die auf Interessenkonflikte der Unternehmensleitung bei der Durchführung eines konkreten Vorhabens hindeuten.

§ 9
Die Qualifikation der Entwicklungen als Tatsachen

Entwicklungen, die zur erheblichen Kursbeeinflussung aufgrund ihrer Auswirkungen auf die wirtschaftlichen Verhältnisse des Emittenten geeignet sind, müssen des weiteren als Tatsachen zu qualifizieren sein, um gemäß § 15 Abs. 1 Satz 1 WpHG Gegenstand der

1065 *Joussen,* DB 1994, 2485 m.w.N.

1066 Wenn diese Grundsätze für die Bestimmung des Gegenstands der Ad-hoc-Publizität Bedeutung haben sollten, würde sich die Frage stellen, wann unvollendete Entwicklungen zur sachgemäßen Beurteilung der Entlastung von Vorstand und Aufsichtsrat erforderlich sind gemäß §§ 119 Abs. 1 Nr. 3, 131 Abs. 1 Satz 1 AktG. Das LG München I, AG 1987, 185, 186, etwa sieht dann eine Auskunftsberechtigung nur in Sonderfällen gegeben; näher *Joussen,* DB 1994, 2485, 2488 f.

Ad-hoc-Publizität zu sein. Dieser Regelung liegt die Wertung zugrunde, daß schutzwürdig nur das Interesse der Anleger an Information über Tatsachen sein soll.[1067]

Diese Wertentscheidung ist geradezu klassisch; sie findet sich bereits im allgemeinen Betrugsverbot.[1068] Dieses kann als Urgestalt jeder Regelung gelten kann, die -- wie die Ad-hoc-Publizität -- den Schutz vor irrtumsbedingter Selbstschädigung bezweckt. Bei den Ad-hoc-Veröffentlichungspflichten des US-Rechts ist denn auch die Herkunft des Tatbestandsmerkmales der Tatsache aus dem Verbot des Betruges deutlich zu erkennen. Dort folgt die Beschränkung des Gegenstandes der Ad-hoc-Veröffentlichungspflicht[1069] auf Tatsachen unmittelbar aus dem *common law* zum Verbot des Betruges (*deceit*).[1070] Es empfiehlt sich, auch im deutschen Recht bei der Auslegung des Tatbestandsmerkmals von der zum Verbot des Betruges entwickelten Definition auszugehen.[1071]

Eine Tatsache läßt sich zum einen über das Kriterium der Überprüfbarkeit von Information definieren, zum anderen über das Kriterium der Verläßlichkeit von Information. Es ist zu untersuchen, wie diese beiden Kriterien den Begriff der Tatsache im Sinne von § 15 WpHG prägen. Weiterhin gilt zu prüfen, ob auch Information über zukünftige Entwicklungen eine publizitätspflichtige Tatsache ist.

I. Das Kriterium der Überprüfbarkeit einer Information

1. US-Recht

Information muß, um der Ad-hoc-Veröffentlichungspflicht gemäß Rule 10b-5 zu unterliegen, so präzise sein, daß sich ihre Richtigkeit nach Einschätzung eines vernünftigen Anlegers überprüfen läßt.[1072] Die Information muß hingegen nicht Ereignisse betreffen, die sinnlich wahrnehmbar in Vergangenheit oder Gegenwart eingetreten und somit objektiv überprüfbar sind. Das *common law* stellt zwar auf dieses Kriterium zum Tatbestand des *deceit* ab.[1073] Die Rechtsprechung lehnt jedoch eine solche Interpretation des Tatsachenbegriffes in Rule 10b-5 ab: Am Warenmarkt sei das Interesse des Käufers

---

1067 Dazu bereits § 1 I.3.

1068 Das Verbot des Betruges (*deceit*) schützt im US-Recht lediglich vor Irrtümern über Tatsachen; *Dobbs/Keeton/Owen* PROSSER AND KEETON ON TORTS 749-53. Ebenso setzt das Betrugsverbot im deutschen Recht gemäß § 263 Abs. 1 StGB eine Täuschung über Tatsachen voraus; vgl. z.B. *Cramer*, in: Schönke/Schröder (Hrsg.), StGB, § 263 Rdn. 6 f.

1069 Meyer Pincus & Assocs. v. Oppenheimer & Co., 936 F.2d 759, 762 (2d Cir. 1991); Gulf & W. Indus., Inc. v. Great Atl. & Pac. Tea Co., 476 F.2d 687, 697 (2d Cir. 1973); Crane Co. v. Westinghouse Air Brake Co., 419 F.2d 787, 800 (2d Cir. 1969), *cert. denied* 400 U.S. 822 (1970); Dolgow v. Anderson, 53 F.R.D. 664, 688 (E.D.N.Y. 1971), *aff'd per curiam* 464 F.2d 437 (2d Cir. 1972); Richland v. Crandall, 262 F. Supp. 538, 553 (S.D.N.Y. 1967).

1070 Siehe oben § 1 I.3. zur Entstehung von Rule 10b-5 aus 15 U.S.C.§ 77q(a) und dessen Grundlage im common law; ausführlich Loss/Seligman FUNDAMENTALS OF SECURITIES REGULATION 778-79. Soweit Rule 10b-5(2) das Tatbestandsmerkmal der Tatsache ausdrücklich kodifiziert, ist es wie im Betrugstatbestand auszulegen; vgl. z.B. SEC v. Capital Gains Research Bureau, Inc., 375 U.S. 180, 195 (S. Ct. 1968); Chiarella v. United States, 445 U.S. 222, 228 Fn. 10 (S. Ct. 1980).

1071 *Deutsche Börse AG*, Leitfaden, 1. Auflage, S. 20; *Kümpel*, WM 1996, 653, 654; *Süßmann*, in: Wieselhuber & Partner (Hrsg.), Börseneinführung, S. 271, 272; vgl. auch *Pellens*, AG 1991, 62, 63.

1072 Vgl. z.B. Grossman v. Novell, Inc., 120 F.3d 1112, 1119-22 (10th Cir. 1997); Searls v. Glasser, 64 F.3d 1061, 1066-67 (7th Cir. 1995); Shamsi v. Dean Witter Reynolds, Inc., [1989-1990] Fed. Sec. L. Rep. (CCH) ¶ 94,892 (D. Mass. 1989).

1073 Vgl. nur Vulcan Metals Co. v. Simmons Mfg. Co., 248 F. 853 (2d Cir.), *cert. denied*, 247 U.S. 507 (S. Ct. 1918) („*relation to the objective truth*").

an Information über Umstände, die nicht objektiv überprüfbar sind, zwar nicht schutzwürdig. Der Verkäufer sei nicht zu ihrer Offenlegung verpflichtet, weil der Käufer anhand der objektiv überprüfbaren Umstände seine eigene Meinung bilden könne. Am Kapitalmarkt gelte diese Wertung des *caveat emptor* aber nicht. Vielmehr liege dem gesamten Kapitalmarktrecht die Wertentscheidung zur umfassenden Aufklärung der Anleger (*full and fair disclosure*) zugrunde. Die Eigenverantwortung der Anleger für suboptimale Anlageentscheidungen aufgrund unvollständiger Information sei also eingeschränkt.[1074] Denn es sei nicht von den Anlegern zu verlangen, daß sie die zur Beurteilung der Wertpapiere erforderliche Information selbst zusammentragen und auswerten.[1075] Sie könnten nicht wie am Warenmarkt durch eine physische Inspektion des Emittenten und der Wertpapiere feststellen, welchen Nutzen die Wertpapiere für sie haben.[1076] Folglich sei das Erfordernis von Information über Tatsachen nicht zu wörtlich zu nehmen.[1077]

2. *Deutsches Recht*

a) *Streitgegenstand: Das Erfordernis objektiver Überprüfbarkeit*

Ein Teil der Literatur zu §§ 263, 264a StGB[1078] und zu § 15 WpHG[1079] sieht es -- wie das US-Recht -- als ausreichend an, daß eine Information so präzise ist, daß sich ihre Richtigkeit (nicht: ihre Wahrheit) nach der Verkehrseinschätzung überprüfen läßt. Diese Definition ermöglicht die Anerkennung von Umständen als Tatsache, zu deren Erfassung neben einer sinnlichen Wahrnehmung noch eine geistige Schlußfolgerung erforderlich ist (kognitive Tatsachen).[1080] Ebenso können innere Zustände, etwa eigene Überzeugungen, Absichten, oder Planungen Tatsachen sein, sofern sie einer Überprüfung offen stehen (innere Tatsachen).[1081] Es sind nach dieser Ansicht auch Kenntnisse, Schlußfolgerungen und erkannte Wahrscheinlichkeiten, insbesondere also auch Prognosen und Bewertungen, unter den Begriff der Tatsache zu fassen, solange sie nur nach Maßgabe der Verkehrsanschauung nachvollziehbar auf einem sinnlich wahrnehmbaren „Tatsachenkern" beruhen.[1082] Demnach stelle z.B. eine Tatsache dar, wie der Vorstandsvorsitzende die Ertragslage[1083] oder die Insolvenzgefahr einschätzt.[1084] Dieselbe Einschätzung durch eine im Geschäft unerfahrene Person sei hingegen keine Tatsache.

1074 Vgl. Basic, Inc. v. Levinson, 485 U.S. 224, 235 (S. Ct. 1988).

1075 B. Fennekohl & Co., 41 S.E.C. 210, 216 (1962); vgl. In re First Chicago Corp. Sec. Litig., 769 F. Supp. 1444 (N.D. Ill. 1991).

1076 Vgl. Klein v. King, [1990 Transfer Binder] Fed. Sec. L. Rep. (CCH) ¶ 95,002 (N.D. Cal. 1990); vgl. auch Casella v. Webb, 883 F.2d 805, 808 (9th Cir. 1989).

1077 B. Fennekohl & Co., 41 S.E.C. 210, 216 (1962); vgl. In re First Chicago Corp. Sec. Litig., 769 F. Supp. 1444 (N.D. Ill. 1991).

1078 *Tröndle/Fischer*, StGB, § 263 Rdn. 2; Otto WM 1988, 729, 737, zu § 264a StGB.

1079 Kümpel in: Kümpel/Ott (Hrsg.), Kapitalmarktrecht, Kennz. 065, 5.C.IV.1. b) aa) (S. 70) mit Verweis auf 4.B.I. (S. 32); *Caspari,* in: Baetge (Hrsg.), Insiderrecht und Ad-hoc-Publizität, S. 65, 68; *Pananis,* WM 1997, 460, 462; *U.A. Weber,* BB 1995, 157, 163; zweideutig *Ekkenga,* ZGR 1999, 165, 192, der einerseits alle „präzise Information" als Tatsache ansieht, andererseits aber nur den objektiv überprüfbaren „Tatsachenkern" und eben nicht die daraus gewonnenen Erkenntnisse der Veröffentlichungspflicht unterwerfen will.

1080 *Tröndle/Fischer*, StGB, § 263 Rdn. 5.

1081 *Tröndle/Fischer*, StGB, § 263 Rdn. 5 m.w.N.

1082 *Tröndle/Fischer*, StGB, § 263 Rdn. 2; *Kiem/Kotthoff,* DB 1995, 1999, 2000; *Kümpel,* AG 1997, 66, 69; *U.A. Weber,* BB 1995, 157, 163; *Gehrt,* Die neue Ad-hoc-Publizität, S. 121 f.

1083 *Happ,* JZ 1994, 240, 240; *Caspari,* in: Baetge (Hrsg.), Insiderrecht und Ad-hoc-Publizität, S. 65, 68.

Hingegen versteht die herrschende Meinung zu § 263 StGB unter Tatsachen die konkreten Vorgänge oder Zustände der Vergangenheit oder Gegenwart, die sinnlich wahrnehmbar in die Wirklichkeit getreten und damit einem Wahrheitsbeweis zugänglich sind.[1085] Diese Auslegung entspreche dem allgemeinen Sprachgebrauch. Eine weitergehende Auslegung verstoße gegen das Analogieverbot. Im Anschluß daran genügt nach der wohl herrschenden Meinung zu § 15 WpHG nicht, daß eine Information nach der Verkehrseinschätzung auf ihre Richtigkeit überprüfbar ist. Ihre Wahrheit oder Unwahrheit müsse einer sinnlichen Überprüfung durch Dritte offenstehen.[1086] Diese Definition von Tatsachen gewährleiste, daß die Verpflichtung zur Veröffentlichung von Tatsachen unmittelbar bewiesen und damit gerichtlich reibungslos durchgesetzt werden kann.[1087]

b) Stellungnahme: Intersubjektive Überprüfbarkeit genügt

Als Tatsache ist im Rahmen von § 15 WpHG jede Information aufzufassen, die so präzise ist, daß sie sich nach der Verkehrsanschauung auf ihre Richtigkeit überprüfen läßt. Für diese Auslegung spricht die Entwicklung der Ad-hoc-Publizität aus dem Recht der Insiderpublizität. Die Insiderverbote passen den Schutz vor Betrug an die Sonderheiten des Kapitalmarktes an, indem sie den Schutz der Anleger vor vermögensschädigenden Irrtümern über präzise Information vorsehen. Der Begriff der Tatsache in § 13 Abs. 1 WpHG ist in diesem Sinne bis zur Wortlautgrenze weit auszulegen,[1088] denn er geht zurück auf die EU-Insiderrichtlinie, die von „präziser Information" handelt.[1089] Es genügt demnach, wenn der Verkehr einer Mitteilung über diesen Umstand einen „objektiv zuverlässigen Grad der Aussage" zutraut.[1090] Ebenso spricht die Entwicklung der Ad-hoc-Publizität aus den Wertungen der Regelpublizität und damit im weiteren Sinne aus dem Recht der Börsenzulassungspublizität[1091] für das hier vertretene Verständnis des Tatsachenbegriffes: Der BGH hat die Abgrenzung zwischen Tatsachen (als objektiv überprüfbaren Umständen) und Angaben (als präziser Information mit Tatsachenkern)[1092]

1084 *Kümpel* in: Kümpel/Ott (Hrsg.), Kapitalmarktrecht, Kennz. 065, 5.C.IV.1. b) aa) (S. 70) mit Verweis auf 4.B.I. (S. 32).

1085 RGSt 41, 193, 194; 55, 130, 131; BGH JR 1977, 28, 29; *Cramer,* in: Schönke/Schröder (Hrsg.), StGB, § 263 Rdn. 8 ff. m.w.N.; *Worms,* in: Assmann/Schütze, Hdb. z. Kapitalanlegerrecht, § 8 Rdn. 9 ff.

1086 *Assmann,* in: Assmann/Schneider (Hrsg.), WpHG, § 13 Rdn. 33a; *Schwark,* BörsG, § 44a Rdn. 2; *BAWe/Deutsche Börse AG,* Leitfaden, S. 30; *Burgard,* ZHR 162 (1998), 51, 63 f.; *Claussen,* DB 1994, 27, 30; *Heidmeier,* AG 1992, 110, 111; *Pellens,* AG 1991, 62, 63; *Lutter,* in: Lieb/Noack/Westermann (Hrsg.), FS Zöllner, S. 363, 368; *Schockenhoff/Wagner,* AG 1999, 548, 550; *v.Klitzing,* Die Ad-hoc-Publizität, S. 76 f.; *Zubrod,* Rechtssichere Eingrenzung der Ad-hoc-Publizitätspflicht, S. 32.

1087 Vgl. *v.Klitzing,* Die Ad-hoc-Publizität, S. 75; zu § 44a BörsG a.F. *Pellens,* AG 1991, 62, 63; vgl. auch *Schwark,* BörsG, § 44a Rdn. 2. Die gerichtliche Beweiserhebung ist auf Tatsachen beschränkt (§ 244 Abs. 2 StPO, §§ 286 Abs. 1 Satz 1, 288 Abs. 1 ZPO, § 98 VwGO i.V. mit § 359 Nr. 1 ZPO). Denn das Gericht soll sich nur mit Behauptungen beschäftigen müssen, die Wahrheitsfindung und effiziente Urteilsbildung fördern. *Hartmann,* in: Baumbach/Lauterbach/Albers/Hartmann, ZPO, Einf § 284 Rdn. 19.

1088 *Cramer,* in: Schmoller (Hrsg.), FS Triffterer, S. 323, 334.

1089 Art. 1 Abs. 1 der EU-Insiderrichtlinie 89/592/EWG vom 13.11.1989, ABl. EG Nr. L 334 v. 18.11.1989, S. 30.

1090 *Claussen,* DB 1994, 27, 30; vgl. *Claussen,* ZBB 1992, 267, 276; vgl. *Schäfer,* in: Schäfer (Hrsg.), WpHG etc., § 13 Rdn. 38; ebenso *Cramer,* in: Schönke/Schröder, StGB, § 263 Rdn. 9.

1091 Siehe dazu oben § 2 III.1.

1092 *Tröndle/Fischer,* StGB, § 264a Rdn. 10; *Fuhrmann,* in: Erbs/Kohlhaas (Hrsg.), Strafrechtliche NebenG, § 88 BörsG Rdn. 7; *Ledermann,* in: Schäfer (Hrsg.), WpHG etc., § 88 BörsG Rdn. 8; *Schwark,* BörsG, Einl. vor § 88 Rdn. 6; *Worms,* in: Assmann/Schütze (Hrsg.), Hdb. z.

im Rahmen der Börsenprospekthaftung gemäß § 44 BörsG aufgegeben. Diese Abgrenzung werde nicht den Gegebenheiten des Kapitalmarktes gerecht und sei ohnehin kaum durchzuführen.[1093] Hinter dieser übereinstimmenden Entwicklung weg vom Kriterium der objektiven Überprüfbarkeit und hin zum Kriterium intersubjektiver Überprüfbarkeit stehen mithin die selben Erwägungen wie im US-Recht: Zum einen ist am Kapitalmarkt im Vergleich zum Warenmarkt Information über kognitive und innere Tatsachen ungleich bedeutsamer. Die Bewertung von Wertpapieren -- ob anhand ihres Fundamentalwertes oder anhand der Marktpsychologie -- beruht ganz überwiegend auf nicht physisch verkörperten Umständen wie der Wahrscheinlichkeit von zukünftigen Zahlungsströmen und den Führungsfähigkeiten der Unternehmensleitung.[1094] Zum anderen können Anleger diese werterheblichen Umstände im Hinblick auf die Wertpapiere nur mit wesentlich größerem Aufwand selbst schlußfolgern, als dies Konsumenten im Hinblick auf Waren möglich ist. Insoweit drängt sich der Schluß auf, daß bei intensiviertem Schutz von Verbrauchern im Hinblick auf das Informations- und Liquidationsrisiko am Warenmarkt[1095] erst recht ein erhöhter Schutz von Anlegern im Hinblick auf dieselben Risiken am Kapitalmarkt legitimiert ist.[1096] Der Systemzusammenhang des Tatsachenbegriffes in § 13 WpHG spricht ebenfalls für die hier vertretene Auslegung. Der Begriff der Tatsache in § 13 Abs. 1 WpHG ist wie erörtert im Wege richtlinienkonformer Auslegung mit Information gleichzusetzen, die so präzise ist, daß sie sich nach der Verkehrsanschauung auf ihre Richtigkeit überprüfen läßt.[1097] Das legt es nahe, den Begriff der Tatsache in § 15 WpHG ebenso zu verstehen. Schließlich sprechen Sinn und Zweck der Norm für die hier vertretene Auslegung. Als Ergänzung der Regelpublizität und Wegbereiter einer kontinuierlichen Prospektpublizität sollte die Ad-hoc-Publizität die Anleger über kurserhebliche kognitive und innere Tatsachen aufklären. Die Anleger haben ein erhebliches Interesse an dieser Information, da kognitive und innere Tatsachen zumindest ebenso große Bedeutung für die Bewertung der Wertpapiere haben, wie objektiv überprüfbare Umstände. Aus dem gleichen Grund erfordert der Zweck der Prävention gegen Insiderhandel, daß kurserhebliche kognitive und innere Tatsachen *ad hoc* veröffentlicht werden, und nicht nur objektiv überprüfbare Umstände. Denn ihre Kenntnis läßt sich mindestens ebenso gut zu Insiderhandel ausnutzen. Die dadurch verursachten, nicht zutreffend nachvollziehbaren Kursveränderungen können Anleger zu vermögensschädigendem Wertpapierhandel verleiten. Aus demselben Grund verbietet § 20a Abs. 1 Nr. 1 WpHG kursmanipulative Kommunikation über jegliche, nicht nur objektiv überprüfbare Umstände, solange die Angaben intersubjektiv auf ihre Richtigkeit zu überprüfen sind.[1098] Diese Auslegung gefährdet schließlich nicht die gerichtliche Durchsetzbarkeit der Ad-hoc-Veröffentlichungspflicht. Denn auch das Vorliegen von kognitiven und inneren

---

Kapitalanlegerrecht, § 8 Rdn. 30; *Schlüchter,* Zweites Gesetz zur Bekämpfung der Wirtschaftskriminalität, S. 137; vgl. ferner zum Begriff der Angabe in § 3 UWG: BGH GRUR 1973, 594 f.; BGH GRUR 1975, 141; BGH GRUR 1979, 781; *Otto,* WM 1988, 729, 734.

1093 BGH WM 1982, 862, 865.

1094 Siehe näher dazu oben § 3.II.1.

1095 Terminologie nach *Merkt,* Unternehmenspublizität, S. 299.

1096 So grundlegend *Kübler,* in: Bruns/Häuser, Transparenzprobleme des Kapitalmarktes, S. 7, 32; weiterhin *Assmann,* Prospekthaftung, S. 283 ff.; *Merkt,* Unternehmenspublizität, S. 225, 313.

1097 *Claussen,* ZBB 1992, 267, 276; *Cramer,* in: Schmoller (Hrsg.), FS Triffterer, S. 323, 334; Bedenken unter Hinweis auf das Analogieverbot bei *Schäfer,* in: Schäfer (Hrsg.), WpHG etc., § 13 Rdn. 38 f., dazu nachfolgend.

1098 Allgemeine Meinung, vgl. z.B. *Otto,* WM 1988, 729, 737; *Park,* BB 2002, 2069, 2070, je m.w.N.

Tatsachen läßt sich gerichtlich beweisen. Die Eröffnung des Sachverständigenbeweises zeigt, daß die gerichtliche Beweiserhebung nicht auf sinnlich wahrnehmbare Umstände beschränkt ist, sondern sich auch auf kognitive Tatsachen erstreckt. Im übrigen lassen sich kognitive und innere Tatsachen anhand von Indizien beweisen.

c) Stellungnahme: Die Beachtung des Analogieverbotes

Die Ansicht, daß präzise Information zur Annahme einer Tatsache genügt, verstößt nicht gegen das Analogieverbot, wenn diese Information so präzise sein muß, daß sie nach der Verkehrsanschauung auf ihre Richtigkeit überprüfbar ist. Aufgrund des Analogieverbotes des Art. 103 Abs. 2 GG bildet der allgemeine Sprachgebrauch die äußerste Grenze jeder Auslegung, die den Gegenstand der Ad-hoc-Publizität und damit den Umfang ahndbarer Pflichtverletzung erweitert. Der Begriff der Tatsache setzt nach dem allgemeinen Sprachgebrauch die Überprüfbarkeit einer Entwicklung voraus.[1099] Bestimmte präzise Informationen wie etwa Kenntnisse, Schlußfolgerungen oder erkannte Wahrscheinlichkeiten können mit Gewißheit vorliegen und lassen sich daher nach der Verkehrsanschauung auf ihre Richtigkeit überprüfen, ohne doch auf ihre objektive Wahrheit überprüfbar zu sein. Die Verarbeitung von sinnlichen Wahrnehmungen zu Kenntnissen, Schlußfolgerungen und erkannten Wahrscheinlichkeiten ist zwar immer subjektiv, denn kein Mensch verarbeitet seine Wahrnehmungen exakt wie ein anderer. Die objektive Wahrheit dieser Wahrnehmungen läßt sich daher nicht feststellen. Im Hinblick auf gewisse Wahrnehmungen wird aber im Verkehr mit so großer Kontinuität eine bestimmte Schlußfolgerung gezogen, daß diese Schlußfolgerung sich nach der Verkehrsanschauung auf ihre Richtigkeit überprüfen läßt. Ebenso werden im Verkehr mit so großer Kontinuität in einer gewissen Weise Schlußfolgerungen gezogen, daß diese Schlußfolgerungen für sich gesehen, ausgehend von bestimmten Annahmen, nach der Verkehrsanschauung auf ihre Richtigkeit überprüfbar sind. Das genügt in beiden Fällen, um die Schlußfolgerungen nach dem allgemeinen Sprachgebrauch als Tatsachen anzusehen.

1099 So auch *Schäfer*, in: Schäfer (Hrsg.), WpHG etc., § 13 Rdn. 38 f., der aus diesem Grund im Hinblick auf das Analogieverbot vor einer Auslegung des § 13 Abs. 1 WpHG warnt, die jegliche präzise Information zur Insidertatsache erklärt, unabhängig davon, ob sie auf ihre Richtigkeit überprüfbar ist. Eine solche, soweit ersichtlich bisher nicht vertretene Auslegung wäre auch m.E. nicht mehr durch die EU-Insiderrichtlinie geboten. Denn wenn Information nicht überprüfbar ist, hat sie keine Bedeutung für den Fundamentalwert der Wertpapiere. Ebenso wenig ist der gleiche Zugang der Anleger zu dieser Information geboten, um die Transparenz der Preisbildung zu sichern. Vertrauen der Anleger in die Nachvollziehbarkeit der Preisbildung ist nicht schutzwürdig im Hinblick auf nicht überprüfbare Information, denn gerade aus der intersubjektiv abweichenden Abgrenzung, welche Information dieser Art bei der Anlageentscheidung zu berücksichtigen ist, entsteht das Ungleichgewicht der Informationslage, das Börsenhandel erst möglich macht; ähnlich *Weber*, NZG 2000, 113, 119, zu § 13 Abs. 1 WpHG. Ausführlich gegen eine Erweiterung des Gegenstandes der Ad-hoc-Publizität auf nicht überprüfbare Information unten III.2.b)bb).

II. Die Verläßlichkeit einer Information

1. US-Recht

Gemäß Rule 10b-5 ist nur verläßliche Information zu veröffentlichen.[1100] Der US-Supreme Court hat in *Basic, Inc. v. Levinson* entschieden, daß jeder sinnlich wahrnehmbar in die Wirklichkeit getretene Umstand die erforderliche Verläßlichkeit besitzt; eine teleologische Reduktion des Tatsachenbegriffes auf vorläufig oder gar endgültig abgeschlossene Entwicklungen sei nicht geboten.[1101] Das Gericht wendet sich dabei ausdrücklich gegen die Argumentation, eine Veröffentlichung von Umständen, die noch nicht feststünden, würde die Anleger irreführen. Ein vernünftiger Anleger sei sehr wohl in der Lage, Wahrscheinlichkeiten zu wägen; an diesem Leitbild seien die gesamten Publizitätsvorschriften des Kapitalmarktrechts orientiert. Es gehe jedenfalls nicht an, den Anlegern eine kindliche Einfachheit und Unfähigkeit zu differenzierender Betrachtung zu unterstellen und dadurch zu einer Bevormundung der Anleger zu kommen. Dadurch würde die gesetzliche Konzeption des Anlegerschutzes durch umfassende Aufklärung verkannt.[1102]

2. Deutsches Recht

Es ist in der Literatur zu § 15 WpHG lebhaft umstritten, ob die Information über eine Entwicklung einen bestimmten Grad der Verläßlichkeit aufweisen muß, um eine Tatsache im Sinne des § 15 WpHG zu sein.

a) Streitgegenstand: Das Erfordernis einer bestimmten Verläßlichkeit

Kümpel hat die Auffassung vertreten, zur Annahme einer Tatsache sei eine hohe Wahrscheinlichkeit zu fordern, daß der Umstand endgültig feststeht.[1103] Eine ähnliche Ansicht, allerdings beschränkt auf voluntative Tatsachen,[1104] vertritt *Hopt*: Vorhaben, die zu ihrer Durchführung weitere Entschlüsse des Emittenten erforderten, seien erst dann als Tatsachen anzusehen, wenn die Entscheidungsfindung im Unternehmen entweder abgeschlossen oder so wesentlich gefördert ist, daß der Markt durch die Veröffentlichung nicht irregeführt werde.[1105]

Diesen Ansichten haben sich andere Autoren angeschlossen im Hinblick auf die extensiv diskutierte Frage, ob bereits vor einer gesellschaftsrechtlich gebotenen Beteiligung des Aufsichtsrats eine Pflicht zur Ad-hoc-Veröffentlichung von Unternehmens-

---

1100 Vgl. Garcia v. Cordova, 930 F.2d 826 (10th Cir. 1991); In re Craftmatic Sec. Litig., 890 F.2d 628 (3d Cir. 1989); deutlich auch Philcorp SEC Tender Offer Litig., [1988-1989 Transfer Binder] Fed. Sec. L. Rep. (CCH) ¶ 94,169, at 91,564 (S.D.N.Y. 1989). Die Rechtsprechung erörtert die völlige Unverläßlichkeit einer Information nicht zum Tatsachenbegriff, sondern zur Rechtsfigur der „unwiderleglichen Unerheblichkeit" (*immateriality by law*).

1101 Basic, Inc. v. Levison, 485 U.S. 224, 235 (S. Ct. 1988).

1102 Basic, aaO, mit wörtlichem Zitat der Entscheidung Flamm v. Eberstadt, 814 F.2d 1169, 1175, *cert. denied*, 484 U.S. 853 (S. Ct. 1987).

1103 *Kümpel*, in: Kümpel/Ott (Hrsg.), Kapitalmarktrecht, Kennz. 065, 5.C.IV.1. b) aa) (S. 70) mit Verweis auf 4.B.I. (S. 32); *Assmann*, WM 1996, 1337, 1341; in der Sache ebenso, aber mit leicht veränderter Begründung, *Kümpel*, in: Assmann/Schneider (Hrsg.), WpHG, § 15 Rdn. 45; *Assmann*, in: Assmann/Schneider (Hrsg.), WpHG, § 13 Rdn. 36a.

1104 Zur Terminologie *Happ/Semler*, ZGR 1999, 116, 130.

1105 *Hopt*, ZHR 159 (1995), 135, 152 f.; *ders.*, in: Hadding/Hopt/Schimansky (Hrsg.), 2. FFG, S. 3, 22; zustimmend *Geibel*, in: Schäfer (Hrsg.), WpHG etc., § 15 Rdn. 62, 74, 83; vgl. auch *v.Klitzing*, Die Ad-hoc-Publizität, S. 80, der den vollständigen Abschluß der Entscheidungsfindung fordert; ebenso wohl *Merkt*, Unternehmenspublizität, S. 457 f.

vorhaben besteht. Bei Vorhaben, deren Durchführung unter dem Vorbehalt der Zustimmung durch den Aufsichtsrat steht, liege eine Tatsache erst mit dem entsprechenden Beschluß des Aufsichtsrates vor.[1106] Ein zustimmungspflichtiger Vorstandsbeschluß könne ausnahmsweise bereits eine Publizitätstatsache sein, wenn eine "realistische und auf Lebenserfahrung beruhende Erwartung" bestehe, daß der Aufsichtsrat dem Vorstandsbeschluß zustimmt.[1107] Ob der erforderliche Wahrscheinlichkeitsgrad vorliegt, sei aus der Sicht des Emittenten von der jeweiligen Entscheidungsstufe aus zu beurteilen.[1108]

Darin unterscheide sich der Tatsachenbegriff der Ad-hoc-Publizität von demjenigen der Insiderverbote.[1109] Eine Insidertatsache sei jedes Vorhaben bereits im Planungsstadium, so daß das Unternehmen vor der Verabschiedung des Vorhabens keine selektive Informationsweitergabe oder Insiderhandel zulassen dürfe.[1110] Um die Gefahr von Insidergeschäften in der Zwischenzeit zu verringern, empfehle es sich, die Zustimmung des Aufsichtsrates möglichst bald nach einem zustimmungsbedürftigen Vorstandsbeschluß einzuholen. Eine Vorverlagerung der Ad-hoc-Publizität sei aber nicht erforderlich.[1111] Zum einen würde die Unternehmensleitung zur Verhinderung von Insiderverstößen eine frühzeitige Veröffentlichung anstreben,[1112] zum anderen sei wegen der Strafandrohung der §§ 14 Abs. 1 Nr. 2, 38 Abs. 1 Nr. 2 WpHG die vertrauliche Behandlung der Publizitätstatsachen sichergestellt.[1113] Die Gefahr von Insidergeschäften aufgrund noch nicht wesentlich geförderter Entwicklungen sei ohnehin geringer, da die Insider nur auf der Grundlage von Erwartungen spekulieren könnten.[1114]

Claussen und *Kümpel* stellen bei voluntativen Tatsachen statt auf die Endgültigkeit eines Vorhabens sogar auf dessen Rechtsverbindlichkeit ab. Nach dieser Ansicht sind Unternehmensvorhaben erst dann als Tatsache anzusehen, wenn eine Organentscheidung die Durchführung der Vorhaben für den Emittenten rechtsverbindlich macht. Mit einer Ad-hoc-Veröffentlichung dürfe der Emittent daher bis zu dieser Organentscheidung abwarten.[1115] So sei das Jahresergebnis erst dann eine Tatsache, wenn die Rechtswirksamkeit des Jahresabschlusses durch den Aufsichtsrat festgestellt sei.[1116] Außerdem sei noch keine Tatsache gegeben, wenn Vorstand und Aufsichtsrat eine Kapitalerhöhung zwar

1106 *Benner-Heinacher,* DB 1995, 765, 766; *Claussen/Loistl,* in: Claussen/Loistl (Hrsg.), Frage und Antwort, S. 8, 10, 29; *Cahn,* ZHR 162 (1998), 2, 24 f.; *Deutsche Börse AG,* Leitfaden, 1. Auflage, S. 20 f.; *Happ,* JZ 1994, 240, 243; *Happ/Semler,* ZGR 1998, 116, 125, 129; *Peltzer,* ZIP 1994, 746, 750.

1107 *Kümpel,* AG 1997, 66, 68; vgl. *Assmann,* WM 1996, 1337, 1341.

1108 *Geibel,* in: Schäfer (Hrsg.), WpHG etc., § 15 Rdn. 63; *Kümpel,* AG 1997, 66, 69; *Kümpel,* in: Kümpel/Ott, Kapitalmarktrecht, Kz. 615/3 (II.4.).

1109 *Kümpel,* in: Kümpel/Ott, Kapitalmarktrecht, Kz. 065, 5.C.IV.1.a) (S. 69); *Deutsche Börse AG,* Leitfaden, 1. Auflage, S. 21; *Hopt,* ZHR 159 (1995), 135, 152.

1110 *Claussen/Loistl,* in: Claussen/Loistl (Hrsg.), Frage und Antwort, S. 8, 10; *Assmann,* in: Assmann/Schneider (Hrsg.), WpHG, § 13 Rdn. 33b, 35a, 36, 36.

1111 *Geibel,* in: Schäfer (Hrsg.), WpHG etc., § 15 Rdn. 77.

1112 Könne in der Zwischenzeit keine Vertraulichkeit gewährleistet werden, so entstehe eine vorzeitige Veröffentlichungspflicht; grundlegend *Kümpel,* in: Assmann/Schneider (Hrsg.), WpHG, § 15 Rdn. 54 ff.; ebenso *Burgard,* ZHR 162 (1998), 51, 81 f.; *Deutsche Börse AG,* Leitfaden, 1. Auflage, S. 21; *Happ/Semler,* ZGR 1998, 116, 132; *Hopt,* ZHR 159 (1995), 135, 152.

1113 *Burgard,* ZHR 162 (1998), 51, 79.

1114 *Assmann,* WM 1996, 1337, 1341 mit Fn. 35.

1115 *Claussen,* Insiderhandelsverbot und Ad-hoc-Publizität, Rdn. 113 (S. 82 f.); *Claussen/Loistl,* in: *Claussen/*Loistl (Hrsg.), Frage und Antwort, S. 8, 10; ebenso *Happ/Semler,* ZGR 1998, 116, 128; *v.Klitzing,* Die Ad-hoc-Publizität, S. 80.

1116 *Kümpel,* in: Kümpel/Ott (Hrsg.), Kapitalmarktrecht, Kennz. 615/3 II.5. (S. 5).

bereits beschlossen haben, die Durchführung aber unter der Bedingung einer bestimmten Marktsituation steht, die noch nicht eingetreten ist.[1117] Gegen die Tatsachenqualität eines *letter of intent* wird eingewandt, daß der Emittent dadurch noch nicht zur Vertragsabwicklung verpflichtet sei.[1118]

Eine Tatsache im Sinne von § 263 StGB liegt dagegen nach einhelliger Ansicht jedenfalls dann vor, wenn ein Zustand oder Vorgang konkret in Vergangenheit oder Gegenwart in die Wirklichkeit getreten ist. Es ist unerheblich, ob der Zustand noch Veränderungen unterliegt oder ob der Vorgang bald abgeschlossen sein wird.[1119] Ein Vorstandsbeschluß ist demgemäß eine Tatsache, selbst wenn die Durchführung des beschlossenen Vorhabens noch unter dem Vorbehalt der Zustimmung oder Überprüfung durch den Aufsichtsrat steht. Dieser Auffassung schließt sich eine zunehmende Zahl von Authoren zu § 15 WpHG an.[1120]

b) Stellungnahme: Keine bestimmte Verläßlichkeit erforderlich

Die Auslegung des § 15 Abs. 1 Satz 1 WpHG spricht gegen das von *Kümpel* und *Hopt* vertretene Erfordernis der Endgültigkeit. Nach dem allgemeinen Sprachgebrauch ist keine Unumkehrbarkeit eines Umstandes erforderlich, um diesen als Tatsache zu bezeichnen. Der Vorschlag, den *Hopt* während des Gesetzgebungsverfahrens gemacht hat,[1121] in § 15 WpHG eine Freistellung von der Ad-hoc-Publizität für noch nicht abgeschlossene Entscheidungen anzunehmen,[1122] ist gerade nicht Gesetz geworden.[1123] Auch ist nach Sinn und Zweck des § 15 WpHG eine Beschränkung der Veröffentlichungspflicht auf endgültig oder vorläufig feststehende Umstände abzulehnen. Dadurch würde den Anlegern die wirklich wichtige Information vorenthalten. Denn am Kapitalmarkt zählen ganz besonders die Entwicklungen, die Erwartungen an die Zukunft begründen.[1124]

Gegen das von *Claussen* und *Kümpel* postulierte Erfordernis der Rechtsverbindlichkeit spricht ebenso der allgemeine Sprachgebrauch, der den Begriff der Tatsache nicht mit einer Pflicht zur Durchführung von Rechtsgeschäften in Verbindung bringt, ob es nun um Organbeschlüsse oder um Verträge geht.[1125] Außerdem sprechen auch Sinn und Zweck der Regelung dagegen, auf die Rechtsverbindlichkeit eines Geschäfts abzustellen. Sie ist für Anleger uninteressant, denn die für den Preis der Wertpapiere maßgeblichen

---

1117 *Kümpel*, in: Kümpel/Ott (Hrsg.), Kapitalmarktrecht, Kennz. 065, 5.C.IV.1.a) (S. 69); *ders.*, AG 1997, 66, 67; *ders.*, WM 1996, 653, 654; vgl. *Ekkenga*, ZGR 1999, 165, 185.

1118 So *Süßmann*, in: Wieselhuber & Partner (Hrsg.), Börseneinführung, S. 271, 272.

1119 Siehe dazu statt vieler *Cramer*, in: Schönke/Schröder, StGB, § 263 Rdn. 8 ff., *Tröndle/Fischer*, StGB, § 263 Rdn. 2, *Worms*, in: Assmann/Schütze (Hrsg.), Hdb. z. Kapitalanlagerechts, § 8 Rdn. 9 ff., je m.w.N.

1120 *Schwark*, BörsG, § 44a Rdn. 2; *Burgard*, ZHR 162 (1998), 51, 61, 63; *Caspari*, in: Baetge (Hrsg.), Insiderverbote und Ad-hoc-Publizität, S. 68, 69; *Fürhoff*, AG 2003, 84 f. mit Fn. 55; *Heidmeier*, AG 1992, 110, 111; *Kiem/Kotthoff*, DB 1995, 1999, 2000; *Lutter*, in: Lieb/Noack/Westermann (Hrsg.), FS Zöllner, S. 363, 368; *Pananis*, WM 1997, 460, 464; *Pellens*, AG 1991, 62, 63; *Schander/Lucas*, DB 1997, 2109, 2110; *Schockenhoff/Wagner*, AG 1999, 548, 550 f.; *Fülbier*, Regulierung der Ad-hoc-Publizität, S. 246; *Gehrt*, Die neue Ad-hoc-Publizität, S. 124; *Zubrod*, Rechtssichere Eingrenzung der Ad-hoc-Publizitätspflicht, S. 35.

1121 *Hopt*, in: WM-Festgabe Hellner 1994, S. 29, 33.

1122 Im Anschluß an § 15 Abs. 1 Satz 1 WpHG sollte es heißen: „Unternehmensinterne Entscheidungen sind erst dann Tatsachen im Sinne von Satz 1, wenn sie zum Abschluß gekommen sind."

1123 Das betont *Burgard*, ZHR 162 (1998), 51, 63.

1124 *Schwark*, BörsG, § 44a Rdn. 3; *Gehrt*, Die neue Ad-hoc-Publizität, S. 125.

1125 *Lutter*, in: Lieb/Noack/Westermann (Hrsg.), FS Zöllner, S. 363, 369.

Zahlungsströme aus der Geschäftstätigkeit des Emittenten hängen von der Zahlungsfähigkeit und der Zahlungswilligkeit des Schuldners ab. Überdies schützt die Ad-hoc-Publizität das Informationsinteresse der Anleger im Hinblick auf jegliches kurserhebliche Handeln des Emittenten, nicht nur im Hinblick auf rechtsgeschäftliches Handeln.[1126] Schließlich würde die Ad-hoc-Publizität gerade bei ganz wesentlichen Vorhaben viel zu spät kommen, die erst nach einem Beschluß der Hauptversammlung rechtsverbindlich für die Unternehmensleitung werden. Ein Abwarten mit der Ad-hoc-Publizität bis zu einem Beschluß der Hauptversammlung oder gar bis zu dessen Eintragung im Handelsregister vertritt daher -- obwohl dies nur konsequent wäre[1127] -- bislang niemand.[1128]

Die Annahme einer Tatsache erfordert demzufolge, wie es im übrigen auch zu § 263 StGB allgemein anerkannt ist, keinen bestimmten Grad der Verläßlichkeit.

c) Die Ablehnung einer teleologischen Reduktion

Warum, fragt sich nach dieser vergleichsweise eindeutigen Auslegung, halten Koryphäen des Kapitalmarktrechts wie *Kümpel*, *Hopt* und *Claussen* an ihren anderen Ansichten fest? Zweifel an einer Regelung, die den Emittenten zur Veröffentlichung von Unternehmensvorhaben ohne Rücksicht auf den Abschluß des Entscheidungsprozesses verpflichtet, hatte bereits der Wirtschafts- und Sozialausschuß des Europäischen Parlaments sowohl zur EU-Börsenzulassungsrichtlinie[1129] als auch zur EU-Insiderrichtlinie angemeldet.[1130] Diese Zweifel nährt die amtliche Begründung des Regierungsentwurfes von § 15 WpHG. Dort heißt es: „Ereignisse, deren Konsequenzen noch nicht feststehen, weil deren Wirksamkeit noch durch andere Umstände aufgehoben werden kann oder noch wirksame Gegenmaßnahmen möglich sind, stellen keine Tatsachen dar, die Auswirkungen auf die Vermögens- und Finanzlage oder den allgemeinen Geschäftsverlauf haben.“[1131] Offenbar bestehen grundlegende Bedenken gegen eine Pflicht zur Veröffentlichung noch nicht abgeschlossener Vorgänge. Es ist daher zu überlegen, ob das Gebot der Ad-hoc-Publizität durch die Rechtsanwender weiter einzuschränken ist, als dies das Gesetz selbst durch den Begriff der Tatsache in § 15 Abs. 1 Satz 1 WpHG vorsieht.

Indes ist kein Raum für eine solche Rechtsfortbildung. Als Methode kommt nur eine teleologische Reduktion in Betracht.[1132] Sie setzt eine planwidrige Unvollständigkeit der

---

1126 *Hopt*, in: WM-Festgabe Hellner 1994, S. 29, 33; aus diesem Grund sieht die BAFin (vormals das BAWe) das Jahresergebnis bereits mit der Aufstellung des Jahresabschlusses durch den Vorstand als Publizitätstatsache an; Bekanntmachung des BAWe vom 9. Juli 1996, abgedruckt in: AG 1996, 416, 417.

1127 Der Emittent wäre nicht zur Ad-hoc-Publizität vor der Einberufung oder auf der Hauptversammlung verpflichtet gemäß § 15 Abs. 3 Satz 2 WpHG, denn es könnte nach Ansicht *Claussens* oder *Kümpels* ja erst mit der Beschlußfassung eine Publizitätstatsache eintreten, deren Bekanntgabe in anderer Weise als gemäß § 15 Abs. 3 Satz 1 WpHG verboten ist.

1128 Treffend *Lutter*, Lieb/Noack/Westermann (Hrsg.), FS Zöllner, S. 363, 365, 369; vgl. auch *Hirte*, in: Hopt/Hadding/Schimansky (Hrsg.), 2. FFG, S. 47, 60; *Hopt*, WM-Festgabe Hellner 1994, S. 29, 33.

1129 Punkt 2.6.3. der Stellungnahme des Wirtschafts- und Sozialausschuß zu einer EU-Börsenzulassungsrichtlinie vom 1.7.1976, ABl. EG Nr. C 204 v. 30.8.1976, S. 5, 9.

1130 Art. 7 Buchstabe a) der Stellungnahme des Wirtschafts- und Sozialausschuß zu einer EU-Insiderrichtlinie vom 16.12.1987, ABl. EG Nr. C 35 v. 8.2.1988, S. 22, 24.

1131 Begr. RegE 2. FFG, BT-Drucks. 12/6679, S. 48.

1132 In den Grenzen gesetzesimmanenter Rechtsfortbildung läßt sich eine Norm nur durch teleologische Reduktion enger fassen, als durch ihren Wortlaut geboten. Eine gesetzesübersteigende Rechtsfortbildung ist im deutschen anders als im US-Recht grundsätzlich nicht vorgesehen; ausführlich *Larenz*, Methodenlehre, S. 413 ff.

einzuschränkenden Regelung voraus.[1133] Da § 15 WpHG im Hinblick auf den Gegenstand der Ad-hoc-Publizität Wort für Wort die Vorgaben der EU-Börsenzulassungsrichtlinie und der EU-Insiderrichtlinie umsetzt, ist eine planwidrige Unvollständigkeit der Richtlinienvorgaben erforderlich. In den Regelungsplänen für die Richtlinienvorgaben findet sich aber, wie im folgenden zu zeigen sein wird, kein Rückhalt für ein Erfordernis der Endgültigkeit oder der Rechtsverbindlichkeit. Weder der Rechtsanwender noch der deutsche Gesetzgeber sind dann ohne Ermächtigung der EU befugt, durch diese Erfordernisse nach Ablauf der Frist zur Umsetzung der Richtlinienvorgaben den Gegenstand der Ad-hoc-Publizität zu beschränken.[1134] Diesen Ausgangs- und Endpunkt jeglicher Überlegungen, die zu einer Einschränkung der Ad-hoc-Veröffentlichungspflicht führen könnten, betont zu Recht *Lutter.*[1135]

Es ist nicht ersichtlich, daß in den Richtlinienvorgaben zur Ad-hoc-Publizität planwidrig ein Erfordernis der Endgültigkeit oder Rechtsverbindlichkeit einer Entwicklung fehlt. Ob eine planwidrige Unvollständigkeit vorliegt, ist im Wege der historischen und teleologischen Auslegung der Regelungspläne zu ermitteln.[1136] Gegen eine „Regelungslücke" spricht zum einen, daß die genannten Bedenken des Wirtschafts- und Sozialausschusses zum Zeitpunkt der Gesetzgebung bekannt waren, aber dennoch keinen Eingang in die Normtexte gefunden haben. Die Annahme einer bewußten anfänglichen Regelungslücke ist allerdings nicht gänzlich ausgeschlossen.[1137] Zum anderen spricht gegen eine Regelungslücke die ausdrückliche Vorgabe der EU-Marktmissbrauchsrichtlinie, den Gegenstand der Ad-hoc-Publizität von Tatsachen auf „präzise Information" zu erweitern.[1138] Damit bieten die Richtlinienvorgaben keinerlei Grundlage mehr dafür, den Gegenstand der Ad-hoc-Publizität enger zu fassen als den Gegenstand der Veröffentlichungspflichten gegen Insiderhandel im Hinblick auf Entwicklungen, die den Emittenten unmittelbar betreffen. Schließlich spricht gegen eine teleologische Reduktion gerade der Zweck der Richtlinienvorgaben.[1139] Er macht keine Begrenzung der Ad-hoc-Publizität auf endgültige oder rechtsverbindliche Entwicklungen notwendig,[1140] sondern gebietet gerade die Veröffentlichung dieser Entwicklungen.

aa) Die Förderung der Markttransparenz

Die Vorgaben der EU-Insiderrichtlinie verfolgen den Zweck, Insiderhandel vorzubeugen und dadurch das Vertrauen der Anleger in die Transparenz der Preisbildung zu fördern.[1141] Dieser Zweck hat Vorrang vor der früher mit der EU-Börsenzulassungsrichtlinie bezweckten Ergänzung der Regelpublizität, die nach Erlaß der EU-Zwischenberichts-

---

1133 Siehe *Larenz,* Methodenlehre, S. 370 ff., 391 ff., zur Methode teleologischer Reduktion.

1134 Siehe zum sog. „stand-still-Gebot" nach Ablauf der Fristen zur Umsetzung von EU-Richtlinien *Lutter,* Europäisches Unternehmensrecht, S. 22 f.

1135 *Lutter,* in: Lieb/Noack/Westermann (Hrsg.), FS Zöllner, S. 363, 370.

1136 *Larenz,* Methodenlehre, S. 373.

1137 *Larenz,* Methodenlehre, S. 379.

1138 Siehe Art. 6 Abs. 1 i.V. mit Art. 1 Nr. 1 der EU-Marktmissbrauchsrichtlinie 2003/6/EG vom 28.1.2003, ABl. EG Nr. L 96 v. 12.4.2003, S. 20 f.

1139 *Fürhoff,* AG 2003, 80, 84; *Leppert/Stürwald,* ZBB 2002, 90, 94.

1140 Bei genauer Betrachtung ließe sich eine Regelungslücke sogar erst dann feststellen, wenn die Zweckerreichung nach dem Wortsinn der Regelung ausgeschlossen ist; vgl. *Larenz,* Methodenlehre, S. 392. Ob die betreffende Beschränkung notwendig ist, ist bereits eine Frage der Lückenausfüllung. Die Denkschritte sind aber, wie *Canaris* gezeigt hat, kaum zu unterscheiden; dazu *Larenz,* Methodenlehre, S. 401 f.

1141 Ausführlich zu diesem Regelungszweck oben § 3 I.1

richtlinie vor allem der Zwischenbericht leisten soll.[1142] Die Gefahr enttäuschten Anlegervertrauens in die Transparenz des Börsenpreises besteht bei Insiderhandel aufgrund von unvollendeten Entwicklungen in doppelter Hinsicht: Einmal durch Kaufgeschäfte von Insidern zu einer Zeit, zu der ein erfolgreicher Abschluß der Entwicklung noch möglich erscheint. Dann fühlen sich die Anleger betrogen, die aufgrund der ihnen nicht erklärlichen Kurssteigerungen ihre Wertpapiere verkauft haben.[1143] Ein weiteres Mal durch Verkaufsgeschäfte von Insidern zu einem Zeitpunkt, als absehbar ist, daß die Entwicklung nicht erfolgreich abgeschlossen wird. Dann fühlen sich die Anleger betrogen, die aufgrund der insiderbedingten Kurssteigerungen Wertpapiere gekauft haben, dann aber in Unkenntnis der verlustig gegangenen Erfolgsaussichten der Entwicklung nicht rechtzeitig verkaufen. Sie halten nach dem Platzen der „Kursblase" ein geringwertigeres Wertpapier. Die Richtlinienvorgaben, die eine Veröffentlichung unvollendeter Entwicklungen fordern, sind also gerade sinnvoll, um das Vertrauen der Anleger in die Transparenz der Preisbildung zu fördern und somit den Zweck der Ad-hoc-Publizität zu erreichen.[1144] Eine planwidrige Unvollständigkeit der Richtlinienvorgaben ist insoweit ausgeschlossen.

Die Gefahr von Insiderhandel ist bei unvollendeten Entwicklungen nicht etwa wegen einer erhöhten Bereitschaft der Unternehmensleitung zur freiwilligen Veröffentlichung oder aufgrund niedrigerer Profitmöglichkeiten geringer anzusetzen. Auf besagte Bereitschaft zu freiwilligen Veröffentlichungen bauten die Insiderhandelsrichtlinien der Börsensachverständigenkommission auf,[1145] die in Deutschland bis zur Einführung der §§ 12 ff. WpHG galten -- leider ohne großen Erfolg.[1146] Ob Insiderhandel sich lohnt, hängt neben der Gefahr der Entdeckung insbesondere von der Kurserheblichkeit der unvollendeten Entwicklung ab. Diese kann gerade bei gestreckten Entscheidungsvorgängen, die vor allem für bedeutende Geschäfte eingerichtet sind, beträchtlich sein. Dies gilt ganz besonders für Vorhaben, zu denen der Aufsichtsrat noch zustimmen muß, zumal diese Zustimmung nach dem Vorstandsbeschluß hochwahrscheinlich ist.[1147]

1142 Siehe § 2 III.2.; vgl. *Lutter,* in: Lieb/Noack/Westermann (Hrsg.), FS Zöllner, S. 367 f.

1143 Dies übersieht *Merkt,* Unternehmenspublizität, S. 457 f., in seiner Analyse, daß das Verschweigen einer kurserheblichen Entwicklung positive Auswirkungen auf den Unternehmenswert haben und daher im Interesse der Anleger liegen könne: Es liegt in dem Fall gerade nicht im Interesse der Anleger, die ihre Wertpapiere vor einer Veröffentlichung der fragliche Entwicklung verkaufen. Im übrigen mag dieses Verschweigen einer kurserheblichen Entwicklung eine Wertsteigerung wohl für Eigenkapitalanleger, aber nicht für Fremdkapitalanleger erwarten lassen, z.B. bei dem Verschweigen hochriskanter Spekulationen in Unternehmen am Rande der Insolvenz. Das von *Merkt* erkannte „Spannungsverhältnis widerstreitender Interessen" besteht somit letztlich zwischen verschiedenen Anlegergruppen. Zum Ausgleich dieses Spannungsverhältnisses ist das formalisierte Verfahren zur Befreiung von der Veröffentlichungspflicht vorgegeben. Dazu oben § 4 V. und VI.

1144 *Lutter,* in: Lieb/Noack/Westermann (Hrsg.), FS Zöllner, S. 363, 370.

1145 Abgedruckt in WM 1988, 1105.

1146 Es besteht nur in Ausnahmefällen eine Garantenpflicht des Emittenten zur Offenlegung von Insidertatsachen gemäß § 14 Abs. 1 Nr. 2 WpHG, 13 Abs. 2 StGB, die bis zur Vollendung einer kurserheblichen Entwicklung den Präventivschutz gegen Insiderhandel übernehmen könnte. Diese Pflicht entsteht jedenfalls nicht, solange die Unternehmensleitung die Insidertatsache Dritten nur soweit erforderlich mitgeteilt hat. Denn dann hat der Emittent sich nicht pflichtwidrig verhalten, wie es eine Garantenpflicht aus Ingerenz voraussetzen würde; so auch *Cahn,* ZHR 162 (1998), 2, 27.

1147 *Burgard,* ZHR 162 (1998), 51, 61; *Lutter,* in: Lieb/Noack/Westermann (Hrsg.), FS Zöllner, S. 363, 370. Die Werterheblichkeit unvollendeter Entwicklungen ist durch eine Abwägung des Ausmaßes ihrer Auswirkungen auf den Emittenten einerseits und der Wahrscheinlichkeit ihrer Vollendung andererseits zu beurteilen; dazu oben § 8 II.

bb) Die Verbesserung der Allokationseffizienz

Freilich fördert die Veröffentlichung von Entwicklungen, deren Vollendung noch völlig fern liegt, die Spekulation. Denn je schwieriger die Verifikation der Zukunftserwartungen ist, desto größer ist die Bandbreite vertretbarer Annahmen. Diese Folge kann dem Zweck der Ad-hoc-Publizität zuwiderlaufen, die Angemessenheit des Wertpapierpreises zu fördern.[1148] Es können marktpsychologisch bedingte „Kursblasen“ entstehen, die vom „wahren“ Wert des Wertpapiers wegführen und das Mißtrauen der Anleger wecken.[1149] Das steht jedoch auch ohne Ad-hoc-Veröffentlichungen zu erwarten. Diese lenken die Spekulationslust der Anleger dagegen in vernünftige Bahnen. Denn wenngleich die Veröffentlichung von unvollendeten Entwicklungen dem Spiel mit den Erwartungen anderer Anleger Vorschub leistet, dient sie doch auch der verfeinerten Kalkulation von Veränderungen des Fundamentalwertes, der maßgeblich von den Erwartungen an die Zukunft abhängt. Die Anleger, die auf bestimmte Handelsentscheidungen anderer Anleger spekulieren, müssen wiederum mit deren verfeinerten Kalkulation des Fundamentalwertes rechnen,[1150] so daß die Veröffentlichung unvollendeter Entwicklungen der Angemessenheit des Börsenpreises insgesamt gesehen eher zuträglich als abträglich ist.[1151]

cc) Der Schutz des Anlegervermögens

Die Befürchtung, daß die Veröffentlichung von im Fluß befindlichen Umständen die Anleger irreführen würde, ist unbegründet. Denn bedachtsame Anleger wissen die Wahrscheinlichkeit von Veränderungen durchaus zu wägen.[1152] Von ihnen geht aber die Ad-hoc-Publizität aus. An sie richten sich auch die vorgeschriebenen Prospekte und Zwischenberichte. Ohne sie wäre jegliche Kapitalmarktpublizität sinnlos. Am Leitbild des bedachtsamen Anlegers hat sich somit auch die Auslegung des Tatsachenbegriffes im Kapitalmarktrecht zu orientieren.[1153] Gegen eine irreführende Wirkung der Ad-hoc-Publizität spricht außerdem zum einen das Erfordernis von Auswirkungen der Entwicklung auf die Vermögens- oder Finanzlage oder den allgemeinen Geschäftsverlauf. Es ist nur erfüllt, wenn bei Vollendung der Entwicklung eine Veränderung der wirtschaftlichen Verhältnisse des Emittenten gewiß ist. Zum anderen ist die Ad-hoc-Publizität auf Entwicklungen beschränkt, die zur erheblichen Kursbeeinflussung geeignet sind. Dafür müssen die Veränderungen der wirtschaftlichen Verhältnisse zumeist doch hochwahrscheinlich sein.

1148 Dazu oben § 3 II.1. In diese Richtung gehen wohl die Bedenken von *Merkt,* Unternehmenspublizität, S. 457 f., daß die Veröffentlichung unvollendeter Entwicklungen zu einer „Überproduktion“ von Information führen könnte.

1149 *Happ/Semler,* ZGR 1998, 116, 123.

1150 Näher zu dieser Wechselwirkung oben § 3 II.1.

1151 Freilich ist diese Kosten-/Nutzen-Abwägung im Einzelfall schwer zu treffen, wie *Merkt,* Unternehmenspublizität, S. 461, zuzugeben ist. Indes genügt eine generalisierende Abwägung, um die Verhältnismäßigkeit der Regelung zu gewährleisten.

1152 Dies belegen empirische Untersuchungen von *Ro,* dargestellt und diskutiert bei *Ossadnik,* WpG 1995, 33, 36 f.

1153 Dagegen spielt im Rahmen des Regelungskonzeptes von Anlegerschutz durch Anlegeraufklärung das Vorsichtsprinzip der Rechnungslegung keine Rolle. Aus dem gleichen Grund verdrängt im Recht der Rechnungslegung das Gebot des „True and Fair View“ im Sinne von § 264 Abs. 2 HGB das Vorsichtsprinzip, wenn eine Berichtspflicht nicht dem Gläubigerschutz dient; *Ekkenga,* ZGR 1999, 165, 177 m.w.N.

So ist denn auch die Behauptung bislang weitgehend unsubstantiiert geblieben, die Anleger würden durch die Veröffentlichung unvollendeter Entwicklungen irregeführt.[1154] Wo diese Veröffentlichungen gemäß § 39 Abs. 1 Nr. 2 a) WpHG richtig, vollständig und verständlich und gemäß § 15 Abs. 1 Satz 1 WpHG auf werterhebliche und kurserhebliche Entwicklungen beschränkt sind, läßt sich eine Irreführung nur unter der „Anmaßung von Wissen" über die „richtige" Bewertung des unvollendeten Vorhabens annehmen, das der Markt angeblich nicht hat.[1155] Jedenfalls ist ein Schaden aus der angeblichen Irreführung ausgeschlossen.[1156] Denn als Vermögen ist nur der Wert geschützt, den die Wertpapiere nach der Verkehrsauffassung haben.[1157] Selbst wenn die Allgemeinheit der Anleger daher die Wertpapiere „falsch" bewerten würde, entstünde durch Handel zu dem „falschen", aber nach der Verkehrsauffassung gebildeten Preis kein Vermögensschaden.

Ein wirksamer Schutz des Anlegervermögens erfordert vielmehr gerade den Verzicht auf das Erfordernis der Endgültigkeit. Der Begriff ist in der Praxis kaum bestimmbar (denn was ist schon endgültig?),[1158] so daß die Ad-hoc-Publizität leer zu laufen drohte. Außerdem ist es bedenklich, wenn Wahrscheinlichkeitsprognosen bereits für die Beurteilung anzustellen sind, ob eine Tatsache vorliegt. Denn dann werden das Tatbestandsmerkmal der Kurserheblichkeit und dasjenige der Tatsache vermengt und verlieren dadurch weiter an Bestimmtheit.[1159] Schließlich läßt sich dem Begriff der Tatsache nicht entnehmen, welcher größere Grad der Verläßlichkeit erforderlich sein würde als der Eintritt der Entwicklung in der Vergangenheit oder Gegenwart, ob etwa eine hohe Wahrscheinlichkeit ihrer Endgültigkeit vorauszusetzen ist oder nur eine überwiegende. Weitere Anwendungsproblemen in der Praxis illustriert der Fall zustimmungspflichtiger Vorhaben. Die Prognose, ob die Zustimmung des Aufsichtsrats zu erwarten ist, würde das Vertrauensverhältnis zum Vorstand stören. Der Vorstand wäre gezwungen, den Aufsichtsrat entweder als „Kopfnicker" oder als Querulanten abzuklassifizieren.[1160] Es ist außerdem nicht ersichtlich, wie der Vorstand nach unterlassener Ad-hoc-Publizität und Bußgeldbescheid vor Gericht eine Wahrscheinlichkeitsprognose vertreten würde, daß die Zustimmung des Aufsichtsrates eher ungewiß und daher eine Ad-hoc-Veröffentlichung nicht erforderlich war. Die von *Kiem/Kotthoff*[1161] vorgeschlagene Vorbereitung dieser Begründung bereits im Vorfeld würde das Vertrauensverhältnis von Vorstand und Aufsichtsrat noch stärker belasten. Das gilt erst recht, wenn der Vorstand vor Gericht die voraussichtlichen Widerstände im Aufsichtsrat erläutern müßte. Auch bleibt unklar, wie

---

1154 *Lutter,* in: Lieb/Noack/Westermann (Hrsg.), FS Zöllner, S. 363, 369 Fn. 33, gibt das Gegenbeispiel einer bei VW im Oktober 1997 geplanten Kapitalerhöhung aus genehmigtem Kapital. Bei ihrer Bekanntgabe sank der Aktienkurs. Nachdem die Zurückstellung des Vorhabens publiziert wurde, schoß der Kurs nach oben.

1155 *Fülbier,* Regulierung der Ad-hoc-Publizität, S. 246, mit einer Formulierung von Hayeks.

1156 A.A. ohne Begründung *Happ/Semler,* ZGR 1998, 116, 123.

1157 Vgl. zur Ermittlung eines Vermögensschadens durch Wertpapierhandel *Tröndle/Fischer,* StGB, § 263 Rdn. 32a.

1158 *Burgard,* ZHR 162 (1998), 51, 68.

1159 Instruktiv in dieser Hinsicht z.B. *Kümpel,* AG 1997, 66, 68: Für die Feststellung einer Veröffentlichungspflicht bei mehrstufigen Entscheidungsprozessen stelle sich die Frage, "in welcher Phase des Entscheidungsprozesses das kurssensible Stadium erreicht ist, das aus der Sicht der Ad-hoc-Meldung der endgültigen Realisierung des Vorhabens gleichgesetzt werden kann."

1160 *Lutter,* in: Lieb/Noack/Westermann (Hrsg.), FS Zöllner, S. 363, 370.

1161 *Kiem/Kotthoff,* DB 1995, 1999, 2003.

das Gericht die Angaben des Vorstands werten sollte.[1162] Unzulässig wäre das Zugeständnis eines Beurteilungsspielraumes, denn dadurch würde das Gebot der Ad-hoc-Publizität zur Disposition des Vorstands gestellt.

Nach alledem sollte entsprechend dem allgemeinen Sprachgebrauch nur darauf abgestellt werden, ob Information über eine Entwicklung überprüfbar ist; es ist kein bestimmter Grad ihrer Verläßlichkeit zur Annahme einer Tatsache erforderlich.

III. Die Qualifikation von Information über zukünftige Entwicklungen

Fraglich ist, ob eine zukünftige Entwicklung eine Publizitätstatsache sein kann. In diesem Zusammenhang ist weiter zu erörtern, ob der Inhalt von internen Mitteilungen als Publizitätstatsache zu qualifizieren sein kann, wenn die Mitteilungen in die Zukunft gerichtete Aussagen treffen. Dabei ist zu unterscheiden zwischen der Mitteilung von Prognosen und Bewertungen einerseits und der Mitteilung von Planungen und Absichten andererseits. Prognosen und Bewertungen antizipieren einen zukünftigen Zustand. Bewertungen, die die erwarteten Zahlungsströme diskontieren oder den gegenwärtigen Ertrag im Hinblick auf die erwartete zukünftige Ertragslage um einen bestimmten Faktor multiplizieren,[1163] beschreiben den zukünftigen Zustand des Unternehmens anhand seines Geldwertes in der Gegenwart. Planungen und Absichtsbekundungen stellen auf einen gegenwärtigen geistigen Vorgang ab, von dem aus zielgerichtet die Herstellung eines zukünftigen Zustandes verfolgt wird.

1. Nicht in Mitteilungen verfaßte Information über zukünftige Entwicklungen

a) US-Recht

Zukünftige Entwicklungen *per se* sind im US-Recht nicht Gegenstand der Ad-hoc-Publizität. Denn der Emittent soll nicht vermittelt durch die Veröffentlichungspflicht zur Prognose zukünftiger Entwicklungen verpflichtet sein, weder im Rahmen der Regelpublizität[1164] noch gemäß Rule 10b-5.[1165]

Der Emittent hat allerdings in den Erläuterungen zum allgemeinen Geschäftsgang (MD&A) nicht nur die kurserheblichen Entwicklungen und Ereignisse zu veröffentlichen, die Auswirkungen auf die Liquidität der Finanzmittel oder die Entwicklung der Umsatzerlöse haben. Er muß darüber hinaus Unwägbarkeiten (*uncertainties*) bezeichnen, die eine Fortsetzung von aufgezeigten Entwicklungen in Frage stellen,[1166] die potentiellen Auswirkungen auf die wirtschaftlichen Verhältnisse des Emittenten beschreiben und

---

1162 Vgl. *Burgard,* ZHR 162 (1998), 51, 68; *Happ/Semler,* ZGR 1998, 116, 130; *Lutter,* in: Lieb/Noack/-Westermann (Hrsg.), FS Zöllner, S. 363, 370.

1163 Unternehmensbewertungen erfolgen nach heute einhelliger Ansicht anhand des Ertragswertes, der allgemein durch Fortschreibung vergangener Erträge in die Zukunft ermittelt wird; vgl. *Lutter,* in: Bundesnotarkammer (Hrsg.), FS Schippel, S. 455 m.w.N. Die herrschende Methode der Finanzflußrechnung schlüsselt die vergangenen Erträge in Zahlungsströme auf und schreibt diese in die Zukunft fort. Mit zunehmender Finesse lassen sich zusätzliche positive und negative Finanzflußpotentiale bewerten.

1164 Die SEC hatte eine Rechtsverordnung dieses Inhalts entworfen, sie aber wegen des vehementen Widerstandes der beteiligten Verkehrskreise nicht erlassen. Sec. Act Rel. No. 6084, [1979 Transfer Binder] Fed. Sec. L. Rep. (CCH) ¶ 82,117, at 81,942.

1165 Vaugh v. Teledyne, Inc., 628 F.2d 1214, 1221 (9th Cir. 1980); In re Lyondell Petrochemical Co. Sec. Litig., 984 F.2d 1050 (9th Cir. 1993); In re Seagate Technology II Sec. Litig., [1989 Transfer Binder] Fed. Sec. L. Rep. (CCH) ¶ 94,502 (N.D. Cal. 1989); vgl. Seidman v. Mc Donald, 929 F. 2d 694 (4th Cir. 1991) (Aufwand lohnt nicht).

1166 17 C.F.R.§ 229.303(a)(1) und 303(a)(3)(ii).

mögliche Reaktionen darauf diskutieren.[1167] Ohne diese Angaben erfüllen die Erläuterungen nach Ansicht der SEC nicht ihre Funktion, den Anlegern einen Eindruck vom allgemeinen Geschäftsgang aus der Sicht der Unternehmensleitung (*with the eyes of management*) zu vermitteln.[1168]

Die somit erforderliche „vorausschauende Analyse des Geschäftsganges unter besonderer Berücksichtigung der Zukunft" sei von Angaben über die Geschäftsaussichten zu unterscheiden, zu deren Veröffentlichung keine Verpflichtung bestehe.[1169] Im ersteren Fall gehe es um die Erläuterung von gegenwärtigen Chancen und Risiken, im letzteren Fall um die Angabe von zukünftigen Entwicklungen.[1170] Als Beispiele erläuterungspflichtiger Unwägbarkeiten nennt die SEC Preisreduzierungen, die Einbuße von Marktanteilen, verringerten Versicherungsschutz[1171] und die verweigerte Verlängerung eines wesentlichen Vertragsverhältnisses.

Die Praxis weist auf Abgrenzungsschwierigkeiten hin und warnt vor der Belastung des Emittenten mit Pflichtprognosen.[1172]

b) Deutsches Recht

Einige Authoren sind der Ansicht, auch eine zukünftige Entwicklung könne eine Tatsache im Sinne von § 15 WpHG sein, wenn eine hohe Wahrscheinlichkeit besteht, daß die zukünftige Entwicklung eintritt.[1173] Andere Authoren schränken ein, der Eintritt der zukünftigen Entwicklung dürfe nicht von weiteren Bedingungen abhänge, sonst fehle die zur Annahme einer Tatsache notwendige Endgültigkeit.[1174] Dagegen erkennen die Rechtsprechung zu § 263 StGB[1175] sowie ein Großteil der Literatur zu § 15 WpHG in einer zukünftigen Entwicklung keine Tatsache.[1176] Denn es lasse sich nicht gegenwärtig überprüfen, ob die Entwicklung in der Zukunft wie vorhergesagt eintreten wird.[1177]

1167 Siehe zur Entwicklung dieser eingeschränkten Prognosepublizität oben § 2 II.2.

1168 Exch. Act Rel. No. 26,831 (May 18, 1989), abgedruckt in: [1989-1990 Transfer Binder] Sec. L. Rep. (CCH) ¶ 73,192; zu Liqiditätsveränderungen Nr. 18-20, *id.*, at 62,844; zu Veränderungen der Umsatzentwicklung Nr. 22-24, id., at 62,846.

1169 Exch. Act Rel. No. 26,831 (May 18, 1989) Nr. 10, abgedruckt in: [1989-1990 Transfer Binder] Sec. L. Rep. (CCH) ¶ 73,192, at 62,842.

1170 17 C.F.R.§ 229.303(a) Instruction 7.

1171 Vgl. dazu In re Fitzpatrick, Exch. Act Rel. No. 34,865 (admin. proc. Oct. 20, 1994) (erheblich erschwerte Bedingungen der Rückversicherung für Forderungsausfälle).

1172 Carl W. Schneider, *MD&A Disclosure*, 22 SEC. & COMM. REG. REV. 149, 155 (1989).

1173 *Kümpel*, AG 1997, 66, 69; vgl. *Kiem/Kotthoff*, DB 1995, 1999, 2000; vgl. *Weber*, NZG 2002, 113, 120, zu § 13 Abs. 1 WpHG.

1174 Ebenso *Schwark*, BörsG, § 44a Rdn. 3; *Heidmeier*, AG 1992, 110, 111.

1175 RGSt 20, 143; ebenso *Cramer*, in: Schönke/Schröder (Hrsg.), StGB, § 263 Rdn. 8, 10 m.w.N.

1176 *Geibel*, in: Schäfer (Hrsg.), WpHG etc., § 15 Rdn. 65; *Pananis*, WM 1997, 460, 462; *Fürhoff*, Kapitalmarktrechtliche Ad-hoc-Publizität zur Vermeidung von Insiderkriminalität, S. 160; *v.Klitzing*, Die Ad-hoc-Publizität, S. 75, 85; *Zubrod*, Rechtssichere Eingrenzung der Ad-hoc-Publizitätspflicht, S. 48; ebenso zur Insidertatsache *Assmann*, in: Assmann/Schneider (Hrsg.), WpHG, § 13 Rdn. 42; *Schäfer*, in: Schäfer (Hrsg.), WpHG etc., § 13 Rdn. 42. Zum italienischen Recht der Ad-hoc-Publizität ist anerkannt, daß künftige Entwicklungen nicht Gegenstand der Ad-hoc-Publizität sind; dazu *Sangiovanni*, WM 2001, 1594 f., 1603.

1177 So nachdrücklich *Burgard*, ZHR 162 (1998), 51, 71 ff.; *Cahn*, ZHR 162 (1998), 2, 23; außerdem von den oben unter I.2. genannten Vertretern eines Erfordernisses objektiver Überprüfbarkeit vor allem *Pellens*, AG 1991, 61, 63; siehe ferner *Glöckle*, Die zukunftsbezogene Publizität von Kapitalgesellschaften in der BRD, S. 189 f.

Zukünftige Entwicklungen sind keine Tatsachen. Sie sind nicht *ad hoc* zu veröffentlichen. Das folgt bereits aus dem Erfordernis präziser Information, das zur Annahme einer Tatsache erfüllt sein muß.[1178] Über zukünftige Entwicklungen lassen sich sachimmanent keine präzisen Aussagen treffen, selbst wenn sie unmittelbar bevorstehen. Denn ob und wie sie letztlich eintreten, bleibt bis zum Eintritt der Entwicklungen ungewiß. Nur über die jeweilige Wahrscheinlichkeit ihres Eintritts lassen sich durch Stochastik und Statistik präzise Aussage treffen. Etwas anderes mag allenfalls gelten für zukünftige Entwicklungen, deren Eintritt von gar keinerlei Bedingungen mehr abhängt. Solche Entwicklungen kommen in der Praxis aber nicht vor. Der Ausschluß zukünftiger Entwicklungen von der Ad-hoc-Veröffentlichungspflicht folgt außerdem im Umkehrschluß aus den systematisch verwandten Vorschriften über Prospekte und Zwischenberichte. Diese müssen „Angaben über die Geschäftsaussichten" nur nach ausdrücklicher Anordnung im Gesetz enthalten.[1179]

Einen Grenzfall stellen Chancen und Risiken dar. Sie beschreiben nicht die gewisse Wahrscheinlichkeit einer bestimmten zukünftigen Entwicklung, sondern die ungewissen Auswirkungen einer gegenwärtigen Sachlage. Information zu Chancen und Risiken läßt sich nicht auf ihre Richtigkeit überprüfen; sie sind daher nicht als Tatsachen zu qualifizieren. Für diese Auslegung spricht der systematische Zusammenhang zur Publizität der Rechnungslegung. Dort verlangt der Gesetzgeber in Abkehr von der üblichen Terminologie keine Angaben über Tatsachen, sondern über „Chancen und Risiken", wenn ausnahmsweise die ungewissen Auswirkungen gegenwärtiger Sachlagen aufgrund einer Generalklausel zu erläutern sind.[1180] Die Veröffentlichung von Chancen und Risiken ist gemäß § 15 WpHG gerade nicht vorgeschrieben.[1181]

Eine Pflicht zur Veröffentlichung von Chancen und Risiken der Geschäftsentwicklung würde allerdings die Transparenz und Angemessenheit der Börsenpreise fördern, wie es § 15 WpHG bezweckt. Denn die Bewertung von Wertpapieren beruht maßgeblich auf der Einschätzung dieser Chancen und Risiken.[1182] Aus diesem Grund erstreckt das US-Recht die Regelpublizität im Rahmen der *Management Discussion & Analysis* auf Unwägbarkeiten. Der europäische Gesetzgeber schreibt ebenfalls vermehrt die Veröffentlichung

---

1178 Siehe oben I.

1179 Siehe §§ 55 Satz 4, 29 Abs. 2 BörsZulV, 51 Abs. 1 Nr. 2 BörsG, 11 VerkProspVO. Aus der Pflicht zu richtigen Angaben gemäß §§ 44 BörsG, 13 VerkProspG und im übrigen aus der allgemeinen zivilrechtlichen Prospekthaftung kann eine Pflicht zu Prognosen in Prospekten und Zwischenberichten folgen; vgl. *Glöckle,* Die zukunftsbezogene Publizität von Kapitalgesellschaften in der BRD, S. 147 mit Fn. 576; *Wiemann*, Unternehmenspublizität, S. 91.

1180 Daher wurde etwa § 322 Abs. 2 Satz 2 HGB durch das KonTraG 1998 dahingehend geändert, daß der Abschlußprüfer auf *Risiken* einzugehen hat, die den Fortbestand des Unternehmens gefährden. Die frühere Formulierung von „*Tatsachen*, die den Fortbestand des Unternehmens gefährden" setzte demgegenüber eine Fortschreibung bestehender Zustände voraus.

1181 Auch nicht etwa als Erläuterung der Auswirkungen einer erkannten Wahrscheinlichkeit: Erläuterungen sind über das zur Vollständigkeit der Veröffentlichung erforderliche Maß hinaus nicht vorgeschrieben. Es ist entgegen *Zubrod,* Rechtssichere Eingrenzung der Ad-hoc-Publizitätspflicht, S. 210 f., eindeutig nur die Veröffentlichung einer kurserheblichen Tatsache vorgeschrieben, nicht die Veröffentlichung der Auswirkungen auf die wirtschaftlichen Verhältnisse des Emitttenten; bedenklich auch *Gehrt,* Die neue Ad-hoc-Publizität, S. 187, der meint, diese Auswirkungen müßten aus der Mitteilung „ansatzweise [zu] erkennen" sein.

1182 Das betonen *Gehrt,* Die neue Ad-hoc-Publizität, S. 121, und *Kümpel,* AG 1997, 66, 69; ausführlich *Glöckle,* Die zukunftsbezogene Publizität von Kapitalgesellschaften in der BRD, S. 5-15.

zukunftsorientierter Information am Kapitalmarkt vor.[1183] *De lege ferenda* ließe sich dem entsprechend überlegen, den Gegenstand der Ad-hoc-Veröffentlichungspflicht auf Chancen und Risiken zu erstrecken, die sich zwar nicht überprüfen, aber doch präzise beschreiben lassen. Dies würde die hier vertretene Weiterentwicklung des Erfordernisses objektiver Überprüfbarkeit zum Erfordernis intersubjektiver Überprüfbarkeit fortsetzen im Einklang mit dem Leitmotiv, daß Kapitalmarktrecht anders als das Recht des Waren- und Dienstleistungsmarktes umfassende Publizität anstrebt. *De lege lata* ist dafür leider kein Raum.[1184] Dem Gesetzgeber ist durch den Begriff der Tatsache die Möglichkeit eröffnet, die Publizitätspflichten zu differenzieren. Er kann auch die Veröffentlichung von nicht überprüfbarer Information vorschreiben, um die Unterrichtung der Anleger zu verbessern.[1185] Wenn aber keine Verpflichtung dazu vorgesehen ist, verwendet das Gesetz den Begriff der Tatsache; so in der EU-Börsenzulassungsrichtlinie, so in dem daraufhin erlassenen § 15 WpHG.

2. Mitteilungen von Prognosen und Bewertungen

a) US-Recht

Der Emittent kann gemäß Rule 10b-5 zur Veröffentlichung von Prognosen (*projections*) und Bewertungen (*appraisals*) verpflichtet sein, die ihm vorliegen.

aa) Fourth Circuit: Prognosen und Bewertungen sind keine Tatsachen

Ursprünglich lehnte die Rechtsprechung eine aus Rule 10b-5 begründete Pflicht zur Veröffentlichung von Prognosen und Bewertungen komplett ab.[1186] Zur Begründung führte sie an, die SEC habe die Mitteilung dieser Information im Rahmen der Prospekt- und Regelpublizität verboten.[1187] Vereinzelt sah sie sogar die freiwillige Veröffentlichung von Prognosen zu zukünftigen Marktpreisen, Gewinn oder Dividenden als irreführend und somit verboten an.[1188] Einige Gerichte der ersten Instanz halten an dieser Ansicht fest. Mangels einer Pflicht zur Veröffentlichung von Geschäftsaussichten und Bewertungen in Mitteilungen der Regelpublizität bestehe auch keine Veröffentlichungspflicht gemäß Rule

---

1183 Siehe *Glöckle,* Die zukunftsbezogene Publizität von Kapitalgesellschaften in der BRD, S. 135-215.

1184 A.A. *Ekkenga,* ZGR 1999, 165, 169, 172 f., 176: Die Ad-hoc-Publizität erfasse „grundsätzlich" auch zukünftige Entwicklungen, weil deren Ausklammerung nicht verständlich sei. Diese „induktiv-negative" Ermittlung des gebotenen Veröffentlichungsverhaltens sei einer „deduktiv-positiven" Auslegung vorzuziehen, weil die Subsumtion unter den Tatsachenbegriff hinsichtlich der selben Entwicklung zu verschiedenen Zeitpunkten zu unterschiedlichen Ergebnissen führe. Das gilt indes für jede Subsumtion. Die BAFin und die Rechtsprechung sollten daher entgegen *Ekkenga* am Vorbehalt des Gesetzes (Art. 20 Abs. 3 GG) und am Analogieverbot (Art. 103 Abs. 2 GG) festhalten.

1185 In diesem Sinne schlägt *Fülbier,* Regulierung der Ad-hoc-Publizität, S. 247, *de lege ferenda* vor, die Veröffentlichung von „Sachverhalten" zu fordern. Wahrhaftig sah der ursprüngliche Kommissionsvorschlag einer EU-Insiderrichtlinie vom 25.5.1987, ABl. EG Nr. C 153 v. 11.6.1987, S. 8, 10, eine Erweiterung der Ad-hoc-Publizität auf „Sachlagen und Entscheidungen" vor. Auf die Kritik des Wirtschafts- und Sozialausschusses vom 16.12.1987, ABl. EG Nr. C 35 v. 8.2.1988, S. 22, 24, wurde diese Erweiterung der Ad-hoc-Publizität jedoch aufgegeben.

1186 Ausführlich zum folgenden *Brown* THE REGULATION OF CORPORATE DISCLOSURE 6-23-49 (§ 6.03)

1187 Siehe z.B. Freeman v. Decio, 584 F.2d 186, 199 (7th Cir. 1978); Kohn v. American Metal Climax, Inc., 458 F.2d 255, 265 (3d Cir. 1972); die angesprochene Verlautbarung der SEC ist Sec. Act Rel. No. 5180, [1970-71 Transfer Binder] Fed. Sec. L. Rep. (CCH) ¶ 78,197, at 80,578 (Aug. 16, 1971).

1188 Union Pac. R.R. v. Chicago & N.W. R.R. Co., 226 F. Supp. 400, 408 (N.D. Ill. 1964).

10b-5.[1189] Der US-Appellate Court, Fourth Circuit, kommt praktisch zu dem selben Ergebnis, indem er nur Prognosen und Bewertungen als Tatsachen auffaßt, die als Garantien an die Anleger verlautbart sind. Intern mitgeteilte Prognosen und Bewertungen sind also dieser Ansicht zufolge im allgemeinen keine Publizitätstatsachen.[1190]

bb) Sixth Circuit: Hohe Eintrittswahrscheinlichkeit erforderlich

Der US-Appellate Court, Sixth Circuit, geht davon aus, daß Prognosen und Bewertungen nur ausnahmsweise eine Tatsache darstellen, wenn sie mit hoher Wahrscheinlichkeit (*substantial certainty*) zutreffen.[1191] Im Ninth Circuit wird eine überwiegende Wahrscheinlichkeit (*reasonable certainty*) als ausreichend erachtet.[1192]

cc) Herrschende Ansicht: Überprüfbarkeit genügt

Die herrschende Rechtsprechung ist dazu übergegangen, die Veröffentlichung von Prognosen und Bewertungen gemäß Rule 10b-5 zu fordern, wenn diese Information dem Emittenten präzise und einer Nachprüfung zugänglich zur Verfügung steht.[1193] Zur Begründung wird zum einen auf die geänderte Praxis der SEC verwiesen, die Prognosen und Bewertungen in Pflichtmitteilungen zuläßt und ihre freiwillige Veröffentlichung ausdrücklich befürwortet.[1194] Zum anderen macht die Rechtsprechung geltend, das Kriterium der Überprüfbarkeit durch sinnliche Wahrnehmung grenze die Veröffentlichungspflicht nicht sachgerecht ein. Eine engere Auffassung würde die Veröffentlichungspflicht gemäß Rule 10b-5 ohne Rücksicht auf ihren Schutzzweck einschränken und damit den Anlegerschutz beschneiden. Denn Anlageentscheidungen seien nahezu ausschließlich anhand von Information über die Zukunft zu treffen. Wenn der Markt die künftige Gewinnentwicklung erheblich anders einschätzt als die internen Prognosen des Emittenten, sei die Offenlegung der internen Prognosen geboten.[1195]

Die Überprüfbarkeit von Prognosen und Bewertungen bestimmt die Rechtsprechung danach, wie solide sie fundiert sind, welche Qualifikationen die Personen hatten, die sie erstellt haben, und in welchem Umfang höchstpersönliche Wertungen in sie eingegangen sind.[1196] Keine Einigkeit besteht, welcher Grad von Überprüfbarkeit erforderlich ist. Ein

---

1189 Vgl. z. B. In re Gap Sec. Litig., [1989-90 Transfer Binder] Fed. Sec. L. Rep. (CCH) ¶ 94,724 (N.D. Cal. 1988); eine andere Auslegung sei allerdings hinsichtlich Insidertatsachen geboten: Walker v. Action Industries, Inc., 802 F.2d 703 (4th Cir. 1986); SEC v. Brethren, [1992 Transfer Binder] Fed. Sec. L. Rep. (CCH) ¶ 97,210 (S.D. Ohio 1992).

1190 Hillson v. Adage, Inc., 42 F.3d 204 (4th Cir. 1994); Malone v. Microdyne Corp., 26 F.3d 471 (4th Cir. 1994); vgl. auch Kowal v. MCI Communications Corp., 16 F.3d 1271 (D.C. Cir. 1994).

1191 Starkman v. Marathon Oil Co., 772 F.2d 231, 241 (6th Cir. 1985), *cert. denied*, 475 U.S. 1015 (S. Ct. 1986); Radol v. Thomas, 772 F.2d 244, 252-53 (6th Cir. 1985), *cert. denied*, 477 U.S. 903 (S. Ct. 1986), vgl. SEC v. Fox, 855 F.2d 247, 253 (5th Cir. 1988).

1192 In re Convergent Tech. Sec. Litig., 948 F.2d 507 (9th Cir. 1991); Vaughn v. Teledyne, Inc., 628 F.2d 1214, 1221 (9th Cir. 1980).

1193 Grundlegend Flynn v. Bass Brothers Enterprises, Inc., 744 F.2d 978 (3d Cir. 1984) und Wilson v. Great American Indus., Inc., 855 F.2d 987, 994 (2d Cir. 1988) zu Bewertungen; zu Prognosen z.B. Walter v. Holiday Inns, Inc., 985 F.2d 1232 (3d Cir. 1993); In re Craftmatic Sec. Litig., 890 F.2d 628 (3d Cir. 1989); Isquith v. Middle South Utilities, Inc., 847 F.2d 186 Fn. 14 (5th Cir. 1988), *cert. denied*, 488 U.S. 926 (S. Ct. 1988).

1194 Siehe dazu Sec. Act Rel. No. 5362, [1972-73 Transfer Binder] Fed. Sec. L. Rep. (CCH) ¶ 72,211, at 82,667-68 (Feb. 2, 1973).

1195 Alaska Interstate Co. v. McMillian, 402 F. Supp. 532, 568 (D. Del. 1975); vgl. auch Hoffman Electric, Inc. v. Emerson Electric Co., 754 F. Supp. 1070 (W.D. Pa. 1991).

1196 Flynn v. Bass Brothers Enterprises, 744 F.2d 978, 988.

Teil der Rechtsprechung geht von einer Abwägung der Überprüfbarkeit der Prognosen und Bewertungen gegen ihre Bedeutung für die Anleger aus.[1197] Es sei kein von vornherein bestimmter Grad von Überprüfbarkeit erforderlich.[1198] Ein anderer Teil der Rechtsprechung setzt ein Mindestmaß an Überprüfbarkeit voraus.[1199] Das Tatbestandsmerkmal der Tatsache würde sonst in dasjenige der Kurserheblichkeit kollabiert.[1200] Spekulative Prognosen und Bewertungen seien keine Tatsachen.[1201] Von einer Tatsachenmitteilung sei nur dann auszugehen, wenn die fragliche Prognose oder Bewertung das Vertrauen der Anleger in ihre Überprüfbarkeit wecken würde. Dabei seien die gesamten Umstände des Einzelfalles zu würdigen. Eine Mitteilung möge zwar für sich gesehen präzise gefaßte Information enthalten, im Gesamtzusammenhang gesehen jedoch kein besonderes Vertrauen in ihre Überprüfbarkeit wecken. Sie sei dann keine Tatsachenmitteilung. Andererseits könne eine Mitteilung, die nicht besonders präzise gefaßt ist, gleichwohl als Tatsachenmitteilung zu beurteilen sein, wenn sie im Lichte der gesamten Umstände, unter denen sie erfolgt, besonderes Vertrauen der Anleger in ihre Überprüfbarkeit wecken würde.[1202] Prognosen und Bewertungen seien präzise gefaßt, wenn sie auf der Fortschreibung gegenwärtiger oder vergangener Ereignisse mit den Mitteln der Wahrscheinlichkeitsrechnung, der statistischen Risikotypisierung oder anderen, wissenschaftlich anerkannten Verfahren für Aussagen über die Zukunft beruhen. Sie weckten überdies Vertrauen in ihre Überprüfbarkeit, wenn sie mit dem Anspruch besonderer Sachkunde vertreten werden.[1203]

Demzufolge war eine Ankündigung als Tatsachenmitteilung anzusehen, daß Absatzschwierigkeiten bald behoben sein würden, weil die Mitteilung zur Begründung auf den Stand der Auslieferungen verwiesen hatte, die bereits wieder nach Plan verliefen.[1204] Des gleichen beurteilte die Rechtsprechung von Wirtschaftsprüfern erstellte Wertgutachten, da davon auszugehen sei, daß sie *lege artis* erstellt wurden.[1205] Ein Emittent war

---

1197 Flynn, aaO; ebenso Philcorp SEC Tender Offer Litig., [1988-1989 Transfer Binder] Fed. Sec. L. Rep. (CCH) ¶ 94,169, at 91,564 (S.D.N.Y. 1989).

1198 In re Craftmatic Sec. Litig., 890 F.2d 628 (3d Cir. 1989); Flynn, aaO; In re Bell Altlantic Corp. Sec. Litig., 771 F. Supp. 686 (E.D. Pa. 1991); vgl. Isquith v. Middle South Utilities, Inc., 847 F.2d 186 Fn. 14 (5th Cir. 1988), *cert. denied*, 488 U.S. 926 (S. Ct. 1988).

1199 Vgl. Hoffman Electric, Inc. v. Emerson Electric Co., 754 F. Supp. 1070 (W.D. Pa. 1991).

1200 Aus diesem Grunde ausdrücklich gegen Flynn die Entscheidung Starkman v. Marathon Oil Co., 772 F.2d 231, 241 (6th Cir. 1985), *cert. denied*, 475 U.S. 1015 (S. Ct. 1986); zur Bestimmung der Kurserheblichkeit anhand einer Abwägung der Bedeutung einer vollendeten Entwicklung und der Wahrscheinlichkeit ihrer Vollendung oben § 8.II.

1201 Garcia v. Cordova, 930 F.2d 826 (10th Cir. 1991); Pinkowitz v. Data General Corp., [1991-1992 Transfer Binder] Fed. Sec. L. Rep. (CCH) ¶ 96,572 (D. Kan. 1991); Radol v. Thomas, 534 F. Supp. 1302, 1307-08 (S.D. Ohio 1982).

1202 Casella v. Webb, 883 F.2d 805, 808 (9th Cir. 1989); Klein v. King, [1990 Transfer Binder] Fed. Sec. L. Rep. (CCH) ¶ 95,002 (N.D. Cal. 1990); A.J. Deutscher Family Fund v. Bullard, [1988-89 Transfer Binder] Fed. Sec. L. Rep. (CCH) ¶ 94,121 (C.D. Cal. 1988).

1203 Vgl. z.B. Malone v. Microdyne Corp., 26 F.3d 471 (4th Cir. 1994); Herskowitz v. Nutri/System, Inc., 857 F.2d 179, 184 (3d Cir.), *cert. denied*, 498 U.S. 1054 (S.Ct. 1988); Eisenberg v. Gagnon, 766 F.2d 770, 775, 776 (3d Cir.), *cert. denied sub nom.* Wasserstrom v. Eisenberg, 474 U.S. 946 (S. Ct. 1985); Marx v. Computer Sciences Corp., 507 F.2d 485, 489-90 (9th Cir. 1974). In re Sun Microsystems Sec. Litig., [1992 Transfer Binder] Fed. Sec. L. Rep. (CCH) ¶ 96,916 (N.D. Cal. 1992); Good v. Zenith Electronics Corp., 751 F. Supp. 1320 (N.D. Ill. 1990). *Loss/Seligman* FUNDAMENTALS OF SECURITIES REGULATION 755.

1204 Lionheart Partners v. M-Wave, 923 F. Supp. 1085 (N.D. Ill. 1996).

1205 Cornucopia Gold Mines, 1 SEC 364, 367 (1936).

zur Offenlegung des Marktwertes von Gegenständen des Anlagevermögens verpflichtet, der auf Finanzflußrechnungen zu ihrer zukünftigen Nutzungsmöglichkeit basierte, wenn er diesen Wert sechs Monate zuvor für einen Antrag auf Zulassung von Schuldverschreibungen zum Kapitalmarkt ermittelt hatte und der Wert erheblich über den Buchwerten liegt.[1206] Ebenso war ein Emittent zur Veröffentlichung eines intern prognostizierten Ertragseinbruches verpflichtet, bevor das Unternehmen eigene Aktien aus dem Portfolio verkaufte.[1207] Andere Fälle in der Rechtsprechung, die keine Emittenten betrafen, sind ebenfalls aufschlußreich. Die Unternehmensleitung mußte in Stimmrechtswerbung für eine auflösende Vermögensübertragung Prognosen offenlegen, die positive Geschäftsaussichten des Unternehmens zeigen.[1208] Einem Bieter oblag im Rahmen eines Übernahmeangebotes die Veröffentlichung interner Wertgutachten zu den nachgefragten Aktien zumindest in den wesentlichen Aussagen, wenn sie einen Preis weit über dem Angebotspreis nahelegen und sich mit den Bewertungen durch den Emittenten und einen früheren Bieter decken.[1209]

Prognosen über einen Zeitraum von mehreren Jahren seien dagegen nicht als Tatsachenmitteilungen anzusehen; sie seien notwendigerweise so unsicher, daß sie kein Vertrauen der Anleger in ihre Überprüfbarkeit wecken würden.[1210] Die Gerichte haben ebenfalls keine Mitteilung kurserheblicher Tatsachen erkannt in der Aussage, daß der Aktienkurs steigen werde,[1211] das Unternehmen zur Jahrtausendwende milliardenschwer sein würde[1212] und seine Expansion Jahr für Jahr fortsetzen werde.[1213]

b) Deutsches Recht

aa) Streitgegenstand: Überprüfbarkeit von Prognosen und Bewertungen

Es ist zu prüfen, ob intern dem Emittenten vorliegende Prognosen und Bewertungen Gegenstand der Ad-hoc-Publizität sein können. Ein Teil der Literatur betrachtet Prognosen und Bewertungen als Tatsachen, wenn aufgrund der Person des Mitteilenden, der Umstände des Mitteilungsvorganges und der Präzision der Mitteilung diese im Verkehr als ebenso verifizierbar wie eine Behauptung physisch verkörperter Umstände behandelt wird.[1214] Denn unter einer Tatsache im Sinne von § 15 WpHG sei systematisch gesehen und nach Sinn und Zweck der Norm dasselbe zu verstehen, wie unter einer Tatsache im Sinne von § 13 WpHG. Wie sich aus dem Umkehrschluß zu § 13 Abs. 2 WpHG ergebe, könne eine Insidertatsache auch eine Prognose und Bewertung sein, die aufgrund nicht öffentlich bekannter Tatsachen erstellt wird. Der Begriff der Tatsache in

---

1206 Wilson v. Great American Indus., Inc., 855 F.2d 987, 994 (2d Cir. 1988).

1207 SEC v. Shared Medical Systems Corp., 1992 U.S. Dist. LEXIS 12,314 (E.D. Pa. August 17, 1992).

1208 Hoffmann Electric, Inc. v. Emerson Electric Co., 754 F. Supp. 1070 (W.D. Pa. 1991).

1209 Flynn v. Bass Brothers Enterprises, 744 F.2d 978 (3d Cir. 1984).

1210 Raab v. General Physics Corp., 4 F.3d 286 (4th Cir. 1993).

1211 Malone v. Network Switching Systems, Inc., [1987 Transfer Binder] Fed. Sec. L. Rep. (CCH) ¶ 93,208, at 95,970 (D. Mass. 1987).

1212 In re Clearly Canadian Sec. Litig., 875 F. Supp. 1410 (N.D. Cal. 1995).

1213 In re Seagate Technology II Sec. Litig., 843 F. Supp. 1341 (N.D. Cal. 1995).

1214 *Geibel*, in: Schäfer (Hrsg.), WpHG etc., § 15 Rdn. 28; *Kümpel*, in: Kümpel/Ott (Hrsg.), Kapitalmarktrecht, Kennz. 065, 5.C.IV.1. b) aa) (S. 70) mit Verweis auf 4.B.I. (S. 32); *Caspari*, in Baetge (Hrsg.), Insiderrecht und Ad-hoc-Publizität, S. 65, 68; *Pananis*, WM 1997, 460, 462; *Gehrt*, Die neue Ad-hoc-Publizität, S. 121 f.; vgl. *BAWe/Deutsche Börse AG*, Leitfaden, S. 32; zum Begriff der Tatsache in § 13 WpHG *Assmann*, in: Assmann/Schneider (Hrsg.), WpHG, § 13 Rdn. 33b, 33c, 33f; *Petersen*, wistra 1999, 328, 332.

§ 13 Abs. 1 WpHG sei damit im Ergebnis mit demjenigen der Angabe in §§ 20a Abs. 1 Nr. 1 Alt. 1 WpHG, 264a Abs. 1 Alt. 1 StGB gleichzusetzen.[1215] Als Angaben seien auch präzise Prognosen und Bewertungen aufzufassen, die auf überprüfbaren Umständen gründen.[1216] Es genüge demzufolge, wenn der Verkehr der Mitteilung einen „objektiv zuverlässigen Grad der Aussage“ zutraut.[1217]

Andere Authoren sind der Auffassung, Prognosen und Bewertungen seien keine Tatsachen im Sinne von § 15 WpHG, denn ihr Inhalt sei nicht sinnlich überprüfbar.[1218] Die Zuverlässigkeit der Prognosen oder Bewertungen, egal wie hoch sie sei, genüge nicht, um eine Tatsachenmitteilung anzunehmen.[1219] Dies verursachte Rechtsunsicherheit und verstieße zudem gegen das Analogieverbot. Darin unterscheide sich der Begriff der Tatsache im Sinne des § 15 WpHG von demjenigen der Tatsache im Sinne des § 13 Abs. 1 WpHG[1220] und von demjenigen der Angabe in §§ 20a Abs. 1 Nr. 1 Abs. 1 WpHG, 264a Abs. 1 Alt. 2 StGB.[1221] Die Formulierung, daß die Tatsache „eingetreten“ sein muß, verdeutliche die Beschränkung der Ad-hoc-Publizität auf historische Unternehmensdaten. Der europäische Gesetzgeber habe dadurch bei Erlaß der EU-Börsenzulassungsrichtlinie erkennbar an das damalige US-Recht angeknüpft, das keine Prognosepublizität vorsah. Dies sei sinnvoll, um zu vermeiden, daß Korrekturveröffentlichungen im Falle unzutreffender Prognosen die Anleger verunsichern.[1222] Lediglich der äußerlich wahrnehmbare Vorgang der Bildung, Kundgabe und Verbreitung der Prognosen und Bewertungen sei als Tatsache anzusehen, komme aber mangels Auswirkungen auf die Vermögens- oder Finanzlage oder den allgemeinen Geschäftsverlauf nicht als Publizitätstatsache in Betracht.[1223]

1215 *Cramer,* in: Schmoller (Hrsg.), FS Triffterer, S. 323, 336.

1216 *Tröndle/Fischer,* StGB, § 264a Rdn. 10; *Fuhrmann,* in: Erbs/Kohlhaas (Hrsg.), Strafrechtliche NebenG, § 88 BörsG Rdn. 7; *Ledermann,* in: Schäfer (Hrsg.), WpHG etc., § 88 BörsG Rdn. 8; *Schwark,* BörsG, Einl. vor § 88 Rdn. 6; *Worms,* in: Assmann/Schütze (Hrsg.), Hdb. z. Kapitalanlagerecht, § 8 Rdn. 30; *Schlüchter,* Zweites Gesetz zur Bekämpfung der Wirtschaftskriminalität, S. 137; vgl. ferner zum Begriff der Angabe in § 3 UWG: BGH GRUR 1973, 594 f.; BGH GRUR 1975, 141; BGH GRUR 1979, 781; *Otto,* WM 1988, 729, 734.

1217 Siehe dazu bereits oben I.2. m.w.N.; *Claussen,* DB 1994, 27, 30; vgl. *Claussen,* ZBB 1992, 267, 276; *U.A. Weber,* BB 1995, 157, 163; vgl. *Schäfer,* in: Schäfer (Hrsg.), WpHG etc., § 13 Rdn. 38; *Cramer,* in: Schmoller (Hrsg.), FS Triffterer, S. 323, 334.

1218 *Schwark,* BörsG, § 44 Rdn. 2; *Heidmeier,* AG 1992, 110, 111; *Pellens,* AG 1991, 62, 63; *Siebel/Gebauer,* WM 2001, 173, 183; *Glöckle,* Die zukunftsbezogene Publizität von Kapitalgesellschaften in der BRD, S. 189 ff.; *v.Klitzing,* Die Ad-hoc-Publizität, S. 75. Das Erfordernis objektiver Überprüfbarkeit ist bereits oben unter I.2. diskutiert.

1219 So im Ergebnis auch *Zubrod,* Rechtssichere Eingrenzung der Ad-hoc-Publizitätspflicht, S. 38, der auf *gerichtliche* Beweisbarkeit abstellt, ohne indes auf die Möglichkeit eines Sachverständigen- oder Indizienbeweises einzugehen.

1220 Die Inkonsequenz dieser Auffassung bemerken *Volk,* BB 1999, 66, 68 f., und *Zubrod,* Rechtssichere Eingrenzung der Ad-hoc-Publizitätspflicht, S. 34 f. Unter Hinweis auf das Analogieverbot vertritt *Volk* folgerichtig die Auffassung, entgegen den Vorgaben der EU-Insiderrichtlinie und der Gesetzesbegründung seien Prognosen und Bewertungen nicht als Insidertatsachen anzusehen.

1221 *Assmann,* in: Assmann/Schneider (Hrsg.), WpHG, § 13 Rdn. 32; *Schäfer,* in: Schäfer (Hrsg.), WpHG etc., § 13 Rdn. 37; *Benner-Heinacher,* DB 1995, 765, 766; *Hopt,* ZHR 159 (1995), 135, 152; ebenso noch *Kümpel,* WM 1996, 653, 654.

1222 *v.Klitzing,* Die Ad-hoc-Publizität, S. 68 f., 71.

1223 *Zubrod,* Rechtssichere Eingrenzung der Ad-hoc-Publizitätspflicht, S. 41 ff., 44; vgl. *Fürhoff,* Kapitalmarktrechtliche Ad-hoc-Publizität zur Vermeidung von Insiderkriminalität, S. 157.

bb) Stellungnahme: Umstände des Einzelfalles maßgeblich

Ob intern dem Emittenten vorliegende Prognosen und Bewertungen als Tatsachen anzusehen sind, hängt von den Umständen des Einzelfalles ab. Wie bereits erörtert, ist eine Tatsache anzunehmen, wenn Information darüber so präzise ist, daß sie sich nach der Verkehrsanschauung auf ihre Richtigkeit überprüfen läßt. Eine Mitteilung von Publizitätstatsachen ist daher dann anzunehmen, wenn die Mitteilung im Verkehr Vertrauen in ihre Überprüfbarkeit wecken würde. Mitteilungen von Prognosen und Bewertungen gehen zwar von zukünftigen Entwicklungen aus, deren Eintritt in letzter Konsequenz eine Glaubensfrage bleibt.[1224] Denn jede Prognose, selbst wenn sie in nachvollziehbaren Rechenvorgängen die vergangenen Entwicklungen in die Zukunft fortschreibt, fußt auf der nicht näher überprüfbaren Prämisse, daß die Zukunft besser oder schlechter oder eben genauso wie die Gegenwart sein wird. Jedoch können Prognosen und Bewertungen so präzise sein, daß sie sich auf ihre Richtigkeit überprüfen lassen, nämlich wenn sie entweder auf klar erkannten Wahrscheinlichkeiten beruhen oder die von ihnen angenommenen zukünftigen Entwicklungen näher bezeichnen und nach (näher bezeichneten oder identifizierbaren) Regeln vorgenommen sind, die im Verkehr allgemein anerkannt sind.

Diese Auslegung hat den Vorteil, daß eine publizitätspflichtige Tatsache unter den gleichen Voraussetzungen anzunehmen ist, wie eine den Insiderverboten unterliegende Tatsache. Es wäre widersprüchlich, wenn dem Begriff der Tatsache in den eng zusammenhängenden Vorschriften der §§ 13, 15 WpHG jeweils eine unterschiedliche Bedeutung zuzumessen wäre. Für diese Auslegung spricht des weiteren, daß sie am deutschen Kapitalmarkt vergleichbaren Anlegerschutz wie in den USA herstellt. Mit diesem Ziel der Vergleichbarkeit dürfte der europäische Gesetzgeber bei Erlaß der EU-Börsenzulassungsrichtlinie an das damalige US-Recht angeknüpft haben, das noch keine Prognosepublizität vorsah.[1225] Es ist davon auszugehen, daß er bei der Vorgabe der Ad-hoc-Veröffentlichungspflicht im Rahmen der EU-Insiderrichtlinie aus dem gleichen Grund wiederum das US-Recht im Blick hatte, das zu dem Zeitpunkt sehr wohl eine Prognosepublizität vorsah. Des weiteren ist diese Auslegung durch Sinn und Zweck der Ad-hoc-Publizität geboten. Intern dem Emittenten vorliegende präzise Prognosen und Bewertungen sind für die Anleger bei ihrer Anlageentscheidung von kaum zu überschätzender Bedeutung. Ihre Ad-hoc-Veröffentlichung durch den Emittenten ist daher sowohl zur Prävention gegen Insiderhandel als auch zur Ergänzung der Regelpublizität sinnvoll. Eine Pflicht zur Ad-hoc-Veröffentlichung von intern mitgeteilten Prognosen und Bewertungen ist schließlich verhältnismäßig, da den Emittenten diese Information bereits in schriftlich aufbereiteter Form vorliegt. Die Ad-hoc-Veröffentlichungspflicht verursacht also insoweit keine Extrakosten für die Erstellung der Prognosen und Bewertungen.

Es kommt dem gegenüber wie erörtert für die Annahme einer Tatsache nicht darauf an, ob eine Information objektiv auf ihre Wahrheit zu überprüfen ist.[1226] Mit diesem

---

1224 Vgl. *Assmann*, in: Assmann/Schneider (Hrsg.), WpHG, § 13 Rdn. 33b, 34b, 35a.

1225 Dafür sprechen vielfache Verweise auf die Kapitalmarktbedingungen in den USA in dem von der Kommission der Europäischen Wirtschaftsgemeinschaft in Auftrag gegebenen Sachverständigengutachten „Der Aufbau eines europäischen Kapitalmarktes" (sog. Segré-Bericht), das den ersten Anstoß für die Vorgabe einer Ad-hoc-Veröffentlichungspflicht in der EU-Börsenzulassungsrichtlinie gab; aaO, S. 238 ff., 249.

1226 Siehe oben I.2.

Kriterium läßt sich nicht begründen, daß Prognosen und Bewertungen vom Gegenstand der Ad-hoc-Publizität ausgeschlossen sein sollen. Die Formulierung des Gesetzes, daß eine Tatsache „eingetreten" sein muß, erlaubt keine Rückschlüsse darauf, was als Tatsache anzusehen ist. Auch der Hinweis der Gegenmeinung auf das Analogieverbot überzeugt nicht. Da der Verkehr auf ihre Richtigkeit überprüfbare Prognosen und Bewertungen wie eine Tatsache behandelt, verstößt eine entsprechende Auslegung nicht gegen das Analogieverbot. Denn der mögliche Wortsinn ist letztlich nach dem allgemeinen Sprachgebrauch der angesprochenen Verkehrskreise zu bestimmen.[1227] Ebensowenig läßt sich der systematische Zusammenhang zu den allgemeinen Offenlegungspflichten des Kapitalmarktes anführen. Aus der Gegenüberstellung von Angaben und Tatsachen in §§ 20a Abs. 1 Nr. 1 WpHG, 264a Abs. 1 StGB folgt nicht notwendig, daß der Begriff der Angabe weiter auszulegen ist als der Begriff der Tatsache.[1228] Auch provoziert eine Ad-hoc-Veröffentlichungspflicht von Prognosen und Bewertungen keine Korrekturveröffentlichungen, die zu einer Anlegerirreführung oder -verunsicherung führen könnten. Emittenten sind nicht zur Korrektur oder Aktualisierung von Prognosen und Bewertungen verpflichtet, die sich im nachhinein als unzutreffend herausstellen.[1229] Eine relevante Gefahr der Anlegerirreführung besteht nur bei der Veröffentlichung von nicht vernünftig nachvollziehbaren Prognosen und Bewertungen.[1230] Gegen sie wehren aber ausreichend die Verbote unvollständiger, unrichtiger oder unverständlicher Veröffentlichungen.[1231]

Allerdings ist entgegen der im US-Recht zum Teil vertretenen Auffassung am Erfordernis festzuhalten, daß die Prognosen und Bewertungen nach der Verkehrsanschauung auf ihre Richtigkeit überprüfbar sind. Es genügt nicht, den Grad ihrer Überprüfbarkeit gegen ihre Bedeutung für die Anleger abzuwägen. Für diese Einschränkung des Gegenstandes der Ad-hoc-Publizität spricht der systematische Zusammenhang der Ad-hoc-Publizität zu den Offenlegungspflichten der §§ 263, 264a StGB. Die Prüfung im Rahmen der §§ 263, 264a StGB, ob eine Mitteilung auf Tatsachen bezogen ist, hat im Lichte aller Umstände zu erfolgen, unter denen die Mitteilung gemacht ist. Sie darf sich nicht auf das objektive Erscheinungsbild der Mitteilung beschränken. Es liegt demzufolge keine Tatsache im Sinne der §§ 263, 264a StGB vor, wenn eine Mitteilung der betreffenden Information nach der Verkehrsanschauung kein Vertrauen in ihre Überprüfbarkeit verdient.[1232] Außerdem sprechen Sinn und Zweck der Ad-hoc-Publizität dafür, den Gegenstand der Ad-hoc-Publizität auf überprüfbare Prognosen und Bewertungen zu beschränken. Die Gefahr von Insiderhandel, der § 15 WpHG begegnen soll, würde durch

---

1227 *Cramer,* in: Schmoller (Hrsg.), FS Triffterer, S. 323, 332 f.

1228 *Otto,* WM 1988, 729, 731, 737, vertritt die Ansicht, der Begriff der Tatsachenmitteilung bedeute das gleiche, wie der Begriff der Angabe. Der BGH, WM 1982, 862, 865, hat im Rahmen des § 44 BörsG die Abgrenzung zwischen Tatsachen und Angaben aufgegeben.

1229 Siehe oben § 2 IV. Aus diesem Grund trifft es ebenfalls entgegen *v.Klitzing,* Die Ad-hoc-Publizität, S. 87 Fn. 402, nicht zu, daß eine Pflicht zur Ad-hoc-Veröffentlichung von Prognosen und Bewertungen die Gefahr von Schadensersatzklagen gegen Emittenten steigert.

1230 Dazu bereits oben II.2.c)cc) m.w.N.: Vernünftige Anleger, von denen der Gesetzgeber bei Schaffung der Ad-hoc-Publizität als Leitbild ausging, wissen Wahrscheinlichkeiten zu wägen.

1231 Für Veröffentlichungen gemäß § 15 WpHG gelten §§ 20a Abs. 1 Nr. 1 Alt. 1, 38 Abs. 1 Nr. 4, 39 Abs. 1 Nr. 1 und Nr. 2a) WpHG. Das Gebot der Vollständigkeit, Aktualität und Verständlichkeit ist im übrigen allgemeiner Grundsatz jeglicher Unternehmenspublizität; vgl. *Adler/Düring/Schmaltz,* Rechnungslegung und Prüfung der Unternehmen, § 289 HGB Rdn. 39-41, 43-44 m.w.N.

1232 *Cramer,* in: Schönke/Schröder, StGB, § 263 Rdn. 8 ff.; *Worms,* in: Assmann/Schütze (Hrsg.), Hdb. z. Kapitalanlagerecht, § 8 Rdn. 9 ff., je m.w.N.

das Verschweigen einer wenig vertrauenswürdigen Prognose oder Bewertung nicht nennenswert erhöht.[1233] Ebensowenig würde die Veröffentlichung solcher Prognosen und Bewertungen dem weiteren Zweck dienen, die Regelpublizität zu ergänzen, da sie den Anlegern die Fundamentalbewertung der Wertpapiere kaum erleichtern würde. Schließlich würde dem Begriff der Tatsache seine tatbestandsbegrenzende Funktion gegenüber dem weiteren Tatbestandsmerkmal der Kurserheblichkeit genommen und damit gegen das Analogieverbot verstoßen. Denn wenngleich die Überprüfbarkeit einer Prognose oder Bewertung auf ihre Richtigkeit keine Voraussetzung für ihre Kurserheblichkeit ist,[1234] so ist doch ein gewisser Grad der Überprüfbarkeit dafür in jedem Fall notwendig.

Auch ist nicht, wie in der US-Rechtsprechung vorgeschlagen, auf eine gewisse Wahrscheinlichkeit abzustellen, daß die Prognosen oder Bewertungen zutreffen. Denn wie erörtert, ist kein bestimmter Grad der Verläßlichkeit einer Information erforderlich, um eine Tatsache anzunehmen.[1235] Prognosen und Bewertungen können auch überprüfbar sein, ohne daß sie mit überwiegender oder hoher Wahrscheinlichkeit zutreffen, wenn sie die ihnen zugrundeliegenden Annahmen klar kennzeichnen und Schlußfolgerungen streng nach den Gesetzen der Logik gezogen sind.

Die im US-Recht herausgearbeiteten Faktoren lassen sich heranziehen, um mit hinreichender Rechtssicherheit zu beurteilen, ob eine Prognose oder Bewertung nach der Verkehrsanschauung Vertrauen in ihre Überprüfbarkeit weckt. Zunächst ist der Umfang der Fundierung und die Vertretbarkeit der Prämissenbildung, die Schlüssigkeit der Gedankenschritte und insgesamt die Präzision der Information zu werten.[1236] Keine Tatsachenmitteilung, sondern lediglich ein Werturteil liegt vor, wenn die Äußerung durch Elemente der Stellungnahme, des Dafürhaltens oder Meinens geprägt ist und die Richtigkeit oder Unrichtigkeit Sache persönlicher Überzeugung ist.[1237] Eine Tatsachenmitteilung kann demnach insbesondere deshalb ausgeschlossen sein, weil die Mitteilung sowohl objektivierte Beobachtungen als auch persönliche Einschätzungen enthält, letztere jedoch derart überwiegen, daß die Mitteilung insgesamt kein Vertrauen in ihre Überprüfbarkeit verdient.[1238] Generell gehaltene Aussagen über künftige geschäftliche Entwicklungen stellen keine Tatsachenmitteilung dar, es sei denn, sie lassen im Einzelfall auf eine ganz bestimmte Entwicklung schließen.[1239] Darüber hinaus ist zu beachten, ob der Mitteilende den Anspruch besonderer Sachkunde erhebt.[1240] Unter Umständen kann daher eine Tatsachenmitteilung selbst dann anzunehmen sein, wenn die Mitteilung nach ihrem

---

1233 So zu § 13 WpHG auch *Volk*, BB 1999, 66, 67.

1234 A.A. *Zubrod*, Rechtssichere Eingrenzung der Ad-hoc-Publizitätspflicht, S. 32. Diese Ansicht unterschätzt die stimulierende Wirkung, die Ungewißheit auf die Erwartungen der Marktteilnehmer ausübt.

1235 Siehe oben II.2.

1236 Vgl. *Assmann* in: Assmann/Schneider (Hrsg.), WpHG, § 13 Rdn. 33g, mit dem Beispiel einer Unternehmensbewertung, die auf breiter Tatsachengrundlage nach Maßgabe objektiver Bewertungsmodelle erfolgt.

1237 *Caspari*, in: Baetge (Hrsg.), Insiderrecht und Ad-hoc-Publizität, S. 65, 68; *Süßmann*, in: Wieselhuber & Partner (Hrsg.), Börseneinführung, S. 271, 272. Vgl. weiterhin zur Insidertatsache Begr. RegE 2. FFG, BT-Drucks. 12/6679, S. 46; *Assmann*, in: Assmann/Schneider (Hrsg.), WpHG, § 13 Rdn. 33; *Kümpel*, in: Kümpel/Ott (Hrsg.), Kapitalmarktrecht, Kennz. 065, 4.B.I. (S. 32).

1238 Vgl. *Tröndle/Fischer*, StGB, § 263 Rdn. 4.

1239 Vgl. RGSt 5, 395; BGHSt 34, 201.

1240 *Cramer*, in: Schönke/Schröder, StGB, § 264a Rdn. 24; ähnlich *Otto*, WM 1988, 729, 731: nur solche Prognosen und Bewertungen seien als Tatsachenmitteilungen zu qualifizieren, die erkennbar die sachbezogene Aufklärung der Anleger bezwecken.

äußeren Erscheinungsbild ein reines Werturteil darstellt.[1241] Die Beurteilung ist nicht aus der Sicht des Mitteilenden,[1242] sondern aus der Sicht eines durchschnittlichen Anlegers der betreffenden Verkehrskreise zu treffen, der die Mitteilung empfangen würde.[1243]

3. Mitteilungen von Planungen und Absichten

a) US-Recht

Die Ad-hoc-Veröffentlichungspflicht gemäß Rule 10b-5 erstreckt sich auf intern mitgeteilte Planungen und Absichten, wenn sie so präzise sind, daß sich ihre Aufrichtigkeit nach der Verkehrsanschauung überprüfen läßt. So geht die Rechtsprechung davon aus, daß Insider zur Veröffentlichung ihrer Absicht verpflichtet sind, das Vermögen des Emittenten zu liquidieren, wenn sie Anstalten unternehmen, eine hinreichende Stimmrechtsmehrheit zu erreichen und feste Kaufangebote für das Vermögen vorliegen.[1244] Ebenso müssen sie einen Plan veröffentlichen, durch eine Vielzahl von Aktienkäufen am Markt oder durch ein Übernahmeangebot die Kontrolle über den Emittenten zu gewinnen.[1245] Keine Publizitätstatsache war dagegen der generelle Plan, Aktien des Emittenten aufzukaufen und ihre Unterbewertung durch den Verkauf von Vermögensgegenständen des Emittenten auszunutzen, wenn noch kein festes Kaufangebot für die Vermögensgegenstände vorlag.[1246] Ebenso erkannte die Rechtsprechung keine gemäß Rule 10b-5 zu veröffentlichende Tatsache in einem allgemeinen Plan der Unternehmensleitung, jegliche Angebote zum Kauf des Unternehmens abzulehnen[1247] und sich selbst im Amt zu erhalten.[1248]

b) Deutsches Recht

Nach Maßgabe der hier vertretenen Tatsachendefinition sind auch Planungen und Absichten als Tatsachen zu qualifizieren, wenn sie so präzise gefaßt sind, daß sich ihre Aufrichtigkeit nach der Verkehrsanschauung überprüfen läßt.[1249] So kann zu veröffent-

---

1241 Vgl. *Cramer,* in: Schönke/Schröder, StGB, § 263 Rdn. 8 a.E.

1242 So aber zum Auskunftsrechts gemäß § 16 WpHG, VGH Kassel, AG 1998, 436; zum Verbot des Prospektbetrugs *Cramer,* in: Schönke/Schröder, StGB, § 264a Rdn. 24.

1243 Vgl. *Kümpel,* in: Assmann/Schneider (Hrsg.), WpHG, § 15 Rdn. 44; ebenso zur Insidertatsache *Assmann,* AG 1998, 438, 439. Da somit eine typisierte Betrachtung maßgeblich ist, greifen nicht die Bedenken von *Zubrod,* Rechtssichere Eingrenzung der Ad-hoc-Publizitätspflicht, S. 38 Fn. 8, daß die Marktteilnehmer keine homogene, befragbare Gruppe bilden, und manche auch auf abwegige Ansichten reagieren.

1244 Brown Co. Sec. Litig., 355 F. Supp. 574, 583-84 (S.D.N.Y. 1973); Gerstle v. Gamble-Skogmo, Inc., 298 F. Supp. 66, 92 (E.D.N.Y. 1969), *aff'd* 478 F.2d 1281, 1291-97 (2d Cir. 1973).

1245 Bosche v. Louart, [1967-1969 Transfer Binder] Fed. Sec. L. Rep. (CCH) ¶ 92,231, at 97,066-97,067 (N.D. Cal. 1968); Speed v. Transamerica Corp., 99 F. Supp. 808, 826, 828 (D. Del. 1951); Ward La France Truck Corp., 13 S.E.C. 373, 378-80 (1943).

1246 Brown Co. Sec. Litig., 355 F. Supp. 574, 583-84 (S.D.N.Y. 1973).

1247 Panter v. Marshall Field & Co., 646 F.2d 271, 287-89 (7th Cir.), *cert. denied,* 454 U.S. 1092 (S. Ct. 1981).

1248 Lewis v. Chrysler Corp., 949 F.2d 644, 651 (3d Cir. 1991); Mendell v. Greenberg, 927 F.2d 667, 674-75 (2d Cir.), *amended,* 938 F.2d 1528 (2d Cir. 1990); Ward v. Succession of Freeman, 854 F.2d 780, 791 (5th Cir. 1988).

1249 Ebenso im Ergebnis *Pananis,* WM 1997, 460, 462; *Fürhoff,* Kapitalmarktrechtliche Ad-hoc-Publizität zur Vermeidung von Insiderkriminalität, S. 160; *Assmann,* in: Assmann/Schneider (Hrsg.), WpHG, § 13 Rdn. 36, zur Insidertatsache; *Tröndle/Fischer,* StGB, § 263 Rdn. 5 m.w.N. zum Betrugsverbot. A.A. sind folgerichtig die Vertreter der oben unter I.2. diskutierten Literaturmeinung, die zur Annahme einer Tatsache ihre sinnliche Wahrnehmbarkeit fordern; so z.B. *v.Klitzing,* Die Ad-hoc-Publizität, S. 77 m.w.N.

lichen sein, daß die Unternehmensleitung die Absicht zum Abschluß eines bestimmten Geschäfts bekundet oder entsprechende Planungen mitteilt. Indes ist die Realisierungswahrscheinlichkeit jedes Vorhabens im Planungsstadium noch sehr gering. Das gilt insbesondere wenn zur Verwirklichung noch die Mitwirkung von Dritten erforderlich ist. Selbst bei voraussichtlich großen Auswirkungen auf die wirtschaftlichen Verhältnisse des Emittenten dürften daher Planungen und erst recht Absichten selten werterheblich sein.[1250] Denn als Einzelschritt einer unvollendeten Entwicklung ist ihre Werterheblichkeit im Wege der Abwägung der Realisierungswahrscheinlichkeit einerseits und des Ausmaßes der voraussichtlichen Auswirkungen auf die wirtschaftlichen Verhältnisse des Emittenten andererseits zu bestimmen.[1251] Bei der Bestimmung der Realisierungswahrscheinlichkeit können die gesamten Umstände des Einzelfalles Berücksichtigung finden. Bedeutsam sind die -- rechtliche oder faktische -- Autorität des Mitteilenden zur Geschäftsführung, die Fundierung des Planes und die Ernsthaftigkeit des Umsetzungswillens.

Zu abweichenden Ergebnissen kommt ein Teil der Literatur, der auf einen bestimmten Grad der Verläßlichkeit der Information abstellt, um Planungen und Absichten als Tatsachen zu qualifizieren. Sei der Emittent eine Aktiengesellschaft, liege eine Tatsache frühestens nach einem Vorstandsbeschluß vor.[1252] Planungen seien unter Umständen selbst dann keine Tatsachen, wenn sie bereits beschlossen sind.[1253] Diese Ansicht ist abzulehnen, da eine bestimmte Verläßlichkeit, wie erörtert, zur Annahme von Tatsachen nicht erforderlich ist.[1254]

IV. Ergebnis

Entwicklungen, die zur erheblichen Kursbeeinflussung aufgrund ihrer Auswirkungen auf die wirtschaftlichen Verhältnisse des Emittenten geeignet sind, müssen des weiteren als Tatsachen zu qualifizieren sein, um gemäß § 15 Abs. 1 Satz 1 WpHG Gegenstand der Ad-hoc-Publizität zu sein. Eine Tatsache ist anzunehmen, wenn Information darüber so präzise ist, daß ihre Richtigkeit sich nach der Verkehrsauffassung überprüfen läßt. Es ist unerheblich, ob die Vorgänge oder Zustände für den Emittenten bereits rechtsverbindlich feststehen oder noch Veränderungen unterliegen. Eine dahingehende teleologische Reduktion des Gegenstandes der Ad-hoc-Publizität ist weder möglich noch sinnvoll. Zukünftige Entwicklungen sind keine Tatsachen. Sie sind nicht *ad hoc* zu veröffentlichen. Dagegen kann der Inhalt von Mitteilungen über zukünftige Entwicklungen eine Tatsache sein. Davon ist sowohl bei der Mitteilung von Prognosen und Bewertungen als auch bei der Mitteilung von Planungen und Absichten auszugehen. In beiden Fällen ist im Einzelfall zu prüfen, ob ihre Mitteilung so präzise gefaßt ist und der Mitteilende eine solche Sachkunde vermittelt, daß sich die Prognosen und Bewertungen, Planungen und Absichten nach der Verkehrsauffassung auf ihre Richtigkeit überprüfen lassen.

1250 So auch *Pananis,* WM 1997, 460, 462.

1251 Dazu oben § 8 II.

1252 *Hopt,* in: WM-Festgabe Hellner 1994, S. 29, 33; *Kiem/Kotthoff,* DB 1995, 1999, 2003.

1253 *Kümpel,* in: Assmann/Schneider (Hrsg.), WpHG, § 15 Rdn. 45; *Heidmeier,* AG 1992, 110, 111; *Hopt,* ZHR 159 (1995), 135, 152.

1254 *Fürhoff/Wölk,* WM 1997, 449, 450; *Pananis,* WM 1997, 460, 462. Dazu oben II.2.

§ 10
Vorgaben der EU-Marktmissbrauchsrichtlinie zum Gegenstand der Ad-hoc-Publizität

Die Vorgaben der EU-Marktmissbrauchsrichtlinie zum Gegenstand der Ad-hoc-Publizität decken sich weitgehend mit den aktuellen Vorgaben von § 15 Abs. 1 Satz 1 WpHG in der hier vertretenen Auslegung. Die EU-Marktmissbrauchsrichtlinie erstreckt gemäß ihrem Art. 6 Abs.1 die Ad-hoc-Publizität auf jede Insiderinformation, die direkt den Emittenten betrifft. Als Insiderinformation ist gemäß der Legaldefinition des Art. 1 Nr. 1 der EU-Marktmissbrauchsrichtlinie jede „nicht öffentlich bekannte, präzise Information anzusehen, die [...], wenn sie öffentlich bekannt würde, geeignet wäre, den Kurs der Finanzinstrumente erheblich zu beeinflussen."[1255]

Die Tatbestandsmerkmale der Entscheidungserheblichkeit, Markterheblichkeit und Kurserheblichkeit bleiben unverändert.[1256]

Auch das Erfordernis der Werterheblichkeit besteht fort, wenngleich dem Wortlaut der Richtlinie zufolge eine Entwicklung auch dann Gegenstand der Ad-hoc-Publizität sein kann, wenn sie keine Auswirkungen auf die Vermögens-, Finanz- oder Ertragslage oder den allgemeinen Geschäftsverlauf hat. Indes muß die Entwicklung den Emittenten direkt betreffen, und dazu ist eine Auswirkung auf die Geschäftstätigkeit des Emittenten erforderlich.[1257] Denn aus dem systematischen Zusammenhang mit den Vorschriften der Regel- und Prospektpublizität folgt, daß der Begriff des „Emittenten" durch dessen soziale Funktion Bedeutung erhält. Diese Funktion liegt in der Geschäftstätigkeit des zugrundeliegenden Unternehmens.[1258] Diese Auslegung ergibt sich außerdem aus Sinn und Zweck der Vorschrift. Die Ad-hoc-Publizität in ihrer modifizierten Funktion zur Prävention von Insiderhandel ist zur Verhinderung von Marktirreführung und zur Vermeidung unverhältnismäßiger Belastungen des Emittenten auf Umstände zu beschränken, zu deren Veröffentlichung der Emittent überlegen befähigt ist.[1259]

Schließlich bleibt es bei der Einschränkung, daß nur „präzise Information" Gegenstand der Ad-hoc-Publizität ist. Diese Einschränkung hatte die EU-Insiderrichtlinie bereits für den Gegenstand der Veröffentlichungspflichten gegen Insiderhandel vorgegeben,[1260] so daß der Begriff der „Insidertatsache" entsprechend auszulegen ist.[1261] Wie im vorstehenden § 9 der Arbeit begründet, ist der Begriff der „Tatsache" in § 15 Abs. 1 Satz 1 WpHG ebenso zu verstehen. Indem die EU-Marktmissbrauchsrichtlinie in dieser Hinsicht die Unterschiede zwischen einer Publizitätstatsache und einer Insidertatsache aufhebt,[1262] hat der europäische Gesetzgeber endgültig den Literaturmeinungen die Grundlage entzogen, die den Gegenstand der Ad-hoc-Publizität insoweit enger fassen als den Gegenstand der Veröffentlichungspflichten gegen Insiderhandel.[1263]

1255 Siehe Art. 6 Abs. 1 i.V. mit Art. 1 Nr. 1 der EU-Marktmissbrauchsrichtlinie 2003/6/EG vom 28.1.2003, ABl. EG Nr. L 96 v. 12.4.2003, S. 21.

1256 Zur Terminologie siehe die Einleitung zu Kapitel 3.

1257 Siehe oben § 5 IV.

1258 Siehe oben § 5 I.

1259 Näher zur Abgrenzung oben § 5 IV.

1260 Art. 1 Nr. 1 der EU-Insiderrichtlinie 89/592/EWG vom 13.11.1989, ABl. EG Nr. L 334 v. 18.11.1989, S. 30.

1261 *Claussen,* ZBB 1992, 267, 276; *Cramer,* in: Schmoller (Hrsg.), FS Triffterer, S. 323, 334.

1262 *Leppert/Stürwald,* ZBB 2002, 90, 94.

1263 Ausführlich *Fürhoff,* AG 2003, 80, 84.

Keine präzise Information i.S. der EU-Marktmissbrauchsrichtlinie stellt eine zukünftige Entwicklung dar, selbst wenn ihr Eintritt mit hoher Wahrscheinlichkeit zu erwarten ist.[1264] Ein entsprechender Definitionsvorschlag des Europäischen Parlaments wurde nicht in den verabschiedeten Richtlinientext aufgenommen.[1265]

1264 Siehe dazu bereits oben § 9 III.1.b).

1265 Vgl. Änderungsantrag 20 der Stellungnahme des Europäischen Parlaments in erster Lesung vom 14.3.2002 zum Kommissionsvorschlag einer Marktmissbrauchsrichtlinie, KOM (2001) 281 – 2001/0118 (COD).

Zusammenfassung der Untersuchungsergebnisse

1. Die Ad-hoc-Publizitätspflicht des § 15 WpHG dient dem Schutz der Anleger vor irrtumsbedingtem, vermögensschädigendem Wertpapierhandel. Diese den Emittenten auferlegte besondere Verantwortung beruht auf Gründen größerer Effizienz und nicht auf einem Vorwurf individueller Verantwortlichkeit für die Schadensgefahr. Die Ad-hoc-Publizitätspflicht muß daher, um dem allgemeinen Gebot der Verhältnismäßigkeit zu genügen, dem Emittenten *per Saldo* nützen.

Ein Emittent muß eine Entwicklung *ad hoc* veröffentlichen, wenn erstens ihre Veröffentlichung erforderlich ist, um vermögensschädigenden Wertpapierhandel der Anleger zu verhindern, und zweitens der Emittent besonders für die Verhinderung dieser Vermögensschädigung verantwortlich ist.

Dabei wirft die erste Voraussetzung die Frage auf, welche Entwicklungen zu veröffentlichen sind, um vermögensschädigenden Wertpapierhandel der Anleger zu verhindern. Die Antwort hierauf grenzt ein, welche Entwicklungen Gegenstand der Ad-hoc-Publizität und also „Publizitätstatsachen" sind. Zugleich ist damit der Zeitpunkt der Veröffentlichungspflicht bestimmt, an dem die Entwicklungen zu veröffentlichen sind.

Die zweite Voraussetzung wirft die Frage auf, welcher Emittent für die Veröffentlichung welcher Entwicklungen besonders verantwortlich ist. Die Antwort auf diese Frage bestimmt den Pflichtadressaten und den Anlaß der Ad-hoc-Publizität.

2. Die Ad-hoc-Publizität richtet sich aufgrund von zwei Wertungen an Emittenten als Pflichtadressaten: Zum einen sind die Emittenten überlegen befähigt zur richtigen, vollständigen und zeitnahen Verbreitung der Publizitätstatsachen. Zum anderen trifft die Emittenten eine überragende Verantwortung für den Schutz der Anleger, die im Vertrauen auf diesen Schutz mit den vom Emittenten ausgegebenen Wertpapieren handeln. Die Begründung für diese beiden Wertungen liegt in den zwei unterschiedlichen Ursprüngen der Ad-hoc-Veröffentlichungspflicht. Einerseits hat sie sich aus den Veröffentlichungspflichten gegen Insiderhandel entwickelt. Die Verpflichtung der Emittenten ist in dieser Hinsicht als Reaktion auf die besonderen Gefahren zu erklären, die aus der Gestaltung der Börse als unpersönlichem Massenmarkt entstehen. Andererseits hat die Ad-hoc-Veröffentlichungspflicht sich aus der Regelpublizität entwickelt. Die Verpflichtung der Emittenten ist diesbezüglich als Mittel gegen die Bewertungsschwierigkeiten zu begreifen, die für die Anleger aus der zunehmenden Komplexität der Wirtschaft folgen.

Ein Anlaß zur Ad-hoc-Publizität besteht, wenn Entwicklungen im Tätigkeitsbereich des Emittenten eintreten, für deren Veröffentlichung der Emittent besonders verantwortlich ist. Nach Maßgabe der dargelegten Wertungen zur Festlegung des Pflichtadressaten ist der Emittent besonders verantwortlich für die Veröffentlichung von Entwicklungen, zu deren Verbreitung er überlegen befähigt ist, oder für deren Veröffentlichung er eine überragende Verantwortung gegenüber den Anlegern übernommen hat. Allerdings läßt sich diese besondere Verantwortung nicht mehr annehmen, wenn die dem Emittenten durch die Veröffentlichung verursachten indirekten Kosten höher zu veranschlagen sind als die dem Emittenten ebenfalls entstehenden Finanzierungsvorteile. Das Verhältnismäßigkeitsgebot erfordert, daß der Emittent in diesem Fall eine Befreiung von der Ad-hoc-Veröffentlichungspflicht erlangen kann, selbst wenn grundsätzlich ein Anlaß der Ad-hoc-Publizität gegeben ist.

3. Der Gegenstand der Ad-hoc-Publizität ist im wesentlichen nach Maßgabe von drei Wertungen geregelt.

Zum ersten ist die Möglichkeit vorausgesetzt, daß das Verschweigen der fraglichen Entwicklung zu einem irrtumsbedingten Vermögensschaden der Anleger führt. Wenn eine Entwicklung im Falle ihrer Veröffentlichung den Börsenpreis der Wertpapiere beeinflussen würde, so verursacht die Unkenntnis der Entwicklung suboptimale Anlageentscheidungen, welche zwangsläufig zu einem Vermögensschaden in Höhe der Preisdifferenz führen, um die der Börsenpreis beeinflußt würde. Da gemäß § 15 Abs. 1 Satz 1 WpHG auch solche Entwicklungen zu veröffentlichen sind, die zur Kursbeeinflussung lediglich geeignet sind (ohne daß die Kursbeeinflussung also mit Gewißheit zu erwarten ist), sind Gegenstand der Ad-hoc-Publizität Entwicklungen, deren Verschweigen vermögensschädigenden Wertpapierhandel der Anleger in den Bereich des Möglichen rückt.

Zum zweiten ist nicht die Gefahr irgendeines, sondern die Gefahr eines erheblichen Vermögensschadens vorausgesetzt. Denn der Emittent muß nur Entwicklungen veröffentlichen, die zur *erheblichen* Kursbeeinflussung geeignet sind. Der Emittent ist folglich nicht verpflichtet, die Anleger so umfassend zu informieren, daß sie für optimale Anlageentscheidungen vorbereitet sind. Dafür tragen weiterhin die Anleger selbst die Verantwortung. Der Emittent muß die Anleger nur vor suboptimalen Anlageentscheidungen bewahren, die einen *erheblichen* Vermögensschaden der Anleger zur Folge haben würden. Diese Beschränkung des Gegenstandes der Veröffentlichungspflicht läßt sich dadurch erklären, daß der Emittent nicht aufgrund persönlich vorwerfbaren Verhaltens sondern aus Gründen größerer Effizienz zur Ad-hoc-Publizität verpflichtet ist. Das rechtfertigt eine Einschränkung des Umfangs der von ihm zu veröffentlichenden Information.

Zum dritten sind Gegenstand der Ad-hoc-Publizität nur Tatsachen, denen die typischen mit den fraglichen Wertpapieren Handel treibenden Anleger Bedeutung für ihre Anlageentscheidung aufgrund einer Veränderung der wirtschaftlichen Verhältnisse des Emittenten zumessen könnten. In dieser Weise ist der Gegenstand der Ad-hoc-Publizität auf Umstände beschränkt, an deren Offenlegung ein schutzwürdiges Interesse der Anleger besteht. Einerseits genügt allerdings, daß die typischen in den fraglichen Wertpapieren handelnden Anleger der Entwicklung Bedeutung zumessen könnten. Wenn unter den Anlegern ein breiter Konsens über die Bedeutung einer bestimmten Entwicklung für ihre Anlageentscheidung herrscht, dann beeinflußt ihre Veröffentlichung den Kurs. Damit ist anders als etwa im US-Recht nicht auf die Vorstellungen eines vernünftigen Anlegers abgestellt. Es ist andererseits weiter erforderlich, daß die Anleger der Entwicklung aufgrund ihrer Auswirkungen auf den Fundamentalwert der Wertpapiere Bedeutung zumessen könnten. Denn ihre Eignung zur Kursbeeinflussung muß auf den Auswirkungen der Entwicklung auf die Vermögens- oder Finanzlage oder den allgemeinen Geschäftsverlauf beruhen. Damit ist Bezug genommen auf die Umstände, von deren Bedeutung für den Fundamentalwert die Vorschriften zur Regelpublizität im Wege typisierter Betrachtung ausgehen.

Hierin zeigt sich ein Wertungskonflikt, der aus den zwei unterschiedlichen Ursprüngen der Ad-hoc-Veröffentlichungspflicht folgt. Einerseit hat sie sich aus den Veröffentlichungspflichten gegen Insiderhandel entwickelt. Der Gegenstand der Ad-hoc-Publizität ist in dieser Hinsicht auf alle Entwicklungen zu erstrecken, die zur Kursbeeinflussung geeignet sind. Die Veröffentlichung dieser Entwicklungen ist erforderlich, um zu verhindern, daß die Anleger aufgrund von intransparent gebildeten Börsenpreisen vermögensschädigend in den Wertpapieren des Emittenten handeln. Denn als Vermögensschaden, bestimmt nach der Verkehrsauffassung, droht die volle Differenz zwischen dem gegenwärtigen Kurs der Wertpapiere und dem Kurs, zu dem die Wertpapiere im Falle einer Veröffentlichung der fraglichen Entwicklung gehandelt würden. Andererseits hat sich die Ad-hoc-Veröffentlichungspflicht aus der Regelpublizität entwickelt. Als Gegenstand der Ad-hoc-Publizität ist in dieser Hinsicht jeder Entwicklung anzusehen, die Auswirkungen auf den Fundamentalwert hat. Die Veröffentlichung dieser Entwicklung ist erforderlich, um zu verhindern, daß aufgrund von unangemessenen Kursen ein Vermögensschaden entsteht. Die Anleger sind -- folgt man dieser Entwicklungslinie -- vor Vermögensschäden nur in Höhe der Differenz zwischen dem gegenwärtigen Kurs und dem Fundamentalwert der Wertpapiere geschützt.

Der somit bestehende Wertungskonflikt ist, soweit es das Analogieverbot zuläßt, durch ein weites Verständnis des Fundamentalwertes zugunsten eines möglichst extensiven Vermögensschutzes aufzulösen, so daß jegliche kurserheblichen Entwicklungen zu veröffentlichen sind, die Einfluß auf die wertbildenden Faktoren haben. Denn von den beiden Entwicklungslinien ist vorrangig die Entwicklung der Ad-hoc-Publizität aus den Veröffentlichungspflichten gegen Insiderrecht bei der Auslegung zu beachten. Es ist demnach als Indiz für die Publizitätspflichtigkeit einer Entwicklung anzusehen, daß diese im Rahmen der Prospekt- und Regelpublizität zu berichten ist. Dagegen ist nicht der Umkehrschluß zulässig, daß eine Entwicklung nur dann Gegenstand der Ad-hoc-Publizität ist, wenn sie Gegenstand der Prospekt- und Regelpublizität ist.

4. Pflichtadressaten der Ad-hoc-Veröffentlichungspflicht sind Emittenten, deren Wertpapiere an einer Börse zugelassen und notiert sind. Der Begriff des Wertpapieres im Sinne von § 15 WpHG ist definiert in § 2 Abs. 1 Satz 1 WpHG als Aktien und Schuldverschreibungen, diesen vergleichbare Wertpapiere, sowie Optionen und Genußscheine, die an einem Markt gehandelt werden können. Wertpapiere sind mit Aktien und Schuldverschreibungen vergleichbar, wenn sie ein Mitgliedschaftsrecht oder ein Versprechen zur Leistung von Geld und Sachleistungen verkörpern, dessen Wert von dem Einsatz oder Erhalt einer im Gegenzug erbrachten Kapitalleistung mitbestimmt wird. Derivate und Schuldverschreibungen mit einer Laufzeit von weniger als neun Monaten sind keine Wertpapiere. Damit die Wertpapiere zum Handel auf einem Markt geeignet sind, müssen sie austauschbar und umlauffähig sein. Geschäftsanteile an einer GmbH oder Beteiligungen an einer KG fehlt die erforderliche Eignung zum marktmäßigen Handel. Jedes Wertpapier ist immer zugleich auch ein „Insiderpapier“ und eine „Kapitalanlage“, aber nicht jedes „Insiderpapier“ oder jede „Kapitalanlage“ ist immer zugleich auch ein Wertpapier. Die EU-Marktmissbrauchsrichtlinie erstreckt die Ad-hoc-Veröffentlichungspflicht auf Emittenten von Finanzinstrumenten. Der Begriff des „Finanzinstrumentes“ erfaßt weitaus mehr Anlageformen als der Begriff des „Wertpapieres“.

Als Emittent ist eine Person aufzufassen, die durch die Ausgabe von Wertpapieren unmittelbar Rechte gegen sich gewährt. Der Rechtsnachfolger des bezogenen Unternehmens ist nicht der Emittent der Wertpapiere, ebensowenig ein anderes Unternehmen, das mit dem bezogenen Unternehmen im Konzernverbund steht.

Die Wertpapiere des Emittenten müssen an einer Börse zugelassen und notiert sein. Das Gebot der Ad-hoc-Publizität findet somit Anwendung auf Emittenten, deren Wertpapiere zum Amtlichen Handel oder zum Geregelten Markt zugelassen sind und dort gehandelt werden. Die Publizitätspflicht besteht nach der Zulassung auch dann, wenn die Wertpapiere am Neuen Markt notiert sind oder wenn für sie im elektronischen Handelssystem Xetra oder im Ausland Börsenpreise festgestellt werden. Emittenten, deren Wertpapiere lediglich in den Freiverkehr einbezogen sind, ohne aber zum Handel an einer inländischen Börse zugelassen zu sein, sind nicht zur Ad-hoc-Publizität verpflichtet. Der deutsche Gesetzgeber ist allerdings verpflichtet, das Gebot der Ad-hoc-Publizität *de lege ferenda* auf den Freiverkehr zu erstrecken. Das Gebot der Ad-hoc-Publizität gilt nicht, wenn die Kursnotierung für die Wertpapiere noch nicht aufgenommen oder wieder eingestellt ist. Die EU-Marktmissbrauchsrichtlinie läßt es demgegenüber genügen, daß ein Antrag auf Zulassung der Wertpapiere zum Handel an einer inländischen Börse oder einem anderen geregelten Markt in einem Mitgliedstaat der Europäischen Union gestellt ist.

5. Ein Anlaß zur Ad-hoc-Publizität besteht, wenn Publizitätstatsachen im Tätigkeitsbereich des Emittenten eintreten. Mit Entwicklungen im Tätigkeitsbereich des Emittenten ist jede Geschäftstätigkeit des Emittenten gemeint. Die Tätigkeit Dritter findet nicht im Tätigkeitsbereich des Emittenten statt, ebensowenig gesamtwirtschaftliche Entwicklungen wie Rezession oder Konjunktur. Den Emittenten konkret und individuell im Sinne eines Einzelfalles betreffende Entwicklungen, die keiner bestimmten Person zurechenbar sind, wie zum Beispiel Unfälle oder Naturereignisse, treten im Tätigkeitsbereich des Emittenten ein, wenn sie die Betriebsanlagen oder die Mittel der betrieblichen Wertschöpfung verändern.

Veränderungen in der Besetzung der Leitungs-, Aufsichts- oder Verwaltungsorgane des Emittenten können gemäß § 15 WpHG zu veröffentlichen sein, wenn sie Auswirkungen auf die Geschäftstätigkeit des Emittenten haben.

Zum Tätigkeitsbereich gehören nur Unternehmen, auf deren Geschäftstätigkeit der Emittent einen beherrschenden Einfluß ausüben kann. Der Tätigkeitsbereich eines Konzernmutterunternehmens ist somit auch anhand der Geschäftstätigkeit von Tochterunternehmen zu bestimmen, an denen ihm die Mehrheit der Stimmrechte zusteht, an denen es die Mehrheit der Mitglieder der Unternehmensleitung bestimmen kann oder auf die es einen beherrschenden Einfluß aufgrund eines Beherrschungsvertrages oder einer Satzungsbestimmung ausübt. Die Geschäftstätigkeit von assoziierten Unternehmen, auf die der Emittent nur maßgeblichen, aber nicht beherrschenden Einfluß ausübt, sowie von Unternehmen in reinem Finanzbeteiligungsbesitz findet nicht im Tätigkeitsbereich des Emittenten statt. Ebenso besteht keine Pflicht zur Veröffentlichung von Entwicklungen, die bei einem den Emittenten beherrschenden Unternehmen eintreten.

Die EU-Marktmissbrauchsrichtlinie sieht einen Anlaß zur Ad-hoc-Publizität bei allen Entwicklungen vor, die den Emittenten „direkt betreffen". Davon ist auszugehen, wenn die Entwicklungen unmittelbar Auswirkungen auf die Geschäftstätigkeit des Emittenten haben. Wenngleich im Einzelnen die Abgrenzung etwas weicher erfolgen sollte, als *de lege lata* durch das Tatbestandsmerkmal des „Tätigkeitsbereich" vorgegeben, lassen sich im Großen und Ganzen die zur Auslegung dieses Tatbestandsmerkmales entwickelten Grundsätze heranziehen, um den Anlaß der Ad-hoc-Publizität gemäß der EU-Marktmissbrauchsrichtinie zu bestimmen.

Selbst wenn grundsätzlich ein Anlaß der Ad-hoc-Publizität besteht, ist von der Veröffentlichungspflicht gemäß § 15 Abs. 1 Satz 2 WpHG eine Ausnahme möglich, wenn die Veröffentlichung der Publizitätstatsache geeignet ist, den berechtigten Interessen des Emittenten zu schaden. Ob das Interesse des Emittenten an einer Befreiung von der Ad-hoc-Veröffentlichungspflicht „berechtigt" ist, ist im Einzelfall durch Abwägung der Interessen der Anleger, Emittenten und der Volkswirtschaft für und gegen eine Veröffentlichungspflicht zu ermitteln. Die Interessen gegen eine Veröffentlichungspflicht überwiegen, wenn die dem Emittenten durch die Veröffentlichung verursachten indirekten Kosten, namentlich nutzlose Aufwendungen für Vertragsverhandlungen und Forschung und Entwicklung, höher zu veranschlagen sind, als die dem Emittenten ebenfalls entstehenden Finanzierungsvorteile.

Bei der Entscheidung über den Befreiungsantrag des Emittenten hat die BAFin den Grundsatz der Verhältnismäßigkeit zu beachten. Eine Befreiung ist also zu gewähren, soweit sie geeignet, erforderlich und angemessen ist, um einen Schaden im vorstehend erörterten Sinne vom Emittenten abzuwenden. Eine Befreiung ist nicht zur Schadensabwendung geeignet, wenn sie dem Emittenten einen reinen Zeitgewinn verschafft, oder wenn die fragliche Entwicklung ohnehin demnächst bekannt wird. Um die Erforderlichkeit einer Befreiung zu begründen, muß der drohende Schaden konkret beziffert sein. Die Befreiung muß nach ihrem Umfang und ihrer Dauer das mildeste Mittel darstellen, um Schaden vom Emittenten abzuwenden. Eine Befreiung von der Ad-hoc-Veröffentlichungspflicht ist angemessen, wenn eine Veröffentlichung den Fortbestand des Emittenten in Frage stellen würde. Als Faustregel läßt sich ferner formulieren, daß eine Befreiung je eher zu gewähren ist, desto geringer die fragliche Information im Falle ihrer Veröffentlichung den Börsenpreis beeinflussen würde, und desto größer die Wahrscheinlichkeit ist, daß der Emittent im Befreiungszeitraum die Vertraulichkeit wahrt.

Die EU-Marktmissbrauchsrichtlinie eröffnet den Mitgliedstaaten die Möglichkeit, den Emittenten ein Recht auf Selbstbefreiung von der Ad-hoc-Veröffentlichungspflicht einzuräumen. Ein solches Selbstbefreiungsrecht sollte allerdings nur gewährt werden, wenn ein Befreiungsantrag bei der zuständigen Behörde nicht mehr rechtzeitig gestellt werden kann. Im übrigen empfiehlt es sich, an der bisherigen Regelung des Befreiungsvorganges gemäß § 15 Abs. 1 Satz 5 WpHG festzuhalten.

6. Gegenstand der Ad-hoc-Publizität sind nicht öffentlich bekannte, neue Entwicklungen, die geeignet sind, den Kurs der Wertpapiere zu beeinflussen (§ 15 Abs. 1 Satz 1 WpHG). Eine Entwicklung ist nicht öffentlich bekannt, wenn ihre Kenntnisnahme durch die breite Öffentlichkeit der Anleger hoch unwahrscheinlich ist. Maßgebliche Faktoren dabei sind die Leichtigkeit der Kenntnisnahme und die Intensität, mit der Anleger einer Entwicklung der betreffenden Art nachforschen. Eine Entwicklung ist „neu", wenn hoch unwahrscheinlich ist, daß eine breite Masse von Anlegern aus öffentlich zugänglicher Information auf die Entwicklung schließen wird. Die Neuigkeit einer Entwicklung hängt somit davon ab, wie leicht sie sich aus der öffentlich zugänglichen Information erschließen läßt und mit welcher Intensität die Allgemeinheit der Anleger die öffentlich zugängliche Information auf eine Entwicklung der fraglichen Art hin auswertet. Die Entwicklung ist ferner geeignet, die Anleger zur Abgabe von Ordern zu bewegen, wenn die Anleger der Entwicklung Bedeutung für ihre Anlageentscheidung zumessen könnten. Dabei ist die Entscheidungserheblichkeit der Entwicklung im Lichte der „gesamten Mischung" der öffentlich zugänglichen Information zu bestimmen.

Eine Entwicklung ist geeignet, den Kurs der Wertpapiere zu beeinflussen, wenn ein breiter Konsens über die Entscheidungserheblichkeit der fraglichen Entwicklung bei den Anlegern besteht, die gegenwärtig das betreffende Wertpapier beobachten. Ob eine Entwicklung markterheblich ist, ist demnach *ex ante* aus der Sicht eines Anlegers ohne subjektive Vorstellungen zu bestimmen, der regelmäßig das betreffende Wertpapier beobachtet. Eine teleologische Reduktion des Markteinflußtests dahingehend, daß nur

Veränderungen des Fundamentalwertes des Wertpapieres erforderlich sind, ist weder möglich noch sinnvoll. Das Erfordernis der Markterheblichkeit einer Entwicklung ist hinreichend bestimmt, da von Emittenten erwartet werden darf, daß sie sich darüber kundig machen, welche Entwicklungen den Kurs ihrer Wertpapiere beeinflussen können.

Eine auf die Veröffentlichung einer Entwicklung folgende Kursveränderung ist als Indiz für die Markterheblichkeit dieser Entwicklung zu werten. Damit ist allerdings keine bestimmte Beweiswirkung verknüpft. Vielmehr ist eine freie Würdigung der gesamten Umstände geboten. Das Erfordernis der Markterheblichkeit ist nicht dahingehend umzudeuten, daß eine Kursbeeinflussung als objektive Bedingung der Ahndung anzusehen wäre.

7. Der Emittent muß gemäß § 15 Abs. 1 Satz 1 WpHG nur Entwicklungen veröffentlichen, die zur *erheblichen* Kursbeeinflussung geeignet sind. Bezugsgröße der Erheblichkeit ist das Ausmaß der Kursveränderung, die im Falle der Veröffentlichung der Entwicklung zu erwarten ist. Es kommt nicht auf die Höhe potentieller Insiderprofite an. Das Ausmaß der hypothetischen Kursveränderung ist im Verhältnis zur voraussichtlichen Kursentwicklung eines vergleichbaren Wertpapieres zu beurteilen. Hilfsweise läßt sich auf die im Falle eines effektiven Bekanntwerdens der Entwicklung zu erwartende relative Kursveränderung im Verhältnis zu vergleichbaren Wertpapieren und Marktindices abstellen. Die Kurserheblichkeit einer Entwicklung ist im Einzelfall danach zu beurteilen, ob aus der Perspektive der im betreffenden Wertpapier investierten Anleger ein so großer Vermögensschaden aus dem Verschweigen der Entwicklung droht, daß ihre Veröffentlichung erforderlich ist, um das Vertrauen der Anleger in die Funktionsfähigkeit des Kapitalmarktes zu erhalten. Kurserheblichkeit ist im Zweifel anzunehmen, wenn die hypothetische Kursveränderung (relativ zu einem Marktindex) größer sein würde als die aus einem Wertpapier der fraglichen Art typischerweise erwartete jährliche Rendite (bereinigt um Renditeprämien für das systematische Risiko des betreffenden Wertpapieres). Das erforderliche Ausmaß der Kursveränderung sollte nicht zu niedrig angesetzt werden, um die Belastung des Emittenten durch die Veröffentlichungspflicht in angemessenen Grenzen zu halten.

8. Gemäß § 15 Abs. 1 Satz 1 WpHG ist der Gegenstand der Ad-hoc-Publizität auf Entwicklungen beschränkt, deren Eignung zur erheblichen Kursbeeinflussung auf ihren Auswirkungen auf die Vermögens- oder Finanzlage oder auf den allgemeinen Geschäftsverlauf des Emittenten beruht. Demnach sind jedenfalls alle kurserheblichen Tatsachen *ad hoc* zu veröffentlichen, die nach den Grundsätzen ordnungsgemäßer Buchführung im handelsrechtlichen Jahresabschluß oder im Lagebericht anzugeben sind. Eine beträchtliche Erweiterung des Gegenstandes der Ad-hoc-Publizität erfolgt durch das Tatbestandsmerkmal der „Auswirkungen auf den Geschäftsverlauf“: Eine Entwicklung hat Auswirkungen auf den Geschäftsverlauf, wenn sie Einfluß auf die Entwicklung der Ergebnisse aus der Geschäftstätigkeit des Emittenten hat. Die Vorschriften zur Regel- und Prospektpublizität geben Anhaltspunkte, welche Umstände diesen Einfluß haben können. Die Qualifikation des letzten Halbsatzes von § 15 Abs. 1 Satz 1 WpHG, daß Emittenten von Schuldverschreibungen Entwicklungen veröffentlichen müssen, die ihre Fähigkeit beeinträchtigen können, ihren Verpflichtungen nachzukommen, erweitert den Gegenstand der Ad-hoc-Publizität auf Verschlechterungen der Finanzlage, die nicht kurserheblich sind.

Die Werterheblichkeit von unvollendeten Entwicklungen ist unter Abwägung des Ausmaßes der Auswirkungen der vollendeten Entwicklung auf die wirtschaftlichen Verhältnisse des Emittenten einerseits und der Wahrscheinlichkeit der Vollendung andererseits zu bestimmen. Den Emittenten kommt keine Einschätzungsprärogative zu, wann eine Entwicklung werterheblich ist.

Mangels Werterheblichkeit sind keine Entwicklungen zu veröffentlichen, die zwar Zweifel an der Sorgfalt der Unternehmensleitung wecken, aber noch keinen bestimmten Schaden für das Unternehmen verursachen. Zu veröffentlichen können dagegen Entwicklungen sein, die auf Interessenkonflikte der Unternehmensleitung bei der Durchführung eines konkreten Vorhabens hindeuten.

9. Entwicklungen, die zur erheblichen Kursbeeinflussung aufgrund ihrer Auswirkungen auf die wirtschaftlichen Verhältnisse des Emittenten geeignet sind, müssen des weiteren als Tatsachen zu qualifizieren sein, um gemäß § 15 Abs. 1 Satz 1 WpHG Gegenstand der Ad-hoc-Publizität zu sein. Eine Tatsache ist anzunehmen, wenn Information darüber so präzise ist, daß ihre Richtigkeit sich nach der Verkehrsauffassung überprüfen läßt. Es ist unerheblich, ob die Vorgänge oder Zustände für den Emittenten bereits rechtsverbindlich feststehen oder noch Veränderungen unterliegen. Eine dahingehende teleologische Reduktion des Gegenstandes der Ad-hoc-Publizität ist weder möglich noch sinnvoll. Zukünftige Entwicklungen sind keine Tatsachen. Sie sind nicht *ad hoc* zu veröffentlichen. Dagegen kann der Inhalt von Mitteilungen über zukünftige Entwicklungen eine Tatsache sein. Davon ist sowohl bei der Mitteilung von Prognosen und Bewertungen als auch bei der Mitteilung von Planungen und Absichten auszugehen. In beiden Fällen ist im Einzelfall zu prüfen, ob ihre Mitteilung so präzise gefaßt ist und der Mitteilende eine solche Sachkunde vermittelt, daß sich die Prognosen und Bewertungen, Planungen und Absichten nach der Verkehrsauffassung auf ihre Richtigkeit überprüfen lassen.

10. Die Vorgaben der EU-Marktmissbrauchsrichtlinie zum Gegenstand der Ad-hoc-Publizität decken sich weitgehend mit den aktuellen Vorgaben von § 15 Abs. 1 Satz 1 WpHG in der hier vertretenen Auslegung.

LITERATURVERZEICHNIS

Adler/ Düring/ Schmaltz, Rechnungslegung und Prüfung der Unternehmen: Kommentar zum HGB, AktG, GmbHG, PublG nach den Vorschriften des Bilanzrichtlinien-Gesetzes, Teilbd. 2, 6. Aufl., Stuttgart 1995 (Schäfer-Poeschel)

Albers, Jan/ Baumbach, Adolf/ Lauterbach, Wolfgang/ Hartmann, Peter, Zivilprozeßordnung mit Gerichtsverfassung und Nebengesetzen, 55. Aufl., München 1997 (C. H. Beck)

Allen, Patrick H., The Disclosure Obligations of Public Held Corporations in the Absence of Insider Trading, 25 Mercer L. Rev. 479-498 (1974)

Altenhain, Karsten, Die Neuregelung der Marktpreismanipulation durch das Vierte Finanzmarktförderungsgesetz, BB 2002, 1874-79

Arbeitskreis Gesellschaftsrecht (Götz Hueck, Marcus Lutter, Hans-Joachim Mertens, Eckard Rehbinder, Peter Ulmer, Herbert Wiedemann, Wolfgang Zöllner), Verbot des Insiderhandelns, Heidelberg 1976 (C.F. Müller)

Arrow, Kenneth, Economic Welfare and the Allocation of Resources for Invention, in: National Bureau of Economic Research (Ed.), The Rate and Direction of Inventive Activity: Economic and Social Factors (1962)

Ashe, Michael/ Rider, Barry, The Insider Dealing Directive, in: Andenas, Mads/ Kenyon-Slade, Stephen (Hrsg.), E.C. Financial Market Regulation and Company Law, London 1993, S. 209-40 (Sweet & Maxwell)

Assmann, Heinz-Dieter, Konzeptionelle Grundlagen des Anlegerschutzes, ZBB 1989, 49-63

Assmann, Heinz-Dieter, Das künftige deutsche Insiderrecht (I) und (II), AG 1994, 196-206, 237-258

Assmann, Heinz-Dieter, Das neue deutsche Insiderrecht, ZGR 1994, 494-529

Assmann, Heinz-Dieter, Insiderrecht und Kreditwirtschaft. Rechtsanwendungsprobleme des Insiderrechts in bezug auf die Organisation und die Geschäfte von Kreditinstituten, WM 1996, 1337-56

Assmann, Heinz-Dieter, Prospekthaftung als Haftung für die Verletzung kapitalmarktbezogener Informationsverkehrspflichten nach deutschem und US-amerikanischem Recht, Köln-Berlin-Bonn-München 1985 (Heymanns) [zitiert: *Assmann*, Prospekthaftung]

Assmann, Heinz-Dieter, Rechtsanwendungsprobleme des Insiderrechts, AG 1997, 50-58

Assmann, Heinz-Dieter, Übernahmeangebote im Gefüge des Kapitalmarktrechts, insbesondere im Lichte des Insiderrechts, der Ad-hoc-Publizität und des Manipulationsverbots, ZGR 2002, 697-727

Assmann, Heinz-Dieter/ Schneider, Uwe H. (Hrsg.), Wertpapierhandelsgesetz. Kommentar, 2. Auflage, Köln 1998 (Otto Schmidt) [zitiert: *Verfasser*, in: Assmann/Schneider (Hrsg.), WpHG]

Assmann, Heinz-Dieter/ Schütze, Rolf A., Handbuch des Kapitalanlagerechts, 2. Aufl., München 1997 (C.H. Beck) [zitiert: *Verfasser*, in: Assmann/Schütze (Hrsg.), Hdb. d. Kapitalanlagerechts]

Auckenthaler, Frank/Widder, Stefan, Das Zusammenspiel von Straf- und Ordnungswidrigkeitenrecht bei der Verfolgung von Insiderverstößen in Frankreich, RIW 2002, 423-33

v. Bar, Christian, Vertrauenshaftung ohne Vertrauen, -- Zur Prospekthaftung bei der Publikums-KG in der Rechtsprechung des BGH --, ZGR 1983, 476-512

Barber, Brad M./ Griffin, Paul A./ Lev, Baruch, The Fraud-On-The-Market Theory and the Indicators of Common Stocks' Efficiency, 19 J. Corp. L. 285-312 (1994)

Baur, Georg/Wagner, Oliver, Das Vierte Finanzmarktförderungsgesetz – Neuerungen im Börsen- und Wertpapierhandelsrecht, Die Bank 2002, 530-35

Baum, Harald/ Hopt, Klaus J./ Rudolph, Bernd (Hrsg.), Börsenreform. Eine ökonomische, rechtsvergleichende und rechtspolitische Untersuchung, Stuttgart 1997 (Schäfer-Poeschel) [zitiert: *Verfasser*, in: Hopt/Rudolph/Baum (Hrsg.), Börsenreform]

Baumann, Jeffrey D., Rule 10b-5 and the Corporations' Affirmative Duty to Disclose, 67 Geo. L. J. 935 (1979)

Baumbach, Adolf/ Duden, Konrad/ Hopt, Klaus J., Handelsgesetzbuch: mit GmbH & Co, Recht der Allgemeinen Geschäftsbedingungen mit Handelsklauseln, Bank- und Börsenrecht, Transportrecht (ohne Seerecht), 28. Aufl., München 1989 (C.H. Beck) [zitiert: Baumbach/Duden/*Hopt*, HGB]

Baumbach, Adolf/ Lauterbach, Wolfgang/ Albers, Jan/Hartmann, Peter, Zivilprozeßordnung mit Gerichtsverfassung und Nebengesetzen, 55. Aufl., München 1997 (C. H. Beck) [zitiert: *Verfasser*, in: Baumbach/Lauterbach/Albers/Jan, ZPO]

BAWe/ Deutsche Börse AG, Insiderhandelsverbote und Ad-hoc-Publizität nach dem Wertpapierhandelsgesetz, 2. Aufl., Frankfurt 1998 [zitiert: *BAWe/Deutsche Börse AG,* Leitfaden]

Beck, Heiko, Das neue elektronische Handelssystem Xetra der Frankfurter Wertpapierbörse, WM 1996, 417-30

Becker, Joachim, Das neue Wertpapierhandelsgesetz, Diss., Berlin 1995 (Peter Lang)

Benner-Heinacher, Jella, Kollidiert die Auskunftspflicht des Vorstands mit dem Insidergesetz?, DB 1995, 765-66

Benston, George J., Required Disclosure and the Stock Market: An Evaluation of the Securities Exchange Act of 1934, 63 Am. Econ. Rev. 132-55 (1973)

Bernard, Victor L./ Botosan, Christine/ Philips, Gregory D., Challenges of the Efficient Market Hypothesis: Limits to the Applicability of Fraud-On-The-Market Theory, 73 Neb. L. Rev. 781-802 (1994)

Beyer, Andreas, Die Bedeutung des Freiverkehrs für den Emittenten vor dem Hintergrund des Gesetzes für die kleine AG und des WpHG, AG 1996, R48-51

Beyer, Andreas, Der „Prädikatsmarkt München" – Going Public im Freiverkehr, AG 1997, R132-33

Bloomenthal, Harold S./ Wolff, Samuel, 3 B Securities and Federal Corporate Law, Loseblattsammlung, Maryland (CBC)

Bolkart, Johannes/Rössner, Michael-Christian, Schadensersatz bei Verstoß gegen Ad-hoc-Publizitätspflichten nach dem 4. Finanzmarktförderungsgesetz, ZIP 2002, 1471-77

Botosan, Christine/ Bernard, Victor L./ Philips, Gregory D., Challenges of the Efficient Market Hypothesis: Limits to the Applicability of Fraud-On-The-Market Theory, 73 Neb. L. Rev. 781-802 (1994)

Bridts, Christian, Zwischenberichtspublizität, Diss., Düsseldorf 1990 (IDW)

Brotte, Jörg, US-amerikanische und deutsche Geschäftsberichte: Notwendigkeit, Regulierung und Praxis jahresabschlußergänzender Informationen (Bochumer Beiträge zur Unternehmungsführung und Unternehmensforschung, Bd. 51), Diss., Wiesbaden 1997 (Gabler)

Brown, Jr., Robert J., The Regulation of Corporate Disclosure, Aspen 1998 (Aspen Law & Business)

Brudney, Victor, Insiders, Outsiders and Informational Advantages under the Federal Securities Laws, 93 Harv. L. Rev. 322-76 (1979)

Bruns, Hans-Georg, Finanzpublizität nach Inkraftreten des 2. Finanzmarktförderungsgesetzes -- Zur praktischen Umsetzung bei Daimler-Benz, in: Baetge, Jörg (Hrsg.), Insiderrecht und Ad-hoc-Publizität, -- Was bedeuten die neuen Regelungen für Unternehmenspublizität und Finanzanalyse? --, Vorträge und Diskussionen zum 11. Münsterischen Tagesgespräch des Münsteraner Gesprächskreises Rechnungslegung und Prüfung e.V. am 5. Mai 1995, Düsseldorf 1995, S. 107-119 (IDW-Verlag) [zitiert: *Bruns*, in: Baetge (Hrsg.), Insiderrecht und Ad hoc-Publizität]

Bunte, Hermann-Josef/ Schimansky, Herbert/ Lwowski, Hans-Jürgen (Hrsg.), Bankrechts-Handbuch, Bd. III, München 1997 (C. H. Beck) [zitiert: *Verfasser*, in: Schimansky/Bunte/Lwowski (Hrsg.), Bankrechts-Handbuch]

Burgard, Ulrich, Ad-hoc-Publizität bei gestreckten Sachverhalten und mehrstufigen Entscheidungsprozessen, ZHR 162 (1998), 51-100

Buxbaum, Richard M./ Hopt, Klaus J., Legal harmonization and the business enterprise: corporate and capital market law, harmonization policy in Europe and the USA, Berlin-New York 1988 (de Gruyter)

v. Caemmerer, Ernst, Publizitätsinteresse der Öffentlichkeit und Gesellschaftsrecht, in: Barz, Carl Heinz u. a. (Hrsg.), Das Frankfurter Publizitätsgespräch, Frankfurt a.M. 1962, S. 141-71 (Fritz Knapp) [zitiert: *V.Caemmerer*, in: Barz u.a. (Hrsg.), Frankfurter Publizitätsgespräch]

Cahn, Andreas, Grenzen des Markt- und Anlegerschutzes durch das WpHG, ZHR 162 (1998), 2-50

Caspari, Karl-Burkhard, Die geplante Insiderregelung in der Praxis, ZGR 1994, 530-42

Caspari, Karl-Burkhard, Die Problematik der erheblichen Kursbeeinflussung einer publizitätspflichtigen Tatsache, in: Baetge, Jörg (Hrsg.), Insiderrecht und Ad-hoc-Publizität, -- Was bedeuten die neuen Regelungen für Unternehmenspublizität und Finanzanalyse? --, Vorträge und Diskussionen zum 11. Münsterischen Tagesgespräch des Münsteraner Gesprächskreises Rechnungslegung und Prüfung e.V. am 5. Mai 1995, Düsseldorf 1995, S. 65-78 (IDW-Verlag) [zitiert: *Caspari*, in: Baetge (Hrsg.), Insiderrecht und Ad hoc-Publizität]

Claussen, Carsten P., Bank- und Börsenrecht; Handbuch für Lehre und Praxis, München 1996

Claussen, Carsten P., Insiderhandelsverbot und Ad hoc-Publizität: Praktikerhinweise und –empfehlungen für Emittenten, Anleger, Banken, Wertpapierdienstleister und ihre Berater, Köln 1996 (O. Schmidt)

Claussen, Carsten P., Das neue Insiderrecht, DB 1994, 27-31

Claussen, Carsten P., Neues zur kommenden Insidergesetzgebung (II), ZBB 1992, 267-83

Claussen, Carsten P., Rezension von "*Heinz-Dieter Assmann/Uwe H. Schneider*, Wertpapierhandelsgesetz", AG 1996, 286-288

Claussen, Carsten P./ Loistl, Otto, Insiderhandelsverbot und Ad-hoc-Publizität in Frage und Antwort, in: Claussen, Carsten P./ Loistl, Otto (Hrsg.), Das neue Kapitalmarktrecht in Frage und Antwort, Beiträge zur Wertpapieranalyse Nr. 31, Deutsche Vereinigung für Finanzanalyse und Anlageberatung (DFVA), Dreieich 1995, S. 8-37 (DFVA Eigenverlag) [zitiert: *Claussen/Loistl*, in: Claussen/Loistl (Hrsg.), Frage und Antwort]

Coffee, John C., Jr., Market Failure and the Economic Case for a Mandatory Disclosure System, 70 Va. L. Rev. 717-53 (1984)

Cragg, John G./ Malkiel, Burton G., Expectations and the Structure of Share Prices (University of Chicago Press 1982)

Cramer, Peter, Strafbarkeit der Ausnutzung und Weitergabe von Insiderinformationen nach dem Recht der Bundesrepublik Deutschland, in: Schmoller, Kurt (Hrsg.), Festschrift für Otto Triffterer zum 65. Geburtstag, Wien 1996, S. 323-41 (Springer) [zitiert: *Cramer*, in: Schmoller (Hrsg.), FS Triffterer]

Daumann, Frank/ Oberender, Peter, Verbot von Insidergeschäften im Börsenhandel? Eine ordnungstheoretische Analyse, ORDO 43 (1992), 255-65

Dennis, Roger J., Materiality and the Efficient Capital Market Model: A Recipe for the Total Mix, 25 Wm. & Mary L. Rev. 373-419 (1984)

Deutsche Börse AG, Insiderhandelsverbote und Ad hoc-Publizität nach dem Wertpapierhandelsgesetz, Köln 1994 (bank-verlag) [zitiert: *Deutsche Börse AG*, Leitfaden, 1. Auflage]

Deutsche Börse AG/ BAWe, Insiderhandelsverbote und Ad-hoc-Publizität nach dem Wertpapierhandelsgesetz, 2. Aufl., Frankfurt 1998 [zitiert: *BAWe/ Deutsche Börse AG*, Leitfaden]

Dickey, Jonathan C./ Kramer Mayer, Maria, Effect on Rule 10b-5 Damages of the 1995 Private Securities Litigation Reform Act: A Forward-Looking Assessment, 51 Bus. Law. 1203-19 (1996)

Dier, Christian/ Fürhoff, Christian, Die geplante europäische Marktmissbrauchsrichtlinie, AG 2002, 604-10

Dobbs, Dan B./ Keeton, Robert E./ Keeton, W. Page/ Owen, David G., Prosser and Keeton on the Law of Torts, St.Paul, Minn. 1984 (West)

Döhmel, Doris, Die Unternehmen des Neuen Marktes als börsennotierte Gesellschaften, - Ad-hoc-Publizität, Mitteilung bedeutender Stimmrechtsanteile, Zielgesellschaften von Übernahmen -, WM 2002, 2351-55

Dooley, Michael P., Enforcement of Insider Trading Restrictions, 66 Va. L. Rev. 1-83 (1980)

Douglas, William, Protecting the Investor, 23 Yale L. J. 521-37 (1934)

Drygala, Tim, A Step Ahead of the Crowd, - Zur selektiven Information von Finanzanalysten nach amerikanischem und deutschem Kapitalmarktrecht -, WM 2001, 1282-94 (Teil I) und 1313-24

Duden, Konrad/ Baumbach, Adolf/ Hopt, Klaus J., Handelsgesetzbuch: mit GmbH & Co, Recht der Allgemeinen Geschäftsbedingungen mit Handelsklauseln, Bank- und Börsenrecht, Transportrecht (ohne Seerecht), 28. Aufl., München 1989 (C.H. Beck) [zitiert: Baumbach/Duden/*Hopt*, HGB]

Dühn, Matthias/ Fuchs, Andreas, Deliktische Schadensersatzhaftung für falsche Ad-hoc-Mitteilungen – Zugleich Besprechung des Urteils des OLG München, BKR 2002, 1063-71

Dürig, Günter/ Maunz, Theodor (Hrsg.), Grundgesetz: Kommentar, München 1996 (C. H. Beck) [zitiert: *Verfasser*, in: Maunz/Dürig, GG]

Easterbrook, Frank H./ Fishel, Daniel R., Mandatory Disclosure and the Protection of Investors, 70 Va. L. Rev. 669-715 (1984)

Ehricke, Ulrich, Die richtlinienkonforme und die gemeinschaftsrechtskonforme Auslegung nationalen Rechts, Ein Beitrag zu ihren Grundlagen und zu ihrer Bedeutung für die Verwirklichung eines "europäischen Privatrechts", RabelsZ 59 (1995), 598-644

Eichele, Hans, Finanzanalysten und Wirtschaftsjournalisten als Primärinsider, WM 1997, 501-09

Eichner, Gerrit / Stute, Winfried / Loesche, Marco, Die Berechnung von Erheblichkeitsgrenzen in den Insiderhandelsverboten des WpHG, AG 1999, 308-18

Eickhoff, Wolfgang, Der Gang an die Börse -- und kein Weg zurück?, WM 1988, 1089-97

Eisele, Dieter, Die Rolle von Investor Relations und Research Eckpunkte für Verhaltensregeln und Compliance, in: Carsten P. Claussen/Otto Loistl (Hrsg.), Das neue Kapitalmarktrecht in Frage und Antwort, (Beiträge zur Wertpapieranalyse Nr. 31), Deutsche Vereinigung für Finanzanalyse und Anlageberatung (DFVA), Frankfurt a. M. 1995, S.110-22 (DFVA Eigenverlag) [zitiert: *Eisele*, in: Claussen/Loistl (Hrsg.), Frage und Antwort]

Ekkenga, Jens, Die Ad-hoc-Publizität im System der Marktordnungen. Plädoyer für eine kapitalmarktrechtliche statt gesellschaftsrechtliche Interpretation des § 15 WpHG, ZGR 1999, 165-201

Ekkenga, Jens, Anlegerschutz, Rechnungslegung und Kapitalmarkt: eine vergleichende Untersuchung zum europäischen, deutschen und britischen Bilanz-, Gesellschafts- und Kapitalmarktrecht (Jus privatum, Bd. 30), Tübingen 1998 (Mohr Siebeck)

Erbs, Georg/ Kohlhaas, Max (Hrsg.), Strafrechtliche Nebengesetze, 5. Aufl., München 1997 (C. H. Beck) [zitiert: *Verfasser*, in: Erbs/Kohlhaas (Hrsg.), Strafrechtliche NebenG]

Erhard, Olaf/ Nowak, Eric, Die Durchsetzung von Corporate-Governance-Regeln, AG 2002, 336-45

Ewert, Ralf, Unternhehmenspublizität und Insiderhandel, in: Elschen, Rainer/ Siegel, Theodor/ Wagner, Franz W. (Hrsg.), Unternehmenstheorie und Besteuerung: Festschrift zum 60. Geburtstag von Dieter Schneider, Wiesbaden 1995, S. 231-65 (Gabler) [zitiert: *Ewert*, in: Elschen/Siegel/Wagner (Hrsg.), FS Schneider]

Fama, Eugene F., The Effect of a Firm's Investment and Financing Decisions on the Welfare of its Security Holders, 68 Am. Econ. Rev. 272-91 (1978)

Fama, Eugene F., Efficient Capital Markets: A Review of Theory and Empirical Work, 25 J. Fin. 383-417 (1970)

Fama, Eugene F./ Laffer, Arthur B., Information and Capital Markets, 44 J. Bus. 289-314 (1971)

Fatale, Michael T./ Prozan, Michael W., Revisiting "Truth in Securities": The Use of the Efficient Capital Market Hypothesis, 20 Hofstra L. Rev. 687-725 (1992)

Fenn, Paul/ McGuire, Alistair/ Prentice, Dan, Information Imbalances and the Securities Markets, in: *Hopt, Klaus J./ Wymeersch, Eddy* (Hrsg.), European Insider Dealing -- Law and Practice, London-Boston-Edinburgh-Hato Rey-Kuala Lumpur-Munich-Singapore-Sydney-Toronto-Wellington 1991, S. 3-19 (Butterworths)

Feuerstein, Donald G., The Corporation's Obligations of Disclosure Under the Federal Securities Laws When it is Not Trading in its Stock, 15 N.Y.L.F. 385-404 (1969)

Fiflis, Ted J., Soft Information: The SEC's Former Exogenous Zone, 26 U.C.L.A. L. Rev. 95-147 (1978)

Fischer, Thomas/ Tröndle, Herbert, Strafgesetzbuch und Nebengesetze, 50. Aufl., München 2000 (C. H. Beck) [zitiert: *Tröndle/Fischer*, StGB]

Fishel, Daniel R./ Easterbrook, Frank H., Mandatory Disclosure and the Protection of Investors, 70 Va. L. Rev. 669-715 (1984)

Fleischer, Holger, Grundfragen der ökonomischen Theorie im Gesellschafts- und Kapitalmarktrecht, ZGR 2001, 1-32

Fleischer, Holger, Der Inhalt des Schadensersatzanspruchs wegen unwahrer oder unterlassener unverzüglicher Ad-hoc-Mitteilungen, BB 2003, 1869-74

Fleischer, Holger, Das Vierte Finanzmarktförderungsgesetz, NJW 2002, 2977-83

Fleischer, Holger/ Kalss, Susanne, Kapitalmarktrechtliche Schadensersatzhaftung und Kurseinbrüche an der Börse, AG 2002, 329-36

Fuchs, Andreas/ Dühn, Matthias, Deliktische Schadensersatzhaftung für falsche Ad-hoc-Mitteilungen – Zugleich Besprechung des Urteils des OLG München, BKR 2002, 1063-71

Fülbier, Rolf Uwe, Regulierung der Ad-hoc-Publizität. Ein Beitrag zur ökonomischen Analyse des Rechts (Bochumer Beiträge zur Unternehmensführung und Unternehmensforschung, Bd. 55), Diss., Wiesbaden 1998 (Gabler)

Fülbier, Rolf Uwe/ Pellens, Bernhard, Ad-hoc-Publizität, DBW 55 (1995), 255-57

Fülbier, Rolf Uwe/ Pellens, Bernhard, Gestaltung der Ad-hoc-Publizität unter Einbeziehung internationaler Vorgehensweisen, in: Baetge, Jörg (Hrsg.), Insiderrecht und Ad-hoc-Publizität, -- Was bedeuten die neuen Regelungen für Unternehmenspublizität und Finanzanalyse? --, Vorträge und Diskussionen zum 11. Münsterischen Tagesgespräch des Münsteraner Gesprächskreises Rechnungslegung und Prüfung e.V. am 5. Mai 1995, Düsseldorf 1995, S. 23-63 (IDW-Verlag) [zitiert: *Pellens/Fülbier*, in: Baetge (Hrsg.), Insiderrecht und Ad hoc-Publizität]

Fülbier,Rolf Uwe/ Pellens, Bernhard, Publizitätspflichten nach dem Wertpapierhandelsgesetz, -- Ausgestaltung unter Berücksichtigung anglo-amerikanischer Regulierungen --, DB 1994, 1381-88

Fürhoff, Jens, Kapitalmarktrechtliche Ad hoc-Publizität zur Vermeidung von Insiderkriminalität, Diss., Frankfurt a. M.-Berlin-Bern-Bruxelles-New York-Oxford-Wien 2000 (Peter Lang)

Fürhoff, Jens, Neuregelung der Ad-hoc-Publizitätspflicht auf europäischer Ebene, - Auswirkungen auf § 15 WpHG und systematische Einordnung -, AG 2003, 80-85

Fürhoff, Christian/ Dier, Christian, Die geplante europäische Marktmissbrauchsrichtlinie, AG 2002, 604-10

Fürhoff, Jens/ Wölk, Armin, Aktuelle Fragen zur Ad hoc-Publizität, WM 1997, 449-59

Gebauer, Stefan/ Siebel, Ulf, Prognosen im Aktien- und Kapitalmarktrecht, - Lagebericht, Zwischenbericht, Verschmelzungsbericht, Prospekt, usw. – (Teil II), WM 2001, 173-93

Gehrt, John Alexander, Die neue Ad-hoc-Publizität nach § 15 Wertpapierhandelsgesetz: Eine kritische Betrachtung im Vergleich zur französischen und anglo-amerikanischen Regelung, Diss., Baden-Baden 1997 (Nomos)

Gilson,Ronald J./ Kraakman, Reinier H., The Mechanisms of Market Efficiency, 70 Va. L. Rev. 549-643 (1984)

Glöckle, Thomas, Die zukunftsbezogene Publizität von Kapitalgesellschaften in der Bundesrepublik Deutschland, Diss., Tübingen 1996

Goerdeler, Reinhard, Publizität und Rechnungslegung im Rückblick und Ausblick, in: Moxter, Adolf/ Müller, Hans-Peter/ Windmöller, Rolf/ v. Wysocki, Klaus (Hrsg.), Rechnungslegung; Entwicklungen bei der Bilanzierung und Prüfung von Kapitalgesellschaften: Festschrift zum 65. Geburtstag von Professor Dr. Dr. h. c. Karl-Heinz Forster, Düsseldorf 1992, S. 235-52 (IDW) [zitiert: *Goerdeler*, in: Moxter/Müller/Windmöller/v.Wysocki (Hrsg.), FS Forster]

Götz, Jürgen, Die unbefugte Weitergabe von Insidertatsachen, -- Anmerkungen zu § 14 Abs. 1 Nr. 2 WpHG --, DB 1995, 1949-53

Granger, Clive/ Morgenstern, Oskar/ Williams, John B., Predictability of Stock Market Prices (Harcourt Lexington 1970)
Griffin, Paul A./ Barber, Brad M./ Lev, Baruch, The Fraud-On-The-Market Theory and the Indicators of Common Stocks' Efficiency, 19 J. Corp. L. 285-312 (1994)
Groß, Wolfgang, Haftung für fehlerhafte oder fehlende Regel- oder Ad-hoc-Publizität, WM 2002, 477-86
Großkommentar zum Aktiengesetz, siehe *Hopt, Klaus/Wiedemann, Herbert*
Großmann, Klaus, Praxisrelevante Änderungen des Wertpapierhandelsgesetzes – Die Auswirkungen des Vierten Finanzmarktförderungsgesetzes, DB 2002, 2031-37
Grundmann, Stefan, Die Neuregelung des Insiderhandels-Verbot in Deutschland, ZKW 1992, 12-16
Gruson, Michael/ Wiegmann, William J., Die Ad-hoc-Publizitätspflicht nach amerikanischem Recht und die Auslegung von § 15 WpHG, AG 1995, 173-81
Happ, Wilhelm, Zum Regierungsentwurf eines Wertpapierhandelsgesetzes, JZ 1994, 240-46
Happ, Wilhelm/ Semler, Johannes, Ad hoc-Publizität im Spannungsfeld von Gesellschaftsrecht und Anlegerschutz, -- Zum Begriff der "Tatsache" in § 15 WpHG bei mehrstufigen Entscheidungsprozessen --, ZGR 1998, 116-41
Hartmann, Peter/ Baumbach, Adolf/ Lauterbach, Wolfgang/ Albers, Jan, Zivilprozeßordnung mit Gerichtsverfassung und Nebengesetzen, 55. Aufl., München 1997 (C. H. Beck)
Hazen, Thomas Lee, The Law of Securities Regulation, 3. Ed., St. Paul, Minn. 1996 (West)
Hegel, Thomas/ Pleyer, Klemens, Die Bedeutung des neuen § 264a StGB für die zivilrechtliche Prospekthaftung bei der Publikums-KG, ZIP 1987, 79-84
Heidmeier, Heiner, Die Ad-hoc-Publizität gemäß § 44a BörsG im System der Berichtspflichten für börsennotierte Aktiengesellschaften, AG 1992, 110-15
Heller, Harry, Chiarella, SEC Rule 14e-3 and Dirks: `Fairness´ v. Economic Theory, 37 Bus. Law. 517-58 (1982)
Hirschleifer, Jack, The Private and Social Value of Information and the Reward to Inventive Activity, 61 Am. Econ. Rev. 561-69 (1971)
Hirte, Heribert, Die Ad-hoc-Publizität im System des Aktien- und Börsenrechts, in: Hadding, Walther/ Hopt, Klaus J./ Schimansky, Herbert (Hrsg.), Das Zweite Finanzmarktförderungsgesetz in der praktischen Umsetzung: Bankrechtstag 1995, Schriftenreihe der Bankrechtlichen Vereinigung, Bd. 7, Berlin-New York 1996, S. 47-93 (Walter de Gruyter) [zitiert: *Hirte*, in: Hadding/Hopt/Schimansky (Hrsg.), 2. FFG]
Holzborn, Timo/ Zietsch, Udo, Zulassungsfolgepflichten börsennotierter Unternehmen, - Eine Übersicht der Pflichten von Unternehmen nach deren Zulassung an einer deutschen Börse („Zulassungsfolgepflichten") -, WM 2002, 2356-67 (Teil I) und 2393-2401 (Teil II)
Holzner, Nelson/ Renzenbrink, Ulf, Das Verhältnis von Kapitalerhaltung und Ad-hoc-Haftung, BKR 2002, 434-39
Hommelhoff, Peter, Anlegerinformation im Aktien-, Bilanz- und Kapitalmarktrecht, ZGR 2000, 748-75
Hopt, Klaus J., Vom Aktien- und Börsenrecht zum Kapitalmarktrecht?, -- Teil 2: Die deutsche Entwicklung im internationalen Vergleich --, ZHR 141 (1977), 389-441
Hopt, Klaus J., Familien- und Aktienpools unter dem Wertpapierhandelsgesetz, ZGR 1997, 1-31

Hopt, Klaus J., Grundsatz- und Praxisprobleme nach dem Wertpapierhandelsgesetz, -- insbesondere Insidergeschäfte und Ad-hoc-Publizität --, ZHR 159 (1995), 135-63

Hopt, Klaus J., Europäisches und deutsches Insiderrecht, ZGR 1991, 17-73

Hopt, Klaus J., Insiderwissen und Interessenkonflikte im europäischen und deutschen Bankrecht, in: Kübler, Friedrich/ Mertens, Hans-Joachim/ Werner, Winfried (Hrsg.), Festschrift für Theodor Heinsius zum 65. Geburtstag am 25. September 1991, Berlin-New York 1991, S. 289-322 (de Gruyter) [zitiert: *Hopt*, in: Kübler/Mertens/Werner (Hrsg.), FS Heinsius]

Hopt, Klaus J., Das neue Insiderrecht nach §§ 12 ff WpHG, -- Funktion, Dogmatik, Reichweite -, in: Hadding, Walther/ Hopt, Klaus J./ Schimansky, Herbert (Hrsg.), Das Zweite Finanzmarktförderungsgesetz in der praktischen Umsetzung: Bankrechtstag 1995, Schriftenreihe der Bankrechtlichen Vereinigung, Bd. 7, Berlin-New York 1996, S. 3-34 (Walter de Gruyter) [zitiert: *Hopt*, in: Hadding/Hopt/Schimansky (Hrsg.), 2. FFG]

Hopt, Klaus J., Der Kapitalanlegerschutz im Recht der Banken. Gesellschafts-, bank- und börsenrechtliche Anforderungen an das Beratungs- und Verwaltungsverfahren der Kreditinstitute, Habil., München 1975 (C.H. Beck)

Hopt, Klaus J., Die Publizität von Kapitalgesellschaften -- Grundsätzliche Überlegungen zum Stand nach der 4. EG-Richtlinie und zur Reformdiskussion in den USA, ZGR 1980, 225-53

Hopt, Klaus J., Ökonomische Theorie und Insiderrecht, AG 1995, 353-62

Hopt, Klaus J., Zum neuen Wertpapierhandelsgesetz, -- Stellungnahme für den Finanzausschuß des Deutschen Bundestages --, in WM-Festgabe für Thorwald Hellner vom 9. Mai 1994, WM-Sonderheft 1994, S. 29-34 [zitiert: *Hopt*, in: WM-Festgabe Hellner 1994]

Hopt, Klaus J./ Rudolph, Bernd/ Baum, Harald (Hrsg.), Börsenreform. Eine ökonomische, rechtsvergleichende und rechtspolitische Untersuchung, Stuttgart 1997 (Schäfer-Poeschel) [*Verfasser*, in: Hopt/Rudolph/Baum (Hrsg.), Börsenreform]

Hopt, Klaus J./ Baumbach, Adolf/ Duden, Konrad, Handelsgesetzbuch: mit GmbH & Co, Recht der Allgemeinen Geschäftsbedingungen mit Handelsklauseln, Bank- und Börsenrecht, Transportrecht (ohne Seerecht), 28. Aufl., München 1989 (C.H. Beck)

Hopt, Klaus J./ Buxbaum, Richard M., Legal harmonization and the business enterprise: corporate and capital market law, harmonization policy in Europe and the USA, Berlin-New York 1988 (de Gruyter)

Hopt, Klaus J./ Wiedemann, Herbert, Großkommentar zum Aktiengesetz, 4. Aufl., Lfg. 1, Berlin 1992 (de Gruyter) [zitiert: *Verfasser*, in: Großkomm. z. AktG]

Hüffer, Jens, Das Wertpapier-Verkaufsprospektgesetz -- Prospektpflicht und Anlegerschutz (Abhandlungen zum deutschen und europäischen Handels- und Wirtschaftsrecht, Bd. 102), Diss., Köln-Berlin-Bonn-München 1996 (Heymanns)

Hugger, H., Zur strafbarkeitserweiternden nichtlinienkonformen Auslegung deutscher Strafvorschriften, NStZ 1993, 421-33

v. Ilberg, Philipp/ Neises, Michael, Die Richtlinien-Vorschläge der EU-Kommission zum „Einheitlichen Europäischen Prospekt" und zum „Marktmissbrauch" aus Sicht der Praxis, - Hintergrund, Inhalt und Kritik -, WM 2002, 635-47

Immenga, Frank A., Das neue Insiderrecht im Wertpapierhandelsgesetz, ZBB 1995, 197-206

Jähnke, Burkhard/ Laufhütte, Heinrich Wilhelm/ Odersky, Walter (Hrsg.), Leipziger Kommentar zum Strafgesetzbuch, Großkommentar, 11. Auflage, Berlin-New York 1992 ff. (de Gruyter) [zitiert: *Verfasser*, in: Leipziger Komm. z. StGB]

Jaffe, Jeffrey/ Ross, Stephen A./ Westerfield, Randolph W., Corporate Finance, 4. Ed., Chicago-Bogota-Boston-Buenos Aires-Caracas-London-Madrid-Mexico City-Sydney-Toronto 1996 (Irwin)

Jensen, Michael, The Pricing of Capital Assets and the Evaluation of Investment Portfolios, 42 J. Bus. 167-210 (1969)

Jescheck, Hans-Heinrich/ Weigend, Thomas, Lehrbuch des Strafrechts, Allgemeiner Teil, 5. Aufl., Berlin 1996 (Duncker und Humblot) [zitiert: Jescheck/Weigend, Strafrecht AT]

Joussen, Peter, Auskunftspflicht des Vorstandes nach § 131 AktG und Insiderrecht, DB 1994, 2485-89

Kallmeyer, Harald, Das neue Insider-Recht: Ist die Eignung zur Kursbeeinflussung justitiabel?, DB 1994, Heft 17 S. I

Kalss, Susanne/ Fleischer, Holger, Kapitalmarktrechtliche Schadensersatzhaftung und Kurseinbrüche an der Börse, AG 2002, 329-36

Karjala, Dennis S., A Coherent Approach to Misleading Corporate Announcements, Fraud and Rule 10b-5, 52 Alb. L. Rev. 157-79 (1988)

Karjala, Dennis S., Statutory Regulation of Insider Trading in Impersonal Markets, 1982 Duke L. J. 629-49 (1982)

Keeton, Robert E./ Dobbs, Dan B./ Keeton, W. Page/ Owen, David G., Prosser and Keeton on the Law of Torts, St.Paul, Minn. 1984 (West)

Keeton, W. Page/ Dobbs, Dan B./ Keeton, Robert E./ Owen, David G., Prosser and Keeton on the Law of Torts, St.Paul, Minn. 1984 (West)

Kersting, Mark Oliver, Der Neue Markt der Deutsche Börse AG, AG 1997, 222-28

Keynes, John Maynard, The General Theory of Employment, Interest and Money (Harcourt 1936)

Kiem, Roger/ Kotthoff, Jost, Ad-hoc-Publizität bei mehrstufigen Entscheidungsprozessen, DB 1995, 1999-2004

Klein, Roland, Praktische Erfahrungen eines Weltkonzerns mit Vorschriften der Ad-hoc-Publizität in Deutschland und im Ausland, in: Hadding, Walther/ Hopt, Klaus J./ Schimansky, Herbert (Hrsg.), Das Zweite Finanzmarktförderungsgesetz in der praktischen Umsetzung: Bankrechtstag 1995, Schriftenreihe der Bankrechtlichen Vereinigung, Bd. 7, Berlin-New York 1996, S. 95-105 (Walter de Gruyter) [zitiert: *Klein*, in: Hadding/Hopt/Schimansky (Hrsg.), 2. FFG]

Kleinmann, Niko J., Die Ausgestaltung der Ad-hoc-Publizität nach § 15 WpHG. Notwendigkeit einer segmentspezifischen Deregulierung (Studien der Stiftung Kreditwirtschaft an der Universität Hohenheim, Bd. 22), Diss., Sternenfels-Berlin 1998 (Verl. Wiss. und Praxis)

Klenke, Hilmar, Der Rückzug mehrfach notierter Unternehmen von den deutschen Regionalbörsen, WM 1995, 1089-1101

v.Klitzing, Joachim, Die Ad hoc-Publizität. Zwischen europäischer Vorgabe und nationaler Umsetzung und zwischen Kapitalmarktrecht und Gesellschaftsrecht (Hallesche Schriften zum Recht, Bd. 10), Diss., Köln-Berlin-Bonn-München 1999 (Heymanns)

Kohlhaas, Max/ Erbs, Georg (Hrsg.), Strafrechtliche Nebengesetze, 5. Aufl., München 1997 (C. H. Beck) [zitiert: *Verfasser*, in: Erbs/Kohlhaas (Hrsg.), Strafrechtliche NebenG]

Kotthoff, Jost/ Kiem, Roger, Ad-hoc-Publizität bei mehrstufigen Entscheidungsprozessen, DB 1995, 1999-2004

Kraakman, Reinier H./ Gilson,Ronald J., The Mechanisms of Market Efficiency, 70 Va. L. Rev. 549-643 (1984)

Kramer Mayer, Maria/ Dickey, Jonathan C., Effect on Rule 10b-5 Damages of the 1995 Private Securities Litigation Reform Act: A Forward-Looking Assessment, 51 Bus. Law. 1203-19 (1996)

Krause, Rüdiger, Ad-hoc-Publizität und haftungsrechtlicher Anlegerschutz, ZGR 2002, 799-841

Kripke, Homer, A Search for a Meaningful Securities Disclosure Policy, 31 Bus. Law. 293-317 (1975)

Kübler, Friedrich, Gesellschaftsrecht versus Kapitalmarktrecht -- zwei Ansätze?, SZW/RSDA 1995, 223-27

Kübler, Friedrich, Transparenz am Kapitalmarkt: Wirtschaftspolitische Grundfragen aktueller Regelungsprobleme, in: Bruns, Georg/ Häuser, Karl, Transparenzprobleme des Kapitalmarkts (Schriftenreihe des Instituts Kapitalmarktforschung an der J.W. Goethe- Universität Frankfurt a. M.), Frankfurt 1977, S. 7-33 (Fritz Knapp) [zitiert: *Kübler*, in: Bruns/Häuser (Hrsg.), Transparenzprobleme des Kapitalmarkts]

Kübler, Friedrich, Vorsichtsprinzip versus Kapitalmarktinformation, -- Bilanzprobleme aus der Perspektive der Gesellschaftsrechtsvergleichung --, in: Förschle, Gerhart/ Kaiser, Klaus/ Moxter, Adolf (Hrsg.), Rechenschaftslegung im Wandel: Festschrift für Wolfgang Dieter Budde, München 1995, S. 361-75 (C.H. Beck) [zitiert: *Kübler*, in: Förschle/Kaiser/Moxter (Hrsg.), FS Budde]

Kümpel, Siegfried, Bank- und Kapitalmarktrecht, 2. Auflage, Köln 2000 (Otto Schmidt)

Kümpel, Siegfried, Zum Begriff der Insidertatsache, WM 1994, 2137-2143

Kümpel, Siegfried, Aktuelle Fragen der Ad hoc-Publizität, AG 1997, 66-73

Kümpel, Siegfried, Insiderrecht und Ad hoc-Publizität aus Bankensicht, WM 1996, 653-662

Kümpel, Siegfried/ Ott, Claus (Hrsg.), Kapitalmarktrecht: Ergänzbares Rechtshandbuch für die Praxis: Systematische Sammlung der Gesetze, Verordnungen, behördlichen Anordnungen und Verlautbarungen sowie freiwilliger Regelungen der Emittenten mit Kurzerläuterungen, Berlin 1971 ff. (Erich Schmidt) [zitiert: *Verfasser*, in: Kümpel/Ott (Hrsg.), Kapitalmarktrecht]

Lackner, Karl (Hrsg.), Strafgesetzbuch mit Erläuterungen, 23. Aufl., München 1999 (C. H. Beck) [zitiert: Lackner/*Verfasser*, StGB]

Laffer, Arthur B./ Fama, Eugene F., Information and Capital Markets, 44 J. Bus. 289-314 (1971)

Lange, Barbara, Neue Entwicklungen im US-amerikanischen Insiderrecht - Supreme Court bestätigt misappropriation theory -, WM 1998, 525-535

Langevoort, Donald C., Information Technology and the Structure of Securities Regulation, 98 Harv. L. Rev. 747-804 (1985)

Larenz, Karl, Methodenlehre der Rechtswissenschaft, 6. Aufl., Berlin-Heidelberg-New York- London-Paris-Tokio-Hongkong-Barcelona-Budapest 1991 (Springer)

Lauterbach, Wolfgang/ Baumbach, Adolf/ Albers, Jan/ Hartmann, Peter, Zivilprozeßordnung mit Gerichtsverfassung und Nebengesetzen, 55. Aufl., München 1997 (C. H. Beck)

Leipziger Kommentar zum Strafgesetzbuch, siehe *Jähnke, Burkhard/ Laufhütte, Heinrich Wilhelm/ Odersky, Walter*

Leisch, Franz Clemens/ Möllers, Thomas M.J., Haftung von Vorständen gegenüber Anlegern wegen fehlerhafter Ad-hoc-Meldungen nach § 826 BGB, WM 2001, 1648-62

Leisch, Franz Clemens/ Möllers, Thomas M.J., Schaden und Kausalität im Rahmen der neu geschaffenen §§ 37b, 37c WpHG, BKR 2002, 1071-79

Lenenbach, Markus/ Lohrmann, Frank, "Jahrhundertentscheidung" zum amerikanischen Insiderrecht, RIW 1998, 115-122

Leppert, Michael/ Stürwald, Florian, Die insiderrechtlichen Regelungen des Vorschlags für eine Marktmissbrauchsrichtlinie und der Stand der Umsetzung im deutschen Wertpapierhandelsrecht, ZBB 2002, 90-106

Lev, Baruch/ Barber, Brad M./ Griffin, Paul A., The Fraud-On-The-Market Theory and the Indicators of Common Stocks' Efficiency, 19 J. Corp. L. 285-312 (1994)

Loesche, Marco, Die Eignung zur erheblichen Kursbeeinflussung in den Insiderhandelsverboten des Wertpapierhandelsgesetzes, Diss., Gießen 1998 [zitiert: *Loesche*, Die Eignung zur erheblichen Kursbeeinflussung]

Loesche, Marco / Eichner, Gerrit / Stute, Winfried, Die Berechnung von Erheblichkeitsgrenzen in den Insiderhandelsverboten des WpHG, AG 1999, 308-18

Lohrmann, Frank/ Lenenbach, Markus, "Jahrhundertentscheidung" zum amerikanischen Insiderrecht, RIW 1998, 115-122

Loistl, Otto, Empirisch fundierte Messung kursrelevanter Tatsachen, Die Bank 1995, 232-37

Loistl, Otto/ Claussen, Carsten P., Insiderhandelsverbot und Ad-hoc-Publizität in Frage und Antwort, in: Claussen, Carsten P./ Loistl, Otto (Hrsg.), Das neue Kapitalmarktrecht in Frage und Antwort, Deutsche Vereinigung für Finanzanalyse und Anlageberatung (DFVA) Beiträge zur Wertpapieranalyse Nr. 31, Dreieich 1995, S. 8-37 (DFVA-Eigenverlag) [zitiert: *Claussen/Loistl*, in: Claussen/Loistl (Hrsg.), Frage und Antwort]

Loss, Louis/ Seligmann, Joel, Fundamentals of Securities Regulation, 3. Ed., 1996 Supplement, Boston-New York-Toronto-London 1996 (Little, Brown and Co.)

Lucas, Johannes H./ Schander, Albert A., Die Ad-hoc-Publizität im Rahmen von Übernahmevorhaben, -- Anmerkungen zu § 15 Abs. 1 WpHG --, DB 1997, 2109-12

Lutter, Marcus, Die Auslegung angeglichenen Rechts, JZ 1992, 593-607

Lutter, Marcus, Gesellschaftsrecht und Kapitalmarkt, in: Lieb, Manfred/ Noack, Ulrich/ Westermann, Harm Peter (Hrsg.), Festschrift für Wolfgang Zöllner zum 70. Geburtstag, Bd. I, Köln-Berlin-Bonn-München 1998, S. 363-383 (Carl Heymanns) [zitiert: *Lutter*, in: Lieb/Noack/Westermann (Hrsg.), FS Zöllner]

Lutter, Marcus, Rechtliches Gewicht und rechtspolitische Bedeutung der 4. Richtlinie, in: Bierich, Marcus/ Busse von Colbe, Walther/ Laßmann, Gert/ Lutter, Marcus (Hrsg.), Rechnungslegung nach neuem Recht, ZGR-Sonderheft Nr. 2, Berlin-New York 1980, S. 3-13 (de Gruyter) [zitiert: *Lutter*, in: Bierich/Busse von Colbe/Lutter (Hrsg.), Rechnungslegung nach neuem Recht]

Lwowski, Hans-Jürgen/ Bunte, Hermann-Josef/ Schimansky, Herbert (Hrsg.), Bankrechts-Handbuch, Bd. III, München 1997 (C. H. Beck) [zitiert: *Verfasser*, in: Schimansky/Bunte/Lwowski (Hrsg.), Bankrechts-Handbuch]

Maier-Reimer, Georg/ Webering, Anabel, Ad-hoc-Publizität und Schadensersatzhaftung, - Die neuen Haftungsvorschriften des Wertpapierhandelsgesetzes -, WM 2002, 1857-64

Malkiel, Burton G., A Random Walk Down Wallstreet, 6th ed. (Norton 1996)

Malkiel, Burton G./ Cragg, John G., Expectations and the Structure of Share Prices (University of Chicago Press 1982)

Maunz, Theodor/ Dürig, Günter (Hrsg.), Grundgesetz: Kommentar, München 1996 (C. H. Beck) [zitiert: *Verfasser*, in: Maunz/Dürig, GG]

McGuire, Alistair/ Fenn, Paul/ Prentice, Dan, Information Imbalances and the Securities Markets, in: *Hopt, Klaus J./ Wymeersch, Eddy* (Hrsg.), European Insider Dealing -- Law and Practice, London-Boston-Edinburgh-Hato Rey-Kuala Lumpur-Munich-Singapore-Sydney-Toronto-Wellington 1991, S. 3-19 (Butterworths)

Mendelson, Moses, Economics and the Assessment of Disclosure Requirements, 1 J. Comp. Corp. L. & Sec. Reg. 49-92 (1978)

Mennicke, Petra R., Sanktionen gegen Insiderhandel: eine rechtsvergleichende Untersuchung unter Berücksichtigung des US-amerikanischen und britischen Rechts, Diss., Berlin 1996 (Duncker & Humblot)

Merkt, Hanno, Unternehmenspublizität: Offenlegung von Unternehmensdaten als Korrelat der Marktteilnahme, Habil., Tübingen 2001 (J.C.B. Mohr)

Modigliani, Franco/ Pogue, Gerald, An Introduction to Risk and Return: Concepts and Evidence (Part I), 1974 Fin. Analysts 68-73

Möller, Andreas, Das neue Insiderrecht -- Eckpfeiler funktionsfähiger Wertpapiermärkte, BFuP 1994, 99-111

Möller, Hans Peter, Die Informationseffizienz des deutschen Aktienmarktes, ZfbF 1985, 500-518

Möllers, Thomas M.J., Anlegerschutz durch Aktien- und Kapitalmarktrecht, -- Harmonisierungsmöglichkeiten nach geltendem und künftigem Recht --, ZGR 1997, 334-67

Möllers, Thomas M.J., Kapitalmarkttauglichkeit des deutschen Gesellschaftsrechts, AG 1999, 433-42

Möllers, Thomas M.J./ Leisch, Franz Clemens, Haftung von Vorständen gegenüber Anlegern wegen fehlerhafter Ad-hoc-Meldungen nach § 826 BGB, WM 2001, 1648-62

Möllers, Thomas M.J./ Leisch, Franz Clemens, Schaden und Kausalität im Rahmen der neu geschaffenen §§ 37b, 37c WpHG, BKR 2002, 1071-79

Morgenstern, Oskar/ Williams, John B./ Granger, Clive, Predictability of Stock Market Prices (Harcourt Lexington 1970)

Mues, Jochen, Anmerkungen zum Börsengesetz nach dem Diskussionsentwurf für das Vierte Finanzmarktförderungsgesetz, ZBB 2001, 353-60

Neises, Michael/ v. Ilberg, Philipp, Die Richtlinien-Vorschläge der EU-Kommission zum „Einheitlichen Europäischen Prospekt“ und zum „Marktmissbrauch“ aus Sicht der Praxis, - Hintergrund, Inhalt und Kritik -, WM 2002, 635-47

Newman, Cade P., Requests for Confidential Treatment and “Silent Filings”, Sec. & Comm. Reg. Rev. 29, 99-109 (1996)

Nowak, Eric, Eignung von Sachverhalten in Ad-hoc-Mitteilungen zur erheblichen Kursbeeinflussung, ZBB 2001, 449-65

Nowak, Eric/ Erhard, Olaf, Die Durchsetzung von Corporate-Governance-Regeln, AG 2002, 336-45

Nowotny, Christian, Wirtschaftliche Betrachtung und Konsolidierungskreis, in: Forster, Karl-Heinz/ Grunewald, Barbara/ Lutter, Marcus/ Semler, Johannes (Hrsg.), Aktien- und Bilanzrecht: Festschrift für Bruno Kropff, Düsseldorf 1997, S. 555-68 (IDW) [zitiert: *Nowotny*, in: Forster/Grunewald/Lutter/Semler (Hrsg.), FS Kropff]

Oberender, Peter/ Daumann, Frank, Verbot von Insidergeschäften im Börsenhandel? Eine ordnungstheoretische Analyse, ORDO 43 (1992), 255-71

Ossadnik, Wolfgang, Grundsatz und Interpretation der "Materiality", -- Eine Untersuchung zur Auslegung ausgewählter Materiality-Bestimmungen durch die Rechnungslegungspraxis -, WpG 1993, 617-29

Ossadnik, Wolfgang, Materiality als Grundsatz externer Rechungslegung, WpG 1995, 33-42

Ott, Claus/ Kümpel, Siegfried (Hrsg.), Kapitalmarktrecht: Ergänzbares Rechtshandbuch für die Praxis: Systematische Sammlung der Gesetze, Verordnungen, behördlichen Anordnungen und Verlautbarungen sowie freiwilliger Regelungen der Emittenten mit Kurzerläuterungen, Berlin 1971 ff. (Erich Schmidt) [zitiert: *Verfasser*, in: Kümpel/Ott (Hrsg.), Kapitalmarktrecht]

Otto, Harro, Strafrechtliche Aspekte der Anlageberatung, WM 1988, 729-740

Owen, David G./ Dobbs, Dan B./ Keeton, Robert E./ Keeton, W. Page, Prosser and Keeton on the Law of Torts, St.Paul, Minn. 1984 (West)

Pananis, Panos, Zur Abgrenzung von Insidertatsache und ad-hoc-publizitätspflichtigem Sachverhalt bei mehrstufigen Entscheidungsprozessen, WM 1997, 460-64

Park, Tido, Börsenstrafrechtliche Risiken für Vorstandsmitglieder von börsennotierten Aktiengesellschaften, BB 2001, 2069-76

Pellens, Bernhard, Ad-hoc-Publizitätspflicht des Managements börsennotierter Unternehmen nach § 44a BörsG, AG 1991, 62-69

Pellens, Bernhard/ Fülbier, Uwe, Ad-hoc-Publizität, DBW 55 (1995), 255-57

Pellens, Bernhard/ Fülbier, Uwe, Gestaltung der Ad-hoc-Publizität unter Einbeziehung internationaler Vorgehensweisen, in: Baetge, Jörg (Hrsg.), Insiderrecht und Ad-hoc-Publizität, -- Was bedeuten die neuen Regelungen für Unternehmenspublizität und Finanzanalyse? --, Vorträge und Diskussionen zum 11. Münsterischen Tagesgespräch des Münsteraner Gesprächskreises Rechnungslegung und Prüfung e.V. am 5. Mai 1995, Düsseldorf 1995, S. 23-63 (IDW-Verlag) [zitiert: *Pellens/Fülbier*, in: Baetge (Hrsg.), Insiderrecht und Ad hoc-Publizität]

Pellens, Bernhard/ Fülbier, Uwe, Publizitätspflichten nach dem Wertpapierhandelsgesetz, -- Ausgestaltung unter Berücksichtigung anglo-amerikanischer Regulierungen --, DB 1994, 1381-88

Peltzer, Martin, Die neue Insiderregelung im Entwurf des Zweiten Finanzmarktförderungsgesetzes, ZIP 1994, 746-52

Petersen, Harald, Die Strafbarkeit des "Scalping", wistra 1999, 328-33

Philips, Gregory D./ Bernard, Victor L./ Botosan, Christine, Challenges of the Efficient Market Hypothesis: Limits to the Applicability of Fraud-On-The-Market Theory, 73 Neb. L. Rev. 781-802 (1994)

Pleyer, Klemens/ Hegel, Thomas, Die Bedeutung des neuen § 264a StGB für die zivilrechtliche Prospekthaftung bei der Publikums-KG, ZIP 1987, 79-84

Pogue, Gerald/ Modigliani, Franco, An Introduction to Risk and Return: Concepts and Evidence (Part I), 1974 Fin. Analysts 68-73

Potthoff, Volker/ Stuhlfaut, Jutta, Der Neue Markt: Ein Handelssegment für innovative und wachstumsorientierte Unternehmen - kapitalmarktrechtliche Überlegungen und Darstellungen des Regelwerks, WM Sonderbeilage Nr. 3/1997, 3-24

Prentice, Dan/ Fenn, Paul/ McGuire, Alistair, Information Imbalances and the Securities Markets, in: Hopt, Klaus J./ Wymeersch, Eddy (Hrsg.), European Insider Dealing -- Law and Practice, London-Boston-Edinburgh-Hato Rey-Kuala Lumpur-Munich-Singapore-Sydney-Toronto-Wellington 1991, S. 3-19 (Butterworths)

Prozan, Michael W./ Fatale, Michael T., Revisiting "Truth in Securities": The Use of the Efficient Capital Market Hypothesis, 20 Hofstra L. Rev. 687-725 (1992)

Renzenbrink, Ulf/ Holzner, Nelson, Das Verhältnis von Kapitalerhaltung und Ad-hoc-Haftung, BKR 2002, 434-39

Rider, Barry/ Ashe, Michael, The Insider Dealing Directive, in: Mads Andenas/Stephen Kenyon-Slade (Hrsg.), E.C. Financial Market Regulation and Company Law, London 1993, S. 209-40 (Sweet & Maxwell)

Rieckers, Oliver, Haftung des Vorstands für fehlerhafte Ad-hoc-Meldungen de lege lata und de lege ferenda, BB 2002, 1213-21

Rodewald, Jörg/ Siems, Mathias, Haftung für die "frohe Botschaft" – Rechtsfolgen falscher Ad-hoc-Mitteilungen, BB 2001, 2437-40

Rössner, Michael-Christian/ Bolkart, Johannes, Schadensersatz bei Verstoß gegen Ad-hoc-Publizitätspflichten nach dem 4. Finanzmarktförderungsgesetz, ZIP 2002, 1471-77

v.Rosen, Rüdiger, Zweites Finanzmarktförderungsgesetz und Privatanleger, Die Bank 1995, 9-14

Ross, Stephen A./ Jaffe, Jeffrey/ Westerfield, Randolph W., Corporate Finance, 4. Ed., Chicago-Bogota-Boston-Buenos Aires-Caracas-London-Madrid-Mexico City-Sydney-Toronto 1996 (Irwin)

Rudolph, Bernd/ Baum, Harald/ Hopt, Klaus J. (Hrsg.), Börsenreform. Eine ökonomische, rechtsvergleichende und rechtspolitische Untersuchung, Stuttgart 1997 (Schäfer-Poeschel) [zitiert: *Verfasser*, in: Hopt/Rudolph/Baum (Hrsg.), Börsenreform]

Rudolphi, Hans-Joachim (Hrsg.), Systematischer Kommentar zum Strafgesetzbuch, Loseblattsammlung, Frankfurt a. M. (Metzner) [zitiert: *Verfasser*, in: Rudolphi (Hrsg.), SK z. StGB]

Rützel, Stefan, Der aktuelle Stand der Rechtsprechung zur Haftung bei Ad-hoc-Mitteilungen, AG 2003, 69-79

Sangiovanni, Valerio, Ad-hoc-Publizität und Tatsachenbegriff im italienischen Recht, WM 2001, 1594-1605

Schäfer, Frank (Hrsg.), Wertpapierhandelsgesetz, Börsengesetz mit Börsenzulassungsverordnung, Verkaufsprospektgesetz mit Verkaufsprospektverordnung: Kommentar, Stuttgart-Berlin-Köln 1999 (Kohlhammer) [zitiert: *Verfasser*, in: Schäfer (Hrsg.), WpHG etc.]

Schander, Albert A./ Lucas, Johannes H., Die Ad-hoc-Publizität im Rahmen von Übernahmevorhaben, -- Anmerkungen zu § 15 Abs. 1 WpHG --, DB 1997, 2109-12

Schimansky, Herbert/ Bunte, Hermann-Josef/ Lwowski, Hans-Jürgen (Hrsg.), Bankrechts-Handbuch, Bd. III, München 1997 (C. H. Beck) [zitiert: *Verfasser*, in: Schimansky/Bunte/Lwowski (Hrsg.), Bankrechts-Handbuch]

Schlaus, Wilhelm, Die Insiderregeln der §§ 12 ff WpHG aus der Sicht der Praxis, in: Hadding, Walther/ Hopt, Klaus J./ Schimansky, Herbert (Hrsg.), Das Zweite Finanzmarktförderungsgesetz in der praktischen Umsetzung: Bankrechtstag 1995, Schriftenreihe der Bankrechtlichen Vereinigung, Bd. 7, Berlin-New York 1996, S. 35-44 (Walter de Gruyter) [zitiert: *Schlaus*, in: Hadding/Hopt/Schimansky (Hrsg.), 2. FFG]

Schlüchter, Ellen, Zweites Gesetz zur Bekämpfung der Wirtschaftskriminalität: Kommentar mit einer kriminologischen Einführung, Heidelberg 1987 (C.F. Müller)

Schmidt, Hartmut, Börsenorganisation zum Schutze der Anleger, Habil., Tübingen 1970 (J.C.B. Mohr)

Schmidt, Marek, Privatrechtsangleichende EU-Richtlinien und nationale Auslegungsmethoden, RabelsZ 59 (1995), 569-97

Schmitz, Erich/ Wiedemann, Herbert, Kapitalanlegerschutz bei unrichtiger oder unvollständiger Information, -- Besprechung der Entscheidungen BGHZ 71, 284 und BGHZ 72, 382 --, ZGR 1980, 129-45

Schneider, Carl W., MD&A Disclosure, 22 Sec. & Comm. Reg. Rev. 149-56 (1989)

Schneider, Carl W., Soft Disclosure: Thrusts and Parries. When Bad News Follows Optimistic Statements, Sec. & Comm. Reg. Rev. 26, 33-43 (1993)

Schneider, Dieter, Wider Insiderhandelsverbot und die Informationseffizienz des Kapitalmarkts, DB 1993, 1429-34

Schneider, Uwe H./ Assmann, Heinz-Dieter (Hrsg.), Wertpapierhandelsgesetz. Kommentar, 2. Auflage, Köln 1998 (Otto Schmidt) [zitiert: *Verfasser*, in: Assmann/Schneider (Hrsg.), WpHG]

Schneider, Uwe H./ Singhof, Bernd, Die Weitergabe von Insidertatsachen in der konzernfreien Aktiengesellschaft, insbesondere im Rahmen der Hauptversammlung und an einzelne Aktionäre, -- ein Beitrag zum Verhältnis von Gesellschafts- und Kapitalmarktrecht --, in : Hönn, Günther/ Konzen, Horst/ Kreutz, Peter (Hrsg.), Festschrift für Alfons Kraft zum 70. Geburtstag, Neuwied-Kriftel 1998, S. 585-605 (Luchterhand) [zitiert: Schneider/Singhof, in: Hönn/Konzen/Kreutz (Hrsg.), FS Kraft]

Schockenhoff, Martin / Wagner, Eike, Ad hoc-Publizität beim Aktienrückkauf, AG 1999, 548-58

Schödermeier, Martin/ Wallach, Edgar, Die Insider-Richtlinie der Europäischen Gemeinschaft, EuZW 1990, 122-26

Schönke, Adolf/ Schröder, Horst (Hrsg.), Strafgesetzbuch: Kommentar, 26. Aufl., München 2001 (C. H. Beck) [zitiert: *Verfasser*, in: Schönke/Schröder, StGB]

Scholes, Myron/ Williams, John B., Estimating Beta from Nonsynchronous Data, 5 J. Fin. Econ. 309-43 (1977)

Schwark, Eberhard, Anlegerschutz durch Wirtschaftsrecht. Entwicklungslinien, Prinzipien und Fortbildung des Anlegerschutzes, zugleich ein Beitrag zur Überlagerung bürgerlich-rechtlicher Regelung und gewerbepolizeilicher Überwachung durch Wirtschaftsrecht, Habil., München 1979 (C.H. Beck)

Schwark, Eberhard, Börsen und Wertpapierhandelsmärkte in der EG, WM 1997, 293-307

Schwark, Eberhard, Börsengesetz: Kommentar zum Börsengesetz und zu den börsenrechtlichen Nebenbestimmungen, 2. Aufl., München 1994 (C.H. Beck) [zitiert: *Schwark*, BörsG]

Schwark, Eberhard, Gesellschaftsrecht und Kapitalmarktrecht, in: Lutter, Marcus/ Mertens, Hans-Joachim/ Ulmer, Peter (Hrsg.), Festschrift für Walter Stimpel zum 68. Geburtstag am 29. November 1985, Berlin-New York 1985, S. 1087-1111 (de Gruyter) [zitiert: *Schwark*, in: Lutter/Mertens/Ulmer (Hrsg.), FS Stimpel]

Schwark, Eberhard, Das neue Kapitalmarktrecht, NJW 1987, 2041-48

Schwarze, Hans-Joachim, Insiderregelungen im Spannungsfeld der Praktikabilität, BFuP 1994, 124-35

Schweizer, Thilo, Insiderverbote – Interessenkonflikte und Compliance: Auswirkungen der Insiderregulierungen auf deutsche Banken (Untersuchungen über das Spar-, Giro-, und Kreditwesen, Abt. A, Wirtschaftswissenschaften, Bd. 160), Diss., Köln-Berlin 1996 (Duncker & Humblot)

Scott, Kenneth A., Insider Trading: Rule 10b-5, Disclosure and Corporate Privacy, 9 J. Legal Stud. 801-18 (1980)

Securities and Exchange Commission, Disclosure to Investors: A Reappraisal of Federal Administrative Policies Under the '33 and '34 Acts (1969)

Seligmann, Joel, The Reformulation of Federal Securities Law Concerning Nonpublic Information, 73 Geo. L. J. 1083-1140 (1985)

Seligmann, Joel, The SEC's Unfinished Soft Information Revolution, 63 Fordham L. Rev. 1953-1991 (1995)

Seligmann, Joel/ Loss, Louis, Fundamentals of Securities Regulation, 3. Ed., 1996 Supplement, Boston-New York-Toronto-London 1996 (Little, Brown and Co.)

Semler, Johannes, Erläuterungen und Lagebericht, Quartalsberichte sowie Formen der Publizität, in: Bierich, Marcus/ Busse von Colbe, Walther/ Laßmann, Gert/ Lutter, Marcus (Hrsg.), Rechnungslegung nach neuem Recht, ZGR-Sonderheft Nr. 2, Berlin-New York 1980, S. 177-212 (de Gruyter) [zitiert: *Semler*, in: Bierich/Busse von Colbe/Lutter (Hrsg.), Rechnungslegung nach neuem Recht]

Semler, Johannes/ Happ, Wilhelm, Ad hoc-Publizität im Spannungsfeld von Gesellschaftsrecht und Anlegerschutz, -- Zum Begriff der "Tatsache" in § 15 WpHG bei mehrstufigen Entscheidungsprozessen --, ZGR 1998, 116-41

Sheffey, John M., Securities Law Responsibilities of Issuers to Respond to Rumors and Other Publicity: Reexamination of a Continuing Problem, 57 Notre Dame Law. 755-796 (1982)

Siebel, Ulf R., Insidergeschäfte mit Anleihen, BKR 2002, 795-801

Siems, Mathias/ Rodewald, Jörg, Haftung für die "frohe Botschaft" – Rechtsfolgen falscher Ad-hoc-Mitteilungen, BB 2001, 2437-40

Singhof, Bernd, Zur Weitergabe von Insiderinformationen im Unterordnungskonzern, ZGR 2001, 146-174

Singhof, Bernd / Schneider, Uwe H., Die Weitergabe von Insidertatsachen in der konzernfreien Aktiengesellschaft, insbesondere im Rahmen der Hauptversammlung und an einzelne Aktionäre, -- ein Beitrag zum Verhältnis von Gesellschafts- und Kapitalmarktrecht --, in : Hönn, Günther/ Konzen, Horst/ Kreutz, Peter (Hrsg.), Festschrift für Alfons Kraft zum 70. Geburtstag, Neuwied-Kriftel 1998, S. 585-605 (Luchterhand) [zitiert: Schneider/Singhof, in: Hönn/Konzen/Kreutz (Hrsg.), FS Kraft]

Steinberg, Marc I., Securities Regulation: Liabilities and Remedies, Loseblattsammlung, Maryland (CBC)

Stigler, George J., Public Regulation of the Securities Markets, 37 J. Bus. 117-42 (1964)

Steinhauer, Carsten, Insiderhandelsverbot und Ad hoc-Publizität: Eine rechtsvergleichende Analyse zivilrechtlicher Haftungsansprüche von Anlegern in den USA und Deutschland, Diss., Baden-Baden 1999 (Nomos)

Stürwald, Florian/ Leppert, Michael, Die insiderrechtlichen Regelungen des Vorschlags für eine Marktmissbrauchsrichtlinie und der Stand der Umsetzung im deutschen Wertpapierhandelsrecht, ZBB 2002, 90-106

Stuhlfaut, Jutta/ Potthoff, Volker, Der Neue Markt: Ein Handelssegment für innovative und wachstumsorientierte Unternehmen - kapitalmarktrechtliche Überlegungen und Darstellungen des Regelwerks, WM Sonderbeil. Nr. 3 zu Heft 26/ 1997, 3-24

Stute, Winfried / Eichner, Gerrit / Loesche, Marco, Die Berechnung von Erheblichkeitsgrenzen in den Insiderhandelsverboten des WpHG, AG 1999, 308-18

Süßmann, Rainer, Die befugte Weitergabe von Insidertatsachen, AG 1999, 162-173

Süßmann, Rainer, Informations- und Verhaltenspflichten nach der Börseneinführung, in: Dr. Wieselhuber & Partner (Hrsg.), Börseneinführung mit Erfolg: Vorraussetzungen, Maßnahmen und Konzepte, Wiesbaden 1996, S. 271-80 (Gabler) [zitiert: *Süßmann*, in: Wieselhuber & Partner (Hrsg.), Börseneinführung]

Süßmann, Rainer, Insiderhandel – Erfahrungen aus der Sicht des Bundesaufsichtsamtes für den Wertpapierhandel, AG 1997, 63-65

Systematischer Kommentar zum Strafgesetzbuch, siehe *Rudolphi, Hans-Joachim*

Thümmel, Roderich, Haftung für geschönte Ad-hoc-Meldungen: Neues Risikofeld für Vorstände oder ergebnisorientierte Einzelfallrechtsprechung?, - Zugleich Besprechung des Urteils des LG Augsburg vom 24.9.2001 – 3 O 4995/00 "Informatec" -, DB 2001, 2331-34

Tippach, Stefan U., Das Insider-Handelsverbot und die besonderen Rechtspflichten der Banken, Diss., Köln 1995 (Otto Schmidt) [zitiert: *Tippach*, Insiderverbote und Rechtspflichten der Banken]

Tippach, Stefan U., Marktdaten im künftigen Insiderrecht?, WM 1993, 1269-74

Tröndle, Herbert/ Fischer, Thomas, Strafgesetzbuch und Nebengesetze, 50. Aufl., München 2000 (C. H. Beck) [zitiert: *Tröndle/Fischer*, StGB]

United States Department of Justice, Freedom of Information Act Guide and Privacy Act Overview (1995)

Vaupel, Christoph F., Zum Tatbestandsmerkmal der erheblichen Kursbeeinflussung bei der Ad-hoc-Publizität, WM 1999, 521-535

Volk, Klaus, Die Strafbarkeit von Absichten im Insiderhandelsrecht, BB 1999, 66-71

Wagner, Eicke / Schockenhoff, Martin, Ad hoc-Publizität beim Aktienrückkauf, AG 19999, 548-58

Wagner, Oliver/ Baur, Georg, Das Vierte Finanzmarktförderungsgesetz – Neuerungen im Börsen- und Wertpapierhandelsrecht, Die Bank 2002, 530-35

Wallach, Edgar/ Schödermeier, Martin, Die Insider-Richtlinie der Europäischen Gemeinschaft, EuZW 1990, 122-26

Wastl, Ulrich, Der Handel mit größeren Aktienpaketen börsennotierter Unternehmen, - Eine Bestandsaufnahme aus primär aktien-, börsen- und kapitalmarktrechtlicher Sicht -, NZG 2000, 505-14

Weber, Martin, Deutsches Kapitalmarktrecht im Umbruch, NJW 1994, 2849-60

Weber, Martin, Der Kommissionsentwurf einer Marktmissbrauchsrichtlinie, EuZW 2002, 43-47

Weber, Martin, Kursmanipulation am Wertpapiermarkt, NZG 2000, 113-29

Weber, Ulf Andreas, Das neue deutsche Insiderrecht, BB 1995, 157-66

Webering, Anabel/ Maier-Reimer, Georg, Ad-hoc-Publizität und Schadensersatzhaftung, - Die neuen Haftungsvorschriften des Wertpapierhandelsgesetzes -, WM 2002, 1857-64

Weigend, Thomas/ Jescheck, Hans-Heinrich, Lehrbuch des Strafrechts, Allgemeiner Teil, 5. Aufl., Berlin 1996 (Duncker und Humblot) [zitiert: Jescheck/Weigend, Strafrecht AT]

Wertenbruch, Johannes, Die Ad-hoc-Publizität bei der Fußball-AG, WM 2001, 193-95

Westerfield, Randolph W./ Jaffe, Jeffrey/ Ross, Stephen A., Corporate Finance, 4. Ed., Chicago-Bogota-Boston-Buenos Aires-Caracas-London-Madrid-Mexico City-Sydney-Toronto 1996 (Irwin)

Widder, Stefan/ Auckenthaler, Frank, Das Zusammenspiel von Straf- und Ordnungswidrigkeitenrecht bei der Verfolgung von Insiderverstößen in Frankreich, RIW 2002, 423-33

Wiedemann, Herbert, Der Kapitalanlegerschutz im deutschen Gesellschaftsrecht, BB 1975, 1591-98
Wiedemann, Herbert/ Hopt, Klaus J., Großkommentar zum Aktiengesetz, 4. Aufl., Berlin 1992 ff. (de Gruyter) [zitiert: *Verfasser*, in: Großkomm. z. AktG]
Wiedemann, Herbert/ Schmitz, Erich, Kapitalanlegerschutz bei unrichtiger oder unvollständiger Information, -- Besprechung der Entscheidungen BGHZ 71, 284 und BGHZ 72, 382 --, ZGR 1980, 129-45
Wiegmann, William J./ Gruson, Michael, Die Ad-hoc-Publizitätspflicht nach amerikanischem Recht und die Auslegung von § 15 WpHG, AG 1995, 173-81
Wiemann, Hans-Ulrich, Unternehmenspublizität nach amerikanischem Kapitalmarktrecht: Entwicklungsstand und Vergleich zur deutschen Lösung, Baden-Baden 1987 (Nomos)
Williams, John B./ Morgenstern, Oskar/ Granger, Clive, Predictability of Stock Market Prices (Harcourt Lexington 1970)
Williams, John B./ Scholes, Myron, Estimating Beta from Nonsynchronous Data, 5 J. Fin. Econ. 309-43 (1977)
Wittich, Georg, Erfahrungen mit der Ad hoc-Publizität in Deutschland, AG 1997, 1-5
Wölk, Armin, Ad hoc-Publizität – Erfahrungen aus der Sicht des Bundesaufsichtsamtes für den Wertpapierhandel, AG 1997, 73-80
Wölk, Armin/ Fürhoff, Jens, Aktuelle Fragen zur Ad hoc-Publizität, WM 1997, 449-59
Wolff, Samuel / Bloomenthal, Harold S., 3 B Securities and Federal Corporate Law, Loseblattsammlung, Maryland (CBC)
Ziemons, Hildegard, Die Weitergabe von Unternehmensinterna an Dritte durch den Vorstand einer Aktiengesellschaft, AG 1999, 492-500
Zietsch, Udo/ Holzborn, Timo, Zulassungsfolgepflichten börsennotierter Unternehmen, - Eine Übersicht der Pflichten von Unternehmen nach deren Zulassung an einer deutschen Börse („Zulassungsfolgepflichten") -, WM 2002, 2356-67 (Teil I) und 2393-2401 (Teil II)
Zubrod, Andreas, Rechtssichere Eingrenzung der Ad hoc-Publizitätspflicht anhand der Auswirkungen auf die Vermögens- oder Finanzlage als Zentralbegriff, Diss., Frankfurt a. M.-Berlin-Bern-Bruxelles-New York-Wien 2000 (Peter Lang)

Markus Stöterau

Informationspflichten beim Wertpapierhandel nach § 31 Abs. 2 S. 1 Nr. 2 WpHG

Eine Untersuchung unter besonderer Berücksichtigung moderner Erscheinungsformen des Wertpapierhandels

Frankfurt/M., Berlin, Bern, Bruxelles, New York, Oxford, Wien, 2003.
213 S., 1 Tab.
Europäische Hochschulschriften: Reihe 2, Rechtswissenschaft. Bd. 3563
ISBN 3-631-50396-2 · br. € 35.30*

Die Erfüllung der Informationspflichten nach dem Wertpapierhandelsgesetz spielt eine immer größere Rolle im Wertpapiergeschäft. Seit der Normierung der Informationspflicht besteht eine neue Haftungsgrundlage für mangelhafte Informationen. Hier wird die Frage beantwortet, unter welchen Voraussetzungen die sich hieraus ergebenden Haftungsgefahren abgefedert werden können. Es wird ein neues System zur Ermittlung der Informiertheit des Kunden vorgestellt und zur praktischen Anwendung empfohlen. Die Dispositionsbefugnis über die Initiative zur Informationserteilung basiert auf systematischen Argumenten. Diese Arbeit ist für alle Wertpapierdienstleistungsunternehmen von Interesse, die eine standardisierte Abwicklung des Wertpapiergeschäfts anstreben.

Aus dem Inhalt: Entwicklung eines Haftungssystems für fehlerhafte Wertpapierdienstleistungen · Die Wohlverhaltensregeln · Die Informationspflicht

FSC
www.fsc.org
MIX
Papier | Fördert gute Waldnutzung
FSC® C083411

Kolibri 360 GmbH
Ferdinand-Jühlke-Straße 7
99095 Erfurt, Deutschland
produktsicherheit@kolibri360.de

Druck:
CPI Druckdienstleistungen GmbH
im Auftrag der
Kolibri 360 GmbH
Ferdinand-Jühlke-Str. 7
99095 Erfurt